1848—芝加哥期货交易所开业（Chicago Board of Trade）

1874—芝加哥农产品交易所开业（Chicago Produce Exchange）

1883—纽约清算所成立

1914—美联储开业

1917—回购业务（Repurchase Agreement, Repo）

1919—芝加哥商品交易所（Chicago Mercantile Exchange, CME）

1932—创建联邦住房贷款银行体系

1933—联邦存款保险公司成立

1934—美国证券交易委员会成立

联邦住房署（Federal Housing Administration）成立

1938—联邦国民抵押贷款协会（Federal National Mortgage Association'Fannie May）成立'简称房地美'

1946—风险投资公司——美国研究与开发公司创建

1949—大莱卡问世，提供综合的第三方信用卡

1952—马科维茨在《金融杂志》发表《现代投资组合理论》

1958—Fair Isaac 公司推出FICO信用评分

1960—大额存单

1960—欧洲美元存单

1963—欧洲美元债券

1969—特别提款权（The Special Drawing Rights'SDR）

1967—巴克莱伦敦安装第1台ATM机

1968—《住房与城市发展法》（The Housing and Urban Development Act of 1968）

1968—政府国民抵押贷款协会（Government National Mortgage Association'Ginnie Mae）成立'简称吉利美'

1969—汉华公司设计出伦敦同业拆借利率（Libor）

1969—欧洲美元银团贷款

1970—吉利美发行抵押贷款支持证券

国际商业交易所（International Commercial Exchange）

联邦住房抵押贷款公司（Federal Home Loan Mortgage Corporation'Freddie Mac）成立'简称房地美'

1972—金融期货R.L's出现？

国际货币市场（International Monetary Market）开业

货币市场共同基金（Money Market Mutual Fund）组建

1973—芝加哥期权交易所（Chicago Board of Options Exchange）

1975—利率期货

1976—国债期货

先锋公司推出指数共同基金

凹

OWN

历 史，是 昨 天 的 事 实

2007— 扩张失败
2008— 比特币问世

1633— 1637— 郁金香泡沫
1907— 美国金融恐慌
1929— 1933— 大萧条
1944— 《布雷顿森林协议》（The Bretton Woods Agreement）
1948— 《欧洲复兴计划》（马歇尔计划）
1960— 《伟大社会计划》
1973—79— 两次石油危机
1979—1981— 沃尔克抗通胀计划（联邦基金利率1.2%，上调至20%）
1971— 尼克松总统宣布终止美元与黄金挂钩
《史密森协议》（The Smithsonian Agreement）
1980— 储贷银行危机
1982— 墨西哥债务违约触发拉美债务危机
1986— 英国推出伦敦证券交易所新规，被媒体称"大爆炸"
1988— 巴塞尔银行监督委员会出台《巴塞尔资本协议》（The Basel Capital Accord）
1994— 《跨州银行法》（Riegle-Neal Interstate Banking and Branching Efficiency Act of 1994）
1995— 国民住房拥有战略（The National Home Ownership Strategy）
债市大屠杀
1997— 泰铢持续贬值引发亚洲金融危机
1998— 俄罗斯金融危机
2000— 互联网泡沫破灭
2007—2008— 全球金融危机

1860— 《国民银行法》（The National Banking Act of 1860）
1913— 《联邦储备法》（The Federal Reserve Act of 1913）
1927— 《麦克法登法》（The McFadden Act of 1927）
1932— 联邦住房贷款银行法（Federal Home Loan Bank Act）
1933— 《紧急银行法》（The Emerging Banking Act of 1933）
1933— 《1933年银行法》（The Banking Act of 1933）
联邦银行条例（Q条例）（Q Regulation）
《1933年证券法》（The Securities Act of 1933）
1934— 《国民住房法》（National Housing Act）

A Modern
History of Financial
Innovation

From Great Depression to
Brave New World

从大萧条到美丽新世界

现代金融创新史

创

辛乔利 著

社会科学文献出版社
SOCIAL SCIENCES ACADEMIC PRESS (CHINA)

此书献给自己和家人

目 录

写在前面的话

辛乔利

为何读

金融在变，变得如此复杂迷离，变得如此令人费解。

传统的教科书早已无法解释当下的金融世界：从银行中介、市场化中介到区块链平台，从传统的股票、债券到证券化以及令人眼花缭乱的创新工具，从静止的风险管理到动态化的风险管理，从纸币到加密货币……这些变化显现出复杂系统中的涌现性，即多样化的市场参与者、与时俱进的创新产品和工具同日益敏感的监管当局之间的竞争、互动与适应，导致整个金融体系呈现出新的特征。

然而，大多数人对现代金融的认识还处于初级阶段，用固有的思维去理解变化了的金融生态，只会深陷迷茫之中。迷茫源于无知。为了不去重复别人的错误，深度、系统地分析和理解现代金融的演变过程及规律显得尤为迫切。

读《现代金融创新史》这本书的目的就是重温金融是如何一步步演变至今的，进而思考现代金融从哪里来，到哪里去。

为何写

2008 年金融危机爆发期间，笔者应出版社之邀，写过《次贷危机》和《影子银行》等书，在特定的历史时期，解释并说明了一些危机背后的金融问题，但囿于时间和精力，对金融演变背后的逻辑、金融创新产品与工具之间的内在联系分析得不够深入。尽管近年来国内外出版了不少与金融危机相关的图书，但大都是在某一个方面有深刻的解读，而结合历史发展背景，系统论述金融创新演变过程的书寥寥无几。

人类社会发展至今，金融从未如此重要：战争、贸易、工业革命、社会重建与经济增长、企业家创业、公司成长、大众消费都离不开金融，金融引发的危机不断撼动着社会秩序，改变着人类发展的轨迹。

了解现代金融的演变需要从金融创新入手。金融创新是一个不以人的意志为转移的持续、动态的过程，有着深刻的社会、经济和技术背景。绝大部分金融创新都是为了解决筹资、投资中的具体问题，通过降低准入门槛和交易成本，为筹资者和投资者提供多样化的选择，进而实现资金在更大范围配置效率的最大化。

然而，几乎每项金融创新都伴随着风险：一些创新在理论上无懈可击，但在实践中则会成为金融危机的诱因；还有一些金融创新，对局部有益，但对整个金融体系来说却意味着风险。另外，市场的有效性与人的非理性之间的转换，监管当局在制定规则方面存在的认知局限性，金融创新规模的小与大之间发生的质的变化……这些问题都需要我们去探索，去寻找答案。当然，在金融创新的过程中，人类的弱点也暴露无遗。如何使这项有意义的人类实践成为改进社会的力量、推动文明进步和社会公平，是一项长期、艰巨的任务，其中，提高人们的金融素质也是重要一环。

因此，在新的历史时期，寻找金融世界本身以及与其所处的社会和经济环境之间的联系及变化，积极探索并系统审视现代金融创新的演变过程和重大金融事件背后的逻辑，是一项极有意义的工作。这正是笔者写作《现代金融创新史》的初衷。

本书的核心内容是什么

本书选择以金融创新为主线展开讲述，基本上按照时间顺序，从过去、现在和未来三个视角审视现代金融演变的历程。历史是曾经发生的新闻。本书通过在特定社会与经济历史背景下发生的事件、涌现出的产品、背后的人物以及所产生的影响，试图为读者提供一个相对清晰的路线图。

大萧条是人类历史的转折点，更是新旧金融体制的交替：

新的规则设计制止住了混乱，也成为现代金融创新的起点。

战争将美国从大萧条中解救出来。战争结束后，美国借助战争经济的势头掀起消费与投资热潮，消费金融以及满足不同投资者需求的投资基金脱颖而出，成为美国经济增长的基石。

金融从未摆脱过政治的影响。一场旷日持久的冷战按意识形态将世界划分为不同的阵营，也直接威胁到金融安全。为了保险起见，共产主义阵营国家将美元账户转移到欧洲，流散到欧洲的美元就地生根，形成一个摆脱了发钞国控制的离岸市场，在特殊的历史时期，担当起世界经济发展过程中的交换媒介。

世界经济的发展进程总是充满戏剧性。伴随着战败国的经济腾飞，世界经济出现了新的不平衡，布雷顿森林协议设计的美元－金本位难以为继，导致利率和汇率市场风云变幻，一系列以衍生品为主的风险管理工具应运而生，成为全球货币体系从固定到浮动转换时期的稳定器。

市场化环境的变化让传统公司难以适应，产能过剩、人浮于事、缺少创新等难题的解决需要大刀阔斧的改革，垃圾债以及杠杆收购等金融创新形成公司并购大潮中的驱动力，让公司重新焕发活力，也让金融家们的贪婪暴露无遗。

为了盘活住房抵押贷款市场，政府资助机构尝试证券化，成为现代金融创新的核心，在带来经济繁荣的同时，也成为金融危机的放大器。

市场化环境的变化也直接威胁到信用资产的安全。风险管理是金融业的"后卫",信用衍生在尝试解决一直困扰着银行家们的信用风险难题方面迈出坚实的一步,同时也催生了信用泡沫。

监管当局将所有注意力都放在银行身上,不知不觉中,非银行金融机构在各种创新产品和工具的帮助下成为金融体系中的庞然大物,也成为新的风险点。

2008 年金融危机是人类发展史上的重大事件,各类金融创新产品和工具在其中扮演的不同角色让危机的影响更加猛烈和戏剧化。

危机后,传统金融机构名誉扫地,科技金融以数字化革命为武器,挑战传统金融机构核心功能,让现代金融呈现新面貌。然而,"美丽新世界"能否为人类带来幸福与安宁仍然存在着极大的不确定性。

《现代金融创新史》一书旨在为读者提供一个新的视角认知金融,从而激发更深刻的思考,改进对现实金融世界的认知偏差。由于现代金融创新涉及面广、头绪错综复杂,存在着许多至今没有答案的复杂问题,一本书很难面面俱到。如果读者怀着开放的态度,通过阅读本书,结合当下,能够获得一些启示,将是笔者最大的欣慰。

让我们共同开启这场精彩纷呈的金融之旅,一起去经历金融世界里曾经发生的故事。

上　部

第一章 ｜ **大萧条开启现代金融创新**

只有一场危机才会带来真正的变化。

——米尔顿·弗里德曼（Milton Friedman）

政府对市场的每一次干预都会产生意想不到的结果。

——路德维希·冯·米塞斯（Ludwig Von Mises）

金融是一台时光机器，是一系列与信用、投资和风险相关的产品、工具通过时间坐标完成在当下和未来之间的价值转换。[1]而金融创新就是通过规则的创新设计、制度的创新安排与技术的创新发展，不断降低中介成本、便利风险分担、完善交易市场，以更有效地完成这一任务。

现代金融史就是一部金融创新史。自15世纪意大利出现世界上第一家银行雏形起，金融创新就从未停止过。17、18世纪是金融创新的重要时期，彼时欧洲的商人和银行家推出了一大批新的产品和工具，满足经济和社会发展过程中的融资和投资需求。自银行存、贷款产品问世后，荷兰水利局为维护堤坝发行了世界上最古老的永久性债券，商人用商品作抵押为贸易融资，政府以国家信誉为担保发行债券为战争筹款，公司通过发行股票扩大经营规模……而为了向中小投资者提供更多的投资机会，荷兰商人推出的集合投资成为世界上

1　William Goetzmann and K.Greert Rouwenhorst, "The History of Financial Innovation", Carbon Finance Speaker Series at Yale, September 13, 2007.

第一支共同基金。随着标准化合约的问世，将交易参与者集中到一起的金融市场也应运而生：阿姆斯特丹成立了世界上第一个具有现代意义的证券交易所；日本堂岛的大米会所则开了金融衍生品集中交易的先河。

金融市场交易中不可或缺的金融中介，也伴随着市场需求不断演变出新的组织形式。继商业银行问世后，伴随着海上贸易的发展，英国出现了最早的保险公司，为船只出海可能遇到的坏天气和海盗带来的灾难保险。随后，保险业务又延伸到住房和人寿领域。进入 19 世纪后，一些以交易大宗商品起家的投行崭露头角，帮助有限责任公司发行股票，为政府发行战争债以及铁路债。

然而，金融创新在促进经济发展、推动社会进步的过程中，也引发人类更多的贪欲，带来金融投机、交易欺诈、市场操纵等种种乱象，导致接连不断的各种危机。大萧条（The Great Depression）迫使美国政府出台一系列最为大胆的监管创新，对金融业实施最严格的全面管制，为金融业的野蛮生长画上了句号。但从某种意义上讲，政府为阻止下一场危机采取的激进措施却为新型的机构、产品和工具的问世创造了条件，成为现代金融创新的源头。

银行危机

从古至今，改变人类社会和经济发展走势的要素离不开战争、自然灾害和危机。20世纪初最大的一场危机是大萧条。大萧条这个词本身并没有一个准确定义，可以理解为西方工业国家自工业革命以来，发生的一次范围最广、程度最深、持续最久的经济衰退。大萧条从1929年夏天开始，1933年最为严重。其间，美国工业产值下降47%，真实GDP下跌30%，纽约证券交易所的股票市值下跌89%，批发价格指数下降33%，失业率超过20%，约有1500万美国人失业，全美接近一半的银行倒闭。[1]

大萧条是一场威胁人类基本生存的危机，是对人类文明的挑战：股市崩盘，数百万投资者的财富一夜之间变成废纸；饥饿与无家可归摧毁了一切社会价值和人的尊严；更为严重的是，大萧条让人们丧失了对未来的信心。像那些经历过三年自然灾害的中国人至今仍对饥荒充满恐惧一样，大萧条的幽灵至今仍在一些上了年纪的美国人心中徘徊，它是一段刻骨铭心、不堪回首的往事，成为美国人心中永远的痛。

有关大萧条的起因众说纷纭，由于审视角度不同，几乎所有的诱因都有其合理性，如经济发展中的结构性问题、政府在一些重大经济和货币决策上的失误、农业生产泡沫和股票投资者的非理性等，至今也没有一个权威的结论。但银行危机无疑是大萧条时期最严重的事件，成为无可争议的危机放大器。

1　Christina D. Romer, Richard H.Pells, "Depression of 1929", www.britannica.com.

前奏——股市崩盘

股市是经济的风向标，大萧条期间成为银行危机的前奏。金融业是最易诱发人类贪欲的行业，而股市则成为羊群效应集中体现的场所，一方面制造着一个又一个一夜暴富的奇迹，一方面在顷刻之间让无数的投资者倾家荡产。股市兴衰一直陪伴着金融市场的演变过程。

英国经济的衰落促成了美国股市的繁荣。第一次世界大战从根本上改变了世界格局，英国这个曾经不可一世的日不落帝国，在遭受战争的打击后，元气大伤。昔日经济增长的助推器——国际贸易和支付体系崩溃，导致英国工业竞争力全面下降。尽管是战胜国，但英国却由于背负沉重的战争债务难以翻身。伴随着金本位的动摇，英镑在行使国际货币职能方面举步维艰。

而"一战"后的美国，凭借战争拉动的生产优势进入了工业化的黄金时代，经济正经历着重大转型，改变着国内产业和资本市场的结构。[1]汽车、建筑业和大众娱乐带动的消费热潮，以及物价稳定、企业利润攀升和全面就业的大环境为股市泡沫创造了完美的条件。[2]美元也开始初露锋芒。国际资本为了安全

---

1 Peter Rappoport and Eugene N.White, "Was There a Bubble in the 1929 Stock Market?" NBER Working Paper No.3612, 1991. p.3.

2 Nicholas Crafts and Peter Fearon, "Lessons from the 1930s Great Depression", *Oxford Review of Economic Policy*, Vol. 26, No. 3, (Autumn, 2010), p.289.

起见从伦敦流入纽约，为美国金融市场提供了充足的流动性。黄金也开始从伦敦转运到纽约，让纽约逐渐崛起成为国际金融中心的后起之秀。另外，美国金融机构的业绩也是节节高升，除了向英法等国提供大规模战争债务外，1924~1931年，还以相对高的价格向德国、波兰及一些拉美国家提供贷款。

1925年后，对美国经济发展极度乐观的预期带来纽约股市交易的泡沫。生产流程的合理化以及引进新的管理方法大幅改善了美国企业的利润状况，从而受到资本市场的热捧，例如美国无线电公司（Radio Corporation of America，RCA）和通用汽车（General Motors，GM）等代表着新技术的企业股票都出现了不同程度的泡沫。在1895年底至1927年底的三十多年的时间里，美国纽约证券交易所的股票指数增长了289%，但每年增长的速度适度。然而，到了1928~1929年，一直平稳增长的股价和交易规模呈现戏剧性增长：1929年股票平均价格同1927年相比增长了61%，[1] 股票交易量从1928年的每天200万~300万股上升到1929年的每天500万股。截至1929年9月，股市交易规模从1921年7月处于谷底的16亿美元跃升到978亿美元。

资本市场泡沫为投机与冒险创造了千载难逢的机会。股市的火爆导致全社会炒股的狂热。当时最让人眼红的行业就是股票交易员，一位名叫杜兰的股票交易员3个月内赚了

---

[1] Giulio Pontecorvo, "Investment Banking and Security Speculation in the Late 1920's", *The Business History Review*, Vol. 32, No. 2 (Summer, 1958). p.180.

5000 万美元的消息经过各类媒体的渲染，在社会上形成轰动效应。与此同时，银行家和交易员的社会形象转眼之间也发生了根本性改变，从奸诈、贪婪的掮客摇身一变成为红极一时的明星，个个被当成事业成功人士。

数以百万计的散户投资者不愿失去这个改变命运的机会，怀揣着一夜暴富的梦想，纷纷投向股市，试图从这个火爆的市场中分一杯羹，早已忘掉了"股市有风险"的警告。其实股民放松对风险的警觉也不无道理，第一次世界大战期间，美国政府发行的战争债，均实现了如期回报，让广大民众尝到了投资的甜头。战后，这些散户仍延续着对战争债投资回报的幻想，从学校老师、军队士兵、乡村医生到公司职员都期待着为子孙的教育和生活提供资助，将辛勤劳作挣来的血汗钱购买股票，有些人甚至将一生的积蓄押到股市。全社会都陶醉在"纸财富"的幻觉中，一时间，投机取代勤劳成为实现美国梦的核心。

1920 年代后期，股市泡沫带来的财富体现为奢华与畸形消费，无论是"喧嚣的年代"、"疯狂的年代"还是"爵士年代"，都在不同程度上勾勒出当时社会的浮躁与狂热。汽车、电力、电话和电影的普及，工业技术日新月异的变化，加上社会经济加速增长，不断刺激着人们的消费需求与持续无限的欲望：明星派对、香车美女渐成潮流时尚，纸醉金迷、娱乐至上成为社会风气。

全社会盲目乐观的情绪不断上升，从政治家到经济学家都普遍认为美国已经迈进一个没有贫困和衰退的新时代，而且这样的好日子会持续下去。民主党主席约翰·雅各布·拉斯科布（John Jacob Raskob）在当时最流行的《妇女家庭报》上发表文章提出"每个人都有致富的权利"，鼓励普通民众投资股市；耶鲁大学新古典主义经济学派代表欧文·费雪（Irving Fisher）宣布："股价已上升到看起来永久的高增长期。"[1]几乎所有投资者都坚信股价会继续上涨，并将那些质疑市场泡沫的少数人视为十足的傻瓜。

处于世界大战后间歇期的 1920 年代，是一个社会、经济经历着剧烈动荡的年代，金本位制正在动摇，一些经济运行中潜在的不稳定因素也在不断显现。从市场层面来看，证券市场不断爆出操纵市场的丑闻，有些投行以控制市场的方式卖掉新发行的股票；还有些证券公司另外建立股票池，通过操纵某家公司的股价变化从中渔利。股市操纵行为让估值发生偏离，更多估值建立在非理性基础上，难以持久。一切只是时间问题。

黑色星期二

1929 年 9 月 3 日，道琼斯指数升至 381.17 点的历史新高，但这不过是崩盘前的"回光返照"。从 10 月初开始，道琼斯指数呈现持续下跌的趋势。股票经纪商被大规模的卖单淹没，投资者不断接到要求增加准备金的电话。10 月 24 日早上，股市一开盘，股价如同大坝决堤，狂泻不止。摩根和国民城市银行等纽约几家主要银行急忙商量对策并迅速组成"救市基

---

1 "Speculative Manias", Digital History ID 3430, University of Houston, 2016.

金"，试图通过大把购买高估的美国钢铁等行业的蓝筹股挽救市场。这一招曾在 1907 年的金融市场恐慌中奏效。然而，今非昔比。在众多媒体的关注下，纽约证券交易所全天换手1200 万股，日跌幅达 12%。

10 月 28 日，更多投资者预感形势不妙，纷纷撤出股市，道琼斯指数日跌幅高达 13%。10 月 29 日开市后，股民们再也按捺不住内心的惊慌，如同失去理智一般，疯狂抛售手中的存货，整个股票市场的下单指令呈自由落体轨迹，朝着向下的方向一路狂泻，市场出现前所未有的极度恐慌。

尽管通用汽车创始人威廉·杜兰特（William C. Durant）和洛克菲勒家族以及其他金融机构不惜代价大量买入股票，试图恢复市场信心，但难以阻挡股市狂跌不止的大势，大规模追缴保证金的电话早已打爆。

当天中午，纽约证券交易所的经纪商和银行家聚集在台阶上。大家对突发的股灾感到极度震惊，但有些人仍存侥幸心理，焦急地等待着奇迹的发生。然而，下午的股价仍旧狂跌不止，歇斯底里式的恐慌弥漫在华尔街的每一个角落，投资者感到似乎有一只恶魔在肆虐地侵吞着他们的财富，道琼斯指数一泻千里，跌幅达 22%。当天收市时，股市创造了1600 万股的成交纪录，约 90 亿美元的纸上财富瞬间蒸发。[1]面

1　Allen Pusey, "The Great Crash Shakes the Nation:Given the Spraw of the Disater, the Optimsm Expressed on Wall Street Seemed Delusional", *ABA Journal*, 07470088, Oct., 2016.

对如此之高的交易量，纽约证券交易所毫无准备，由于场内经纪人手不够，不得不从附近的电报公司临时招人帮忙处理。当天纽联储开了 6 个小时的会讨论这场股灾，最终决定不予干预。

对于美国的股市投资者来说，这一天，永生难忘。现代金融史将 1929 年 10 月 29 日这一天称为"黑色星期二"。尽管不少经济学家和历史学家对此有不同看法，但美国官方还是最终认定，这一天为大萧条起始的标志，美国从此步入了长达 10 年的经济衰退期。

大萧条的到来出乎大多数人的意料，就像天塌下来一样。纸醉金迷的"黄金年代"顷刻间不见踪影，那些享受股市泡沫带来的财富的投资者们，更是无法理解这突如其来的一幕，一个相对平衡的金融市场为何如此不堪一击。道琼斯指数从 1929 年 9 月的 381.17 点的历史高位跌至 1932 年 7 月的 41.22 点，跌幅近 90%，740 亿美元的财富就这样消失。此时，一些投资者仍认为，1929 年的股灾只是步入"新时代"的小插曲，很快就会恢复正常。然而谁料，股市崩盘只不过是大萧条的前奏，接下来发生的事情对社会和经济的影响无论是在规模上还是在程度上都远远超出人们的想象。

银行体系全面瘫痪

南方银行的恐慌

纽约股市崩盘对全美各州金融机构的影响在一年后彻底

显露。1930 年的秋天，总部位于田纳西州的美国南部最大的银行控股公司——考德威尔公司（Caldwell & Company）关门。由于这家集银行、证券和保险业务于一身的金融帝国，通过旗下一系列子公司和连锁银行控制着美国南方的银行链，它的倒闭像是引发了一场地震。

考德威尔公司的创始人罗杰斯·考德威尔（Rogers C. Caldwell）于 1917 年 9 月成立了这家公司，当初公司的主要业务是营销南方的市政债。由于南方市政债很少出现违约，在市场上备受追捧，考德威尔公司也如鱼得水，业务发展很快。到了 1930 年，考德威尔公司通过为南方建设项目筹资，成为南方地区最大的投行。

考德威尔公司的迅猛发展同投行与商业银行业务的联手有着直接关系。田纳西银行是考德威尔公司成立的全资子公司，其主要目的就是为债券发行等业务提供资金。另外，根据公司同债券发行人签订的存款协议，在建设项目实际需要资金前，发行债券的收入要先存入一家商业银行，而考德威尔公司旗下的子公司田纳西银行就成为接收发债收入的存款行。考德威尔公司将这些存款用于向其他地区的业务扩张。到了 1925 年，考德威尔公司在南方的分行数已达到 14 家，还收购了一批保险公司、银行和石油公司。另外，考德威尔公司的债券承销业务也逐渐从地方政府扩展到私人地产市场，如办公楼、公寓和酒店的建设。

考德威尔公司的扩张战略终于在 1920 年代后期遇到麻烦。

1927 年到 1929 年底，尽管考德威尔公司的资产规模翻番，但由于收购背负了大规模债务，资本金与留存收益占总资产的比例却从 10% 下降到 4.7%。股市崩盘对已陷入困境的考德威尔公司来说无疑是雪上加霜。尽管通过"走上层路线"，考德威尔公司已拿到高速公路发债项目，但股市恐慌也传染到债市，不仅影响到新发行的债券，连已发行的债券也无人问津，业绩持续下滑造成公司现金紧张。

为了维持现状，考德威尔公司"拆东墙补西墙"，通过股票互换控制了一家出问题的肯塔基银行控股银行（Banco Kentucky），从旗下的肯塔基国民银行借钱应对债务。1929年，考德威尔决定成立控股公司，用发行股票所得满足当地联储银行的监管要求。考德威尔公司旗下的肯塔基国民银行和路易维尔信托公司（Louisville Trust）贷款给新注册的控股公司，此外，两家机构还用银行股票做质押放贷。1930 年 5月 9 日，监管部门写信给公司高管，不同意用银行股票质押放贷，并要求在最短时间内减少其业务，但两家机构对监管当局的警告置之不理。

同年 11 月 4 日，田纳西州首府纳什维尔（Nashville）的居民开始从考德威尔公司的下属银行和子公司大规模取款。11月 7 日，经过州检察官审计，公司旗下最大的子公司田纳西银行被迫关门，随后被州银行厅接管。该银行关门后的两周里，位于田纳西、肯塔基、阿肯色等州的 120 家银行陆续停业，所有这些银行都同考德威尔公司有着密切关系，其中阿肯色州停业的 45 家银行都属于考德威尔公司的链条银行，其股份由考德威尔公司的保险子公司拥有。肯塔基州关门的 15 家银行和其他州倒闭的一些银行也都属于同考德威尔公司有着直接或间接关系的连锁银行。连锁银行指的是被有影响力的城市银行通过收购控股权控制的小银行，城市银行持有这些小银行的准备金，城市银行倒闭后，这些小银行自然成批关门。

恐慌迅速蔓延至密苏里州、印第安纳州、艾奥瓦州和北卡罗来纳州等地的银行，这些银行都未能逃脱储户的挤兑，像染上病毒一样相继倒闭。倒闭的银行除了受考德威尔公司的影响外，也同当时房地产、棉花和公司债等价格下跌带来的贷款和投资损失有关。截至 1930 年 11 月底，美国已有 256 家银行倒闭，1.8 亿美元存款被提走。尽管这些事件发生在远离纽约的南方地区，但还是强烈地刺激着全美民众原本已经十分脆弱的神经。

北方银行的噩梦

纽约股市崩盘以及南方银行的成片倒闭，影响到更具风向标作用的北方银行，并由此推倒了全美银行危机的第一块多米诺骨牌。[1]北方银行的危机既出乎意料又让人措手不及，而这一切竟然是由一位小商贩引发的。

1930 年 12 月上旬某日的一个中午，一位至今也查不到

1　Christopher Gray, "Streetscapes—The Bank of the United States in the Bronx: The First Domino in the Depression", *New York Times*, August 18, 1991.

姓名的小商贩急匆匆走向合众国银行（Bank of United States）布朗士分行的窗口，要求将他所拥有的该银行股票全部卖掉，赎回现金。银行职员礼貌地接待了他，同时用尽一切手段劝说他，该行股票很安全，不用急着卖掉。

银行职员的劝说反而加重了这位商贩的疑虑，未达到目的的商贩立即将自己在银行的经历传了出去。要是在平常，人们也就是"左耳朵进，右耳朵出"，但在人心惶惶的当时，这则小道消息就有点不同寻常了，此时银行出现的任何风吹草动都容易让人产生不祥的联想。那位无名小贩不经意的抱怨成为小道消息的源头，随后经过不断添油加醋，很快成为街头巷尾的谣言，并且迅速扩散，点燃了大众的恐慌情绪。成千上万的储户宁可信其有，都不约而同地跑向银行取钱，落袋为安。

1930年12月11日这一天的清晨，数千人拥挤在位于曼哈顿下城第兰西街（Delancey Street）的合众国银行门前排队等候取钱。当人们得知银行对每位储户的提现设置了限额后，恐慌情绪达到极致。失去控制的人们在银行门前宣泄着愤怒，拼命打砸门窗，并同维持秩序的警察和银行保安形成对峙，骚乱一触即发。

前英格兰银行行长莫文·金（Mervyn King）曾经说："启动银行挤兑是不理性的，而一旦挤兑开始，参与挤兑就是理性行为。"到了中午，聚集在银行门前的人数高达2万多人，在警察荷枪实弹的警备下，当天有200多万美元存款被提取。第二天，该分行行长出于对挤兑的恐惧，决定关门。

败絮其中

不知是天意还是巧合，小商贩的怀疑竟然揭开了一场世纪骗局。原来曼哈顿第一家受挤兑的合众国银行早已是空壳，并成为点燃大规模银行挤兑的第一粒火星。

1913年，俄罗斯犹太裔企业家和服装制造商约瑟夫·玛卡斯（Joseph S. Marcus）共同创立了合众国银行。成立之初，创始人就心术不正。因银行取名一事，合伙人之间曾争吵得很厉害，"合众国"的名字听起来像是一家有国家背景的银行，很容易让人产生错觉。但玛卡斯坚持使用这个名字。其实，"拉大旗作虎皮"正是他本人的用意，也是商人惯用的伎俩。

为了将形象做大，玛卡斯还在装修方面下足了功夫。合众国银行总行的大厅里挂着同美国司法部一样的壁画和精心设计的旗子，一眼看去，颇有国家银行的气派。该行在纽约的一些主要分行，在内部装修上全部按照美国国会山风格精心设计，对于那些初次踏上美洲大陆的大多数欧洲移民来说，合众国银行就是一家有政府背景的银行。[1]

合众国银行只做零售银行业务，其营销对象是纽约曼哈顿服装区的意大利裔犹太新移民。合众国银行细致的服务很快赢得了客户信任，并众口相传。其创始人约瑟夫·玛卡斯死后，儿子伯纳德·玛卡斯（Bernard Marcus）子承父业接管

---

1 "High-Tilted Bank Hold Its Name: Its Rivals Argued East Side Would Think 'Bank of United States' Was Government's", *The New York Times*, June 24, 1913.

后，经过一系列大刀阔斧的并购，银行规模不断壮大。1925年，合众国银行只有 5 家分行，到 1930 年已跃居纽约市第三大银行，拥有 62 家分行和 2.68 亿美元存款，而当时美国全部联邦收入仅有 40 亿美元。

合众国银行另一位重量级人物辛格是位名副其实的企业家。15 岁时，辛格就拥有了一家五金店，经营两年卖掉后，来到纽约打拼，并很快在服装厂找到一份工作。5 年后，在积累了一些工作经验后，辛格从移民银行轻松得到贷款，开办了自己的衬衣店。1918 年，他凭借生意上的成功与个人魅力，当选为成衣制造商保护协会主席，经常代表服装行业店主同工会谈判，在业内小有名气，并得到时任纽约州州长罗斯福的赞赏。为了感谢服装业对纽约经济的贡献，罗斯福州长还批准其在曼哈顿滨州车站（Penn. Station）附近兴建服装中心。辛格凭借其聪慧，看到了新的商机，摇身一变成为知名的地产开发商。

辛格在服装领域的成功吸引了合众国银行行长玛卡斯的关注，随即被后者聘请为副行长。然而，玛卡斯只看到了辛格成功的一面，却忽略了其成功背后隐藏的秘密。企业管理者的人品决定着公司的兴衰，辛格很快就将其经商时的小聪明用到了银行业务中。为了便于投机，他创立了银行子公司，挪用新移民的储蓄存款，投资合众国银行的股票以及自己的房地产项目，为个人牟利。

进入 1929 年后，美国经济开始紧缩，市场基本面开始恶化，合众国银行不久也陷入困境。到 1930 年下半年，该行资本金出现严重不足，股价大幅度下跌。11 月 24 日，纽联储宣布将合众国银行同另外三家规模较小但运转健康的银行合并，合并所需的搭桥贷款来自纽约的大型清算行。

而当清算行认真核查合众国银行账簿时，才发现问题的严重性：合众国银行不仅账目混乱，旗下一些子公司持有的抵押贷款还存在不少法律问题，于是决定放弃收购计划。合众国银行的未来命悬一线，经不起任何风吹草动。而此时一位小商贩的提款要求捅破了这张窗户纸——令所有人都万万没想到的是，这个不经意的要求撼动了美国金融市场的基石，彻底动摇了人们对金融业的信心。

就在合众国银行发生挤兑的第二天，股市迅速反应，该行股价一泻千里，从当年最高时的 91.5 美元下跌至 3 美元。绝望中，纽约州银行监理约瑟夫·布罗德里克（Joseph Broderick）召集华尔街主要银行开会，准备筹集 3000 万美元救助合众国银行以及成千上万的储户，并警告华尔街大佬们，合众国银行的命运直接牵涉另外 10 家银行的生存，如果合众国银行倒闭，将会出现恶性循环。

监管当局的请求遭到以摩根为首的华尔街金融家的拒绝。当时，华尔街的金融机构都有各自的圈子，圈内和圈外界限分明。1929 年股市崩盘后，华尔街曾毫不犹豫地慷慨解囊，救助了圈内集商业银行、投资银行为一身的基德·皮博迪（Kidder Peabody）公司，而合众国银行在华尔街正统银行眼中是外来户，又是犹太人开的，而犹太人当时在华尔街是被歧视的对象。另外，华尔街的冷漠态度也同合众国银行的客户背景有关。由于客户主要是服装业的中产阶级，来自工人阶层，该行在华尔街被戏称为"熨衣（pants-pressers）银行"。

监管当局组织的解救行动失败后，布罗德里克说："这将是华尔街在纽约银行史上犯下的最大错误。"合众国银行倒闭案在当时来说，无论是在规模上还是在性质上都是前所未有的。合众国银行宣告破产后的审计结果显示，其倒闭时欠40多万客户总共2.86亿美元，两位行长以欺诈罪被指控，在监狱里结束余生。

在处理该行倒闭的问题上，纽约监管当局由于未能及时采取行动挽救局面一直受到各界指责。另外，华尔街也错判了形势。尽管这家银行代表着外来银行，但在整个金融体系中起到的作用是一样的。在当时紧张的环境下，纽约任何一家银行出事对储户心理产生的影响都远远超过其他州数百家银行的倒闭。合众国银行诱发的大规模银行挤兑让政府和华尔街始料不及，引爆的是一场史无前例的银行危机，让整个局势一发不可收拾。

挤兑潮势如破竹

合众国银行倒闭后，更多类似的欺诈丑闻被公之于世。密歇根州联合兴业银行（Union Industrial Bank）的员工在过去几年的时间里拿着储户的钱去投机股市，赔个精光，被迫关门。[1]银行股价继续大跌，股票早已成为一张废纸，广大民众辛辛苦苦积攒下来的财富瞬间蒸发。一名在合众国银行存有2万美元的妇女由于取不出现金而上吊自杀；一家意外伤害和保证保险公司（Equity Casualty and Surety Company）在对合众国银行100多万美元的投资成为泡影后宣布破产。社会对银行的信任一夜之间消失。恐惧、疯狂、绝望的情绪弥漫街头巷尾。合众国银行倒闭一周后，银行挤兑很快就从纽约传染到费城，又迅速波及波士顿、芝加哥、托雷多和圣路易斯等多个城市。

欧洲的银行危机以及英国撤出金本位等事件使美国银行的处境雪上加霜。1931年5月，奥匈帝国时期最大的银行，也是"一战"后奥地利的核心银行——奥地利信贷银行（Credit-Anstalt）倒闭，引发波兰和匈牙利等国银行的挤兑；6月，德国一家大型纺织公司倒闭引发银行挤兑并传染到同德国银行关系密切的中东欧和中东地区；7月，德国三大银行之一的达纳特银行（Darmstädter und National Bank，Danat-Bank）关门；一直处于收支赤字的英国，承受着更大压力，德国、奥地利多地银行停业，冻结了英国的信用，威胁到英国的金本位。英国为了应对货币危机撤出金本位制。欧洲央行和私人投资者猜测美国货币当局会采取相同的行动，便迅速在纽约市场上将美元换成黄金，引发了市场上的恐慌。为了制止黄金外流，联邦储备

1　John Kenneth Galbraith, "*The Great Crash 1929*", Mariner Bookstore, 2009, p.134.

体系于当年 10 月 9 日和 16 日两次调高贴现率，从 1.5% 上升到 3.5%，上调幅度前所未有，导致更多美国银行出现经营困难，再次掀起银行恐慌。这次危机发生在芝加哥，一些银行投资的房地产出现大幅度贬值，导致储户挤兑银行。

这样一来，银行危机从地区扩大到全美各地，挤兑浪潮不可阻挡。全美所有银行的行长都承受着巨大的压力，客户一进门，银行就感到紧张，有些银行经理甚至要求柜员放慢点钞速度，故意延长时间，结果队越排越长，大众的情绪更加急躁，银行只好提前关门。1933 年 3 月，美国银行体系彻底瘫痪。

恶劣气候加重危机

似乎股市崩盘和银行挤兑还不够见底，老天爷也偏偏在这个时候雪上加霜。从历史上看，经济的萧条与政权的更迭往往同当时的自然气候有着千丝万缕的联系，气候变化在历史进程中起着不可或缺的作用，大萧条期间也不例外。恶劣的天气进一步加剧了大萧条时期的苦难，让原本凄凉的景象增添了更多悲壮的色彩。

由于农田年复一年的过度耕种，农民只知道大规模种植庄稼，却忽视了对自然生态的保护，遭到大自然的强烈报复。1934 年，北美发生了千年以来最严重的干旱，[1] 且持续长达 10

---

1 Benjamin Issac Cook, *The Worst North American Drought Year of the Last Milliennium:1934*, NASA, 2014.

年之久，不仅严重影响到农业产量，还导致沙尘暴的频繁侵袭。1932 年美国共发生 12 起沙尘暴，到了 1933 年增加到 38 起。1934 年 5 月 9 日深夜，沙尘暴终于从量变发展到质变，突如其来的沙尘暴从蒙大拿州和达科他州刮起，席卷了美国整个大平原地区，先是横扫芝加哥，后又肆虐波士顿和纽约，风速达到每小时 65 英里，黑云遮日、排山倒海，像恶魔一样吞噬着世间的一切。约有 1 亿公顷的农田表层土被狂风掀走，疾风扫过，卷起尘土，在空中盘旋数英里，地里的种子全部被吹散。

艾维斯·卡森（Avis D. Carson）在《新共和》杂志撰文回忆沙尘暴的感受时写道："就像是有人用铁锹往脸上扔沙子，一些人被困在自己的院子里，摸着黑找家门，路上的车根本无法行驶，全部停下来，有些车被狂风刮走，也有一些被埋在沙堆中。由于没有光线可以穿透这厚厚的沙尘，公鸡竟在白天打起鸣来。"[1]

沙尘暴破坏了土地、摧毁了庄稼，靠天吃饭的农民在天灾中深受其害，失去了赖以生存的土地，也失去了养家糊口的来源。在乡村，不仅人瘦骨嶙峋，牲口也奄奄一息。农民用农场作抵押，从银行贷款买种子，原准备收获后还钱，但天灾将计划彻底打乱。农民连自己都养活不起，更无力偿还沉重的银行贷款。

1 Bill Ganzel, "Farming in the 1930s:The Dust Bowl", Livinghistoryfarm.com.

天灾造成 50 多万农民无家可归。失去农场的农民们在绝望中带着全部家产,背井离乡,浩浩荡荡走向西部加州地区,寻找生存的希望。美国摄影家多萝西娅·兰格(Dorothea Lange)的经典作品《迁徙中的母亲》是大萧条最震撼人心的真实写照。照片中的女主人汤普森是七个孩子的母亲,她的丈夫死于肺结核。为了寻找生路,她带着孩子们绝望地离开家乡,流离失所,期望找到一份工作。拍照时,她们正滞留在加州尼波莫的一个迁徙劳工农场,家庭靠孩子们打的鸟和从附近一片野地里挖来的野菜糊口度日。兰格及时捕捉到了这位母亲瞬间的心境,那双呆滞、绝望、满含着辛酸的眼睛遥望着远方,对即将开始的求生之旅表现出心灵深处的迷茫。

社会矛盾一触即发

大萧条的阴影笼罩着全美各个角落,农民失去土地等于丢掉了生存的依靠,而城里人失去的不仅是工作,还有做人的尊严。大萧条期间,全美失业率高达 25%,具体来说就是全美有 1300 万人丢掉了饭碗,涵盖社会的各个层面。

股灾和银行挤兑摧垮了民众的信心,消费和需求不足让实体经济遭受重挫,各行各业的情绪降至冰点。地面交通持续减少,商家的商品无人问津,昔日人声鼎沸的工厂空空如也,再也听不到机器的轰鸣,也见不到工人的身影。处于绝望中的工人出于本能的冲动开始行动起来,福特公司的红河工厂(Ford River Rouge Plant)有 3/4 的工人失业,失业工人到工厂大门前举行大规模游行，要求工作。在一片混乱中，工厂保安对人群开枪，打死 4 人，打伤数人。城市建筑工人也是失业人数最多的人群，房市崩盘让他们无工可打，于是在市中心举行声势浩大的集会以及饥饿大游行，发泄着对政府的不满。

大萧条仿佛一下子抹平了社会各阶层的差异。在纽约繁华街区聚集的无家可归的人群中到处可见中产阶级大军，一些享受过舒适生活、曾频繁出入乡村俱乐部的中产家庭，由于将全部资产押注在股市上血本无归，靠贷款养的房子被没收，汽车和家具被变卖，无奈之下，只好搬到贫民区的政府临时安置房。城镇郊区和高速公路边随处可见的简易房构成了一道苍凉的风景线，这些简陋住处是用碎木块、硬纸板甚至报纸等最便宜的材料盖的，其中最大的一个贫民区位于哈德逊河畔的曼哈顿西区。具有讽刺意味的是，在经济鼎盛时期，那里曾是富商游艇的停靠地。也有一些白领在廉价旅馆或地下酒吧过夜。连昔日工作体面的教师和风度翩翩的律师在失业后为了温饱，也不得不弯下腰来干起搬运工之类的体力活，以养家糊口。

退伍老兵也成为大萧条中的牺牲品。美国国会曾于 1924 年通过《"一战"调整补偿法案》，承诺为昔日奉献战场的老兵发放 25 亿美元的奖金凭证，每张凭证都有具体的奖励金额，50 美元以下的可以立即付现，其他金额的凭证 20 年内有效。但如今政府两手空空，无法兑现承诺——按照当时政府庞大的预算赤字估计，发放这笔钱就意味着联邦政府的彻底倒闭。

老兵们无法接受。1932年5月，这些参加过"一战"的老兵拖家带口，涌到华盛顿特区，举行声势浩大的"奖金大游行"，并在靠近国会山台阶的地方安营扎寨，向政府要求兑现战时服役应得的奖金。为了保护首都的秩序，联邦政府派出麦克阿瑟、巴顿和艾森豪威尔的部队进入美国首都，战马、军刀齐亮相，强行驱赶游行大军，并将老兵们的临时帐篷烧毁。尽管一些有良知的士兵不愿用武力对待这些在战争中做过贡献、手无寸铁的老兵，但在驱散游行队伍的过程中还是发生了擦枪走火的意外事故，一些士兵在放催泪弹时将游行者怀中的婴儿误杀。

媒体的渲染加重了事件的严重性，让胡佛政府名誉扫地。《新共和》杂志这样写道："这样对待打过仗的老兵们，情理何在？""在和平时期，政府使用部队镇压手无寸铁的民众，这对未来构成巨大威胁，其本身就是一场革命。"几个月后，华盛顿仍处于战争气氛中，政府机关戒备森严，街道上到处可见荷枪实弹的警察。

大萧条考验着美国人的心理承受能力。他们无论如何也难以接受一个美好的理想社会居然以这种方式凄惨地结束了，无法承受昔日的社会地位和个人价值就这样突然丧失，深深的屈辱，令许多人在绝望情绪中不能自拔。一些失业者喝过闷酒后选择以自杀的方式逃离这个世界，其中还有一些丢掉工作的银行家，由于不堪忍受邻里和家人的指责，选择与这个世界告别。各州发生的自杀、暴力和社会动乱在各类媒体上屡见不鲜。大萧条期间，美国社会自杀率创下每万人中就有 17 人自杀的纪录，自杀人群以中年人居多。

国家陷入无政府状态，全社会暴力冲突不断，打架斗殴和因付不起房租被撵出家门的事时有发生，芝加哥市长被杀，纽约州长也险遭杀害，艾奥瓦州和明尼苏达州的农民拿起武器，抵抗银行没收其农场。社会动荡让人对未来忧虑重重，那些怀揣"美国梦"的外来移民眼看梦想落空，也做起抬腿走人的打算。

大萧条动摇着维系社会的价值观，绝望中的人们需要一种信仰，法西斯以及各种激进党派在特殊的历史时期粉墨登场。一些政客们甚至公开叫嚣，要求政府实施独裁统治以应对危机，一些地区开始公开讨论革命的可能性。不断积聚的各种社会矛盾一触即发。

罗斯福救火

面对一团糟的经济基础数据，政治上的角逐愈演愈烈，民主党和共和党相互指责，阴谋论甚嚣尘上。胡佛政府一直不承认政策失误，认为是有人蓄意破坏，同时怀疑国际上也存在着一股邪恶势力，企图破坏美国市场，并将矛头直指欧洲资本家，还指责犹太人内外勾结，意在搞垮美国市场。

银行与公众不断向政府施压，要求迅速采取解救措施。

万般无奈之际，胡佛总统动用了最后一根救命稻草。1931年9月，胡佛总统召见当时的美联储主席尤金·梅耶（Eugene Meyer），提出成立一家私人公司提供紧急救援，以缓解流动性危机。随后，总统将美国25家主要银行的负责人叫到白宫，商议由每家银行出资2500万美元建立一个全国性的信用池子，称为国家信用公司（National Credit Corporation）。具体的救援做法是银行将资产卖给该公司获取现金，为奄奄一息的经济注血，政府对这家公司只予以法律上的承认。银行家们考虑再三，觉得不划算，认为既没有担保品，也看不出如何赚钱。一些银行当场拒绝，还有几家银行口头上答应，但没有任何行动。银行冰冷的拒绝让胡佛政府陷入绝境，对大规模失业、饥饿和贫困等一系列问题再也没有招架之术。尽管胡佛总统想方设法劝说民众自力更生、勤奋工作、共渡难关，但在残酷的现实面前，政府的说教早已失去任何感召力。

在国家处于最危难的时刻，公众期盼着具有领导力的舵手站出来，稳定民心、力挽狂澜。时代呼唤英雄，也造就英雄，历史在恰当的时候选择了恰当的人。1932年11月的美国大选，候选人有三位，他们是：共和党的时任总统胡佛、民主党的纽约州长富兰克林·罗斯福和社会党人诺曼·托马斯，对决主要在胡佛与罗斯福之间展开。大选结果毫无悬念，罗斯福以2280万张选票对胡佛的1570万张选票取得压倒性胜利，选举团选票为472票对59票，可谓众望所归。

罗斯福出生在纽约，是一个富人家庭的独生子，1900年考入哈佛大学，五年后又到哥伦比亚大学法律系深造。罗斯福的政治生涯始于竞选纽约州的民主党参议员，1920年有机会作为民主党代表竞选副总统，但不幸败下阵来，他于是从政界转向商界。1921年8月，罗斯福带全家休假时，在扑救了一场林火后，跳进冰冷的海水，却因此患上脊髓灰质炎，双腿再也没能恢复，成为历史上有名的带病总统。

作为政治家，罗斯福不愿让人们看到他脆弱的一面，在公开场合努力掩饰身体的缺陷。尽管有时很痛，他仍借助腿部支架和腋杖吃力地保持站立。1928年，罗斯福重新步入政坛，成为纽约州长。如今，成功当选总统的罗斯福，面对突如其来的全国性危机，内心也没有多少招数。他曾在亚特兰大一所大学的毕业典礼演讲中坦露："这个国家需要大胆、持续的试验，找个方法去试错，错了，纠正错误再去试。"

尽管困难重重，但作为一名政治家，罗斯福仍然得到了千载难逢的机会。前任总统胡佛的无能更衬托出罗斯福总统卓越的领导才华。面对上一届政府留下的烂摊子，罗斯福面临的头等大事就是扭转局面。1933年3月4日，在全社会对资本主义制度的一片质疑声中，罗斯福站在讲台前，开始了他的就职演说。台上放着一只展翅欲飞的山鹰，象征着国家复兴的希望。

罗斯福不负众望，一改胡佛在任期间的政府形象，放下身段，把美国人民的利益放在首位，对广大民众的疾苦表示了同情与关怀。他在就职讲演中的立场完全站在大众一方，将银行家说成美国民众的剥削者,把经济困境归结于少数人的掠夺。在演讲的最后,具有演讲才华的罗斯福不无煽情地说:"在此,我向你们,向我自己,提出一个面对全体美国人民的'新政',这是一个郑重的承诺,一个誓言。"

新政府上台必须树立一个崭新形象,需要设计一些新的经济、社会和政治理念,特别是需要提出一些振奋人心的口号,以体现出与前任总统的不同之处,让深陷危机中的民众看到希望与光明。罗斯福上台后,以"新政"(New Deal)一词涵盖陆续推出的"一揽子"经济解救计划,开启了政府全面干预经济的时代。

"新政"这个词出自总统演讲词的写手、律师出身的萨姆·罗斯曼(Sam Rosenman)的创意。罗斯曼毕业于哥伦比亚大学法学院,曾在纽约州议会和纽约最高法院工作过,在罗斯福任州长期间就成为其智囊。由于罗斯曼对总统的沟通能力与表现意图了如指掌,写作工作也相对容易。他在同罗斯福总统就"新政"一词商讨时,立即得到后者的认可。但实际上,连罗斯福自己也搞不清"新政"到底要做什么,他只知道要不惜一切代价将国家拉出泥潭。

尽管罗斯福在就职演说中多次重复"新政"一词,但远没有达到预想的轰动效果,众多媒体并未给予特别关注。就职演说后的第二天,只有纽约的一家小报《纽约世界电讯报》(New York World Telegraph)编辑部以卡通的形式将"新政"一词作为演讲亮点提了出来:卡通画了一位农民仰视头顶上的飞机，机翼上涂着"新政"字样。不料想，正是这幅卡通画引爆了"新政"一词的广泛传播，深深触动了千千万万美国民众的心，其他媒体也迅速跟进，纷纷在头版以醒目的标题开始报道"新政"。

其实，"新政"这个词在罗斯福使用前早已纳入英语词汇，美国大作家马克·吐温和亨利·詹姆斯都曾在不同场合使用过，但罗斯福在特定时期的演讲中赋予了"新政"这个词另一特殊的意义，大家都没有料到"新政"会成为美国历史的转折点。

"新政"纲领的设计团队由罗斯福总统智囊团中的三位哥伦比亚大学著名教授组成，他们是雷蒙德·莫利（Raymond Moley）、雷克斯·塔格威尔（Rexford Tugwell）和阿道夫·伯利（Adolf Berle）。这三位教授包揽了"新政"行动纲领的顶层设计。

银行假日

罗斯福宣誓就职之际，正是全美陷入银行危机之时，美国各州几乎无一幸免，都在经历着一浪高过一浪的银行挤兑。1931年9月，英国突然撤销英镑兑换黄金的承诺，也就是取消了金本位，引起全球一片哗然。投资者担心美国也会发生同样的情况，于是纷纷将美元资产换成黄金，以防万一，导致美国黄金储备大幅缩水。

针对外界对黄金流失的激烈反应，纽联储于10月初调高贴现率，通过提高美国金融资产的相对收益，鼓励资金留在美国。到了 10 月底，尽管投资者争兑黄金的风潮止住了，但银行储户提取现金的势头仍有增无减，银行恐慌逐渐从区域向全国蔓延。一些焦虑的美国人将从银行取出的钱放到床垫下，或者埋在后花园，造成日常生活中的流动性紧张，影响了经济的正常运转。

为了缓解银行体系的资金紧张局面，美国国会于 1932 年 1 月创建复兴金融公司（Reconstruction Finance Corporation，RFC），向陷入困境的银行和铁路行业贷款，但大部分银行不领情，不愿接受救助。这主要是担心在当时紧张的环境下，外界对银行借款行为会产生过度反应，认为银行存在大问题，等于引火烧身。

尽管 1932 年夏经济一度出现好转的迹象，但好景不长，到了年底，银行倒闭潮又一次袭来。内华达州以及其他几个州的银行先后被迫停业，以临时缓解银行资金短缺危机。1933 年 2 月初，路易斯安那州的银行宣布放假一天，目的是让当地一家遭受挤兑的海伯尼亚银行（Hibernia Bank）有时间运送更多现钞，暂时避免挤兑。不曾料想，银行停业的行动进一步加剧了恐慌情绪，又引发出更大规模的挤兑高峰。

与此同时，美联储再次通过提高贴现率和在公开市场收购票据等手段，减缓黄金兑换。为了应对纽约地区的大规模黄金提取，芝加哥联储银行还应纽联储的请求伸出援助之手，接连于 1933 年 3 月 1 日和 2 日向纽联储提供贷款。但由于担心自己的准备金率不足，芝加哥联储银行于3日拒绝了纽联储的再次请求。

美联储作为银行最终贷款人如今自身难保。先是于3月3日宣布暂停黄金储备要求、4日宣布关门，纽联储也迅速宣布关门，停止运送黄金。联邦储备银行的关闭再次掀起波澜。由于各地银行拿不出更多的现金满足客户的提现要求，各州政府只好要求银行要么在某一个时段停业，要么彻底关门。加利福尼亚州、华盛顿州、伊利诺伊州等先后宣布银行放假三天。随后，纽约州、密歇根州也纷纷宣布银行放假八天。

形势万分危急。罗斯福于1933年3月6日上台后采取的第一个行动，是在记者招待会上宣布全美范围的银行假日（Banking Holiday）。银行假日原本指英国及英联邦国家银行的公共假日，在大萧条期间，成为银行关门整顿的代名词。全美所有银行一律停业三天。其间，美联储停止同所有银行和金融机构的一切交易，包括黄金的运送。政府关闭银行行动的法律依据是战争时期出台的《1917年对敌交易法》（Trading with the Enemy Act of 1917），该法不仅禁止同敌国通商，也包括禁止那些有可能对敌方有帮助的行动。

尽管政府有权关闭银行，但毕竟还须走法律程序。1933年3月9日，也就是宣布全国范围银行假日四天后，罗斯福总统签署《1933年紧急银行法》（Emergency Banking Act of 1933，以下简称《紧急银行法》）。由于时间紧迫，法案文本来不及印刷，众议院在讨论时，只有一份文本，无奈之下，只好由众议院银行与货币委员会主席亨利·斯蒂格尔（Henry Steagall）大声朗读后，在当晚的国会联合会上的一片混乱中草草通过。

《紧急银行法》将罗斯福总统颁布的临时总统令合法化，规定银行假日期间，所有银行一律停止任何形式的业务，其中包括支付、存款、贷款、贴现或外汇交易；禁止采取有利于囤积行为的任何行动；只有经政府审查合格的银行才可重新开业，否则就是非法行为。

《紧急银行法》取消了金本位，禁止黄金出口并授权财政部负责收缴黄金，要求所有美国人无条件将自己拥有的黄金以市场价卖给国家，换取美元。同时，美联储还承诺向社会无限量供应货币，让银行重新开张，这相当于为银行提供了100%的存款保险。

尽管此前美国人曾或多或少遭遇过一些危机，但大多是局部性危机，规模小而且危害有限，如此大规模的银行危机在他们的有生之年还是头一遭。银行假日第二天，美国成了一个没有现金的社会，起初人们并未感到有多大差别，一些商家对信誉好的客户赊账，继续营业，也接受一些写有具体金额的个人支票，只是找钱时缺少现金。但随着社会上流通货币的减少，日常生活中的现金交易出现困难。人们应对社会现金缺失的方式也是花样百出：一些地区印制了新型货币代金券，使用支票可以兑换代金券，由银行担保接收；还有一些地区回归到原始状态，以物易物，铁匠给马钉马掌收取土豆、医生给病人看病换几斤粮食。最让人叹为观止的是当时纽约举办的橄榄球大赛，门票是用各种等价物交换而来的，比赛结束后，体育场一盘点，收到的等价物从帽子到手绢五花八门。

炉边谈话

罗斯福总统在领导力方面的特殊才能之一就是与公众的沟通。为了安抚民心，总统需要表演，甚至有时形式重于内容。罗斯福在这方面具有超常的天赋，他那富于煽动性的表达和充满磁性的声音体现着个人魅力，在取悦与说服民众方面运用自如，形成一大批"粉丝"。

为了赢取民心，罗斯福在沟通方式上也煞费苦心。他并不像以往政客一样，通过电台发表正式演讲，而是选择在寒冷的冬夜，借助收音机与民众炉边谈心。在当时那个年代，收音机是受众面最广的媒体，同时也没有比炉边谈话更具亲和力的沟通形式了。

炉边谈话成为罗斯福恢复民众自信和公共秩序的窗口。1933 年 3 月 12 日，罗斯福在第一次炉边谈话中，向民众耐心解释《紧急银行法》，并告知民众政府有足够的资金应对危机，消解人们的疑虑与怨恨，让人们从饥饿和贫困中看到希望和光明。"不要把钱放到枕头下，要对银行有信心"，"金融体系调整中，比货币和黄金更重要的是人们的信心"，

"让人恐惧的是恐惧本身"。陷于极度焦虑中的美国民众坐在收音机前，听着总统的亲切话语，似乎得到了一丝精神安慰。

罗斯福的炉边安抚初见成效，民众的恐慌情绪得到缓解。3月13日，罗斯福在炉边谈话中宣布，12家联储成员行重新开业；3月14日，那些被认可的清算行所在地银行（约有250个城市）重新开业；3月15日，约有一半被政府官员审核通过的银行重新开业。银行门前又出现了排队景象，不过这次人们不是取现，而是将钱重新存入银行。到了3月底，2/3被提取的现金重新回到银行。社会上也逐渐把将钱存放在银行视为爱国护国行为。截至4月中旬，联储成员行的存款增加了10亿美元，黄金也迅速回流到联储和财政部。银行假日结束后，有3900家银行从此再也没开门。《紧急银行法》是罗斯福总统在全国陷入混乱之际的临时补救措施，不仅为银行重新开门提供了法律依据，在恢复民众信心方面也起到了重要作用。

银行危机的根源

9000多家银行停业引发的银行危机是大萧条期间最重大的事件。除外部宏观经济环境的冲击外，缺少行之有效的监管机制和应对危机的措施以及商业银行的激进战略是银行危机背后深层次的原因。

双重体系标准不一

美国在银行监管方面实施的联邦和州一级双重体系，造成了银行准入和业务监管方面缺少统一标准，导致银行数目繁多，经营风险高。

美国双重监管体系有其深刻的历史背景。殖民地时期，各类政府机构监管的最初目的是扩大金融权力。建国初期，由于当时的美国政府不愿给予商业银行联邦法律地位，在宪法中将一些货币供应权分散给地方政府，于是，各州纷纷创建了自己的监管机构。随着银行逐渐成为地方政府主要收入来源之一，联邦和州政府开始在银行监管权方面展开争夺。[1]由于各级政府机构都不愿丢掉监管权力，因此，每一次监管权争夺的结果都导致更加复杂的监管结构。

建国之初，美国第一任财长亚历山大·汉密尔顿（Alexander Hamilton）曾提出联邦银行的概念。1800年代初期到中期，美国政治家亨利·克莱（Henry Clay）提出的"美国体系"（The American System），则设计出具有前瞻性的"国民经济发展计划"，其中包括联邦政府负责建设跨州高速公路和运河、通过保护性税收扶持新兴产业以及设立国民银行。最终，林肯总统为了满足美国内战对资金的迫切需求，

1　Jacob H.Gutwilling, "Glass Versus Steagall: The Fight over Federalism and American Banking", *Virginia Law Review*, Vol.100, No.4, p.772.

采纳了克莱的建议，向国会提议成立国民银行。[1]经过几番周折，最终参议院以两票的微弱优势通过了《1864年国民银行法》（The National Banking Act of 1864，以下简称《国民银行法》）。

这是美国银行史上第一部关于统一管理全国银行和金融业的联邦金融法案。《国民银行法》在当时的州立银行体系之上，创建了国民银行体系。国民银行体系的设计借鉴了州自由银行法规中有关银行公司的概念，一改以大城市银行为中心在各州设立分行的模式，而是采取了由多个独立的机构根据联邦执照运行，执行统一的联邦政策，受联邦货币机构监管，但由私人控股和管理的模式。

为了避免州政府对国民银行的干预，《国民银行法》还创建了联邦层面的监管机构——货币监理署（Office of the Comptroller of the Currency，OCC），隶属美国财政部，负责人为监理署长（Comptroller），负责国民银行的发照、监管、持有国民银行存放的财政部证券以及纸币的印刷。货币监理署统一了国家纸币的外观和质量，一改成百上千种州纸币共存的混乱局面。另外，为了控制银行的纸币发行量，货币监理署要求国民银行必须持有一定比例的财政部证券。

这样一来，美国便出现了同一个州的银行面临不同机构监管的局面；金融机构可以从州监管办公室获得州银行执照，也可以从美国货币监理署获得国民银行执照。州立银行关注

---

1 "National Banks and the Dual Banking System", occ.treas.gov., September, 2003.

的是地域性和多样化，而国民银行强调的是同一性和标准化。

联邦政府在内战期间设计国民银行体系的目的是替代州立银行。[1] 在联邦政府的鼓励下，1865 年，1500 家国民银行中有 800 家是从州立银行转变而来的，其余是新成立的银行。国民银行体系的扩张遇到了地方势力的阻碍。由于州立银行转为国民银行的数字未达到预期目标，意味着州立银行发行的纸币在当地仍处于主导地位。为限制州立银行的发展，制止其发行的纸币蔓延，国会于 1865 年对州立银行发行的纸币课以 10% 的重税，而国民银行发行的纸币则予以豁免，以此鼓励更多州立银行申请国民银行执照。由于州立银行必须转为国民银行才可以发行新的国民银行纸币，一些州立银行从盈利角度考虑逐渐转换为国民银行。到了 1870 年，全美国民银行总计 1638 家，州立银行只剩下 325 家。

尽管沉重的税收最终消除了州立银行纸币的流通，但到了 1890 年，随着支票取代纸币成为新的交换媒介，州立银行的主业顺势从发行纸币转到吸收存款和提供支票账户服务之上，州立银行不但没有被替代，反而东山再起。国民银行体系设计者的初衷落空，双重银行体系就这样延续了下来。

双重银行体系自然会出现监管竞争。从理论上讲，国民银行体系问世后，州一级监管框架应该同联邦监管框架大同

1　Kenneth E.Scott, "The Dual Banking System: A Model of Competition in Regulation", *Stanford Law Review*, Vol.30, No.1 (Nov., 1977), p.9.

小异，但由于地方利益集团的影响，同时考虑到当地的特殊情况，更是为了不让州立银行体系成员流失，州立法机构会制定一些有利于本地银行业发展的监管标准。因此，各州银行厅在市场准入、资本金和存款准备金要求等方面存在着不同程度的差异，权力和资源的使用也各不相同。

美国政府和公众对大型银行有一种先天的抵触情绪，担心银行权力过于集中。为了保护地方中小银行利益，大多数州只允许银行设有一个办公地点，人们将这种没有分支机构的银行体系称为单一银行体系（Unit Banking System）。在国民银行体系诞生后，出于对国民银行的敌视，州政府延续了传统做法，限制国民银行在当地设立分行。1920年前，只有州注册的银行可以在州法律许可的情况下设立分行，国民银行不得设立分行，只能在其注册的办公楼里经营业务。

尽管1927年出台的《1927年麦克法登法》（McFadden Act of 1927）原则上禁止跨州设立分行，但允许国民银行在所在州法律许可的情况下设立分行。[1]由于州政府不愿松口，美国仍是单一银行的天下。1920年代，单一制银行数目超过28500家，达到顶峰。在州政府保护下，多数单一制银行享受着近乎垄断的业务，很少受到监管。由于业务单一、风险集中，这些银行经不起任何风吹草动，当地经济的波动时常导

1　Kris James Mitchener, "Bank Supervision, Regulation, and Instability during the Great Depression", *The Journal of Economic History*, Vol. 65, No. 1 (Mar., 2005). pp.158-164.

致银行关门。

州政府与联邦政府在颁发银行执照方面的不同标准，以及州政府强烈反对设立分行的做法导致美国银行业银行总数多，但经营规模有限。大萧条期间停业的银行中大部分为单一制银行。

乏力的央行——联邦储备体系

国家的货币和金融事务需要强有力的管理者，在欧洲那些国际贸易频繁的国家中最早出现了中央银行的雏形。1668年，英格兰银行的诞生为其他国家创建中央银行提供了模板，然而，由于美国各州政府以及民众的抵触，央行在成立过程中困难重重，危机爆发后，也难以担当收拾残局的最终贷款人角色，以致危机蔓延。

美国最初扮演着中央银行角色的是两家联邦政府成立的银行。1791年，华盛顿总统在位时期，在当时的财长亚历山大·汉密尔顿的推动下，国会批准成立了美国第一银行（First Bank of the United States），总部设在费城，期限为20年。这也是当时美国规模最大的公司，由大型银行和货币利益集团控制。当时农业意识浓重的美国人强烈反对权力和规模过大的机构。当美国第一银行的营业执照于1811年到期时，国会以一票优势拒绝了续约。

1816年，政治气候再一次偏向设立中央银行的想法。在詹姆斯·麦迪逊（James Madison）总统的推动下，国会同意创建美国第二银行（Second Bank of the United States），也是 20 年期限。美国第七任总统安德鲁·杰克逊（Andrew Jackson）在任职期间强烈反对这家由金融财阀控制的银行。1836 年，当美国第二银行执照到期后，杰克逊拒绝续期。其实，美国第一银行和美国第二银行都不是现代意义上的中央银行，只能算是全国性的商业银行。在银行监管方面，由于交通和通信方面的困难，加上不熟悉当地情况，这两家银行只提供一些指导性指令，大部分监管工作交由地方监管当局自己把控。

自美国第二银行执照到期后的 70 年里，美国进入了没有任何监管体系的自由银行时代（Free Banking Era）。1837 年，密歇根州率先通过《自由银行法》。一年后，纽约州也紧随其后。在当时，"自由银行"这个词指的是一种自由准入和以债券担保发钞的银行体系。任何人只要有规定的最低资本并购买州政府债作为银行发行流通纸币的担保，就可以获得行政办公机构发放的执照办银行。如果银行出现违约，州政府会将证券出售偿还纸币持有者。内战爆发前，美国一半的州都实施了《自由银行法》。

为应对商业需求，银行开始提供活期存款和支票服务。面对支票交易增加，纽约市于 1853 年仿效英国成立了纽约清算所（New York Clearing House），为城市银行交换支票账户结算提供渠道。清算所通过将成员行的资源集中，在危机时刻，扮演最终贷款人的角色。但清算所的成立并未减轻银行恐慌。尽管财政部和私人银行在制止银行恐慌方面也分别采取过行动，但都属于临时行为。

为了防止金融危机，联邦政府曾进行了一系列尝试，不断纠正银行体系存在的缺陷，但改革步伐缓慢。1907年，华尔街投机交易失败，引发严重的银行恐慌，促使政府痛下决心改革银行体系。尽管大家都意识到银行体系需要彻底改革，但在如何搭建新结构方面存在巨大分歧。

在银行倒闭潮的危急时刻，国会临时出台了《奥德里奇－瑞兰法》（The Aldrich-Vreeland Act），在危机期间提供应急货币并创立了国民货币委员会（National Monetary Commission），寻求对银行体系问题的长期解决方案。委员会实际上是一个专家研究小组。在花了将近两年的时间、完成对国内和欧洲银行的调研后，研究小组得出结论，美国应该和欧洲一些国家一样建立一个中央银行，并最终提交了改革提案，即"奥德里奇计划"（The Aldrich Plan）。

在起草计划的过程中，奥德里奇议员曾同华尔街银行家在距佐治亚州海岸不远的小岛上秘密讨论银行改革，其中的一些建议更成为"奥德里奇计划"中的核心观点，于是这次著名的"哲基尔岛会议"（Jekyll Island Meeting）成为阴谋论者认定华尔街操纵美联储最强有力的证据。"奥德里奇计划"提出的具体建议是：设立国民储备协会（National Reserve Association），行使中央银行的功能。尽管该协会在形式上借鉴了纽约清算所以及欧洲央行的做法，但又有自己的特色。国民储备协会总部设在华盛顿，在具有战略意义的地理区域设立分行。

"奥德里奇计划"一出笼就受到改良派的猛烈攻击。其实，在当时的政治背景下，凡是同华尔街有关的议案都会遭到参议院的否决，主要问题在于美国国内从政府到公众对华尔街始终不信任。政府与公众不反对银行改革，也不反对成立央行，只是不想让华尔街控制。从地方政府的角度来讲，他们还担心改革的结果会出现联邦权力的集中。

为了解除政府与公众对设立中央银行的抵触情绪，奥德里奇特意强调，这家机构不是一家银行，而是一个由美国所有银行组成的合作联盟，是清算所计划的延伸，并明确了其目的和非常有限的职能。经历了长时间激烈的辩论后，1912年民主党出身的伍德罗·威尔逊（Woodrow Wilson）当选总统后，最终"枪毙"了共和党提出的"奥德里奇计划"。

尽管计划夭折，但其纲要为未来的央行设计搭建了舞台。政治学专业出身的威尔逊总统本人对银行和金融并不熟悉，但为了平衡私人银行的竞争诉求与民众情绪，还是决定在美国设立一家具有自身特色的央行。

在各路专家的辅佐下，经过国会长时间的讨论，1913年12月23日，威尔逊总统签署了由参议员欧文和众议员格拉斯起草的《联邦储备法》（Federal Reserve Act），创建了联邦储备体系（Federal Reserve System），替代了"奥德里奇计划"所建议的国民储备协会。两者最大的区别在于前者更受联邦政府控制。

设计者将联邦储备体系描述为一个良性的协调机构，其本身是政府的一部分，但行使的是公用事业机构的职能，或者可以说是一家"美国金融业的最高法庭"。尽管储备银行成员行持有股份，但不意味着可以管控联邦储备体系的政策和业务，设在华盛顿的联邦储备局（The Federal Reserve Board）为其决策机构。为了防止金融利益集团控制，决策机构的成员除财长和货币署长外，全部由总统任命。

新央行开业不久便赶上"一战"爆发，储备银行贴现银行汇票的能力派上了用场。在储备银行的帮助下，欧洲参战国急需的贸易商品得以顺利运往欧洲。1917 年美国正式对德国宣战后，储备银行又将全部精力放在为战争融资上。

设立联邦储备体系的主要目的是防止流动性危机和银行恐慌。除了设立联邦储备银行外，储备体系还提供弹性货币和商业票据再贴现业务，以及从前由货币中心银行提供的支付清算服务。由于《联邦储备法》并未废除《国民银行法》或取消货币监理署，而是在现有国民银行体系的基础上添加了新一层监管机构，无形中进一步增加了美国监管架构的复杂性，形成美联储、货币监理署和州政府多层监管的局面。

从一开始，美联储便同财政部属下的货币监理署之间在银行监管、检查和信息交换方面不断发生冲突。1921 年，国会曾对货币监理署的重复工作展开调查，但由于两家联邦机构之间并没有出现公开的敌意，而且随着时间变化，关系有所改善，国会也就没有采取进一步行动。

《联邦储备法》要求所有国民银行都成为联储体系成员，州立银行可以自由选择加入，但由于联邦储备成员行在存款准备金方面要求比较严格，因此，大多数州立银行拒绝加入联储体系。联储的贴现窗口行使着银行体系最终贷款人的职能，但贴现窗口只向成员行开放，而且对获得贴现窗口贷款的抵押品有着严格要求。银行危机爆发时，美国共有17583家州立银行，8150家国民银行，停业的银行中有3/4是受州政府监管的州立银行。这让联储在危机关键时刻采取的行动大打折扣。

另外，由于《联邦储备法》并未明确说明联储如何应对危机，导致各地联储银行在应对危机方面行动不一。向成员行提供贴现贷款是每一家联储银行的特权，但一些联储银行并未严格执行，在采取行动方面谨小慎微，或者缺少充足的资源，延误了制止危机的时间，造成恐慌的蔓延。具有讽刺意味的是，由于太多银行同时借款、贴现全部合格票据，提取了几乎所有的准备金，并要求更多流动性支持，作为最终贷款人的联邦储备银行无力应对，被迫于1933年3月4日关了门。

银行间存款加剧危机

大萧条期间，银行间存款网络放大了银行挤兑的实际效果。有学者将银行间存款网络描述为存款准备金的"金字塔结构"，具体来说就是根据监管机构的要求，农村与中小城市的众多银行将存款准备金存放到大城市银行，大城市银行将准备金存放到纽约和芝加哥等金融中心的大型银行。银行危机的爆发将这个网络转变为恐慌传播的渠道，形成客户挤兑农村及中小城市银行、农村及中小城市银行挤兑代理行的恶性循环，放大了大萧条时期的银行恐慌。[1]

美国的银行间存款网络结构是在 19 世纪的跨州商贸往来基础上发展起来的。当时的粮食从平原州运输到中西部和东部加工，棉花从南方运输到新英格兰或海外，海外商品则从东海岸运到内陆。为了服务全美范围的商贸往来，众多单一银行受限于各州对设立分行的规定，必须寻求同货币中心银行建立代理关系，完成跨地区转账和支付等服务，从而形成一个庞大的银行间网络。

1860 年代的《国民银行法》进一步强化了这种"金字塔结构"，其要求农村银行通过将部分准备金放到保险箱，其余 3/5 存放到代理行或中心储备城市银行。州银行监管法也对州立银行提出同样的要求。尽管这种结构很有必要，但在应对金融危机时却很脆弱。在秋收等季节性大规模资金需求高峰时刻，位于农业地区的中小银行很难或根本拿不到准备金。一方面，储备城市银行为了自身安全囤积现金；另一

---

1 Kris James Mitchener and Gary Richardson, "Network Contagion and Interbank Amplification during the Great Depression", Working Paper, No. 16-03, Federal Reserve Bank of Richmond, March, 2016, p.6.

方面，由于资金供应总量相对固定，利率上升反而加重资金紧张。

联邦储备体系的建立旨在减少对银行间存款的依赖，减轻季节性资金短缺压力。1917年修订的《联邦储备法》要求国民和州立联储成员银行全部通过在区域性联储银行存款的方式满足准备金要求。到了1929年，只有10%的州立银行参加了联邦储备体系，90%的州立非成员银行继续在大城市和中央储备城市的银行存款。这样一来，"金字塔结构"依然存在，顶层是纽约和芝加哥的中央储备城市成员行，中层是59个城市的代理银行，底层是农村和城镇银行。由于非成员行不能直接使用联储的贴现窗口，因此只能依靠同联储成员行的代理关系，间接获得流动性支持。

银行间存款网络将联储成员行也暴露在流动性危机中，联储成员行与非成员行之间的存款联系即成为危机的传播渠道。银行间存款外流集中在全美银行恐慌时期，特别是发生在罗斯福宣布银行假日前。外围中小城市和乡村银行的挤兑潮触发了区域性储备城市银行间的挤兑，随之传导到纽约和芝加哥的中央储备城市银行，影响到整个金融体系的稳定。

银企串通一气

商业银行通过控股垄断企业操纵市场，左右市场交易，影响股价走势，造成金融市场丑闻不断，不仅破坏了市场秩序，还成为诱发股市泡沫和银行危机的重要因素。

20 世纪初期，美国的石油、钢铁及电力等国民经济命脉行业出现了一大批垄断企业：美国钢铁公司由散布在十几个州的 228 家较小的公司组成，统领着全美的钢铁市场；洛克菲勒家族控制着全美的石油公司；通用电气（GE）公司直接或间接控制着全国的水和电力生产。

这些垄断企业全部由少数股东拥有，而在这些少数股东背后，可见以约翰·皮尔庞特·摩根为首的少数几家大银行的身影。摩根和他的合伙人在 47 家不同行业的大公司中拥有 72 个董事席位；第一国民银行在 89 家公司拥有董事席位，大通国民银行（Chase National Bank）行长艾伯特·威金（Albert Wiggin）在任期间，曾担任过 59 家公司的董事或受托人。1912 年，参议院成立普约委员会（Pujo Committee），由路易斯安那州议员阿尔赛纳·普约（Arsene Pujo）负责，调查货币托拉斯（Money Trust）。结果发现，摩根和洛克菲勒银行帝国的成员，通过在 112 家公司持有 341 个董事席位，控制着全美将近一半的金融资源。

为了制止银企串通一气，1914 年 10 月，国会出台《克莱顿反托拉斯法》（Clayton Antitrust Act），禁止竞争企业之间相互兼任董事。尽管摩根和一些合伙人为此辞掉了在其他公司的董事席位，但"一战"后，仍有不少银行家继续持有企业董事席位。在"谁持有股份多，谁便说了算"的公司架构中，商业银行通过在一些垄断行业大量持股，不断在公司董事会上行使话语权，对管理层施加压力，想方设法让公司在行业政策和发展战略方面的所有决策，朝着有利于银行盈利的方向制定。另外，银行家不断协助垄断企业完成一笔笔并购，在并购交易中既充当中介又充当主角。

大萧条前的美国，银行的地位和影响力无论是在社会还是在经济层面，都高于联邦政府，各行各业的发展都离不开银行。不知不觉中，商业银行在企业、市场以及任何同市场相关的利益方之间编织出了一张大网，在金融市场上翻云覆雨，让竞争激烈的资本市场充满着肮脏与丑陋。

内幕交易

大萧条期间的银行危机同商业银行在投行和信托业务方面的投机有着直接关系。商业银行通过设立子公司绕开监管，从事证券承销、经纪和投资业务，打破储蓄业务与资本市场界线，推高股市和债市泡沫，为投资者带来大规模损失。

由于美国政府对于各类金融机构混业经营的监管时紧时松，商业银行利用监管漏洞不断扩大其业务范围。1860 年代的《国民银行法》禁止国民银行直接投资和交易股票，禁止向客户直接提供证券和保险产品，反对创建全能银行，但对债券业务却网开一面。

由于所有国民银行必须购买美国国债作为其发行纸币的支持，国民银行借机交易国债、市政债和公司债。除自营债券交易外，国民银行也提供代客交易和投资顾问服务赚取佣金，显然这些业务都处在灰色地带。19 世纪末和 20 世纪初，许多国民银行以《国民银行法》中允许的"其他"相关业务名义扩大业务范围。1903 年，国民银行就做起了外汇交易、证券托管、股票质押贷款和抵押贷款。[1] 法院判决中曾对这些业务的合法性提出过质疑。

由于《国民银行法》的混业限制对州立银行没有约束力，州立银行便直接拓展投行等多样化业务。20 世纪初，为了同州立银行竞争，保持其在金融市场上绝对的垄断地位，纽约几家主要国民银行普遍采用控股公司架构规避法律限制。最早的控股公司架构出现在 19 世纪的铁路和通信业。这种组织架构通过持有其他公司股票，影响其公司管理和行业战略。控股公司相比其他组织形式，具有财务和法律方面的优势，如便于从证券市场融资，从而获得大规模运作资金，并规避一些可能发生的法律限制等。银行设立的控股公司通过在州政府注册证券子公司或并购，可以从事许多受限制的业务并打破地理区域限制。纽约第一国民银行（The First National Bank of New York）于 1908 年成立了第一证券公司（First Security Company），初期设立子公司的主要目的不是发展投行业务，而是购买其他银行的股票和投资。1911 年，纽约国民城市银行（The National City Bank of New York）紧随其后，成立了国民城市公司（The National City Company）。

---

1 Eugene N. White, "Banking Innovation in the 1920s: The Growth of National Banks' Financial Services", *Business and Economic History*, Vol. 13, Papers presented at the Thirtieth Annualmeeting of the Business History Conference (1984). p.93.

然而，商业银行涉足投行业务的进展并不顺利。"一战"前，投行业务是少数金融寡头垄断了铁路与钢铁等行业的筹资业务，依靠的是名望与关系，其他机构很难挤进这个市场。"一战"爆发后，欧洲对资金的强劲需求造就了美国资本市场的红火，几家投行难以满足大规模的市场需求。为了在资金方面支持盟国，美国政府发行自由债券，动员成千上万的民众参与投资，将购买债券视为爱国行为。战争期间，商业银行积极投身政府债券的承销，加速了商业银行灰色业务的发展。在分销渠道方面，商业银行一方面同投行联手，一方面设立自己的投行子公司。1916 年，城市国民银行开始做起证券业务。一年后，大通国民银行获得证券子公司牌照，成立大通证券公司（Chase Securities Corporation），创建证券的承销和批发设施，名字同母公司差不多，实际上在同一个地点办公，为银行客户提供证券服务。

美国参战后，联邦政府鼓励商业银行与投行业务混业，让更多商业银行支持承销和分销自由债，为政府庞大的资金需求筹资。许多商业银行通过参与分销，扩大到证券业务的专业领域。战后，商业银行的投行业务更是如火如荼。1920年代，由于商业银行传统贷款业务受到影响，大型公司客户大多转向发债筹资，由此，国民银行商业贷款对全部盈利资产的比例从 1920 年的 57.5% 下降到 1929 年的 37%。

贷款市场的冷清促使更多商业银行加入投行业务的行列。一时间，信托和投行业务成为银行新的利润来源。由于在证券业务方面，州立银行有更多的自由空间，一些国民银行乘机将执照换成州执照或并购州立银行以增加业务范围。为了阻止更多国民银行"叛变"，国会出台《麦克法登法》，明确授予国民银行交易证券的权利，并允许国民银行在经所在州许可的前提下设立分行，缩小国民银行和州立银行在监管方面的不平等差距。

截至 1930 年，国民城市公司在全美有 60 家分支机构，大通证券公司则有 26 家分支机构。凭借母公司以及子公司庞大的分销网络，商业银行无论是在投行业务还是在证券业务方面都让传统投行相形见绌。1927~1930 年，国民银行子公司发行债券的市场占比从 10.1% 上升到 27.6%，州立银行子公司、州立银行和信托公司的发行份额从 22% 上升到 44.6%。而私人投资银行发行份额从 78% 降至 55.4%。

银行家们在疯狂的年代再次暴露出不惜代价逐利的本性。在监管缺失的年代里，银行控股公司与旗下子公司之间的交易存在着严重的利益冲突，关联公司成为母公司的"赚钱机器"。

1920 年代，许多银行成为"金融百货店"，通过州注册的子公司从事证券承销和交易业务，规避《国民银行法》的混业限制和州政府对跨州业务的限制。商业银行收购同行业的公司，承销母公司发行的或自己发行的证券，并积极参与二级市场股票交易。对于那些大银行旗下的股票经纪公司来说，关联交易意味着用母公司提供的贷款去炒股。

除投行业务外，商业银行还跻身信托业务。20 世纪初到

"一战"期间，银行最大的竞争来自信托公司，信托属于非银行金融服务，法律禁止国民银行从事信托业务。为了同信托公司竞争，一些银行通过设立州注册的子公司做起信托业务。芝加哥第一国民银行 1903 年成立了第一家子公司——芝加哥第一信托和储蓄银行（First Trust and Savings Bank of Chicago），打入信托公司地盘。为了平等竞争，《联邦储备法》不断为商业银行从事信托业务开绿灯。到了 1930 年，34% 的国民银行都获得了信托业务许可。

各类银行同旗下子公司的内幕交易对股市崩盘和银行危机负有不可推卸的责任。

替罪羊——米歇尔

历次金融危机中，政府与民众都需要找到一个发泄愤怒的对象，国民城市银行行长查尔斯·埃德温·米歇尔（Charles Edwin Mitchell）在混业方面的激进战略使其成为大萧条时期的头号公敌。而他的贪婪以及对投机的热衷正是大萧条期间整个银行业膨胀的缩影。

受基督教教义的影响，银行家在公众眼中一直就有原罪。自银行出现以来，银行家就难以摆脱高利贷的不佳形象，一直是社会嘲讽的目标。批评者经常从道德层面去鞭挞银行家贪婪与狡诈的本性，指责其缺少社会责任感。

16 世纪佛罗伦萨的美第奇家族、19 世纪英国的罗斯柴尔德家族和美国的 J. P. 摩根家族在致力于将银行打造成一个不可一世的王朝的同时，也通过行善和服务社会缓解大众的积怨。然而 1930 年代的银行危机再次让银行家的社会形象一落千丈。他们不得不"夹起尾巴做人"。罗斯福在炉边谈话中将人民生活水平下降主要归咎于银行家，认为银行家肆无忌惮的行为应该受到民意的审判，被人民唾弃。一些政客也乘机火上浇油，指责银行家是国家的负债，是对民主社会的威胁。

为了平息公众对金融业的愤怒，国会和罗斯福急于寻找大萧条的替罪羊。1933 年 1 月，美国国会的银行与货币委员会指定费迪南德·皮克拉（Ferdinand Pecora）为首席律师，负责调查 1929 年华尔街崩盘的成因。通过一系列的公共听证会，调查小组形成了一份长达 421 页的《1934 年皮克拉委员会调查报告》（Pecora Commission Report of 1934）。

在国会听证会上，米歇尔成为参议院银行委员会调查报告最完美的"陪衬"。这位曾被哈佛商学院列为 20 世纪传奇商业领袖的银行家也因其在大萧条中不可或缺的角色，成为金融危机的始作俑者之一。

米歇尔于 1877 年出生于美国马萨诸塞州的一个中产家庭，其父曾在 1887~1888 年任该州切尔西市市长。米歇尔于 1899 年毕业于阿穆赫斯学院（Amherst），毕业后在芝加哥的西电公司（Western Electric Company）打工。三年后，他离开公司搬到纽约市，成为美国信托公司（Trust Company of America）的行长助理。1907 年恐慌期间，该公司被摩根等银行解救。

此后，永不满足于现状的米歇尔先是成立了自己的投资公司 C. E. Mitchell & Company，又于 1916 年任国民城市公司副总裁，负责改组投行业务。1921 年，他荣升为国民城市银行行长，并于 1929 年出任董事长。

米歇尔的加盟让国民城市银行的业绩更上一层楼。凭借超群的营销能力，以及在个人与机构业务等方面接二连三的业务创新，米歇尔将国民城市银行从业务单一的传统银行逐渐打造成为一家咄咄逼人的现代零售银行，并在全球范围内建立起一个声名赫赫的金融帝国。国民城市银行具备了金融百货店的所有功能，100 多家分支机构覆盖拉美、欧洲到亚洲等 23 个国家和地区。在营销股票方面，米歇尔更是不遗余力。为了劝说更多的民众通过购买金融产品进入股市，营销人员甚至仿效出版公司推销百科全书的方式登门入户，将更多的储蓄存款转入股市。

此外，国民城市银行还为投机商提供大规模、毫无限制的高价股票贷款。当时政府公布的联邦利率为 3.5%，而该行贷给投机商的利率高达 12% 以上，牟取官价与市场价之间的巨大利差。为了自肥腰包，国民城市银行向散户投资者推荐南美国家股票，却不提供任何相关风险信息。

正如国民城市银行在大萧条中的表现，商业银行涉足投行和信托业务加剧了市场投机，其关联交易和激进营销等手段更让股票市场弥漫着浓重的投机气氛，人们到处可以感觉到商业银行在金融市场的翻云覆雨和推波助澜。

全面监管金融业

　　银行假日只是权宜之计。在公众舆论的压力下，为了防止金融危机的重演，罗斯福政府出台了一系列最严金融监管法案，成为"一揽子""新政"措施中的重要组成部分。

　　由于历史原因，美国社会一直对政府控制经济持反对态度，而大萧条像一场大地震，不仅改变了各种经济关系和社会生态，也改变了政府与民众的思维方式。银行危机动摇了全社会对自由放任经济政策以及华尔街盛行的社会达尔文主义的信仰。罗斯福也由此成为资本主义社会中第一位大胆挑战自由放任学说的政治家，利用国家权力，积极采取系统性措施，让资本主义为一些重要的社会目的服务，大规模限制资本主义社会的牟利动机。[1]

　　罗斯福政府从立法入手，运用手中掌控的一切资源，抑制银行家们的贪婪，堵住监管方面的漏洞，重建市场秩序，让市场在一个规范的框架内稳定运行。

《银行法》

　　1933 年春季，面对全美范围的银行挤兑潮，美国第 73 次国会特别会议通过了《紧急银行法》和《银行法》两项重要

　　1　Harold J. Laski, "The Roosevelt Experiment", *Atlantic Monthly*, February, 1934 Issue.

的监管法案。

3月9日，为了救急，国会一天内通过并签署了《紧急银行法》。该法授权联邦储备银行破例直接向非成员行和信托公司发放贷款，将国民银行发行的优先股合法化，并放松联邦储备银行的票据发行。

为了制止银行投机冒险，动用客户存款从事与证券相关的业务，国会特别会议的最后一项行动是顶住银行利益集团的压力，于1933年6月通过了《1933年银行法》。该法由弗吉尼亚州参议员卡特·格拉斯（Carter Glass）以及亚拉巴马州众议员亨利·斯蒂格尔（Henry Steagall）共同提议，因此也被称为《格拉斯－斯蒂格尔法》（Glass-Steagall Act）。为了进一步从技术层面完善对银行的监管，1935年8月19日，国会通过了《1935年银行法》。1956年，国会又针对银行控股公司问题通过了《1956年银行控股公司法》（The Bank Holding Company Act of 1956）。上述几项银行法案主要有以下特点。

强化联邦层面的监管

《银行法》改革的焦点在于，通过改变联邦储备体系的机构和运作，扩大美联储对货币和银行体系的控制，而不是仅靠增强银行自身能力应对金融危机。《银行法》将联邦储备局重新命名为联邦储备系统理事会（The Board of Governors of the Federal Reserve System），并将财长和货币署署长从中请出。

《银行法》授予美联储在不寻常和紧急时期，行使扩大贷款计划的权力；允许其在紧急情况下向非成员行贷款，增加联储票据的发行。在平衡其与地方联储银行的权力方面，《银行法》将控制权更多集中到联邦储备理事会，减少地区储备银行的自主权，并要求储备银行董事会经联邦储备理事会批准，每年选举一位行长和副行长。

《银行法》明确了联邦储备理事会在制定货币政策方面的权力，并创建联邦公开市场委员会（The Federal Open Market Committee，FOMC），具体负责制定货币政策、设定贴现率和存款准备金要求。公开市场委员会是联储体系中最具权威的政策性机构，由12位投票成员组成，其中包括7位联邦储备理事会成员和5位联储银行行长，只有纽联储行长拥有永久席位，其他联储银行轮流坐庄。

公开市场操作是美联储一项意外创新。"一战"后，美国农业地区曾出现严重的经济衰退。为了帮助这些地区的银行渡过难关，纽联储主席本杰明·斯特朗（Benjamin Strong）意识到黄金不再是控制信贷的关键，于1922年上半年采取了大量收购政府证券这一激进行动，对银行体系的信贷供应施加影响。不久，联储银行发现，收购证券对全美信贷供应的影响立竿见影。于是，联储银行于1922年5月成立联邦储备体系公开市场投资委员会（Open Market Investment Committee for the Federal Reserve System，OMIC），在纽联储的协调下，进行公开市场操作。由于该委员会由各大区银行行长组成，因此，各家银行在制定利率和信贷标准时，都是以地方利益为主，造成市场混乱。最终，《银行法》将多层级决策改为由位于华盛顿的公开市场委员会集中决策。

在大萧条时期，联邦储备体系的作用早已超出最初的设计，已经从充当银行最终贷款人的角色，扩展到制定国家货币政策，实现经济目标，促进经济增长和就业，抵御通胀和保持金融稳定等多项目标。

分业经营

为了从根本上解决金融机构之间的利益冲突，《银行法》中最重要的一项内容就是将商业银行与投资银行分家：商业银行一心做好存、贷款业务，不得承销和交易证券；投资银行主要负责承销公司债和发行股票，禁止吸收储蓄存款，涉足商业银行业务。商业银行由美联储监管，投资银行由证券交易委员会监督。

《银行法》给各家金融机构一年的时间决定其业务性质，在商业银行和投资银行牌照上做出选择。摩根银行（J.P. Morgan & Co.）根据当时的市场趋势以及程序上的烦琐程度选择了商业银行，将其证券业务剥离给了新成立的投资银行——摩根士丹利公司（Morgan Stanley & Co.）。新成立的投行采取合伙人制，同母银行在法律方面没有任何关系。第一波士顿公司（First Boston Corporation）从波士顿第一国民银行（The

First National Bank of Boston）分离，变为独立的投资银行；高盛（Goldman Sachs）和雷曼兄弟（Lehman Brothers）仍保持投行牌照；布朗兄弟哈里曼（Brown Brothers Harriman）将投行业务分离给了哈里曼·利普雷公司（Harriman Ripley and Company）；库恩－洛布公司（Kuhn-Loeb & Co.）不再吸收存款，只做证券业务。

《银行法》中有关分业经营的规定所产生的最大影响就是塑造了现代投行业。换句话说，现代投行业就是新的监管环境下的产物。分业经营让商业银行和投资银行在很长一段时间里分道扬镳，互不侵犯领地，形成两种商业文化。

存款保险

从保护储户利益和维护金融秩序的目的出发，为了防止再次出现大规模银行挤兑，《银行法》授权成立联邦存款保险公司（The Federal Deposit Insurance Corporation, FDIC）。

存款保险是大萧条期间最具影响力且最具争议的监管创新。从某种意义上讲，它同创建联储体系具有同等意义，为联邦监管权力的扩大奠定了基础。存款保险公司的启动资金来自财政部和 12 家地区联邦储备银行。如果问题银行对资金需求超出保险基金本身所能承受的规模，由财政部出面弥补差额。在《1933 年银行法》中，联邦存款保险公司对银行的承保上限是每个账户不得超过 2500 美元，就是说如果储户存钱的银行倒闭，每位储户最多得到 2500 美元的赔付。《1935

年银行法》将每个账户的保额上限提高到 5000 美元，并将存款保险从临时变成永久性规定。

所有联邦监管的国民银行和州注册的联邦储备成员行必须参加联邦存款保险。州立银行可自由选择，一旦参加存款保险，就必须接受联邦存款保险公司监管。参加存款保险的机构根据资产总额比例支付保费。

美国的存款保险计划最早起源于 1829 年纽约州的《安全基金法》（Safety Fund Statute）。该法是美国第二银行关门后，商业银行第一次尝试从机制上解决银行倒闭问题。从 1809 年罗德岛的一家农民银行倒闭开始，美国不断出现银行倒闭潮，这时人们才意识到银行的倒闭不是孤立事件。银行数目众多的纽约州开始考虑如何从机制方面防止银行倒闭后发生的存款损失。当时的纽约州长马丁·范·布伦（Martin Van Buren）[1] 要求纽约商人约书亚·福尔曼 [2]（Joshua Forman）重组纽约银行业。福尔曼认为，银行业有其特殊性，不是单兵作战，相互之间非常敏感，一家银行倒闭会影响到其他银行，容易引发连锁恐慌。

当时的纽约是美中贸易的主要港口，中国的一些制度设计理念通过商人往来不断流入美国。福尔曼在研究银行倒闭

---

1 民主党创始人之一，1837~1841 年任美国第八任总统，是《美国独立宣言》签署后出生的第一位美国总统。

2 Roger Lowenstein, "There's a Reason for Deposit Insurance", *New York Times*, March 23, 2013.

问题时正是受到当时中国广州商人的连带互保制度的启发。[1]

鸦片战争前，外国人到中国做生意只能同持有北京政府特许从事外贸的商行进行交易。由于商行在广州和外国人做生意时，经常需要融资，一旦发生债务违约，外国商人就到北京逼迫软弱的清政府采取行动。清政府不愿招惹这个麻烦，为了防止个别商行违约，便采用了集体承保的方法。具体来说就是通过设立保险基金，商行每年缴纳保费，用于偿付出现违约的商行债务，目的是让这些持有特许的商行在获利的同时，共同担保彼此的债务，这就是广州商人的连带互保制度。

福尔曼于 1829 年借用了广州商行的集体承保概念，建议纽约的州立银行成立保险基金，用收取的保费救助倒闭的银行。经过州议会的激烈辩论，福尔曼的建议最终得到采纳，其他 5 个州也紧随其后。但保险基金的运行并不顺利。1840 年代，由于经济衰退，纽约州有 11 家银行倒闭，保险基金面临危机，最终，州政府通过发债将其解救。

美国内战爆发后，由于大部分州注册银行转为国民银行，也就是从州政府监管转为由货币监理署监管，州政府的保险计划存在的意义不大，也就逐渐淡出了人们的视线。1900 年初，美国又有 8 个州推出银行保险计划，不幸的是"一战"结束后，农业萧条导致大批银行倒闭，给保险基金再次带来巨

---

1 Fredric Delano Grant, Jr., *The Chinese Cornerstone of Modern Banking: The Canton Guaranty System and the Origins of Bank Deposit Insurance 1780-1933*, Martinus Nijhoff 2014, p.3.

大压力。另外，1920年代中期，美国的银行总数高达3万多家，其中大部分是中小银行，仅伊利诺伊州就有2000多家银行；内布拉斯加州人口130万，每1000人就有一家银行。由于银行倒闭成为家常便饭，这让存款保险计划与生俱来的道德风险缺陷暴露无遗：再加上小银行缴的保费少，但享受和大银行一样的保护，因此在开展业务时，甘愿冒更大风险，最终，由于太多小银行违约，保险基金没有足够资金偿还债务，大多数州的银行保险计划名存实亡。

尽管存款保险制度存在着不少缺陷，但面对大萧条期间排山倒海般的银行倒闭潮，政府出于无奈，不得不重新将存款保险提到议事日程上来。存款保险可不是一个轻松的政治议题，在设立存款保险的问题上各党派存在着巨大分歧。罗斯福总统、财长和参议院银行委员会认为存款保险过分昂贵，通过设置存款上限所节省的利息支出，远超过存款保险的保费，经济上不划算，也违背了市场的公平竞争原则，相当于政府对经营管理差的银行实施补贴；有些人甚至将对其的讨论上升到社会制度的层面，认为这是在搞社会主义，在美国反共的敏感时期，这可不是个小问题。大型银行由于保险直接关系到自身利益，纷纷以银行家协会的名义强烈反对。

在权衡了稳定秩序与道德风险之间的利弊后，罗斯福总统为了安抚受到惊吓的储户，在众议院银行与货币委员会主席的力推下，最终将创建联邦存款保险公司的条款包含在《银行法》中。

在银行恐慌时期，存款保险的推出改变了储户的心理预期，公众对银行的挤兑告一段落，银行倒闭潮也受到遏制。到了1934年，全美只有9家银行倒闭。[1]

利率管制

为了制止银行间为争夺存款恶意提高利息的乱象，美联储于1933年8月29日，依据《银行法》中有关利率管制的第11款，出台了《联邦银行条例》，人们习惯称之为《Q条例》（Regulation Q），规定禁止对活期存款支付利息，并对其他各类存款设置了利率上限。

在国会眼中，1930年代的银行危机同利率不受管制有着密切关系。一些社区和储蓄银行将吸收来的存款转存到位于金融中心的大型银行吃利差，而大型银行将这些钱拿到股市上投机。由于储户的资金并没有用于中小企业发展和个人信贷，直接影响到当地社区的实体经济发展。[2]

另外，存款是银行经营的命根子，利率不受管制引发银行间的"吸储大战"，导致银行利息支出不断增加，而各家银行为了在竞争中求生存，只好通过投资高风险资产或在证券市场上搏击追逐更大回报，最终导致恶性竞争，加剧银行风险。因此，政府出台《Q条例》的目的是希望地方银行将主要精力集中在当地

1　"A Brief History of Deposit Insurance in the United States", Division of Research and Statistics, Federal Deposit Insurance Company, September, 1998, p.1.

2　R.Alton Gilbert, "Requiem for Regulation Q: What It Did and Why It Passed Away", Federal Reserve Bank of St.Louis, February, 1986, p.23.

的经济活动中，而不是把存款放到大银行吃利息或追求高回报。

《Q条例》带有强烈的政府干预色彩，成为美国利率管制的代名词，但执行的结果并不太理想。《Q条例》只是对一些实施激进战略的银行起到了一定的束缚作用，一些中小银行出于对流动性的考虑仍将存款放入大银行，其份额不但未减少，反而增加。另外，联储在实施《Q条例》的30多年的时间里，设置的上限一直高于市场利率，如1933年11月1日，美联储为定期和储蓄存款设置的最高利率为3%，而大萧条时期，各行各业一片萧条，对资金的需求有限，联储成员行平均支付的存款利息只有2.8%，低于《Q条例》规定的上限，大家也就因此忽略了《Q条例》的存在。

严管银行控股公司

大萧条期间，由于控股集团与银行之间的关联交易导致一些控股集团倒闭，自1938年起，国会开启了从联邦层面监管银行控股公司的漫长立法进程。通过同各利益集团的讨价还价，国会最终出台《1956年银行控股公司法》（The Bank Holding Company Act of 1956，以下简称《银行控股公司法》），将监管的"探照灯"对准了这块模糊地带。

美国银行控股公司的由来有其历史原因。独立的单一制银行（Unit Bank）经不起风吹草动，一旦所在地区的经济出现衰退，银行倒闭便成为家常便饭。鉴于1920年代美国西部和南部的农业地区成批银行倒闭，银行控股公司模式开始流行起来。控股公司的优势在于通过与旗下银行之间建立的半代理关系，可以绕开监管当局在信贷规模方面的限制，还具有资金成本优势。另外，危急时刻，受困银行还可以得到控股公司的紧急支持。然而，出于对银行控股公司垄断信用资源的担心，社会舆论一直持反对态度。

为了堵住银行利用控股公司扩张非银行业务的漏洞，《银行控股公司法》明确了定义，将那些直接或间接拥有、控制或持有 25% 以上银行股份的公司定义为银行控股公司，并禁止总部所在州的银行控股公司收购另外一个州的银行，除非得到该州法律许可。此外，《银行控股公司法》延续了对银行从事投行业务的限制。

尽管银行控股公司不是银行，但《银行控股公司法》授权联储对这类实体实施监管，顺便也扩大了美联储的监管范围。由于当时几乎所有的商业银行都是控股公司的一部分，也就相当于联储将商业银行全部纳入自己的监管范围。

《证券法》

证券业也是金融危机的始作俑者之一。在 1933 年参议院银行委员会听证会（Pecora hearings）上，大量事实显示，从股票和债券销售欺诈到内幕交易、价格操纵，证券市场充斥着各类金融公司不择手段牟利的丑闻。

为了保护公共利益，防止内幕交易和其他滥用交易所行为，国会第一次对证券的发行和销售实行监管，分别出台针对证券一级发售市场的《1933 年证券法》（The Securities Act of 1933，以下简称《证券法》）和针对二级交易市场的《1934 年联邦证券交易法》（The Federal Securities Exchange Act of 1934，以下简称《证券交易法》）。其中《证券交易法》授权创建了证券业重量级的监管机构——证券交易管理委员会（The Securities and Exchange Commission, SEC），负责《证券法》的具体实施。SEC 主席由美国总统直接任命。《证券法》是世界上第一部真实保护金融消费者利益的联邦立法，至今仍是各国证券市场监管立法的重要参考。

《证券法》从保护消费者利益出发，以公开、公正、公平为原则，规范了证券发行市场。针对一些公司在公开发行证券过程中存在的欺诈问题，《证券法》设立了重大信息披露与禁止欺诈两大目标，规定在美国初次发行和销售证券的公司需要在证券交易委员会注册登记，并提供充分、准确的经营和财务信息。《证券法》要求发行人提交注册申报材料后，应等候 20 天，让证券交易委员会全面审查注册申报材料，如发现信息披露不完整或不准确，SEC 有权停止证券的公开发行；申报材料生效后，如发现存在虚假陈述或重大遗漏，发行公司董事会、高级管理人员、会计师将承担相应的法律责任。

《证券法》的规定让华尔街银行家十分恼火，因为这些银行家以前从未编制过年报，一切都要从头做起。

值得一提的是，《证券法》替代了各州自己制定的《蓝天法》（Blue Sky Law）。《蓝天法》是 20 世纪初期，美国州政府为了保护投资者利益出台的法律，是最早监管证券市场的实践。该法要求证券发行与销售实施注册制，披露相关信息。为何使用"蓝天"，至今也没有明确的出处，其中一种说法是由于第一个《蓝天法》出自堪萨斯州，该州在拓荒时期出售土地时曾存在欺诈行为，人们将证券销售中的欺诈行为比喻为如同出售蓝天下的一块建筑用地一样收费。[1]

《蓝天法》的出台受到小银行和政治说客的影响。小银行促使该法出台是为了降低来自证券公司在营销中争夺储户存款的激烈竞争，此外就是来自 20 世纪初期中产阶级掀起的"进步运动"的影响，要求限制金融家权力。1911~1931 年，全美共有 47 个州实施了《蓝天法》。

《投资法》

《证券法》出台后，国会又将目光转向了正在起势的投资公司，推出《1940 年投资公司法》（The Investment Company Act of 1940，以下简称《投资公司法》），建立了联邦层面对投资公司的全面监管架构。

自美国出现股份制公司后，投资者就一直受到信息不对称的困扰。投资公司原本是投资者的中介，但由于缺少有效监管，不断作弊，为了满足自身利益需要推荐证券，而不是

1　Jonathan R. Macey and Geoffrey P. Miller, "Origin of the Blue Sky Laws", 1991, Faculty Scholarship Series, Paper 1641.

从投资者的风险偏好出发。1927~1929年是投资公司成立的高峰期。那时的投资公司变得更像控股公司，它们同投机商勾结，滥用客户信任，损害投资者利益，造成市场动荡。

从保护投资者利益出发，《投资公司法》将共同基金以及其他投资公司纳入监管，要求所有投资公司必须在 SEC 注册，递交相关信息和文件，并向投资者披露公司财务状况和投资政策。《投资公司法》还包括了对投资信托的定义，并对其规模加以限制。

另外，《投资公司法》还要求每家投资公司设立董事会，75% 的董事会成员必须是独立董事，最大限度减少利益冲突。除此之外，该法还对基金资产的保管与合理估值等做出规定，并限制基金杠杆金额，试图结束投资公司无序发展的乱象。

同时出台的还有《1940 年投资顾问法》（The Investment Advisers Act of 1940），主要是防止投资顾问的欺诈行为。该法的最大特点是简洁，在投资公司的业务范围，行业标准，功能，组织架构，相关人员交易的监管，基金的会计、簿记、审计等方面只提出原则性要求，该法的适用范围也包括了对冲基金和私募股权基金。

随着时间的推移，《1940 年投资顾问法》通过在执行过程中不断增加新标准，从一个最初以披露为主要内容的法案，逐渐成为规范投资公司行为的重要法规。

现代金融创新起点

罗斯福政府针对金融机构出台了一系列史上最为严厉的监管规定与措施，通过严格管制资本市场、外汇交易、资金成本和信贷规模，将银行的手脚牢牢束缚。在特定的历史环境下，这些严格的监管措施起到稳定秩序和恢复公众及投资者信心的作用，也由此开启了政府全面干预经济生活的管制时代。

1930 年代初期，无论是股票还是债券融资市场都出现严重下滑，银行在资金配置方面起着核心作用。然而。金融法规出台后的银行业，平静替代了喧嚣，银行业务主要以实现存、贷款利差为主。银行在管理方面强调的是流程和产品的标准化，一切按规则办。在超级稳定的低通胀、低利率的环境下，加上受到 1927 年出台的《1927 年麦克法登法》在跨州经营和市场准入方面更加严格的限制，银行之间缺少了竞争，坏账少，业绩四平八稳，其功能很像电力和煤气公司。

银行工作变得不再有吸引力，哈佛等名校的优秀毕业生纷纷远离银行职业。股市崩盘前，哈佛商学院 17% 的毕业生最理想的职业是在华尔街，而在 1942 年毕业季，只有 2% 的人选择进银行工作，大多数毕业生选择了做公务员或参军。有些银行员工在求职时，甚至否认在银行工作过。银行家们过着"3-6-3"的生活方式，即以 3% 的利息吸收存款，再以 6% 的利息贷出去，下午 3 点准时来到高尔夫球场，维系同客户的长期关系。[1]大家共同度过了一段波澜不惊的"黄金时代"。

"二战"爆发后，美国政府立即将银行变为军事服务的工具，为了达到低成本发债的目的，政府将利率水平降到最低点。1941~1945年，银行义务参与了政府发行的7笔债，不但不赚钱，相关的支出甚至得不到补偿。

严格的监管条例对美国金融业经营模式的影响长达数十年。凡事都有利有弊，政府以稳定高于一切为目标，扼杀了金融业的活力，也让金融市场失去了生机。在很长一段时间内，资金在全社会分配方面的效率也自然由于受到各式各样的束缚而降低，从而影响了经济复苏，没有起到推动经济增长的作用。

经济发展是动态的。随着时间的推移，经济运行中的各种要素伴随着不同的客观环境不断发生新变化，监管的时效性与社会经济的发展自然会出现不协调。伴随着不断上升的社会融资与投资需求，在正常渠道得不到满足的情况下，无论是被束缚住手脚的金融中介机构，还是资金的需求方，都在伺机谋变。

另外，银行监管法规在细则方面存在着不少漏洞，相关法案在表述方面也不是很清晰，这为金融机构提供了"钻空子"的机会。例如，尽管监管规定禁止跨州设立分行，但对

---

1 John R.Walter, "The 3-6-3 Rule: An Urban Myth?" Federal Reserve Bank of
Richardmond, *Economic Quarterly*, Volume 92/1 (Winter, 2006), p.51.

跨州发放贷款却没有限制。为了更方便地向其他州的客户放贷，银行在那些严禁设立分行的州设立贷款办公室（Loan Producntion Office，LPOs）。贷款办公室不能吸收存款但可以对附近地区的商业和零售贷款客户做调查，扩大银行的跨州业务。根据白宫一份相关报告的估计，截至1981年，全美总计至少有350家贷款办公室。

　　大萧条标志着一个建立在不受管制和盲目竞争下的旧经济秩序的终结，也标志着一套新的经济规则的开始。它不仅是现代历史的转折点，更是传统与现代金融创新的分水岭。重新设计的银行业、证券业和金融市场的规则不仅从根本上改变了现代金融的发展路径，也成为现代金融创新的主要动力之一。

名词解释

单一制银行制（Unit Banking System）：指的是商业银行只有一家独立的机构，不设立任何分支机构。

双轨制银行（Dual Banking System）：指美国各州和联邦政府平行共存的银行体系：国民银行从联邦监管当局获得银行执照，根据联邦监管法规定和标准运行；州立银行由州政府颁发执照，受州法和州银行厅监管。

银行控股公司（Bank Holding Company）：指的是控制一家或多家银行的公司，在筹资成本方面优于传统银行。

《1864年国民银行法》（The National Banking Act of 1864）：是美国银行史上第一部关于统一管理全国银行和金融业的联邦金融法案，在当时的州立银行体系之上，创建了国民银行体系。国民银行体系的设计借鉴了州自由银行法规中有关银行公司的概念，一改以大城市银行为中心在各州设立分行的模式，采取了由多个独立的机构，根据联邦执照运行，执行统一的联邦政策，受联邦货币机构监管，但由私人控股和管理的模式。为了避免州政府对国民银行的干预，《国民银行法》还创建了联邦层面的监管机构——货币监理署。

货币监理署（Office of the Comptroller of the Currency，OCC）：隶属于美国财政部，负责人为监理署长（Comptroller），负责国民银行的发照、监管、持有国民银行存放的财政部证券以及纸币的印刷。货币监理署统一了国家纸币的外观和质量，一改成百上千种州纸币的混乱局面。另外，为了控制银行的纸币发行量，货币监理署要求国民银行必须持有一定比例的财政部证券。

《奥德里奇－瑞兰法》（The Aldrich-Vreeland Act）：美国国会为了

应对 1907 年的银行恐慌而通过的法案，试图建立一种类似清算所的机制，减轻流动性危机，防止银行倒闭。该法在改革银行体系方面最大的亮点是设立了国民货币委员会（National Monetary Commission），该委员会经过两年调研提交的改革提案，为《联邦储备法》打下了基础。

《联邦储备法》（Federal Reserve Act）：美国国会于 1913 年 12 月 23 日通过的法案，授权创建美国的央行体系——联邦储备体系，设在华盛顿的联邦储备局（The Federal Reserve Board）作为其决策机构。为了防止金融利益集团控制，决策机构的成员除财长和货币署长外，全部由总统任命。

复兴金融公司（Reconstruction Finance Corporation，RFC）：美国政府于 1932 年设立的独立机构，大萧条时期在银行增资、阻止破产潮和鼓励银行贷款方面起到重要作用。

《1927 年麦克法登法》（McFadden Act of 1927）：美国国会于 1927 年通过的法案，旨在让国民银行与州立银行一样享有开分行的权利，允许国民银行在总部所在州设立机构，禁止跨州开分行。

《蓝天法》：（Blue Sky Law）：美国州政府为了防止证券欺诈，保护投资者利益而制定的法律，该法要求发行新股和债券时必须充分披露相关信息。"蓝天"一词至今也没有明确出处，其中一种说法是第一个《蓝天法》出自堪萨斯州，该州在拓荒时期出售土地时曾存在欺诈行为，因此人们将证券销售中存在的欺诈行为比喻为如同出售蓝天下的一块建筑用地一样收费。

《克莱顿反托拉斯法》（Clayton Antitrust Act）：1914 年 10 月，在亚拉巴马州议员亨利·拉马尔·克莱顿（Henry De Lamar Clayton）倡议下，国会通过《克莱顿反托拉斯法》，作为《谢尔曼反托拉斯法》的补充，该法进一步细化反垄断法规，并成为随后相关垄断法的重要基础。

《1917 年对敌交易法》(Trading with the Enemy Act of 1917, TWEA)：指的是美国在战争期间通过的一系列法案，不仅禁止同敌对国通商，也包括禁止那些有可能对敌对国有利的行动。

《1933 年紧急银行法》(Emergency Banking Act of 1933)：1933年 3 月 9 日，为了制止银行挤兑潮，美国国会通过《紧急银行法》，将罗斯福总统颁布的《临时总统令》合法化，规定在银行假日期间，所有银行一律停止任何形式的银行业务，其中包括支付、存款、贷款、贴现或外汇交易；禁止采取有利于囤积行为的任何行动；只有经政府审查合格的银行才可重新开业，否则就是非法行为。《紧急银行法》取消了金本位，禁止黄金出口，并授权财政部负责收缴黄金，要求所有美国人无条件将自己拥有的黄金以市场价卖给国家，换取货币。同时，美联储还承诺为银行提供 100% 的存款保险，让银行重新开张。

《1933 年银行法》(Banking Act of 1933)：美国国会于 1933 年6 月通过的重要金融监管法，也称为格拉斯·斯蒂格尔法（Glass-Steagall Act），由弗吉尼亚州参议员卡特·格拉斯（Carter Glass）和亚拉巴马州众议员亨利·斯蒂格尔共同提议，该法将商业银行和投行业务严格分离。

《1935 年银行法》(Banking Act of 1935)：该法在《1933 年银行法》基础上，进一步扩大联邦政府管理货币与信贷的权力。

《Q 条例》(Regulation Q)：美联储根据《1933 年银行法》第 11 款出台的系列金融条例之一。该条例规定，自 1933 年起，禁止银行对活期存款支付利息，并对其他各类银行存款设置利率最高限。该条例于1986 年被正式废除。

美国联邦存款保险公司（ The Federal Deposit Insurance Corporation, FDIC ）：为了恢复存款人对银行体系的信任，美国政府根据《1933 年银行法》，于 1933 年 6 月建立的独立的联邦政府机构，为银行和储蓄机构的存款提供保险。

《1933 年证券法》(The Securities Act of 1933)：为了保护金融消费者的利益，美国出台了世界上第一部对证券发行和销售实施监管的法案，制定了信息披露制度，成为各国证券市场监管立法的重要参考。

《1934 年联邦证券交易法》(The Federal Securities Exchange Act of 1934)：该法授权创建美国证券业重量级的监管机构——证券交易管理委员会（The Securities and Exchange Commission, SEC），负责《证券法》的具体实施。

《1940 年投资公司法》(The Investment Company Act of 1940)：该法定义了投资公司的业务范围、行业标准、功能、组织架构等，要求投资公司依法注册，定期向投资者公布公司财务状况和投资方针等信息。

《1940 年投资顾问法》(The Investment Advisers Act of 1940)：美国国会为了防止投资顾问的欺诈行为而通过的法案，该法对投资顾问的监管和基金的会计、簿记、审计以及基金赎回等方面提出原则性规定，并将投资顾问的监管交给 SEC 负责。

《1956 年银行控股公司法》(The Bank Holding Company Act of 1956)：为了制止控股集团与银行之间的关联交易，国会于 1956 年出台的监管法。它明确了控股公司定义，授权联储对这类实体实施监管，禁止总部所在州的银行控股公司收购另外一个州的银行，除非得到该州法律许可。此外，《控股公司法》延续了对银行从事投行的限制。

"3-6-3 规则"：形容美国银行家们在严格的银行监管措施出台后的工作方式——以 3% 利息吸存、以 6% 的利息贷出去，下午 3 点准时来到高尔夫球场维系与客户的长期关系。

参考文献

Alejandro Komai, and Gary Richardson, "A Brief History of Regulations Regarding Financial Markets in the United States:1789-2009", Working Paper 17443, National Bureau of Economic Research, 2011.

Alexander J. Field, "A New Interpretation of the Onset of the Great Depression", *The Journal of Economic History*, Vol. 44, No. 2, The Tasks of Economic History (Jun., 1984).

Arnould W. A. Boot and Anjan V. Thakor, "Banking Scope and Financial Innovation", *The Review of Financial Studies*, Vol. 10, No. 4 (Winter, 1997).

Arsene Pujo, "Report of the Committee Appointed Pursuant to House Resolutions No.429 and 504 to Investigate the Concentration of Control of Money and Credit", Washington: Government Printing Office, February 28, 1913.

Allen, Pusey "The Great Stock Market Crash Shakes the Nation: Given the Sprawl of the Disaster, the Optimism Expressed on Wall Street Seemed Delusional", *ABA Journal*, Oct., 2016.

Barbara Libby, "Changes in the Decision-making Structure of the Federal Reserve System", *Journal of Economic Issues*, Vol.21, No.2 (Jun., 1987).

Barry Eichengreen and Kris Mitchener, "The Great Depression as a Credit Boom Gone Wrong", BIS Working Papers, No.137, Bank For International Settlements, September, 2003.

Barry Eichengreen, "Understanding the Great Depression", *The Canadian Journal of Economics*, Vol. 37, No.1 (Feb., 2004).

Ben S. Bernanke, "A Century of US Central Banking: Goals, Frameworks, Accountability", *The Journal of Economic Perspectives,* Vol. 27, No. 4 (Fall, 2013).

Charles R.Geisst, *Wall Street: A History,* Oxford University Press, 2012.

Charles W. Calomiris and Joseph R. Mason, "Consequences of Bank Distress during the Great Depression", *The American Economic Review,* Vol. 93, No. 3 (Jun., 2003).

Charles W. Calomiris, "The Political Lessons of Depression-era Banking Reform", *Oxford Review of Economic Policy*, Vol. 26, No. 3 (Autumn, 2010).

Charles W.Calomiris and Joseph R. Mason, "Causes of U.S.Bank Distress during the Depression", Working Paper 7919, National Bureau of Economic Research, 2000.

Chelcie C.Bosland, "The Investment Company Act of 1940 and Its Background", *Journal of Political Economy*, Vol.49, No.5 (Oct., 1941).

Christopher Gray, "Streetscapes—The Bank of the United States in the Bronx: The First Domino in the Depression", *New York Times,* August 18, 1991.

Columbia Law Review Association, "The Securities Act of 1933", *Columbia Law Review,* Vol.33, No.7 (Nov., 1933).

David C. Wheelock, "Government Policy and Banking Market Structure in the 1920s", *The Journal of Economic History*, Vol. 53, No. 4 (Dec.,

现代金融创新史：从大萧条到美丽新世界

1993).

David C.Wheelock, "The Great Depression: An Overview", Federal Reserve Bank of St.Louis, www.stlouisfed.org/education.

David Pietrusza, *1932: The Rise of Hitler and FDR—Two Tales of Politics, Betrayal and Unlikely Destiny*, Lyons Press, 2016.

"Discovering Open Market Operations", Federal Reserve Bank of Minneapolis", *The Region*, August, 1988 Issue.

Donald D.Hester, "U.S. Banking in the Last Fifty Years: Growth and Adaption", Emeritus, University of Wisconsin, 2002.

Early Elias and òscar Jordà, "Crises before and after the Creation of the FED", FRBSF Economic Letter, 2013-13, May 6, 2013.

Elmus Wicker, "A Reconsideration of the Causes of the Banking Panic of 1930", *The Journal of Economic History*, Vol. 40, No. 3 (Sep., 1980).

Elmus Wicker, *The Banking Panics of the Great Depression: Studies in Macroeconomic History,* Cambridge University Press, 2000.

Eugene N. White, "Banking Innovation in the 1920s:The Growth of National Banks' Financial Services", *Business and Economic History*, Vol. 13, Papers Presented at the Thirtieth Annualmeeting of the Business History Conference (1984).

Eugene N.White, "Was There a Bubble in the 1929 Stock Market?" Peter Rappoport, NBER Working Paper No.3612, National Bureau of Economic Research, 1991.

Eugene V.Rostow, et al., "Market Manipulation and the Securities Exchange Act", *The Yale Law Journal*, Vol.46, No.4 (Feb., 1937).

F. Ward McCarthy Jr., "The Evolution of the Bank Regulatory Structure: A Reappraisal", Federal Reserve Bank of Richmond, *Economic Review*, March/April, 1984.

FDIC Division of Research and Statistics, "A Brief History of Deposit Insurance in the United States", Federal Deposit Insurance Company, September, 1998.

Federic Delano, Grant, Jr., *The Chinese Cornerstone of Modern Banking: The Canton Guaranty System and the Origins of Bank Deposit Insurance 1780-1933*, Martinus Nijhoff, 2014.

Francis Gloyd Awalt, "Recollections of the Banking Crisis in 1933", *Business History Review*, Vol. XLIII, No. 3 (Autumn, 1969).

Frederick A. Bradford, "The Banking Act of 1935", *The American Economic Review*, Vol. 25, No. 4 (Dec., 1935).

Garry Richardson and Jessie Romerro, "The Meeting at Jekyll Island", www.federalreservehistory.org.

Gary Gorton and Andrew Metrick, "The Federal Reserve and Panic Prevention: The Roles of Financial Regulation and Lender of Last Resort", *The Journal of Economic Perspectives*, Vol. 27, No. 4 (Fall, 2013).

Gary Richardson, "Categories and Causes of Bank Distress during the Great Depression, 1929-1933: The Illiquidity Versus Insolvency Debate Revisited", Exploration in Economic History, www. ScienceDirect.com, 2007.

Gary Richardson, et al., "The Banking Act of 1935", Federal Reserve History, www.federalreservehistory.org.

Giulio Pontecorvo, "Investment Banking and Security Speculation in the Late 1920's", *The Business History Review*, Vol. 32, No. 2 (Summer, 1958).

H.Lawrence Wilsey, "The Investment Company Act of 1940", *The Journal of Finance*, Vol.4 (Dec., 1949).

Hans F.Sennholz, "Depression", *Foundation for Economic Education*, Oct. 1, 1969.

Harold J. Laski, "The Roosevelt Experiment", *Atlantic Monthly*, February, 1934 Issue.

Harold James, *Financial Innovaion, Regulation and Crisis in History: Banking, Money and International Finance,* Rouledge, 2014.

"High-Tilted Bank Hold Its Name:Its Rivals Argued East Side Would Think 'Bank of United States' Was Government's", *The New York Times*, June 24, 1913.

Howard H. Preston, "The Banking Act of 1933", *The American Economic Review*, Vol. 23, No. 4 (Dec., 1933).

Howard H. Preston, "The McFadden Banking Act", *The American Economic Review*, Vol. 17, No. 2 (Jun., 1927).

Hugh Rockoff, "The Free Banking Era: A Re-examination", *Journal of Money, Credit and Banking*, Vol. 6, No. 2 (May, 1974).

Jacob H.Gutwilling, "Glass Versus Steagall: The Fight over Federalism and American Banking", *Virginia Law Review*, Vol.100, No.4 (June, 2014).

James Parthemos, "The Federal Reserve Act of 1913 in the Stream of U.S.Monetary History", Federal Reserve Bank of Richmond,

Economic Review, July/August, 1988.

James S.Olson, "The End of Voluntarism: Herbert Hoover and the National Credit Corporation", *The Annals of Iowa*, Volume 41, No.6, Fall, 1972.

Jean Edward Smith, *FDR,* Random House, 2008.

Jerry W. Markham, *A Financial History of the United States:From J.P. Morgan to the Institutional Investors (1900-1970)*, M.E.Sharpe, 2002.

Joel Seligman, *The Transformation of Wall Street: A History of the Securities and Exchange Commission and Modern Corporate Finance,* New York: Aspen, 2003.

John Hanna, "Banking Act of 1935", *Virginia Law Review*, Vol. 22, No. 6, Apr., 1936.

John R. Graham, et al., "Corporate Governance, Debt, and Investment Policy during the Great Depression", *Management Science*, Vol. 57, No. 12, December, 2011.

John R.Walter, "The 3-6-3 Rule: An Urban Myth?" Federal Reserve Bank of Richardmond, *Economic Quarterly*, Volume 92/1 (Winter, 2006).

John Kenneth Galbraith, *The Great Crash 1929,* Mariner Bookstore, 2009.

Jonathan R. Macey and Geoffrey P.Miller, "Origin of the Blue Sky Laws" (1991). Yale Law School Faculty Scholarship Series. Paper 1641.

Joseph French Johnson, "The Crisis and Panic of 1907", *Political*

Science Quarterly, Vol. 23, No. 3 (Sep., 1908).

Kenneth E.Scott, "The Dual Banking System: A Model of Competition in Regulation", *Stanford Law Review*, Vol.30, No.1 (Nov., 1977).

Kris James Mitchene, "Are Prudential Supervision and Regulation Pillars of Financial Stability? Evidence from the Great Depression", *The Journal of Law & Economics*, Vol. 50, No. 2 (May, 2007).

Kris James Mitchener and Gary Richardson, "Network Contagion and Interbank Amplification during the Great Depression", Working Paper Series No.16-03, Federal Reserve Bank of Richmond, 2016.

Kris James Mitchener and Joseph Mason, "'Blood and Treasure': Exiting the Great Depression and Lessons for Today", *Oxford Review of Economic Policy*, Volume 26, Number 3, 2010.

Kris James Mitchener, "Bank Supervision, Regulation, and Instability during the Great Depression", *The Journal of Economic History*, Vol. 65, No. 1 (Mar., 2005).

Larry Elliott, "Crash Course: What the Great Depression Reveals about Our Future", *Guardian*, March 4, 2017.

Larry Neal, "Trust Companies and Financial Innovation, 1897-1914", *The Business History Review*, Vol. 45, No. 1 (Spring, 1971).

Larry Schweikart, "U.S. Commercial Banking: A Historiographical Survey", *The Business History Review*, Vol. 65, No. 3, Financial Services (Autumn, 1991).

Lawrence Lee Crum, "Federal Regulation of Bank Holding Companies", *The Journal of Finance*, Vol. 17, No. 3 (Sep., 1962).

Jonathan R. Macey and Geoffrey P. Miller, "Origin of the Blue Sky

Laws", Faculty Scholarship Series, Paper 1641 (1991).

Mark Carlson and David C Wheelock, "Did the Founding of the Federal Reserve Affect the Vulnerability of the Interbank System to Contagion Risk?", BIS Working Papers, No. 598, December, 2016.

Mary A. O'Sullivan, " Living with the U.S. Financial System: The Experiences of General Electric and Westinghouse Electric in the Last Century", *The Business History Review*, Vol. 80, No. 4 (Winter, 2006).

Merton H. Miller, "Financial Innovation: The Last Twenty Years and the Next", *The Journal of Financial and Quantitative Analysis*, Vol. 21, No. 4 (Dec., 1986).

Michael Hiltzik, *The New Deal: A Modern History*, Free Press, 2011.

Murray N. Rothbard, *A History of Money and Banking in U.S: The Colonial Era to World War II*, Ludwig Von Mises Institute, 2002.

Nancy Feig, "Branching Out: A Brief History of Branch Banking", *Community Banker*, May, 2005.

Neil Irwin, "The Alchemists: Three Central Bankers and a World on Fire", Penguin Books, 2014.

Norman S. Poser, "The Origins of the Securities Laws, " *Institutional Investor Advocate* (Fourth Quarter, 2004).

Paul G. Mahoney, "The Origins of the Blue Sky Laws: A Test of Competing Hypotheses", The *Journal of Law & Economics*, Vol. 46, No. 1 (April, 2003).

Peter Temin, "Financial Intermediation in the Early Roman Empire", *The Journal of Economic History*, Vol. 64, No. 3 (Sep., 2004).

Peter Termin and Gianni Toniolo, *"The World Economy between the Wars"*, Oxford University Press, 2008.

Pierre Jay, "The Structure of the Banking System", Proceedings of the Academy of Political Science, Vol. 15, No. 2, Steps toward Recovery (Jan., 1933).

R. Daniel Wadhwani, "The Institutional Foundations of Personal Finance: Innovation in U.S. Savings Banks, 1880s-1920s", *The Business History Review*, Vol. 85, No. 3, Consumer Finance (Autumn, 2011).

R.Alton Gilbert, "Requiem for Regulation Q: What It did and Why It Passed Away", Federal Reserve Bank of St.Louis, 1986.

Ray Hill, "The Great Depression in Tennessee", *The Knoxville Focus*, January 10, 2016.

Richard S. Grossman and Christopher M. Meissner, "International Aspects of the Great Depression and the Crisis of 2007: Similarities, Differences and Lessons", *Oxford Review of Economic Policy*, Vol. 26, No. 3 (Autumn, 2010).

Richard Sylla, " Financial Systems and Economic Modernization", *The Journal of Economic History*, Vol. 62, No. 2 (Jun., 2002).

Robert Deyoung, "Safety, Soundness, and the Evolution of the U.S. Banking Industry", Federal Reserve Bank of Atlanta, 2006.

Robert S.McElvaine, *The Great Depression: America 1929-1941,* Times Books, 1993.

Rodney Ramcharan and Rajan G. Raghuram, "Constituencies and Legislation: The Fight over the McFadden Act of 1927", Finance and

Economics Discussion Series, Divisions of Research & Statistics and Monetary Affairs, Federal Reserve Board, Washington, D.C., 2012-61.

Ronnie J. Phillip, "An End to Private Banking: Early New Deal Proposals to Alter the Role of the Federal Government in Credit Allocation", *Journal of Money, Credit and Banking*, Vol. 26, No. 3, Part 2, Aug., 1994.

Stewart Ross, *The Great Depression:Causes and Consequences,* Raintress, 1998.

T. Wm. A. Scott, "The Aldrich Banking Plan", *The American Economic Review*, Vol. 1, No. 2 (Jun., 1911).

"The Bank Holding Company Act of 1956", *Duke Law Journal*, Vol. 7, No. 1 (Autumn, 1957).

The Pecora Report: The 1934 Report on the Practices of Stock Exchanges from the "Pecora Commission", U.S. Senate Committee on Banking and Currency, Create Space Independent Pubilshing Platform, September 1, 2009.

Thomas F. Huertas and Joan L. Silverman, "Charles E. Mitchell: Scapegoat of the Crash?", *The Business History Review*, Vol. 60, No. 1 (Spring, 1986).

V. V. Bhatt, "On Financial Innovations and Credit Market Evolution", *Economic and Political Weekly*, Vol. 20, No. 44 (Nov. 2, 1985).

William Goetzmann and K.Greert Rouwenhorst, *The Origins of Value: The Financial Innovations That Created Modern Capital Markets,* Oxford University Press, 2005.

William J. Carson, "Structure and Powers of the Federal Reserve System in Evolution", *The Annals of the American Academy of Political and Social Science,* Vol. 171, Banking and Transportation Problems (Jan., 1934).

William N.Goetzmann and K.Geert Rouwenhorst, *The Origins of Value: The Financial Innovations that Created Modern Capital Markets,* Oxford University Press, 2005.

William N.Goetzmann, *Money Changes Everything: How Finance Made Civilization Possible,* Princeton Universuty Press, 2016.

Youssef Cassis, "Regulatory responses to the financial crises of the Great Depression: Britain, France and the United States", European University Institute., presented at Duke/IRGC/OECD Conference Improving Risk Regulation, Paris, 13-14 October, 2014.

第二章 | **战后消费金融与投资基金**

"国王死了，消费者万岁。"

———引自霍华德·塔克曼（Howard Tuckman）的

《财富经济学》（*Economics of Wealth*）

尽管美国政府借助"新政"的"一揽子"改革计划,对经济生活中的各个层面进行了干预,美国仍痛苦地经历了长达10年的经济衰退。最终,还是战争结束了大萧条。

战争需求带来的压力与刺激复苏了美国制造业,也推动了一系列科技突破。战后军事技术转向民用生产,为社会提供了丰富的商品选择,成为大众消费的基础。大规模的郊区化运动以及信用政策方面的宽松都不同程度地推动着消费社会的进程。消费主义成为20世纪意识形态战争的赢家,击败了宗教和政治。数以百万计的美国人将购物和消费作为实现幸福的手段和寻找生活目标及意义的路径。

消费社会为金融创新搭建起舞台。为了满足全社会对购物的火热需求,消费金融应运而生,并形成一个从支付便利、循环信用到各种低门槛贷款产品的链条。除了有房住、有车开外,人们不再满足于将手里的余钱存在银行吃利息,而是通过不同类型的投资工具获得高于银行存款的回报。金融企业家们顺势打造的一系列多样化投资工具,分别满足大众与高端人群对金融资产保值、增值的需求。投资基金不仅为投资者带来满意的回报，更将美国金融市场推上一个新台阶。

战后社会变迁

为消费开道

战争经济解救了美国，为美国带来新的经济增长点，也为战后消费社会打下基础。"二战"爆发后，美国政府全面开启计划经济模式，一切经济活动为战争服务。美国总统罗斯福分别于 1941 年和 1942 年签署总统令，全面控制人、财、物资源的调配：设立物价管理署（Office of Price Administration）对除粮食外的一切产品，如糖、轮胎、尼龙、鞋、汽油、肉等紧俏商品实施限购；设立战争生产局（War Production Board），负责管理一切同战争相关的产品生产，包括劝说所有工厂转产，停止生产汽车和民用消费品，只许生产飞机、坦克、枪支、柴油机、军用卡车以及战争中的紧缺物资；设立战争人力委员会（War Manpower Commission），平衡劳动力在农业、工业和军队之间的分配。

战争时期实施的计划经济模式效果不言而喻，军事经济成为美国一些地区经济增长的引擎。工厂车间机器轰鸣，以生产家居用品闻名的 Houseware 公司甚至 24 小时全天运转。正如美国第三十四任总统艾森豪威尔所说："我们每年在军费方面的开支超过美国所有公司的净收入。"国防合同养肥了许多大企业，也解决了美国政府最为头疼的失业问题，还激活了生产力，驱动着科技突破，改变着美国经济的发展模式。按全要素年化复合劳动生产率[1]口径，1920年前的美国，每小时产出只有1.5，而到1948~1973年，每小时产出达到2.88。[2]

机器在农业生产方面的大规模应用也为战后美国经济繁荣奠定了基础。"一战"前，美国1/3的就业人口是农民，机器的使用减少了对农业劳动力的需要。"二战"结束时，美国从事农业生产的人口不到1/6，大量农业劳动力转入先进的制造业和服务业，美国也由此实现了从农业大国向工业大国的转变。当饱受战争蹂躏的欧洲和日本等国仍在废墟中挣扎时，美国早已踏上经济增长的新征途。1945年，美国经济总量占世界经济总量的40%，[3]工业生产总值几乎占世界工业总产值的2/3。

尽管战争经济为美国带来一时的繁荣，但"二战"结束前夕，在全球经济一片黯淡的影响下，经历过"一战"和大萧条的一些主流经济学家开始担心随着美国在战争期间实施的经济刺激措施降温，经济衰退会卷土重来。美国经济学家萨缪尔森（Paul Anthony Samuelson）在1943年发表文章提出："敌对状态结束后，大批复员军人返乡，1000万人将进入劳动力市场，除非延续战时的管控措施，否则会出现最严重的失

1 全要素生产率（Total Factor Productivity）指生产活动在一定时间内的效率，总产量与全部要素投入量之比。

2 See Bureau of Labor Statistics, www.bls.gov.

3 Paul Kennedy, "The (Relative) Decline of America", *The Atlantic Monthly*, August, 1987, p.29.

业和工业混乱。"[1] 瑞典经济学家卡尔·纲纳·穆尔达尔（Karl Gunnar Myrdal）预测："战后经济混乱将非常严重，会出现暴力横行。"[2]

为了让刚刚走出"二战"的美国延续战争经济带来的经济恢复，美国政界与主流经济学家达成的共识是，大众消费市场是维系经济繁荣的关键。消费刺激生产，可以创造更多就业机会，同时消费者得到更高工资后，有能力用购物为经济增长贡献力量。美国总统哈里·杜鲁门（Harry S.Truman）于1946年2月20日签署《1946年就业法》（*The Employment Act of 1946*），该法案提倡在最大限度促就业、促生产的同时，提高全社会购买力。

军为民用是美国从战争转向和平年代走出的关键一步，也就是将战争期间研发的军事技术、大规模生产方式以及用于战争的生产要素转为民用消费品。[3] 战争结束后，战争生产局被新成立的民用生产管理署（Civilian Production Administration）替代。大型企业的工厂生产线，从为战争制造坦克和武器弹药到为消费者生产汽车和家用电器。1947年美国电话电报公司（AT&T）旗下的西电公司研发的晶体管

---

1 Paul Samuelson, "Full Emloyment After the War", *Postwar Economic Problems*, edited by S.E.Harris, 1943, pp.1429-1431.

2 David R.Henderson, "U.S. Post-War Miracle", Working Paper, Mercatus Center at George Mason University, 2010.

3 Alexander J. Field, "The Impact of the Second World War on US Productivity Growth", *Economic History Review*, 61, 3 (2008), pp. 672–694.

集成电路，成为一系列民用消费品的基础，从收音机、录音设备到电视机等家电产品的问世掀起一个又一个大众消费高潮。

郊区化运动

美国政府为了解决城市问题掀起的大规模郊区化运动，带动了住房、汽车和家电等相关需求，为消费社会再添一把火。

郊区化运动（Suburbanization）指的是人口从中央都市迁往郊区，形成新的城市化延伸。最初，美国的郊区化运动同政府急于解决老兵住房困难问题有关。"二战"结束前夕，罗斯福总统吸取了此前政府对"一战"退伍老兵照顾不周的教训，于1944年6月22日签署了《美国退伍军人权利法》（The Serviceman's Readjustment Act of 1944）。根据该法案，政府向退伍老兵提供教育、职业培训学杂费和生活津贴，为其就业做准备；通过提供零首付贷款和低成本抵押贷款，解决退伍军人的基本生活问题。这种做法被历史学家视为成功改变美国经济与社会的重要措施。

对于那些前线归来的退伍兵来说，最迫切的需求是拥有一个家。由于政府只能提供部分临时住房，很多老兵只好住地下室或车库，有些干脆就睡在车里，一些汽车旅馆变成长期宿舍。解决退伍老兵们的住房难题对于政府来说是极大的挑战。美国国会发表的报告称，截至1946年底，有290万已婚老兵需要住房，未来两年需要紧急兴建一大批经济型低价公寓。

由于大都市的土地已经饱和，只能向近郊扩展。美国政府由此开启了一项规模庞大的郊区化运动。政府通过在郊区打造新兴城市，不仅解决了老兵住房的困难，也借机从根本上解决美国大都市先后出现的"城市病"——人口饱和、交通拥挤、住房条件脏乱差。

郊区化运动是一场改变美国社会与文化的实验。政府出面不仅向开发商提供资金方面的支持，还出面兴建连接郊区与城市之间的高速公路，并负责学校、公园等社区公共设施的设计和建设，同时制定开明的土地使用规划，相当于重建美国。

郊区化带动了大规模标准房的建造。美国企业家亨利·凯瑟（Henry Kaiser）在战争中发明的大规模建筑技术派上了用场：采用预制板能够以每天30套的速度建设经济型住房，极大地加快了建房速度，很快就被大规模采用。开发商抓住郊区化商机，大规模兴建各类别墅和公寓群。新房建设规模从1944年的11.4万套增长到1950年的170万套，[1]数百万退伍军人有生以来第一次拥有了自己的住房。

郊区化的配套设计以打造大型购物中心（Shopping Mall）为核心。美国于1916年就出现了集市广场，但在郊区化运动的带动下才真正发展壮大起来。1947年，西雅图北门购物中

1 Claire Suddath, "A Brief History of the Middle Class", *Time*, Feb. 27, 2009.

心（Northgate Mall）成为美国第一家哑铃形的购物中心，宽阔的停车场中间有一条露天步行街，两家大型百货商店被该步行街连接于两端。1956 年明尼苏达州伊代纳市的南谷购物中心（Southdale Center）开业。这是全美第一家全封闭式现代购物中心，迅速成为其他州的样板。随后，类似的大型和超大型购物中心逐渐遍布美国各大城市的郊外。1957 年的 3 个月时间内，就有 17 家地区性购物中心开业，到了 1960 年，购物中心数量增加到 3840 个。

消费社会需要消费场所，大型购物中心将消费从想象变为现实，将不同商家的产品和服务聚集在一个屋檐下，统一管理，吃喝玩乐一应俱全，满足搬到近郊的中产的一切生活需求，对拉动"消费盛宴"起到了不可或缺的作用。此外，大型购物中心不仅是购物消费的集散地，还是一个能够满足精神层面需求的场所，美国社会学家将其描述为具有宗教意味的"消费圣殿"（the Cathedrals of Consumption）。大型购物中心构建的公共空间被用于满足人与人之间社会联系的需要，其作用很像镇中心，让消费者的购物体验成为社区事件。

郊区化运动的新住房建设拉动了战后的大众消费。住房变为昂贵的商品，吸引更多消费者购买，同时刺激了对汽车、家电、家饰等相关商品的需求。为了便利新建住房的交通，农田一夜之间变为大规模的郊区道路开发。城郊之间的高速公路孕育了美国的汽车文化。汽车销售规模从 1930 年代的 2000 万辆增长到 1960 年代的 6000 万辆，到了 1970 年初，汽车销售更是达到 1 亿辆以上。汽车带来流动性，让更多美国人走出家门，带来对旅馆、餐饮和娱乐等服务业的强劲需求。

中产阶级的崛起

郊区化运动还催生了美国庞大的消费群体——中产阶级的崛起。"中产阶级"一词并没有明确的定义，在不同的社会背景下，具有不同的含义。美国社会学家莱特·米尔斯（Wright Mills）在 1951 年发表的《白领：美国中产阶级》[1] 报告中提出中产阶级概念。随后，另一位社会学家丹尼斯·吉尔伯特（Dennis Gilbert）又根据人们受教育程度、从事的职业以及收入等特点将中产阶级细分为上中产（Upper Middle Class）和下中产（Lower Middle Class）。[2]

中产阶级是最先享受到战争经济成果的群体。1939~1945年，美国劳动力人口下降了 130 万，而与此同时，来自政府的强劲生产需求带来每年约 5% 的工资上涨。较高的工资，再加上工时延长，国民可支配收入（经过通胀调整后）增长 65%，[3]而由于消费渠道有限，消费支出并未同收入的增加匹配，美国中产阶级的腰包一天天鼓了起来。美国经济学家约翰·肯

1　Charles Wright Mills, "Part Two: White Collar World", *White Collar: The American Middle Class*, Oxford University Press, 2002.

2　Dennis L. Gilbert, *The American Class Structure: In An Age of Growing Inequality*, Pine Forge Press, 2009, p.212.

3　Richard P. Rumelt, "World War Ⅱ Stimulus and the Postwar Boom", *Wall Street Journal*, July 30, 2011.

尼思·加尔布雷斯（John Kenneth Galbraith）曾经说："人们有一种坚定的信念，上帝想让美国中产阶级富裕。"

中产阶级将是消费社会的中流砥柱。美国的企业家们早已将目标锁定这个群体。美国西屋电子公司（Westinghouse Electric & Manufacturing Co.）于 1939 年制作了一部名为《米德尔顿一家在纽约世博会》的电影，通过讲述一个来自印第安纳州的家庭在博览会上的所闻所见，详细展示了未来中产阶级的生活和娱乐方式。这立即成为美国中产阶级追求的梦想。

郊区化运动恰好迎合了中产阶级追求美好生活和实现美国梦的心理：自然、清新的环境，宽敞的住房和便利的生活设施吸引了越来越多的中产阶级搬到郊外，实现了生活水平质的飞跃。到郊区去、享受近郊的绿色环境成为众多美国人的时尚。1947~1953 年，郊区人口增加了 43%，截至 1960 年，全美高达 62% 的住房拥有率同郊区化运动密不可分，郊区人口超过城市人口，有人甚至将美国直接称为"郊区国家"。

"二战"后，美国企业追求的大规模生产方式本意是依靠规模经济提高生产效率，谁料无意中促成了一个庞大的消费群体——中产阶级的崛起，让更多人享受到以前只有少数阶层才拥有的生活方式，抹平了贫富差距，也让社会步入了一个整齐划一的时代：人人都住标准化的房子，装配标准化的家具和电器，穿相同品牌的衣服，吃同样商标的食品，开大众化汽车，分享相同的生活经历。"赶上琼斯家"[1]成为全美国的流行语，意思是人们在消费领域和社会地位等方面不能比邻居差。

郊区化运动进一步强化了中产阶级的文化认同和归属感，让中产阶级的标志更为鲜明。他们在选择郊区城镇时，只挑选同自己身份相同的社区。一个社区的种族特征加上房价水平成为衡量成功的标准。中产阶级群体基本上在同一个起跑线上，没有财富、收入和官衔上的巨大差别。

中产阶级消费潮的井喷式爆发还同需求在战争期间受到长时间压抑有关。出于战争需要，美国政府在"二战"期间对国内的消费实行严格限制，要求民众节衣缩食、精打细算。为了节省材料，为军需提供更多化纤产品，战争生产局对服装设计到加工的所有环节实行全面监督，禁止生产尼龙丝袜，害得爱美的女士们只好在大腿后面画线模仿；为了节约塑料，生产局要求服装和裙子的面料节省到极致，不仅女士的两截式泳装成为流行趋势，男人的服装也要最大限度地节省材料。

金融平权

消费社会也触发了饱受压抑的阶层和群体要求得到全面公民权利的呼声。他们不再忍受在购买商品和消费信贷方面的各种歧视，发起了一场席卷全美的大规模政治运动，为维

---

1 "赶上琼斯家"（Keeping up with the Joneses）一词源于漫画家 Arthur（Pop）Momand 于 1913 年在《纽约环球报》上刊登的连环漫画标题。

护自己的权利而抗争。他们的行动推动了美国政治和社会的变迁，为金融民主化打下基础。

美国步入消费社会后，妇女、少数族裔和低收入家庭受金融机构歧视的问题日益突出，主要表现在申请贷款难、成本高。金融机构在提供信贷方面把握的原则是：男人优于女人，白人优于黑人，中产阶级优于工人阶层。

妇女受歧视的主要因素是婚姻。金融机构规定已婚妇女的信用信息必须并入丈夫档案，信用卡必须以其丈夫的名义申请。银行和抵押贷款公司还在具体办理业务中采取各种刁难，经常把妻子收入打折扣或甚至完全无视妻子的收入，认为她有了孩子后将会丧失收入，许多金融机构还要求医生出具不育或已采取计划生育措施等证明，才承认妇女的收入。除此之外，年轻未婚妇女申请教育贷款也经常被拒绝，理由是她们不是严肃的学生。如果妇女离婚或成为寡妇，获得贷款的机会就更渺茫了。

金融机构的性别歧视引起中产白人妇女的强烈不满。1960年代和1970年代，民权和妇女运动围绕着消费信贷开展了一系列社会活动。全国妇女组织（National Organization for Women）不仅出面呼吁取消贷款歧视，还主动找大型零售商做工作，要求其在提供信用方面一视同仁。对于那些不合作的商家，民间组织采取声势浩大的抗议活动。除此之外，全美还涌现出一批女权信用社（Feminist Credit Unions），向妇女提供贷款，并将其作为信用历史的基础。美国的福利权利组织（National Welfare Rights Organization）也将工作重心转移，从救济有困难的妇女和未成年儿童家庭扩展到为这类群体争取贷款。

让更多人获得金融服务成为一项重要的政治议题。美国社会学家戴维·卡佩洛维茨（David Caplovitz）在《穷人多付钱：低收入家庭的消费行为》（*The Poor Pay More: Consumer Practices of Low-income Families*）[1] 一书中记录了城市低收入人群被银行剥削的现状，认为城市穷人应该享有更多经济资源的权利，具体来说就是获得平等贷款条件的权利。为调查种族暴乱原因而成立的科纳委员会（Kerner Commission）也认为，城市黑人如果能够以公平价格获得贷款，就可以减少愤怒，有助于构建"和谐社会"。

从联邦到州政府都分别采取了保护消费者平等权利的措施。为了打击对妇女信贷的歧视行为，美国总统杰拉尔德·鲁道夫·福特（Gerald Rudolph Ford）于1974年10月28日签署了《平等信用机会法》（The Equal Credit Opportunity Act, ECOA），严禁金融机构把申请人的性别和婚姻状况作为信贷决策的依据，确保社会不同群体在获得信用方面的基本权利。1976年出台的《公平信用报告法》（The Fair Credit Reporting Act）修订案中又补充了禁止种族歧视的条款，并要求评级机构对已婚妇女保持信用记录。

---

1 David Caplovitz, *The Poor Pay More: Consumer Practices of Low-income Families*, Free Press, 1967.

除了消除性别歧视外，美国政府的经济机会办公室（Office for Economic Opportunity）还于1964年在纽约和芝加哥等大城市推出低收入信用合作社，帮助低收入和那些被银行排斥的人群获得贷款。为了解决美国城市条件进一步恶化的问题，美国总统吉米·卡特于1977年10月12日签署《社区再投资法案》（The Community Reinvestment Act，CRA），鼓励商业银行和储贷协会满足所在社区民众的金融需求，其中包括禁止对中低收入家庭和一些草根项目设置红线。

消费金融的崛起

消费社会需要金融的支持。美国战后政治、经济以及文化方面的变化为信用和支付创新提供了机会。政府在社会保障方面提供的支持催生了全社会的乐观情绪，孕育出新的消费观，改变了美国的信用文化。建国初期，美国曾经是一个以节俭著称的民族，全社会将入不敷出和背负债务视为不光彩的事情。美国政治家、科学家本杰明·富兰克林（Benjamin Franklin）曾说过，"借款人是贷款人的奴隶"，"借钱是不幸的开始"，总之就是不鼓励借钱。

但"二战"后政府及行业协会的积极态度扫除了美国人的消费心理障碍。美国政府为了在冷战中显示资本主义市场体系的优越性，将追求消费视为爱国行为，而不是个人追求奢华的表现。经过激烈辩论，美国政府最终取消了战争时期出于控制通胀和社会资源考虑，限制消费信用的《监管条例》（Regulation W），一些州政府也通过立法，提高现金贷款上限，为银行和金融公司向大件商品销售提供贷款铺路。

商界领袖、劳工组织、大众媒体和广告商也出于各自利益，宣传大众消费不是个人的贪欲和放纵，而是每一位公民改善全体美国民众生活水平的责任。在消费方面"更多、更新、更好"成为好公民标准的暗示，让美国成为一个所有人都向往的国家。

中产阶级最先接受了借钱不可耻的理念，提前消费，即刻拥有，让梦想立即变为现实。美国社会也逐渐实现了从高利贷和赊销等传统信用方式向消费金融的转移。消费金融成为实现中产阶级生活方式的钥匙，也是"消费共和国基础设施的支柱"。

分期付款（Installment Credit）

美国的消费信用要从分期付款说起。芝加哥大学历史学教授丹尼尔·布尔斯廷（Daniel Boorstin）[1]曾说："几乎毫不夸张地说，美国的生活标准是靠分期付款买来的。"

早在18~19世纪期间，美国一些商家就开始根据客户在本店建立的信用记录以及熟悉程度，提供一定规模的消费信

1　丹尼尔·布尔斯廷（1914~2004），美国历史学家，获普利策奖的《美国人》三部曲的作者。

用。当时的信用需求主要来自农民和商人，这类群体每年都需要购买一些应季必需品，等待农业丰收或商品出售后再偿还，如借款人不遵守承诺，商家在来年就停止提供信用。1878年成立的家庭金融公司（Household Finance Corporation）是美国消费金融的鼻祖，最早提供分期付款计划：借款人不用一次性付清贷款，每月只偿还一定金额。

现代意义上先消费、后付账的做法出现在1920年代的美国。出于营销产品的目的，一些制造商和大型百货公司纷纷提供分期付款计划。通用汽车金融服务公司（General Motors Acceptance Corporation）于1919年创建，成为美国第一家向中产阶级购车者提供金融服务的公司，消费者只要支付一定比例的首付，每月有能力按期还本付息就可以获得购车信用。[1]

通用汽车公司成立金融服务公司的初衷是为了解决汽车经销商的资金问题。当时汽车制造实现了大规模生产，而经销商受到资金限制，每次只能购买几辆车，严重影响了汽车的产供销效率。通用汽车公司通过向经销商和买车人提供贷款的方式，拉动汽车销售，从而带动母公司的汽车生产。随后，福特和其他汽车公司也陆续设立了自己的金融子公司。制造商旗下的金融公司为汽车消费市场带来巨变。1941~1961年，美国家庭在汽车方面的消费支出规模从每个家庭718美元

1　Jerry W. Markham, "War and the Rebuilding of Finance" , *The Financial History of the United States,* Volume Ⅱ, "From J.P.Morgan to the Intitutional Investor (1900-1970)", Routledge, November 30, 2001, p.306.

增长到 2513 美元，[1] 这离不开分期付款的支持。

除汽车制造商外，提供分期付款的商家还包括大型百货公司，顾客在购买从缝纫机、洗衣机、吸尘器到收音机这类家用电器时，都可以享受分期付款的便利。另外，加油站和连锁旅馆向其优质客户提供短期信用，航空公司也为一些忠诚旅客提供信用。

到了 1949 年，商家出售的 50% 左右的新车、二手车、冰箱、电视机等大件消费品都使用了消费信贷。[2] 分期付款成为将消费品带给大众的催化剂，[3] 凭信用购物也逐渐成为美国社会的时尚。

商业银行的加入让一度被金融公司垄断的消费金融市场焕然一新。自 1946 年美国银行家协会消费信用委员会（The Consumer Credit Committee of the American Bankers Association）宣布，商业银行可以提供耐用品、汽车和个人贷款后，商业银行正式进入消费金融领域，压低了以前金融公司的贷款价格，让更多人有能力提前消费。

分期付款主要被商家用于促销大件消费品，而对于更多零售商和消费者来说，频繁的现金交易费时、烦琐，另外，自从汽车扩大了美国人的活动范围后，他们在餐饮、旅馆、

1　Cohen, "A Consumer's Republic: The Politics of Mass Consumption in Postwar America", p.195.

2　Federal Reserve Board, Survey of Consumer Finances, 1950.

3　"Credit History: The Evolution of Consumer Credit in America", Federal Reserve Bank of Boston, August 19, 2016, p.8.

加油、娱乐等方面的消费日益增多，也自然产生了对这些服务支付便利的需求。

刷卡世界

一顿尴尬的晚餐

信用卡创新是由纽约商人一顿尴尬的晚餐引发的。1949年的某一天，纽约一位粗心的商人弗兰克·麦克纳马拉（Frank McNamara）兴致勃勃地邀请客户一起在纽约的一家牛排馆用餐。饭后的咖啡刚刚喝了一半，他突然尴尬地发现忘了带钱包，急忙打电话让妻子送来。在等待妻子的那段时间，麦克纳马拉突发奇想，要是能有一种在结账时避免忘带现金而陷入尴尬的支付工具就好了，这将为那些经常需要公务宴请的商人提供巨大便利。[1]

于是，麦克纳马拉找到他的律师拉尔夫·施纳德（Ralph Schneider），一起商量并设计不使用现金结账的变通方式。不久，麦克纳马拉又去那家牛排馆用餐。吃完饭，他向服务员出示了一张带有自己签字的硬纸卡，并向餐馆经理提出可否像其他私人俱乐部一样，采取先签单后付账的方式。由于餐馆经理及服务员对他很熟悉，决定接受他签单吃饭的请求。

麦克纳马拉看到这种付款方式可行，认为如果能广泛提供这种服务一定很受欢迎。于是，他借了3万美元和他的律师

1　Pamela Klaffke, *Spree: A Cultural History of Shopping*, Arsenal Pulp Press, 2003, p.22.

一起于 1950 年 3 月成立了世界上第一家独立的卡公司——大莱俱乐部（Diners Club）。麦克纳马拉的商业模式是：持卡人可以在任何一家接受大莱卡的餐馆签单用餐，随后餐馆向俱乐部收取餐费，而客人必须在规定期限内向大莱俱乐部支付全部消费金额。俱乐部赚取的是两边的手续费，具体来说就是每笔向商家收取消费总额 7% 的手续费，同时向俱乐部成员每人收取 18 美元的固定年费。大莱卡同当时其他商家记账消费的不同之处在于，这是一张全能记账卡，面向的不是一个商户。尽管持卡人获得了短期信用，但由于客户每月月底必须全额付清账单，从严格意义上讲，大莱卡是世界上第一张借记卡。

麦克纳马拉推出的大莱卡正赶上美国的消费浪潮，餐馆也希望借机吸引更多的客户。因此，大莱卡初期的推广进展顺利。麦克纳马拉在几周时间里就说服了纽约 27 家餐馆签约，随后又有选择地向曼哈顿一些经常打交道的客户和亲朋好友发出 200 多张大莱卡。公司成立一周年之际，已拥有了 42000 名会员，300 多家餐馆、旅馆和夜总会签约接受大莱卡。

大莱卡消除了现金消费过程中的烦琐环节，一改消费时销售人员要记录身份和账单地址，以及签署支付条款等手续，但业务的快速增长却给公司高管们带来新的烦恼。由于当时还没有电脑，会计处理让员工应接不暇，日益增长的业务量很快就把公司压得喘不过气。尽管如此，随着经济的发展，借记卡逐渐被更多商界人士接受。到了 1955 年，持卡人数达到 20 万人。与此同时，大莱俱乐部在全美范围的签约商户也在不断增加，汽车租赁、礼品店和零售店也纷纷加入进来。到了 1958 年，大莱俱乐部年交易额上升到 4.65 亿美元，来自商户的贴现和持卡人的手续费收入也增加到 4000 万美元，基本垄断了美国的借记卡业务。

运通卡

大莱卡问世不久，更多竞争者开始进入卡市场。针对旅馆业普遍反映大莱卡收费太贵问题，美国旅馆协会（American Hotel Association）于 1956 年推出全能旅行卡（Universal Travel Card），不向参加计划的旅馆和租车公司收取任何费用，只向持卡人收取 26 美元的年费。全能旅行卡同大莱卡的区别在于，每个旅馆直接向客户收费，发卡公司不确保支付，从而将风险全部转嫁给商户。随后，市场上又出现了类似功能的火车卡和航空卡。在激烈的卡市场竞争中最值得一提的是运通公司（American Express），这是一个靠自身特色争抢信用卡业务的典型案例。

运通公司以快递业务起家。19 世纪，随着美国人口增加，针对美国地域广阔而人口分散的特点，长途运输业应运而生，而且需求旺盛。内战结束后，铁路网络成为美国商业的主要运输手段。但当时铁路以运送大宗货物为主，邮局则负责传送信件，在大宗货物和信件之间出现了一个服务真空，就是银行之间的票据交换。

1836 年，联邦政府宣布解散美国第二银行[1]，全国性银行同业共同使用的票据服务终止。银行只好雇用专门的信使运送传票，但成本很高。服务空缺就是最大的商机，运通公司看准机会，顺势提供相应服务。1850 年成立初期，运通公司只是一家不起眼的快递公司，主要提供现金、证券、黄金等贵重邮件的传送，为了扩大市场，运通还将银行汇票费率由10% 降到 1%。

1891 年，运通公司大规模推出旅行支票（Traveler's Check）业务，解决了美国人到国外度假携带现金的烦恼。旅行支票带动了运通公司的欧洲业务，并打造出一个安全、可信赖的品牌。运通公司先后在伦敦、巴黎、苏黎世和柏林等地设立办公室，旅行支票开始只能在运通办公地点兑换现金，后推广到定点商户。

"一战"爆发时，约有 15 万美国人困在欧洲，手中的各类票据接连被欧洲银行拒绝后，最终在运通公司的帮助下，凑够回国旅费，运通公司也顺势变为一家旅行公司。1922 年，公司推出豪华蒸汽船环球旅行，配以旅行支票服务，由此支撑了公司几十年的业务增长。截至 1950 年代末，运通公司共卖出 65 亿美元的旅行支票，控制了全美 70% 的旅行支票业务，成为美国最大的旅行公司，也承担着最多的私人邮政服务。

---

1 美国第二银行成立于 1816 年，仿照亚历山大·汉密尔顿的美国第一银行，20 年期限的执照于 1836 年到期，这是一家带有公务的私人公司，负责处理美国政府全部财政交易，向国会和美国财政部负责。

运通公司早就有发行旅行借记卡的打算，但由于大莱卡的出现，发卡计划搁置了下来。借助一浪高过一浪的消费潮，运通公司于1958年通过收购环球旅行卡和美食杂志俱乐部卡，推出一种专门用于旅行和娱乐的紫色借记卡，主要针对商务旅行客户群体。1959年，运通推出第一张塑料卡，替代了社会上通用的纸板卡。1960年代初，运通公司的市场份额超过大莱公司。不久，运通公司又在其他国家推出以当地货币计价的国际借记卡。

第一张信用卡

大莱卡和运通卡都是围绕特定行业发行的。自从富兰克林国民银行（Franklin National Bank）于1951年在长岛推出第一张借记卡后，东北部地区的一百多家中小银行迅速跟进，纷纷涉足借记卡业务。由于银行发行的卡更多被家庭主妇持有，且主要在银行附近的零售店使用，[1]人们通常称之为购物卡（Shopper Card）。随着消费热潮的持续升温，客户也逐渐养成了持卡消费的习惯，对多卡合一的呼声日益高涨，市场上需要大块头的金融机构承担起这个任务。

这个重任落到了西部的美国银行（Bank of America）身上。美国银行的前身为意大利银行（Bank of Italy），成立于"一战"前，主要为旧金山地区的意大利人和美国人提供金融

---

1 David S.Evans and Richard Schmalensee, *Paying with Plastic: The Digital Revolution in Buying and Borrowing*, The MIT Press, 2004, p.55.

服务。意大利银行于 1928 收购了位于洛杉矶的加州美国银行后，实力不断壮大，分支机构达到 400 多家，遍布加州 185 个城镇，成为当时全美最大的金融机构之一。1930 年，意大利银行改名为美国银行。尽管当时越来越多的中小银行推出借记卡业务，但美国银行对发卡业务一直持观望态度，在密切跟踪和市场调研后，始终没有找到更充分的入市理由。1957 年年中，美国银行高管约瑟夫·威廉姆斯（Joseph Williams）终于经不起市场的诱惑，将发卡的想法向银行管理层汇报，并认为凭借该行庞大的客户基础，将在市场上形成明显的竞争优势。在获得高管层批准后，美国银行在借记卡的基础上更进一步，于 1957 年正式大规模推出第一张真正意义的全能信用卡——美国银行卡（Bank America Card）。

就当时来说，美国银行的新计划是一个重大突破。美国银行卡向客户提供的是循环信用：每位持卡人可以获得 300~500 美元的信用额度，每月底只支付最低余额；持卡人也可以选择在规定的时段内还款，避免产生贷款利息。另外，银行授权参与商户接受指定的消费额度，超出部分需要打电话向银行总部申请批准。美国银行卡设计的 25 天宽限期和持卡人信用额度等，成为信用卡行业的标准。全能信用卡解决了消费者从旅行、购物到娱乐等方面的支付问题，也从根本上改变了消费者的行为模式。

1958 年秋天，美国银行向加州弗雷斯科（Fresco）地区客户邮寄了 6 万张卡，可供其在加州 300 家零售商户使用。

测试成功后在全加州推广。尽管在推广过程中，美国银行遭遇了欺诈和违约等问题，但最终在 1961 年实现盈利。自 1965 年起，美国银行开始通过同加州以外的银行签署许可协议的方式，将合作银行扩大到全国范围。美国银行卡的问世一扫卡市场上各自为政的局面，掀起了一场支付业务的革命。

良性竞争生态体系

正当美国银行力图进一步扩大市场份额之际，1966 年，信用卡市场涌入新的竞争者。加州的 5 家银行联手推出银行间信用卡，取名为 Master Charge Card，同美国银行展开了激烈的竞争。各家银行纷纷采取了大规模的激进营销，连孩子和老人都不放过。美国银行卡合作银行之间争抢客户的态势也变得一发不可收拾，营销中的欺诈行为频频发生。到了 1968 年，恶性竞争的结果导致美国信用卡行业面临自我毁灭的风险。

面对这样严峻的形势，美国银行邀请加盟银行开会共同商讨解决方案，会议开始不久就陷入加盟银行相互指责的僵局之中。这时，美国银行卡的签约合作行、华盛顿州一家当地银行的高管迪伊·霍克（Dee Hock）站了出来，建议系统化解决市场上的恶性竞争难题。他说服美国银行放弃对美国银行卡的所有权，创建信用卡联盟，由全体会员持股。

这正是霍克本人一直在推崇的一种新的组织形式。他换过三家公司，都是由于不能忍受那些全面管控的组织形式而选择离开。他认为，那种一切都按死规矩办事的官僚体制是工业化时代的产物，不能对变化的环境做出快速反应。霍克提倡的新的组织被称为"混序"（Chaord），也就是混乱（Chaos）与秩序（Order）的结合，从更高意义上讲就是竞争与合作的融合，它是对传统的命令—控制制度的挑战。霍克认为一个看不出管理层的组织才是更好的组织，成功的关键在于结果，而不是组织形式或管理层的强大。[1]

作为一个理念创新者，霍克最大的心愿就是将想法付诸实践，他做到了这一点，而且一举成功。美国银行卡联盟就是这样一个高度分散化管理同时高度合作的新模式。参与美国银行卡联盟的会员在相互竞争的同时，都在为同一个愿景和价值观努力，并享受联盟提供的中央支付便利。众望所归，霍克本人顺利当选美国银行卡联盟第一任主席。1970年，美国银行将美国银行卡的控制权转给新成立的发卡公司——National Bank America (NBA)。

随后，美国银行加快了其拓展海外市场的步伐，在15个国家发放加盟许可。1974年，美国银行成立了跨国会员公司——IBANCO，管理全球的美国银行卡业务。1976年，鉴于大多数国家都不喜欢发行带有美国银行名字的信用卡，为了便于让更多不同语言和文化的国家接受，公司决定采用一个更响亮同时也更通用的名字，将美国银行卡改名为维萨（Visa）卡。[2] 霍克于1991年入选"企业名人堂"，1992年被

---

1 M.Mitchell Waldrop, *The Trillion-Dollar Vision of Dee Hock*, Fastcompany, October 31, 1996, pp.2-4.

2 Jeremy M.Simon, "Visa: A Short History", Credit Cards.com, March 30, 2007.

美国《金钱》(*Money*)杂志评为"过去 25 年间,改变人们生活方式的人物之一"。

　　同时值得一提的是,美国信用卡发展的戏剧性转折得益于联邦最高法院对一起诉讼案的判罚结果。1978 年,明尼苏达州的马凯特国民银行(Marquette National Bank)起诉内布拉斯加州的奥马哈第一国民银行(First Omaha Service Corporation),起因是各州制定的《高利贷法》(Usury Laws)[1]存在着利息差:明尼苏达州的贷款利率上限为 12%,而内布拉斯加州的利率上限为 18%。为了弥补两州存在的差异,马凯特银行采取了收取信用卡年费的方式,而奥马哈银行在向明尼苏达州居民推销信用卡时,采取了免年费的促销手段。马凯特银行认为奥马哈银行的行为侵犯了明尼苏达州的《反垄断法》。最高法院的裁决是:各州制定的《反垄断法》不适用于联邦注册的国民银行,国民银行可以不考虑客户所在州的贷款上限。法院的判决结果相当于宣布了对贷款利率限制的松绑,允许金融机构按总部所在州,而不是按客户所在州的标准制定贷款利率。

　　最高法院的判决结果立即引发一场监管竞争,许多州担心银行业务流失,纷纷提高或取消贷款上限以吸引信用卡公司。南达科塔州(South Dakota)宣布上调贷款利率上限后,花旗银行捷足先登,于 1980 年将信用卡公司从纽约州搬到

---

1 《高利贷法》规定:为保护消费者利益,防止收取超高利率,各州根据自身情况设置贷款利率上限。

第二章　战后消费金融与投资基金

117

南达科塔州，并以此为大本营，向其他州的客户发放信用卡。其他银行也不甘落后，纷纷跟进，信用卡业务出现戏剧性增长，家庭持有信用卡的比例从 1977 年的 38% 增长到 1989 年的 56%。

5 家加州银行推出的银行间信用卡，经过一系列并购后改名为万事达卡（Master Card），由此，国际信用卡市场的霸主地位最终由维萨卡和万事达卡占据。两大信用卡联盟通过制定信用卡使用规则和标准化流程，减少了欺诈和滥用行为。另外，信用卡联盟提供的国际处理系统也便利了会员间的货币和信息交换。

信用卡能够作为一种支付工具在社会上广泛流行并不是一件易事。它是一个发卡公司、商户和消费者之间不断试错、相互推进、最终实现参与者共赢的过程。信用卡的每个发展阶段都为下一个阶段的发展起到铺垫作用：从早期商家自己的借记卡到逐渐让位给大型信用卡公司的多卡合一；从商户不愿接受、消费者不愿使用，到不得不使用，当信用卡推广到一定规模时，商家如果不接受信用卡，业务将会受到影响——那些不在门口招贴"接受卡"标志的餐馆，甚至没有人愿意进。用户方面，企业将信用卡作为风险管理工具，要求从高管到销售在招待客人时必须使用信用卡。大型租车公司赫兹（Hertz）和安飞士（Avis）利用信用卡作为信用审核的依据，只租给有信用卡的客户，从而减少了大量潜在损失。

信用卡的发明为消费社会提供了革命性的支付工具。同分期付款不同，信用卡提供的是循环信用，满足了商家和客户对支付方面快捷、高效和便利的需求，同时也克服了美国高度分割的国民银行体系的弊端，为美国消费社会再助一臂之力。它将"现金为王"的社会变为一个令人迷恋的刷卡世界。

消费金融的基石——评级公司

消费信用最大的障碍是信用风险。由于存在着信息不对称，贷款人无从把握客户信用，很难确定能否收回贷款。第三方信用中介的出现犹如及时雨，其核心竞争力就是搜集和分析客户信息，为金融机构发放消费信贷提供重要参考。

美国最早的个人信用公司出现在 1899 年。当时，田纳西州查塔努加市（Chattanooga）杂货店店主凯特·伍福德（Cator Woolford）应当地零售杂货店商协会的要求，协助后者梳理按时还款客户的清单，并将编制好的信息分发给本地区的商家共享。为了弥补编制成本，伍福德也将手册卖给其他城市的商户。

伍福德在工作期间，发现太多的商家对客户的信用信息有着强烈需求，预感到这将是一个巨大的商机，于是决定自己成立零售信用公司（Retail Credit Company），[1] 提供消费者信用服务。伍福德找到做律师的弟弟盖·伍福德（Guy Woolford）做帮手，在亚特兰大租了间办公室，成立了美国第一家零售信用

---

1 Robert Trailler, *Equifax and the Origins of Credit Reporting*, Realsmartgroup, September 29, 2014.

公司，并于 1899 年 3 月 22 日正式对外营业。不久，兄弟两人根据以往积累的一些历史数据，编制了一本《商家指南》，向所有商家和杂货商出售，方便其查看个人客户信用信息。

1920 年代后期，由于零售信用公司业务发展迅猛，伍福德兄弟俩借势将业务逐渐扩展到全美和加拿大，客户范围也扩大到保险公司。信用信息很快受到大批保险公司的追捧，公司利润蒸蒸日上。

"二战"后，尽管美国出现了几家全国范围的信用评级公司，但主要是帮助企业评估商业风险，如邓白氏、标准普尔和穆迪等，而个人信用评估方面基本上是各自为政的。1950 年代，全美约有 1500 家独立的地方信用局，大多数是非营利合作社，利用邻居和同事的介绍等渠道，搜集家庭收入、职业、婚姻和债务等方面的信息，提供个人信用依据。也有一些信用局在郊区化建设过程中，通过在新建的社区设立礼物车，为那些新住户建立完整的个人信息档案。

尽管个人信用市场竞争愈演愈烈，但伍福德兄弟的零售信用公司在市场上仍占据着绝对的优势。随着技术的发展，公司逐渐从最原始的分类卡片过渡到使用计算机录入和处理信息，还先后收购了一些小规模的信用公司。到了 1960 年代中期，公司网点已达到 1700 多家，成为当时北美地区最大的个人信用局。

随着消费信用信息市场的迅猛发展，数据的准确性成为新问题。个人信息的商业化注定会涉及个人隐私权问题。零售信用公司在搜集信息的过程中，不可避免地出现了一些违背商业道德的行为，如不受约束地搜集信息，从儿童时代、教育、工作、婚姻问题到性生活以及政治倾向无所不包。为了赚钱，个人信用公司甚至鼓励员工千方百计地搜集消费者的负面信息，并予以奖励。随后，零售信用公司将个人隐私和一些不实信息向商家出售赚钱，逐渐沦为一家讨好客户不正当需求的公司。

"枪打出头鸟"，掌握着数百万个家庭信用信息的零售信用公司的所作所为很快就引起了政府的关注。信用公司出售个人信息触犯到个人隐私权，关系重大。另外，个人信用信息不实所产生的负面作用不堪设想，直接影响到消费者买房、买车、就业甚至婚姻，一些女士甚至通过调查对方信用报告，核实结婚对象的背景。

美国国会经过听证，于1970年制定《公平信用报告法》（The Fair Credit Reporting Act，FCRA）。该法从保护消费者利益出发，确保信用报告机构提供的信息公平、公正、准确，规范对消费者信息的采集与使用。随后的修订案还赋予消费者查看个人信用报告的权利。该法要求客户有权查看自己的信用档案并修改错误，还对出售信息的范围做出明确限制。遵照新法规的精神，为了彻底改变其在社会上的负面形象，零售信用公司于1975年改名为艾贵发（Equifax，是英文 Equitable Factual Information 的缩写），强调公平、公正与获取真实信息的权利。

伍福德兄弟俩开创了个人信用报告的先河。在此基础上，另外两位金融企业家则让个人信用评级技术迈上一个新台阶，他们是工程师比尔·菲尔（Bill Fair）和数学家厄尔·埃塞克（Earl Issac）。1956 年，这两位专家在斯坦福研究院工作时相识，各投资 400 美元成立了个人信用评分公司——费埃哲（Fair Issac Company，FICO）。这家公司的创新之处在于其并非是像伍福德兄弟那样简单地搜集信息，而是强调个人信用数据的量化分析，并在此基础上，设计了全美第一个信用打分系统，将个人信用风险量化。信用打分系统帮助解决了个人贷款过程中最难把握的信用决策问题，为商家预测消费者行为、防范消费者信用风险提供了有价值的参考。

有了个人信用打分系统，信用评级公司如虎添翼。在1980 年代，全美三大消费信用报告公司艾贵发、易百利（Experian）和环联（TransUnion）成为个人征信市场上的绝对主力军。在三大征信公司的助推下，美国消费者债务从1970 年的 1000 亿美元增长到了 1995 年的 1 万亿美元。

大众投资工具——共同基金

同经济学家们的担心正相反，美国经济在战争结束后不但没有出现衰退，反而达到了一个前所未有的繁荣巅峰。1945~1970 年，美国国内生产总值从 2230 亿美元增长到 1.038万亿美元，[1]成为美国历史上经济增长速度最快、持续时间最长

---

[1] "GDP and Other NIPA Series, 1929-2012", Bureau of Economic Analysis, www.bea.gov, August, 2012.

的黄金时代。全社会财富的增加也让美国的金融市场步入黄金时代。

繁荣的经济与稳定的生活让有了余钱的中产阶级开始追求财富的保值、增值。从大萧条阴影中走出的美国人吸取了个人炒股的教训，将钱交给专业人士打理成为新的社会时尚。面对新崛起的大众阶层对投资工具的渴求，共同基金（Mutual Fund）重新受到青睐。它将众多小额投资者的资金集中到一起，由专业基金经理进行统一管理，一改散户投资者只通过小道消息而短期炒作的局面，不仅分散了投资风险，也增强了市场流动性。

团结就是力量

共同基金是一种集合投资工具，而集合投资的概念源于18世纪后期的欧洲。当时东印度公司和荷兰公司都出现过不同程度的资金危机，究其原因主要是在好年景时，公司为了实现其雄心勃勃的殖民地扩张计划，不加限制地借债。然而，天有不测风云，北美殖民地在几年不到的时间里，从局部骚乱演变为一场革命，导致公司的海外投资受到重挫。

尽管海外扩张风险高，但北美、阿根廷和南非等地都出现了大量诱人的投资机会，特别是在钻石矿、种植园、铁路和房地产方面。可此时荷兰的资本市场资金严重短缺，金融家们寻求将中小投资者手中分散的资金聚集在一起。

1774 年，荷兰商人亚伯拉罕·范·凯特维奇（Abraham

Van Ketwich）成立投资信托基金[1]，以投资信托基金的方式，解决中小投资者海外投资的障碍。基金的名字以荷兰共和国当时流行的口号"团结就是力量"（Eendragt Maakt Magt）命名。顾名思义，该基金的初衷是动员更多公众参与投资，通过小股募集，积少成多，创造多样化投资机会，分散风险。这正是现代共同基金的雏形。"团结就是力量"基金的投资范围分散在欧洲、中美洲和南美洲等地区的100多项不同资产中，基金延续了120年，一直保持着类似投资工具中寿命最长的纪录。

　　荷兰发行的共同基金起到了示范效应，类似的基金逐渐在欧洲其他国家起势。1822年，普鲁士皇帝威廉一世在布鲁塞尔成立了一家投资公司（Societe Generale des Pays-Bas pour favoriser L'industrie nationale），也是将投资者的钱集中到一起，投资金融资产。由于当时在阿姆斯特丹证券交易所挂牌的股票寥寥无几，为了分散风险，威廉国王的投资公司将触角扩展到奥地利、丹麦、德国、西班牙、俄国等国政府发行的债券。1868年，英国律师菲利浦·罗斯（Philip Rose）在伦敦发行了一支"外国与殖民政府信托投资基金"（Foreign and Colonial Government Trust），向公众发行投资凭证，用筹集来的钱投资外国政府债券和股票。根据基金说明书记载，该基金的目的是"让中小投资者也可以像大资本家那样投资不

1　"History of mutual funds", Investment Funds Institute of Canada.

同的股票"。"外国与殖民政府信托投资基金"模仿了荷兰的投资基金,将投资收入用于向投资者支付更多股息。1880年代,苏格兰人罗伯特·弗莱明(Robert Fleming)设立了著名的"第一信托投资基金"。该基金主要投资美国的铁路债券,后改名为"第一苏格兰美洲信托投资基金"。随后,法国和瑞士等国也出现了不同风格的投资基金。

19世纪后期,共同基金的概念也开始传入美国,最早出现在波士顿。1893年,波士顿个人财险信托(Boston Personal Property Trust)成立,成为美国第一支封闭式基金,主要服务对象是富人阶层。随后,当地的一些律师事务所也纷纷设立信托部门,用集合投资的方式管理富人家庭几代人积累下来的财产。

尽管当时的投资基金声称是为中小投资者服务,但成本畸高,投资者需要支付10%的手续费,以及收益的12.5%作为基金经理人的年费,同时基金不透露任何股票和债券的持有信息。由于基金发行的份额固定,因而也限制了赎回。

1924年3月21日,这一切发生了根本性改变。波士顿的一名铝制品推销员爱德华·莱福乐(Edward G. Leffler)成立了世界上第一支开放式共同基金——"马萨诸塞投资者信托基金"(Massachusetts Investors Trust)。投资者可以在任何一个交易时间里,按公开的净资产值,自由买卖基金份额,每份不到2美元,最低投资金额仅250美元,而且基金手续费降为5%。在激励机制方面,基金经理不是按业绩表现收取手续费,而是根据在管资产的规模按比例提成。

"马萨诸塞投资者信托基金"从发行到运营都很成功。该基金成立时资产仅为 5 万美元，拥有 45 只股票，其中包括通用电气（GE）、美国电话电报公司（AT&T）等蓝筹公司，也有一些早期的大牌公司，如纳什发动机公司（Nash Motors）、铂尔曼（Pullman）等。一年后，该基金拥有了 200 多家股东，在管资产达到 39.2 万美元。要知道，当时整个基金业在管资产还不到 1000 万美元。

"马萨诸塞投资者信托基金"刚刚推出，道富投资者信托（State Street Investors Trust）就成为该基金的托管公司，随后推出自己的共同基金。几个月后，富达（Fidelity）公司也迅速跟进，推出自己的开放式基金。[1]1928 年，新创建的威灵顿基金（The Wellington Fund）成为全美第一支既持有股票又持有债券的基金。

共同基金自问世以来就紧紧跟随着资本市场的节奏，起起落落。随着股市的火爆，越来越多的投资者开始着迷共同基金。华尔街的许多经纪公司也顺势推出封闭式信托。到了1929 年，市场上共有 19 支开放式共同基金，以及近 700 支封闭式基金。基金的投资风格逐渐从保守转向投机，并使用更多杠杆，"一面倒"地做多股票，疯狂追逐高回报。

1929 年华尔街股市崩盘，共同基金的高杠杆和激进的投

1　Anne Kates Smith, "The Golden Years", *U.S. News & World Report*, April 5, 1999.

资风格加重了市场崩盘带来的影响，投资者损失惨重。1931年，美国的共同基金平均损失 31%，大部分高杠杆和封闭式基金不是彻底消失就是变得一文不值。根据纽约证交所统计，截至 1937 年底，以杠杆为主要策略的共同基金平均 1 美元份额只值 5 美分，而非杠杆投资基金为 48 美分。

再现辉煌

为了恢复投资者信心，同时保护公众利益，美国政府出台《1934 年证券交易法案》，将仍处于成长初期的共同基金监管起来，要求其在新成立的证交会注册，并以募股书形式向投资者披露基本信息。

《1940 年投资公司法》除了对共同基金在信息披露方面的要求外，还做出更多具体规定，如限制共同基金使用杠杆和做空[1]，并要求基金"从组织形式、运行到管理必须以股东利益，而不是以基金经理和发行人的利益为重"。另外，该法对基金的会计、审计和关联交易等方面也做出严格规定。

一系列监管法规让共同基金重获新生。1943 年，一位波士顿律师接管了苦苦挣扎中的富达基金，并于 1946 年成立富达投资公司（Fidelity Investments）；1950 年，约翰·邓普顿（John Templeton）创建了美国第一支向海外投资的基金；托马斯·罗·普莱斯（Thomas Rowe Price）创建了第一支成长

1　做空（Short Selling）：预期股票下跌，按当前价卖出借来的股票，股价下跌后买进，获取差价利润。

型股票基金（Growth Stock Fund），专注于投资那些有发展前景的公司。1951年，美国的共同基金总数首次超过100支，"基民"超过100万人。

实践催生理论，理论反过来指导实践。1952年，美国经济学家、加州大学金融教授哈里·马科维茨（Harry Markowitz）在《金融杂志》发表"投资组合选择"（Portfolio Selection）[1]理论，论证资产的风险与回报、关联性和多样化等问题，为共同基金的投资策略奠定了理论基础，也使其影响力进一步扩大，从新股发行到二级市场的交易量都呈直线上升。

金融创新不同于其他行业的特点之一，便是不存在知识产权，因此模仿和普及的速度极快。共同基金行业的高速发展吸引了越来越多的人设立基金，基金的投资风格也紧跟时代脉搏。1954年，专注于原子开发的共同基金募集了1000多万美元，科学与原子基金、导弹—火箭—喷气机和自动化基金、电视—电子产品基金紧随其后。1958年，又有十多亿美元流入共同基金。

1964年，美国经济学家威廉·夏普（William Sharpe）在《金融杂志》发表"资本资产定价模型"，带来共同基金市场的进一步火热，如当时的"曼哈顿基金"原本计划筹集2500万美元，投资者却踊跃认购了2.47亿美元。

共同基金的火爆引发金融服务大军的激烈竞争，各种理财专家、顾问、金融中介和经纪人争先恐后地推销共同基金，

1　*Journal of Finance*, Vol.7, No.1. 1952, pp. 77-91.

有些推销员像卖保险一样挨家挨户拜访。1960 年代，随着资本市场的恢复，出现很多激进型投资风格的新基金，各类基金总数达到数百支，在管资产规模达 170 亿美元，"基民"总数达490 万人。1967 年，共同基金实现自问世以来的最佳战绩，1/4的基金回报率至少达到 50%，其中 4 支基金达到 100% 以上。

1968 年，共同基金进入沸腾岁月，投机心理膨胀，纷纷使用高杠杆放大回报，开始疯狂起来。当时最具时代特征的是 3 支以弗雷德命名的基金（Three Freds）[1]，但随后在遭遇了1970 年代熊市的冲击后，均烟消云散，所有的回报化为乌有，这是后话。

机构投资者的加入为当时的共同基金注入新血液，进一步推动着共同基金行业的前行。自 19 世纪，美国就有了养老金制度，在"二战"期间更成为大型公司发放福利的流行做法——由于政府冻结了工资和物价，养老金便成为各大公司提高员工福利的变通方式。通用公司最先成立养老金：公司拿出部分资金投资，支付员工的未来养老福利，不算作工资。不久，美国其他大公司纷纷仿效，养老金也随之成为大公司和雇员之间一种新型的社会合约。

为了实现高效运作，1970 年代前后，一些养老金纷纷组成庞大的机构资金池。这些基金本身很少在投资组合中为自

---

1 包括 Fred Alger of Security Equity Fund, Fred Carr of the Enterprise Fund 以及 Fred Mates of the Mates Investment Fund。

已挑选股票或债券，而是将这类工作交给银行的信托部门、保险公司以及社会上新出现的独立基金经理人。养老金强调的是风险管控，而不是回报，共同基金恰好满足了这些机构投资者的需求。

共同基金是美国最成功的现代金融创新之一，这种由专业人士管理的集合投资计划，通过将众多投资者的资金汇集在一起，发挥规模经济的效应，解决了普通民众难以参与金融市场的难题，"基民"们用相对少的资金就可以分享股市和债市的增长回报。另外，由于共同基金持有多种不同类型的证券，多样化组合将风险降至相对低的水平，也满足了一些追求低风险的机构投资者的需求，因而逐渐成为金融体系中最重要的资产类别之一。

面向合格投资者的另类投资

大众投资工具共同基金让更多的民众有机会参与资本市场投资，获得了以前只有富人独享的赚钱机会，但与此同时，富人阶层的投资工具也发生了新的演变。这类投资者有能力承担一定的风险，对投资回报有更高要求，因此，设计全新的交易策略和投资模式成为针对这类人群进行金融创新的焦点。另类投资（Alternative Investments）就是针对这类群体的投资工具。美国监管法将这类投资群体称为合格投资者（Accredited Investor），也就是那些有能力承担投资风险的高净值个人以及机构投资者。

　　另类投资指的是那些投资策略和风险回报特点有别于传统的市场化金融中介，表现为投资敞口更加灵活和多样化，[1]同传统投资工具的关联性弱。对冲基金（Hedge Fund）和私募股权基金（Private Equity，PE）是另类投资的代表。私募股权基金又可以细分为风险投资（Venture Capital，VC）、并购以及不良投资（Distressed Investing）。本章只介绍风险投资，并购和不良投资部分见本书第五章。

富人俱乐部——对冲基金

　　对冲基金中的"对冲"一词指的是投资策略。对冲基金最初的宗旨是通过设计市场中立的投资组合，让基金表现不受一般性市场涨跌波动的影响。随后，伴随着市场的发展，对冲基金逐渐演变为在承担一定水平风险的基础上，获取超出市场平均表现的回报的投资工具。作为不受《1940年投资公司法》束缚的私人资金池，对冲基金的优势在于可以使用杠杆和做空机制，自由选择灵活多变的投资策略，投资的金融资产范围涵盖股票、债券、衍生品、大宗商品以及外汇等市场，以实现风险和回报的平衡，由此也成为美国和全球金融体系中最具活力和创新的行业。

1　Michael Drexler, et al., "Alternative Investments 2020: An Introduction to Alternative Investments", World Economic Forum Report, July, 2015, p.16.

对冲基金之父

对冲基金创始人阿尔弗雷德·温斯洛·琼斯（Alfred Winslow Jones）出生在澳大利亚墨尔本，父母均为美国人。父亲是通用电气公司澳大利亚分公司的外派员工，1901 年携全家搬回美国。琼斯于 1923 年哈佛大学毕业后，由于找不到自己喜欢的工作，为了满足环游世界的梦想，干起了轮船事务长的差事。1930 年代初期，他参加了外交官考试，被派往美国驻德国柏林使馆任职；1941 年，他又做了战地记者，报道西班牙内战。随后，琼斯回到哥伦比亚大学深造，获得社会学博士学位后，加入《财富》杂志任编辑。

经过了各种职业的磨炼，琼斯积累了丰富的社会经验，思维敏捷，视野开阔。1949 年 3 月，琼斯为杂志社策划了一篇有关投资趋势和市场预测的文章，披露了一些股市上流行的交易策略。在搜索材料的过程中，他发现了一个令人眼前一亮的"赚钱秘籍"。完成这篇文章后，琼斯突发奇想：何不自己尝试一下投资。供养两个孩子上名校，靠自己做编辑挣的那点收入远远不够，琼斯需要赚更多钱。于是他和几个朋友一起成立了琼斯投资公司（A.W.Jones & Co.），公司初始资本为 10 万美元，琼斯自己掏了 4 万美元。

尝试一段时间后，琼斯发现的对冲策略立即见效，第一年就取得可喜的成绩，投资回报达到 17.3%。在尝到甜头后，做空成为琼斯的"家常便饭"。1952 年，琼斯对投资公司的组织结构做出大胆创新，设计出有限合伙人制（Limited

Partnership）。有限合伙人制从结构上分为普通合伙人（General Partner）和有限合伙人（Limited Partner），普通合伙人作为公司的经理，负责基金的具体运作，而有限合伙人则为基金的投资者，不负责管理或投资决策。在激励机制方面，琼斯设计了对冲基金的收费标准：除了收取在管资产规模的 1%~2% 作为手续费外，基金经理可以从赚取的利润中提成 20%。琼斯设计的 2/20 收费方式至今仍作为对冲基金业的标准。

琼斯按照自己信奉的投资模式，一干就是 17 年。直到 1966 年，《财富》杂志记者卡罗尔·鲁米斯（Carol Loomis）发表了一篇名为《没有人能够追赶的琼斯》的文章，将他引入公众的视野。鲁米斯在文章开头这样写道："这些日子里，最好的专业基金经理是一位沉默寡言、很少抛头露面的人，他就是阿尔弗雷德·温斯洛·琼斯。"文章详细曝光琼斯使用的神秘投资策略，并向外界透露，琼斯的基金在过去 5 年时间里回报率高达 325%，而且这一数字还是在扣除了 20% 的利润提成后的，[2] 其表现超越市场上所有的共同基金。

鲁米斯在描述琼斯的基金特点时，使用了当时华尔街用于管理市场变化风险的"对冲"这个词，对冲基金的名字也由此传开。琼斯一改当时那个年代以被动式信托为主的资金管理模式，开创了一个崭新的行业，他也因此被称为"对冲基金之父"。

1　Carol Loomis, "The Jones Nobody Keeps up with", *Fortune*, April, 1966.

2　Douglas W. Hawes, "Hedge Funds—Investment Clubs for The Rich", *The Business Lawyer*, Vol. 23, No. 2 (January, 1968), pp. 577.

华尔街赚钱新方式

琼斯决定尝试的投资秘籍是通过做空高估的股票，做多低估的股票，并依靠杠杆放大回报，这样即使不能超越市场的平均表现，至少可以降低风险。他将手里的股票分为两部分：一部分是经济繁荣时期表现好于市场的股票，一部分是经济衰退时期下跌幅度慢于市场的股票。琼斯通过做多前者，做空后者，理论上确保了不管市场是涨还是跌基金都能赚钱。当时市场上早已出现了做多和做空的方法，琼斯的智慧在于将两种投资方法结合在一起使用，在实现保守的投资目标的同时，使风险低于市场上那些仅使用单向操作的投资策略。

鲁米斯的文章让投资者如梦初醒，30多家基金立即开始研究并仿效琼斯的投资策略。由于琼斯本人的性格狂妄，加上挣钱后的漫不经心，他手下的团队起了变化。一些基金经理另立山头，另外一些则被竞争对手挖了墙脚。

有关琼斯的报道，加上资本市场的火热吸引了更多资金流入对冲基金。1968年后，市场上出现了200多家对冲基金，其中包括对冲基金业的传奇人物乔治·索罗斯（George Soros）、迈克尔·斯坦哈特（Michael Steinhardt）和沃伦·巴菲特（Warren Buffett）等。

琼斯当时遵循的对冲策略强调的是谦卑和守纪律，可惜随着时间的推移和市场的变化，对冲基金行业慢慢变得鱼龙混杂，一些对冲基金经理开始不满足于对冲策略所赚取的微薄利润，逐渐背离琼斯的初衷，看到市场向好，单向做多、较少做空，追求利润最大化，从而踏上冒险征程。

进入 1970 年代，股市的盛宴终于结束。曾被《财富》杂志评为致富最快的得州商人罗斯·佩罗（Ross Perot），在 1970 年 4 月 22 日这一天，票面损失高达 4.5 亿美元。[1]1970 年二季度，大部分科技股下跌 80% 以上，标普 500 指数下跌 19%，道指下跌 13%。1960 年代后期最大的 10 只综合企业股到了 1970 年 5 月平均下跌 86%。[2]

1973~1974 年，大部分对冲基金在股灾中出现亏损。根据经济政策中心和国际货币基金组织两个研究员的报告，全美 28 家最大规模的对冲基金管理的资产规模下降 70%。到了 1984 年，市场上只剩下 68 家对冲基金。[3]

1980 年代后期，伴随着资本市场的起势，对冲基金又迎来一个辉煌年代。同前期对冲基金的不同之处在于此时基金的投资风格和策略更加百花齐放，最常用的交易策略主要有四种类型：多空股票（Long-short Equity）、事件驱动（Event-driven）、宏观策略（Macro）和固定收益套利（Fixed-income Arbitrage）。多空股票是在琼斯最早使用的同时做多和做空股票的策略基础上，加入了期货和期权的使用；事件驱动指

1　John Brooks and Michael Lewis, *The Go-Go Years: The Drama and Crashing Finale of Wall Street's Bullish 60s*, Wiley, 1999, Chapter 1.

2　Louis Navellier, "Earth-Day:The Tech Stock Crash of 1070", Nasdaq.com, April 23, 2010.

3　Barry Eichengreen, Donald Mathieson, "Hedge Funds: What Do We Really Know?", *Economic Issue*, No.19, IMF, 1999, p.5.

的是利用重大交易事件创造的机会获利，如企业的分拆、并购、重组、破产等；宏观策略指的是利用宏观和政治事件对股市、外汇和大宗商品等市场的影响，寻找价格错配的机会，加大交易杠杆，从预期的价格走势中赚钱；固定收益套利则试图寻找固定收益市场不同证券价格之间的细微差异，实现套利。除此之外，市场上还出现众多的主题类基金，如多种策略（Multi-strategy）、新兴市场、期货、可转债套利等。詹姆斯·哈里斯·西蒙斯（James Harris Simons）的文艺复兴科技公司（Renaissance Technologies）以程序交易甚至暗箱操作独领风骚——利用在全球范围挖掘不同市场和不同金融工具之间存在的价格差异获利。

尽管对冲基金可使用的手段更加丰富，但也难以避免在市场上"跌跟头"。几乎每只对冲基金的精彩故事背后都隐藏着一个个伤心的往事，只不过在不同的历史时期，每出悲喜剧都有着不同的表现形式，从不缺少癫狂与绝望。

高科技天使——风险投资

对冲基金通过有别于共同基金的交易策略和手段，在资本市场上追求好于市场平均表现的回报，而风险投资是针对有高增长潜力的非上市企业的股权投资，通过将目标公司上市或出售获得投资回报。

风投的创新之处在于其提供的不仅是资金，还有专业指点、咨询和管理决策方面的支持。风投填补了银行贷款和资本市场之间的空白，成为高科技公司的"天使"。这些公司在销售额规模、盈利历史以及抵押资产等方面都难以满足银行的贷款要求，而银行受到高利贷法的限制，无法收取高息以实现风险回报平衡，因此不愿涉足这类业务。鉴于初创企业的高风险特点，大多数机构投资者也敬而远之。

第一家现代风投公司

风投经历了曲折的成长过程。自工业革命以来，一些富裕家族就开始入股企业。19世纪后半叶到20世纪初期，美国的私人股权投资主要集中在铁路、石油、钢铁和电力等领域。如科尼利厄斯·范德比尔特（Cornelius Vanderbilt）家族对船运与铁路的投资，约翰·戴维森·洛克菲勒（John Davison Rockefeller）家族对标准石油、东方航空和道格拉斯飞机的投资，卡内基·梅隆（Carnegie Mellon）对钢铁的投资，摩根家族对爱迪生科技发明的扶持等都可以算得上一定意义上的风投。

除了家族基金外，当时市场上还有约25万人规模的天使投资者，主要是医生、律师等手头有些余钱的个人投资者，通过亲朋好友和各类社交圈的相互推荐入股一些有潜力的企业。波士顿律师哈伯德（Gardiner Green Hubbard）、莱瑟（Salem Leather）和商人桑德斯（Thomas Sanders）共同出手，在波士顿设立贝尔电话公司（Bell Telephone Co.），完成了电话的早期试验。

现代意义上的风投始于"二战"后，主要集中在美国的新英格兰地区。自"一战"以来，该地区的支柱产业一直是服装和纺织业。受整体经济环境每况愈下的影响，这两大产业早已风光不再，不仅未对当地的经济增长做出贡献，还导致失业率居高不下，两大行业的雇员从 1919 年的 12.4 万人减少到 1940 年的不到 3 万人。与之形成鲜明对比的是，中西部地区通过发展新兴产业，如生产汽车、收音机和其他消费耐用品，经济增长如日中天。

尽管地方政府试图从机制上解决小企业的困境，但结果并不理想。1925 年 11 月，共计 800 多位来自各行各业的代表共聚一堂，商讨促进经济增长的发展战略。在波士顿百货店大亨林肯·法林（Lincoln Filene）的倡议下，大家最终达成共识，成立新英格兰委员会（New England Council），[1] 其目的是通过资助和推广新产品及新行业，振兴新英格兰地区经济。不巧的是由于遇上大萧条，该计划被迫搁置。

大萧条导致新英格兰地区经济进一步恶化，倒闭的数千家投资公司和银行中的大部分是服务于中小企业的。一些生存下来的大银行，由于《格拉斯法》对商业银行在企业持股的严格限制，加上危机后银行普遍收紧放贷标准，根本不愿涉足缺少抵押物、业务前景不确定的小企业融资业务。随着

1　Peter A.Brook, Daniel Penrice, *A Vision for Venture Capital: Realizing the Promise of Global Venture Capital and Private Equity*, New Ventures, 2009, p.17.

英格兰地区投资信托的普及，社会上的资金大部分倾向于安全、保守的共同基金。尽管作为"新政"的一部分，罗斯福设立了重建金融公司，但该公司重点在于投资大型项目，对于小企业的扶持效果并不令人满意，小企业的资金渠道基本上被切断。在制造业越来越追求规模生产的压力下，小企业举步维艰，大规模倒闭。

"二战"结束后，科技兴国让美国尝到了甜头。参与过原子弹研制的美国科学家万尼瓦尔·布什（Vannevar Bush）于1945年写给杜鲁门总统的一份长篇报告中，强调科研在和平时期的重要性，请求政府积极支持战后的科学研发。在他的努力下，政府一方面成立了美国国家科学基金会（National Science Foundation of the United States），另一方面延续了对大学科研经费的支持。

新英格兰地区的技术和资金都不是问题——哈佛大学和麻省理工学院的实验室都具有坚实的技术基础，而当地的机构投资者手中也有钱，欠缺的仅是一种运作机制，简单来说就是对初创企业专业化投资的机制。

新英格兰委员会主席、波士顿联储银行行长拉夫·弗兰德斯（Ralph E. Flanders）同商界、学界和投资界的一些人士重新将战前探讨的投资基金计划拿出来，大家的共识是将"二战"期间实验室里的一些科研成果转化为产品。投资基金需要由专家参与指导和管理，于是，大家一致将目光转向当时哈佛商学院大名鼎鼎的乔治斯·多里奥特（Georges Doriot）

教授。多里奥特是风投业的传奇人物，更像是一位精神领袖，他在融资机制方面注入的全新理念与模式开启了一场投资革命。

多里奥特出生于法国，父亲为汽车工程师，在开发第一批标致轿车方面曾起到主要作用。1920年，多里奥特从巴黎大学毕业后来到波士顿，举目无亲，身上钱也不多。他带着父亲朋友写的一封推荐信，希望进入麻省理工学院攻读管理学专业，结果在哈佛大学校长劝说下，来到哈佛商学院。一年后，多里奥特离开哈佛大学，在纽约的一家投行谋职。1925年，多里奥特重返哈佛商学院任教，开设了工业管理课，鼓励学生大胆尝试风投，用创新取得市场竞争优势。多里奥特让学生们牢记："永远不要忘记，某些地方的某些人正在制造一个让你的产品过时的产品。"在为初创企业投资方面，他提倡应将专业人士、投资者与企业的利益捆绑在一起，使其产生化学反应。多里奥特理论与实践紧密结合的教学方式，很快让他成为哈佛商学院最受欢迎且最具影响力的教授。

"二战"爆发后，他报名参军，并出任军事计划部军需办公室主任，负责将新的创意转化为战场上所需的产品和武器，其中一些成功的案例包括为前线士兵设计的口粮袋，可以将其生存必需的所有食物装在里面。战争中积累的经验为多里奥特的履历再添光彩。回到哈佛大学后，多里奥特对政府向落败企业拨款的行为表示不满。他一直在思考如何引导私人资本资助初创企业，让好创意变成实实在在的好产品。

英雄所见略同。关于投资基金，多里奥特同弗兰德斯等人一拍即合。于是，他同弗兰德斯、麻省理工学院校长卡尔·康普顿（Karl Compton）和马萨诸塞投资者信托基金董事长梅里尔·格里斯沃尔德（Merrill Griswold）等人一起成立了美国研究与开发公司（America Research and Development Corporation，ARD），公司于1946年6月6日开始运行。

ARD公司的组织架构是公开交易的封闭式基金，像交易股票一样相互转手基金份额。尽管投资的是非流动性资产，但通过自由交易仍具有很强的流动性。这是一个改变金融世界的举动，更是一项具有经济意义和社会意义的重要实验，它是世界上第一家由专业投资者负责监督和管理，并参与和影响董事会决策的现代风投公司。

作为第一家公开交易的风投，ARD公司的资金不是来自富人家族或政府，而是来自机构投资者和公众。然而，市场上的投资者对ARD公司感兴趣的并不多。华尔街认为ARD更像是一次社会实验，而不是以盈利为目的的公司。公司在募集初始资金方面并不顺利，原计划筹资目标为500万美元，截至1947年2月10日，公司只筹集到了358万美元。由于ARD是第一家风投公司，全社会投资者都在关注，其示范效应不言而喻。为了确保成功，公司在项目挑选方面非常谨慎、严格，在收到的全部商业计划中只有不到4%的项目得到了资助，行业方面则集中在有发展潜力的信息技术和电子领域。作为大学教授，多里奥特对投资项目的选择过于理想化，始终把社会效益放在首位。

由于项目审查过于严格，项目挑选的空间很小，投资者长期见不到效益，纷纷打起了退堂鼓。曾经的铁杆支持者、麻省理工学院校长康普顿去世后，学校重新查看 ARD 的报表，发现大部分项目表现平平，还有一些走向破产，那些可以产生现金流的项目也难以弥补公司的运营支出。另外，公司股票的表现也不尽如人意。鉴于投资者承担的风险与回报不相匹配，麻省理工学院决定出售公司股份。具有讽刺意味的是，此时的多里奥特在社会上的名气越来越大，不仅领衔 ARD 公司，还身兼波士顿地区数家企业的顾问和董事。然而，就在其事业风生水起之时，自己的公司却亮起了红灯。

就在社会上对 ARD 投资模式失望之际，其项目之一、数字设备公司（Digital Equipment Corporation，DEC）的投资回报从天而降，成为风投行业第一个"本垒打"，也因此让多里奥特的投资理念没有付之东流。DEC 公司项目是 ARD 公司中最大的一笔投资，该公司由两位麻省理工学院毕业的工程师肯尼斯·奥尔森（Kenneth Olsen）和哈兰·安德森（Harlan Anderson）于 1957 年组建。当时，DEC 公司为了开发小型计算机，四处寻找种子资金。尽管 DEC 公司准备的商业计划书只有 4 页纸，但立即得到多里奥特的青睐，赢得 7 万美元股权融资和 3 万美元贷款，ADR 公司占该公司 70% 的股份。在 DEC 公司十多年的成长过程中，多里奥特亲自指点，成为该公司创始人和总裁奥尔森的贴身顾问，帮助其解决了一个又一个难题。在大多数人还不知道计算机重要性的时代，多里奥特将自己的管理人员插入公司董事会，并拒绝了多次外部公司的收购，让外界对这种新的投资机制眼前一亮。1972年，ARD公司将DEC公司股份出售，获利4.5亿美元。DEC项目投资的成功为风投模式提供了最有说服力的案例。

尽管在DEC公司的投资获利，ARD公司最终还是没能如愿延续。在投资了150多家公司后，多里奥特于1972年将ARD出售给德事隆（Textron）公司。正当风投逐渐成为经济中的重要组成部分时，作为先驱的ARD公司却从人们的视野中淡出。不可否认，多里奥特的风投理念为现代风投业打下了基础。他是第一位相信风投机制有未来的风投家，还在欧洲创建了哈佛大学商学院的翻版——欧洲工商管理学院（INSEAD）。他的理念与行动深刻地影响了西方资本主义的发展进程。

硅谷的传奇

多里奥特曾反复强调，成立ARD公司是一场运动，目的是要让风投公司在全美遍地开花，推动美国经济的增长。1950年代后期，风投的种子开始从东部的波士顿转移到美国西海岸的硅谷生根发芽。

硅谷是美国加州圣塔克拉拉山谷的别称，位于加利福尼亚州北部，旧金山湾区南部，包含圣塔克拉拉县和东旧金山湾区的费利蒙市。"硅"字代表着当地企业大多是从事用硅制造的芯片为基础的半导体行业和电脑工业；"谷"指的是圣塔克拉拉山谷（Santa Clara Valley）。第一位正式使用"硅谷"一词的是美国记者唐·霍夫勒（Don Hoefler），他从1971年1月11日起连续三周，在当地的行业周刊《电子新闻》上发表关于半导体行业的系列文章，题目为"美国硅谷"（Silicon Valley USA），[1]硅谷的名字就这样流传开来。

　　硅谷之所以成为科技创业的圣地，与当地的大环境密切相关。正是在全年阳光明媚的地中海气候的滋养下，一群特立独行的极客的想象力和创造力得到充分释放，相对其他地区的贪婪和权力，硅谷创业者的动力更多来自激情和梦想。早在19世纪中叶，硅谷就是电报和无线电技术的发源地：1909年，美国发明家查尔斯·哈罗德（Charles Herrold）在这里建造了全美第一个广播电台；[2]同一年，斯坦福大学毕业生西里尔·埃尔维尔（Cyrillic Elwell）领导的团队在这里开发出美国产的电弧无限发射机。"二战"期间，由于其特殊的战略位置以及常年温和的气候适合飞行测试，硅谷又成为美国海军军事飞船研发基地。到了1949年，硅谷已成为全球航空航天研究中心。

　　当然，硅谷的最大特色还是由大学、企业家、风投、律师、会计师等形成的一个创业生态圈，来自五湖四海的创业

1　Carolyne E.Tajnai, "Fred Terman, The Father of Silicon Valley", Netvalley.com, Oct. 31, 2010.

2　Joseph E.Baudino and John M.Kittross, "Broadcasting's Oldest Stations", *Journal of Broadcasting*, Winter, 1977, pp. 61-83.

者之间建立联系，相互影响、强化，形成良性循环。硅谷既是高科技的摇篮，又是风投的福地，硅谷创造的科技奇迹离不开风投的扶持，而风投在硅谷不断缔造出科技与资本融合的造富神话，改变着人类社会的走向。

下文将集中介绍一些在硅谷生态圈中的大学、创业者与风投家，看看他们之间如何相互影响，创造出一个又一个硅谷奇迹。

斯坦福工业园

硅谷的传奇还要从斯坦福大学说起。斯坦福大学从创建初始就具有学以致用的基因。铁路大亨利兰·斯坦福（Leland Stanford）在独生子病故后，人生出现重大转折。他去东部的大学拜访，原本想将自己全部的财富捐给东部的哈佛大学或麻省理工学院，不料均被拒绝，但东部之行的收获是他得到了在西部创建大学的启发。于是，夫妻俩将自己的农场作为校址，于 1885 年 11 月成立了以儿子命名的大学——"小利兰·斯坦福大学"（Leland Stanford Junior University），后简称斯坦福大学。

从创建开始，学校的办学宗旨始终强调的是个人成功与学以致用。首任校长大卫·斯塔夫·乔丹（David Starr Jordan）全面贯彻创始人的理念，同商界与政府保持着密切联系。战争期间，联邦资金大规模投向斯坦福大学的实验室，用于开发军用电子元件和设备。国防工业的研发为战后无线电工程和半导体技术转为民用打下基础。斯坦福大学副校长、电气工程教授弗雷德·埃蒙斯·特曼（Frederick Emmons Terman）更是将创始人的理念推向顶峰。在这位具有远见卓识的领军人物的推动下，硅谷从一片农田转变为科技创新的圣地。正是由于他在这一进程中扮演的重要角色，特曼被称为"硅谷之父"[1]。

特曼的父亲是位心理学家，是研究人类智商和天才儿童领域的权威。特曼在这样一个理想的家庭环境里成长，并完成了在斯坦福和麻省理工学院的学业，专业是当时最时髦的电子工程。1937年，特曼成为斯坦福大学电机系主任。他不仅是无线电专家，还是一位强调学以致用的创业导师。"二战"结束后，美国大学回流的学生数量骤增。为满足大学的财务需求，同时给毕业生提供就业机会，特曼从国防部争取到充足的研究经费，在进一步壮大研究队伍的同时，致力于将大学打造为硅谷高科技产业创新的温床，而不是盛产"书呆子"的象牙塔。

1951年，特曼说服校长，从斯坦福大学校园拨出579英亩土地，开辟集研究、开发、生产和销售于一体的工业园。斯坦福大学工业园将高科技公司聚集在一起，成为创新的孵化器，奠定了硅谷电子业的基础。

斯坦福工业园所起的作用远超出一般的风投公司，它的作用是让好奇心和好点子与风投产生化学反应，培育的是硅谷的创新文化和价值观。硅谷风投的传奇故事大多围绕着斯

1　Carolyne E.Tajnai, "Fred Terman, The Father of Silicon Valley", Netvalley.com, Oct. 31, 2010.

坦福工业园展开。

惠普公司就是一个典型的成功案例，它的成长离不开斯坦福工业园的支持，更离不开特曼的精心培育。威廉·休利特（William Hewlett）和戴维·帕克特（David Packard）在斯坦福大学学习期间就是好朋友，对无线电兴趣极高，选修了特曼开设的电气工程课。毕业后，休利特选择了深造，帕克特则受雇于通用电气公司。特曼对休利特的硕士学位论文《可变频率振荡器研究》极为感兴趣，鼓励他把这一理论变为产品。1939 年，特曼自己拿出 538 美元，又从当地银行筹集了 1000 美元贷款，帮助休利特和帕克特注册了以两人名字命名的惠普（Hewlett-Packard）公司，办公室就设在从普克夫妇租来的房子的车库，地址在帕洛阿托镇爱迪生大街 367 号。休利特二人在车库的创业经历成为硅谷传奇的源头。

"二战"爆发后，休利特应征入伍，担任美军通信指挥官，惠普公司及时推出很多适应军事需要的电子产品。休利特复员后，回到已经拥有 200 多名员工的惠普公司。1947 年，惠普注册为股份有限公司，帕克特任总裁，休利特任副总裁。鉴于两人同恩师特曼的亲密关系，惠普成为最早一批在斯坦福工业园安营扎寨的科技公司。

物理学家威廉·肖克利（William Shockley）是驻扎在斯坦福工业园的另一位 20 世纪的科学奇才，也享有"硅谷之父"的称号。肖克利是电子工业界最具权威的专家。1947 年，他和贝尔实验室的其他同事一起发明了晶体管，被媒体和科学界称为 20 世纪最重要的发明，开辟了一个电子产业的新时代，带来电话、通信和计算机等方面的革命。

然而，这样一位绝顶聪明的天才科学家性格怪僻，不擅与人相处。在同贝尔实验室的管理层闹翻后，肖克利决定单干，用晶体管技术赚钱致富。1955 年，在老师贝克曼（Arnold Orville Beckman）的帮助下，他成立了肖克利半导体实验室（Shockley Semiconductor Laboratory），附属在贝克曼的设备公司旗下。在公司选址问题上，肖克利为了能离年迈的母亲近一些，坚持将公司设在老家圣塔克拉拉山谷。

肖克利将回家创业的消息告知了特曼。特曼欣喜万分，立即承诺将一切后勤包了下来，为其提供创业所需的各方面便利。肖克利在硅谷设立公司需要尖端人才，他本想劝说贝尔实验室的同事加入团队，但大多数人不愿意搬到西部的农村。于是，肖克利只好在《纽约时报》上刊登招聘广告，又从斯坦福大学和一些大公司挖来一批年轻、聪明，抱着改变世界雄心的科研人员。最终，肖克利半导体实验室在斯坦福大学工业园落下脚。

蒲公英种子

硅谷的一系列奇迹从某种程度上说是由肖克利的实验室引发的，从实验室走出来的创业者们创建了仙童半导体公司，又从仙童走出，在硅谷创办了一个又一个新公司。

肖克利手下的科技精英打造出一条"博士生产线"，堪称科技界的"梦之队"。可惜肖克利本人是一个糟糕的管理者，他的弱点在其管理公司的过程中暴露得淋漓尽致：自以为是，脾气暴躁，而且偏执多疑，甚至对手下员工使用测谎仪。他为了赚钱，不断调整产品重心，终止了硅半导体的开发。1956年，肖克利获得诺贝尔物理学奖后，心理更是极度膨胀，四处演讲，心思不再放到公司业务上。

1957年1月，八位年轻的科学家不想再忍受肖克利的独断专行，决定集体跳槽。当肖克利拿到他们的辞职书后，怒不可遏地称其为"叛逆八人帮"（Traitorous Eight）。这八位科学家是：罗伯特·诺伊斯（Robert Noyce）、戈登·摩尔（Gordon Moore）、金·霍尼（Jean Hoerni）、朱利亚斯·布兰克（Julius Blank）、尤金·克莱纳（Eugene Kleiner）、杰·拉斯特（Jay Last）、谢尔顿·罗伯茨（Sheldon Roberts）和维克多·格林尼许（Victor Grinnich）。谁料想，原本是一件不愉快的离职事件，却在塑造硅谷的创业生态圈中起到了至关重要的作用。

为了找到下家，八位科学家中的克莱纳在离开肖克利前，就开始做了准备。他给同父亲有业务关系的海登·斯通投资公司（Hayden Stone & Co.）写了封信，信中写道："一个团队准备辞职，我们是一个经验丰富、技能多样的团队，精通物理、化学、冶金、机械、电子等领域。能在资金到位后三个月内开展半导体业务。有没有人愿意聘用整个团队？我们还想在一起工作。"信中还附了一份简单的创业计划，计划中除了提到他们曾在诺贝尔奖得主及晶体管发明人手下工作过外，别无卖点。这封信辗转落到了阿瑟·洛克（Arthur Rock）的手中。这位在哈佛商学院受过多里奥特教授影响的投行家，毕业后一直在斯通公司负责小型科技企业融资。

接到克莱纳的这封信，洛克眼前一亮。克莱纳的这封信起到的作用难以想象。洛克深知肖克利手下无弱旅，他一直等待的机会来了。洛克迅速赶到旧金山，同八位科学家见面。洛克听完这些科学家的介绍，认为其没有必要再为别人打工，建议他们成立自己的公司。新公司需要 150 万美元的启动资金。为了找钱，洛克绞尽脑汁，先后找了 30 多家公司，可没有人对投资半导体感兴趣。正要放弃之际，在一个偶然的机会下，洛克遇到了仙童照相机与仪器公司（Fairchild Camera & Instrument）老板谢尔曼·菲尔柴尔德（Sherman Fairchild）[1]。菲尔柴尔德不仅家境富裕，其本人也因为发明了飞机照相设备拥有多项专利，在"二战"中发了大财。他对半导体技术的前景非常看好。经过几周的谈判，最终大家达成共识，于 1957 年 9 月 18 日成立仙童半导体公司（Fairchild Semiconductor），这一天曾被《纽约时报》（New York Times）评为美国历史上最重要的十天之一。新公司很快就成为美国半导体行业的领头羊和孵化器。八位科学家之一的物理学家诺伊斯发明的集成电路技术，可以将多个晶体管安放于一片单晶硅片上，为计算机朝着小型化、

1　菲尔柴尔德的父亲曾资助过老汤姆·沃森（Thomas Watson）创办 IBM。作为继承人，菲尔柴尔德是 IBM 最大的股东。

低功耗方向的进一步发展打下基础，也让仙童公司平步青云。

史蒂夫·乔布斯（Steve Jobs）曾将仙童半导体公司称为"成熟的蒲公英，一吹，创业的种子就随风四处飘扬"。随后的几年里，"八人帮"又先后从仙童公司离开，组建或资助了硅谷一大批科技公司，推动着美国高科技产业的良性循环，创造出一个又一个商业神话。1959~1979 年，50 家初创公司都是由仙童前员工创办的。[1]其中，最有影响力的是英特尔公司。1968 年，提出"摩尔定律"的摩尔和发明了集成电路的诺伊斯（Robert Noyce）共同成立英特尔公司（Intel）；杰里·桑德斯（Jerry Sanders）带着一批来自仙童公司的员工创办了高级微型仪器公司（AMD），成为仅次于英特尔的微处理器生产商。这些从仙童半导体公司分离出来的新公司被称为"仙童的孩子们"（Fairchildren）。

活跃在硅谷的风投家

硅谷的传奇离不开风投公司的支持。洛克不仅是仙童半导体公司的资金牵线人，也由此成为早期硅谷风投的先驱。1961 年，他同商人托马斯·戴维斯（Thomas J. Davis，Jr.）一起成立了风投公司戴维斯－洛克公司（Davis & Rock）。该公司最成功的项目就是投资科学数据系统公司（Scientific Data Systems）。该公司以 28 万美元起家，1969 年被出售时，

---

1 Annalee Saxenian, "The Genesis of Silicon Valley", *Built Environment*, 1978, Vol.9, No.1, p.11.

售价高达 9.9 亿美元。除英特尔公司外，洛克还成功投资了苹果公司。洛克的公司在 1961~1968 年共投入了 300 万美元风险基金，为投资人赚回了 1 亿美元。

离开肖克利的另一位"博士生产线"要员——克莱纳则走上了一条与其他几位"叛逆者"不同的道路，他同惠普公司的前高管汤姆·帕金斯（Tom Perkins）等人一起创建了硅谷最具规模的风投公司。

克莱纳出生于奥地利维也纳一个富裕的犹太家庭，1938年纳粹德国占领维也纳，其父被捕后在一个警官朋友的帮助下获救并逃离奥地利，几经辗转，最终在纽约安顿下来，开了一家鞋厂。克莱纳随父亲来到纽约，1948 年获得布鲁克林工业大学机械工程学学士学位，之后又获得纽约大学的工业工程学硕士学位。在西方电气公司工作期间，克莱纳结识了肖克利，也最早接受了肖克利的邀请加盟其团队。

克莱纳离开仙童公司后，先是创办了一家生产互动式教学机器的公司，并于 1965 年以 500 万美元价格卖掉。1960 年代后期，一股科学家创业热潮风靡全美，多里奥特的 ARD 风投模式吸引了很多风投公司仿效。斯坦福大学历史学家、硅谷档案管理员莱斯利·柏林（Leslie Berlin）这样形容当时的氛围："1969 年举办的一个以'初创企业：工程师变为企业家'为主题的半导体研讨会，有 1000 多人踊跃参加，会场的过道都站满了人。"如此多的人想创业，但创业需要钱，克莱纳在心中编织着一个更大的梦想——他要成为专业的风投家。

帕金斯同样有着光鲜的简历：1953年获得麻省理工学院电子工程和计算机科学本科学位，1957年哈佛大学商学院MBA毕业，也是多里奥特教授的学生。多里奥特看到了这个学生的潜力，曾向他发出加入ARD公司的邀请，遭到婉拒。帕金斯不愿加入ARD的原因在于，他认为ARD公司的架构挣不到大钱。

就在克莱纳找到他时，帕金斯刚把自己的一家激光器公司卖掉，也想从事风险投资业。克莱纳懂得制造与控制风险，帕金斯精于管理并善于捕捉新想法和创业机会，两人优势互补。他们从希尔曼那里得到了400万美元，又从其他地方筹集了400万美元，在门罗公园（Menlo Park）的沙丘路（Sand Hill Road）3000号，创建了硅谷最早的一家合伙制风投公司——凯鹏华盈（Kleiner, Perkins, Caufield & Byers, KPCB），《华尔街日报》称其为当时"规模最大、最成熟的风投公司"[1]。

1973年，帕金斯将曾在自己手下工作过的电子工程师吉米·崔比（James Treybig）招进公司。随后，崔比在帕金斯的资助下，成立了一家以性能可靠和安全为核心竞争力的天腾电脑公司（Tandem Computers, Inc.），主要面向航空公司和金融机构客户。凯鹏华盈以150万美元获得该公司40%的股份，帕金斯担任该公司董事长，三年后，公司上市，凯鹏华盈斩获7000万美元。

1　Scott Austin, "Venture Capital Dispatch: One of These Venture Firms Is Not Like the Other", *Wall Street Journal*, Jan. 22, 2010.

　　凯鹏华盈聘请的另一位年轻企业家鲍勃·史旺森（Bob A.Swanson）以基因工程商业化见长，但在管理项目方面作用十分有限。最终，在凯鹏华盈的帮助下，史旺森同加州大学旧金山分校教授、基因工程专家赫伯特·保尔（Herbert Boyer）一起于1976年初成立基因泰克（Genetech）生物技术公司，帕金斯出任董事长。一年后，公司开始大规模生产胰岛素，凯鹏华盈又追加了10万美元。1980年10月，基因泰克公司上市，凯鹏华盈起初投入的20万美元变为1.6亿美元。凯鹏华盈成功的案例还包括投资亚马逊、谷歌、美国在线（AOL）、太阳微系统（Sun Microsystem）、网景（Netscape）和苹果公司等。

　　凯鹏华盈公司对风投业最大的贡献是制定了行规，例如，如果风投合伙人要对所投公司投资，只能以基金有限合伙人身份进行；在被公司拒绝的投资项目上，合伙人不能以个人身份投资，从而避免合伙人成为风投公司的竞争对手。另外，在所有投资人获利前，风投绝对不会收取报酬；绝不会将利润再做重复投资；每笔基金都有时间限度，通过终止旧基金、成立新基金更换投资者以及引进新的合伙人。

　　和凯鹏华盈同一年在门罗公园开业的另一家传奇风投公司是红杉资本公司（Sequoia Capital），创始人唐·瓦伦丁（Don Valentine）出生于纽约近郊，父亲为卡车司机。瓦伦丁在纽约福特汉姆大学（Fordham University）完成本科学习，在加州大学拿到工商管理学学位。同其他人一样，瓦伦丁在战争期间参军，复员后任仙童半导体公司的销售工程师。瓦伦丁的业绩出色，1961 年创下了个人销售收入达到公司上一年全年收入的纪录。随后，瓦伦丁又加入美国国家半导体公司（National Semiconductor）。工作期间，由于资金极为有限，他在挑选项目时练就了一双慧眼，积累了丰富的经验。最终，他发现技术与资本之间存在着鸿沟，决定创建自己的高科技风投公司。

红杉资本公司的其他合伙人也个个身手不凡。迈克尔·莫瑞茨（Michael Moritz）来自威尔士，毕业于牛津大学，文笔绝佳、出口成章，做过《时代周刊》的撰稿人。他在审项目时就像一名侦探，从不放过一个细节，并会提出一些极其深刻的问题，能投出一些对于别人来说不可思议的项目。道格拉斯·莱昂内（Doug Leone）是红杉资本公司另一位传奇人物。1968 年，年仅 11 岁的莱昂内跟随父母从意大利移民到纽约。由于存在语言障碍，他曾在考试时分不清表示"对"与"错"的英文，导致数学不及格。逆境更激励他铆足干劲，期待早日融入这个新世界，并找到自己的位置。莱昂内从康奈尔大学获得机械工程学本科学位后，又从哥伦比亚大学拿到工业工程学硕士、麻省理工学院斯隆商学院的管理学硕士。毕业后，他在惠普和仙童半导体公司等做销售，随后加入红杉资本公司。他的成长经历深刻影响着红杉资本公司的企业文化。在招聘员工时，莱昂内专挑那些出身卑微但有着强烈好胜心的年轻人；管理方面，他实行意大利家族式管理，员工关系亲如一家。

红杉资本公司凭借这样一个完美组合，所支持的初创科技公司市值加在一起高达 1.4 万亿美元，投资的 500 多家公司中有 200 多家成功上市，100 多家通过并购成功退出，包括雅虎、甲骨文、谷歌、思科、PayPal 等一大批科技巨头，其中最值得炫耀的投资项目是苹果公司。苹果公司上市前共收到红杉资本公司 350 万美元的风投资金，1980 年 12 月上市后，公司市值为 2.71 亿美元。[1]

组织架构的演变

风投的创新之处在于实现了科技、资本与管理的巧妙融合，这种新机制解决了企业生命周期中，从创业、成长到成熟各个阶段遇到的一系列资金和管理难题。风投在经历了几十年的发展和演变后，无论是在规模还是在交易类型方面都发生了深刻变化，特别值得一提的是风投公司结构的演变。

多里奥特创建的 ARD 公司，其结构更像是共同基金。一些经纪商将基金推销给一心想在短期内追求高回报的老年投资者，一旦没有拿到预期的回报，这些投资者就会上门闹事。1950 年代中期，多里奥特花费了大量时间向一些赔了钱的投资者做解释工作。另外，由于 ARD 是公募投资公司，在基金经理的激励机制方面也存在着不足。一位 ARD 公司前高管回忆，他在帮助一家投资组合公司上市后，该公司 CEO 的个人

1　Paul A. Gompers, "The Rise and Fall of Venture Capital", *Business and Economic History*, Vol.23, No.2, Winter, 1994, p.9.

净值从 0 增长到 1000 万美元，而他自己才得到 2000 美元的奖励。根据证交所的监管规定，ARD 的员工拿不到组合公司的股票期权。ARD 的黯然谢幕同其结构设计上的缺陷有着密切关系，同时基金份额的公开交易不利于风投的运作。

另外一种结构是美国政府发放的小企业投资公司（The Small Business Investment Company，SBIC）执照，也就是政府通过向私人贷款公司提供支持，扶持小企业。出于对苏联科技优势的担忧，也为了振兴经济，美国国会为促进私人资本对小企业的支持，于 1958 年通过《小企业投资法》（The Small Business Investment Act of 1958），成立了小企业管理局（The Small Business Administration，SBA），负责向私人贷款公司发放执照，这些有执照的公司可以从政府获得相应的资金支持或贷款担保。另外，监管当局对银行也网开一面，允许其成立 SBIC，但规模不得超过注册资本的 5%，SBIC 对风投行业的普及产生了深远影响。

1960 年代中期，700 多家 SBIC 公司控制了美国大部分风险资本投资。与 ARD 的不同之处在于，SBIC 公司缺少行业专家，除了给钱，在管理咨询和监督方面的条件并不具备，评估项目是否成功一般取决于贷款偿还情况。与此同时，对申请人有限的审查导致一些不择手段的人伺机投机，不是投资那些毫无潜力的公司就是投资一些朋友或亲戚设立的皮包公司。由于 1960 年代后期的 IPO 泡沫和政府贷款担保带来的负面激励，导致企业风险项目增加。经济衰退使得 IPO "退热"，许多 SBIC 支持的企业亏损严重，还不上利息。同时 SBIC 自身也由于高杠杆而债务缠身。在 1980 年的储贷危机中，大部分 SBIC 公司未能幸免。截至 1988 年底，SBIC 占风投融资的比例从 25 年前的 75% 下降到 7%。

除了多里奥特的公开交易的封闭式基金和政府支持的 SBIC 公司外，1959 年，风投市场上也出现了和对冲基金类似的法律结构——有限合伙人制。有限合伙人制是相对理想的风投公司架构，作为出资一方，有限合伙人不负责公司的日常管理。如果投资失败，有限合伙人的风险能够得到控制；普通合伙人则由专业管理人士构成，负责对项目的日常管理。在激励机制方面，普通合伙人得到的不仅是管理费，还有一定比例的表现奖励费。同封闭式基金不同，有限合伙人对投资者资格有严格限制，只针对合格投资者。另外，有限合伙人不用缴纳公司税，只缴个人所得税。

随着 IPO 市场的活跃，加上政府出台的一系列改革政策，吸引了更多的机构投资者加入风投。《1978 年税收法》（The Revenue Act of 1978）和《1981 年经济复苏税收法》（Economic Recovery Tax Act of 1981）逐渐将资本利得税从 49.5% 降到 20%。最大的影响来自 1979 年美国劳工部对《1974 年雇员退休收入保障法》（The Employee Retirement Income Security Act of 1974）中对于"谨慎人规则"（Prudent man Rule）[1]的修订，

---

1 要求投资管理人做决策，就像谨慎的商人对待自己的资产一样，充分考虑到各种风险因素。

明确允许养老金投资包括风投在内的高风险资产。1979~1987年，风投资本规模从 4.6 亿美元增长到将近 40 亿美元。同期，风投公司也从 225 家上升到 658 家。1987 年，养老金成为风投的主力军，提供了 47% 的资金。

风投公司在渴望资金的企业家和追求高回报的投资者之间架起一座桥梁，其增值部分在于主动参与公司的发展战略与行动计划的制订。风险投资也是现代金融创新中一个兼顾经济效益与社会效益的工具，通过打通科研成果与资本之间的通道，不仅解决了小企业在创业过程中的融资难题，也成为美国国家创新机制的重要组成部分，在计算机、生物工程和制药等方面的科研成果商业化方面功不可没。

名词解释

《1946 年就业法》（The Employment Act of 1946）：由美国总统哈里·杜鲁门于 1946 年 2 月 20 日签署。该法案提出设立经济顾问委员会（Council of Economic Advisers），并提倡在最大限度促就业、促生产的同时，提高全社会购买力。

《1968 年联邦诚信贷款法》（The Federal Truth in Lending Act of 1968）：美国国会于 1968 年通过的联邦法，要求金融机构公平对待消费者，详细披露贷款条件和各项费用，并制定统一的贷款标准。

《平等信用机会法》（The Equal Credit Opportunity Act，ECOA）：美国国会于 1974 年 10 月通过，主要是为防止金融机构发放信用时在种族、肤色、宗教、国家、性别、婚姻状况和年龄方面的歧视，要求提供信贷一方遵循私密、准确和公平三大原则，并以书面形式告知申请人信用被拒的具体原因。

《公平信用报告法》（The Fair Credit Reporting Act）：全称为《公平信用报告法案——消费者信用保护法标题 VI》，美国国会于 1976 年制定，该法从保护消费者利益出发，为信用报告机构制定规则，规范对消费者信息的采集与使用，确保信用报告公平、公正、准确，随后的修订案还赋予消费者查看个人信用报告的权利。

《高利贷法》（Usury Laws）：美国各州政府为了保护消费者利益，防止收取高利率而出台的法律，要求根据本地情况设置相应的贷款利率上限。

《1958 年小企业投资法》（The Small Business Investment Act of 1958）：美国国会为了增强美国的整体竞争力、激发小企业活力而通过的法案，将小企业管理署（The Small Business Administration）设为永久性机构，为私人贷款公司发放执照，并提供资金和担保支持，主要用债务融资方式解决小企业的资金问题。

小企业投资公司（The Small Business Investment Company，SBIC）：指的是拿到小企业管理署颁发的执照，向小企业发放贷款的公司。

《社区再投资法案》（The Community Reinvestment Act，CRA）：为了解决美国城市条件进一步恶化的问题，美国总统吉米·卡特于1977年10月12日签署，鼓励商业银行和储贷协会满足所在社区民众包括中低收入家庭的金融需求。

共同基金（Mutual Fund）：一种专业人士管理的集合投资工具，运作模式分为开放式、封闭式和单位投资信托，也可以按投资风格分为货币市场基金、债券和固定收益基金、股票基金、混合基金或指数和主动管理基金。

对冲基金（Hedge Fund）：一种面向成熟、高净值投资者，不在证交会注册的集合投资工具，以投资流动资产为主，挖掘不同市场和不同金融工具之间的价差，使用做空、衍生品和杠杆等手段，实现对冲和套利的目的，追求绝对回报。

套利：（Arbitrage）：从两个或更多相似资产或证券之间的价差获利的交易策略。

私募股权基金（Private Equity，PE）：一种长期、非流动股权投资，根据不同的投资目标和策略，分为风投、并购等。

风险投资（Venture Capital）：私募股权基金的一种，主要向研发新产品、新技术的目标公司提供初期、发展期和成熟期所需的资金和专业管理。

投资组合公司（Portfolio Company）：指私募股权基金所投资的公司。

有限合伙人制（Limited Partnership, LP）：私募股权基金和对冲基金使用的标准法律结构，分为有限合伙人（Limited Partner）和普通合伙人（General Partner），作为出资一方，有限合伙人不负责公司的日常管理，如果投资失败，有限合伙人的风险能够得到控制。同封闭式基金不同，有限合伙人对投资者资格有严格限制，只针对合格投资者。另外，有限合伙人不用缴纳公司税，只计个人所得税。普通合伙人则由专业管理人士构成，负责对项目和投资的日常管理，在激励机制方面，普通合伙人得到的不仅仅是管理费，还有一定比例的表现奖励费。

《1974年雇员退休收入保障法》（The Employee Retirement Income Security Act of 1974, ERISA）：设立了保护雇员退休资产安全的标准与规定。

《1978年税收法》（The Revenue Act of 1978）：卡特总统于1978年11月6日签署的联邦法，将资本利得税从49.5%降到28%。

《1981年经济复苏税收法》（Economic Recovery Tax Act of 1981, ERTA）：里根总统为振兴经济于1981年8月31日签署的法案，该法是对《1954年国内税收法典》的修订，旨在通过减税刺激经济增长，也是里根经济学的代表。

参考文献

Aaron Steelman, "The Employment Act of 1946", Federal Reserve Bank of Richmond.

Alexander J.Field, "The impact of the Second World War on US productivity growth", *Economic History Review*, 61, 3, 2008.

Allen N. Berger, et al., "The Transformation of the U.S. Banking Industry: What a Long, Strange Trip Its Been", Brookings Papers on Economic Activity, 1995.

"An Overview of the Credit Reporting System", Subcommittee on Financial Institutions and Consumer Credit of the Committee on Financial Services, U.S.House of Representatives, May 16, 2015.

Andrea Ryan, et al., "A Brief Postwar History of U.S. Consumer Finance", *The Business History Review*, Vol. 85, No. 3, Consumer Finance (Autumn, 2011).

Annalee Saxenian, "The Genesis of Silicon Valley", *Built Environment*, Vol. 9, No.1, 1983.

Arun Rao and Piero Scaruffi, *A History of Silicon Valley: The Greatest Creation of Wealth in the History of the Planet*, Omniware, 2011.

Ben Woolsey and Starbuck Gerson, "The History of Credit Cards", Credit Cards.com.

Bob Zider, "How Venture Capital Works", *Harvard Business Review*, Nov.-Dec., 1998.

Christine Zumello, "The 'Everything Card' and Consumer Credit in the

United States in the 1960s", *The Business History Review*, Vol. 85, No. 3, Consumer Finance (Autumn, 2011).

Claire Suddath, "A Brief History of Middle Class", *Time*, Feb. 27, 2009.

"Credit History: The Evolution of Consumer Credit in America", Federal Reserve Bank of Boston, Aug. 19, 2016.

David Caplovitz, *The Poor Pay More: Consumer Practices of Low-Income Families*, Free Press, 1967.

David S.Evans and Richard Schmalensee, *Paying with plastic, The Digital Revolution in Buying and Borrowing*, The MIT Press, 2004.

Deborah Perry Piscione, *Secrets of Silicon Valley:What Everyone Else Learn from the Innovation Capital of the World*, St.Martin's Griffin, 2014.

Dee W. Hock, *Birth of the Chaordic Age*, Berrett-Koehier Publishers, 2000.

Edward Morris, *Wall Streeters: The Creators and Corruptors of American Finance*, Columbia Business School, 2015.

George Ritzer, *Enchanting a Disenchanted World: Continuity and Change in the Cathedrals of Consumption*, SAGE Publications, 2009.

Henry G.Hodges, "Financing the Automobile", *The Annals of the American Academy of Political and Social Science*, Vol.116, 1924.

Hillel Black, *Buy Now, Pay Later*, William Morrow, 1961.

Hugo Lindgren, "Long-Short Story Short", *New York Magazine*, Oct. 24, 2007.

Ira G.Zepp Jr., *The New Religious Image of Urban America: The Shopping Mall as Ceremonial Center*, University Press of Colorado, 1997.

James F. Smith, "The Equal Credit Opportunity Act of 1974: A Cost/ Benefit Analysis", *The Journal of Finance*, Vol. 32, No. 2, May, 1977.

Jan Logemann, "Different Paths to Mass Consumption: Consumer Credit in the United States and West Germany during the 1950s and '60s", *Journal of Social History*, Vol. 41, No. 3 (Spring, 2008).

Jason Zweig, "Look Back and Learn:The History of Mutual Funds 75 Years", *Money*, Apr. 1999, Vol. 28, Issue 4.

Jerry W Markham, *The Financial History of the United States, Volume II, From J.P.Morgan to the Intitutional Investor* (1900-1970), Routledge, 2001.

John Brooks, *The Go-Go Years: The Drama and Crashing Finale of Wall Street's Bullish 60s*, Wiley, 1999.

K.Geert Rouwenhorst, "The Origins of Mutural Funds", *Yale School of Management*, ICF Working Paper No.04-48, 2004.

Kenneth D. Jones and Tim Critchfield, "Consolidation in the U.S. Banking Industry: Is the 'Long, Strange Trip'About to End?" *FDIC Banking Review*, 2005.

Kenneth T.Jackson, *Crabgrass Frontier: The Suburbanization of the United States*, Oxford University Press, 1985.

Lewis Mandell, "Credit Card Industry: A History", *Twayne's Evolution of Modern Business Series,* Twayne Pub., 1990.

Lizabeth Cohen, "A Consumers' Republic: The Politics of Mass Consumption in Postwar America", *Journal of Consumer Research*, Vol. 31, June, 2004.

Lloyd Dixon, et al., *Hedge Funds and Systemic Risk*, Rand Corporation, 2012.

Louis Hyman, "Debtor Nation: How Consumer Credit Built Postwar America", *Enterprise & Society*, Vol. 9, No. 4, December, 2008.

M. Greg Braswell and Elizabeth Chernow, "*Consumer Credit Law & Practice in the U.S.*", U.S. Federal Trade Commission.

M.Mitchell Waldrop, "The Trillion-Dollar Vision of Dee Hock", *Fastcompany*, Oct. 31, 1996.

Malgorzata Wozniacka and Snigdha Sen, "Secret History of Credit Score", Frontline, PBS, www.PBS.org.

Maria Brouwer and Bart Hendrix, "Two Worlds of Venture Capital: What Happened to U.S. and Dutch Early Stage Investment?", *Small Business Economics*, Vol. 10, No. 4 (June, 1998).

Mark Furletti, "An Overview and History of Credit Reporting", Discussion Paper No.02-07, Payment Cards Center, Federal Reserve Bank of Philadelphia, June, 2002.

Maxwell Wessel, "Don't Build Your Startup Outside of Silicon Valley", *Harvard Business Review*, Oct. 23, 2013.

Melanie Warner, "Inside the Silicon Valley Money Machine", *Fortune*, Vol.138, Issue 8, Oct. 26, 1998.

Michael Drexler, et al., "Alternative Investments 2020: An Introduction to Alternative Investments", World Economic Forum Report, July, 2015.

Pamela Klaffke, *Spree: A Cultural History of Shopping*, Arsenal Pulp Press, 2003.

Paul A. Gompers, "The Rise and Fall of Venture Capital", *Business and Economic History*, Vol. 23, No. 2, Papers presented at the Fortiethannual Meeting of the Business History Conference (Winter, 1994).

Paul A. Gompers, "The Rise and Fall of Venture Capital", *Business and Economic History*, Volume 23, No.2, Winter, 1994.

Paul Gompers and Josh Lerner, "The Venture Capital Revolution", *The Journal of Economic Perspectives*, Vol. 15, No. 2 (Spring, 2001).

Peter Landau, "A.W.Jones: Father of the Hedge Fund, The New Way To Make Money", *New York Magazine*, Vol.1, No.29, October, 1968.

Peter A. Brook and Daniel Penrice, *A Vision for Venture Capital: Realizing the Promise of Global Venture Capital and Private Equity*, New Ventures, 2009.

René M. Stulz, "Hedge Funds: Past, Present, and Future", *The Journal of Economic Perspective*s, Vol. 21, No. 2 (Spring, 2007).

Robert Finkel and David Greising, *Masters of Private Equity and Venture Capital:Management Lessons from the Pioneers of Private Investing*, McGraw-Hill Education, 2009.

Robert J.Gordon, "The Rise and Fall of American Growth: The U.S. Standard of Living since the Civil War", *The Princeton Economic History of the Western World*, Princeton University Press, 2016.

Scott Austin, "Venture Capital Dispatch: One of these Venture Firms Is Not Like the Other", *Wall Street Journal*, Jan. 22, 2010.

Sebastian Mallaby, *More Money than God: Hedge Funds and the Making of a New Elite*, Penguin Books, 2011.

Spencer E. Ante, "Creative Capital: Georges Doriot and the Birth of Venture Capital", *Harvard Business Review Press*, Mar. 11, 2008.

"The Origin of the Silicon Valley", Department of Economics, San Jose State University.

Tom Ehrenfeld, "The Wisdom of General Doriot", *Harvard Business Review*, May-June, 1990.

W. Keith Schilit, "The Nature of Venture Capital Investments", *The Journal of Private Equity*, Vol. 1, No. 2 (Winter, 1997).

William John Martin Jr. and Ralph J. Moore Jr., "The Small Business Investment Act of 1958", *California Law Review*, Vol. 47, Issue 1, March, 1959.

William R. Hambrecht, "Venture Capital & the Growth of Silicon Valley", *California Management Review*, Vol. XXVI, No. 2 (Winter, 1984).

William Severini Kowinski, *The Mailing of America:An Inside Look at the Great Consumer Paradise*, William Morrow & Co., 1985.

Wyatt Wells, "The Remaking of Wall Street, 1967 to 1971", *Business History Review* (Summer, 2000).

第三章 | **全球化的媒介——欧洲美元**

欧洲美元存款、贷款和债券市场的兴起是货币和金融创新的主要案例，它由两大金融中心的监管者和政府间竞争所驱动。

——德国曼海姆大学教授托斯顿·萨德玛（Torsten Saadma）

我们根本不了解欧洲美元市场，更谈何管控。

——美国经济学家弗里兹·马克卢普（Fritz Machlup）

1950 年 10 月 4 日，苏联成功发射第一颗环绕地球的人造卫星（Sputnik），震撼了全世界。卫星脱离地球，打破了航天领域关于速度和时间的边界概念，对人类居住的地球产生了强烈的冲击波，一时间似乎也扫平了关于政治、社会、文化、科学的差别乃至对性的禁忌。人们的心中交织着希望与绝望、美梦与噩梦，同时也引发了对世界万物存在无限可能的联想。

　　金融领域也不例外。一种对现代金融业产生深远影响的货币第一次冲破国界，在全球范围内被大规模使用和循环，成为金融全球化的媒介。它的产生、发展和渗透就像幽灵一样充满着神秘色彩，人们至今都难以揭开其全部面纱，这个货币就是欧洲美元（Eurodollar）。"欧洲美元"是 1960 年代出现的金融词语，从广义上讲，指的是在发行国辖区之外交易使用的发行国货币，以美元为主，也有人称其为离岸美元。尽管从技术上讲，欧洲美元仍在美国银行体系内，但它并不受美联储的监管。

　　政治、监管与资本逐利等多种因素造成美元在欧洲的留存，而伦敦的银行家们以创新方式将其循环起来，在特殊的历史时期，填补了国际货币"换岗"过程中的流动性空白，也为美元的国际化打下基础。

下面我们就一起以英镑与美元两个国际货币的演变与交替为背景，观察欧洲美元这个具有革命性创新意义的金融市场在国际货币真空时期从无到有、从小到大的演变过程，以及其在现代金融创新中扮演的重要角色。

国际货币真空

美元替代英镑是历史上一次重大的国际储备货币的更迭。尽管其背后存在着经济、政治等多方面的因素，但最终还是战争起到了决定性的作用。两次世界大战的爆发改变的不仅是全球政治、军事格局，还有国际货币格局。战后，英国再也没有恢复元气，英镑的霸主地位随着英国国力的衰败面临空前挑战，而美元借助战争经济的力量乘机崛起。然而，就在美元替代英镑的过程中，一度出现某种程度上的国际货币真空期。

最早的国际货币

尽管 17~18 世纪期间，荷兰曾是世界商业和金融大国，其首都阿姆斯特丹是全球主要的国际金融中心，但其货币只是停留在跨境贸易的使用上。1914 年以前，英镑是世界上第一个被大多数国家当作央行储备货币的货币，是真正意义上的国际货币。[1]

　　有关英镑的起源有两种说法：一种是公元760年麦西亚国王奥法（King Offa of Mercia）用上等的纯银打造出银币后，很快就在盎格鲁－撒克逊国家流行，成为英格兰的标准硬币；另一种说法是公元928年，英格兰第一个国王埃塞斯坦（Athelstan）在新成立的国家创建了一系列铸币，并将英镑（Pound Sterling）定为英国货币。有意思的是英镑的名字直到13世纪才流传开来，英文中的Pound作为记账单位相当于一英磅重量的白银，Sterling中的Ster在旧式德文中含有强大、稳定、可靠和杰出的意思。

　　英镑在整个中世纪一直起着重要作用。当时社会上使用的主要是银币（Silver Pennies），伦敦塔被用于储存国家多余的钱。1694年，威廉三世国王为了筹集英法战争的资金，成立了全球第一家中央银行——英格兰银行，政府允许其发行纸币。由此，手签的银行券流行起来。自1717年开始，伴随着白银的短缺，黄金逐渐取代白银成为英国的货币标准，英镑价值改用黄金表示，当时任英国皇家造币厂厂长的艾萨克·牛顿（Issac Newton）负责设定每盎司黄金的价格，金匠们以存放的黄金作为发行银行券和凭证的支持。1816年，英格兰政府正式将黄金作为货币标准，作为法币流通的英格兰银行券价值同黄金直接挂钩，英国成为全球第一个采用金本位（Gold Standard）的国家。1870年，随

1 Roy F. Harrod, "The Pound Sterling", *Essays in International Finance*, Department of Economics and Social Institutions, Princeton University, No. 13, February, 1952, p.1.

着德国开始实施金本位，黄金开始在国际贸易中被大规模使用。

黄金被大范围发现后，美洲特别是澳大利亚和南非先后掀起"淘金热"，为金本位提供了充足的保障。美国于1900年通过《金本位法》(The Gold Standard Act of 1900)，正式实施金本位制。到了1908年，几乎所有发达国家都同金本位挂钩，只有中国等几个国家还使用银本位制。

黄金成为跨境贸易的基础和保障机制后，由于各国货币币值由含金量决定，因此很容易计算汇率。金本位机制下，各国之间的汇率是固定的，而长期固定汇率不仅增加了全球贸易伙伴间的相互信任，也为全球跨境贸易营造了一个理想的环境。除了用黄金平衡国际贸易外，各国政府为了应对动荡年代，也有很强的动机储存黄金。

各国在国际贸易中对英镑的信任是建立在英镑自由兑换黄金的基础上。英国决策者们一直持有的观点是：黄金不应成为个人价值存储工具，而应该为国际贸易提供便利。减少个人囤积黄金最有效的方式就是黄金与英镑的自由兑换。[1]自从英格兰于1663年决定黄金自由出口以来，英国充足的黄金储备成为支撑英镑坚挺的源泉。

另外，英国自工业革命后，强大的国力也确保了英镑在国际支付和融资方面一枝独秀的国际货币地位。英国哲学家托马斯·霍布斯（Thomas Hobbles）说过："财富是权力，而权力也

1　Roy F. Harrod, "The Pound Sterling", *Essays in International Finance*, Department of Economics and Social Institutions, Princeton University, No. 13, February, 1952, p.2.

是财富。"工业革命改变了英国的命运，英国很快成为世界工厂。全球各国纷纷卖原材料给英国，又用从英国赚来的钱去购买更多的英国商品。19 世纪后期，约 60% 的世界贸易以英镑计价。1899 年，根据已知的外国官方机构持有外汇的统计，英镑占 2/3，具有绝对的优势，竞争对手法国法郎和德国马克分别只占 10% 左右。凭借 19 世纪的工业竞争力，英国不仅在贸易方面同遍布在全球的殖民地以及其他各国之间往来频繁，对外投资规模也相当可观，高达 183 亿美元，占当时世界总体水平的 42%。

英镑的"敦刻尔克"

1914 年爆发的第一次世界大战改变了一切。英镑在经历了大英帝国称霸世界的巅峰时刻后，伴随着国家的命运走向衰落。"一战"爆发后，英国政府为了战争需要，一方面大规模印制钞票，一方面四处借钱。到了 1917 年，庞大的国防开支以及欠下的巨额债务压得英国政府喘不过气来。战争结束时，尽管英国是战胜国，却面临着制造业下降、国际贸易崩溃的"烂摊子"，还背负着沉重的外债，导致作为国际货币的英镑风光不再。战前英镑同美元的固定比价为 4.86 美元，1920 年 2 月一度降到 3.2 美元。战争期间，英镑的平均贬值幅度达 30%~35%。[1]

1　Murray N.Rothbard, "Part 4, The Gold-Exchange standard in the Interwar Years", *A History of Money and Banking in the United States: The Colonial Era to World War Ⅱ*, Ludwig Von Mises Institute, 2002, p.352.

为挽回大英帝国的面子，重现大英帝国往日的辉煌，时任英国财政大臣丘吉尔于 1925 年 4 月 28 日，在一片争议声中宣布恢复金本位，将英镑兑美元的比价强行恢复到战前 4.86 美元的水平。在丘吉尔眼中，恢复金本位也就是恢复英镑的国际地位，然而，他在试图挽回局面的同时，却无力改变今非昔比的残酷现实。国际货币币值稳定的敌人是国际收支赤字。英镑维持 4.86 美元的固定比价造成英镑币值高估，影响到英国的工业出口，特别是煤炭的出口，导致其国际收支赤字居高不下。为了扭转出口不利的局面，消除国际收支赤字，英国政府不得已采取了牺牲本国利益的行动，提出以削减工人工资的方式降低出口成本，弥补英镑高估带来的竞争力下降。政府削减工资的行动直接伤害到英国产业工人。1926 年，煤炭、钢铁、铁路和建筑等行业的工人纷纷走上街头，举行大罢工，抗议政府的一意孤行。大罢工让英国经济雪上加霜，英国的失业人数也由此上升到 120 万人，打破英国成为工业化国家后的失业人数纪录。

英镑在承受巨大经济成本的同时，逐渐失去了国际社会的信任，从而失去承担国际货币重任的能力。其他国家的政府普遍认为，英镑很难维持同黄金的比值，纷纷要求用英镑兑换黄金，启动了一轮黄金从伦敦运往纽约的热潮。为了阻止黄金外流，吸引更多资金流入英国，英国政府采取了调高利率的行动。尽管加息在一定程度上制止了资金外流，但借贷成本的攀升对英国的工厂和农场造成致命打击，实体经济为此付出惨重代价，英国再次陷入经济衰退。

就在更多国家政府与投资者试图将黄金从伦敦转到纽约时，形势又出现了新变化。1929 年纽约发生股市崩盘，全球一片恐慌，由于美国国内形势险峻，资金只好又从纽约流回伦敦。原本对英国来说，这是一个绝好的翻身机会，不曾料想，随之而来的大萧条从美国迅速传染到全球，欧洲也成为重灾区。

欧洲的金融震荡让英国的经济雪上加霜。"一战"后，德国、荷兰、奥地利、罗马尼亚、匈牙利等欧洲国家的金融体系受到严重破坏，《凡尔赛协议》签署后，欧洲银行接二连三倒闭。作为金融大国的英国，由于同欧洲其他国家之间密切的业务联系而受到牵连。1931 年 5 月，随着奥匈帝国的解体，奥地利最大的商业银行——维也纳信贷银行破产，英国在该行的 500 万英镑存款化为乌有；由于德国金融体系同奥地利极其相似，投资者迅速联想到同样的事即将发生在柏林，纷纷采取逃离行动，德国政府被迫实施外汇管制，冻结德国所有的国际贷款。同年 7 月，德国一家大型银行倒闭，由于英国的行动慢了一步，约 7000 万英镑的英国贷款被冻结。危急时刻，英镑立即成为投机商在外汇市场上的重点袭击对象，在随后短短两周半的时间内，英格兰银行失去了价值 3300 万英镑的黄金。

形势万分紧急。为了稳定英镑币值，英格兰银行打响"黄金保卫战"。1931 年 8 月底，英国政府从法国借来价值 6500 万英镑的黄金储备投放市场，然而沉重的代价并未换来预期的效果。外国央行不再相信英国政府捍卫英镑汇率的承诺，纷纷在外汇市场上抛售英镑，导致英镑汇率下行，加大了英镑持有者的资本损失。9月16日，当一批英国海员听到工资要降25%的消息后，也开始疯狂挤兑英镑。两天后，英格兰银行通知政府，黄金兑换只能维持几天。9月18日，黄金外逃大势难以阻挡，如果英国要想维持英镑与黄金的比价，需要再筹集1亿英镑，英国被迫叫停金本位，不再承诺英镑自由兑换黄金。

英镑脱离金本位在全球范围造成的危机不亚于1929年的华尔街股市崩盘，世界为之震惊。这一事件不仅破坏了英格兰银行的声望，更动摇了英镑的国际地位。其结果直接导致国际贸易的急剧减少，国际金融市场陷入混乱状态。当时纽约第一国民银行行长杰克逊·雷诺兹（Jackson E. Reynolds）说："英格兰撤出金本位就像是世界末日。"[1] 在随后一年半的时间里，20多个依赖向英国出口的国家的货币同时贬值。德国和法国等在战争爆发后就立即停止了金本位。美国在1933年4月后，为了阻止黄金流失，也放弃金本位，到了1934年，全球金本位体系彻底崩溃。

为了确保政府购买军需物资的资金优先得到满足，英国政府全面控制了货币和资本市场，将英格兰银行国有化，其他五大商业银行也完全置于政府严厉的监控之下。从1939年

1　David Richards, "Economic Crises Set Stage for World War Ⅱ", Henrymakow.com, July 26, 2012.

开始，英国政府为了保存和增加黄金及外汇储备，在提高进口关税的同时，又出台《国防金融规定》，英镑的使用全部由政府主导，严格控制英镑汇率并监管国际贸易，进口商品需要特批，出口换来的宝贵美元集中在伦敦统一使用。不管来自本土还是海外的换汇要求，要么完全拒绝，要么设置诸多限制。战争期间，政府甚至征用英国投资者手中的美元证券，强行在纽约市场抛售筹钱。

"二战"彻底摧毁了英国的经济体系，也终结了英镑的国际货币地位。"二战"期间，伦敦受到大规模轰炸，1/3 城区被毁。办公楼被炸塌，通信中断，影响了正常的商业和贸易支付以及所有借贷的基础。市场活动的中断导致了国际支付体系的瓦解。战后，英国的出口规模不到战前的 1/3，国际收支赤字由 1939 年的 2.5 亿英镑扩大到 1945 年的 16 亿英镑，占 GDP 的比例从 4% 增加到 16%；英国的债务也由 "一战" 前占 GDP 的 29%，上升到 "二战" 结束时的 240%。

"二战"结束时，尽管英国是战胜国，但却面临着国家破产的危险，英镑作为国际货币的地位摇摇欲坠，在伦敦的外汇市场时刻面临着投机和热钱的攻击。1947 年，英国政府又出台《外汇管制法》，进一步保护有限的外汇储备。外汇管制并不完全成功，但是如果没有管制，很有可能出现大规模的资本流出。

英国自英镑作为国际货币使用以来，一直面临着承担国际义务与化解国内经济难题之间的困境。英国政府在承诺开放经常账户交易的同时，对资本账户一直严加管控。为保持英镑的吸引力，英国迫不得已于 1955 年 9 月采取了加息行动，将利率从 5% 提高到 7%，达到自 1920 年以来的最高水平。然而，1956 年下半年，苏伊士运河事件再次引爆英镑危机。

为了推翻激进的民族主义政权，英国、以色列和法国的军队打着保护苏伊士运河通畅的旗号，于 1956 年 11 月 5 日对埃及发起进攻。英、法联军伞兵降落在苏伊士运河的塞得港，紧随其后的是两国海军舰队。完全出乎政府意料的是，这次军事行动让英镑再次成为投机商们的攻击对象，英镑在国际市场上惨遭抛售。英国财政大臣哈罗德·麦克米伦（Harold Macmillan）立即告知内阁，资金外逃的形势严峻——一周的时间里，英国已有 2.8 亿美元的外汇储备不翼而飞。12 月 4 日，麦克米伦宣布外汇储备已降到 20 亿美元以下。尽管英格兰银行试图通过持续干预外汇远期市场抗击投机商，但无奈外汇储备有限；本想单方面叫停英镑外汇储备的可兑换，又由于这将威胁到英国同债权国的政治和经济关系而不得不放弃。英国政府被迫向美国提出援助请求，而美国财长的回答很简单：不停火，无贷款。苏伊士运河一战让大英帝国扩张期间积蓄的道义和军事优越感荡然无存，时任英国首相罗伯特·安东尼·艾登（Robert Anthony Eden）从声望到身心受到全面打击，被迫退出政治舞台。

出于无奈，英国政府于 1957 年又实施了新的资本管制，其中包括禁止为非英镑区国家和地区提供国际贸易融资和各类贷款，并将现有贷款期限缩短。另外，那些开展海外投资的英国公司需要以高出市价 20%~30% 的价格购汇。英国政府这些措施直接切断了那些从事国际业务的商人银行和海外银行的资金渠道，这些机构只好另辟蹊径，寻找新的融资渠道。

黄金储备大减，外债大增，加上英国政府为了限制货币投机、保护国内经济采取的一系列禁令让英镑基本上失去了国际货币的功能，迫使更多国家转向包括美元在内的其他货币。

"布雷顿森林会议"为美元正名

英镑的衰落为美元的崛起提供了基础。在英镑一统天下的时代，美元一直默默无闻，一方面，这归结于美国当时尚不够强大的经济实力，另一方面，同当时美国金融体系的不稳定也有着直接关系。自美国建国后，始终没有现代意义上的"中央银行"（开国元勋、第一任财政部部长亚历山大·汉密尔顿倡议成立的美国第一银行以及随后的美国第二银行也不过是在联邦层面上初步行使了部分中央银行的职能），主要由私人金融机构自我管理。接二连三的金融危机，特别是 1907 年发生的金融恐慌，迫使美国政府考虑成立中央银行，扮演最终贷款人的角色，遏制危机蔓延。但自美联储 1913 年诞生以来，在危机的防范和处理方面表现平平，美元难有出头之日也就不足为奇。

　　尽管美国在金融体系方面存在不足，但在金本位制下，黄金是决定国际货币的要素。美国不断积聚的黄金储备为美元登上国际货币的舞台打下坚实基础。"一战"期间，为了安全起见，各国从政府到民间，开始将黄金向远离硝烟的纽约转移。1920年代，美国的黄金交易份额明显上升。除苏联持有一部分黄金外，美国和法国控制着全球2/3的黄金供应。不断增加的黄金库存在相当大的程度上扩大了美元在私人交易之间作为记账单位的使用。

　　1929~1933年的金融危机让形势出现反转。为了遏制黄金外流，1933年4月5日，罗斯福总统发布总统令（Executive Order 6102），宣布黄金管制，要求所有美国居民必须将黄金、金币和黄金凭证卖给美联储，禁止囤积黄金，如发现美国居民在世界上任何一个地方持有或交易黄金都将按刑事罪处理。一年后，美国又通过了《1934年黄金储备法》（The Gold Reserve Act of 1934），禁止银行用美元换黄金，要求美联储将持有的所有黄金和黄金凭证上缴财政部。另外，为了鼓励外国投资者将黄金出口到美国，该法案还将黄金的名义价格从每盎司20.67美元上调到35美元。美国政府采取的行动立竿见影，1933~1937年，美国存放在诺克斯堡（Fort Knox）[1]等地的黄金储备从40亿增长到120亿美元。[2]

1　美国军事基地，位于肯塔基州北部，自1936年起，成为联邦政府黄金储备储存地。

2　Liaquat Ahamed, *Lord of Finance: The Bankers Who Broke the World*, Penguin Books, 2009, p.474.

"二战"的爆发让美国率先从经济衰退的泥潭中脱身，美元在国际范围的使用也逐渐起势。战争期间，美国要求本国和盟国士兵在战区国家使用美元。到了1945年，战争中积蓄的美元在战后仍然能够与黄金进行兑换，而英镑以及其他货币则无力支撑。

　　毫无疑问，美元的地位正伴随着美国强大的实力崛起，布雷顿森林会议更是为美元的国际地位正名。鉴于战争期间，曾在19世纪后期推动经济全球化的古典金本位失效，国际货币体系就像一支失去指挥的乐队。1930年代，各国政府为保护本国贸易，不仅设置贸易壁垒，还打起竞相贬值的"货币战"，直接伤害到跨境贸易和国与国之间正常的经济关系。"二战"之初，德国财长就在为战后的经济、金融设计新秩序，为了不让德国法西斯的计划得逞，英国和美国政府也在积极应对。时任英国财长的著名经济学家约翰·梅纳德·凯恩斯（John Maynard Keynes）同美国财长哈里·迪克特·怀特（Harry Dexter White），一直在为战后金融秩序的设计交换看法。

　　1944年7月1日，随着德军在战场上节节败退，战争胜负日益明朗之时，美国在新罕布什尔州的度假村布雷顿森林召集"联合国货币与金融会议"，重新设计货币体系，人们习惯称之为"布雷顿森林会议"（Bretton Woods Conference）。布雷顿森林是乔治三世国王于1772年赠予托马斯·温特沃斯爵士（Sir Thomas Wentworth）的一块土地，名字参照了祖先在英国布雷顿附近的别墅——布雷顿府。时过境迁，20世纪初，布雷顿森林逐渐从种植园变为波士顿、纽约和费城贵族的度假胜地。"二战"期间，度假村几乎破产，正是这次具有历史意义的国际会议让这块旅游地获得重生并永存史册。

恢复贸易和投资的前提是重建货币稳定。来自44个国家和地区的700多位代表在战火纷飞中参加了这次意义重大的国际会议。英美两国都派出强大的谈判阵容，争夺有关战后全球货币体系设计的话语权：英方的掌舵人是当红的"明星经济学家"凯恩斯，他凭借贵族身份、牛津大学背景以及超强的外交和游说能力，盛气凌人；而美方派出的怀特，与凯恩斯形成鲜明的反差，这位犹太移民、工人家庭出身的技术官僚，借助美国正在崛起之势寸土必争。

凯恩斯的设计方案是创建一个国际清算联盟（The International Clearing Union），它相当于一个全球央行，发行统一的国际货币——班科（Bancor），同各国货币的汇率固定，各国央行根据需要用黄金换取班科，以解决国际收支平衡问题。在出现危机时，国际清算联盟出面干预。凯恩斯的逻辑是由任何一个国家的货币作为国际货币都不可靠，当这些国家经济出现衰退、导致收支赤字时，很可能采取国内优先的政策，而忽视稳定全球汇率的责任。怀特也提出了设立国际机构的计划，但强调限制其权力和资源。考虑到凯恩斯提出的国际清算联盟发行的货币多数会用来购买美国商品，这样一来，美国手中将持有过多的班科，怀特提出用基金替代发行新的国际货币。

尽管凯恩斯使尽各种招数试图力保英国的利益，但正如现代国际关系理论奠基人汉斯·摩根索（Hans J. Morgenthau）所说：国家间的关系是一个追求权力、显示权力和扩张权力的过程。国际货币的基础是一个国家经济实力的最好体现。美国凭借持有全球近 2/3 的货币化黄金，以及 GDP 占全球 2/3 的绝对优势，牢牢把握住制定游戏规则的话语权。另外，参会代表大多是战争期间有求于美国的同盟国，连英方代表凯恩斯也对英国当时的庞大债务心知肚明，为了战后得到美国的援助不得不弯下腰来，最终双方达成的折中方案更倾向于怀特。

1944 年 7 月 31 日，杜鲁门总统和西方主要国家代表签署的《布雷顿森林协议》，确立了以美元为核心的世界货币体系，设立了每盎司黄金兑换美元的固定价格为 35 美元、其他国家的货币同美元挂钩的固定汇率制度，并允许各国汇率根据需要在 ±1% 区间浮动。以美元为核心的金本位意味着美国承诺用黄金支持美元、替代英镑的国际货币地位，从而结束了 19 世纪以来形成的以伦敦为中心的金融秩序。

为了具体实施《布雷顿森林协议》，会议决定设立两家超国家机构负责：一个是针对国际货币体系崩溃而创建的国际货币基金组织（The International Monetary Fund，IMF），负责监督国际汇率的执行，向有需要的国家提供储备货币，通过解决国际支付存在的不平衡，达到稳定全球汇率的目的；另一个是针对名存实亡的海外投资而创建的国际复

兴 开 发 银 行（The International Bank for Reconstruction and Development, IBRD），简称世界银行（The World Bank），负责向战后重建国家提供其所需的长期资金援助。

布雷顿森林会议是来自不同国家的代表第一次一起坐下来探讨国际贸易与支付规则的国际会议，为战后 20 多年的世界经济稳定增长奠定了基础。

资本管制影响美元的国际化使用

尽管《布雷顿森林协议》奠定了美元在世界舞台上的霸主地位，但美元的国际化进程并不顺利。正如凯恩斯所预想的，用某个国家的主权货币充当国际货币将不可避免地出现国际责任与国内问题产生矛盾的尴尬局面。

1950 年代末至 1960 年代初期，美国面临着国内经济衰退和国际收支赤字的困境。刺激国内经济需要采取财政和货币扩张政策，而解决国际收支问题则需要采取相反的政策，即通过提高利率和联邦预算盈余限制信用和货币扩张。在固定汇率机制下，美国的国际收支压力反映在欧洲等国利率高于美国，导致资金外流。

美国政府迅速采取了管控措施，限制美国机构与个人的海外投资。肯尼迪政府在《1962 年税收法》（The Revenue Act of 1962）中，提出减少跨国公司海外收入的税收优惠，并要求其每年将海外利润返回国内。这项措施由于遭到跨国公司的强烈反对而被迫取消。为了减缓资金外流,肯尼迪采取了提高海外投资成本的措施,于 1963 年 7 月 19 日,推出"利息平衡税"(The Interest Equalization Tax,IET),对海外债券和股票投资加税,同时也明确表态,不鼓励外国借款人在美国市场筹资。

由于"利息平衡税"只针对海外债券和股票,不包括贷款,美国公司的海外投资形式从资本市场转为向欧洲和日本发放银行贷款。为了阻止银行的海外贷款,林登·约翰逊(Lyndon B.Johnson)于 1965 年 2 月签署《自愿限制海外信用计划》(The Voluntary Foreign Credit Restraint Program)。1968 年,由于国际收支赤字形势进一步恶化,约翰逊政府又推出《强制性资本管制计划》(The Mandatory Capital Control Program),切断资本外流渠道。

美国政府采取资本管制的结果只是遏制了资本大规模流出,并未实现降低国际收支赤字以及稳定国际金融体系的战略目标,却直接影响到美元的国际货币作用。

欧洲美元市场的诞生

英镑日落西山,美元受国内经济影响难以充分发挥国际货币的作用。而"二战"结束后,欧洲和日本等工业化国家处于经济恢复阶段,相继独立的发展中国家也在大兴土木、致力于经济建设,对资金的需求如饥似渴。与此同时,各国之间的经济越来越相互依赖,更多企业开始走出国门,挖掘海外市场潜力，而美元在使用方面的限制同国际经济与金融市场的现实需求并不匹配。

美国政府的资本管制为英国金融中心伦敦城创造了发展机会。而英国政府在资本管制方面采取的一会儿开放、一会儿收紧的矛盾政策，间接打开了金融创新的大门。1950 年代，英国政府承诺遵守《布雷顿森林协议》，实施更加开放的货币和贸易政策，并于 1954 年开放对英国银行远期外汇业务的限制；而到了 1957 年，由于黄金储备受到威胁，英国政府再次恢复资本管制。正值英国政府陷入开放与管制之间的纠结时，[1]一种游离于主权国家之外的欧洲美元找到了新的用武之地，并逐渐发展壮大起来。

欧洲美元的由来

欧洲美元市场的基础是美元存款。1920 年代前后的伦敦、柏林和维也纳都相继出现过零星的美元存款，只不过规模小，很少引人关注。"二战"结束后，情况开始发生变化。流入欧洲地区的美元开始出现戏剧性增长，其中包括具有强烈政治色彩的经济援助、出于安全考虑的资金转移、套利驱动的资金搬家、贸易往来的收入和暴发户的巨资存放。

"二战"的炮火让欧洲很多国家处于崩溃的边缘：一些主

---

1 Catherine R. Schenk, "The Origins of the Eurodollar Market in London: 1955-1963", *Exploration in Economic History*, 1998, p.222.

Anne M.Dixon, "The European Recovery Program: From Harvard to Paris to Washington: Making Mashall's Plan a Reality", Marshallfoundation.org.

要城市满目疮痍，基础设施与生产车间全部被摧毁，数百万人无家可归。对此，1947 年 6 月 5 日，美国国务卿乔治·卡特里特·马歇尔（George Catlett Marshall）在哈佛大学的毕业典礼演讲中，清晰地表明了美国立场："如果欧洲得不到及时援助，其经济、社会和政治恶化的后果将非常严重，直接影响美国的安全与利益。美国的政策是直接对抗饥饿、贫困、绝望以及由此引发的社会动荡。"简而言之，为了自身利益，美国必须挺身而出，通过向欧洲的资本输出，帮助其恢复社会秩序和经济秩序。为了鼓励美国私人银行的积极性，马歇尔特意强调，这次同"一战"时的无偿援助不同，所有贷款都将得到偿还。1948 年 3 月，美国国会通过"欧洲复兴计划"（The European Recovery Program），也称为"马歇尔计划"（The Marshall Plan）。根据该计划，在 1948~1951 年期间，美国需要援助欧洲 16 个国家 133 亿美元，解决这些国家的生活必需品和恢复生产及建设所需的一切设备和物资。"马歇尔计划"如同及时雨，不仅刺激了欧洲的经济复苏，更重要的是为美国公司带来更多的生产合同和产品出口。援助欧洲的部分美元留存在欧洲的商业银行，成为欧洲美元存款。

欧洲美元最主要的存款还是来自东欧国家的资金转移。"二战"结束后，具有完全不同意识形态的资本主义与共产主义两大阵营界限逐步明朗，各以美、苏为首的两大集团开始了不见硝烟的冷战较量，其激烈程度不亚于烽火连天的战场。以苏联为首的共产主义阵营国家，非常担心存放在纽约的美元资产的安全。人们对美国政府在战争期间屡屡采用冻结存款制裁敌对国的手段记忆犹新：早在 1812 年，当时的美国财政部部长艾伯特·加勒廷（Albert Gallatin）为了报复英国军队对美国海员的骚扰，就采取过冻结其存款的制裁措施；1917 年，美国又通过了《对敌交易法》，进一步明确了战争时期对敌方资产管理和交易的限制；1940 年，德国入侵挪威后，美国成立"外国资金管制办公室"（Office of Foreign Funds Control），[1] 冻结了南斯拉夫在纽约存放的黄金。1950 年 12 月，朝鲜战争爆发后，美国成立"外国资产管制部"（Division of Foreign Assets Control），[2] 取代了"外国资产管制办公室"，时任美国总统哈利·杜鲁门（Harry S.Truman）发布国家紧急令，查封了中国和北朝鲜在美国的全部资产。

为了安全起见，东欧一些社会主义国家悄悄将在美国的存款转移到苏联在伦敦和巴黎的银行。1957 年 2 月 28 日，一家拥有英国执照的莫斯科人民银行（Moscow Narodny Bank）[3] 帮助客户向伦敦转移 80 万美元存款，成为具有历史意义的事件，并产生强大的示范效应。其他一些社会主义国家也纷纷

1　当时成立该办公室的目的是阻止纳粹使用占领国的外汇和证券，后又扩展到保护占领国资产。美国参战后，办公室通过冻结敌方资产，禁止外贸和金融交易，成为重要的经济武器。

2　Andrew Cockburn, "A Very Perfect Instrument: The Ferocity and Failure of America's Sanctions Apparatus", *Harper's Magazine*, September, 2013 Issue, p.4.

3　1917 年成立于伦敦，两年后转为英国注册公司，为苏联在海外市场的贸易提供融资便利，1959 年后，成为苏联和共产党阵营央行的代理行。

效仿。当时设立在西欧的两家大型的苏联阵营的银行——位于伦敦的莫斯科人民银行和位于巴黎的北欧商业银行（Banque Commerciale de l, Europe du Nord）[1]，成为冷战时期美元转往欧洲的重要中介。欧洲美元的名字就是来自苏联银行的欧洲分行在转移资金时，电传地址上使用的 Eurbank 演变而来，人们随后习惯于将存放在欧洲的美元统称为欧洲美元。

1959~1963 年，美国公司加快在欧洲的海外投资步伐。美国银行在欧洲的分行的短期批发存款、美国企业向欧洲的出口或获得的外汇，没有按传统做法将其兑换成本国货币，进一步加大了美元在欧洲的存款规模。另外，由于美国《Q 条例》所设置的存款利率上限，限制了美国居民的储蓄回报，欧洲美元的市场化利率为套利提供了机会。1961 年和 1962 年，伦敦的欧洲美元利率分别为 3.58% 和 3.77%，而美国新发行的短期国债分别为 2.35% 和 2.78%，优质银行汇票分别为 2.8% 和 3.01%。受到欧洲美元较高利率的吸引，美国居民和一些工商企业通过各种渠道将存款搬到欧洲。由于美国政府在限制海外投资国家的名单中将加拿大排除在外，加拿大银行在帮助美国居民将短期资金转移到欧洲方面充当了重要的中介。1960 年代，美国出现了自 1920 年代以来规模最大的资本外流，让欧洲的美元存款规模日益庞大。

另外，国际组织和政府机构更是欧洲美元存款大户。自

1　1921 年成立于巴黎，是苏联在欧洲的重要金融窗口。

1958 年 7 月开始，国际清算银行就成为欧洲美元市场上的重要存款人，很快就将其在伦敦银行存款上限从 3000 万美元增加到 1963 年的 1.5 亿美元。自 1963 年起，外国政府机构成为欧洲美元市场上最重要的资金供应方，市场上至少有 2/3 的资金来自外国央行平衡收支盈余和赤字的储备资金。到了 1960 年代后期，随着美元作为国际货币替代英镑的步伐加快，特别是以德国为主的一些西方国家战后经济恢复进展顺利，出现持续的国际收支盈余，这些国家的央行纷纷将多余的美元存放到欧洲美元市场中，拉美和亚洲的一些发展中国家的央行也是如此。据国际货币基金组织当时的预测，有 20~25 个国家的货币当局将美元存放到美国以外。截至 1964 年，一个新型的国际货币市场在美国境外初具规模。

英格兰银行下午茶

欧洲美元市场的形成同英格兰银行的默认有着直接关系。要知道，当时的英国还是一个外汇管制的国家。英格兰银行对于伦敦地区的一些银行私下做外汇交易早有耳闻，1955 年 6 月，当得知米特兰银行（Midland Bank P.L.C.）[1] 做了几笔同贸易无关的外汇交易后，为了慎重起见，英格兰银行的汉密尔顿（C.R.P. Hamilton）约米特兰银行外汇业务主管喝下午茶了解情况，后者将情况做了如实反映。

1　成立于 1836 年，1992 年被汇丰控股收购，改名为汇丰银行。

原来，英国政府为了减轻通胀压力，实施紧缩货币政策，于 1955 年 2 月 24 日将短期国债利率从年初的 3% 上调到 4.5%，达到战后最高水平。由于银行存款利率并未及时调整，仍保留在 2%，便同短期国债收益率形成息差，存款开始从银行转移到短期国债，造成银行的流动性紧张。对于急于扩展业务的米特兰银行来说，流动性紧张成为业务发展中的瓶颈。在寻找其他融资渠道的过程中，米特兰银行发现了英、美两个金融市场之间的跨境套利机会。由于《Q 条例》的限制，美国市场上美元的最高利率低于英国，也就是说，米特兰银行可以通过外汇市场从美国筹资，再将这些存款换成英镑，缓解流动性紧张。具体做法是米特兰银行以 1.875% 的价格购买 30 天美元存款，用即期交易卖出换成英镑，再通过远期交易以 2.125% 的溢价买入，算下来，英镑的资金成本为 4%，而英国银行的利率是 4.5%，这是一笔有利可图的交易。米特兰银行以这种方式一个月内囤积了 7000 万美元，将其换成英镑解决了银行的流动性问题。为此，米特兰银行还为客户设计了这款外汇套利产品。[1]

在详细介绍完该项交易的来龙去脉后，米特兰银行抱着认错的态度听从处理。因为在 1950 年代，在各国纷纷实施外汇管制的大环境下，没有哪个国家会允许外币在本国流行，

1 Catherine R.Schenk, "The Origins of Eurodollar Market in London:1955-1963", *Explorations in Economic History 35*, Academic Press, 1998, pp.221-238.

米特兰银行所做的这笔没有贸易背景的外汇交易，明显触犯了英国的外汇管制规定。不曾料想，汉密尔顿考虑再三，并未进行惯常的严厉指责，而仅仅对其提出口头警告。

事实上，英格兰银行早已注意到流入欧洲地区的美元，当时接收外来美元存款的也不仅仅是米特兰银行一家。英格兰银行内部在讨论米特兰银行的问题时，认为这笔套利业务属于"打擦边球"，从严格意义上讲，由于这些美元存款不需要在交易前被换成英镑或其他货币，因此，不受外汇管制规定的束缚。另外，外汇管制条例的重点在于限制资金的流出，而不是流入。既然默许伦敦的银行接收外来美元存款，那么无论是采取主动还是被动的方式都没有错。

其实，英格兰银行对美元的暧昧态度同英国人的自尊心有关。尽管欧洲美元可以缓解英国的资金紧张形势，但对于那些梦想着恢复"一战"前英镑霸主地位的英国人来说，在英国使用英镑的竞争对手——美元，心里很不舒服。英国议会经常收到一些建议，要求政府像欧洲其他国家一样禁止外来资本流入。

对此，英国政府另有打算。1950年代初，保守党政府准备重新恢复伦敦城的国际金融中心地位，当时负责金融调查的主管拉尔夫·霍特利（Ralph Hawtrey）曾对英国财长说，英国物质财富方面最重要的因素不是制造业，而是商业，商业中心的转移将是我们面临的最大损失。同理，英镑的衰落将威胁到伦敦作为全球金融中心的重要地位。因此，恢复伦敦往日全球金融中心的风采，应该成为伦敦各界追求的政治与经济目标。禁止资金流入显然同这个大目标背道而驰。

最终，英格兰银行顺水推舟，在确认了欧洲美元不会对英国的黄金和货币储备构成威胁后，决定对非本国居民网开一面，允许英国银行对本国以外的个人和机构开放 30 天美元存款业务和远期外汇交易，并允许银行可以根据需要，对非居民美元存款支付利息。当时的英格兰银行行长克罗默爵士（Lord Cromer）曾说："伦敦城再次成为国际资本市场的时机来到了。"英格兰银行在 1963 年发布的一份报告中态度更加明确："无论我们多么不喜欢热钱，我们也不可能是一个拒绝接受金钱的国际银行家，如果我们否定其国际使用，我们就不可能有国际货币。"[1]

1960 年代中期，欧洲其他国家都采取了禁止"热钱"流入本国的各项措施，瑞士政府同商业银行签订"君子协议"，劝其不接受短期外币存款，法国和德国政府也禁止本国银行对外币存款账户付息，另外，法国和意大利还禁止使用欧洲美元兑换本国货币。由于英国反其道而行之，欧洲美元就这样源源不断地从世界各地流入伦敦。随着欧洲美元市场的急速发展，在伦敦城和英格兰银行的说服下，英国财政部于 1958 年 12 月将英镑兑换的限制完全放开。

英格兰银行将高度监管的国内市场和不受监管的国际市场隔离的做法，既方便了国际资本流动，又不对英镑产生过度压

1　Report by JML for Hamilton, 19 October, 1961, BE EID 10/19.

力。欧洲美元可以存放在伦敦金融机构的特别账户上，客户可以像使用英镑一样在英国使用美元。另外，英国政府还对从事欧洲美元业务的外国银行网开一面，不仅没有准备金和最低资本要求，还提供税收方面的优惠。英格兰银行对外来资金伸出的"橄榄枝"让欧洲美元在伦敦生根。1958~1963年期间，欧洲美元存款增长了4倍。

创新试验田

欧洲美元的问世为沉闷的伦敦城带来一股春风，伦敦很快成为一系列突破性创新产品和工具的试验田。在国际货币的使用受限时，英国商人银行（Merchant Bank）[1]最早萌生出创新的想法，换句话说，就是将手头的一些美元存款利用起来，解决美元短缺的燃眉之急。

1958年后，由于大部分西欧国家根据市场变化相应放松外汇管制，允许私人持有美元，也可以换成当地货币，从而为欧洲不同国家相互套利提供机会，外汇市场重新活跃起来，让欧洲美元有了新的用途。欧洲美元市场成为金融产品和工具的创新试验田，从短期货币市场逐渐向中长期债券和信贷市场转变，也由此推动了国际资本市场的崛起。

1　指英国早期的投资银行，这些银行家大都是从事商品贸易的商人转行做金融，英国将这些为商人提供金融服务的银行称为"商人银行"。

外汇市场的弄潮儿

欧洲美元市场起源于伦敦的外汇交易室。当时尽管外汇管制限制了英镑作为国际货币的使用，但金融交易不能缺少交易货币，最先打破资本管制的是外汇交易员和银行家们。

作为国际支付中心，伦敦城时时刻刻发生着付款和收款，且由此成为来自世界各地闲置资金的大本营。货币市场以拆借为主，而外汇市场以交易为主，两个市场有着非常密切的关系。伦敦商人银行的外汇交易员和货币市场经纪商在资金流动性方面出现需求时，不是求助央行的贴现窗口或在公开市场上出售资产，而是经常利用手头的美元头寸，通过电话在几家熟悉的商人银行之间调剂余缺，将趴在银行账上闲置的美元使用起来。如某家银行账上出现多余美元时，可以拆借给其他银行，而当其出现美元短缺时，可以从其他银行借入，拆借市场始终保持着一个相对平衡的状态。商人银行之间的资金调剂逐渐形成了一个新型市场，被称为商人银行市场。商人银行的拆借市场盘活了闲置的美元，不仅解决了临时流动性问题，也增加了资金回报，欧洲美元存款就这样派上了用场。

由于欧洲美元的资金调剂发生在外汇市场，美元不用兑换成其他货币，可以直接被用于借贷，因此不在官方管制的资金流动范围内。也有一些欧洲银行用美元购买其他货币贷给外国市场，通过远期外汇买卖交易规避汇率风险，因此，从某种程度上讲，欧洲美元市场也是正常外汇市场业务的补充。参与欧洲美元市场的都是名声好、规模较大的银行，不需要抵押品和担保。随着交易成本的降低，欧洲美元市场逐渐从双边交易发展到多边交易。

金融创新始终伴随着传统金融体系适应新环境的过程。美元在美国以外的国家拆借和交易，在当时毕竟是一个新事物。随着时间的推移，英国的本土银行也逐渐习惯于从欧洲美元市场获得资金，为国际业务融资。一些地方政府和金融公司还将借来的欧洲美元兑换成英镑使用。从 1955 年 10 月起，由于英国政府实施反通胀政策，切断了地方政府从"公共工程贷款委员会"（Public Works Loan Board）[1] 借钱的资金渠道，欧洲美元市场成为地方政府新的资金渠道，弥补了英国市场上的资金短缺。1955~1961 年，地方政府从欧洲美元货币市场的临时借款占总债务的比例从 5.8% 增加到 21.4%。1960 年 12 月，英国财政大臣明确表示，允许使用欧洲美元改善英国的国际收支平衡以及英国的美元债务状况，鼓励本国企业从欧洲美元市场上借钱用于国内业务。英国货币当局还利用欧洲美元的远期市场，调控国内的市场流动性。英国的一些企业和分期贷款公司也将大部分欧洲美元互换成英镑，

---

1 英国财政部债务管理办公室下的独立法定机构，主要负责向地方政府提供公共投资所需的贷款并负责回收。

用于国内的项目和业务，也有一些企业使用欧洲美元为海外投资融资，增加外汇盈利能力。

伴随着货币市场的戏剧性增长，部分欧洲美元也被一些国家用于商业贷款和其他国内交易，这类交易在德国、意大利、瑞士和日本等国比较多。意大利银行自 1950 年代初就从欧洲美元市场借款，贷给本国的企业，用于贸易融资或为解决短期流动性。到了 1960 年初，欧洲美元借款占其海外借款总额的一半。

欧洲一些外汇储备高的国家，如德国、荷兰、瑞士等将欧洲美元存放到伦敦，伦敦的银行反过来，将欧洲美元贷给意大利和日本等外贸贷款利率奇高的国家。看到欧洲美元市场存在的巨大潜力，一些国际化银行纷纷成立欧洲美元业务部门，并在这个市场中扮演重要的中介角色，让欧洲美元在银行间市场无限地循环。

存单和票据工具

欧洲美元市场从银行间短期资金拆借起步，逐步向大额存单、浮动利率存单和商业票据等信用工具发展。1960 年代初期推出的欧洲美元存单[1]（Eurodollar Certificate of Deposit and Note）就是一项短期投资工具创新，为欧洲美元的使用提供了新通道（存款凭证创新详见本书第四章）。这项业务

1　美国银行或外国银行主要在伦敦发行的美元存单，利息高而且不受准备金限制。

的发起人之一是第一国民城市银行高管——沃尔特·瑞斯顿（Walter Wriston）。瑞斯顿为了绕开美国《Q 条例》对存款利率的限制，最早在美国推出了大额存单，随后，又将这一创新工具扩展到欧洲美元市场。

开辟新市场、挖掘美国以外投资者的资金潜力离不开金融人才，第一国民城市银行伦敦分行的重量级人物麦克·冯·克莱姆（Michael Von Clemm）对欧洲美元存单的推广做出重大贡献。克莱姆个子很高，高额头，言谈举止透露出自尊和自负，具有人们心中理想的银行家风度。在攻读哈佛大学人类学博士学位时，他曾到坦桑尼亚待了一年，研究世界上最古老、仍停留在以物易物阶段的瓦恰人（Wachagga）部落，为观察人类的演变寻找重要的依据。克莱姆同当时在伦敦工作时的朋友、哈佛校友斯坦·雅苏科维奇（Stan Yassukovich）一道，设计并推广了欧洲美元存单。

1966 年 5 月，第一国民城市银行伦敦分行经英格兰银行批准，推出第一笔 25 万美元起、面向海外机构和个人客户的欧洲美元存单，为拥有欧洲美元的客户提供了新的投资选择。存单受到跨国公司和机构投资者的热捧。

对第一国民城市银行来说，发行欧洲美元可议付存单最大的优势是没有 3% 的准备金要求，也没有联邦存款保险公司（FDIC）规定的 8 个基点的手续费。另外，该工具在到期日方面的多样性选择，让发行者在管理贷款期限匹配方面更加得心应手。开始阶段，欧洲美元存单都是大面值发行。伴随着市场的成熟，为了满足投资者对较小金额工具的偏好，存单面值降低到 1 万美元。

克莱姆离开第一国民城市银行后，加入了雅苏科维奇所在的老牌投行白焊公司（White Weld）的伦敦分公司，后又跳槽到瑞士信贷银行。1974 年，克莱姆和雅苏科维奇开始意识到通胀年代让固定利率存单的缺陷日益明显。为了减少借款人和贷款人面临的利率风险，他们首次推出欧洲美元浮动利率存单和商业票据，每半年调整一次利息，让存单和票据债息同市场利率保持联动，在市场动荡时期，稳定了存单和商业票据的本金价值。

欧洲美元商业票据是大额存单创新的延伸，不同之处在于条件更灵活、期限更丰富。1980 年代中期，大型公司和政府机构开始在市场上发行 1~10 年期限的欧洲美元中期票据。尽管期限较长，但仍保留着商业票据的特点，同其他工具一起组成了多样化的欧洲美元大家庭，增加了欧洲美元资本市场的深度和广度。来自澳大利亚、欧洲大陆、亚洲和中东等地的公司司库、央行、商业银行等成为这些工具的主要投资者。对于商业银行来说，上述欧洲美元工具担当起商业银行调节流动性的工具，不再受传统货币市场工具的约束。

欧洲美元市场上多种多样的中短期资金工具，孕育了基于负债的银行管理新理念。在欧洲美元业务中，跨国银行第一次具体运用互动性资产负债结构管理，成为银行负债业务市场化的开端。对于银行来说，这是一个意义深远的结构性创新，在流动性方面产生了革命性改变。传统的流动性资产组合主要由准备金和政府债券构成，在短时间内，银行以确定的条件赎回、出售或以抵押方式将债券换成现金，而新的流动性管理概念是在金融市场筹集现金。传统商业银行的资金来源主要依靠当地社区的存款，而欧洲美元市场让银行有机会积极主动地挖掘国际批发市场资金，在公开市场购买存款，从而更有针对性地用于贷款和投资业务。

欧洲美元存单和商业票据市场的崛起增加了银行间市场的深度。随着国际化私人清算体系和通信技术的不断改善，银行间市场更加高效、便捷。根据国际清算银行统计，1980年代初，银行间市场账户占了银行总负债的 70%。

欧洲债券市场

存单和票据奠定了欧洲美元货币市场的基础，而欧洲债券（Eurobond）又为欧洲美元中长期资本市场增添了新的融资工具。欧洲债券指的是在美国以及其他货币发行国境外发行的债券，如以美元发行的称为欧洲美元债券（Eurodollar Bond），以日元发行的称为欧洲日元债（Euroyen bond）。

欧洲债券的创始人是德国犹太裔银行家西格蒙德·沃伯格爵士（Sir Siegmund Warburg）。沃伯格在逃离希特勒统治的德国后，在伦敦落脚。尽管他出身金融世家，但对银行的兴趣远不如政治，沃伯格的理想是实现欧洲国家之间的联合。

他眼中的银行家不应仅仅局限在金融，而应具备欣赏文学与艺术的才能。尽管沃伯格最终还是成了一位银行家，但正是在他的推动下，一场意义深远的金融创新革命在欧洲美元市场发生，为欧洲以及国际资本市场的形成打下基础。

1960 年代初，意大利仍处于战后经济恢复阶段，为了解决基础设施问题，意大利高速公路局（Autostrade）计划模仿美国，铺设一条贯通意大利南北方的高速公路。如此雄心勃勃的计划需要大规模的资金支持，由于意大利政府在财政支持方面无能为力，从银行申请贷款困难重重，高速公路局只好另辟蹊径。

以沃伯格为首的欧洲银行家们早就瞄上了美国以外存放的大量美元，觉得这是天赐良机，想方设法让这些美元循环起来。于是，他们建议高速公路局试水这个新兴的欧洲美元市场，并成为第一笔欧洲美元债券发行中的关键人物，在组织和策划方面下了不少功夫。为了避免引起美国财政部的注意，尽量减少英国当地税收等相关成本，沃伯格率领的团队做了精心细致的设计：发债协议在荷兰签署，目的是规避英国 4% 的印花税；债息提现安排在卢森堡，为了避免英国国税局 42.5% 的所得税。第一笔欧洲美元债券的发行过程也充满戏剧性。英国人经过战争洗礼早已忘记了如何发债，甚至没人知道债券的设计与印刷，银行费了很大力气找到两个已退休的捷克人帮忙，才让欧洲债券得以顺利印制。

如果没有监管机构的批准，沃伯格的一切努力都是徒劳的，幸运的是他得到当时英格兰银行高管乔治·博尔顿爵士（Sir George Bolton）的鼎力相助。博尔顿在伦敦做外汇交易员起家，而且有着丰富的商人银行工作经历。他那出色的履历吸引了英格兰银行行长蒙塔古·诺曼（Montagu Norman）的注意，随即将其招进行里。博尔顿先是负责英镑管理，随后任央行外汇与货币政策顾问、执行董事等职务。

博尔顿一直倡导重新确立伦敦作为全球金融中心的地位，因此，对沃伯格等银行家们想协助意大利公司在伦敦发行欧洲美元债券的想法鼎力支持。伦敦城在发债方面有着悠久的传统，早在19世纪就成为政府和铁路公司发行国际债券的中心，19世纪后期到"一战"爆发，伦敦和巴黎一直是欧洲借款人债券融资的主要市场，只是在战争期间被迫中止。

1963年7月1日，在沃伯格的斡旋下，经英格兰银行批准，意大利高速公路局成功发行第一笔欧洲美元债券。[1]这笔15年期、无记名美元债券由伦敦的华宝银行承销、意大利国有工业与金融控股公司（IRI）担保。这是英国政府自"二战"结束后，对发行无记名债券首开禁令，但只允许面对非本国居民。

由欧洲美元债券筹资的这条高速公路于1964年完工，被称为没有路标的美国新泽西州收费高速公路的意大利翻版，

---

1 "$15M Autostrade Loan, Consortium Headed by Warburg", *The Times*, London, June 19, 1963.

成为意大利战后经济振兴的标志。意大利高速公路局的债券被公认为是第一支在美国境外发行的美元债。沃伯格和他的团队万万没想到他们组织的意大利高速公路债券发行是一笔改变全球金融的交易，[1]开启了一个意义重大的全球债券市场。国际银行家们通过跨境资本市场，将全球借款人与投资者联系到一起，满足了在特定时期，政府、跨国公司和金融机构的国际融资需求。

这之前也存在着一个外国债券市场，如美国发行的扬基债、日本发行的武士债和英国发行的猛犬债，但发债的前提是必须使用这些国家的货币，严格遵守当地监管当局的相关规定，还需要履行一整套复杂程序。"二战"结束后，伴随着美元作为国际货币的崛起，收益相对较高、风险相对低的扬基债市场曾受到投资者追捧，声誉好、经营稳健的优质外国公司和政府在这个市场筹集了数十亿美元。到了1963年，形势发生逆转，面对国际收支和国内预算双赤字，肯尼迪政府采取了一系列资本管制政策，还包括对外国资本到美国市场淘金征收30%的惩罚性预扣税的措施，相当于关闭了外国人进入美国债券市场的大门。欧洲债券市场成功地将国际融资业务的中心从纽约转移到了伦敦。

而欧洲债券市场对投资者最大的吸引力就是监管和税收

---

1 Ralph Atkins and Michael Stothard, "Eurobonds: A Change of Gear", *Financial Time*, July 1, 2013.

方面的优势。在监管方面，欧洲美元债券无须在美国的证交会注册，避免了烦琐的注册程序和手续费，也绕开了美国会计标准，不受任何一个国家监管的控制；在税收方面，欧洲美元债券的吸引力更让投资者难以抵御。

此外，欧洲美元债券还具有无记名的特点，发行初始就受到瑞士、卢森堡和比利时等地私人银行客户和私人企业的热捧。英国庞大的英联邦网络成为欧洲债券的最佳分销渠道，其中包括散布在各大洲的前殖民地国家和地区，包括直辖殖民地泽西、关西和曼岛，海外领地开曼群岛、英属维尔京、百慕大等避税天堂，以及那些不直接受英国控制但又有很强的殖民联系的国家和地区，如爱尔兰、迪拜、巴哈马和中国香港等。投资者们纷纷将留存在避税天堂的资金通过私人银行经理和经纪投资欧洲美元债券，让散落在全球各个角落的欧洲美元找到了理想的投资工具。

欧洲美元债券市场为众多准备筹资的外国公司树立了一个典范，[1] 提供了一个更加简便、快捷的新渠道。1965 年后，欧洲债券市场借款人从公共和半公共身份逐渐转移到以美国为主的跨国公司。"二战"后，美国的跨国公司如雨后春笋，纷纷突破国内的贸易壁垒，在国外建立分厂和子公司，欧洲债券市场成为解决其开拓海外业务资金问题的理想渠道。1965 年至 1967 年间，美国跨国公司在这个市场上发行的新

　　1　Roy C.Smith & Ingo Water, *Global Banking*, Oxford University Press, 1997, p.245.

债占到整个市场的 30%~40%，1968 年达到 60%，[1] 发债规模为 22 亿美元。由于英国政府对直接投资的管制，英国公司也转而向欧洲美元市场筹资。1965~1968 年，英国银行从欧洲债券市场的借款转换为英镑的总金额，从 600 万英镑增加到 6300 万英镑。[2] 值得一提的是英国地方政府也是欧洲美元债券市场上的重要借款人。1969 年，英国市场上资金流动性出现紧张，税务部门与财政部在一段时间内，从英国的公共利益出发达成共识，破除监管障碍，鼓励地方政府在欧洲美元市场发债，满足资金需求。另外，墨西哥和阿根廷政府也是欧洲债券市场上活跃的借款人，问津欧洲债券市场的还有世界银行等国际机构，为新兴市场国家解决经济发展中的基础设施及其工业化等项目的资金问题。与此同时，欧洲债券市场也出现了除美元以外的更多币种。1968 年，联邦德国马克的发行规模相当于 15.5 亿美元，瑞士法郎的发行规模相当于 2.4 亿美元，[3] 其他还有荷兰盾、日元和加元等币种的债券发行。[4]

　　1963~1973 年的 10 年间，欧洲市场上共发行了 330 亿美

1　Gunter Dufey, "Its Significance for International Financial Managements", *Journal of International Business Studies*, Vol.1, No.1, Papers of the Annual Meeting of Association for Education in International Business (Spring, 1970), p.67.

2　Catherine R.Schenk, *The Decline of Sterling: Managing the Retreat of An International Currency 1945-1992*, Cambridge University Press, p.238.

3　J. Anthony Lockhart, "The Eurobond Market Today: Some Facts, Some Fancies", *Financial Analysts Journal*, March-April, 1969, p.128.

4　A.C. Chester, "The International Bond Market", *Bank of England Quarterly Bulletin*, November, 1991, p.521.

元的欧洲美元债券，1974 年美国废除了利息平衡税和资本管制计划后，由于套利空间缩小，欧洲美元债券的发行出现下跌，但仍有相当多的个人投资者出于避税和保密的需要愿意持有欧洲美元债券。1973 年能源危机后，更多的石油美元涌入欧洲债券，进一步增强了该市场的流动性。

1980 年代，欧洲美元债券市场受全球经济衰退影响遇冷，成本方面也失去优势。1984 年，顶级欧洲美元债的筹资成本由低于同期美国国债 40 个基点到高于 70 个基点，也就是说从这个市场借钱不再便宜。一些机构和个人迅速转回本国市场，世界银行等跨国机构也减少了从这个市场的筹资。一些明星债券交易员转行到了古玩市场，开始谈论起 19 世纪的铜器。就在财经媒体预测这个市场即将死亡时，里根的当选成为转折点。

美国总统里根推行的强势美元政策，让美元从被人抛弃和低估一下子成为全球最强势的货币，欧洲美元债的诱人回报重新点燃起投资者的热情。为了争夺客户，银行家们将欧洲债券的菜单设计得令人眼花缭乱，不断推出创新产品。更多的欧洲公司、跨国公司和养老金等机构投资者进入欧洲债券市场筹资。到了 1986 年，欧洲债券发行规模达到 1850 亿美元，市场新发行的欧洲债券超过美国新发行的公司债规模。为了有针对性地降低国债的融资成本，连美国财政部也加入欧洲美元债券市场，定向发行了几笔美国国债，被称为"有目标的国债发行"。

1963 年开始的欧洲债券市场经过数十年的发展，实现了从银行间货币市场向中长期资本市场的转移，成为全球规模最大、活力十足的国际资本市场。欧洲债券市场不仅成为工业化国家应对收支不平衡和解决低成本筹资的可选方案，也成为发展中国家解决项目资金短缺的"及时雨"，其跨国界、跨金融工具和跨币种等特点推动了金融全球化进程。欧洲美元债券的发展可以被视为工业化国家金融结构革命性变化的一部分，是对全球范围资金需求变化的应对。

银团贷款

除债券外，以银团方式的欧州美元贷款也开始红火起来。银团贷款（Syndication Loan）直译为辛迪加贷款，指的是由一家或数家银行牵头、多家银行参与的银行集团提供的贷款。组织银团的主要目的就是分散信用风险，让更多的贷款人共同承担可能发生的损失。

最早的银团贷款可以追溯到 17、18 世纪的阿姆斯特丹和伦敦。当时出海的船只和香料贸易都需要资金，为了降低风险，个人投资者将资金集合在一起为其融资。在 1630 年的荷兰"郁金香泡沫"中，一些投资者组织银团为个人购买郁金香融资。另外，欧洲各国混战期间也都有银团融资的影子。伦敦的劳合保险银团、美国铁路建设也都采用了银团贷款的方式。

1960 年代末至 1970 年代初期，一些大型跨国公司和主权借款人，急需中长期美元贷款，而欧美等国实施的货币紧缩政策，使这些机构的贷款需求受阻，银团贷款这个传统的融资方式开始在欧洲美元市场再度崛起。

Libor 之父

欧洲美元银团贷款大都是中长期，而存款大多是短期，存在着期限不匹配的风险，按固定的存、贷款利率定价不可行。下面我们就一起看看金融企业家们是如何解决银团贷款中至关重要的贷款利率问题。

1969 年 2 月，汉华有限公司（Manufacturers Hanover Limited，即汉华银行）[1] 在伦敦的 Upper Brook 街开业，行长米诺斯·詹巴纳基斯（Minos Zombanakis）是希腊人，童年时家境贫寒，经过努力考入哈佛大学，这是一个典型的从布衣到巨富的传奇故事。

开业不久，詹巴纳基斯就迎来了第一笔生意。伊朗马卡兹（Markazi）银行由副行长亲自带队找上门来，请汉华银行协助筹集 8000 万美元。詹巴纳基斯感到有些头疼：借款人要求贷款期限至少在 5 年以上，可当时欧洲美元的资金来源都是浮动利率短期存款，5 年期的欧洲美元存款根本就不存在。当时的商业银行出于风险考虑，都不愿为大项目提供中、长期贷款。此外是资金规模问题，任何一家银行都不愿意，也没有能力承担如此规模的信用风险。

詹巴纳基斯不愿失去这笔找上门来的生意，认为可以用

1　1991 年同化学银行合并，1996 年被大通银行收购。

银团贷款的方式分散信用风险。在汉华银行的说服下，20多家同中东地区有业务往来的银行愿意参与全球第一笔大规模的欧洲美元银团贷款。

詹巴纳基斯好不容易将参加行组织到一起，又遇到另外一个头疼的难题：对于这样一个没有监管的欧洲美元贷款市场，如何确定贷款价格呢？功夫不负有心人，詹巴纳基斯组织的研究团队设计出一个相对实用的浮动利率贷款计价公式，具体方法是在银团内规模较大的银行在贷款展期日之前上报的融资成本的基础上去掉最高和最低报价，取加权平均，加上利润差，作为每个季度调节欧洲美元贷款价格的参考，并将其命名为伦敦同业拆借利率（London Interbank Offered Rate，Libor）。亲自参与贷款价格设计全过程的詹巴纳基斯也被市场称为"Libor之父"。第一笔欧洲美元银团承销大获成功，贷款被超额认购。詹巴纳基斯同客户一起喝香槟庆祝，共同品尝来自伊朗的鱼子酱。

Libor创新产生的深远影响是最初的设计者始料不及的。银团贷款的定价机制引发媒体的轰动，英国的《金融时报》等各大财经媒体将其称为"国际金融的新概念"，《经济学人》杂志将其称为"非常巧妙的一笔业务"。

没有人预料到这笔银团贷款的协议会成为全行业的标准文本。由于有了Libor作为贷款定价参考，银团贷款的组织从规模到效率都有了大幅度提高。壳牌石油公司决定在意大利收购一家公司，希望花旗银行立即提供1亿美元贷款，花旗银行在几天的时间里组成欧洲美元银团贷款，以 Libor 定价，在最短的时间里满足了客户的资金需求。随后，意大利国家融资局（IMI）也用银团贷款方式在欧洲美元市场筹集了 2 亿美元。几个月内，其他银行迅速跟进，数亿美元的银团贷款陆续推出。1970 年代初，有数百家银行参与欧洲美元银团贷款。几年后，Libor 计价公式又从计算单笔贷款扩展到更广泛的交易，特别是扩展到成为各类新的衍生品产品和工具的利率参考标准。

为了提高定价的效率和透明度，银行家们纷纷呼吁规范 Libor 利率的计算，满足 1980 年代市场上对欧洲美元贷款的强劲需求。在英格兰银行支持下，英国银行家协会于 1984 年 10 月推出 Libor 的计算标准，并于 1986 年 1 月 1 日正式生效，将其重新命名为 BBA Libor。

汤森路透公司于 2005 年收购德利财经（Telerate）[1]后，负责具体计算和发布 Libor，共涉及 10 个货币和 15 个借款期限。18 家国际化银行每天根据英国银行家协会的问卷调查，为美元 Libor 报价，汤森路透公司去掉 4 个最高价和 4 个最低价，将其余的 10 个价格加权平均后于伦敦时间上午 11：00 向全球发布。

Libor 代表着全球性大银行同伦敦交易对手之间的资金价格，是全球市场各类资金价格的重要参考。银行向主权国家或企业提供银团贷款时，使用的都是 Libor 加风险溢价，并根

1　一家向全球提供 24 小时金融信息服务的美国公司，擅长商业票据和债券定价，1970 年代成为全球第一家提供实时电子信息的公司。

据实际利率变动按季度调整。每个季度的利率调整都是一次重新审视贷款风险的过程。另外，抵押贷款公司和信用卡机构也参考 Libor，相应调整各自的价格。

Libor 的创新从技术上为银团贷款铺平了道路，但不足之处在于这个定价机制是建立在诚实和信任的基础之上的。正如"Libor 之父"詹巴纳基斯所说："Libor 完全建立在由公平交易驱动的行为准则基础上。"[1] 公式使用初期，各家银行基本上比较诚实，也没有动力低报价格，因为银行仅以这个价格做贷款参考，而不是借款，另外，虚报价格将会影响银行在市场上的声誉，事关重大。但随着时间的推移，由于 Libor 这样一个定价机制是决定金融市场参与方盈利水平的关键因素，交易员和银行家们定下来的利率决定着全球资金的参考价格，在上报利率时就有了操纵的空间。虚报的利率与实际发生的利率之间存在的细微差别，就足以使交易员们获取暴利。巴克莱银行等金融机构 2005~2009 年的 Libor 造假丑闻[2] 便为这样一个基于诚信的定价机制蒙上阴影。

石油美元循环

银团贷款市场的兴旺离不开雄厚资金的支持，欧洲美元市场上的新军——石油美元循环（Petro-dollar Recycling）在

1　Helena Smith, "Libor Founder Minos Zombanakis Condemns Rate Manipulators", *The Guidian*, December 17, 2012.

2　为了让衍生品交易员获利，巴克莱银行等操纵 Libor 报价，遭到监管机构的巨额罚款。

助推新兴市场国家政府和企业的银团贷款方面起到关键作用。

石油美元指的是石油出口国靠卖原油获得的美元收入。国际市场上最重要的大宗商品用美元定价是有其政治背景的。1972~1974 年，美国政府同全球第一大产油国沙特阿拉伯签署了一系列支持后者政权的协议，交换条件是石油必须以美元定价。

石油美元造成人类历史上罕见的财富大规模转移，影响到全球收支的平衡。石油美元大量盈余主要源于产油国家的一夜暴富，其由来还要从 1970 年代的世界性能源危机说起。1973 年和 1979 年发生的两次石油危机让全球油价从每桶 3 美元暴涨到 14 美元，翻了不止三番，造成中东地区产油国的财富巨量增长。1974~1981 年，石油输出国组织欧佩克（Organization of Petroleum Exporting Countries, OPEC）成员国经常账户上的石油美元盈余为 4505 亿美元，仅沙特阿拉伯、科威特一年进账就达 370 亿美元。

油价的疯涨造成几家欢喜几家愁：一方面是产油国赚得盆满钵满，另一方面是依赖石油进口的国家，需要支付更多的美元去国际市场上进口石油。由于除沙特阿拉伯外的大部分产油国与美国之间关系紧张，加上伊斯兰教规对当地银行业务的限制，造成石油美元的投资渠道有限。由此，规模庞大的石油美元全部存放到美国以外的欧洲美元中心，其中有一半以上存放在一直同中东产油国保持密切业务关系的花旗银行。

这些闲置的巨额石油美元存款，不贷出去就是银行的负担。除了为石油进口方融资外，花旗银行还希望这些资金有更大的用途。这一时期，恰好赶上以拉美为主的发展中国家通过发展出口导向产业，大举加快工业化步伐，美元便成为这些国家实现经济腾飞梦想的血液。世界银行等国际组织在向拉美国家的援助中附加了一系列苛刻条件，对此，这些国家一心想摆脱，进而寻求新的资金渠道，但由于拉美国家在国际债务市场上的口碑一直不佳，很少有银行愿意向这些国家提供贷款。

尽管面对较高的信用风险，花旗银行的领军人物瑞斯顿也不愿错过这个千载难逢的良机。他认为拉美国家的资金需求可以用市场上供应充足的石油美元来满足，而花旗银行通过提供石油美元贷款，获得丰厚的利差和各类手续费，也将戏剧性地改变花旗银行的财务表现。瑞斯顿坚信主权国家不会破产，而且即使出现极端情况，还有美国政府在背后撑腰。

瑞斯顿先是打通了国内监管环节，成功地说服了美国当时的财政部部长乔治·舒尔茨，以及继任威廉·西蒙——这两人都是自由市场理念的拥护者，倡导放松金融管制。舒尔茨单方面结束了官方对美国银行向拉美国家贷款的规模限制，为大举进军发展中国家打开大门。当时舒尔茨的这一决定还遭到了一些经济学家的调侃："从今往后，你几乎在美国国内找不到银行家了。"

向以拉美为主的发展中国家提供的主权国家贷款主要是以银团贷款的形式进行。这些国家包括墨西哥、巴西、阿根廷和智利等国，还有一些贷款提供给了欧洲的南斯拉夫、波兰和匈牙利等大部分受意识形态影响、被美国政府援助计划和国际金融机构冷落的国家，也有一些非洲和亚洲的国家。欧洲美元银团贷款从 1970 年代初期开始，到了 1982 年，规模达到 460 亿美元，逐渐取代国与国之间的双边贷款。[1]

石油美元为欧洲美元银团贷款市场提供了新弹药，加深了工业化国家与发展中国家经济活动的融合。但在解决发展中国家经济腾飞过程中的资金短缺的同时，也增加了这些国家的债务负担，成为危机的隐患，为此贷款方也将付出惨痛代价。

推动贷款市场化

国际银团贷款是建立在欧洲美元基础上的金融创新，将债务承销和传统商业银行贷款业务巧妙结合在一起，满足了借款人对大规模、中长期资金的需求。银团贷款通过多家贷款人共同承担信用风险，降低了对单一借款人的风险敞口，也成为满足监管当局有关风险集中度和资本充足率要求的工具。欧洲美元银团贷款在推动欧洲美元在全球更大范围的使用的同时，一改基于关系的传统信贷模式，推动着贷款市场化的演变。

在 1960 年代，无论是资本市场还是银行信贷市场，国际化程度都很低。银行主要凭借同客户的密切关系得到业务，

---

1 Blaise Gadanecz, "The Syndicated Loan Market: Structure, Development and Implications", *BIS Quarterly Review*, December, 2004, p.76.

企业基本上也将全部业务交给长期培育起来的关系银行做，成规模的跨境贷款或投资并不多见。

银团贷款从主权国家政府起步，到了 1970 年代后期，在跨境项目融资方面已经司空见惯。1980 年代，银团贷款市场达到顶峰，国际资本市场上一半以上的中长期贷款，特别是 80% 以上的发展中国家贷款是以银团形式提供的。1990 年代后期至 2000 年初，银团贷款市场发生重大转变：信誉较高的主权国家政府更多利用欧洲美元债券市场筹资，替代了以往对银团贷款市场的依赖，而公司借款人逐渐成为银团贷款主流。在证券化浪潮中，银团贷款被打包成各种证券化产品，成为全球更多非银行和机构投资者的投资工具。

欧洲美元银团贷款不仅成为国际化商业银行的利润增长点，也令其收入结构发生改变——从利息收入转为手续费收入。商业银行作为银团贷款的安排行扮演着投行的角色，负责为银团贷款发行服务，发放 1 亿美元的银团贷款可以收入 50 万美元的手续费。

国际银团贷款对于规模较小的贷款人更具有特别吸引力，这些中小银行通过参与国际化大银行承销的国际银团，不仅避免了自身在信息和专业方面不足的缺陷，减少了各种披露、营销和发放贷款过程中的烦恼及负担，还可以从地理区域和行业方面有针对性地扩大信用敞口。另外，国际多边机构，如国际金融公司和泛美开发银行也是国际银团的积极参与者。欧洲贷款市场协会和亚太贷款市场协会等机构将银团贷款交易文件标准化后，银团贷款的二级市场应运而生，进一步增强了市场的流动性，为贷款市场化打下坚实基础。

欧洲美元的冲击

英格兰银行通过法律上界定的"离岸"概念，用会计账户将受监管的国内市场与不受监管的海外市场隔离，创造了欧洲美元的生存空间，为游资在全球范围的资金配置提供了平台，培育出一个在各国监管辖区之外、规模庞大且高效率的另类国际资金批发市场，深刻影响着监管政策和英美银行业的演变。

监管让步

欧洲美元的崛起动摇了一贯以国内政策优先的美国监管当局，以及其他一些监管严格的国家，迫使其调整相关政策。

欧洲美元市场发展初期主要受监管套利驱动。离岸美元与在岸美元之间存在的息差为资本套利提供了空间：1961 年，伦敦欧洲美元利率平均为 3.58%，而同期新发行的美国国债为 2.35%；1962 年的前 8 个月，欧洲美元利率平均为 3.66%，而新发行的美元国债收益率仅为 2.76%。

美国监管当局在得知留在欧洲的美元存款后，尽管开始有些茫然和不屑一顾，但最终还是放心不下。美国政府担心大规模美元流到一个看不见、摸不着的市场会对美国的货币政策和金融秩序构成威胁，于是不断派人到伦敦调查和了解欧洲美元市场的发展情况。

其实，美国当局的担心不无道理。随着越战不断升级，美国政府支出进一步加大，美联储担心美国经济过热，于1966年开始收紧货币政策，采取了降低存单利率，提高短期国债利率的措施，旨在减少货币供应。政策出台后适得其反，储户存单变现后的资金并没有投资短期国债，而是受较高利率的吸引流向欧洲美元市场。美国个人和机构通过加拿大银行以及美国银行在伦敦的分行转移资金。部分流出的资金又从美国银行的海外分行返回美国，用于补充总行的准备金和弥补业务发展中出现的资金短缺。这样一来，美联储的货币紧缩政策不但没有降低，反而提高了美国商业银行的贷款能力。[1]

欧洲美元的优惠条件还吸引了更多投资者进行跨产品和跨币种套利。一些美国的金融机构从美国存款凭证或商业票据市场上筹集资金，将其转移到欧洲美元市场套利。美国政府于1974年取消了资本管制后，美国的金融机构更加自由地在国内和海外两个市场套利。还有一大批西欧国家的投资者将本国货币换成美元，不断在欧洲美元利率和国内利率之间寻找套利机会，再利用期权和期货对冲资金头寸。

欧洲美元市场的套利交易影响着不少国家的短期利率水平，加大了各国实施国内货币政策的难度。在日益强大的欧洲美元市场的威胁和压迫下，各国跨境业务方面设置的监管

1　Gary Burn, *The Re-Emergence of Global Finance*, Palgrave Macmillian, 2006, p.139.

栅栏逐渐被打破。美联储不忍看到伦敦成为欧洲美元的大本营，决定肥水不流外人田，于 1981 年 12 月 3 日批准成立国际银行设施（International Banking Facility，IBF）[1]，相当于在美国境内为欧洲美元创建一个特区，向非美国居民、公司和政府提供存贷款服务，不受存款准备金的要求，无须缴联邦存款保险，以及其他一些针对美国国内银行的监管限制，此外，在纽约等几个州还享受免州税的优惠待遇。

与伦敦和其他地区的欧洲美元中心相比，国际银行设施的最大优势在于设在美国境内，安全性高，主权风险几乎为零。对于美国银行来说，国际银行设施实际上相当于该行的一家虚拟分行，同设在巴哈马和开曼等地的离岸银行一样，可以用来簿记外国存款和贷款。

日本的跨国公司由于国内高度监管和高成本的公司债市场，纷纷利用欧洲日元市场的相对优势筹集资金。1984~1990年，日本公司在欧洲债券市场发债总计约 5000 亿美元，超出东京资本市场。最终，日本政府在欧洲日元市场的压力下，也不得不逐步简化国内发债程序，将日本发债人拉回国内。

在欧洲美元市场的影响下，各国政府被迫修订金融监管方面的严格规定，不断为本国的金融机构松绑，结果导致欧

---

1 美国银行或外国银行的美国分行设立的账户，专向非美国居民和机构提供存贷款服务，豁免美联储有关准备金要求，享受所在州税收优惠待遇。

洲美元市场套利空间逐步缩小。到了 1983 年，欧洲美元与在岸美元之间的利差只有 30~60 个基点。

欧洲美元在促进全球资本市场一体化方面的重要性不亚于世贸总协议驱动下的全球商品贸易自由化，它让主要工业国家之间的短期货币市场和中长期资本市场相互融合，成为金融全球化的基石，也吹响了全面放松监管的前奏。

美国金融机构的新战场

欧洲美元是美国金融机构的救命稻草。1959 年夏，欧洲美元的出现，为那些一直在严格监管束缚下面临生存危机的美国金融机构提供了走出国门的充足理由。

美国政府在准备金、利率、存款保险和分业经营等方面的严格监管，压缩了美国商业银行的盈利空间。此外，美国国内客户受欧洲美元市场较高回报的诱惑，不断将存款从美国银行转移到国外。资金来源受限导致美国商业银行的业务发展举步维艰，难以满足国内不断增长的贷款需求。"堤内损失堤外补"，摆脱国内监管束缚，到海外拓展欧洲美元业务成为美国银行业的新趋势。

1960 年代，美国商业银行走出国门的主要原因是为了确保国内业务扩张所需的资金。[1] 这一招果然灵，美国银行

---

1 Gino Cattani and Adrian E.Tschoegl, "An Evolutionary View of Internationalization: Chase Manhattan Bank, 1917 to 1996", The Wharton Financial Institution Center Working Paper, 02-37, 2002.

在夺回流失的存款方面业绩显著。截至 1963 年 4 月，活跃在伦敦城的 9 家美国银行成为欧洲美元的存款大户，占据了 1/3 的市场份额。随后，美国金融机构又巧妙地将境外筹集到的资金调回国内。截至 1969 年底，美国银行总部来自海外分行的负债达到 130 亿美元，而两年前，这一数字还不到 20 亿美元。[1] 欧洲美元市场上 1/3 以上的资金被用在美国国内。

自 1965 年开始，伴随着欧洲美元债券和资金交易业务规模的增长，市场的主角换成以美国为主的投资银行。先是摩根士丹利和雷曼兄弟来伦敦开设机构，几年后，所罗门兄弟、高盛和美林等机构也不甘示弱。在不到两年的时间里，高盛伦敦办公室扩充到 500 多人，所罗门兄弟更是将其伦敦办公室扩充到 560 人的规模，一举将其作为其海外业务的旗舰店。

美国银行在欧洲美元业务方面的先天优势很快就显露出来，它们无论是在客户关系的拓展还是产品和服务创新方面都比欧洲银行更胜一筹。在大型投行的带动下，一些中小型券商也纷纷来到这个市场掘金。到了 1969 年，有近 30 家美国金融机构在伦敦设点，在英国的欧洲美元存款增长了 70 倍，超过英国清算行。美国的投行成为美国客户在欧洲市场筹资的主要中介，其中美国第一国民城市银行（花旗银行前身）

1　Martijn Konings, "The Institutional Foundations of US Structural Power in International Finance: From the Re-Emergence of Global Finance to the Monetarist Turn", *Review of International Political Economy*, Vol.15, No.1 (Feb., 2008), p.48.

和大通银行在伦敦积累的证券业务经验，还成为美国监管当局取消分业经营规定前的热身。

欧洲美元市场为美国的大型银行带来丰厚的利润。1976年，欧洲美元贷款收入占美国主要银行利润的3/4。截至1977年，美国最大的10家银行的海外利润普遍高于国内利润，其中花旗集团海外利润占比高达80%；而在1970年，这块业务占比还不到20%。

借助欧洲美元业务，美国的银行将海外分支机构扩展到全球各地。海外分行数目从1960年的131家增加到1978年的1433家，其中包括巴哈马、开曼、新加坡和日本等地的分行。花旗银行的巴哈马分行成为该行北半球规模最大的海外业务中心。"在伦敦谈贷款价格，在'避税天堂'簿记"成为美国金融机构海外业务新模式。

伦敦城再创辉煌

按理说，伦敦城的功能应该伴随着英镑的跌落由盛而衰，不料，欧洲美元却成为伦敦城的救星。对是否应对欧洲美元"开绿灯"，其实当时的英格兰银行心理也没底，只不过抱着试试看的态度。可正是英格兰银行的这个不经意的决策扭转了局面。在英镑失去国际货币地位之时，伦敦城借助欧洲美元担当起国际资本的中介，重现国际金融中心的辉煌。

国际金融中心的历史演变同其所在地国家的政治、经济和军事力量有着直接关系。最早的金融中心要算是地中海地区的威尼斯、热那亚和佛罗伦萨，随后向大西洋地区的阿姆斯特丹迁移。伦敦城国际金融中心地位的确立起源于 19 世纪。拿破仑战争结束后，荷兰丧失了国际金融的霸主地位，而英镑在贸易与投资中的国际地位的提升让伦敦城在国际金融市场上唱起主角，将伦敦的储蓄存款投放到世界各地的基础设施和工业开发建设之中。

伦敦城的异军突起从规模和影响力方面均超越了以往任何金融中心。英国凭借工业革命和殖民扩张成为国际贸易与航运枢纽。国际贸易和英镑的国际化使用让伦敦成为全球支付和票据贴现的枢纽。这里时刻发生着来自全球各地的付款和收款，由此产生一些闲置资金，而这些资金被投放到伦敦活跃的货币市场，为国际贸易和各类交易提供流动性，进一步推动贸易发展。澳大利亚、阿根廷、南非和日本等国大部分进出口贸易，不论源头和去向都通过伦敦融资，美国和德国也是如此。

在国际贸易的带动下，聚集在伦敦的一批商人银行、清算行和海外银行逐渐形成规模，提供着国际贸易所需的资金清算、贸易融资、货船保险等服务。截至 1913 年，伦敦聚集了 31 家商人银行、贴现银行、清算银行、海外银行，具有世界其他城市难以超越的先天优势。

"一战"时，伦敦证券交易所就已是全球规模最大的交易所，其中外国证券交易占 50% 以上，主要是为外国政府和铁路公司发债。尽管"一战"成就了纽约国际金融中心的地位，但破坏了金本位制下不同货币之间的固定汇率，造成混乱局面。大多数国家产生规避货币贬值风险的需求，伦敦城及时抓住这个机会，利用先进的通信技术，吸引了大量经纪商和交易商加入，形成全球规模最大、最活跃的外汇市场。

1929 年后，全球的跨境金融市场早已名存实亡。尽管两次世界大战让英国大伤元气，但伦敦城即使在危机期间，也始终保持着同英镑区国家的金融往来，从未中断过。相比之下，美国在大萧条后实施的一系列严格监管措施，弱化了纽约控制全球信用体系的影响力。"二战"后，为了恢复国内经济，几乎所有国家政府都将重心放到国内：瑞士政府强调增加国内的外汇储备，法国和德国政府提出优先保护国内资金市场。尽管英国也实施了不同程度的金融管制，但从未放弃恢复伦敦城往日辉煌的梦想。1953 年，大宗商品市场和原材料交易市场在伦敦重新开张；1954 年，让人期待已久的伦敦黄金市场回归，并对所有英镑区的非居民开放。

英格兰银行在审批离岸业务和产品方面的高效率以及放手态度，让伦敦城变为现代金融创新的大本营，也让其他国家的监管当局汗颜。美国金融机构在华盛顿申请一项新业务需要数月的时间，需要带上大把律师去游说监管当局，而在伦敦城几分钟内就可以搞定。

欧洲美元的兴起也让伦敦城的商业文化发生巨变，更加呈现国际金融中心的特色。其中，美国金融机构的到来为伦敦城增添了新活力。长期以来，伦敦城一直以一种特殊的金融精英文化闻名。从衣着、社交到工作方式都充满着传统、保守甚至封闭的味道。欧洲美元出现前，尽管外国银行为了便于参与伦敦传统的货币市场，在伦敦设有机构，但很难融入其独特的传统文化圈子。这个圈子就像一个受到政府特别保护的俱乐部，排斥外来人。老牌商人银行拉萨尔兄弟公司（Lazard Brothers）的董事长普尔爵士（Lord Poole），在被问及其做行长的成功秘密时一语道破："很简单，我只贷款给那些上过伊顿公学[1]的客户。"传统的钱商们的穿着打扮是伦敦的名片。银行高管们戴着高高的帽子，穿着浆过领子的衬衣在街上漫步，每逢周一则穿上软领衣服，暗示周末是在乡村俱乐部度过的。

欧洲美元市场带来的甜头吸引着更多美国的金融机构在伦敦城安营扎寨。美国金融机构不仅在业务方面渗透到曾经是伦敦商人银行的领地，并在市场上占据领先地位，还打造出一种新型商业文化。保守、封闭的英国俱乐部风格很快被激进、开放和竞争的文化所动摇。激烈的市场竞争加快了伦敦城的节奏：工作时间延长，悠闲的两小时正式午餐变成美式三明治快餐，长期的生意伙伴关系转为短期交易对手，君子协议被斗智斗勇的商业谈判替代，客户之间见面谈的不再是学校和社会关系，而是市场价格。

1　伊顿公学（Eton College），英国最著名的贵族中学，由亨利六世于1440年创办，以培养精英和绅士闻名。

欧洲美元市场需要不同于传统银行的专业人才，为了高价竞争欧洲美元市场专业人才，美国券商一反当地招聘行规，出手大方，以巨额奖金作为对这些市场化人才的回报。摩根大通银行甚至用保时捷和宝马车作诱饵，招聘25岁左右的外汇交易员。

由于那些从事欧洲美元业务的银行职员工资普遍偏高，媒体将这些人称为"欧洲美元银行家"。这些新型银行家工作时间长，竞争压力大，但表现好，银行对其的奖赏也出奇的高。30岁左右的年轻人可以拿到一年30多万美元的收入，按英国当时的薪酬标准，简直是天价。连一贯支持自由市场经济的撒切尔夫人在得知伦敦城的工资水平后也倒吸一口气。全球金融专业人才为伦敦城带来新气象。这群毕业于美国各大名校的年轻人，视野广阔、风华正茂、雄心勃勃，在欧洲美元这个不受监管的平台上，大显身手，推出从外汇、货币、债券、中长期信贷到衍生品市场等一连串令人眼花缭乱的创新，在实现自己梦想的同时，影响着全球金融市场的演变。

欧洲美元市场带来的新财富不仅推高了伦敦房价，也为这个城市带来奢华之风。美国券商竞争客户的方式五花八门，甚至不择手段，如在全球十大顶级私人俱乐部安娜贝尔会所（Annabel's Club）举办豪华晚宴，租火车带客户去伦敦的顶级英国花园布伦海姆宫（Blenheim Palace），到阿尔卑斯山滑雪，去乞力马扎罗山领略大自然的奇观，组织威尼斯豪华游、冰岛钓鱼之旅，以及坐着豪车出席考文特花园（Covent Garden）

举办的歌剧，这对于一直生活在保守文化中的伦敦人而言有一种说不出来的妒忌。

尽管如此，英国人还是感到庆幸，毕竟欧洲美元市场是伦敦城的救星，让其重新登上国际金融中心的宝座。

国际金融新机制

一些经济学家一直认为，欧洲美元是一个令人难以捉摸的幽灵，甚至在那些置身其中的银行家们的眼中，欧洲美元也是一个神秘的事物。人们一方面为这个价格完全由"看不见的手"驱动的自由市场感到欣喜，另一方面又对这个不受监管的资金市场感到担忧。自 1962 年以来，人们就担心欧洲美元市场将会是一个临时现象，如遇到全球经济衰退和美元贬值，这个市场很有可能会在顷刻间消失。而伴随着欧洲美元市场的壮大，人们又开始纠结这个市场为全球金融体系带来的风险，担心这个没有准备金限制、不受任何形式的监管、创造信用的能力毫无节制的"货币"，会增加各国汇率的动荡、输送通胀、破坏政府对货币和信贷总量的控制。一些经济学家认为，在某种意义上，发达国家的央行有可能成为欧洲美元的囚徒。另外，在欧洲美元这个资金的自由市场中，金融中介、借款人和贷款人之间建立了越来越多的隐形信用联系，让全球金融体系暴露在更加复杂的风险中。

尽管套利驱动的欧洲美元市场给新兴市场国家的金融稳定带来威胁、催生了资产泡沫，也为货币所属国政府在货币政策实施方面带来更多麻烦，加剧了短期资金市场的动荡，但欧洲美元创新在推动金融全球化方面的影响巨大而深远，也奠定了其在现代金融史上的重要地位。正如欧洲美元研究专家加里·伯恩（Gary Burn）所说："实际上，伦敦城银行家们的行为，是在有监管的国际银行体系中敲了一个洞，让资本流到海外，开始的雨滴最终成为一场风暴。欧洲美元资金池实现了资金在全球范围内的配置，解决了一时的资金供需矛盾。"在国际金融市场发育初期，一种发行国以外的国际货币行使着储备、支付、交易和投资等国际货币的各项功能，成为全球经济发展过程中的"及时雨"，在特定历史发展时期填补了英镑衰落和美元使用受限叠加期间出现的国际货币空白。还有一些银行家和经济学家认为，活跃的欧洲美元交易鼓励外国央行不急于将美元换成黄金，从而减轻了美国黄金的承兑压力。

欧洲美元市场在推动美元国际化方面功不可没。国际货币最重要的标志是在全球范围的交易、记账和储备，而实现这些功能的先决条件是货币发行国以外的居民与机构的广泛持有和使用。然而，一个国家货币的国际化远非一场运动所能实现，这是一个由市场驱动、长期渐进的演化过程，其中，在离岸市场中充当非居民之间的"媒介"是货币国际化的重要功能之一。英国监管当局为欧洲美元"开绿灯"的行为原本是想恢复伦敦的国际金融中心地位，却在客观上帮助美元成为一种国际货币在全球范围推广。

欧洲美元的崛起改变了国际金融的发展路径，在特定的历史时期，突破了市场封闭和分割的障碍，逐渐形成一个以伦敦城为核心、以离岸美元为媒介的国际金融新架构，将传统意义上由国际组织和政府主导的信贷与资金分配方式转变成以私人部门为核心的天地，减少了各种关系因素和政治色彩的影响。欧洲美元的短期货币市场通过改善资金流动性成为国际货币市场的基础；欧洲美元中长期债务市场，将资金富余的产油国及发达国家与资金短缺的发展中国家联系在一起，解决了石油冲击造成的全球范围的贸易失衡问题。

欧洲美元市场不仅为各国经济发展提供了更加多样化的资金渠道，也开启了跨国公司与金融机构的全球化账户管理：根据对国内外资金期限和成本的比较调配资金，从而实现资金效益的最大化，并利用同欧洲美元相关的衍生品管理投资组合风险。

欧洲美元市场的增长规模足以说明其在国际金融市场中举足轻重的地位。从国际清算银行 1963 年开始统计起，欧洲美元市场规模从最初的 90 亿美元增长到 1971 年的 540 亿美元；在 1970 年代，欧洲美元每年增长 25%；1971~1984 年期间，欧洲货币市场从 850 亿美元增长到 2.2 万亿美元；1979 年欧洲美元总规模据估至少可以和同期美国货币供应量（M1）相媲美；1988 年，各类欧洲美元总规模达到 4 万亿美元，超过了美国国内的存款市场。经过了几十年的演变，截至 2010 年年中，簿记在海外的美元仍保持在将近 4.9 万亿美元的规模。

名词解释

欧洲美元（Eurodollar）：1960 年代出现的金融词语，广义上讲，指的是在发行国辖区之外交易和使用的发行国货币，以美元为主。欧洲美元的特点是价格基本上由市场供需决定，尽管技术上欧洲美元仍在美国银行体系内，但并不受美联储的监管。

金本位（Gold Standard）：指一种货币体系，即一个国家的货币或纸币价值直接同黄金挂钩，承诺将纸币自由兑换成固定重量的黄金。

欧洲复兴计划（The European Recovery Program）：1948 年 3 月，美国国会通过的援助欧洲计划，由于该计划由时任美国国务卿乔治·马歇尔提出，也称为"马歇尔计划"（The Marshall Plan）。根据该计划，1948~1951 年，美国共援助欧洲 16 个国家 133 亿美元。该计划如同"及时雨"，解决了欧洲生活必需品和恢复生产及建设所需的一切设备和物资，不仅刺激了欧洲的经济复苏，更为美国公司带来更多生产合同和更多产品出口，推动了美国的经济增长。

《布雷顿森林协议》（The Bretton Woods Agreement）：44 个国家的代表于 1944 年 7 月在美国新英格兰地区的布雷顿森林举办的"联合国货币与金融会议"上，签署的有关货币和汇率方面的标志性协议。协议确立美元在战后国际货币体系中的中心地位，美元兑换黄金的固定比例为每盎司 35 美元，其他国家的货币通过美元与黄金挂钩。

欧洲美元存单（Eurodollar Certificate of Deposit and Note）：一种以欧洲美元为币种的货币市场工具。

欧洲债券（Eurobond）：指的是在美国以及其他货币发行国境外发行的债券，如以美元发行的称为欧洲美元债券（Eurodollar Bond），以日元发行的称为欧洲日元债券（Euroyen Bond）。

银团贷款（Syndication Loan）：直译为辛迪加贷款，指的是由一家或数家银行牵头、多家银行参与的银行集团提供的贷款。组织银团的主要目的是分散信用风险，让更多的贷款人共同承担可能发生的损失。

伦敦同业拆借利率（London Interbank Offered Rate, Libor）：全球性大银行之间短期无担保贷款利率，是全球各类资金价格的重要参考。

石油美元循环（Petro-dollar Recycling）：石油主要出口国靠出口原油获得的美元收入在国际资金市场的使用。

国际银行设施（International Banking Facility, IBF）：为阻止资金流向其他国家和地区的离岸中心，美联储于1981年12月3日批准设立该设施，允许美国或外国银行的美国分行设立单独账户，专向非美国居民和机构提供存贷款服务，可豁免美联储有关准备金的要求，并可享受所在州税收优惠待遇。

参考文献

A.C. Chester, "The International Bond Market", *Bank of England Quarterly Bulletin*, November, 1991.

Alec Cairncross and Barry Eichengreen, *Sterling in Decline: The Devaluations of 1931, 1949 and 1967*, Palgrave Macmillian, 2003.

Alfred E.Eckes, Jr., *A Search for Solvency: Bretton Woods and the International Monetary System, 1941-1971*, University of Texas Press, 1975.

Armand Van Dormael, *The Power of Money*, Palgrave Macmillan, 1997.

Atish R.Ghosh and Mahvash S.Qureshi, "What's In a Name? That Which We Call Capital Controls", IMF Working Paper, WP/16/25, February, 2016.

Barry Eichengreen and Marc Plandreau, "The Rise and Fall of the Dollar (or When did the Dollar Replace Sterling as the Leading Reserve Currency?), *European Review of Economic History*, Vol. 13, No. 3, Foreign Exchange Reserves and the International Monetary System, December, 2009.

Barry Eichengreen, "Sterling's Past, Dollar's Future: Historical Perspectives of Reserve Currency Competition", Working Paper 11336, National Bureau of Economic Research, 2005.

Benjamin J. Cohen, *Currency Power: Understanding Monetary Rivalry*, Princeton University Press, 2015.

Benn Steil, *The Battle of Bretton Woods: John Maynard Keynes, Harry*

Dexter White, and the Making of a New World Order, Princeton University Press, 2013.

Carry Burn, *The Re-Emergence of Global Finance*, Palgrave, Macmillion, 2006.

Catherine R. Schenk, "The Origins of the Eurodollar Market in London: 1955-1963", *Exploration in Economic History*, Article No.EH980693, 1998.

Catherine R.Schenk, *The Decline of Sterling: Managing the Retreat of an International Currency, 1945-1992*, Cambridge University Press, 2010.

Chris O'Malley, *Bonds without Borders: A History of the Eurobond Market*, Wiley, 2015.

Christopher J. Neely, "An Introduction to Capital Controls", *Federal Reserve Bank of St. Louis Review*, Nov.-Dec., 1999.

D.E. Moggridge, *British Monetary Policy 1924-1931: The Norman Conquest of $4.86*, Cambridge University Press, 1972.

David Goldman, "The Eurodollar Era Banking Crises Out", *EIR* Volume 9, No.1, Jan.5, 1982.

David Kynaston, *City of London: The History*, Vintage Books, 2012.

David S. Kidwell, et al., "Eurodollar Bonds: Alternative Financing for U.S. Companies", *Financial Management*, Vol. 14, No. 4 (Winter, 1985).

Dong He and Robert McCauley, "Offshore Markets for the domestic Currency: Monetary and Financial Stability Issues", BIS Working Paper 320, September, 2010.

Ernest Bloch, "Eurodollar: An Emerging International Money Market", *International Business Review*, Summer, 1966.

Francis J.Gavin, Gold, Dollars, and Power: *The Politics of International Monetary Relations, 1958-1971*, The University of North Carolina Press, 2004.

Fred H.Klopstock, "The Euro-Dollar Market: Some Unresolved Issues", Princeton University, Essays in International Finance No.65, March, 1968.

Gary Burn, "The State, the City and the Euromarkets", *Review of International Political Economy*, Vol. 6, No. 2 (Summer, 1999).

Geoffrey Bell, *The Euro-dollar Market and the International Financial System*, Wiley, 1973.

Gerald P.O'Driscoll Jr., "Toward A Global Monetary Order", *Cato Journal*, Vol.32, No.2, Spring/Summer, 2012.

Gino Cattani and Adrian E.Tschoegl, "An Evolutionary View of Internationalization: Chase Manhattan Bank, 1917 to 1996", The Wharton Financial Institution Center Working Paper, 02-37, 2002.

Gunter Dufey and Ian H. Giddy, "Innovation in the International Financial Markets", *Journal of International Business Studies,* Vol. 12, No. 2, Tenth AnniversarySpecial Issue. Supplement (Autumn, 1981).

Gunter Dufey, "Its Significance for International Financial Managements", *Journal of International Business Studies*, Vol.1, No.1, Papers of the Annual Meeting of Association for Education in International Business (Spring, 1970).

"Developments in the International Syndicated Loan Market in the

1980s", *Bank of England Quarterly Bulletin*, 1990, Q1.

James McBride, "Understanding Libor Scandal", CFR Backgrounders, Council on Foreign Relations, Oct. 12, 2016.

Jeffrey Frankel, "Internationalization of the RMB and Historical Precedents", *Journal of Economic Integration*, Vol. 27, No.3, September, 2012.

K. Alec Chrystul, "International Banking Facilities", Federal Reserve Bank of St.Louis, April, 1984.

K.Thomas Liaw, *The Business of Investment Banking*, John Wiley & Sons, Inc., 1999.

Kim, Y. and R. Stulz, "The Eurobond Market and Corporate Financial Policy: A Test of the Clientele Hypothesis", *Journal of Financial Economics,* 1988.

Kit Dawnay, "A History of Sterling", *Telegraph*, Oct. 8, 2001.

Lan M. Kerr, *A History of Eurobond Market: The First 21 Years*, Prentice-Hall, 1984.

Leonard W. Ascher, "Eurodollars to the Rescue", *Financial Analysts Journal*, Vol. 25, No. 4, Jul. - Aug., 1969.

Lord Cromer, "The UK Exchange Control: A Short History", *Bank of England, Quterly Bulletin*, 1967, Q3.

Marc D.Morris and John R.Walter, "Instrument of the Money Market: Chapter 4, Large Negotiable Certificate of Deposit", Federal Reserve Bank of Richmond, www.richmondfed.com.

Mark S. Mizruchi, Gerald F. Davis, "The Globalization of American Banking, 1962-1981", *The Sociology of the Economy*, 2003.

Martijn Konings, "The Institutional Foundations of US Structural Power in International Finance: From the Re-Emergence of Global Finance to the Monetarist Turn", *Review of International Political Economy*, Vol. 15, No. 1, Feb., 2008.

Martin Weale, "1300 Years of the Pound Sterling", *National Institute Economic Review*, No. 172, April, 2000.

Melchior Palyi, *The Twilight of Gold, 1914-1936: Myths and Realities*, H.Regnery Co., Jan.1, 1972.

Morris Mendelson, "The Eurobond and Capital Market Integration", *The Journal of Finance*, Vol. 27, No. 1, Mar., 1972.

Murray N.Rothbard, *A History of Money and Banking in the United States: The Colonial Era to World War Ⅱ* , Ludwig Von Mises Institute, 2002.

Niall Ferguson, *Siegmund Warburg, The City and the Financial Roots of European Integration*, Routledge, 2009.

Niall Ferguson, *High Financier: The Lives and Time of Siegmund Warburg*, Penguin Books, 2011.

Nomi Prins, *All the Presidents' Bankers: The Hidden Alliances that Drive American Power*, Nation Books, 2014.

P.J.Cain, A.G.Hopkins, *British Imperialism: Crisis and Deconstruction, 1914-1990*, United Kindom, Longman Group, 1993.

Paola Subacchi, "From Bretton Woods Onwards: the Birth and Rebirth of the World's Hegemon", *Cambridge Review of International Affairs*, Volume 21, Issue 3, 2008.

Patrick McGuire, "A Shift in London's Eurodollar Market", *BIS*

Quarterly Review, September, 2004.

Peter T.Kilborn, "Eurodollar Market Booming in London", *The New York Times*, Dec.25, 1976.

Phillip L.Zweig, Wriston, *Walter Wiston, Citibank, and the Rise and Fall of American Financial Supremacy*, Crown Publishers, Inc., 1995.

Ralph Atkins and Michael Stothard, "Eurobonds: A Change of Gear", *Financial Time*, July 1, 2013.

Ranald Michie, *The British Government and the City of London in the Twentieth Century*, Cambridge University Press, 2011.

Randall C.Merris and Larry R.Mote, "The Credit Restraint Program in Perspective", Federal Reserve Bank of Chicago.

Richard Herring and Thomas D. Willett, "The Capital Control Program and U. S. Investment Activity Abroad", *Southern Economic Journal*, Vol. 39, No. 1, Jul., 1972.

Robert C.Effors, "The Whys and Wherefores of Eurodollars", *The Business Lawyer*, Vol. 23, No. 3, April, 1968.

Role of Treasury, Office of Foreign Assets Control, U.S.Department of the Treasury, www.treasury.org.

Roy C.Smith and Ingo Water, *Global Banking*, Oxford University Press, 1997.

Roy F.Harrod, "The Pond Sterling", Essays in International Finance, Princeton University, No.13, February, 1952.

Saleh M.Nsouli, "Petrodollar Recycling And Global Imbalances", Paper Presented at the CESifo's International Spring Conference, Berlin, March 23-24, 2006.

Stefano Battilossi, "The Eurodollar Revolution Financial Technology:

Deregulation, Innovation and Structural Change in Western Banking in the 1960s-70s", Working Papers in Economic History, University Carlos Ⅲ Madrid, Nov., 2009.

Stephan Schulmeister, "Globalization without Global Money: The Role of the Dollar as National Currencyand World Currency", *Journal of Post Keynesian Economics*, Vol. 22, No. 3 (Spring, 2000).

T. J. Alien, "Developments in the International Syndicated Loan Market".

T.M.Podolski, *Financial Innovation and Money Supply*, Blackwell Publishing, 1986.

The George C.Marshall Foundation, "The Marshall Plan", www. marshallfoundation.org.

"Those Euro-Dollars", *Time*, Vol.80, Issue, Jul. 27, 1962.

Torsten Sadma and Roland Vaubel, *Explaining Monetary and Financial Innovation: The Emergence and Innovations of the Eurodollar Money and Bond Market*, Springer International Publishing, 2014.

Victor Argy, *Economic History: The Postwar International Money Crisis, An analysis*, Routledge, 2006.

William Brittain-Catlin, *Offshore: The Dark Side of the Global Economy*, Picador, 2006.

Youssef Cassis and Eric Bussiere, *London and Paris as International Financial Centers in the Twentieth Century*, Oxford Press, 2005.

第四章 | **不确定年代的金融创新**
——衍生品与投资工具

黄金窗口明天就要关闭，这简直就是人类的悲剧啊。

——《伯恩斯秘密日记：1969~1974》

（*The Secret Diary of Arthur Burns, 1969-1974*）

《布雷顿森林协议》带来的国际汇率和支付体系的新秩序，为战后世界经济持续、稳定增长提供了良好的基础。1950~1973 年，美国的真实 GDP 年均增长率保持在 3.7%，[1] 失业率控制在 5% 以下。约翰逊总统的经济顾问阿瑟·奥肯（Arthur Okun）欣喜地感叹，美国的经济扩张"无与伦比、前所未有、持续不断"，并认为："美国经济实现了同过去戏剧性的告别。"[2] 而稳定的资金和石油价格也确保了欧洲和日本等工业国家的重建。

　　正当西方学者普遍认为资本主义国家已经找到了"永久繁荣的钥匙"之时，形势发生戏剧性逆转。进入 1960 年代后期，经济生活中的新矛盾与传统金融机制之间的冲突在积聚了一定时间后，以一种不以人的意志为转移的方式爆发，终结了美国

1　Ronald E.Kutscher, "Historical Trends, 1950-1992, and Uncrrent Uncertainties", *Monthly Labour Review*, Nov., 1993, p.3.

2　Mark Thomton, "'The New Economists' and the Great Depression of the 1970s", mises. org, July 5, 2004.

长达二十多年经济增长的梦幻年代，世界从此进入不确定年代。

不确定年代主要体现为金融市场与大宗商品价格的动荡：宽松与紧缩交替的货币政策让资金价格起伏不定；而维系各国货币价值之间的固定关系在服役 27 年后夭折，世界从此失去"货币之锚"，导致汇率跌宕起伏；石油危机让西方国家赖以生存的油价如脱缰野马……突如其来的市场风险让传统的金融手段相形见绌，一系列以规避市场风险为主要目的的金融工具相继问世，成为应对不确定年代的"避风港"。

布雷顿森林体系解体

布雷顿森林体系最大的缺陷是缺乏灵活调节各国国际收支失衡的机制。美国经济学家罗伯特·特里芬（Robert Triffin）作为战后国际货币体系辩论中的重要人物，在其 1960 年出版的《黄金与美元危机》一书中，揭示了国际货币体系的稳定性和国内经济决策的独立性之间的基本矛盾。他认为，从美国流出的美元不断积累，对美国来说属于长期贸易逆差，而要想保持美元币值不贬值则需要保持顺差，这是一个明显的两难困境。一旦外部美元总量超出美国的黄金储备量，美元换黄金的承诺就将受到质疑。

1960 年代后期，战后世界经济力量发生的变化打破了国际收支平衡。美国由战后的大规模贸易盈余转为赤字，英国和法国也由于实施凯恩斯倡导的刺激经济政策，出现了长期的国际收支赤字，而德国、日本逐渐从战争阴影中走出，凭借工业实力和对物价及预算的有效管控，在国际舞台上逐渐展现出强大的竞争力，国际支付也出现了超额盈余。这样一来，美元和英镑的颓势与德国马克和日元的崛起形成强烈反差，战后精心设计的布雷顿森林体系面临巨大威胁。

预算与收支双赤字

在布雷顿森林体系中，美国的财政预算对平衡国际收支至关重要，支撑着美元与黄金的固定比值。进入 1960 年代，维系全球经济秩序的平衡被打破。

其间，美国打响了两场"战争"：一场是对内推出的"伟大社会计划"（The Great Society Program），另一场是对外发起的冷战（The Cold War）。"伟大社会计划"是向贫困宣战，而冷战则是一场针对共产主义阵营的意识形态较量。两场战争均让美国付出沉重的代价，成为动摇布雷顿森林体系的源头。

"伟大社会计划"提出的背景是美国社会出现严重的贫富分化和不平等问题。正当美国陶醉在经济繁荣的梦幻之时，美国社会学家迈克尔·哈灵顿（Michael Harrington）在一本名为《另一个美国：美国的贫困》[1]（*The Other America:Poverty in the United States*）的畅销书中，披露了一个令人瞠目结舌

1　Michael Harrington, *The Other America:Poverty in the United States*, Macmillian, 1962.

的事实，即在美国社会繁荣的背后存在着严重的贫困现象。这本被《时代周刊》列为 20 世纪全球十大最有影响力的非虚构类读物，经过媒体的传播，在社会上产生了深远的影响。繁荣的经济并未给所有美国人带来福音，而是制造出新的不平等，如何消除贫困成为 1960 年代初美国社会的热门话题。

《另一个美国：美国的贫困》反映的社会现实影响了满怀理想主义的肯尼迪总统。作为职业政治家，最大的梦想往往是做出一些改变社会的政绩。肯尼迪于 1963 年在位期间，推出雄心勃勃的"反贫困计划"，采取的行动就是增加政府在社会各个领域的预算，改善更多美国人的生活水平。肯尼迪遇刺后，接任的林登·约翰逊（Lyndon Baines Johnson）为了讨好选民，在延续肯尼迪留下的政治遗产的基础上，描绘出一幅更加美好的未来。约翰逊总统借用了英国政治思想家格雷厄姆·沃拉斯所著的《伟大社会》一书的书名作为其施政纲领的主题词，并于 1964 年 5 月 7 日在俄亥俄大学的讲演中首次使用，提出"建立一个所有孩子都有饭吃、都有学上的社会；一个消除种族主义和不公正恶魔的社会，最重要的是建立一个公平、公正、机会均等的社会"[1]。5 月 22 日在密歇根大学的演讲中，约翰逊又详细阐述了他那富有理想主义色彩的"伟大社会"的构想。简而言之，伟大社会的首要任务就是消除贫困进而追求共同富裕，因为这是一件关乎国家命运的大事。

1　Lyndon B.Johnson, "Remarks in Athens at Ohio University", May 7, 1964.

约翰逊充分利用肯尼迪之死引发的公众情绪，加上其卓越的沟通技巧，以压倒性多数选票顺利当选美国总统。约翰逊认为实现人人富裕、自由平等的核心是大政府，政府是社会、经济等所有问题的终结者。他上台后的首要任务就是集结国家的人力和财力，将肯尼迪在位期间提出的一大批社会计划付诸实施，试图解决 1960 年代中期以来美国在教育、医疗、城乡和交通等方面存在的一系列最重要也是最复杂的问题。约翰逊总统任期内先后推出《1964 年经济机会法案》（Economic Opportunity Act of 1964）以及 60 多项教育法案，联邦政府据此创建了"经济机会办公室"，监督以社区为单位的"反贫困计划"的实施。联邦政府的一系列措施还包括资助人文艺术、城市美化、环境保护、改变落后地区面貌、管控犯罪以及老年人医保等。[1]

从统计数字上看，这场充满理想主义色彩的社会改革计划取得了可喜的成绩，贫困线以下人口比例从 1967 年的 26% 下降到 2012 年的 12.6%[2]，数百万家庭受益于该计划而得到住房。"伟大社会计划"是美国自罗斯福"新政"推出以来最雄心勃勃也最有争议的大规模社会改革计划，罗斯福"新政"推出的背景是经济全面衰退、百废待兴，而约翰逊"伟大社会计划"的出台背景是美国已经步入富裕社会。

1　LBJ: Biography, LBJ Presidential Library, www. lbjlibrary.com.

2　Christopher Wimer et al., "Trends in Poverty with an Anchored Supplemental Poverty Measure", Columbia Population Research Center, December 5, 2013.

但光鲜成绩单的背后是账单黑洞：第一个"反贫困计划"耗资 300 亿美元，另外一项相关计划又花掉了 300 多亿美元。"反贫困计划"的资金全部来自联邦政府，这让美国政府的预算压力重重。政治家们无限的政治抱负与有限的政府财力始终是一对矛盾，理想主义终究要面对现实带来的挑战。

美国政府的第二个战场是冷战，同"伟大社会计划"一样耗尽了美国的账户盈余。"二战"结束后，苏联凭借工业基础优势，并通过在政治上控制东欧国家，形成共产主义阵营，同以美国为首的西方资本主义阵营展开了一场长期的冷战。这是一场双方都输不起的意识形态的较量。

苏联于 1957 年 10 月将第一颗人造卫星送入太空轨道，成为冷战的转折点。美国人认为，苏联既然可以将卫星送入太空，那么将原子弹发射到美国也不是一件难事。人造卫星让苏联在冷战的太空竞赛中赢得先机，给美国人心理上造成的恐惧与不安远远胜过硝烟弥漫的战场。当时的美国，从政客到富人都极度恐惧世界范围内如火如荼的马克思主义实践。美国一些大学出现《共产党宣言》的传播后，警察立即组建特别突击队，对校园施行监督，防止那些寻求新思想的激进学生们闹事，甚至一旦听到有人提起布尔什维克的字眼都会如临大敌。

为了在冷战中占上风，美国政府在 1963 年后的 10 年间，每年用于研发宇宙空间技术方面的花费将近 50 亿美元，并始终将军费开支保持在占国民预算 40% 的比例。而追求实现科技领先地位更多的则是为了在冷战中起到威慑作用。

越南战争是一场美苏两大意识形态阵营之间激烈较量的延续，是冷战中的热战。肯尼迪在就职演说中发誓，要不惜一切代价，克服一切困难，支持一切朋友，打击一切敌人，确保自由的存活和成功。约翰逊接过肯尼迪的旗帜，将越战升级，派往越南的人数从 1961 年的 2000 人上升到 1964 年的 16500 人。约翰逊想通过加大飞机轰炸力度的方式实现速战速决，但这与其说是靠精良的武器，不如说是靠钱。打仗需要钱，而资助越战的钱不是来自税收，而是依靠借款。根据美国国会研究服务局的统计，以 2011 财政年度为准，扣除通胀因素，美国在 1965~1975 年的越南战争中的军事总支出高达 7380 亿美元。[1]

约翰逊的"伟大社会计划"耗费了联邦政府巨额的财政资金，应对冷战的支出更是让联邦政府的预算捉襟见肘。约翰逊曾对给他写自传的作者说："我想成为战争领袖，也想成为和平领袖，两个都要，我相信美国有充足的资源满足这两个计划。"但这只不过是他的一厢情愿。

在税收没有增加的情况下，联邦政府庞大支出的背后是货币供应量的剧增，造成社会物价的总体上涨。1965 年美国的通胀率只有 1.59%，到了 1968 年增加到 4.27%。1969 年 4 月，

---

1 Stephen Daggett, "Costs of Major U.S. Wars", Congressional Research Service, 7-5700, June 29, 2010, p.2.

美联储采取自 1920 年代以来少见的紧急措施给经济刹车：一方面提高银行准备金率，另一方面将贴现率提高到 6%。尽管美联储的措施让经济增长速度出现急剧放缓，但通胀仍呈上升态势。1969 年中期，优惠利率创下历史新高，达到 8.5%。社会上的钱越来越多，推动了更多的支出和进口。1971 年春天的贸易数据显示，美国自 1945 年以来首次出现了进口多于出口的局面。

约翰逊政府庞大的消除贫困计划并未消除贫富差距的根源，高昂的战争支出也未达到预期结果，反而造成预算和国际收支双赤字，为美元与黄金固定比价的可信度蒙上阴影。

黄金保卫战

布雷顿森林体系稳定的前提是其他国家通过在各自官方储备中积累美元，为美国的赤字埋单，而美国必须保持允许外国央行随时将所持有的美元兑换为黄金的承诺。因此，为了保持承诺，美国必须拥有充足的黄金储备。

作为一个主权货币，美元之所以能够担当国际货币角色，凭借的是"二战"结束时美国拥有全球一半的官方黄金储备，使得各国可以按固定价格用美元换黄金，让布雷顿森林体系完美地起到稳定汇率的作用。伴随着战后经济的恢复，各国国际贸易和外汇储备均出现大幅度增长，大部分西欧国家政府于 1958 年开始放松外汇管制，实现经常账户的自由兑换，这样一来，海外美元资产与美国的黄金储备之间的缺口与日俱增。

由于黄金的发现与采掘同市场需求之间存在着周期性滞后，黄金短缺直接引发了美元持有者的恐慌，也就是说，如果持有的美元不一定能够换到黄金，各国之间的承诺则很容易被打破。1960年，由于美国的通胀有进一步扩大的趋势，市场上已经出现黄金价格偏低而美元比价偏高的预期。考虑到黄金与美元比价的调整迟早要发生，投机商们率先行动，在市场上抢购黄金，将黄金价格推向每盎司40美元。

黄金市场大幅度涨价会不可避免地导致套利交易，从而出现对美国黄金储备的挤兑，此时，国际社会必须采取行动稳定黄金每盎司35美元的官方比价。1961年11月1日，美国政府同德国、英国、意大利、法国、瑞士、荷兰、比利时等国政府达成共识，决定成立国际联合体，将黄金储备聚集在一起建立一个"黄金池"（Gold Pool），其中美国提供59%的黄金，其余部分由上述7家欧洲央行按各国具体情况分摊。成员行通过在伦敦黄金市场有针对性地买进卖出，维持黄金价格的稳定，从而起到保护美元汇率的作用。具体操作是如果黄金价格涨到35.20美元，成员行在市场上卖出黄金，将价格拉回到35美元，如果黄金价格跌到35美元以下，成员行买入黄金，将价格保持在35美元。"黄金池"的最终目的还是维持布雷顿森林协议下的国际金融秩序。

"黄金池"在推出的初期运行还算平稳，但从1965年开始，平衡伦敦"黄金池"的难度越来越大。眼看美元贬值已成为定局，黄金同美元的固定比价早已不真实，存在着巨大的套利空间，囤积黄金成为投机商眼中千载难逢的暴利机会。黄金市场也由此经历了一轮又一轮的挤兑浪潮。1967 年英镑贬值引发投机商攻击黄金市场的一波高潮，紧接着，1968 年 3 月 14 日，在各种不利因素的影响下，黄金市场再次爆发大规模投机性挤兑。为了捍卫黄金价格稳定，"黄金池"成员国当天就出售了价值 4 亿美元的黄金。[1]《时代》周刊对这场黄金危机的表述是："这是史上最大的黄金抢购潮，这场投机性疯抢已经威胁到西方社会的安全。"[2]

1968 年这场突如其来的黄金挤兑潮，尽管没有造成黄金价格的大幅度上扬，但严重影响了"黄金池"成员国的黄金储备。自 1960 年 11 月以来，"黄金池"国家已累计在市场上出售了价值 30 亿美元的黄金。形势紧急，"黄金池"国家被迫在华盛顿举行的会议上做出决定：自 1968 年 3 月 17 日起，实施黄金双轨制，也就是说成员国之间仍以每盎司 35 美元的固定价格交易黄金，而黄金公开市场价格则由市场供需自行决定，成员国不再向公开市场出售黄金。

随着双轨制的实施，黄金公开市场出现异常火爆的局面。到了 1969 年 1 月 21 日，黄金价格一度跳到每盎司 42 美元。由于黄金生产大国南非对产量的承诺，黄金与美元的比价才又于 1969 年底拉回到每盎司 35 美元。

---

1 Robert M.Collins, "The Economic Crisis of 1968 and the Waning of the American Century", *The American Historical Review*, Vol.101, No.2 (April, 1996), p.408.

2 "Gold at the Point of Panic", *Time*, March 22, 1968.

自从黄金公开市场价格完全放开后，西方政府要员们每时每刻都在忐忑不安地关注着黄金价格的变化，担心美元随时有可能换不来黄金。各国政府外汇储备中主要包括黄金、美元和一些国债。在 1960 年代前，由于相比黄金，美元交易成本低，而且还可以生息，各国央行愿意持有更多美元。当大家开始怀疑美元贬值后，持有黄金成为更为稳妥的选择。由于法国在戴高乐（Charles de Gaulle）将军的领导下，通过紧缩计划储备了大量黄金，因而多次提出国际货币体系改革，要求回到金本位制。

　　法国预感到美国毫无诚意解决收支赤字，通胀迟早会降临，自 1962 年起，就开始未雨绸缪，陆续用美元换黄金。1968 年，法国不仅退出伦敦"黄金池"联合体，还将价值 30 亿美元的黄金从纽约运回巴黎。1969 年 2 月 4 日，法国总统戴高乐再次站出来，指责美国作为世界央行的不负责任，还指出美元作为国际储备货币的不公平，建议恢复黄金作为国际金融支柱。随后，法国又将重达 350 吨、价值 4 亿美元、足足有 25900 根的金条从纽约转运到法国，同时呼吁其他国家政府将美元换成黄金，存放在巴黎。

　　法国的举动进一步增加了市场上的紧张气氛，让更多持有美元资产的国家不仅发出疑问，美元同黄金的比价还能维持多久？欧洲很多国家政府早已对美国的善意忽略态度不满，但又不直接挑明，为了稳妥起见，趁政府通道还没有关闭，也都采取不同策略，加速用美元换黄金。1961~1969 年期间，外国投资者和政府共从美国兑现了总价值 70 亿美元的黄金，占美国黄金储备的 40%。截至 1970 年，美国的金库仅剩下价值 145 亿美元的黄金，而其对应的是国外持有的 157 亿美元的要求权，也就是说，这些国家随时保留将这些美元按固定比价兑换成黄金的权利。然而这一切还仅仅是开始：1971 年 4 月，德国用美元换走价值 30 亿美元的黄金；7 月，瑞士赎回价值 5000 万美元的黄金；一个月后，英国政府强烈要求美国政府允许其兑换价值 30 亿美元的黄金，这笔黄金交易相当于英国在美国全部的外汇储备。

黄金市场双轨制进一步增添投资者对美元稳定性的担忧。为了维持固定汇率体系，国际社会曾采取一系列解救措施，如国际货币基金花了 5 年的时间，于 1969 年创建了国际储备资产新概念——特别提款权（Special Drawing Rights，SDRs），一种国际储备货币记账单位，也称为"纸黄金"，它是"一揽子"国际货币的加权平均，用于解决国与国之间的债务支付，保护有限的黄金储备。然而，美国、法国和德国对此都持保留意见：美国担心会加速美元贬值，法国反对人为支持美元，德国担心引发通胀。结果，特别提款权只发行 30 亿美元，对于解决美元负债与黄金储备之间的失衡杯水车薪。

德国马克浮动成为触点

针对黄金市场发生的危机，美联储公开市场委员会的备忘录这样写道："国际金融体系正出现自 1931 年以来最严重的危机，黄金市场上刮起的投机飓风很可能会在外汇市场重现。"[1]不出所料，由于固定汇率没有及时反映经济力量的变化，黄金市场的挤兑很快就影响到外汇市场。

布雷顿森林体系是多方达成共识的结果，其瓦解也是多方互动的结果，维系汇率平价本是国与国之间的事。美元走衰只是其中一个因素，瓦解这个体系还需要其他的离心力。同美元相比，欧洲一些国家的币值存在明显的低估，如果想保持汇率平价不变，成员国之间需要做出相应的调整，从根本上改善各自国内财政和货币现状，而这是任何一个国家都不愿意做的事。由于欧洲和日本等国的"斤斤计较"，成员国之间无法就汇率问题达成共识。

最终联邦德国政府的行动成为撼动布雷顿森林体系的触点。德国的经济增长同其贸易伙伴美国、英国和法国形成鲜明对比。1967~1968年，德国经济增长初见成效，出口盈余打破纪录，截至1971年3月初，联邦德国外汇储备超过美国，跃居世界第一。具有讽刺意味的是，联邦德国政府对稳定增长的追求在满足了本国战略目标的同时，却成为全球固定汇率体系中的不稳定因素。

德国各界人士就马克汇率低估问题展开了激烈的辩论。一些经济学家认为，如果继续保持同美元的平价，美国和其

1　"Memorandum of Discussion, Federal Open Market Committee", Federal Reserve Bank, March 14, 1968.

他贸易伙伴国家出现的通胀会给联邦德国带来麻烦。其新成立的经济顾问委员会在第一份年报中，特别强调了这一尴尬的事实，立即引发保守党政府、商界和出口业工会的恐慌。联邦德国从政府到公众都对通胀充满恐惧。上一代人对1920年代超级通胀中的惨痛经历仍记忆犹新。正当各党派和经济学家争论不下、对汇率调整各持己见之际，德国的议会选举成为左右汇率调节的关键因素。选民最大的心愿就是货币稳定，出口商们更是希望延续从德国马克被低估的汇率中获益，为了迎合选民们的意愿，政府拒绝马克升值。

政府犹豫不决的态度迅速反映到外汇市场。投机商确信经济高增长国家与衰退国家之间的固定汇率关系很快会发生变化，单边赌的风险越来越小，并认为这是以固定汇率买入德国马克的最后机会。热炒德国马克成为布雷顿森林体系瓦解的前奏。

交易员们于1968年11月就开始大规模买入马克，在三周的时间里，德国央行外汇储备增加了94亿德国马克，挪威甚至出现流动性枯竭。1969年9月，投资者囤积在德国的资金都在等待结果。正当社会舆论谴责投机商的不道德行为时，企业为了各自利益迅速采取行动：外国公司提前支付德国订单；德国公司则延迟外部支付。大选前的最后几天，对马克升值的猜测变成真正疯狂的投机。来自投机商与普通民众的热钱以令人吃惊的速度涌入联邦德国，交易员们争先恐后用美元和法郎换德国马克，造成其同美元比价迅速升值8.5%。

离大选仅剩 4 天时，德国政府为了防止意外，被迫关闭外汇市场。选举结果并未让局势明朗化。9 月 29 日，外汇市场重新开门，由于仍有太多投资者用美元换德国马克，几小时后不得不再次关门。最终，德国央行干脆放弃市场干预，尝试马克汇率临时浮动。10 月的前几周，德国马克兑美元升值 6%，除了引发贸易伙伴的反对声外，并没有出现大规模外资涌入德国的局面。

德国联合政府于 1969 年 10 月 24 日的新内阁第一次会议上，决定将马克与美元的比价直接再调高 9.3% 并希望近期不再调整。这一决定对热钱的流入起到了一定的缓解作用，但却没有解决根本问题。

1971 年 5 月，眼看美元贬值已成定局，更多持有大量美元的公司、银行和其他机构再次掀起抢购德国马克的热潮。德国央行为了不让本国货币同美元比价过高，被迫干预外汇市场，并于 1971 年 5 月 4 日这一天买入 10 亿美元，试图降低市场对德国马克的强烈需求。然而，德国央行的行动并未成功抑制市场上对美元持续上升的悲观情绪。5 月 5 日交易开始后的一个小时里，市场上对德国马克的需求近乎疯狂，德国央行不得已再次购入 10 亿美元，仍无济于事。此时，德国央行的美元储备相比 1969 年增加了一倍。由于害怕手中持有过多贬值美元，德国央行随后放弃操作，拒绝以先前的比价兑换美元，将德国马克的汇率交给市场，让德国马克自由浮动。

德国央行撤出布雷顿森林体系的行动立即在外汇市场上

引起轰动。瑞士、奥地利、日本等货币币值低估国家争先恐后地跟随。货币投机商预计美元贬值已成定局，开始大炒美元同法郎和日元等货币之间可能发生的汇率变化。此外，从央行、机构到个人，几乎所有美元持有者都迫不及待将美元换成其他货币以求稳定。一些欧洲国家的央行为此临时关闭了本国的外汇市场，导致正在欧洲旅游的一些美国游客到银行换钱时遭拒，因为银行不知道此时的美元到底值多少钱。

历史性的宣布

德国政府浮动汇率的决定，打破了布雷顿森林体系的均衡，也给了美国摆脱固定汇率体系的充足理由。

1969年1月20日，尼克松总统就职典礼那一天阴云密布，显得有些凄凉，似乎预示着不祥的兆头，大家都感觉这位新总统正坐在"火药箱"上。但此时尼克松的脸上仍掩饰不住当选后的得意。时任尼克松顾问亚瑟·伯恩斯在日记中写道："尼克松极度兴奋，这不是我所能分享的感觉，他倒不如把头低下，身体颤抖一些，反而让人感觉更正常。"[1]

大家的担心不无道理，尼克松接手了一个烂摊子，两件改变现代金融进程的大事正在等待着他果断做出决策：一个是约翰逊在任期间的赤字政策造成美国经济过热，导致通胀抬头；一个是赤字与通胀威胁到美元与黄金的固定价格，直

---

1 *"The Secret Diary of Arthur Burns"*, p.2.

接动摇着维系布雷顿森林体系平衡的基石。全球所有的法币都是不同国家政府的主要政策工具，不存在绝对自由的国际货币。在本国政治、经济利益与国际货币体系冲突时，各国政府都选择了本国优先的做法，美国也不例外。

在这样一个危机四伏的时刻，尼克松同时面临着货币利率、汇率和资本外流等多方面的政策抉择，其本人对经济政策并不感兴趣，手下的一批大牌经济学家们也未能让他对经济的认识有多大提高。他关注经济的目的主要是为政治服务，也就是能否在 1972 年顺利连任总统。尽管国际货币体系的解体迫在眉睫，但在尼克松的眼中，国内糟糕的经济表现才是影响其选民支持率的最大威胁。进入 1970 年代，美国经济增长开始下降，失业率上升，有工作能力的成年人失业率从 3.5% 上升到 6%，解决失业率成为尼克松的首要任务。

关键时刻需要关键人物力挽狂澜。约翰·康纳利（John Connally）漂亮的简历成为尼克松的理想人选：一个佃农的儿子成长为"二战"海军受嘉奖的军官；肯尼迪任期内做过海军作战部部长，1963 至 1969 年间，连任三届得州州长。最引人注目的是，1963 年 11 月 22 日，肯尼迪总统在达拉斯遇刺，他也在总统车队中受伤。尼克松对这位来自得克萨斯州的"政治新星"非常欣赏，尤其喜欢他出色的口才、自信的形象和直截了当的做事风格，这些个性正是尼克松本人所欠缺的。另外，康纳利高高的个子，一表人才，具有男人的魅力，全身充满着能量。尼克松毫不犹豫地任命他为财长，并把解决经济问题的重任交到他手里。

其实，康纳利的确是一位出类拔萃、手段高超的政治家，只是不太适合做财长。他既不是经济学家也不是银行家，上任后采取的高度扩张的财政预算完全是为了满足尼克松振兴经济的要求，为经济打了一剂"强心针"。尼克松政府内部有人对财政扩张与货币宽松政策提出过质疑，建议其考虑担负国际经济稳定责任的美国需要紧缩开支和控制通胀。尼克松对这些建议很气愤，坚决反对放慢经济发展速度，他对经济衰退有先天的抵触。尼克松清楚地记得，1960 年总统大选中在势均力敌的情况下其败给肯尼迪的那一幕，认为那正是美联储以增加失业为代价保卫美元的相关政策造成的。事关个人的政治前途，尼克松根本不想得罪选民，宁可放弃美国应尽的国际义务，也要维护美国自身利益。康纳利的财政扩张连同美联储的"印钞机"一起让美国经济有了起色，而且时机恰好出现在总统选举的关键时刻。

面对国际货币体系危机，康纳利对外表现出的强硬态度让尼克松满心欢喜，却让欧洲和日本对美国解决美元问题的前景越发失望。另外，欧洲、日本与美国之间因缺少共识而在很多问题上斤斤计较、互不让步，贸易战、汇率战一触即发，美国的黄金储备面临枯竭的危险。尼克松完全没有料到货币形势恶化得如此糟糕，随即在戴维营召开的秘密协商会议中做出了震惊世界的决策。

1971 年 8 月 15 日是现代金融史上最重要的时刻。尼克松在发表周日电视讲话中，一脸严肃地正式向公众宣布，为了美国人民的利益最大化，即日起关闭黄金窗口，切断黄金与美元的联系，停止外国政府用美元换黄金，黄金不再作为美元的后盾。这意味着美国单方面废除了由 44 个国家共同商议的布雷顿森林体系的固定汇率制，从此不再恪守美元兑换黄金的国际承诺。为了减少潜在的通胀影响，尼克松还决定冻结工资和物价 90 天。另外，美国还对进口商品征收 10% 的附加税，直到美国贸易伙伴同意将本国货币与美元的比价调整到让美国满意为止。一直反对尼克松做法的伯恩斯在日记中感叹道："这简直就是人类的悲剧啊。"

　　政治领导力的艺术在于将危机变为优势，将不幸变为收益，尼克松就是这样一位政客。他将美国放弃国际承诺这样一件重大违约事件的责任，统统推给货币投机商和其他国家不公正的汇率政策，只字不提美国的政策失误，将美元的落败背信这一耻辱的事实粉饰成美国政客狂妄自大的"爱国行为"，就这样完成了美元从固定汇率到浮动汇率的"华丽转身"。

　　经过一段时期的调整，由于没有其他国际货币可以替代，加上美国金融市场在深度和流动性方面，特别是在资产定价方面的先天优势，以及国际货币使用方面的"路径依赖"，各国政府的外汇储备并未放弃美元，1977 年，国际储备中美元仍占据着近 80% 的份额。不知不觉中，在没有黄金的支持下，全球仍以美元作为国际货币，这样一来，一个纯粹由政府信用背书的国际货币就这样诞生了。

汇率驶向没有航标的水域

尽管早在 1953 年，经济学家弗里德曼就开始主张实行浮动汇率，但无论是政府还是银行家都不愿冒这个险，大家都不知道浮动汇率将对传统经济格局产生多大的震动。尼克松那番不同寻常的电视讲话对金融市场来说犹如一枚重磅炸弹。长达二十多年的固定汇率制失灵后，金融市场失去了美元 - 金本位的锚，结束一种金融机制所引发的市场混乱超乎预料。美国人突然发现原本至高无上的美元遭到交易员们的抛弃。随着本国货币摇摆不定，联邦德国和日本等货币币值低估国家的出口商竞争优势风光不再。从 1971 年三季度开始，投机商对外国央行展开一波又一波攻击，[1] 迫使一些国家对跨境资金流动筑起护栏。

为了稳定币值，美国于 1971 年 12 月在华盛顿特区的史密森学会召集西方十国集团商讨美元兑黄金，以及其他货币兑美元的比价，设想重建一个新的准布雷顿森林体系，称之为《史密森协议》（Smithsonian Agreement）[2]，具体来说，美国

1　Peter M.Garber, "The Collapse of the Bretton Woods Fixed Exchange Rate System", *A Retrospective on the Bretton Woods System:Lessons for International Monetary Reform*, ed. Michael D.Bordo and Barry Eichengreen, University of Chivago Press, 1993, pp. 461-494.

2　协议在史密森学会签署，故取名史密森协议。这是美国唯一一家由政府资助、半官方性质的博物馆机构，由英国科学家詹姆斯·史密森（James Smithsonian）遗赠捐款，根据美国国会法令于 1846 年创建于美国首都华盛顿。

同意将美元与黄金比价调整为每盎司38美元，美元对世界主要货币平均贬值10%，其他国家相应重估同美元的比价，非储备货币兑美元的波动幅度由 ±1% 调整为 ±2.25%。美国为此做出的让步是取消临时进口附加税。《史密森协议》是西方各国为了维护固定汇率制做出的最后尝试。

尽管各国政府将同美元的汇率平均上调7.9%，但由于美国国内仍在推行货币和财政扩张政策，没有解决汇率机制中的根本问题。最终，所有发达国家政府先后放弃了同美元挂钩的努力。自浮动汇率实施以来，全球外汇市场就一直处于跌宕起伏中，时刻面临供需平衡的考验，以及投机商频繁的骚扰。1971年初至1973年中，美元对西方主要货币大幅度贬值。除英镑外，美元同德国马克以及瑞士法郎的比值均下跌30%以上，同日本、法国、比利时、荷兰和瑞典等国货币比值均下跌20%以上。

布雷顿森林体系崩溃后，国际货币基金组织成员自由选择汇率安排，世界由此进入浮动汇率时代。世界主要货币每天根据市场供需、国内政策和产品市场等各种复杂因素浮动，犹如在没有航标的水域中航行。

油价与通胀齐飞

布雷顿森林体系终结后，除了外汇市场的震荡外，最大的事件就是石油价格的大幅度上调以及愈演愈烈的全球性通胀。

经过欧佩克于1974年和1979年两次调价，原油美元的年平均价格由 1970 年的每桶 3.39 美元猛蹿到 1980 年初的 37.42 美元。如此重要的能源商品突然提价对全球经济产生的巨大影响不言而喻。欧佩克为何突然大幅度提价？

地缘政治是主要原因之一。早在 1960 年，主要石油生产国伊朗、伊拉克、科威特、沙特阿拉伯和委内瑞拉，意识到西方国家对石油的过度依赖，组成石油输出国组织——欧佩克，控制石油供应和价格，也扮演着政治集团的角色。1973 年秋，以色列同阿拉伯邻国交战。欧佩克用石油作为武器，报复那些支持以色列的西方国家，先后采取了提高油价、减产和石油禁运等措施。

然而，石油提价背后的深层次原因还在于汇率浮动后导致的美元贬值。从产油国角度考虑，石油价格在过去三十多年里没有大的变化，一直落后于通胀。自从石油合约以美元定价后，油价同美元紧紧捆绑在一起。进入 1970 年代，伴随着美元的贬值，油价同黄金价格相比早已变得不真实。正如科威特石油部长 1973 年所说：如果卖石油换来的是没有担保的纸币，生产这么多石油又有什么用呢？欧佩克大幅度提价的目的就是想将油价拉回到以黄金计价的水平。

石油是西方工业国家的经济命脉，在当时那些发达工业国家的能源供应中占一半以上，工业发展严重依赖石油。油价上涨成为引发通胀最重要的推力。突如其来的油价大涨影响到同石油相关的所有行业。此外，受美元汇率下跌以及市场需求的影响，1971~1973 年，铜、橡胶等工业原材料价格轮番上涨。恰在这时，受恶劣天气的影响，全球可可、咖啡等农产品价格翻番。生产商迅速将原料涨价转嫁给消费者。1974年，美国的面包、土豆和咖啡价格上涨1/4，大米价格上涨2/3，糖价上涨一倍。经合组织成员国消费品的价格涨幅近10%。

值得一提的是，尼克松为了连任总统，提出了"宁要通胀也不要失业"的口号。美联储主席伯恩斯根据尼克松要求推出扩张型货币政策，加速印钞。1970~1973年，美国的货币供应量增长40%，为早已炽热的消费和投资火上浇油，导致通胀这只猛虎难以阻挡。

1979年8月6日，卡特总统任命当时的美联储主席沃尔克作救火队长，主要任务就是抗击通胀。10月6日，美联储批准了沃尔克为抑制通胀下的猛药。一改前几年在利率政策方面的举棋不定，沃尔克的猛药就是冒着经济衰退的风险，大幅度提高利率和紧缩信贷。美联储为了抑制商业银行的放款，将贴现率逐渐调高到13%，随后，美联储公开市场委员会将联邦利率提高到20%。在此影响下，商业银行将优质客户贷款利率调高到21.5%的历史新高。为此，沃尔克饱受攻击。

里根总统上任后，同样迫切需要一位强有力的美联储主席，但可用的人选仍极为有限。而沃尔克丰富的经历让竞争对手望而生畏：普林斯顿大学攻读本科，哈佛大学研究生毕业，曾是伦敦经济学院的访问学者，先后在纽联储、大通曼哈顿银行、财政部任职，既有在商业银行工作的微观经验，又有在政府部门服务的宏观视野，还参与过应对布雷顿森林体系解体和美元危机等国家重大经济事件，留任美联储主席毫无悬念。

在里根总统就任期间，沃尔克凭借着非凡的勇气与执着，实施了前所未有的货币紧缩政策，硬是将通胀率从 1981 年顶峰时期的 13.5% 降到 1983 年的 3.2%，这也是美联储有史以来最成功的一次操作。当通胀率下降后，沃尔克又及时实施宽松货币政策，各项利率相继回落。通胀被制服了，然而，金融价格大起大落对金融市场产生的影响才刚刚开始。

金融衍生品大爆发

汇率、利率价格的大幅度波动像一股又一股强烈的冲击波，震荡着脆弱的金融市场，打破了国际贸易以及金融市场参与者的预期。与此同时，受石油危机影响，大宗商品市场引发的边际效应，导致与之相关行业的成本管理失控。

那些对汇率与利率敏感的政府、企业、金融机构，面对金融资产价格的变幻莫测不知所措。企业与金融机构面对资产与负债不匹配，用短期浮动利率负债为长期资产融资，由于资产回报固定，短期利率成本超过回报为这些机构带来巨额损失。持有国债以及其他金融资产的投资者也纷纷陷入利率敞口的漩涡中。起伏不定的金融资产价格呼唤着避险机制，一系列围绕着外汇、利率和大宗商品市场价格波动设计的创新机制、产品和工具如雨后春笋，成为现代金融发展史上最有影响力的时期。

布雷顿森林体系解体并未对世界贸易和投资产生灾难性影响，除了宏观经济政策、商业周期等复杂因素外，其中一个重要原因是得益于衍生品工具的避险作用。

衍生品（Derivatives）的演变

由于衍生品仍在变化中，所涉及的范围越来越广，人们很难对其有一个标准和清晰的定义，简单来说，衍生品是一种金融合约，其价值取决于基础资产的变化。[1]衍生品的基础资产主要指那些充满不确定性的利率、汇率、股票、债券、大宗商品价格、市场指数以及信用等，换句话说，衍生品是一种用于管理和承担风险的金融工具。[2]衍生品从诞生之日起就具备双重功能，它既可以规避风险，也可以用于投机。

衍生品大致可以分为远期、期货、期权和互换。早期的衍生品市场以大宗商品为主，参照资产主要有农产品和金属等，而1970年代后出现的衍生品市场开始转向汇率、利率等金融工具。

1　Michael Chui, "Derivatives Markets, Products and Participants: An Overview", IFC Bulletin, No.35.

2　Francesca Taylor, *Mastering Derivatives Markets: A Step-by-Step Guide to the Products, Applications and Risks*, FT Press, 2011, p.2.

早在古希腊和古罗马时期，市场上就出现过衍生品的雏形，近代的荷兰、英格兰和法国也先后不同程度地使用过类似远期、期货和期权的工具。由于上述这些交易零散，规模有限，没有形成统一的市场，交易风险极高。一些交易员在咖啡馆的地板上，临时用粉笔画个圈便成交，然后手拿《圣经》宣誓。如果价格波动太厉害，某一方则经常反悔。在漫长的演变过程中，专业交易场所和平台的问世，标志着现代衍生品市场的诞生。

大宗商品交易所问世

在创建衍生品交易场所过程中，日本的大阪和美国的芝加哥扮演着重要角色。大阪提供了世界上第一个期货市场的雏形，而芝加哥期货市场则宣告了现代衍生品市场的诞生。

17 世纪下半叶，当日本还处于德川幕府时代，大阪堂岛的大米交易就已经粗具规模。堂岛是位于大阪近郊的一个小镇，水陆交通发达，是日本的大米集散地。大米从播种到收获都存在着不确定性，价格不仅受到天气的影响，也受到季节的影响。春荒季节，由于供应减少，大米价格飞涨，而到了收获季节，市场上供大于求，经常出现大米腐烂、价格暴跌的情况。一些做市商为了保证大米货源，降低仓储成本，尝试以锁定的价格、数量和预付定金的方式与农民进行预约米券交易。农民为了尽早得到钱，降低价格波动风险，减少运输成本，也愿意接受预约米券。随着市场需求不断扩大，交易商们自发成立了堂岛米会所（Dōjima kome kaisho），将大米交易市场管理起来。堂岛米会所以米券的形式发出了全球第一张期货标准仓单，成为世界上第一家有组织的期货交易所。米商用购买的米券兑换大米后，将其运往大阪堂岛米市场进行销售。但在政府眼中，堂岛大米期货交易在当时属于"地下非法活动"。

到了 18 世纪初期，也就是日本封建统治的最后一个时代——江户时代，当时政府 90% 的收入依靠大米，由于接连几年收成好，米价直线下跌，影响到统治者养活武士和家臣所需的庞大开支。为了扭转局面，德川吉宗将军（Tokugawa Yoshimune）[1] 实施了大刀阔斧的金融改革，将大米期货市场合法化，[2] 为现代期货市场打下基础。

虽然日本在期货市场的设立方面起步早，但最终还是美国人将期货市场发展成为大规模、标准化和高效率的现代交易市场。19 世纪初期，美国大部分粮食作物，如小麦、玉米、大麦、黑麦和燕麦主要分布在内地，地处五大湖区的芝加哥凭借着优越的地理位置，自然成为美国中西部存储、销售和分配粮食的枢纽。

1　德川吉宗（1684~1751）是江户幕府第八代将军，初代将军德川家康的曾孙，大纳言德川赖宣之孙，由于实施金融改革稳定了米价，百姓赠其"米将军"的称号。

2　David Moss and Eugine Miyamoto, "The Dojima Rice Market and the Origin of Futures Trading", *Harvard Business Review*, November 10, 2010.

芝加哥特殊的气候也是成就期货市场的主要原因之一。由于受到来自南部的暖风与来自北部的冷空气的交汇影响，芝加哥极易形成极端气候，出现寒冷的冬季与湿热的夏季，造成该地区的农民也同日本农民一样面临着大米季节性价格波动。晚秋和冬季，由于河道冰冻，农民无法将收获的玉米运送到芝加哥，只好暂时储藏起来，使市场玉米价格上涨；到了来年开春，大家争相去芝加哥卖玉米，又导致价格下跌。有时，由于玉米售价过低，甚至不值得运到芝加哥，农民便将玉米倒入河中。[1] 为了规避农产品价格波动，芝加哥的农场主和中间商之间出现了最早的远期合约，交易时锁定粮食价格，过一定时间后交付粮食，但交易对手风险也成为亟须解决的问题。

在芝加哥的历史上，1848 年是一个激动人心的重要年份，几起涉及交通和电信的大事件都发生在这一年：水路运输方面，密歇根和伊利诺伊运河完工，将大湖区同密西西比河以及墨西哥湾联系到一起；铁路运输方面，铁路公司扩展商业线路，将芝加哥同东海岸主要城市连接，芝加哥一举成为美国最大的铁路枢纽；同一年，电传的问世改变了人们的通信方式，深刻影响到商业运行。芝加哥期货交易所就是在这样一个大背景下诞生了。为了消除交易对手风险，让市场交易

---

[1] *The Futures: The Rise of the Speculator and the Origins of the World's Biggest Markets*, p.5.

更加便利、公平和公开，当地 82 位粮食交易商达成共识，成立了以自治协会为架构的芝加哥期货交易所（Chicago Board of Trade，CBOT），为粮食交易提供中央交易场所。1851 年 3 月 13 日，交易所做的第一笔期货合约是玉米期货。

芝加哥期货交易所的诞生是衍生品历史上的标志性事件。尽管伊利诺伊州于 1859 年就立法批准芝加哥期货交易所，但直到 1865 年，也就是标准化期货协议出台后，大宗商品期货交易才走入正轨。交易所推出的标准化协议文本，确立了期货交易在质量、数量、交货时间和地点方面的标准。随后，交易所又将清算中心和保证金制度引入谷物交易，并通过向买卖双方收取保证金作为履约保证，降低交易对手风险。

1874 年，芝加哥农产品交易所（The Chicago Produce Exchange）成立，[1] 推出农产品分级和交易规则。由于会员之间不和，一些人脱离农产品交易所后，于 1898 年成立黄油和鸡蛋交易所（The Chicago Butter and Egg Board）。顾名思义，该交易所以交易黄油和鸡蛋为主。"一战"结束后，为了吸引更多投资者参与大宗商品交易，行业领袖们聚集在一起，决定于 1919 年将黄油和鸡蛋交易所重组为芝加哥商品交易所（Chicago Mercantile Exchange，CME）。随着时代的变迁，交易所不断尝试扩大交易品种，从洋葱、冻虾、苹果、冻猪脯

---

1 Everette B. Harris, "History of the Chicago Mercantile Exchange", www.cmegroup.com.

到活肉牛，经历过成功，也品尝过失败。1970 年后，芝加哥商品交易所又迎来一场从大宗商品期货到金融期货的革命性变革。

金融期货市场

金融期货指的是交易双方按照合约中商定的日期和价格买卖某类金融工具，规避由于金融价格或市场指数变化而引发的金融资产价值变化的风险。金融期货按照类型主要分为外汇期货、利率期货和股指期货等。

外汇期货

自中世纪开始，为了便利国际贸易中涉及不同国家货币的使用，中东的货币交易商就启动了外汇交易市场。从交换硬币到纸币是外汇交易的一次飞跃。纸币的交易为商人们带来便利，极大地促进了不同地区的经济繁荣。但限于当时的客观条件，外汇交易效率十分低下，如某个商人想用美元换英镑，必须要等往返英美的客轮回港才可以清算一笔业务。1865 年，美国商人塞勒斯·韦斯特·菲尔德（Cyrus West Field）在多次失败的基础上，成功铺设了穿越大西洋的电缆，为全球外汇交易市场铺平道路。

尼克松宣布美元同黄金脱钩后，最先受到冲击的就是外汇市场。汇率浮动后，外汇交易市场变得异常活跃。美元的大幅度贬值不仅引发资金外流，也让各国货币之间的汇率处于脱缰状态，涉足海外业务的各类机构一时间出现难以控制的汇率损失。央行、政府机构、大型商业银行、跨国贸易公司，以及其他金融市场参与者开始有规避汇率波动风险的强烈需求。

第一个金融期货产品于 1972 年问世。利奥·梅拉梅德（Leo Melamed）是启动外汇期货市场的先驱，也被称为"金融期货之父"。梅拉梅德是来自德国的犹太人，他于 1941 年跟随父母来到芝加哥，攻读法律学位。毕业后，梅拉梅德本想找一份律师事务所的工作，谁知错把广告中金融机构的名字当成律师事务所，在芝加哥商品交易所做起了跑法院传递文件的办事员。经过几年的耳濡目染，梅拉梅德对交易所的业务一清二楚，既见证了洋葱期货业务被禁事件[1]，也目睹了猪腩业务的腾飞。

梅拉梅德本想在政治方面有所作为，但由于芝加哥政治圈是爱尔兰移民的天下，只好弃政从商。他将全部精力投入交易所的工作中，并在这里找到了存在感。1969 年，梅拉梅德当选为芝加哥期货交易所主席后，开始思考如何将期货业务做大，并打起了扩大交易品种的主意。

梅拉梅德听说纽约有人尝试外汇期货（Foreign Exchange Futures）后非常感兴趣。纽约农产品交易所主席默里·博罗维茨（Murray Borowitz）最早尝试金融期货。当时，由于棉

---

1 1955 年，两位洋葱期货交易员在芝加哥商品交易所的期货市场中买入市场上 98% 的洋葱，操纵市场价格，迫使监管当局于 1958 年 8 月 28 日出台《洋葱期货法案》，严禁洋葱期货合约的交易。

籽油期货交易出现欺诈，交易业务被迫终止，交易员无所事事，迫使博罗维茨寻找新的交易品种。由于交易所离华尔街只隔几条街，当时纽约证券交易所几乎垄断着全美国的股票交易。近水楼台，博罗维茨尝试将期货同华尔街的股票结合在一起，为投资者提供一个免受股市崩盘冲击的工具，但监管当局不同意。于是，他打起了外汇的主意。他认为，外汇价格的波动同大宗商品一样，也可以用期货去保值。

1970 年 4 月，以外汇期货为主业的国际商业交易所（International Commercial Exchange）开业，博罗维茨成为该交易所主席。交易所最初交易的货币是英镑、法国法郎、瑞士法郎、德国马克、意大利里拉和日元。不料出师不利，由于交割方面存在着问题，让一批潜在客户从一开始便对外汇期货失去兴趣。

一心想扩大交易种类的梅拉梅德亲自到国际商业交易所现场调研，发现尽管国际商业交易所牌子打得很响，但交易大厅规模小，像图书馆一样安静，同他心目中的外汇交易市场差距很大。梅拉梅德将其归结于主办者视野太窄，对于那些准备去欧洲旅游的人换汇倒是足够了，但如何满足强大的规避汇率市场风险的需求则需要更大胆的想象。

参观了纽约的交易所后，梅拉梅德信心倍增。他预见到一个规模更大、品种更丰富并很快就会超过大宗商品的新市场。为了说服更多人，他还找到芝加哥大学经济学家弗里德曼撑腰。弗里德曼教授是自由市场经济的倡导者，一直对汇率的市场化感兴趣。有一次，在完成市场分析后，弗里德曼来到银行想做空英镑，而银行给他的答复是这类外汇交易只面对机构投资者，不面对个人。三个月后英镑贬值，弗里德曼失去了赚钱机会。弗里德曼与梅拉梅德关于创建外汇期货市场的理念不谋而合，并于1971年12月应梅拉梅德的要求，写了一篇题为《外汇期货市场的必要性》的文章，成为日后构建货币期货市场的理论基础。

接下来的难题就是要找到交易场所，重建一个不太现实，于是，梅拉梅德开始打起芝加哥商品交易所的主意。最终经过艰苦的说服工作，他终于在芝加哥商品交易所争取到一块空地。交易所的资金靠出售会员席位筹集，一万美元一个席位。为了确保新市场成功，梅拉梅德在开业前举办了一个研讨会，让大家就金融期货交易发表看法。令他喜出望外的是，来自世界各地的700多人参加了会议，会上弗里德曼和萨缪尔森两位大牌经济学家对成立金融期货交易所这一做法展开辩论，悲观派与乐观派各持己见。冷眼旁观的华尔街当时还讥讽这帮"搞猪腩的家伙"想玩金融，不自量力。

梅拉梅德从热烈的会场气氛中感受到这个市场无穷的潜力，这给了他更大的决心和动力。在梅拉梅德的心目中，农产品与金融毕竟是两个不同的世界，因此，新成立的交易所一定要让人耳目一新，远离猪腩或洋葱。为此，交易所起了一个叫起来非常响亮的名字——国际货币市场（International

Monetary Market，IMM）。[1] 国际货币市场于 1972 年 5 月正式开张，推出英镑、加元、德国马克、法国法郎、日元、墨西哥比索和瑞士法郎共 7 个外汇交易品种。

尽管最初进场的人并不多，大多持观望态度，但梅拉梅德的运气不错，开业后不久正好赶上布雷顿森林体系解体后，全球汇率市场扑朔迷离。市场越是动荡，投资者对金融期货的需求就越是强烈。天时地利让梅拉梅德的国际货币市场一举成功，成为世界上第一家成规模的金融期货市场，让客户可以像买卖大豆和生猪一样交易外汇合约。

诺贝尔奖得主、经济学家莫顿·米勒（Merton Miller）将金融期货市场称为过去几十年来最重要的金融创新之一。金融期货的诞生也成为芝加哥商品交易所的历史转折点，实现了其从农产品交易向金融资产交易的飞跃，并逐渐发展成为全球流动性最强、规模最庞大的外汇衍生品市场，2013 年的外汇交易量达到 5 万亿美元。

利率期货

利率期货（Interest Rate Futures）产品是在外汇期货基础上发展起来的。同外汇期货一样，利率期货也是一种衍生品合约，基础资产为各类产生利息的金融工具，如国债期货、欧洲美元期货等，是最成功的金融期货工具创新之一。

1　Emily Lambert, *The Futures: The Rise and the Speculator and the Origins of the World's Biggest Markets*, Basic Books, 2011, p.79.

利率期货创始人理查德·桑德尔（Richard L. Sandor）出生在纽约州的布鲁克林，父亲以唱歌和讲笑话谋生。1967 年，天生聪颖的桑德尔在明尼苏达大学获得经济学博士，毕业后去加州大学伯克利分校的商学院教书。1974 年，他被邀请到芝加哥期货交易所任首席经济学家。

桑德尔在上学和工作期间，正逢美国社会和经济的动荡时期，一直对设计利率避险工具感兴趣。1970 年，美国国会为了提高住房拥有率，成立房地美公司（详见本书第六章）。房地美从储贷机构大规模收购抵押贷款，打包成证券，然后通过华尔街的经纪商分销出去。由于房地美在买入和卖出贷款之间，需要持有一段时间，存在着利率敞口，因此，房地美的首席执行官托马斯·博马（Thomas Bomar）撰写文章表达其希望用期货合约规避利率风险的愿望。桑德尔读到这篇文章后，立即联系博马，向其介绍了自己也有同样想法。两人相见恨晚，第一次见面一谈就是几个小时。

所有好想法的实施都要经历一番痛苦。由于房地美的每笔贷款各有特点，不像农产品那样容易标准化，于是，桑德尔找到有政府背景的吉利美（详见本书第六章）。同房地美一样，吉利美也收购贷款，不同之处在于它收购的是单身妇女或低收入家庭等高风险贷款，但这些贷款有政府担保，不用担心违约。正是由于有政府担保，吉利美所收购的贷款同农产品一样都有统一的标准，满足了桑德尔对标准化的要求。

1975 年 10 月，桑德尔经历了一番艰难的说服工作后，将以吉利美发行的抵押贷款支持凭证为参考的期货合约推向市场，取名为"吉利美期货"，尝试规避利率风险。几年后由于利率环境发生变化，投资者渐渐对"吉利美期货"失去兴趣，最终退出市场。

然而，"吉利美期货"的尝试为桑德尔设计重量级的国债期货工具铺平了道路。由于利率变化与债券价格之间呈反向关系，也就是说，利率上升，债券价格下降，利率下降，债券价格上升，芝加哥商品交易所的国际货币市场开始尝试以国债为参考资产的期货合约。1976 年 1 月，弗里德曼教授拉响开市钟声，芝加哥商品交易所推出 3 个月期的短期国债期货，一举改变了此前吉利美期货在交割和流动性方面存在的一些缺陷，成为现代金融史上的一个里程碑事件。

如何描述国债期货这个新业务曾引发业内的一场讨论。一些银行家讨厌期货、期权等词，因为这些词很容易让人联想起鸡蛋和猪腩，他们最终想出用衍生品（Derivatives）来描述这项新业务。随着媒体的频繁使用，"衍生品"这个词也就成为形容期货、期权和互换等相关业务的专业名词。

使用国债期货成为企业在利率市场化环境下规避利率波动的比较理想的工具，为那些苦于无法管理利率变化的养老金和投资基金带来福音。由此，国债期货很快就成为期货交易所最流行的衍生品，[1] 芝加哥期货交易所国债期货的成功经验

1　William B.Crawford Jr., "Pioneer Still Trying To Change The World With Futures", *Chicago Tribune*, October 3, 1993.

很快就被英国、法国、新加坡、澳大利亚等地的交易所模仿。

在短期国债期货的基础上，1977 年 8 月 22 日，芝加哥期货交易所推出 30 年国债期货合约，其特点是信用等级高、流动性强、对利率变动敏感度高，而且交割方便，更好地满足了机构投资者对长期利率的风险管理需求。

国债期货在实践中交出了一份漂亮的答卷。1979 年 10 月，沃尔克为抑制通胀，不惜代价大幅度提高利率，引发债券市场的大地震。IBM 公司发行的 10 亿美元公司债，由于利率上扬被牢牢套住。华尔街大部分已经承诺购买的公司因此损失惨重，而所罗门兄弟等几家公司通过使用利率期货工具，巧妙地在公司债与国债两个市场之间套利，规避了风险。[1] 消息传出后，更多人涌入国债期货市场。美国财政部和美联储一度担心国债期货对债券市场的影响，但事实证明，没有国债期货市场的发展，也就没有国债现货市场的平稳运营。

为了满足市场上对短期利率的避险需要，芝加哥期货交易所的国际货币市场分别于 1981 年 7 月和 12 月推出大额存单期货合约和欧洲美元期货合约。尽管这两个工具都是以 3 个月欧洲美元存款为参考资产的期货合约，但命运却大不相同。存单期货合约曾在市场上流行了四年，交易量超出欧洲美元期货合约一倍，但由于大陆伊利诺伊国民银行破产事件彻底扭转了局面，由于做多该行存单期货合约的投资者几乎

---

1 "Futures", pp. 132-133.

血本无归，存单期货于 1986 年彻底消失。而由于欧洲美元期货受美联储货币政策影响有限，在 1984~1985 年的银行危机中，经受住了市场的考验，证明比存单期货合约更具抗压性。此外，该工具不仅让投资者锁定了未来一段时期的利率水平，最大的创新还在于它是美国第一支现金交割的金融期货合约，不需要实物递送，因而不仅弥补了收益曲线的漏洞，也为更多的创新工具与合约提供了无限的可能。

鉴于上述特点，欧洲美元期货合约的交易规模很快就超过国债期货合约。截至 1986 年，3 个月欧洲美元期货合约交易额是美国同期限国债的 10 倍，成为短期利率期货中最活跃、最具流动性的交易品种。交易所中的欧洲美元板块也成为期货市场中的一颗新星，占据着相当于一个足球场大小的场地，每天有 1500 多名交易员和工作人员在场地中忙碌。

为了进一步丰富中期国债品种，芝加哥期货交易于 1982 年和 1988 年分别推出了 10 年期和 5 年期的国债期货合约，并大获成功。其中，10 年期国债期货推出的当年就占据了国债期货持仓量的 10% 左右。中期国债期货品种让投资者在配置利率期限结构方面更加得心应手。

国债期货市场进一步促进了国债市场的成熟与繁荣。一方面，美联储的扩张性财政政策促进了美国国债的快速增长，为国债期货提供了丰富的参考资产；另一方面，美联储摇摆不定的货币政策让更多投资者迫切需要利率避险工具。1980~1990 年，美国国债期货迎来了高速发展阶段，成交笔数从不到 1000 万笔增加到 7000 万笔左右，年均增长率超过了 21%，交易金额达到 600 多亿美元。

股指期货

金融期货市场工具创新一发不可收，参考资产从外汇、利率，最终扩展到跌宕起伏的股票市场。股票市场的期货工具主要是股指期货（Stock Index Futures），即以股票价格指数为参考的期货合约。出人意料的是，以股票指数作为参考资产的股指期货诞生地，既不是华尔街所在地纽约也不是金融衍生品中心芝加哥，而是堪萨斯城。

1977 年初，堪萨斯城期货交易所（Kansas City Board of Trade）聘请斯坦福大学经济学家罗杰·格雷（Roger Gray）博士专门从事金融新产品研发工作。格雷在研究中发现，在衍生品应用方面，规模庞大的股票市场还是空白，而跌宕起伏的股市更需要有效的对冲和保值工具，于是决定开发股指期货市场。

股指期货的诞生可谓一波三折。从理论上讲，股票指数的变化同农产品价格的涨跌是一回事，完全可以用规避农产品价格波动的方式规避股票市场的涨跌，但股票指数同其他实物商品或金融工具的不同之处在于，它由"一篮子"股票组成。商品期货和其他金融期货可在合约到期时交割实物，而股指期货则在交割方面存在着技术难题，因为交割若干类型且权重不同的股票组合对于交易双方来说都是不现实的。有人提议用现金交割，但会有违反《赌博法》的嫌疑。最终，经过讨论，专家们还是决定模仿小麦交易的交割方式。大家都将指数当作参考资产的首选。

1977 年 10 月，堪萨斯城期货交易所向美国商品期货交易委员会（CFTC）[1]正式提交了申请报告，提出开发以历史最悠久、市场认可度最高的道琼斯工业平均指数为参考资产的金融期货产品，规避股票投资中的市场风险。以往，这类新业务很快就可以得到批准，不曾料想，美国国会突然决定设立新的机构监管这类业务。俗话说，夜长梦多。其间，堪萨斯城期货交易所还接到一个代表道琼斯公司的律师的电话，声称道琼斯是一家稳重、传统的公司，不想把最具价值的指数变成投机商们的玩物。[2]道琼斯指数绝不能成为投机者的工具，道琼斯公司的管理层完全无法接受这种"荒谬"的想法，断然拒绝了堪萨斯城交易所上市道琼斯指数期货的要求，并表示在必要时将以妨碍名誉罪提出诉讼。

几年后，芝加哥商品交易所也希望能与道琼斯公司合作，同样遭到断然拒绝。在使用道琼斯指数问题上，几家期货交易所均未能与道琼斯公司达成协议。既然道琼斯指数无法使用，堪萨斯城交易所的人员又去找标准普尔公司商量，看能否使用标普指数，并承诺将支付每笔交易一定的使用费。尽管交易所代表受到高规格款待，但从该公司得到的答复是

---

1 成立于 1974 年，是美国政府的独立机构，负责期货和期权的监管。

2 "Futures"，p.141.

"这一要求有点过分"。

由于股指期货没有任何先例，这一设想也遭到社会上的普遍质疑，被许多人看作以股票指数进行"赌博"的行为。无奈之中，堪萨斯城期货交易所又去找一家当时在市场上还不太知名的金融服务公司价值线（Value Line）沟通。价值线创始人阿诺德·伯恩哈德（Arnold Bernhard）是位学者型企业家，创业前主要为《时代》周刊写剧评，在投机商那里打过工。他尝试利用量化工具预测股价并于1979年出版了一本厚厚的股票统计数据册子，每周发表1700只股票的排名和依此创建的指数。得知堪萨斯城期货交易所对自己的指数感兴趣，伯恩哈德立即同意使用价值线指数创建股指期货。

1982年2月24日是一个激动人心的日子，堪萨斯城期货交易所正式推出以价值线指数为参考资产的期货合约，这是世界上第一支围绕股票价格变化的期货。随后，芝加哥商品交易所迅速跟进，成功推出堪萨斯城期货交易所想要、但没能得到的标普500指数合约。与此同时，纽约期货交易所也推出以纽约证券交易所综合指数为参考的期货合约。

在使用道琼斯指数的问题上还发生了一个插曲。芝加哥期货交易所始终认为，道琼斯作为一个具有如此高市场影响力和关注度的股票指数，理应被看作市场的公共资源，就像阿司匹林，早已成为没有专利的通用产品，因此，认为推出以该指数为标的的期货合约不需要道琼斯公司的授权。在芝加哥期货交易所没有征询道琼斯公司同意的情况下强行推出了道琼斯指数期货后，道琼斯公司动用了法律武器，将芝加哥期货交易所告上了法庭，并且在伊利诺伊州高等法庭胜诉。法院将道琼斯指数判为道琼斯公司的私人财产，芝加哥期货交易所被迫撤销已经上市的道琼斯指数期货合约。这场官司直接导致了芝加哥期货交易所使用道琼斯指数梦想的破灭。直到 1997 年，道琼斯指数期货才再次上市，比第一只股指期货合约出现的时间晚了整整 15 年。

金融期货市场的火热让人几乎忽略了发生在芝加哥期货交易所黄油和鸡蛋板块的一个里程碑事件。1982 年 9 月，由于小农场被大公司吞并，大规模养鸡场直接向超市供应鸡蛋，替代了街头杂货店，鸡蛋价格不再摇摆不定，鸡蛋期货停止交易，从此退出舞台，让位于充满着勃勃生机的金融衍生品交易。

期权市场

期权（Options）是不确定的年代衍生出的又一个风险管理工具。期权指的是买方的一种选择权，具体来说就是以今天约定的价格，在未来某一特定时间买入或卖出某类资产或工具的权利。期权同期货的最大区别在于持有者只是通过支付手续费拥有交易的选择权利，不承担必须买入或卖出的义务。

早在公元前 332 年，古希腊哲学家亚里士多德在他的论著《政治论》中就谈到了期权交易。泰勒斯（Thales）是古希腊的七大智者之一，集天文学家、哲学家和数学家于一身。他具有通过观察星象和天气规律预测来年橄榄收成的能力。当时拥有橄榄压榨机的人由于在严冬时节无法预知橄榄是否丰收，影响了机器的使用。泰勒斯从中发现了商机。在观察确定来年橄榄丰收后，泰勒斯决定买断当地橄榄压榨机的全部使用权。但他手头没有这么多钱，于是灵机一动，同当地的压榨机供应者签下协议，用很少的钱做存款，确保丰收季节使用这个地区所有橄榄压榨机的权利，而且成功地将机器使用费压得很低。机器的主人也愿意将橄榄压榨机的使用权提前卖给泰勒斯，因为不管橄榄丰收与否，自己都锁定了利润，规避了歉收的风险。结果正如泰勒斯所预测的，橄榄获得大丰收，农民对橄榄压榨机使用的需求远远超出供应，泰勒斯将橄榄压榨机的使用权全部卖给那些愿意出更多钱的客户，赚了不少钱。泰勒斯购买橄榄压榨机的使用权就是期权概念的雏形。

1636年"郁金香泡沫"也同期权概念密切相关。郁金香从土耳其引入荷兰后很快被当作富裕和美丽的象征。随后这个来自东方的稀罕物在全社会狂热的追捧下，很快变成如同设计师的服装和手表一样的特殊商品，各行各业人士为之疯狂，种植主和交易商对郁金香的需求呈几何级增长，每天都在推动着价格上涨。

当时郁金香最大的生产商乘机做起了期权交易，通过买入看涨期权，提前掌握拥有郁金香的权利，并确定购买价格，规避风险。期权也受到投机商的青睐。大规模期权投机进一步推升郁金香价格的疯涨，一些人甚至变卖家产，只为一朵满足其所有幻想的郁金香。1637 年 2 月的某一天，市场发生突变，无论拍卖师喊出什么样的低价，各种郁金香都无人问津。突然之间，大家鬼使神差一般从狂买转为狂卖，郁金香价格下跌快于上涨，所有看涨期权合约都成为废纸。期权工具也因此获得坏名声，成为大众眼中危险的赌博工具。赔了钱的投资者到法院去告投机商，荷兰政府被迫于 1637 年 4 月取缔所有期权合约。

17 世纪末，在伦敦也曾出现过一个有组织的期权市场，市场规模不大，既交易看涨期权也交易看跌期权。由于受荷兰郁金香市场崩盘的影响，大家都对期权存有一种恐惧心理，在一片反对声中，最终，英国政府于 1733 年宣布期权交易非法。

美国于 1872 年开始期权交易。纽约著名的金融家拉塞尔·赛奇（Russell Sage）从追求政治抱负转向搏击金融市场，他于 1874 年在纽约证券交易所购买席位，成为美国第一个创建看涨和看跌期权的人。尽管当时美国的期权交易没有标准化，流动性也差，但赛奇仍在较短时间内赚取了数百万美元。1884 年美国发生股市崩盘，赛奇损失惨重，随后彻底放弃期权交易。然而，没有监管的期权场外交易一直在继续。由于这些合约都是根据投资者的特别需要量身定制，缺少市场规范也没有标准化法律文本，交易效率低，流动性差，无法形成二级市场。另外，由于期权定价问题一直是市场参与者不可逾越的障碍，期权市场始终处于游离状态。

理论指导实践

期权定价曾是金融应用领域中存在的最复杂的数学问题。从法国数学家路易·巴舍利耶（Louis Bachelier）到经济学家保罗·萨缪尔森都尝试过各种期权定价方法，但始终受困于期权现值的计算，也就是说无法算出期权参考的股票在到期日到底值多少钱。

期权市场的革命性转变发生在 1970 年代。费希尔·布莱克（Fischer Black）是一位毕业于哈佛大学的应用数学博士，本科学的是物理专业。从哈佛大学毕业后，他加入了一家咨询公司，并开始对金融产品的风险计算着迷。在不知道股票最终价值的情况下，布莱克设计出一个复杂的数学公式，但解不出来，于是，他只好将公式放在一边。

年轻的加拿大经济学家迈伦·斯科尔斯（Myron Scholes）来到麻省理工学院的斯隆管理学院教授金融，为了活跃教学气氛，他在校园内开设了金融研讨班，每周组织大家一起研究金融方面的新问题。斯科尔斯就是在这样一个场合同布莱克相遇，两人开始重新探讨期权定价问题。

沿着布莱克的思路，金融教授们发现期权估值时不需要考虑股票的最终价格，但必须了解期权条件以及股票的波动性。如果股价稳定，期权就不值钱，如果股价波动大，期权就值钱。萨缪尔森的助理、麻省理工学院经济学家罗伯特·默顿（Robert Merton）也在研究期权定价，他向布莱克和斯科尔斯提供了一些数学方面的建议。

1973 年，就在芝加哥期权交易所开业不久，布莱克、斯科尔斯和默顿发表了题为《期权定价与公司负债》的论文，该论文推算出的"布莱克－斯科尔斯期权定价模型"（Black-Scholes Option Pricing Model）立即在市场上获得强烈反响。期权交易员立即将其应用到日常交易中，得克萨斯仪器公司还顺势推出带有该模型的计算器，计算期权价格只需要按几个键即可。

期权定价模型为期权市场的腾飞奠定了理论基础，成为现代金融市场，特别是衍生品交易市场的理论基石，掀起了投资领域的一场革命。

芝加哥期权交易所

芝加哥期权交易所的创建离不开期货交易员艾迪·奥·康纳（Eddie O. Connor）的积极推动。由于 1960 年代后期，粮食市场交易清淡，交易员们无事可做，有些甚至在班上打起瞌睡。交易所董事会将开辟新市场视为当务之急，最终将重心放到股票期货上，并聘请大律师同监管当局接触。会谈的结果很不理想，由于有赌博嫌疑，律师劝董事会放弃这个想法。

奥·康纳在自己研究的基础上，特别是受《机构投资者》杂志上的一篇文章启发，萌生出交易股票期权的主意。当时，

社会上一些由 20 多岁的年轻人组成的小公司纷纷尝试小规模
交易期权，这些交易员也曾同证交会沟通，设想将规模做大，
但由于社会上普遍认为期权交易是一种赌博行为，因此获得
监管当局批准的希望非常渺茫。

政治风向标的转变让奥·康纳重新看到希望。从尼克松
上台后的一系列讲话中，奥·康纳感觉到新总统的态度倾向
于自由市场经济。1971 年 10 月，尼克松任命了新的证券交
易委员会主席，新主席果真为期权业务开了绿灯。1973 年
4 月 26 日，芝加哥期权交易所（Chicago Board of Options
Exchange）开业，[1] 推出股票期权标准化合约。交易所当天共交
易了 911 张合约，让投资者拥有在未来特定时间以商议好的价
格买卖股票的权利。这是世界上第一家有组织、有监管的期
权交易所，期权业务从此由"地下"走向正规化。

芝加哥期权交易所最重要的功能就是将期权交易合约标
准化，省去每笔交易中双方都要坐下来谈条件的麻烦。交易
所公布期权报价，建立做市商制度，并确保期权二级市场的
平稳运行。同一年成立的期权清算公司（Options Clearing
Corporation）为期权履约提供了可靠的保障。股价大跌时，由
于购买了期权的投资者巧妙地规避了风险，吸引了更多场边
观望的投资组合经理进入市场，此外，大型经纪商对蓝筹股
期权的营销起到了积极作用，一个金融新游戏就这样很快地

1　Emily Lambert, "The Man Who Give Us Derivatives", *Forbes*, Jan. 17, 2011.

流行起来。

芝加哥期权交易所的成功让以股票交易为中心的华尔街受到震动。华尔街的交易员们觉得所有同股票相关的交易都应该在纽约，随即，美国证券交易所也推出自己的期权交易设施。其他交易所纷纷动心，费城证券交易所、阿姆斯特丹的欧洲期货交易所、伦敦证券交易所也在短时间内先后推出期权交易。

市场上各类期权工具创新呈爆炸式增长：在油价大幅上升之时，芝加哥期权交易所在几个月内顺势推出埃克森股票期权；1977 年，芝加哥期权交易所首次推出看跌期权；1982年，芝加哥期货交易所推出美国国债期货期权，随后又推出包括各种票据在内的其他债务工具的期权；1982 年 12 月，费城证券交易所推出外汇期权；1983 年 3 月，芝加哥期权交易所决定创建股票指数期权，初期使用的是芝加哥期权交易所指数；不久，芝加哥商品交易所很快跟进，成功推出投资者熟知的标普 500 指数期权，随即成为交易最活跃的期权产品。

由于期权盈亏具有非线性特征，便于财富管理机构设计各类保本产品和结构化产品，受到各金融机构的热捧。随着股指期权的推出，投资者将其与股指期货等配合使用，构建起更为完整的场内风险管理体系。期权也成为金融衍生品市场中不可或缺的一员。到了 1984 年，芝加哥期权交易所在规模和重要性方面，仅次于纽约证券交易所。

互换市场

互换（Swap）是期货、期权之外的另一大类金融衍生品，也称为掉期，指的是交易双方通过交换各自持有的金融工具的未来现金流，达到规避风险和套利的目的。互换是现代金融创新中的又一项革命性突破。

互换业务的基本动机在于比较优势。互换概念最初源于各国在外汇管制方面存在的差异。随后，公司与金融机构之间利用互换工具获取不同金融市场的筹资成本优势。最终，互换发展成为利用不同地区在监管环境、资金价格、融资条件和信用风险等方面的差异进行避险和掘金的工具。

不同寻常的工作餐

谈到互换业务的起源还要从伦敦城的一顿不寻常的工作餐说起。1976 年 2 月的某一天，在美国 Davis, Polk & Wardwell 律师事务所的伦敦办公室，约翰·卡罗尔（John Carroll）和一批来自纽约及伦敦的律师，正在一起参加每月一次的例行商业午餐，讨论业务中存在的一些重大问题。

那天讨论的重点集中在高盛公司正在安排的一笔外汇贷款交易上：英方客户为英国的帝国化工旗下的两家养老金，美方客户为农业跨国公司孟山都。交易麻烦出在外汇管制上。当时的国际大背景是英美政府为了保护各自有限的外汇储备，都在本国实施了严格的资本管制：美国为了防止美元外流，不鼓励美国公司海外投资；英国为了限制英镑外流，对准备在海外投资的英国公司设置门槛——这些公司在购汇时需要支付高出市价 20%~40% 的额外费用。

外汇管制政策对于这些正在步入国际化、急需外汇的英美公司来说是巨大障碍，为了绕开两国政府的监管，两家公司只好相互采取"背对背"的方式，具体来说就是帝国化工向在英国开展业务的孟山都子公司提供英镑，孟山都母公司则向在美国开展业务的帝国化工旗下的两家养老金提供美元。可这种做法在操作过程中遇到很多麻烦。首先，交易需要准备两份法律文件，旨在满足两家在不同监管和法律环境下开展业务的公司的特别需求，这样一来，如果任何一方出现违约，非常容易引发复杂的法律纠纷，双方责任也不容易区分。其次，两家养老金在支付的交叉担保方面也存在着争议。最终结果只能是双方律师之间的一场交战。

午餐会上，大家围绕上述贷款问题，各抒己见，纷纷抛出自己的见解。卡罗尔突然来了灵感，提出以远期合约的交易条件重新考虑这笔"背对背"贷款。他的灵感是与其将两种货币借来借去，还不如同时直接交换等价金额的两种货币，然后在未来的某个时间里，再重新换回经现金的时间价值调整后的等值货币。

这个方案结构上类似远期外汇买卖，比现有的"背对背"贷款协议简单，并且没有债务问题，避免了直接将外汇贷给对方的不便。尽管该方案很创新，但由于从未有人尝试过，大家还是有些担心，而且孟山都面对的是英国的两家养老金，如何交叉担保也是个问题。由于大家认为这个方案实施起来比较复杂，1976 年 4 月 6 日，孟山都和帝国化工之间签署的最终协议仍是"背对背"贷款模式。

尽管卡罗尔的建议没有被采纳，但有关这个方案的讨论所产生的影响不同寻常。在帝国化工公司的董事会上，财务董事希勒·布兰特（F.J.K. Hille Brandt）就卡罗尔的方案做了说明，特别介绍了这个方案是"背对背"贷款的变种，避免了创建债务问题，并消除了一些潜在的法律纠纷，而且，英国监管当局也倾向于使用这种新型方案。最后，布兰特希望董事会今后允许使用这种新方案，而这个新方案正是互换业务的雏形。[1]

1976 年 8 月，一直想尝试这个新方案的高盛公司，终于迎来机会。在高盛的安排下，英国的帝国化工同荷兰皇家的 Bos Kalis Westminister 集团签署了一笔 500 万英镑的货币互换协议，荷兰公司愿意向帝国化工提供等值的荷兰盾。此外，交易双方还商定，在 10~15 年内，保留第二次交换权利。这是世界上第一份简单的货币互换协议，但由于金额和客户影响力都有限，这笔业务一直鲜为人知。

1　Raphael Hodgson, "The Birth of the Swap", *Financial Analysts Journal*, May/June, 2009, Vol.65, No.3.

世行与 IBM 的货币互换

1981 年 8 月，一个具有标志性的货币互换协议诞生。协议是在两个重量级客户之间签署的：一家是跨国金融机构世界银行；另一家是美国的蓝筹公司 IBM。世界银行是一家跨国机构，其主要任务是从国际市场上筹资，贷款给发展中国家的建设项目。为了降低成本，世行不断在全球范围内寻求最低成本资金。1981 年，由于美联储主席沃尔克坚定地执行反通胀的货币政策，美国贷款利率高达 17%，而联邦德国当时的贷款利率是 12%，瑞士则为 8%。很显然，在瑞士和联邦德国筹资比较划算。但世行遇到了额度限制问题，世行在瑞士市场上的借款已经达到瑞士监管当局规定的上限，在德国也遇到同样问题。此外，由于所涉及的贷款同第三世界相关，风险较高，尽管世行是 AAA 级机构，早已是欧洲市场上熟知的借款人，但借款成本中仍要加上风险溢价。世行的优势在美国，由于有美国和其他国家政府的担保，借款成本相对较低，基本上与国债接近。与此同时，IBM 公司在欧洲被视为美国的 AAA 级优质企业，借款成本基本上与欧洲国家的政府债接近，但该公司在美国的筹资成本却高于世行。

一家在欧洲有信用优势，一家在美国有信用优势，双方利用各自的比较优势签署了一项互换协议。协议的具体内容是世行在美国市场借款，IBM 则在瑞士和德国市场借款，双方交换各自的债务。交易的结果，IBM 获得相对有吸引力的美元融资成本，而世行得到更为合适的瑞士法郎和德国马克的筹资成本。世行在 1983 年宣布，货币互换将该机构的平均借款成本降低了 10%。这笔互换业务让 IBM 和世行各自发挥自身在不同市场上的筹资优势，达到双赢的目的。

促成这笔不同寻常交易的是当时在所罗门兄弟公司工作的戴维·斯文森（David Swenson）。他在第一笔互换交易的违约条款设计及支付方面花了不少力气，为其后的类似业务设立了标准。世行和 IBM 参与互换市场起到了强有力的示范效应，更多的机构开始参与。可口可乐公司计划在 5 年内筹集 1.5 亿美元资金，但在筹资成本方面，国外市场要低于国内市场，最终，该公司选择了在新西兰市场发债，并同摩根大通之间签署货币互换协议，在合约到期时，将新西兰币换成美元。而摩根大通为了规避汇率风险，又同荷兰银行签署了货币互换协议。结果，可口可乐和摩根大通通过一系列货币互换协议分别获得了融资成本优势和规避了潜在的汇率变动风险。

货币互换市场一步步壮大和成熟起来，越来越多的发债人利用不同市场存在的差异，降低筹资成本、获得竞争优势，提高金融工具的投资收益。货币互换市场规模从 1981 年的 10 亿美元增长到 1990 年末的 1.2 万亿美元。

利率互换

上面所讲的货币互换是外汇衍生品，在货币互换的基础上，一些银行又将创新延伸到利率互换。利率互换指交易双方同意根据商定的名义金额，交换不同形式的利率现金流，如从固定利率换浮动利率或浮动利率换浮动利率，或一种浮动利率换另一种固定利率等。

利率互换利用的是美元借款交易中的套利机会。由于在固定利率和浮动利率债务市场中存在着不同的信用风险，因此债务的成本有区别。例如，一家信用等级为 BBB 的公司发行 5 年期债的成本要高于一家 AAA 级公司，但如果申请一笔 5 年期浮动利率贷款，成本相对就低很多。因此，对于这家 BBB 级公司来说，最佳选择是申请一笔 5 年期浮动利率贷款，然后，将贷款的浮动利率同另外一个交易对手互换。如果这时市场上恰巧有一家日本银行发行了一笔固定利率欧洲美元债。日本银行认为利率短期内将呈上升趋势，因此，愿意将固定利率同这家 BBB 公司的浮动利率交换，这样一来，双方分别达到了降低筹资成本和规避利率风险的目的。

利率互换还包括基点互换，如基于美国国债和基于 Libor 的债券之间的互换，或者同一个参照物，基于不同到期日之间的互换，如 30 天 Libor 与 90 天 Libor 之间的互换。1983 年之前，利率互换主要发生在国际市场。由于利率互换工具简单易行，无须动用基础债务就可以完成交易，因此除公司之间的交易外，还出现了规模庞大的利率互换市场。

自 1983 年起，大规模的互换业务开始在美国国内的交易对手之间展开。一些优质公司，如学生贷款营销协会发行固定利率债，同其他对手换成浮动利率，用较低的价格为浮动利率贷款组合融资。利率互换市场上的参与者还有美国的储贷机构。由于该类机构的商业模式存在着根本性缺陷，即吸收短期浮动利率存款、发放长期固定利率抵押贷款，到了1970年代后期，由于利率攀升而难以为继，损失惨重。1980年代初期，利率开始回落，一些机构将固定利率抵押贷款支持证券卖掉，偿还浮动利率债务，也有很多机构用贷款作抵押，将现有的浮动利率债务互换为固定利率债务。此外，以浮动利率为主的银团贷款常常使用利率互换规避市场风险。

一个超乎想象的崭新市场

协议文本的标准化为更大规模的互换业务打下坚实的基础。1984年，几家主要互换交易商先是推行互换文本标准化，一年后，又成立了国际互换交易商协会。为了扩大协会的业务范围，该协会改名为国际互换和衍生品协会（International Swaps and Derivatives Association），并发布了第一批标准化规定。1987年，一份经过反复修订的标准化衍生品协议文本（ISDA Master Agreement）正式出台。互换交易文本的标准化大幅度节省了谈判时间、降低了交易成本，让操作更加简单、便利。有了文本标准化做保障，互换业务不断扩展新功能，从货币互换、利率互换，发展到本书第七章将要介绍的信用互换等一系列金融创新工具。

互换市场是一个无论从重要性还是以影响力方面来看都超乎人们想象的崭新市场。相比期货和期权，互换业务是金融衍生品市场中最有深度、最重要也是最复杂的金融工具。

互换意味着风险的重新分配，是公司财务部门、金融机构的投资组合和风险管理经理重要的工具。他们利用互换拆分货币、利率或信用等条件，改善资产负债的货币或利率结构，并根据需要，灵活加减风险敞口，达到降低或规避风险的目的。有了互换工具，他们可以将目光延伸到全球各主要资本市场，最大限度地降低筹资成本，更大范围地寻求汇率和利率方面的最佳方案。

由于互换业务反映的是市场对未来利率变化的预期，因此对资本金要求低，很快就成为其他固定收益市场交易员们的投机工具，令其在制订交易策略方面更加得心应手。从1990年代初期开始，互换交易逐渐成为商业银行和投行的重要利润来源。

互换不仅在银行和企业之间流行，也成为央行重要的管理工具。央行之间使用的"流动性互换"是一种特别的货币互换，具体做法是一国央行将本国货币提供给另外一国的央行，用于应对海外美元融资市场出现的流动性危机。2007年12月，美联储首次同欧洲央行和瑞士国民银行之间创立了货币互换额度，增强外国央行在市场压力期间向本国金融机构提供美元融资的能力。欧洲主权债务危机期间，美联储及时采取行动，于2011年11月30日宣布同加拿大银行、英格兰银行、日本银行、欧洲央行和瑞士国民银行进行流动性互换，应对海外市场危机。

互换业务的频繁使用不断减少不同市场之间的差异，减弱套利优势，起到了提升市场效率和加快全球金融市场一体化的作用。此外，货币与利率互换业务的出现让以前相对独立的金融市场之间产生联系：货币互换将美元债券市场的借款成本和条件同美元以外的债券市场和条件联系到一起；利率互换将长短期利率、资本市场与银行贷款利率联系到一起，成为跨越不同市场、不同货币、不同价格条件、不同筹资渠道、不同监管环境之间的桥梁。

互换业务也让金融衍生品市场之间产生各种各样的内在联系。如美元的利率互换市场同欧洲美元期货市场之间产生的互动，互换交易越活跃，期货交易越火爆。互换业务的避险功能推动了其他类金融资产与衍生品的交易。

一位激情四溢的财经评论员曾经这样描述互换业务：互换是对银行家大脑的最大挑战，就像研究宇宙本身一样，没有止境。互换市场将全球的资本市场变成一个全球奥运会，障碍不断被拆除，世界纪录每天在诞生。

1970年代，银行家们在英国创建的第一份互换协议是为了规避各国政府的外汇管制，但随着大多数国家外汇管制的放松和取消，互换的功能也从监管套利转变为一种新型的避险金融工具。互换工具在转移风险，规避从汇率、利率到信用方面风险的作用显著，成为1980年代最成功的金融创新之一。

如今，互换已成为世界上规模最大、使用最频繁、流动性最强的金融衍生品市场。根据国际清算银行统计，1982年底，互换的名义本金未偿余额仅有 50 亿美元，截至 2008 年底，利率和货币互换业务合计高达 400 万亿美元。

突破利率管制的投资工具

1960 年代后期，美国的通胀悄然而至，直接影响到银行储蓄存款利息。如 1969 年 9 月，短期国债债息上涨到 8%，而商业银行的储蓄账户利率只有 4.5%，显然，美元存款的固定利率已不能真实反映资金的市场价格，市场上的资金供需关系出现扭曲，由此，美国监管当局在大萧条时期出台的《Q 条例》越来越不适应新形势的需要。

为了求生存和适应新的市场环境，金融机构不断开发绕开监管当局利率管制的利率市场化产品和工具，其中最有代表性的创新工具，一个是针对机构投资者的存款凭证（Certificate of Deposit），另一个是针对普通大众的货币市场基金（Money Market Mutual Fund），这两个金融生态中的新物种对整个金融体系的流动性产生了深远的影响。

存款凭证

金融创新的主要动力之一就是应对监管。政府在大萧条时期推出的一系列史上最为严厉的监管条例夹杂着一些情绪化因素。《Q 条例》对银行利率设置的上限让整个银行业一片萧条，所有贷款审批都从严把控，信贷员将一年以上的贷款需求视为高风险，不敢轻易触碰。在这样的大环境下，银行成为地地道道的"公用公司"。

　　一些有想法的银行家不愿就此罢休。沃尔特·瑞斯顿（Walter Wriston）就是这样一位伺机变革的银行家。瑞斯顿出生在美国的康涅狄格州，父亲是历史学教授，后成为布朗大学校长。瑞斯顿于 1941 年毕业于卫斯理大学（Wesleyan University），1942 年获得塔夫脱大学（Tufts University）外交硕士学位。和其他同龄人一样，瑞斯顿也经历了军队生活。1946 年回国后，经母亲的医生介绍，他踏进了银行的大门，成为第一国民城市银行（花旗银行的前身）的临时工。当时在银行谋职非常不易，因为大部分银行自大萧条后很少招聘新员工。

　　1950~1960 年期间，美国商业银行的主要业务就是吸收存款、发放贷款，因此活期存款和支票账户成为银行的生命线。战争期间，商业银行无须花大力气营销，就可以轻松获得各类公司和机构的临时存款。尽管美国的银行根据《Q 条例》不得对企业的活期存款支付利息，但一般来说，银行会将存款与贷款协议挂钩。战争结束后，资金市场结构发生重大变化。当时美国经济遇到前所未有的繁荣与增长期，各行各业对贷款需求旺盛，市场上的资金从盈余变为短缺，影响到商业银行的资金来源。

　　纽约地区的一些银行为了应对吸储压力，要求企业支票账户保留部分余额，还有些银行要求无息存款占贷款余额的

20%，否则不能享受银行提供的其他服务。即便如此，这些措施也难以阻挡存款外流的大趋势。

在市场利率呈现上升趋势的环境下，各大企业都设置了一批新型的专业财务管理人员岗位，如公司的司库、货币市场经理等。这些管理人员的任务一方面是同商业银行讨价还价，另一方面是根据市场资金变化情况，为企业闲置资金寻找新的增值渠道，如寻找国债和其他一些短期生息工具，导致银行企业存款急剧流失。

瑞斯顿所在的第一国民城市银行存款也发生了大幅度下滑，从"二战"结束时占全美市场份额的21%降到1960年底的15%。这对正准备拓展欧洲美元市场的第一国民城市银行来说无疑是一块巨大的绊脚石。存款余额上不来，贷款业务受影响，银行生存压力进一步加大。

眼看着银行利润一天天下降，已当上业务主管的瑞斯顿不愿坐以待毙，决定挺身而出，向监管挑战。瑞斯顿说："这是明摆着的事实，为了生存，你必须采取行动。"1950年代后期，一位希腊船王拜访他，想把钱存放到银行，但要求凭证上不要显示名字，因为不信任美国国税局。瑞斯顿请教了律师，得到肯定答复后，为船王发行了百万美元的存款凭证（Certificate of Deposit）。[1]

在此基础上，为了让存款利率更有吸引力，第一国民城

---

1 Phillip L.Zweig, Wriston: Walter Wriston, *Citibank, and the Rise and Fall of American Financial Supremacy*, Crown Publishers, Inc., 1995, p.113.

市银行于 1961 年 2 月正式向投资者发行存款凭证，绕开《Q条例》对存款利率的限制。存款凭证是一种银行发行的安全投资工具，最低门槛为 10 万美元，在指定期限内提供固定回报，回报按年或季度支付，有联邦存款保险公司的保险。存款凭证具有同储蓄和支票账户一样的功能，其最大的吸引力在于利率比储蓄存款高出 1.25% 到 1.75%。

不料，存款凭证发行后市场反应冷淡。瑞斯顿意识到投资者不感兴趣的最主要原因是该产品作为短期投资工具，缺少市场流动性。于是，他找到专门从事美国国债交易的纽约贴现公司，希望这家债券交易商担当存款凭证的做市商，启动存款凭证的二级市场。最终，经过反复谈判，第一国民城市银行被迫接受对方提出的提供 1000 万美元无担保贷款作为前提条件。除纽约贴现公司外，所罗门兄弟公司和其他一些证券交易商也迅速跟进，参与存款凭证的二级市场交易。

二级市场的出现为存款凭证市场的流动性注入新活力，让其成为名副其实的短期货币市场流动性工具，吸引了众多企业客户的踊跃投资。在资金短缺之际，发行存款凭证成为美国商业银行的"救命稻草"，在很大程度上遏制了商业银行存款流失的趋势。截至 1962 年 12 月，美国有 20 家大银行靠发行存单筹集资金。存款的增加推动了银行的资产业务，第一国民城市银行在 1962~1965 年，贷款从 300 亿美元增长到 2000 亿美元，赢利能力开始回升。

当时社会上针对存款凭证的性质，存在着很大争议。如果存款凭证算是证券，《银行法》有明文规定商业银行不得承销证券。这场争议最终在一起法院判决后告一段落。这起法律案件中涉及某人死后留下的存款凭证，法院判决的结果是凭证属于存款，不是证券。由于存款凭证算存款，也满足了一些投资者投放现金的规定。那些手头持有大量闲置现金的政府机构、保险公司、商业与储蓄银行、共同基金等纷纷投资存款凭证，将其视为收益高于国债、风险又低于其他短期投资的工具。截至 1966 年，投资者持有的存款凭证余额达到 180 亿美元，仅次于同期限的短期国债，超过商业票据和银行汇票等其他短期货币市场工具。

随后，瑞斯顿在解决了国内吸储问题的同时，将这一创新延伸到境外欧洲美元市场。在欧洲美元市场发行存款凭证不仅不受利率限制，还可以免去准备金等方面的监管要求，且回报优于国内发行的凭证。第一城市国民银行的伦敦分行于 1966 年 6 月 23 日发行了第一支欧洲美元存款凭证，面值最低 25000 美元。

欧洲美元存款凭证为美国商业银行提供了多样化的资金来源，也为其海外业务的发展提供了支撑。欧洲美元存款凭证打破了国界的限制，利用在岸和离岸两个市场的价差，提供了更灵活的融资方式，实现了资金需求在全球范围的配置。大银行不断比较美国国内和欧洲美元两个市场的有效筹资成本，当美国市场成本低时，多发国内存单，当海外市场成本低时，多发欧洲美元存单。

存款凭证的创新伴随着市场需求不断演变。1975年，根据利率不断波动的特点，市场上又推出可变利率存款凭证，主要参考二级市场存款凭证的综合利率。可变利率最低期限为360天，最流行的到期日为18个月和两年，一般平均每月或每三个月展期一次。整个1980年代，可变利率凭证的发行占全部存款凭证发行的10%。

存款凭证伴随着美国国内信用市场，通胀以及利率市场化的变化，逐渐从一个配角变成短期货币市场的主角之一，是具有划时代意义的现代金融创新。存款凭证的问世打破了《Q条例》对市场化利率的限制，也开启了商业银行全新的资产负债管理新模式——不再是被动依靠储蓄存款，而是主动从市场上解决融资问题。[1]银行在设定资产增长目标后，主动去市场筹集与资产增长相匹配的资金。

存款凭证为调剂货币头寸提供了更加灵活的工具。社会上贷款需求强时，银行增加发行存款凭证，而贷款需求不足时，则相应减少发行。存款凭证也让免费资金成为历史，银行的赢利能力不仅取决于贷款价格，更取决于资金成本。银行行长们要时刻考虑市场利率变化，以具有竞争力的价格，同其他货币市场工具争夺短期资金。

---

[1] Martijn Konings, "The Institutional Foundations of US Structural Power in International Finance: From the Re-Emergence of Global Finance to the Monetarist Turn", *Review of International Political Economy*, Vol.15, No.1, 2008, p.46.

货币市场基金

突破利率管制方面另一项最有影响力的创新是货币市场基金（Money Market Mutual Fund）。货币市场基金是一种开放式共同基金，主要投资短期债务，如短期国债、商业票据和回购协议等。在 2008 年前，货币市场基金一直被视为同银行存款一样安全但收益高于存款的工具。

让人眼前一亮的投资工具

在利率管制年代，富人和机构投资者将钱从银行取出购买国债或投资存款凭证和商业票据，而对于同样有着强烈投资愿望的绝大多数小储户来说，国债和存款凭证的高门槛将其拒之门外。

如何满足这部分单笔量小，但整体金额巨大的群体的投资需求成为金融企业家千载难逢的良机。布鲁斯·本特（Bruce R.Bent），毕业于圣约翰大学的经济学专业，曾在华尔街的老牌投行担任过执董，后又加入世界上最大的养老金——美国全美教师保险及年金协会（TIAA-CREF）；亨利·布朗（Henry B.R.Brown），毕业于哈佛大学，曾就职于化学银行、第一国民城市银行和教师保险与年金协会，在证券投资方面经验丰富。两人联手于 1972 年 9 月，发行了世界上第一支货币市场基金——储备基金（Reserve Fund），其主要商业模式是用向公众出售基金份额筹集到的资金，投资短期国债、存款凭证和商业票据等短期货币市场工具。货币市场基金与银行存款凭证等投资产品的不同之处在于前者的门槛较低，基金份额为每股 1 美元，1000 美元就可以参加，问世不久就受到中小散户的追捧。由于储备基金安全性好、流动性强，也吸引了大批只投资安全资产的机构投资者。1973 年年底，储备基金集合了 1 亿美元的投资。

货币市场基金的成功也让证券经纪公司和投资公司心动，这些公司在美国证交会取消了股票交易固定手续费的规定后，正筹划着拓展新业务，纷纷推出自己的货币市场基金版本：前美林证券的经纪商詹姆斯·贝纳姆（James Benham）推出类似的保值基金（Capital Preservation）；富达公司（Fidelity）推出富达日收益信托（Fidelity Daily Income Trust），除了提供同储备基金一样的服务外，还可以在银行开设一个特别账户，在基金账户净值限额内开具支票进行支付，银行在兑现支票时，自动赎回等值的基金份额；达孚（Dreyfus）公司也不示弱，伴随着大规模的广告营销，推出达孚流动资产基金（Dreyfus Working Capital Fund）。美林公司在涉足货币市场基金方面更是创新不断，在 Ready Assets 信托的基础上，于 1977 年又推出令人眼前一亮的现金管理账户（Cash Management Account），将经纪账户的活期存款、证券投资和清算服务融合在一起，打造出类似于理财超市的综合化服务。现金理财账户既有银行的存取款、写支票、转账和结算等基本功能，也可以进行证券交易，打通了银行与证券市场之间的界限，在市场上一炮走红。

货币市场基金的戏剧性增长让银行吃尽苦头。尽管商业银行采取了一系列的营销策略，其中包括送礼，礼物也从熨斗、收音机到当时时髦的电视机，但仍难以制止存款的流失。开始的时候，大多数基金公司仅将其视为一个争抢银行存款的临时机制，一些中、小银行的信托部门每天将客户的红利和利息归集在一起，投放到货币市场基金。但随着时间的推移，货币市场基金的作用远远超出大多数人的预料，逐渐演变为中产阶级以及机构投资者最受欢迎的短期投资产品和流动性工具。

货币市场基金资产由 1974 年的 20 亿美元增长到 1980 年的 760 亿美元，超过了其他共同基金的总和。2007 年高峰时，货币市场基金总资产达到 3.4 万亿美元。

推动利率市场化

货币市场基金与商业银行之间的资金争夺推动了美国利率市场化的进程。由于存款"大搬家"，商业银行纷纷到监管当局叫苦。为了解救苦苦挣扎的商业银行，为市场竞争者创建一个公平、竞争的环境，美国国会于 1980 年通过《储蓄机构放松管制和货币控制法》（Depository Institutions Deregulation and Monetary Control Act），创立专门的委员会，负责在 1986 年前逐步取消《Q 条例》限制。1982 年，美国政府又被迫出台加恩·圣·加曼法案（Garn-St Germain

Depository Institutions Act），允许银行提供带息货币市场存款账户，同货币市场基金在同一个平台上竞争。

政府的新政策让客户有了更多选择，各类金融机构对客户的争夺日趋激烈。1982 年末，里根总统的经济刺激政策让股市活跃起来，部分资金逃离共同基金进入股市。商业银行在新法规的指引下，借机推出自己的高收益账户，部分客户投奔银行的高收益账户。眼看客户大规模流失，基金业游说证交会，提出为了让产品具有竞争力，允许其采用新的会计方法，每天保持每股基金固定的净资产值，让基金表现看起来比实际情况更稳定。1983 年 7 月，监管当局同意了基金业的要求，货币市场基金东山再起。

货币市场基金从根本上改变了共同基金业的商业模式。共同基金从几乎全部是股票型基金，发展成为从货币市场、固定收益到商业票据和回购（详见本书第八章）等多样化的投资类型，在流动性方面具有了更大的灵活性，为机构和个人投资者提供了除银行储蓄外的新选择。由此，货币市场基金被美国金融史博物馆列为金融史上的重要创新之一。

名词解释

《1964 年经济机会法案》（ Economic Opportunity Act of 1964 ）：
1964 年 8 月 20 日，美国国会为根除制造贫困的土壤而通过的法案，要求集结全国的人力与财力、通过扩大教育机会、增加穷人与失业人员的安全网、满足老年人的医疗与金融需求等措施，实现消除贫困的目标。

伦敦黄金池（ London Gold Pool ）：美国同德国、英国、意大利、法国、瑞士、荷兰、比利时等国于 1961 年 11 月 1 日成立的国际联合体，推出"伦敦黄金池"，通过在伦敦黄金市场有针对性地买进卖出，维持世界黄金价格的稳定，从而保护美元与黄金的固定比价。

特别提款权（ Special Drawing Rights, SDRs ）：国际货币基金组织于 1969 年创建的一种国际储备货币记账单位，是一揽子国际货币的加权平均，用于补充成员国之间的官方外汇储备。

史密森协定（ Smithsonian Agreement ）：指布雷顿森林体系解体后西方十国达成的国际货币新制度，由于会议在史密森学会召开而得名。该协议的核心就是调整固定汇率，具体来说，美国同意将美元与黄金比价调整为每盎司 38 美元，美元对世界主要货币平均贬值 10%，其他国家货币相应重估同美元的比价，非储备货币对美元的波动幅度由 ±1% 调整为 ±2.25%，美国为此做出的让步是取消临时进口附加税。

衍生品（ Derivatives ）：衍生品是一种金融合约，其价值取决于基础资产的变化。其基础资产可以是利率、汇率、股票、债券、市场指数、大宗商品以及信用违约，也可以说，衍生品是一种用于管理风险和承担风险的金融工具，因为它既可以规避风险，也可以用于投机。

期货（ Futures ）：是一种金融合约，交易双方同意在未来某一时刻，以商定的价格交易大宗商品或金融资产。大宗商品期货主要以农产品、牲畜和各类金属、石油等为参考资产，金融期货主要由外汇、利率和股指期货构成，期货合约以汇率、利率和股指变化为参考资产。

期权（Options）：买方的一种权利，具体来说就是以今天约定的价格在未来某一特定时间买入或卖出某类金融资产的权利。同期货的最大区别在于买方或卖方只是通过支付手续费而拥有交易的选择权利，避免了信息不对称风险，具有更大灵活性。

互换（Swap）：期货、期权之外的另一大类金融衍生品，也称为掉期，是现代金融创新中的又一项革命性突破。交易双方通过交换各自持有的金融工具的未来现金流，达到规避风险和套利的目的。

存款凭证（Certificate of Deposit）：一种银行发行的投资工具，也称为可议付存款凭证和大额存单，具有同储蓄和支票账户一样的功能，同储蓄存款的区别在于在指定期限内提供高于存款利率的固定回报，回报按年或季度支付，而且有联邦存款保险公司（FDIC）的保险，属于安全投资。最低门槛为 10 万美元以上。

货币市场基金:（Money Market Mutual Fund）：一种开放式共同基金，主要投资短期债务，如短期国债、商业票据和回购协议等，2008年前，货币市场共同基金一直被视为同银行存款一样安全，但收益高于存款的工具。

《储蓄机构放松管制和货币控制法》（Depository Institutions Deregulation and Monetary Control Act）：美国国会于 1980 年 3 月 31 日通过的联邦法，该法要求放松对存款机构的监管，逐步取消利率管制并放开贷款利率。

《加恩·圣·加曼存款机构法案》（Garn-St Germain Depository Institutions Act）：美国国会于 1982 年出台的放松对存款机构监管的法案，允许存款银行提供货币市场存款账户和超级 NOW 账户，支付接近货币市场的利率。

参考文献

A.B.Frankel, "Interest Rate Futures: An Innovation in Financial Techniques for the Management of Risk", BIS Economic Papers, No.12, September, 1984.

Alfred Broaddus, "Financial Innovation in the United States—Background, Current Status and Prospects", *Economic Review*, Jan.-Feb., 1985.

Alfred E.Eckes, Jr., *A Search for Solvency: Bretton Woods and the International Monetary System, 1941-1971*, University of Texas Press, 2012.

Allan H. Meltzer, "Origins of the Great Inflation", *Federal Reserve Bank of St. Louis Review*, Mar.-Apr., 2005.

Allan M.Malz, *Financial Risk Management:Models, History, And Institutions*, John Wiley & Sons Inc., 2011.

Arnoud W.A. Boot and MatejMarinč, "Financial Innovations, Marketability and Stability in Banking", Amsterdam Center for Law & Economics, Working Paper No. 2011-06.

Arran Hamilton, "Beyond the Sterling Devaluation: The Gold Crisis of March 1968", *Contemporary European History*, Vol. 17, No. 1, Feb., 2008.

Barry Eichengree, "When Currencies Collapse: Will We Replay the 1930s or the 1970s?", *Foreign Affairs*, Vol. 91, No. 1, Jan.-Feb., 2012.

Benn Steil, "The Dunkirk Diplomat", *History Today*, June, 2013.

Benn Steil, *The Battle of Brtton Woods:John Maynard Keynes, Harry Dexter White, and the Making of a New World Order*, Princeton University Press, 2013.

Black, D. G., "Success and Failure of futures Contracts: Theory and Empirical Evidence", Salomon Brothers Center for the Study of Financial Institutions, 1986.

Bruce J. Summers, "Negotiable Certificates of Deposit", *FRB Richmond Economic Review*, Vol.66, No.4, Jul.-Aug., 1980.

C. Austin Barker, "The U. S. Money Crisis", *Financial Analysts Journal*, Vol. 25, No. 1, Jan. - Feb., 1969.

Charles M. Seeger, "The Development of Congressional Concern about Financial Futures Markets", American Enterprise Institute for Public Policy Research, Washington, D.C.,1985.

Christopher Bliss, "The Rise and Fall of the Dollar", *Oxford Review of Economic Policy*, Vol. 2, No. 1 (Spring, 1986).

David Hammes and Douglas Wills, "Black Gold: The End of Bretton Woods and the Oil-price Shocks of the 1970", *The Independent Review*, Vol.9, No.4 (Spring, 2005).

David Moss and Eugine Miyamoto, "The Dojima Rice Market and the Origin of Futures Trading", *Harvard Business Review*, Nov. 10, 2010.

Denis Healey, "Oil, Money and Recession", *Foreign Affairs*, Vol. 58, No. 2 (Winter, 1979).

Economic Report of the President and the Economic Situation and Outlook, U.S.Government Printing Office, Washington, January, 1961.

Emily Lambert, *The Futures: The Rise of the Speculator and the Origins of the World's Biggest Markets*, Basic Books, 2011.

Emily Lambert, "The Man Who Give Us Derivatives", *Forbes*, Jan. 17, 2011.

Evan Thomas, *Being Nixon: A Man Divided*, Random House, 2016.

Everette B.Harris, "History of the Chicago Mercantile Exchange", www.cmegroup.com.

Francesca Taylor, *Mastering Derivatives Markets: A Step-by-Step Guide to the Products, Applications and Risks*, FT Press, 2011.

Francis J. Gavin, *Gold, Dollars, and Power: The Politics of International Monetary Relations, 1958-1971*, The University of North Carolina Press, 2007.

Franklin Allen and D. Gale, *Financial Innovation and Risk Sharing*, MIT Press, 1994.

Gerald D Gay and Robert W.Kolb, "The Management of Interest Rate Risk", *The Journal of Portfolio Management*, Vol.9, Issue.2.

Gerald M. Meier, "The Bretton Woods Agreement — Twenty-Five Years After", *Stanford Law Review*, Vol. 23, No. 2, Jan., 1971.

Harold James, *International Monetary Cooperation since Bretton Woods*, Oxford Univerity Press, 1996.

Hu, H. T. C, "Swaps, the Modern Process of Financial Innovation and the Vulernability of A Regulatory Paradigm", *University of Pennsylvania Law Review*, 1989.

Ivo Maes, "On the Origins of the Triffin Dilemma", *History of Economic Thought*, Vol. 20, No. 6, 2013.

Jacob A. Frenkel, "Efficiency and Volatility of Exchange Rates and Prices in the 1970s", *Columbia Journal of World Business*, Winter, 1979.

Jeffrey A.Frankcl, "The Dazzling Dollar", *The Brookings Papers on Economic Activities*, 1985.

John A.Andrew III, *Lyndon Johnson and the Great Society*, Ivan R.Dee, 1999.

John Butler, The Golden Revolution: *How to Prepare for the Coming Global Gold Standard* Wiley, 2012.

John Williamson, "On the System in Bretton Woods", *The American Economic Review*, Vol. 75, No. 2, Papers and Proceedings of the Ninety-Seventh Annual Meeting of the American Economic Association, May, 1985.

Martijn Konings, "The Institutional Foundations of US Structural Power in International Finance: From the Re-Emergence of Global Finance to the Monetarist Turn", *Review of International Political Economy*, Vol.15, No.1.

Michael D.Bordo and Barry Eichengreen, *A Retrospective on the Bretton Woods System:Lessons for International Monetary Reform*, University of Chicago Press, 1993.

Michel J. Oliver and Arran Hamilton, "Downhill from Devaluation: The Battle for Sterling, 1968-72", *The Economic History Review*, New Series, Vol. 60, No. 3, Aug., 2007.

Niall Ferguson, et al., *The Shock of the Global: The 1970s in Perspective*, Belknap Press, 2011.

Peter Tufano, *Financial Innovation, Handbook of the Economics of Finance*, North Holland, 2003.

Phillip L.Zweig, *Wriston:Walter Wriston, Citibank, and the Rise and Fall of American Financial Supremacy*, Crown Business, 1996.

Raphael Hodgson, "The Birth of the Swap", *Financial Analysts Journal*, May-June, 2009, Vol.65, No.3.

Rene M.Stulz, "Should We Fear Derivatives?"*Journal of Economic perspectives.*Vol.18, No.3 (Summer, 2004).

Richard L.Sandor and Ronald Coase, *Good Derivatives: A Story of Financial and Environmental Innovation*, Wiley, 2012.

Robert B.Marks, *The Origin of the Modern World: A Global and Environmental Narrative from the Fifteenth to the Twenty-First Century*, Rowman & Littlefield Publishers, 2015.

Robert D. Lifset, "A New Understanding of the American Energy Crisis of the 1970s", *Historical Social Research / Historische Sozialforschung*, Vol. 39, No. 4 (150), Special Issue: The Energy Crises of the 1970s: Anticipations and Reactions in the Industrialized World, 2014.

Robert H.Ferrell, *Inside the Nixon Administration: The Secret Diary of Arthur Burns, 1969-1974*, University Press of Kansas, 2010.

Robert L.Hetzel, "German Monetary History in the Second Half of the Twentieth Century: From Deutsche Mark to the Euro", *Federal Reserve Bank of Richmond Economic Quarterly*, Vol. 88/2, Spring, 2002.

Robert M.Collins, "The Economic Crisis of 1968 and the Waning of the

'American Century'", *The American Historical Review* Vol.101, No.2, April, 1996.

Robert Triffin, *Gold and the Dollar Crisis: The Future of Convertibility*, Yale University Press, 1960.

Roy C. Smith and Ingo Walter, *The Global Banking*, Oxford University Press, 1997.

Rudiger Graf, "Making Use of the'Oil Weapon': Western Industrialized Countries and Arab Petropoliticsin, 1973-1974", *Diplomatic History*, Vol. 36, No. 1, Jan., 2012.

Saule T. Omarova, *"The Quiet Metamorphosis: How Derivatives Changed the 'Business of Banking'"*, Cornell Law Faculty Publications, 2009.

Scott Newton, "Sterling, Bretton Woods, and Social Democracy, 1968–1970", *Diplomacy & Statecraft*, 2013.

Shawn D.Howton and teven B.Perfect, "Currency and Interest-rate Derivatives Use in Us Firms", *Financial Management*, Vol.27, No.4 (Winter, 1998).

Ulrike Schaede, "Forwards and Futures in Tokugawa-period Japan: A New Perspective on the Dojima Rice Market", *Journal of Bnaking and Finance*, 13.

Volcker, *The Triumph of Persistence*, William L. Silber, Bloomsbury Press, 2012.

William B.Crawford Jr., "Pioneer Still Trying To Change The World With Futures", *Chicago Tribune*, Oct.3, 1993.

William Glenn Gray, "Floating the System: Germany, the United States, and the Breakdown of Bretton Woods, 1969-1973", *Diplomatic History*, Volume 31, Issue 2, April, 2007.

William Glenn Gray, "'Number One in Europe': The Startling Emergence of the Deutsche Mark, 1968-1969", *Central European History*, Vol. 39, No. 1, Mar., 2006.

Wolfgang Kasper, "The Emergence of Free Exchange Rate Regimes-A Personal Account", *Policy*, Vol.30, No. 2 (Winter, 2014).

第五章 | **并购潮中的垃圾债与**
私募股权基金

我过去一直想如果有转世，一定去当总统或教皇，如今，我改变了想法，更想在债券市场大显身手，因为所有人都会畏惧你。

——克林顿总统首席政治顾问詹姆斯·卡维勒

（James Carville）

　　私募股权基金通过控股机制和丰厚激励，解决了上市企业在公司治理和资本结构方面的"老大难"问题。

——贝恩资本首席财务官麦克·高斯

（Michael Goss）

布雷顿森林体系瓦解对全球经济产生的影响长期而深远。1980 年代又是一个动荡不安的年代，前景不明导致的悲观情绪在各行各业不断蔓延。美联储主席沃尔克在治理高通胀时下的"猛药"导致经济短期衰退，1982 年底，全美失业率高达 10.8%。一些原本就面临着市场转型压力的老牌企业，财务表现出现严重滑坡，居高不下的美元汇率更加重了美国企业的债务成本，国际市场竞争力急剧下降。

一股加速企业转型的并购潮席卷美国。大型并购交易需要大规模资金，垃圾债成为"及时雨"，也成为并购大潮中最耀眼的金融创新。私募股权公司在垃圾债的帮助下，对美国财富 500 强公司发起攻击，上演了一场惊心动魄的金融大戏。

并购大潮

并购是企业寻求增长的主要方式之一，是一种面对新市场环境优胜劣汰、更新换代的自然调整。回顾美国的商业发展史，并购一直推动着美国企业的成长、壮大。尽管自 19 世纪以来，美国的并购交易就没有中断过，但从规模、手段到戏剧化程度都无法与 1980 年代相提并论，金融创新更是将并购推向顶峰。

早期并购潮

随着外部监管环境、市场需求和企业成长周期的变化，美国企业的早期并购潮经历了行业垄断、资源整合、多样化经营和精简业务线等阶段。

19 世纪末 20 世纪初，成立托拉斯成为美国少数企业实施行业垄断的主要形式。1882 年，石油大亨约翰·洛克菲勒（John D.Rockfeller）创建标准石油托拉斯（Standard Oil Trust），[1] 控制了美国 90% 以上的炼油和输油设施；[2] 随后，这种新的企业组织形式很快就在一些主要行业流行起来。1892 年，钢铁大王安德鲁·卡内基（Andrew Carnegie）与相关公司一起创立卡内基钢铁公司（Carnegie Steel Company），控制了美国的钢铁市场；1902 年，J.P. 摩根将几家农业设备公司合并，成立国际收割机公司（International Harvester Company），垄断了全美的农业机械生产；铁路大王科尼利尔斯·范德比

1　世界上第一家托拉斯。托拉斯是一种企业组织形式，其生产、经营、销售和财务全部由董事会掌控，参与的企业成为托拉斯股东，按股权比例分配利润。由此，反托拉斯也成为反垄断的代名词，沿用至今。

2　Barak Orbach and Grace Campbell Rebling, "The Antitrust Curse of Bigness", *Southern California Law Review*. Vol.85, 2012, pp.609-610.

尔特（Cornelius Vanderbilt）以托拉斯的方式建立了铁路运输帝国。糖、烟草和肉加工等行业的巨头也纷纷通过建立托拉斯，垄断原材料和销售等市场，获取高额利润。

由于托拉斯损害了公众利益，垄断行为引发全社会的恐惧。在经济衰退期，公众对托拉斯企业的愤怒更为强烈。1890年代，由于实体经济衰退、金本位动摇以及众多复杂因素的影响，美国经济陷入低谷，[1]失业率占劳动人口的20%，数百家银行倒闭，社会上逐渐将经济衰退的矛头指向垄断企业。农民抗议铁路运费居高不下，影响到农产品价格；曾任美国总统和最高法院大法官等职的威廉·霍华德·塔夫脱（William Howard Taft）认为标准石油公司"是世界上阻碍贸易发展的最大的垄断公司，是一条将整个贸易握在其触角中的章鱼"[2]。

关键时刻还得由政府出面干预。约翰·谢尔曼（John Sherman）是美国内战将军威廉·特库姆塞·谢尔曼（William Tecumseh Sherman）的弟弟，在当时任参议员金融委员会主席，也是政府内阁成员。凭借其在商业监管方面的丰富经验，谢尔曼成为反垄断法的主要起草者。1890年，为了保护消费者利益，美国国会通过了世界上第一个反垄断法——《谢尔曼反托拉斯法》（Sherman Antitrust Act，以下简称《谢尔曼法》），授权联邦政府调查并起诉企业的托拉斯行为。

1　Charles Hoffmann, "The Depression of the Nineties", *The Journal of Economic History*, Vol.16, No.2 (June, 1956), p.164.

2　"The Antitrust Curse of Bigness", p.609.

由于《谢尔曼反托拉斯法》的初衷主要是保护消费者利益，并未对企业在行业中的垄断行为做出严格界定。因此，一些企业采取了迂回战术，既然政府不让成立托拉斯，那便成立单一的公司，通过并购同样达到控制市场和价格的权力和好处。几乎一夜之间，在新股发行的帮助下，许多企业从托拉斯摇身变成公司，进而引发美国史上一次大规模的并购潮。1910年，美国钢铁公司（U.S.Steel）、杜邦（DuPont）和通用电气（General Electric）等公司通过连续并购，纷纷成为各自所在行业的领头羊。

政府见到新的垄断势头，迅速出手还击，对并购严加监管。1914年6月，在亚拉巴马州议员亨利·德·拉马尔·克莱顿（Henry De Lamar Clayton）倡议下，国会进一步细化反垄断法规，通过了《克莱顿反托拉斯法》（Clayton Antitrust Act）以及《联邦贸易委员会法》（Federal Trade Commission Act），作为《谢尔曼法》的补充。《克莱顿反托拉斯法》使用赫芬达尔－赫希曼指数（Herfindahi-Hirschman Index，HHI）[1]筛查某公司是否有垄断嫌疑，并成立执行反垄断法的行政机构——联邦贸易委员会，负责调查和审批并购交易。

1920年代，美国出现以整合资源为特征的又一轮并购潮。汽车和钢铁等行业中上下游相关的中小公司纷纷组建大型公

1　反映市场集中度的综合指标，用某特定行业所有企业市场份额的平方和表示，指数越大，表示垄断程度越高。

司，以消除各自在原材料、生产和流通等领域的后顾之忧，增强企业的核心竞争力，如福特汽车（Ford Motors）和通用汽车（General Motors ）的零部件公司，通过并购扩大了经济规模，增强了同行业大玩家们的抗衡能力。这场并购大潮过后，1800 多家小公司消失。

1960 年代后期发生的并购潮则以拓展多样化业务为主要目的。受政府禁止同行业间收购的影响，一些企业由于核心业务增长达到极限，开始寻求新的增长点，不同业务条线之间的企业并购成为实现多样化经营的主要方式。[1] 在红火的股市支持下，处于完全不同行业的企业通过并购，成立大型联合企业（Conglomerates），其间，《财富》500 强企业中单一业务公司比例从 30% 降到 8%。由此，市场出现了一批由许多不相关业务组成的联合企业和控股公司，其中以通用电气和伯克希尔·哈撒韦（Berkshire Hathaway）大型综合化企业最为典型，通过投资和股权收购将一些业务截然不同的企业拢到旗下。其他企业也先后实施了五花八门的多样化经营战略：制造复印机的施乐公司做起了金融业务；灰狗长途运输公司做起了肉包装生意；生产轮胎的固迪特设计了超级电脑；凡士通轮胎公司则决定在资金筹集与运用方面裁掉中间人，通过收购投资银行自己做起资本管理业务。其他一些大型联合

---

1 Malcolm S.Salter and Wolf A. Weinhold, "Diversification via Acquisition: Creating Value", Harvard Business Review, July, 1978 Issue。

企业也纷纷创建内部资本市场，自主管理和分配财务资源。然而，大多数企业的多样化战略结果并不尽如人意。一些企业由于多样化影响到自身的核心业务，不但未实现预期利润增长目标，甚至发生倒退。

进入 1970 年代，行业监管、原材料成本以及人口构成和技术方面的变化，冲击着行业结构的基础，[1]迫使许多企业纷纷将收购的不相关业务分拆，精简大型综合企业架构。

1980 年代的并购推力

政府为企业松绑

为企业松绑，在市场中求生存——政府态度的转变为 1980 年代的企业并购潮提供了难得的契机。企业通过买卖、拆分、整合不同或相似实体，实现快速转型和利润增长，逐渐从固步自封、效益低下的阴影中走出。

面对经济停滞、伊朗人质危机、选民怨声载道的衰败形势，美国需要一位强人改变现状，重新为国家定位。"现在是美国的又一个早上"[2]，里根在电视中那极富感染力的语言让人们从迷茫中看到一丝新的希望。

里根要以一种新的经济模式找回美国精神，具体来说就

1　Mark Mitchell and J.Harold Mulherin, "The Impact of Industry Shocks on Takeovers and Restructuring Activity", *Journal of Financial Economics*, February, 1996, p.209.

2　里根在 1984 年竞选总统时制作的电视广告开篇："It's Morning again in America"，既表示常态，又意味着再生。

是同大政府时代告别，信奉自由市场经济。自大萧条后，政府主导的经济模式曾在相当长的时间里发挥过积极作用，但随着时间的推移，该模式人浮于事、效率低下和资源浪费等弊端暴露无遗。最典型的案例来自纽约市政府。纽约市一度被视为美国城市中福利社会模式的典范，市政府将大把钞票花在免费大学、公共医院和交通等社会福利方面。由于中产阶级搬往郊区，又赶上经济衰退，市政府收入连年下滑，出现 50 亿美元的赤字。为此，市政府只好借债度日，以养活 33 万政府公务员以及支付日常运行所需的费用。1975 年，纽约市失去在市政债市场筹资的能力，濒临倒闭，[1] 所幸，在联邦政府的支持下逃过一劫。

里根总统上台后，认为"大政府不但解决不了问题，其本身就是问题的一部分"[2]，提出以社会达尔文主义为主导的治国理念，充分发挥市场在经济资源配置方面的优越性，让企业在市场竞争中优胜劣汰，重新恢复美国经济的活力。

里根推出的振兴经济政策从降低政府开支、减税和放松行业管制入手。在精简机构方面，里根改革的重点放在那些人浮于事的联邦政府管理部门，如交通、食品、消费品、职业安全与健康以及那些由于旧的监管规定而设立的部门，如司法部的反垄断部门。精简的结果是，1980~1989 年，美国将

1　Congressional Budget Office, "The Causes of New York City's Fiscal Crisis", *Political Science Quarterly*, Vol.90, No.4 (Winter, 1975-1976), pp.659-674.

2　Ronald Reagan's Inaugural Address, January 20, 1981.

近一半的政府公务员打道回府。

减税是里根政府振兴经济的又一大利器。1981 年 8 月 15 日，里根签署《1981 年经济复兴税收法》（Economic Recovery Tax Act of 1981），计划三年内将美国最高边际所得税率从 70% 降到 50%，将资本利得税率由 28% 降到 20%，其总体目标是在 1987 年逐步实现 7500 亿美元的减税目标，刺激经济增长。[1] 为了鼓励投资并增加高风险投资的吸引力，政府允许用债务利息抵税，换句话说，企业多借债可以降低税务负担。传统企业中的老一代高管曾为企业没有债务而骄傲，但新法案的颁布则让借债成为有利于企业业务发展的战略选择。

除此之外，里根总统当政期间采取的另一个振兴经济的举措就是延续前总统卡特的做法，进一步放松行业管制，为财富 500 强企业松绑。为了减少改革阻力，里根只使用认同自己理念的官员在反垄断机构担任要职。里根任命在加州时使用的私人律师威廉·佛伦齐·史密斯（William French Smith）为司法部总检察长，史密斯在哥伦比亚特区律师协会的年会上曾说："大不意味着坏，上届政府执行的反垄断的错误政策实际上阻止了竞争，高效率的公司不应该受到以反垄断法为名义的束缚。"[2] 里根任命的副总检察长，斯坦福

1　Merlin G.Beiner, "Economic Recovery Tax Act of 1981", *Akron Law Review*, Vol.15, No.2, p.325.

2　Robert Pear, "Justice Dept. On Antitrust: Bigness is not Badness", *New York Times*, June 25, 1981.

大学法学教授威廉·巴克斯特（William Baxter）直接负责司法部反垄断处，他曾在公开场合大谈市场集中度高对公平竞争几乎没有负面影响，大部分并购交易提高了效率。1982年，司法部同联邦贸易委员会一起颁布新版《并购指南》，并于1984年做进一步修订。该指南打破行业之间的并购界限，通过重新定义垄断行为，一改此前将规模与市场份额作为判断滥用垄断权力的标准，更强调规模与效率；对行业横向和纵向并购更加宽容；明确了司法部门在行业并购方面不可容忍的"红线"，企业只要在"红线"内就不必担心被起诉。里根还任命詹姆斯·C.米勒三世（James C.Miller Ⅲ）为联邦贸易委员会主席。米勒不仅将该机构规模削减30%，同时还降低了该机构的自主权，转而提倡行业自律。[1] 负责反垄断的政府部门从此摇身一变，在并购交易中从"裁判"变成"拉拉队"。[2]

里根在任期间，长期受到监管束缚的行业，如运输、电信、广播、石油、天然气和金融业终于有机会在公平、公正的环境下展开自由竞争。为了不影响市场化改革新浪潮，政府还叫停对谷类早餐厂商家乐士（Kelloggs）、食品公司通用磨坊（General Mills）的拆分，对美国电话电报公司AT&T和

1　Linda Brewster Stearns and Kenneth D.Allan, "Economic Behavior in Institutional Environments: The Corporate Merger Wave of the 1980s", *American Sociological Review*, Vol.61, No.4 (August, 1996), pp.705-706.

2　Robert Slater, *The Titans of Takeover*, Beard Books, 1999, p.7.

电脑公司 IBM 的反垄断指控也告一段落。[1] 做大做强成为企业增强市场竞争力的新趋势。

别无选择

里根总统大胆的减税计划以及监管的大尺度放松，为那些长期受到反垄断法限制的企业释放出强烈的信号。陷入困境的企业家们从里根的经济振兴政策中既看到新的希望，又感到前所未有的危机——放松监管和对跨行业并购"开绿灯"，同时也意味着市场竞争的加剧。为了求生存，更为了在一个新的竞争格局中占领制高点，在行业内脱颖而出，并购成为企业实现这一目标的捷径。

自 1970 年代以来，原油价格暴涨导致新能源政策调整，新材料将轮胎寿命提高 3~5 倍，铝和塑料的大范围使用减少了对钢和玻璃容器的需求，电信业中的数字化技术不断更新换代，贸易全球化带来新的竞争优势，美国众多传统行业面对市场竞争和技术的变化准备不足，纷纷出现产能过剩、机构臃肿的增长瓶颈，转型成为各行各业的燃眉之急。

1982 年，一本由美国管理学专家汤姆·彼得斯和罗伯特·沃特曼合著的商业畅销书《追求卓越》[2]风靡整个商界，掀

1　Charies R.Babcock, "New Antitrust Policy: Bigness Isn't Badness", *The Washington Post*, February 7, 1982.

2　Thomas J.Peters and Robert H., Jr. Waterman, *In Search of Excellence: Lessons from America's Best-Run Companies*, Warner Books, 1982.

起一股"公司治理"热，深刻影响着美国的企业转型。该书以美国优秀企业案例为基础，试图总结企业成功的基本要素，强调企业必须保持在核心业务方面的绝对市场领先优势，将企业管理视为资产组合管理，调节资本预算，加大对高回报业务的投入、减少对低回报业务的支出，通过规模效应，降低运营成本，改善财务表现。

《追求卓越》一时成为美国企业高管层实现战略目标的指南。1980年代并购潮的焦点也从多样化经营转向追求企业的核心竞争力——集中资源，追求规模效益，实行专业化经营，增强市场竞争力。另外，日益明朗的经济复苏前景也让企业CEO拥有更大梦想。当然，这离不开企业高管层在人员结构方面发生的一些变化——雄心勃勃的新一代高管参与董事会，力图推翻旧理念，采取一些更加激进的措施，让企业借机快速成长。

然而，企业转型之路并不平坦。一些传统企业长期以来形成的文化和思维缺少创新动力，甚至抵制变化。大型上市企业的内部治理机制形同虚设，失去监督作用。原本代表股东利益的董事会同管理层一团和气，未能有效行使其监督职责，而公司管理层只关注公司本身经营，很少考虑股东利益。另外，管理层激励机制一般也不直接同股东价值挂钩。[1]

---

1 Steven N.Kaplan, "The Evolution of U.S.Corporate Governance: We Are All Henry Kravis Now", *The Journal of Private Equity,* Vol.1, No.1 (Fall, 1997), p.9.

与此同时，雄心勃勃的欧洲和日本的制造企业咄咄逼人，无论是在产品质量、价格竞争力还是管理水平方面都赶上甚至超越美国企业。日本企业尤其凭借其全面的质量管理、灵活的制造流程、高效的生产组织，成为全球新兴的工业巨人。曾在电器、汽车和钢铁行业独领风骚的美国企业日益受到进口货的挤压，出现产能过剩，技术更新换代更打乱了美国企业四平八稳的运营节奏，无论是在管理上还是在运营效率上都难以适应新形势的需要。

资本的力量

1980 年代并购潮中的一股重要力量来自资本市场上充足的资金，成为推动公司治理结构改革的催化剂。

资本市场的强大同各类机构投资者的日益壮大有关。1980~1996 年，大型机构投资者持有美国公司股份的比例从 30% 增加到 50% 以上，而个人持股比例则相应出现下降。机构投资者中养老金的表现格外抢眼。《1974 年雇员退休收入保障法》（The Employee Retirement Income Security Act of 1974）作为监管雇员养老及福利计划的法案，规定员工工资中的某一比例须用于养老金。1980 年代中期，国会修改传统的美国个人退休账户（IRA）中的条款，鼓励更多富人将资金转移到税收优惠的 IRA 账户。个人退休账户规模的激增导致机构投资资产规模进一步扩大。

随着政府监管条例的放松，首先，储贷机构业务规模迅速扩张，1979年底资产规模达到2490亿美元，成为并购市场上重要的资金来源。其次，共同基金规模的高速增长也为资本市场带来资金重新配置的机会。[1] 与此同时，资本流动国际化正成为常态。截至1980年，欧洲美元市场规模已达到1.54万亿美元。突然涌入的石油美元也急于寻找投资出口。

机构投资者早就难以忍受大型企业固步自封、低效运行的现状，不满其低迷的财务表现，不断通过市场释放出明确的支持企业转型的信号，热捧那些致力于大刀阔斧精简机构、增强核心竞争力、改善财务表现的企业并购交易，而看跌那些实行多样化战略的公司股。机构投资者既是企业并购中大规模出售股份的一方，也是并购基金和垃圾债的大型投资者。

美国最大的公共养老基金之一——加利福尼亚州公共养老基金（Cal PERS）成为公司治理的积极推动者，其利用手中的股份，对公司管理层不求进取的行为发声。私募股权基金利用资本市场解决美国企业转型难题。1980~1990年，当一些企业的管理层自身无力推动转型时，雄心勃勃的私募股权公司抓住这一高风险、高回报的机会，通过分拆、并购和杠杆收购积极参与并主导传统公司转型。一般而言，风投项目

1　Linda Brewster Stearns and Kenneth D. Allan, "Economic Behavior in Institutional Environments: the Corporate Merger Wave of the 1980s", *American Sociological Review*, Vol.61, No.4 (Aug 1996), pp.703-706.

至少需要 5~10 年才见效，而且投资项目的表现很难预料，但杠杆收购项目可以实现快速见效，因此，并购基金的增长速度很快就超过了风投基金。

除此之外，企业本身也成为收购交易的资金来源。1970年代中后期的高通胀让企业的资产价值水涨船高，但并未反映到股价中，公司价值被市场低估。根据标准普尔公司的预估，在纽交所上市的所有工业股票价格几乎全部比账面价值低 30%。

根据美国学者马克·米切尔（Mark L.Mitchell）和哈罗德·马尔赫林（Harold Mulherin）对 1000 多家美国公司做的调查，有 57% 的大型公司或成为收购对象，或完成内部重组。[1] 同行业之间的竞争对手不是收购别人，就是被别人收购，收购后股价大跌的企业很可能成为明天的被收购目标。

第一波士顿投行家布鲁斯·沃瑟斯坦（Bruce Wasserstein）认为："并购为经济体系带来流动性，我们应该避免无限期地保持现状，我们需要一个反应灵敏、充满活力的经济。"[2] 这些依靠政府与企业本身都难以推动。1980 年代，资本市场通过杠杆收购，在改变公司治理结构和帮助行业去产能的过

1　Mark L.Mitchell and J.Harold Mulherin, "The Impact of Industry Shocks on Takeover and Restructuring Activity", *Journal of Financial Economics*, 41 (1996), p.199.

2　Robert Slater, *The Titans of Takeover*, Beard Books, 1999, p.18.

程中起到主要作用，[1] 加速了大型企业重回专业化的进程。[2] 随着企业管理层的舒适区受到冲击，美国企业也迎来了新的转折点。

垃圾债：一个人的王国

资本市场驱动的并购大潮在现代金融发展历程中留下深深的印记。大手笔并购交易需要大规模资金的支持，并购交易中最引人注目的金融创新工具就是垃圾债（Junk Bond），也称为"高收益债"（High Yield Bond），指的是投资级以下或没有评级的债券。[3] 垃圾债市场上脱颖而出的戏剧性人物是迈克尔·米尔肯（Michael Milken）。可以说，米尔肯的故事基本上就是垃圾债发展的全部。

发现"新大陆"

米尔肯于 1946 年出生在美国加利福尼亚州一个中产犹太家庭，父亲是会计。米尔肯在中学时代是个品学兼优的好学生，从不沾烟酒和毒品，曾当过啦啦队队长。1960 年代中期，

1 Michael C. Jensen, "The Modern Industrial Revolution, Exit, and the Internal Control Systems", *The Journal of Finance*, Vol.48, No.3, p.832.

2 Andrei Shleifer and Robert W. Vinshny, "Takeovers in the 60s and 70s:Evidence and Implications", *Strategic Management Journal*, Vol.12 (Winter, 1991), p.55.

3 Robert A.Taggart, Jr., *The Growth of the "Junk"Bond Market and its Role in Financing Takeovers*, University of Chicago Press, 1987.

米尔肯去加州伯克利大学读商科，随后又到沃顿商学院读金融。尽管身处动荡年代，但米尔肯远离当时的政治和社会潮流，始终对投资保持着浓厚兴趣，梦想着成为百万富翁。在写给《纽约时报》评论专栏被退的稿子中，米尔肯披露了自己的人生方向："同伯克利大学其他圣战徒不同，我已经选择华尔街作为改良社会的战场，帮助政府机构和行业获得资金。"[1]

精明的金融企业家需要具有洞察市场机会的独特能力。上学期间，米尔肯就对债券投资颇感兴趣。在准备论文期间，他曾仔细研究了全美经济研究局发表的一份题为《公司债质量和投资者经验》[2]的研究报告。该报告通过搜集并分析1900~1943年期间美国企业的数据，发现在大萧条和两次大战期间，低评级债的价格反映的违约风险并不像市场预测得那样高，那些购买了多样化债券的投资者得到的回报，平均而言高于那些仅购买了投资级债券的投资者得到的回报，也就是说，这些低评级债券随着时间的推移，以高回报弥补了高风险。

这份研究报告让米尔肯如获至宝。在此基础上，他又加上了自己的分析和判断，强调投资级债的价格会下调，而垃

1　Roger E.Alcaly, "The Golden Age of Junk Bond", *New York Review of Books,* May 26, 1994 Issue.

2　W. Braddock Hickman, Thomas R. Atkinson, Orin K. Burrell: *Corporate Bond Quality and Investor Experience*, Princeton University Press, 1958.

坂债的价格只能上调。米尔肯还发现评级公司使用的分析方法和预测模型落后于市场的变化。债券市场投资者的重要投资参考是评级公司的评级，评级公司通过综合评估发债公司的还款能力、流动性、成本支出、管理层能力、行业地位和市场竞争能力等因素，做出从 AAA 级到 D 级的风险评级。具体来说，债券以投资级或非投资级为界限划分出两个世界：标普公司的 BBB 级以下或穆迪公司的 Baa 级以下均为非投资级或投机级，通常也被称为垃圾级。

然而，许多公司的债券评级并未反映其真实的经营状况和发展潜力，夸大了倒闭风险，导致这些最需要资金扩展业务的公司很难跨过评级这道坎。低评级让企业的筹资成本不断攀升，在经济下行周期更是雪上加霜。此外，由于银行在经济下行期受到坏账、房地产和股市下跌影响，纷纷收紧贷款，只对信誉最好的公司发放贷款，对那些非投资级企业施加更加严格甚至苛刻的条件，造成融资成本畸高，有些银行还直接取消信用额度，彻底关闭对这类客户的贷款大门。由于评级难以满足银行的要求而得不到贷款，企业只好降低业务增长，进入恶性循环。

米尔肯在研究中惊讶地发现，美国中型公司中大部分是非投资级公司，美国金融市场的效率低下是造成资金供需方配置不畅通的主要原因。此外，华尔街很少对这些低评级的公司债做细致分析。潜意识中，他似乎感到一个潜力无穷的新市场呼之欲出。

"追逐坠落的天使"

1969 年，米尔肯在沃顿商学院完成 MBA 学业后，作为优秀毕业生留校教书，并在位于费城的德雷塞尔·哈里曼·里普利（Drexel Harriman Ripley）[1] 公司后台做兼职，参与开发一个低成本的证券传送系统。1970 年，米尔肯正式加入该公司，满怀热情地致力于他一直感兴趣的债券分析和研究。

米尔肯曾将投资垃圾债市场的想法同公司高管交流，但并未引起重视。不久，这家公司很快就被凡士通家族吃掉，成立德雷塞尔－凡士通公司（Drexel Firestone），米尔肯时来运转。由于新公司老板是米尔肯的校友，非常了解他超强的赚钱能力，任命其为固定收益研究部主管。米尔肯借机又将开辟垃圾债市场的想法向新老板做了介绍，他强调，垃圾债的发行和交易可以极大地改变公司的盈利状况。最终，米尔肯如愿以偿，朝着梦想的方向又迈进一步，公司管理层同意米尔肯组建垃圾债部门。

然而，正当米尔肯准备放手一搏时，公司突然陷入困境。1969 年的牛市结束后，德雷塞尔－凡士通公司的经纪收入大幅度下降，经营惨淡，1973 年被一家规模不大但仍赚钱的伯恩海姆（Burnham）公司收购。1935 年，伯恩海姆凭借

---

1 美国一家传统投行，由布朗兄弟哈里曼在《格拉斯－斯蒂格尔法》要求商业银行与投行分拆后创建，1965 年同 Drexel 合并，组成 Drexel Harriman Ripley 公司。

从爷爷那里借来的 10 万美元起家，创建了德崇公司（Drexel Burnham Lambert）。由于伯恩海姆本人就是从投行和经纪业务做起来的，对米尔肯的想法一拍即合。他鼓励米尔肯拓展垃圾债业务，并愿意提供更多资金支持。在激励机制方面，伯恩海姆也非常慷慨，承诺将利润的 35% 留给米尔肯本人。在用人方面，他授予米尔肯充分的自主权，根据业务需要组建交易和销售团队。

米尔肯一反华尔街主流市场争抢蓝筹公司的做法，将目标瞄准那些发债时经营稳健、财务表现良好、有着漂亮回报，只是由于市场或经营等原因被降级的成熟企业，也包括那些信用评级处于投资级与非投资级之间摇摆不定的企业，也就是那些被一家评级机构评为投资级而被另一家评级机构评为非投资级的企业。《福布斯》杂志在一篇讨论公司债券的文章中首次使用了"坠落的天使"（Fallen Angel）一词，形象地描述了那些曾经辉煌位列投资级但目前处境困难的企业。在米尔肯眼中，这些"坠落的天使"是一座潜力无穷的大金矿，尽管这些公司当下表现不尽如人意，但经过重组和战略调整，这些企业还有可能重新升为投资级。此外，过于严格和谨慎的评级标准没有反映出企业的真实变化，"坠落的天使"在债券发行和交易方面存在着无限的盈利空间。

坚定的信念让米尔肯很快就进入状态，他利用每天乘公交车往返费城和华尔街的这段时间，仔细阅读相关公司的募股书和资料，对这些公司的情况了如指掌，在交易方面弹无虚发。他掌管的垃圾债部门很快就成为该公司的一个盈利中心，部门利润占全公司利润的 35%。

1970 年代初期，伴随着牛市的结束，一些投资者认为"天要塌下来了"，华尔街的一些主流分析师也预测数百家企业濒临倒闭，而米尔肯则持相反观点，对企业表现充满乐观。1972 年，他甚至说服了一家养老金基金买入 5% 的垃圾债，启动了垃圾债市场。最终，米尔肯的投资理念经受住了市场的考验，1973~1975 年经济衰退期后，经济出现反弹，垃圾债表现回升。德崇公司承销的垃圾债违约率保持在 2% 以下，而其他公司则平均在 9%~17%。根据《财富》杂志的报道，米尔肯在 1976 年发行的垃圾债不仅没有一笔违约，而且波动幅度也比投资级债券小。美国资产重组信托公司投资的债券，如赌场米拉奇（Mirage）、化妆品公司露华浓（Revlon）和轮胎公司永耐驰（Uniroyal）等公司在低迷一段时间后纷纷出现大幅度反弹。德崇证券向客户公布的垃圾债推荐名单中的航空航天公司洛克希德（Lockheed）、汽车制造商克莱斯勒、大型钢铁企业（LTV Steel）以及专营家居建材的劳氏公司（Lowes）等当时濒临破产的公司，最终都没有发生预期的违约。"坠落的天使"重新升空。

垃圾债的低违约率让米尔肯在业内声名大震。在米尔肯的帮助下，那些以超低价格购买了垃圾债的投资者赚了不少钱。当然，受益最大的还是米尔肯本人。米尔肯领导的垃圾债部门为公司贡献了将近 100% 的利润，其他业务部门排除成本后几乎没有盈利。他凭借在销售与交易方面的出色业绩，不仅职务得到提升，在 1976 年的年收入高达 500 万美元。

助力埋没的新星

1977 年前，垃圾债市场几乎全部是"坠落的天使"，也就是那些遭到降级的企业。自 1977 年起情况开始发生变化。

除"坠落的天使"业务外，米尔肯根据融资环境的变化又发现了另外一座有待开发的金矿——非投资级中型市场公司债券的发行和交易。

中型市场公司指的是年收入在 1000 万 ~3000 万美元的公司。非投资级中型公司获得资金的渠道主要有银行贷款和出售股票，由于这些公司经营历史短、财务表现不尽如人意，银行在提供贷款时一般将其视为高风险公司，不仅要求贷款担保，还在贷款协议中包含很多限制性条款。因此，这些公司的长期贷款主要来自保险公司或私募基金，此外的渠道就是出售股票。但在 1970 年代，这两个渠道都受到不同程度的影响。

由于公司直接在市场上发债的前提条件是拥有良好的信用评级，只有那些大型蓝筹公司和那些拥有最高评级的优质公司才享有这方面的便利。20 世纪的大部分时间里，或者说直到 1970 年代，美国新发行的债券都是投资级。但真实情况是，当时美国总计 11000 家上市公司中，只有 5% 符合投资级评级。绝大部分公司达不到评级公司的投资级标准，被资本市场拒之门外，而这些公司恰恰对资金的需求最为急迫。变化中的行业结构激励非投资级中型公司不断扩大经营规模，垃圾债正中下怀。

垃圾债市场是华尔街主流投行不愿触碰的领域，主要是怕败坏名声。雷曼兄弟公司一度面临高评级市场竞争压力，为了追求高息差业务，最早面向这些企业推出垃圾债承销，但迫于蓝筹客户的压力，也不断缩小垃圾债业务。

德崇证券在垃圾债做市方面的积极态度同其他投行的消极态度形成强烈反差。米尔肯心里很清楚，对于那些没有历史记录的公司，评级机构只能给出非投资级评级，但评级结果并没有真实反映出公司风险和增长潜力的关系。在公司估值方面，米尔肯更看重的是未来的表现，而不是过去的财务数据。尽管德崇证券在为非投资级公司发行新债方面缺少经验，从客户基础到承销能力都没有任何突出的优势，但米尔肯下定决心进军这个继"坠落的天使"之后又一个尚待开发的新边疆。

利率动荡导致银行经营风险加大。在经济衰退期，银行纷纷削减对公司的信用额度，造成市场上资金短缺，无形中为米尔肯创造了更多的业务机会。1977 年 4 月，米尔肯为一家小型石油勘探公司——德州国际（Texas International）承销了第一笔垃圾债，利率为 11.5%。但为了分散风险，德崇证券只承销了 700 万美元，其余分给了 59 家公司。虽然这笔垃圾债的发行金额只有 3000 万美元，但意义重大，不仅意味着德崇开始进入垃圾债的发行业务领域，更开启了金融史上的一个新篇章。垃圾债的发行为那些非投资级公司在资本市场开辟出一条新的筹资渠道，成为除银行贷款和私募投资之外的重要补充。

随着米尔肯在垃圾债市场逐渐建立起名声，连雷曼兄弟公司也求助于米尔肯推销垃圾债。1979年，除德崇证券外还有16家公司角逐垃圾债市场，到了1981年只剩下5家。经济衰退让更多公司出于风险考虑退出垃圾债市场。竞争对手的退出让米尔肯喜出望外，他采取了更加激进的战略，逐渐控制了市场，令人刮目相看。

对米尔肯来说，垃圾债不仅是德崇证券的核心产品，更是公司未来成长壮大的支柱。投行的垃圾债业务，可以视同于商业银行为了保持盈利，寻找非优质客户的努力。对于在高质量债券市场毫无地位、也没有承销和竞争优势的德崇证券而言，新发行的垃圾债是非常有吸引力的业务机会。垃圾债二级市场的高流动性，让垃圾债更受欢迎。米尔肯凭借成熟的投资者关系网，以及强大的做市商能力，很快就将垃圾债交易打造成为公司的核心业务。

尽管发行垃圾债的成本较高，但对于这些公司来说有资金总比没有强。筹集的资金缓解了公司业务增长对资金的需求和流动性难题。此后，民航、服装生产、零售、健康医疗、医药、餐饮连锁、石油开采、半导体制造等100多个行业中的800多家公司从中受益，这些公司在得不到银行贷款时，纷纷"借道"垃圾债市场。对于那些非投资级的公司，垃圾债巧妙地纠正了评级机构的偏见。1980年代，包括特纳广播公司、MCI通信、有线电视和游戏行业的创新公司等，都是依靠垃圾债市场完成系统升级和业务扩展的。1981 年垃圾债发行总量为14.7 亿美元，其中，仅米尔肯所在的德崇证券就发行了 10.8 亿美元；共计 20 笔交易，除德崇证券外的其他公司只做了 3 笔。德崇证券逐渐将垃圾债业务做大做强，成为市场领头羊。

苦心打造全新市场

在外人看来，一个人打造一个新市场简直是一件不可能完成的事，米尔肯为此倾注了全部心血。为了实现梦想，米尔肯从工作地点、市场调研到营销安排都做了精心设计。米尔肯为人低调，不愿见媒体，是一个控制欲极强的工作狂。他古怪的性格很难忍受公司总部的官僚体制和人际关系，以及同他格格不入的华尔街的喧嚣。

1978 年初，米尔肯对公司管理层提出将 28 人的垃圾债交易团队搬到洛杉矶。一方面，他需要一个安静的地方专注于垃圾债市场的培育，并按照自己的理念把控一切。另一方面，还有一个重要理由是由于他父亲已处于癌症晚期，他希望增加与家人团聚的时间。米尔肯团队的杰出表现让管理层难以拒绝这个请求。

米尔肯将整个债券交易部门从纽约搬到洛杉矶的比弗利山庄。比弗利山庄为他提供了一个理想的场所，也成为他大展宏图的"福地"。在管理方面，区别于华尔街其他投行的做法，他实行扁平化管理，公司里没有层级观念，主管经理没有自己的办公室，所有会议都对员工开放，任何感兴趣的员工都可以参加。

米尔肯认为，身处比弗利山庄最大的好处是决策方面不再受华尔街噪声的干扰。米尔肯是那种聪明加勤奋的家伙：他有着惊人的记忆力和计算能力，这是优秀交易员不可或缺的能力；米尔肯的勤奋更是业内闻名，他将大部分时间用于研究市场与交易。他曾对老板说："我不知道是否比别人聪明，但我每天都工作 15 个小时以上。"每个工作日的凌晨 4 点 30 分，一辆奔驰车准时驶到比弗利山庄的一个家居饰品店的后面，一位眼窝很深、娃娃脸、又高又瘦的形象标准的银行家从车里出来，夹着两个塞满文件的公文包，在保镖的护卫下，乘电梯直达德崇证券交易大厅中的 X 形办公桌。

米尔肯为新交易室的设计绞尽脑汁。为了追求对周围一切的秩序控制，他必须将团队中的 17 名员工尽收眼底。他不喜欢变化，连别人更换他的办公椅都无法接受，认为这会让他分神，甚至一周的时间都找不到方向。为了保持专注力，米尔肯的午餐通常是三明治加可乐，服务员按时放到餐盘中送到他的办公桌前。

米尔肯在垃圾债市场上树立起绝对的权威。他对垃圾债市场敏锐和犀利的洞察让所有同行生畏。在投资者眼中，米尔肯简直就是一部垃圾债百科全书，他的判断比评级公司更可靠。米尔肯总能在正确的时间预测出正确的结果。市场人士一般都靠引用米尔肯的话来证明其结论的可靠性。米尔肯在向投资方推荐方面很少出现失误，凡是他推荐的垃圾债，大型投资客户都趋之若鹜，他让发行方和投资方都感到满意。

米尔肯对垃圾债市场的透彻了解激发起发行人的热情。在他的精心安排下，垃圾债的发行方越来越活跃。营销是创建新市场的关键环节。米尔肯是个优秀的垃圾债交易员，更是一位天生的营销高手，他那富有激情的演讲使他更像一个传道士，下面的听众就是信徒。凭借让人难以拒绝的沟通技巧，米尔肯说服一批批投资者入市。对于这些投资者来说，投资垃圾债已不仅仅是赚钱行为，从另一个意义上是出于对米尔肯个人的信赖与迷恋。

机构投资者是米尔肯主攻的客户群体，但可选择的对象寥寥无几：保险公司不投资这类债券，政府和高评级公司则敬而远之。然而，世界上的一切事物都处于变化之中，机构投资者也不例外。1980年代，美国经济出现了一个特殊情况：沃尔克为抗击通胀使用的激进货币政策取得成效后，利率开始回落，低利率对借款人有利，却影响着投资者的回报。另外，机构投资者在遭受利率波动带来的损失后，得到的教训是不能一味保守，必须学会积极主动地应对千变万化的市场。于是，机构投资者通过在投资组合中增加高收益投资的比例，用垃圾债提供的溢价弥补违约的风险，在动荡的市场中寻求新的平衡。

米尔肯的运气不错，正好赶上政府放松行业监管，投资者队伍进一步壮大。1978年，联邦政府允许养老金投资垃圾债。1982年，监管当局不仅降低储贷机构存款准备金率，还允许其扩大投资范围。投资垃圾债成为一些处于监管相对宽松地区的储贷机构的热点业务。截至 1985 年 6 月，美国 10 家储贷机构共持有 46.4 亿美元的垃圾债，占全部储贷机构 77% 的市场份额，其中 5 家在加州，3 家在得州，另外，仅加州比弗利山庄的哥伦比亚储贷协会（Columbia Saving and Loan Association）一家机构，就持有约 10 亿美元垃圾债。

此外，那些对流动性和高回报如饥似渴的保险公司、共同基金和养老金都成为米尔肯的营销重点。为了说服更多在投资公司债方面有决策权的基金经理，米尔肯在营销中反复强调不要迷信评级，评级机构的模型和电脑系统已经落后于市场的发展，评级机构只关注公司的历史表现，将全部注意力放在公司持续的分红情况上，却忽视了公司未来的发展潜力以及债券投资者是否可以获取较高收益。美国东部地区的基金经理对垃圾债的偏见难以撼动，米尔肯就转战西部，积极主动地到目标客户的办公室去拜访，把营销重点放在那些年富力强、更有进取心的基金经理身上，动员他们改变只买投资级债券的态度。

为了取悦基金经理，米尔肯在比弗利山庄举办了一系列年度机构投资者大型聚会，开始叫高收益债券会议，参会者更习惯将其称为"捕食者盛宴"（The Predators' Ball）。米尔肯通过租赁加长豪车车队接站，请贵宾在高档餐馆用餐，精心安排座位，邀请娱乐界大牌明星和模特公司聘来的美女助阵，最终达到吸引基金经理投资垃圾债的目的。

那些比较激进，急于寻求多样化和较高回报的大型机构投资者客户，本身对金融就很精通，而且具有一定的风险承受能力，很快就能理解并接受米尔肯所灌输的投资理念，成为垃圾债市场上的活跃投资者。至于那些对华尔街传统产品有抵触情绪的投资机构，米尔肯有针对性地为其设计多样化组合方案，动员基金经理们在配置多样化投资组合时，将垃圾债当作一个不可或缺的新类别，平衡组合的风险与回报。

米尔肯的苦心没有白费，根据纽约大学商学院教授爱德华·奥特曼（Edward I. Altman）和估值顾问斯考特·纳马切尔（Scott A. Nammacher）的计算，1978~1985年期间，垃圾债的复合年回报率为12.4%，而同期国债仅为9.7%。对于投资者来说，尽管垃圾债比投资级债券违约率高，但回报方面在一定程度上弥补了风险。垃圾债的卓越表现与同期美国的股票、债券和其他金融资产的表现形成强烈的反差，让投资垃圾债的客户尝到了甜头。第一执行公司（First Executive Corporation）是一家濒临破产的人寿保险公司，在米尔肯的劝说下，从1978年就开始大规模投资米尔肯发行的垃圾债，1981年和1983年更是义无反顾地买进，最终实现年投资收益13%的佳绩，高于同业平均的9.9%。拥有大量垃圾债的"第一投资者基金"表现卓越，连续三年被评为美国最佳基金。以提供住房抵押贷款为主业的哥伦比亚储贷协会，由于利息倒挂曾处于破产边缘。截至1981年底，协会资产规模3.73亿美元，在米尔肯的指点下，到1986年底，资产规模扩充到了近100亿美元，其中至少26亿美元资产投资于垃圾债。结果，哥伦比亚储贷协会在该行业大规模倒闭潮中鹤立鸡群，成为全美利润最高的储贷机构。

上述两家靠米尔肯垃圾债兴旺起来的公司成为米尔肯营销中的经典案例。最终，垃圾债的杰出表现产生巨大的轰动效应，其违约率低，市场流动性强，同其他市场关联度小，而这些特点正好同基金经理们梦寐以求的投资理念相吻合，对冲基金和固定收益共同基金蜂拥而至。除金融机构外，许多机构投资者更是耐不住寂寞，IBM、施乐、标准石油、通用大西洋和富田等大公司也纷纷进入垃圾债市场，外国政府和公司也被垃圾债充满诱惑力的回报吸引，积极参与进来。当然，金融机构和基金仍是垃圾债投资的绝对主力，总持有量为80%~90%，成为其资产配置中的重要组成部分。

翻云覆雨

米尔肯成功的最大秘诀是控制。他凭借超人的记忆力以及对市场的透彻理解，在自己编织的网络中运行自如。米尔肯建立的关系网遍布各大行业，他从建立垃圾债交易平台开始，逐渐发展到承销非投资级公司发行的垃圾债，将发行人、投资者和二级市场紧密联系在一起。

米尔肯在并购交易中扮演着咨询顾问、发行人、承销商、合伙人等多重角色。手中既有产品又有发行方和买家，既有交易资金又有技术与信息，对于其他金融机构来说，同时具备这些优势简直不可思议。1980年代初期，垃圾债市场上那些从投资级降到非投资级公司的债券几乎没有二级市场，投资者只能持有。为了增加垃圾债的流动性，米尔肯设法创建了二级市场，充当做市商角色，同时还为500多支债券搭建电子化交易系统，向市场提供详细、可靠的数据支持，全面掌控着规模庞大的垃圾债市场。

凭借着对垃圾债市场信息控制方面的绝对优势，以及个人关系网，米尔肯对市场上发债人的高管层和公司投资信息了如指掌，能够确切判断发债人与投资者的意向——他的脑子里装着300多家企业和投资者持有某支股票和债券的比例。除了对目标客户持股比例、股价行情等相关信息的掌控外，米尔肯对客户买卖德崇承销的垃圾债的需求也是有求必应，可以在最短时间内匹配交易，因此也迎来更多的回头客。当然，客户的忠诚度也同米尔肯的杰出业绩相关，米尔肯推荐的债券很少有违约发生，那些信任米尔肯的公司在市场上赚了不少钱。因此，很多曾经依靠德崇证券发行垃圾债的公司，反过来又成为垃圾债的投资者。

米尔肯有着惊人的洞察力，在把控机会方面很少失手，他总是同主流观点唱反调。1970年代到1980年代初期，银行大规模贷款给拉美地区时，米尔肯冷眼旁观。到了1987年，拉美债务出现问题后，银行大笔核销债务，高达1万多亿美元的新兴市场国家债务折价拍卖。这时，米尔肯出面收拾残局，在他的眼中，这是一个用垃圾债融资的巨大机会。

美国金融机构从拉美地区撤出资金，意味着断血，考虑到拉美债务危机的复杂性，米尔肯聘用了来自40个国家的专家，其中包括地缘政治学家、经济学家、外汇交易员等，让他们像分析问题公司财务报表一样深入研究这些债务国家债务的真实情况，并为这些国家的政府提供经济转型咨询服务。

拉美债务最头疼的问题是市场无法给这些贷款和债券定价。米尔肯从流动性着手，将投资方和这些国家的政府配对，为这些债务建立合理价格。米尔肯先拿墨西哥的850亿美元外债入手，因为这是一个美国政府不会设置任何障碍的国家。他安排来自日本和中国台湾的企业以一半的价格购买这些债务，然后将这些债务卖回给墨西哥政府，换取土地和当地业务，还可以在墨西哥建立工业，最后将产品以三角贸易的方式再出口到美国。

在挑选发债人时，米尔肯有着自己独到的判断标准，从不受市场舆论的影响。他挑选的基本上是最有能力恢复盈利和偿还债务的公司。对于那些高风险公司，只要账上显示足够的现金流，米尔肯就将其列为自己的客户。对于那些举步不前的航空和石油公司，米尔肯更是尽心尽力，劝说其以较高价格发债。

火热的垃圾债市场进一步奠定了米尔肯在市场上的影响力。当其他竞争对手醒来时，德崇证券已经从二流公司一跃成为垃圾债市场的老大，掌控了70%的市场份额。由于米尔肯本身既是买家又是卖家，很快就成为垃圾债王国"翻手为云，覆手为雨"的霸主。在构建竞争优势的过程中，米尔肯的影响力与控制力与日俱增，其筹资能力无人质疑。《机构投资者》在 1986 年发表的一篇文章中称其为"伟大的米尔肯"[1]，被他在并购浪潮中的表现所折服。

很明显，随着市场的一天天壮大，米尔肯精心构建的垃圾债市场很快将出现供不应求，如果德崇证券希望再创佳绩，必须开辟新的垃圾债市场。

华尔街新国王

米尔肯在掌控了充分的市场信息、销售渠道和业务经验的基础上，同私募股权公司联手，进军下一个新战场——杠杆收购（Leveraged Buyout，LBO），这是一个规模更大、影响力更广、更加血腥的战场。

杠杆收购指的是借钱收购，换句话说，是以相对少的股本和相对高的外部债务完成收购公司的交易，实现对现有成熟公司的控制权。私募股权公司用相对便宜的债务收购将上市公司退市或将控制权转移至管理集团手中，通过重组、出售和上市等方式，创造新价值或从债务与股票的回报差异中套利。相比传统风投形式，杠杆收购风险小、回报高、期限短，逐渐成为 1980 年代并购大潮中的新游戏。很快，并购暴利将垃圾债公司和私募股权公司推向华尔街新国王的宝座。

　1　Reich, "Milken The Magnificant," *Institutional Investor,* August 20, 1986, pp.81-97.

以垃圾债为武器

1980 年代的并购大潮中，米尔肯的垃圾债融资赋予了杠杆收购新的生命力。垃圾债和并购业务相互促进，可以说没有杠杆收购，也就没有垃圾债市场，而没有垃圾债的火爆，大型杠杆收购也难以为继。

现代意义上的杠杆收购可以追溯到 1955 年，那一年，麦克林工业公司（McLean Industries, Inc.）收购泛大西洋蒸汽船公司（Pan-Atlantic Steamship Company）和沃特曼汽船公司（Waterman Steamship Corporation），麦克林公司以这两家公司的美元现金和资产作抵押借了 4200 万美元，另外通过发行优先股又筹集了 700 万美元完成这两笔收购交易。1960 年代末，投资大佬沃伦·巴菲特（Warren Buffett）、纳尔逊·佩尔茨（Nelson Peltz）、索尔·斯坦伯克（Saul Steinberg）和格里·舒尔茨（Gerry Schwartz）都先后使用了杠杆收购的方式。

米尔肯将垃圾债用于杠杆收购，为收购公司提供了强有力的武器。在典型的杠杆并购交易中，如果目标公司是上市公司，一般收购公司以支付高于现行股价 15%~50% 的溢价收购，债务融资比例为 60%~90%。杠杆收购中遇到的一大难题是目标企业的夹层融资（Mezzanine Financing）问题。在目标企业资本结构中，夹层融资指的是对处于股权与优级债中间层的融资，主要针对那些中型市场公司以及投资级以下的公司。

同垃圾债一样，夹层融资也是无担保次级债，偿还权利列在银行贷款和其他高级债后。

由于夹层融资风险高，所以成为杠杆收购交易中的一大考验。银行提供的短期贷款以安全性为首要考虑，大多集中在优先股，不愿承担更高的风险，夹层债不仅成本高，而且条件多。而在杠杆收购中，靠发行夹层债来为杠杆收购融资一直很难。之前，只有一些保险公司和私募基金光顾夹层债。米尔肯成功利用垃圾债的方式解决了大型并购交易中夹层融资难题，以平均 15%~20% 的投资回报吸引了不少机构投资者。

为了分散风险，米尔肯组织更多的银行参与并购融资，一改以往资金主要来自合伙人基金，且所有杠杆收购都有资产或现金流抵押的局面。随着市场的扩展，垃圾债创新层出不穷。面对 1980 年代初的高利率，为了吸引垃圾债买家，米尔肯发行高票息债券，根据基准利率可选择浮动或可调节利率债券，带认股权证的债券，以及与大宗商品挂钩的债券。

为了帮助低评级债发行者保持尽可能低的违约率，米尔肯和德崇证券公司的同事一起，设计了免注册的股权交换，让德崇的客户以新债换旧债，而无须走美国证交会烦琐的注册程序。如此一来，那些在财务上困难的公司就可以缓解一些当前的债务偿还压力，新债带有更加宽松的利息支付条件，如将还款期限延长，让一些公司获得喘息机会，从而重回健康发展轨道。

垃圾债让收购公司以小博大的梦想成真。1982 年 1 月，美国前财长威廉·西蒙（William Simon）及其他投资者收购吉布森贺卡公司（Gibson Greetings, Inc.），在这笔8000万美元的交易中，收购方只出资100万美元。一年半后，赶上了"大牛市"，吉布森公司成功上市，筹集2.9亿美元，西蒙本人以33万美元的投资，斩获6600万美元，成为最具传奇色彩的以小博大的范例，吸引了众多媒体的关注。1985年，在德崇证券的支持下，三角工业公司（Triangle Industries）作为一家年净值只有5000万美元、年收入2.91亿美元的公司，却以4.65亿美元收购年收入20亿美元的国民制罐公司（National Can）。

1980年代后期的杠杆收购交易平均使用杠杆8.8倍，1979~1989年，共发生2000多笔杠杆收购，价值超过2500亿美元，竞标的目标平均市值为3亿多美元，是1970年代目标平均市值的4倍。1980年代中后期，50%以上的垃圾债发行都同并购交易相关。[1]没有垃圾债的助推，很难掀起1980年代的杠杆收购潮。

敌意收购

曾几何时，大公司都是自主决定是否合并交易，决策地点不是在俱乐部，就是在饭局桌上，大佬们抽着雪茄，喝着白兰地，聊着交易。到了1980年代，"外人"闯了进来，这

---

[1] Bengt Holmstrom, *"Corporate Governance"*, p.125.

些收购公司凭借着对行业和金融的透彻理解，打破行规，从一般性的商业收购发展到敌意收购（Hostile Takeover），向那些资产价值被低估的"庞然大物"发起一轮又一轮的攻击。

敌意收购指的是在目标公司管理层和董事会不同意的情况下，通过控制该公司股票进行强行收购。其中竞购报价（Tender Offer）是敌意收购过程中最有力的武器，指收购人为了取得上市公司控制权，向所有股票持有人发出购买该公司股份的书面收购要约，明确收购条件、收购价格、收购期限以及收购方式。如果竞价者已经拥有目标公司相当规模的股票，有能力完成敌意收购时，仅敌意竞标的威胁就足以将"负隅顽抗"的目标管理层拉到谈判桌上。尽管敌意竞标已有数十年的历史，但涉及的都是小型目标公司，而且敌意收购长期以来一直是华尔街的大忌，因为华尔街争抢市场的关键就是同蓝筹公司保持长期良好关系。

敌意竞标的背后离不开米尔肯的资金支持。在敌意收购交易中，时间是关键因素，因为延迟交易只会对目标公司有利。在敌意收购案中，经常会遇到所需资金不到位的情况。米尔肯于 1983 年在得州菲利浦 66 石油公司（Phillips 66）并购交易中创建了"高度自信函"（Highly Confident Letter）。由于在这笔并购交易中，起初没有银行和投资者愿意提供资金承诺，德崇投行家建议米尔肯出具一封信函，告知出资方其对及时筹集到收购所需要的资金"非常自信"，而且无论竞标是否成功，投资者都将按出资比例收到一定的承诺费。

换句话说，米尔肯签出的信函意味着融资可以安排，在某种意义上，这封没有法律效力的信函可以等同于现金，也代表着投资者承诺收购一定数量的垃圾债或其他证券。凭借这封信函，"公司狙击手"便有足够的勇气向任何一家"大块头公司"下手。

"高度自信函"成为米尔肯使用的众多融资手段中，最引人注目也是最有吸引力的一个，它解决了在短时间内筹集到大规模资金的难题。尽管上述的并购交易没有成功，但"高度自信函"很快就用于其他几笔交易中。在收购濒临倒闭的玩具商美泰公司（Mattel）时，米尔肯兑现了在24小时之内筹集到2亿美元资金的承诺。凭借以往交易中建立起来的关系网，米尔肯的承诺价值千金，可以在相对短的时间里轻松得到可观的资金，为一笔笔敌意收购雪中送炭。

一些商业银行和投资银行在并购大潮中发明了过桥贷款（Bridge Loan），也就是架在客户得到贷款与垃圾债最终售完之间的桥梁，以垃圾债售出后的所得偿还全部或部分贷款。尽管过桥贷款对米尔肯的"高度自信函"构成威胁——一个是实实在在的现金，一个是承诺，但米尔肯坚持使用"高度自信函"。同一年，米尔肯还设立了收购资金池，随时为敌意收购提供现成的"炮弹"，极大地增强了"公司狙击手"收购大型目标公司的能力。米尔肯凭借其成熟的交易能力和投资者关系网，可以在相对短的时间内迅速聚集大笔资金，使得敌意收购业务成为收购公司现有业务的自然延伸。

公司狙击手

敌意收购公司的交易高手通常被称为"公司狙击手"（Corporate Raider）。这些人利用米尔肯的垃圾债，向目标公司发起攻击。1980年代，几乎一半的公司收到过敌意收购竞标。通过一笔笔令人瞠目结舌的敌意收购案，这些金融企业家成为家喻户晓的名人。

收购公司的共同特点是员工少、技能精、赚钱多。这些公司主要由具有丰富行业和金融经验的精英人士组成，其中拥有投行背景的居多。这类公司通过私募基金筹资，大部分是封闭式基金，法律上采用有限合伙人制，其中普通合伙人管理基金，有限合伙人提供大部分资金。合伙人主要是机构投资者如养老金、保险公司、投行、商业银行、大学募捐基金、国家主权基金和高净值富人等。

"公司狙击手"的代表人物主要有由杰罗姆·科尔伯格（Jerome Kohlberg）、亨利·克拉维斯（Henry Kravis）和乔治·罗伯茨（George Roberts）组成的KKR公司，玩转能源市场的托马斯·布恩·皮肯斯（Thomas Boone Pickens, Jr.），"华尔街之狼"卡尔·伊坎（Carl Icahn），"并购天才"罗纳德·佩雷曼（Ronald Perelman），"金融鳄鱼"詹姆斯·戈德史密斯爵士（Sir James Goldsmith），"并购大师"索尔·斯坦伯格（Saul Steinberg）以及并购游戏中的"套利大王"伊凡·博伊斯基（Ivan Boesky）。他们每人手中都握有资源，怀揣独门绝技。

"公司狙击手"的背景大致相似，大都来自中产和富裕的移民家庭，以犹太人为主，但在文化方面，则属于当时统领美国商业的欧洲裔白人（White Anglo-Saxon Protestant, WASP）世界的圈外人。还有一些"公司狙击手"来自南方，主要是得克萨斯州和俄克拉荷马州做石油生意的商人。尽管这些"收购专业户"大部分毕业于普林斯顿大学、斯坦福大学、宾夕法尼亚大学等常青藤名校，但没有一个人服务于财富 500 强公司。

科尔伯格出生于犹太家庭，"二战"期间在海军服役，退役后用退伍军人享有的补贴进入大学学习，先后获得哥伦比亚大学法学院法学学士和哈佛商学院 MBA。1960~1970 年，科尔伯格在贝尔斯登的公司金融部就职期间就做起杠杆收购。最初以家庭公司为收购目标，这些公司大多创建于"二战"后，发展到一定程度后，都面临继承问题。由于这类公司规模小，不够上市条件，创始人又不愿意将其卖给竞争对手，于是成为科尔伯格眼中的收购对象。1964 年，科尔伯格收购奥肯除虫公司（Orkin Exterminating Company），这笔交易被哈佛商学院列为史上第一笔有影响力的杠杆收购。在随后的十多年时间里，科尔伯格在并购市场异常活跃，同自己提拔的克拉维斯和罗伯茨一起完成了一系列收购。到了 1976 年，他向公司高管提出成立专门的投资基金。在建议遭到拒绝后，他拉上门生克拉维斯和罗伯茨，决定另起炉灶，成立了以三人名字的头一个字母命名的 KKR 公司。新公司的主营业务就是杠杆收购交易，尽管公司规模不大但回报惊人，1980 年代该基金平均回报为 22.5%。最让 KKR 得意的是在敌意收购的并购大潮中力压群雄，完成一系列永留史册的巅峰之作。

卡尔·伊坎是敌意收购中的风云人物之一，他就是为交易而生的。伊坎出生在纽约皇后区的一个中产家庭，母亲是教师，父亲是律师。伊坎凭奖学金念完普林斯顿大学，于 1957 年拿到哲学学士学位。遵照母亲的愿望，伊坎又考入了纽约大学医学院，两年后辍学。他对此的解释是不喜欢尸体。随后，伊坎加入了一个为期半年的军训，很快发现自己扑克玩得好，300 美元的本金很快就变成 4000 美元。在母亲的一位富商朋友的帮助下，伊坎于 1960 年加入一家证券公司做经纪人，其间经历了市场的起伏，最终在叔叔 40 万美元的援助下，在纽约证券交易所买了一个席位并成立了自己的公司，以套利和期权交易为主业，开始了一段不寻常的金融生涯。

1970 年代后期，伊坎在并购市场嗅到了赚钱的机会。他本人那倔强的个性以及出色的谈判能力足以让对手畏惧，米尔肯的助力更让他在收购交易中得心应手，也助长了他在交易方面的冷酷无情，实现了无须动用大笔资金就可以吃掉数倍于自己的大型公司的梦想。1984 年，伊坎使用部分股票和部分现金展开对菲利普斯石油公司（Phillips Petroleum）的敌意收购，81 亿美元中有 15 亿美元是由米尔肯在 48 小时内承诺的，尽管竞标以失败告终，但伊坎开启了没有银行参与的并购交易的先例。1985 年，伊坎成功收购美国四大航空之一的环球航空公司（Trans World Airlines, TWA），并担任董事长。

能源市场的收购高手皮肯斯出生于俄克拉荷马州，父亲从事石油和矿产的土地租赁，母亲在当地物价局负责石油等物资的配给。皮肯斯当过报童，从当地大学拿到地质学学位后，去了飞利浦石油公司工作，随后创建石油勘探公司。通过不断兼并，皮肯斯的公司不断发展壮大，1981 年，成为世界上最大的独立石油公司之一。不断的并购让皮肯斯成为风云人物，上了《时代周刊》封面，[1] 财富的力量还一度让他考虑过竞选美国总统。

不过，在赚钱的同时，皮肯斯更享受并购游戏带来的激情与获胜的快感。收购过程中，他就像是战场上指挥作战的将军，从周密布局、果断决策到出其不意发起攻击，处处考验着他的勇气与智慧。为了做到弹无虚发，前期的工作使他看上去更像耗时费力的侦探，他将目标公司用代号表示，对其年报、产品市场等各类数据信息甚至比目标公司大部分员工都了解得透彻。很多"公司狙击手"多喜欢媒体造势，频频出现在闪光灯下，享受出名的感觉。皮肯斯就是一个喜欢张扬的金融家，他把记者的采访不是安排在自己的私人农场就是私人飞机上，他的沉默会立即引发媒体和各大公司管理

1　John Greenwald, "High Times for T. Boone Pickens: A Wily Raider Shakes Up Corporate America", *Time*, March 4, 1985.

层的猜疑——谁将是下一个目标公司。

皮肯斯的最大手笔是 1983 年组织了对当时美国第五大石油公司海湾石油（Gulf Oil）的收购。皮肯斯和几位合伙人从这笔并购交易中斩获 7.6 亿美元。市场对皮肯斯的态度交织着爱与恨、嫉妒与敬仰，无论如何，皮肯斯为股东利益而战的决心与勇气让股东们对他感激不尽，每次并购的结果也总是能让股东们喜笑颜开。

1980 年代初期，"公司狙击手"们凭借公司和家族财富，拥有了对美国企业发起敌意收购的能力。[1] 但由于缺少后续资金支持，大多数交易半途而废，米尔肯的垃圾债可谓雪中送炭。自从有了米尔肯提供的充足"弹药"，这些"公司狙击手"发起的一笔笔敌意收购就像是大富豪游戏的现实版，大公司"变天"就像是投掷骰子。凡是公司股价被明显低估、缺少增长动力但有稳定的现金流、不需要大规模注资、可以承担较高债务的上市公司都会被列入收购的对象。"公司狙击手"发现猎物后紧追不放，使尽各种手段，包括向管理层提供丰厚酬金，劝其出售苦苦经营多年的公司。筹资买下公司后，狙击手立即换掉管理层，留下核心业务，然后考虑卖掉。

狙击手寻找杠杆收购目标，米尔肯负责解决资金问题，双方成为一条船上的利益相关者。一时间，并购市场上烽火

1　Linda Brewster Stearns and Kenneth D.Allan, "Economic Behavior in Institutional Environments: The Corporate Merger Wave of the 1980s", *American Sociological Review*, Vol.61, No.4 (Aug., 1996), p.706.

硝烟，造就了一个疯狂与贪婪的年代。在米尔肯垃圾债的支持下，1980 年，上报美国联邦贸易委员会的并购交易案为 824 笔，到了 1986 年增加到 2406 笔。1987 年的并购交易额超过 2000 亿美元。1982~1989 年，资产换手总值达到 1.3 万亿美元。[1] 并购高潮进一步助推垃圾债的发行。仅 1983 年 2 月，米尔肯用 10 天的时间就为"公司狙击手"承销了 7 只新垃圾债发行，筹资 5 亿美元；4 月，米尔肯又为米高梅 – 联美娱乐公司并购交易筹集 4 亿美元；7 月为世通公司交易筹集 10 亿美元。并购市场上雄心勃勃的 KKR 公司和如日中天的米尔肯之间的相会，可谓"一见钟情"，立即产生了化学反应。米尔肯凭借在最短时间内筹集到巨额资金的魔力取得 KKR 公司的信任，KKR 公司完成的 40 笔杠杆收购交易中随处可见米尔肯的身影。最终，德崇证券通过为 KKR 最大的一笔收购交易筹资 60 亿美元，使其一举成为有市场影响力的私募股权基金。

门口的野蛮人

RJR 纳贝斯克公司的控制权争夺战是"公司狙击手"们最大的手笔，也是敌意收购中最有影响力的经典案例。

RJR 纳贝斯克公司是一家香烟饼干联合公司，多年来

1　Andrei Shleifer and Robert W. Vinshny, "The Takeover Wave of the 1980s", *Science, New Series*, Vol.249, No.4970 (August, 1990), p.745.

盈利稳健，但股价表现平平，资产回报和存货周转均呈现下降趋势。首席执行官罗斯·约翰逊（Ross Johnson）尝试过各种方式提高股价都未成功，市场上的机构投资者就是不认账，认为烟草公司的资产风险高。烟草生意赚来的快钱让约翰逊自我膨胀，受到市场上一笔笔杠杆收购成功故事的吸引，他也禁不住想利用杠杆实现管理层收购（Management Buy-out，MBO），通过全面控制公司股权，去编织一个更大的梦想。

RJR 纳贝斯克公司的条件对"公司狙击手"们极具吸引力：业务增长不受商业周期影响、商业风险低，而且不需要投入大规模流动资金。当然最让人动心的是这笔交易的规模，大家心知肚明，这笔交易仅收购手续费一项就高达 2 亿美元。华尔街的各路人马组建起最强收购团队，挑选最有实力的投行家和法律顾问加盟。

这笔交易的核心人物约翰逊是一个闲不住的高管，性子急，往往一件事未出结果就开始尝试另外一件，经常将事情搅浑。在个人消费方面，他经常公私不分，过着奢华的生活：公司的工资单上列有两位他的私人女佣，20 多个乡村高尔夫俱乐部会员费也全部由公司支付，花费数百万美元邀请体育名流同客户打球并频频在 RJR 纳贝斯克公司赞助的各类体育盛会上露面。公司拥有一个由 10 多架飞机组成的飞行队，人们私下称之为"RJR 空军"，私人飞机经常成为他个人的出行工具。

约翰逊的左膀右臂彼得・科恩（Peter A. Cohen），是希尔森・雷曼兄弟（Shearson Lehman Brothers）投行的董事长兼首席，从未干过一笔杠杆收购，旗下甚至连一个垃圾债部门都没有，也急于投入这场杠杆收购游戏，希望借机改进一下公司平平的盈利表现。科恩接受了约翰逊完全控制 RJR 纳贝斯克公司，以及价值 25 亿美元的股权在约翰逊和几位公司高管之间平分的请求。如此慷慨的计划立即遭到美国运通董事长詹姆斯・罗宾森（James Robinson Ⅲ）和其他一些人的反对。

　　1988 年，约翰逊领导的公司高管层对外宣布以每股 75 美元的价格收购 RJR 纳贝斯克公司。《监管法》规定，为了股东利益最大化，公司董事会需要向全社会公开招标。约翰逊觉得稳操胜券，他预计不会有竞争者，因为报价高于市值的 1/3。

　　KKR 公司志在必得，不惜代价包揽市场上最有影响力的机构，如德崇证券、美林和摩根士丹利等，让竞争对手相形见绌。但尽管 KKR 公司的克拉维斯最早向约翰逊介绍了杠杆收购的概念，但约翰逊出于个人考虑决定同 KKR 的竞争对手合作，为此，KKR 展开了一场竞标生死大战。

　　当然，彻底摧毁约翰逊和科恩计划的是 KKR 发起人之一的克拉维斯，当他看到每股 75 美元的报价后，明白还有上调空间，于是将每股 75 美元价格提高到每股 90 美元，这是一个可以不通过 RJR 纳贝斯克公司管理层批准而直接交易的价格。

见到这种情况，约翰逊立即对这场由他本人挑起的华尔街大战失去兴趣，其主要还是担心偿还杠杆收购带来的巨额债务，因为这势必影响到他现有的奢华的生活方式。约翰逊不关心这场战争如何结束，而是何时结束。参与顾问和融资的有摩根士丹利、高盛、索罗斯、所罗门兄弟、美林等一大批投行和金融家，交易的谈判过程跌宕起伏、充满悬念，充分暴露出人性的贪婪、狡诈。经过一系列火星四溅的讨价还价和斗智斗勇，RJR 管理层同希尔森雷曼兄弟及所罗门兄弟公司一道报出 112 美元的高价，认为足以吓跑 KKR 公司，而 KKR 却最终以每股 109 美元、总金额 311 亿美元的报价拿下，结束了这场万众瞩目的收购大战。不过，这笔交易却成为垃圾债大潮结束的开始。

造富神话的终结与影响

在轰轰烈烈的并购泡沫中，无限风光的德崇证券经历了一场"过山车"，最终从垃圾债霸主沦为破产公司。围绕着垃圾债驱动的并购潮的利与弊，辩论一直没有停歇过，然而，一个改变了美国商业传统的金融创新工具留给人们的是对金融创新本身更深刻的反思，垃圾债最终成为金融市场上不可或缺的一员，而私募股权公司借助垃圾债对收购公司的管理模式也将深刻影响企业的演变进程。

造富神话终结

米尔肯联手私募股权公司改写了华尔街的游戏规则，创造了华尔街公司中前所未有的业务增长奇迹。德崇证券 1986 年的收入达到 40 亿美元，不仅成为垃圾债市场的顶级承销商，也从金融精英圈的局外人一举成为华尔街最赚钱的公司，登上华尔街新国王的宝座。这一年，米尔肯的团队也从 20 多人增加到 130 人，部门员工最高收入超过 50 万美元，一些老员工从未见到过这么多钱。

米尔肯个人的腰包越来越鼓，1986 年高达 5.5 亿美元，成为美国速成的亿万富翁，跻身《福布斯富人榜》。正如纽约大学金融教授罗伊·史密斯（Roy C. Smith）所言："垃圾债是 1980 年代的一台了不起的、万无一失的赚钱机器。"[1]

垃圾债市场在享受着梦幻回报的同时，也随着并购泡沫的破灭离灭亡越来越近。钱是万恶之源，钱多了总是离不开奢华。米尔肯在风景如画的太浩湖边（Lake Tahoe）举办五十大寿庆生典礼，占地 3 万多平方英尺，连办四天，花费 4200 万美元，让社会各界感到一种无名的嫉妒与愤怒。从政府、媒体到公众都坚信米尔肯令人瞠目结舌的高收入一定是不义之财。他那套"赢者通吃"的魔鬼游戏在助长投机者疯狂情

1　Roy C.Smith, *The Money Wars: The Rise & Fall of the Great Buyout Boom of the 1980s*, Beard Book, 2000, p.182.

绪的同时，也激怒了各行各业强大的利益集团，从企业 CEO、董事会成员、律师、银行家到政客都对米尔肯表示出强烈不满。此外，米尔肯吃独食的风格也得罪了华尔街同行。在承销赌场运营商金砖酒店（Golden Nugget Hotel & Casino）垃圾债交易中，由于米尔肯拒绝同所罗门兄弟公司分享，而受到后者的警告。德崇证券出事后，市场上盛传是所罗门兄弟公司告的密。

其实，德崇证券一笔笔巨额收购交易早已引起监管当局的关注。毫无疑问，米尔肯在垃圾市场扮演的多重角色必然带来利益冲突，在巨额手续费的诱惑下，违规时有发生。在时代华纳（Time Warner）收购案中，在商业巨头泰德·特纳（Ted Turner）心甘情愿地付给米尔肯 5000 万美元的顾问费后，证交会就开始质疑米尔肯在顾问和证券交易方面是否存在着界限不清的问题。

国会对米尔肯的并购游戏更是充满质疑。银行委员会主席专门召开听证会，怀着阴谋论的心理，寻找公司控制战背后的犯罪证据。调查小组将目标直指米尔肯，并把这项工作交给以调查黑手党闻名、一向以强硬著称的纽约市前市长鲁道夫·朱利安尼（Rudolph Giuliani）。

朱利安尼对米尔肯展开大规模调查，试图找出一些违反《证券法》的犯罪事实。米尔肯的老客户伊凡·布斯基（Ivan Boesky）的出事终于让他抓到了把柄。布斯基是市场上有名的"套利大王"，一直依靠大量的内幕信息获取暴利，被《时代周刊》称为"恐怖的伊凡"。[1]布斯基的致命弱点是狂妄、高调，在完成几笔巨额收购案后开始四处演讲。他曾于1986年5月在加州大学商学院的毕业典礼演讲中发表经典名言："贪婪是可以接受的，另外，我想让你们知道，我认为贪婪是健康的。你可以贪婪，同时还能自我感觉良好。"这句话也成为那个喧嚣年代最好的注脚。

然而，口出狂言的布斯基万万没有料到厄运到来得这样快。1985年的某一天，美林公司收到来自委内瑞拉加拉加斯办公室的一封匿名举报信，内容是两名经纪人操作的并购交易中目标公司的股票战绩好得令人难以置信。美林公司将此情况反映给证交会，结果证交会顺藤摸瓜，从一位经纪人入手，揪出一大批疑犯，其中包括布斯基。布斯基遭到美国证券监督委员会起诉后，于1986年12月承认利用内幕信息赚取1亿美元的事实。最终布斯基被判三年半监禁，没收其非法所得8000万美元，罚款5000万美元，终身不得从事证券交易。

让证交会喜出望外的是，布斯基在供词中将其同米尔肯一起做的内幕交易和盘托出。从1983年起到案发，米尔肯为布斯基价值10亿美元的套利交易提供了融资，不可避免地参与了几桩内幕交易和股价操纵。为了减轻罪责，米尔肯花费了大量精力同证交会展开了长达两年的拉锯战，聘请了著名

---

1 George Russell, "Going After the Crooks: As Ivan Sings, Traders Quake and Investors Weep", *Time*, December 1, 1986.

第五章 并购潮中的垃圾债与私募股权基金

369

律师为自己的行为辩护。而政府律师班子对米尔肯早已失去耐心。在手中握有同德崇公司交易员对话的录音带后，朱利安尼鼓励部下采取强硬措施迅速起诉德崇公司。在强大的压力下，米尔肯的下属终于改变态度，承认其所犯下的罪行。

1988 年底，德崇证券同美国大法官签署认罪辩诉协议，也就是检察官与被告之间进行的认罪讨价，协议要求德崇证券断绝同米尔肯的一切关系并协助政府指控他。德崇证券难以下手，毕竟德崇证券从费城一家不起眼的小公司一跃成为华尔街的新星，米尔肯曾立下汗马功劳。面对证交会的 98 项指控，米尔肯最终承认证券欺诈、内幕交易和股票操纵等六项重罪指控，被判 10 年监禁，罚款 6.5 亿美元。这是当时由于违反《证券法》被判的数额最大的一笔罚款，德崇证券也因此遭到 4000 万美元的处罚。

尽管德崇证券仍想在垃圾债市场上唱主角，但可惜大势已去。法律官司伤害了公司在市场上的名誉，政治高压令其锐气大减。前几年收购的公司受内部与外部环境的影响接二连三倒闭，公司的投资组合也出现大规模损失。随后，德崇证券商业票据被降级，隔夜资金市场拒绝向其提供支持，公司流动性告急，

德崇证券在危急时刻求助公司的最大股东兰伯特 - 布鲁塞尔集团（Groupe Bruxelles Lambert），希望其注入更多资金，得到的答复是没钱，其他公司的态度也不例外。德崇被迫将手伸向了资金暂时宽裕的业务部门，从大宗商品和国债交易

部拿了 4 亿美元以解燃眉之急。但由于这件事既没有向控股公司汇报也没有向监管部门上报，竞争对手将德崇证券内部转钱的消息捅给纽联储，纽联储立即转告证交会。

由于更多的商业票据不再展期，德崇流动性进一步恶化。大宗商品部门更是心急如焚，因为该部门同外国央行之间的交易马上到期，需要偿还 3.3 亿美元的债务。危急时刻，德崇要求商业票据营销部门紧急行动起来。营销人员还真有本事，硬是在社会的一片怀疑声中，推销出数百万美元的票据。除此之外，为了应对流动性危机，公司还从内部挖潜入手，要求大家加班加点，削减成本，将股票、垃圾债存货卖掉，撤出大宗商品和 MBS 业务。

为了填补大宗商品部的窟窿，公司准备了价值 11 亿美元的抵押品，其中包括各类证券、过桥贷款和租赁组合收入权利等，希望从银行争取到 4 亿美元的贷款。银行家们一个个西装革履，应邀来到德崇证券会议室，针对贷款抵押品的质量单刀直入。面对银行家们的尖锐提问，德崇证券 CEO 弗雷德里克·约瑟夫（Frederick Joseph）明显准备不足。当银行家们仔细阅读了抵押品的清单后，认出这些抵押品正是他们之前就投了否决票的，态度开始强硬起来。约瑟夫认定监管当局不会见死不救，一定会敦促银行救助而不是任其倒闭，干脆直截了当地宣布，公司出现了流动性危机，需要偿还外国央行的贷款。另外，他甚至指出当前的情况比会议开始前还要复杂，公司已经出现了违约，在座各位的所有贷款都有危险。

约瑟夫的警告并未起作用，会议于午夜 0 点 30 分不欢而散。约瑟夫又亲自给几家银行高管打电话，但无济于事。约瑟夫不甘心，于凌晨 1 点 30 分给证交会和纽联储打电话告知银行见死不救，对方的答复是需要请示上级。财长尼古拉斯·布雷迪（Nicholas Brady）和艾伦·格林斯潘（Alan Greenspan）得知此事后，立即建议德崇证券申请破产保护，否则面临监管当局的清盘。约瑟夫这时才恍然大悟，原来自己的公司早已成为历史。1990 年 2 月 13 日，德崇证券宣布破产。

垃圾债市场很快就随着米尔肯和德崇公司的倒台急转直下。随着经济形势的变化，一批早期垃圾债发行人出现还债困难，目标公司背负的债务包袱不同程度地影响了企业的正常发展。1987 年敌意收购占了德崇全部收购交易的 1/4，在各路投机客的追捧中，大多数并购交易缺少逻辑，主要受到大量股票价值被低估和市场上唾手可得的债务的驱动，更多机构快速跟风复制导致市场上鱼龙混杂。杠杆收购泡沫中的一系列问题终于显现。1985~1988 年发生的 83 起大额并购交易中，有 26 家未能履行偿债义务，其中 18 家于 1991 年末破产。杠杆收购规模从 1988 年顶峰时期的 600 多亿美元跌至 1990 年的不到 40 亿美元。

垃圾债投资方面也由于政府整顿杠杆交易市场的决心而迅速冷却。1989 年 8 月，美国国会通过金融机构改革新规，要求承销了大把垃圾债的储贷协会按市价而不是按票面价值记账，同时要求其在 1994 年 8 月前大规模削减同杠杆交易相关的垃圾债组合；纽约州也开始限制保险公司垃圾债投资组合比例。同一年，美国货币监理署、美联储和联邦存款保险公司共同推出《高杠杆交易指南》，限制银行发放高杠杆贷款。失去辉煌的垃圾债价格呈现自由落体式的下跌，导致个人投资者于 1990 年共赎回价值 70 亿美元的共同基金份额。垃圾债发行规模也从高峰期的 766 亿美元缩减到 1990 年代初的 69 亿美元。

金融市场的基石

米尔肯的一生充满着戏剧性。尽管所发生的一切都已成为历史，米尔肯到底是魔鬼还是天使，仁者见仁，智者见智。

《华尔街日报》记者詹姆斯·史都华（James B. Stewart）在其商业畅销书《贼巢》（*Den of Thieves*）中将米尔肯置于犯罪阴谋的中央，将其描绘成一个无情无义的魔鬼，他参与的每笔交易都成为腐败的经典案例，他的操纵、掠夺、贪婪代表了 1980 年代的时代特征。

另外一种观点认为，尽管 1970 年代后期就出现了垃圾债，但米尔肯将其做大规模。不管出于何种动机，米尔肯凭借自身的聪明与勤奋以及其他银行家普遍缺乏的远见和想象力，经过十多年的打拼，打造出一个全新的市场。然而，正是这样一位垃圾债市场的主角，造就了一个热闹非凡的商业时代。米尔肯本人的传奇就是现代金融创新的故事。

垃圾债发行人主要有三大类，25% 是从投资级降至非投资级，25% 是为中小企业开展正常业务发行的企业债，其余 50% 是杠杆收购。米尔肯利用资本的威力，助推并购大潮，通过重新发现公司价值，为"坠落的天使"抛出"救生筏"，为冉冉的新星雪中送炭，在公司融资与投资者之间架起一座桥梁，协助敌意收购公司向低效、臃肿的官僚企业宣战，缩短了美国老企业的转型期，为美国商业带来新活力，释放出效率与利润。他的金融创新在美国商业与金融史上留下了浓重的一笔。

对投资级以下公司资金的限制就是对经济增长的限制，如果缺少信用历史的中型市场公司出于融资需求，能为风险支付高息，等于开辟了一条银行以外的另类渠道。在米尔肯的支持下，一大批中型市场公司获得了扩展业务的资金，行业涉及航空、服装制造业、零售业等，对象包括医疗保护供应商、医药公司、连锁餐馆、石油开采公司、半导体制造商等。从挑战美国电话公司 MCI 通信公司到开创 24 小时新闻先河的 CNN 等企业都是借助垃圾债成长、壮大起来的。

米尔肯的成功赶上天时地利，顺应了当时各行各业发展过程中的一个大趋势。1970 年代出现的一大批超大型公司管理模式和产品竞争力都已落伍，在动荡的环境中寻求新的转型之路，而外部宽松的监管环境和有利的税收环境非常适合资本筹集和企业重组。1980 年代的收购中出现不少问题，但考虑到公司重组的复杂性，不犯错误才会令人吃惊。[1]

尽管垃圾债市场伴随着米尔肯和德崇公司的陨落受到打击，但米尔肯留下的丰厚遗产并没有消失，在经历调整后实现了新的腾飞，最终融入投资主流类别。正如橡树资本（Oaktree Capital）创始人霍华德·马克斯（Howard Marks）所言："米尔肯和德崇证券将垃圾债从家庭工业变成金融行业的基石之一。"

哈佛商学院教授萨缪·海斯（Samuel L. Hayes Ⅲ）认为，在影响美国商业发展趋势方面，米尔肯创建的垃圾债市场在筹资方面同 J.P. 摩根有一拼，两人都凭借一己之力，改变了美国企业的生态环境。

私募股权的功与过

1980 年代中期，恰逢美国经济从监管、技术到市场等方面均发生剧烈变化的转型期，私募股权基金借助米尔肯的垃圾债，对故步自封、官僚作风严重的美国传统公司发起猛烈攻击，带来公司治理模式的变革。然而，凡事有利必有弊。金额巨大的并购交易为投机商带来暴富的机会，他们在诱惑面前不惜操纵市场，偏离并购交易的初衷，使其变成一场金融游戏。

杠杠在并购交易中的使用，促使公司管理层更加重视资

1　"The Modern Industrial Revolution", pp.838-839.

金的有效使用，因为如果资金不能产生足够的回报，则意味着企业债务负担的加重。另外，在传统上市公司里，代表股东利益的董事会和拿薪水的管理层之间存在着先天的利益不一致：管理层的兴趣并不在于股东回报的最大化，而在于企业长期财务表现为标准的绩效考核，他们往往热衷于乡村俱乐部会籍和私人飞机待遇，并不考虑公司的经营成本。私募股权公司接手后，通过控制和接手管理层，让董事会与管理层之间形成一种目标一致从而更高效的工作关系。投资者对公司的监督也从被动变为主动。另外，私募股权公司在重组企业时，还可以行使公司财务的功能，凭借其同资本市场和投行的密切关系，解决企业转型时期的资金问题。

私募股权公司的另一个优势是在激励机制方面。这些公司用高价吸引市场上最优秀的专业人才，特别是那些经验丰富的行业领袖和专业人才。1980~1994 年，美国公司首席执行官以发行价估值的期权平均增长了 7 倍。到了 1994 年，基于股票的薪酬占比从不到 20%，增加到近 50%。

新型公司治理机制对美国公司消除过剩产能产生强大推力，美国轮胎行业就是一个经典案例。在管理层拒绝改变现状的情况下，私募股权基金接管后，强行推动转型。1977~1987 年，美国总计有 37 家轮胎工厂关门，整个行业的减员总数超过 40%。石油和烟草行业也是如此。私募股权基金严格限制上述行业管理层对现金流的挥霍，将宝贵的资源分配到更有效的项目上。

然而，社会舆论对私募股权基金的批评声一直没有停止过，主要指责其利用垃圾债市场套利，偏离了并购交易的初衷。私募巨头、泰丰资本（Terra Firma Capital Partners）董事长盖伊·汉兹（Guy Hands）道出实情，他认为私募股权公司赚钱的要素是并购基金，并购基金使用便宜的债收购陷入困境的公司，当债务成本低于股权成本时，私募股权公司仅凭借钱就可以完成套利。另外，不管是否敌意收购，仅两家公司合并或一家公司收购另一家公司的消息就可以为风险套利者制造出赚钱机会。风险套利者的赚钱方式是：在换股并购中，通常做多被收购公司的股票，同时做空收购公司的股票；在现金收购中，从收购价格与目标公司价格之间的价差中牟利。美国知名并购案律师马丁·利普顿（Martin Lipton）的话最一针见血，他认为："垃圾债破坏了美国传统的商业文化，早已转变为一场投机者的暴利游戏"。12 位国会参议员曾联名写信给美联储，要求禁止在并购交易中使用垃圾债融资，认为是一种资源浪费，应该将宝贵的资金用于经济发展和创造就业。

尽管都在私募股权公司的大旗下，杠杠收购公司的社会形象远不如风投公司。风投公司的使命是通过扶持新公司、新点子，为社会创造新价值、增加就业，而杠杠收购公司则是破坏现有公司价值并造成大量失业。

有关私募股权基金的争论还会继续下去，问题的关键在于孰轻孰重，是让那些效率低下、早已成为社会负担的公司苟且活着，还是利用金融的力量，在一个资源有限的世界里，让公司的毁灭和重生成为常态，最终实现公司的转型，适应新的社会和经济发展需求。应该说，私募股权基金在改善公司治理机制方面是一种有意义的创新尝试。

名词解释

《谢尔曼反托拉斯法》（Sherman Antitrust Act）：美国国会于 1890 年通过的第一个反垄断法。该法从保护消费者利益出发，授权联邦政府调查并起诉那些有托拉斯行为的企业，如以契约、信托或其他方式形成联合或相互串通，人为抬高产品价格等阻碍市场竞争的行为。

《联邦贸易委员会法》（Federal Trade Commission Act）：于 1914 年通过，授权建立联邦贸易委员会（Federal Trade Commission, FTC），负责监督和实施反托拉斯法，其宗旨是在保护投资者权益的同时，促进市场公平竞争。

赫芬达尔 - 赫希曼指数（Herfindahi-Hirschman Index, HHI）：一项测量市场集中度的综合指标，用某特定行业所有企业市场份额的平方和表示，指数越大，表示垄断程度越高。

垃圾债（Junk Bond）：也称为"高收益债"（High Yield Bond），是指信用评级在非投资级或以下，具体来说指的是那些按穆迪公司标准 BBB 以下评级，或按标普公司标准 Baa 以下评级，以及没有评级的债券。垃圾债于 1970 年代后期兴起，很快就成为 1980 年代并购大潮中的融资工具。在杠杆收购交易中，收购者通过发行垃圾债为交易埋单，使用目标公司的现金流偿付债务。

杠杆收购（Leveraged Buyout）：通过发债和贷款等方式收购成熟上市公司，成为公司狙击手在不动用大量资金的基础上完成大型收购交易的工具。

夹层融资（Mezzanine Financing）：对处于股权与优级债中间层的融资，主要针对无力在债券市场发债的中小公司。同垃圾债一样，夹层融资也是无担保次级债，偿还权利列在银行贷款和其他高级债后。夹层融资全部是私募发行。

管理层收购（Management Buyout：MBO）：公司管理层利用借债或股权交易收购本公司的行为，通过改变公司所有制结构改善公司治理。

敌意收购（Hostile Takeover）：收购公司在没有目标公司管理层和董事会批准的条件下，采取债务融资方式强行实施收购的行为，垃圾债是敌意收购的重要武器。

公司狙击手（Corporate Raider）：指那些在敌意收购市场强行收购公司的交易高手，在获得目标公司控制权后，强行改变公司的管理层和经营战略。

过桥贷款（Bridge Loan）：一种中短期贷款创新，以目标公司资产或收购公司子公司的股权作抵押，一方面帮助收购公司在并购谈判中增加可信度，另一方面用于满足并购后的金融债务，直到新实体可以出售资产，筹集到所需的资金。这类贷款也经常在银行间相互交易。

高度自信函（Highly Confident Letter）：米尔肯于1984年创建的一种融资承诺方式，也是米尔肯使用的众多融资技术中，最引人注目、最有吸引力的工具。尽管该信函不具有法律效应，但米尔肯凭借其良好声誉，让自信函等同于现金，为公司狙击手提供了强有力的弹药。

不良债务投资（Distressed Debt Investing）：指购买财务陷入困境的公司发行的债务，这些公司已经出现债务违约、处于违约边缘或未来有极大可能破产。投资不良债务的吸引力在于未来可能带来极高收益。

参考文献

B.Espen Eckbo, "Corporate Takeovers and Economic Efficiency", European Corporate Governance Institute Working Paper, No.391, 2013.

Barak Orbach and Grace Campbell Rebling, "The Antitrust Curse of Bigness", *Southern California Law Review,* Vol.85, 2012.

Becketti, Sean, "The Truth About Junk Bonds", *Economic Review*, Federal Reserve Bank of Kansas City, Jul.-Aug., 1990.

Bengt Holmstrom and Steven N. Kaplan, "Corporate Governance and Merger Activity in the United States: Making Sense of the1980s and 1990s", *The Journal of Economic Perspectives*, Vol. 15, No. 2 (Spring, 2001).

Benjamin A. Javits, "The Anti-Trust Laws", *The Annals of the American Academy of Political and Social Science*, Vol. 149, Part1: The Second Industrial Revolution and Its Significance, May, 1930.

Beth Selby, et al., "Corporate Finance Deals of the Year: The 80's Revisited", *Institutional Investor*, Jan. 26, 1992.

Bob Greene, "Million Idea: Use Greed For Good", *Chicago Tribune*, Dec.15, 1986.

Brett Cole, *M&A Titans: The Pioneers Who Shaped Wall Street's Mergers and Acquisitions Industry*, Wiley, 2008.

Brett Duval Fromson, "The Last Days of Drexel Burnham", *Fortune*, May 21, 1990.

Byran Burrough and John Helyar, *Barbarians at the Gate: The Fall of*

RJR Nabisco, Harper Business, 2009.

C. P. Chandrasekhar, "Private Equity: A New Role for Finance?" *Economic and Political Weekly*, Vol. 42, No. 13, Money, Banking and Finance, Mar.31 - Apr. 6, 2007.

Charies R.Babcock, "New Antitrust Policy: Bigness Isn't Badness", *The Washington Post*, Feb.7, 1982.

Charles Hoffmann, "The Depression of the Nineties", *The Journal of Economic History*, Vol. 16, No. 2, Jun., 1956.

Congressional Budget Office, "The Causes of New York City's Fiscal Crisis", *Political Science Quarterly*, Vol.90, No.4 (Winter, 1975-1976).

Connie Bruck, *The Predators' ball: The Inside Story of Drexel Burnham and the Rise of the JunkBond Raiders*, Penguin Books, 1989.

David Haarmeyer, "Private Equity: Capitalism's Misunderstood Entrepreneurs and Catalysts for Value Creation", *The Independent Review*, Vol. 13, No. 2 (Fall, 2008).

David J. Ravenscraft, "The 1980s Merger Wave: An Industrial Organization Perspective", Federal Reserve Bank of Boston, Conference Series, Vol.31, 1987.

"Drexel Burnham Lambert's Legacy: Stars of the Junkyard", *The Economist*, Oct. 21, 2010.

Edward B. Rock, "Institutional Investors in Corporate Governance" (2015), *Faculty Scholarship*. Paper 1458.

Edward I. Altman, "Revisiting the High-Yield Bond Market", *Financial Management*, Vol. 21, No. 2 (Summer, 1992).

Edward I.Altman and Scott A. Nammacher, *Investing in Junk Bonds: Inside the High Yield Debt Market*, Beard Books, 1987.

Edward Jay Epstein, *The Secret World of Mike Milken*, Manhattan, Inc., 1987.

Edward M.Gramlich, "The New York City Fiscal Crisis: What happened and What is to be Done?"*The American Economic Review*, Vol.66, No.2.

Edward Morris, *Wall Streeters: The Creator and Corruptors of American Finance*, Columbia Business School Press, 2015.

Equity Funds, NBER Working Paper No.12826, January, 2007.

Eric S. Rosengren, "The Case for Junk Bond", *New England Economic Review*, May-June, 1990.

Eugene F. Fama and Michael C. Jensen, "Separation of Ownership and Control", *Journal of Law and Economics*, Vol. 26, No. 2, 1983.

Federal Trade Commission, "The Antitrust Laws", www.ftc.gov.

Frank J.Fabozzi, *Bond Markets, Analysis and Strategies*, Pearson UK, 2012.

G.Bennett Stewart III, *The Quest for Value: A Guide for Senior Managers*, HarperCollins Publishers, 1991.

Garfinkel, Michelle R., "The Causes And Consequences Of Leveraged Buyouts Review", Federal Reserve Bank of St. Louis, Sep.-Oct., 1989.

Gerald Davis, *Managed by the Markets: How Finance Re-Shaped America*, Oxford University Press, Reprint Edition, 2011.

Gile R. Downes, Jr., et al., *Institutional Investors and Corporate Behavior*, The AEI Press, 1999.

Glenn Yago, *Junk Bonds: How High Yield Securities Restructured Corporate America*, Oxford University Press, 1990.

Glenn yago, "Junk Bonds", The Concise of Encyclopedia Economics, Library of Economics and Liberty.

Gregg A.Jarrell, "Takeovers and Leveraged Buyouts", *The Concise Encyclopedia of Economics,* Library of Economics and Liberty.

Harlan D.Platt, *The First Junk Bond: A Story of Corporate Boom and Bust*, Routledge, 1994.

Ivan Fallon, *Billionaire: The Life and Times of Sir James Goldsmith*, Little Brown & Co., 1992.

James B. Stewart, *Den of Thieves*, Touchstone, 1992.

James J.Cramer, "Bad Boys, Bad Boys", *New York*, www.nymag.com.

Jay Krasoff and John O'Neill, "The Role of Distressed Investing and Hedge Funds in Turnarounds and Buyouts and How This Affects Middle-Market Companies", *The Journal of Private Equity*, Vol. 9, No. 2, Special Turnaround Management Issue (Spring, 2006).

Johanna Berkman, "Fall of the House of Steinberg", *New York Magazine*, June 19, 2000.

John Greenwald, "High Times for T. Boone Pickens: A Wily Raider Shakes Up Corporate America", *Time*, Mar.4, 1985.

John Weir Close, "*A Giant Cow-Tipping by Savages: The Boom, Bust, and Boom Culture of M&A*", St.Martin's Press, 2013.

Joseph McCafferty, "The Buyout Binge", *CFO Magazine*, Apr.1, 2007.

Karen H. Wruck, "Private Equity, Corporate Governance, and the Reinvention of the Market for Corporate Control", *Journal of Applied*

Corporate Finance, Vol.20, No.3 (Summer, 2008).

Linda Brewster Stearns and Kenneth D. Allan, "Economic Behavior in Institutional Environments: The Corporate Merger Wave of the1980s", *American Sociological Review*, Vol. 61, No. 4, August, 1996.

Malcolm S.Salter and Wolf A.Weinhold, "Diversification via Acquisition: Creating Value", *Harvard Business Review*, July, 1978.

Mark J.P. Anson, "A Primer on Distressed Debt Investing", *The Journal of Private Equity*, Vol. 5, No. 3 (Summer, 2002).

Martin J.Whitman and Fernando Diz, *Distress Investing: Principles and Technique*, Wiley, 2009.

Merlin G.Beiner, "Economic Recovery Tax Act of 1981", *Akron Law Review*, Vol.15:2.

Michael C. Jensen, "The Modern Industrial Revolution, Exit, and the Failure of Internal Control Systems", *The Journal of Finance*, Vol.48, No.3, July, 1993.

Michel, Allen;Shaked, Israel, "RJR Nabisco: A Case Study of a Complex Leveraged Buyout", *Financial Analysts Journal*, Sep.-Oct., 1991.

Mitchell and H.Mulherin, "The Impact of Industry Shocks on Takeover and Restructuring Activity", *Journal of Financial Economics*, 1996.

Natasha Doff, "Junk Bonds of the Financial Crisis Were the Decade's Biggest Winners", www.*bloomber.com*, Aug.15, 2017.

Paul Asquith, et al., "Anatomy of Financial Distress: An Examination of Junk-Bond Issuers", *The Quarterly Journal of Economics*, Vol. 109, No. 3, Aug., 1994.

Peter L. Bernstein, "Financial Markets and Real Economies in the 1980s: What Really Happened?", *Business Economics*, Vol. 23, No. 3, July, 1988.

Ralph S. Saul, "Drexel: Some Lessons for the Future", *The Brookings Review*, Vol. 11, No. 2 (Spring, 1993).

Remolona, Eli M.;McCauley, Robert N.;Ruud, Judith S.;Iacono, Frank, Corporate Refinancing in the 1990s, *Federal Reserve Bank of New York Quarterly Review*, Winter 1992-1993, 17, 4, Research Library.

Robert A. Taggart, Jr., *The Growth of the 'Junk'Bond Market and Its Role in Financing Takeovers, Merges and Acquisitions, ed.Alan J.Auerbach*, University of Chicago Press, 1987.

Robert Pear, "Justice Dept. On Antitrust: Bigness is not Badness", *New York Times*, June 25, 1981.

Robert Slater, *The Titans of Takeover*, Beard Books, 1999.

Robert Teitelman, "Michael Milken and the Birth of Junk Bonds", *Mergers & Acquisitions*, May, 2016.

Roger E.Alcaly, "The Golden Age of Junk Bond", *New York Review of Books*, May 26, 1994 Issue.

Roy C. Smith, *The Money Wars: The Rise & Fall of the Great Buyout Boom of the 1980s*, Beard Book, 2000.

Rudolf Callmann, "The Essence of Anti-Trust", *Columbia Law Review*, Vol. 49, No. 8, December, 1949.

Sally Bedell Smith, "Billionaire with a Cause", *Vanity Fair*, Jan.2, 2008.

Sanjai Bhagat, et al., "Hostile Takeovers in the 1980s: The Return to Corporate Specialization", Brookings Papers on Economic Activity. *Microeconomics*, Vol. 1990 (1990).

Shourun Guo, "Do Buyouts (Still) Create Value?", *The Journal of Finance*, Vol. 66, No. 2, April, 2011.

Stearns, Linda Brewster;Allan, Kenneth D, "Economic Behavior in Institutional Environments: The Corporate Merger Wave of the 1980s", *American Sociological Review*, Aug., 1996.

Steven N. Kaplan and Jeremy C. Stein, "The Evolution of Buyout Pricing and Financial Structure in the 1980s", *The Quarterly Journal of Economics*, Vol. 108, No. 2, May, 1993.

Steven N. Kaplan and Per Strömberg, "Leveraged Buyouts and Private Equity", *The Journal of Economic Perspectives*, Vol. 23, No. 1 (Winter, 2009).

Steven N.Kaplan, "The Evolution of U.S.Corporate Governance: We Are All Henry Kravis Now", *The Journal of Private Equity*, Vol.1, No.1 (Fall, 1997).

Sumon Kumar Bhaumik, "Mergers and Acquisitions: What Can We Learn from the "Wave" of the 1980s?" ICRA Bulletin, Money & Finance, Oct.-Dec., 1999.

The New Kings of Capitalism, Survey on the Private Equity Industry, *The Economist*, Nov.25, 2004.

Ulf Axelson, "Borrow Cheap, Buy High? The Determinants of Leverage and Pricing in Buyouts", *The Journal of Finance*, Vol. 68, No. 6, Dec., 2013.

Ulf Axelson, et al., "Why are Buyouts Levered? The Financial Structure of Private in Financing Takeovers", *Mergers and Acquisitions*, ed.Alan J. Auerbach, University of Chicago Press, 1987.

W. Keith Schilit, "The Nature of Venture Capital Investments", *The Journal of Private Equity*, Vol. 1, No. 2 (Winter, 1997).

- 1848— 芝加哥期货交易所成立（Chicago Board of Trade）
- 1874— 芝加哥农产品交易所开业（Chicago Produce Exchange）
- 1893— 纽约清算所成立
- 1914— 美联储开业
- 1917— 回购业务（Repurchase Agreement, Repo）
- 1919— 芝加哥商品交易所（Chicago Mercantile Exchange, CME）
- 1932— 创建联邦住房贷款银行体系
- 1933— 联邦存款保险公司成立
- 1934— 美国证券交易委员会成立
- 1938— 联邦住房署（Federal Housing Administration）成立
- 1938— 联邦国民抵押贷款协会（Federal National Mortgage Association, Fannie May）成立，简称"房地美"
- 1946— 风险投资公司—美国研究与开发公司创建
- 1949— 大卫·肖尔，提供综合的第三方信用业务
- 1962— 巴科莱农社《金融杂志》发表《现代投资组合理论》
- 1958— Fair Isaac 公司推出 FICO 信用评分
- 1960— 大额存单
- 1963— 欧洲美元债券
- 1969— 欧洲美元存单
- 1969— 特别提款权（The Special Drawing Rights, SDR）
- 1967— 巴克莱银行安装第 1 台ATM机"
- 1968— 住房与城市发展法》（The Housing and Urban Development Act of 1968）
- 1968— 政府国民抵押贷款协会（Government National Mortgage Association, Ginnie Mae）成立，简称"吉利美"
- 1969— 汉华公司设计出伦敦同业拆借利率（Libor）
- 1970— 欧洲美元回购款
- 1969— 吉利美发行抵押转递债款
- 国际商业交易所（International Commercial Exchange）
- 1972— 联邦住房抵押贷款公司（Federal Home Loan Mortgage Corporation, Freddie Mac）成立，简称"房地美"
- 金融期货诞生
- 国际货币市场（International Monetary Market）开业
- 货币市场共同基金（'Money Market Mutual Fund'）创建
- 1973— 芝加哥期权交易所（Chicago Board of Options Exchange）
- 1975— 利率期货
- 1976— 国债期货

1933— 《紧急银行法》（The Emergency Act of 1933）
（1933—1935年间）《The Banking Act of 1933》
《证券法案》（Q 条例）（Q Regulation）
《1933 年证券法》（the Securities Act of 1933）

1934— 《证券交易法》（the Securities Act）
《1934 年住房法》（National Housing Act）
（1934 年交易法）《The Exchange Act》
《联邦储备法》The Gold Reserve Act of 1934）

1935— 《1935 年银行法》The Gold Reserve Act of 1935.

1936— 《1936 年银行法》（the Banking Act of 1935）

1940— 《1940 年投资顾问法》（the Investment Advisers Act of 1940）
《1940 年投资公司法》（the Investment Company Act of 1940）

1956— 《银行控股公司法》（The Bank Holding Company Act of 1956）

1958— 《1958 年小企业投资法》（The Small Business Investment Act of 1958）

1964— 《1964 年经济机会法》（Economic Opportunity Act of 1964）

1970— 《公平信用报告法》（The Fair Credit Reporting Act）

1970— 《1970 年紧急住房融资法》（The Emergency Home Finance Act of 1970）

1974— 《平等信贷机会法》（Equal Credit Opportunity Act of 1974）

1980— 《存款机构放松管制与货币控制法》（The Depository Institutions Deregulation and Monetary Control Act）

1982— 《1981 年经济复兴税法》（Economic Recovery Tax Act of 1981）
（甘恩—圣·杰曼存款法）《Garn-St.Germain Depository Institutions Act》

1984— 《并购（牛奶指南）》（Merger Guidelines）指南

1989— 《1984 年抵押市场增强法》Secondary Mortgage Market Enhancement Act）
《1989 年金融机构改革、恢复和实施法》（Financial Institutions Reform, Recovery, and Enforcement Act of 1989）（three）

1998— 《金融服务现代化法》（the Financial Services Modernization Act of 1999）

2000— 《商品期货现代化法》（The Commodity Futures Modernization Act of 2000）

2010— （Multi-—多德弗兰克华尔街改革与消费者保护法）（Dodd-Frank Wall Street Reform and Consumer Protection Act of 2010）

1970— 商用不动产抵押贷款证券化

1983— 抵押贷款支付凭证 CMO

1985— 不动产抵押贷款投资管道 REMIC

1986— 担保债务凭证《Cbo》

下　部

第六章　｜　**现代金融创新核心**
　　　　　　——资产证券化

证券化基本上就是现代金融的故事。

——塔布集团创始人拉里·塔布（Larry Tabb）

资产证券化（Asset Securitization）指的是一种将资产打包、构建资产池、通过特别目的实体将贷款等资产转变为可交易证券的过程和技术，以建贷款池和为贷款池分层、评级为主要特点，以抵押贷款最多。

证券化技术起源于政府发起机构（Government Sponsored Enterprise,GSE），以解决住房抵押贷款的市场流动性问题，也即解决房市的资金问题为初衷。随着越来越多私人机构的参与，证券化市场发生质的变化，资产类型也逐渐从住房金融延伸到更广泛的场景中。1992 年，证交会将资产证券化认定为美国资本形成的主要方式之一。

证券化培育出一个崭新的金融生态，从根本上改变了金融机构的融资方式，成为现代金融的核心。商业银行、投资银行以及证券化链条上的各类中介以此为起点驶向传统银行体系外的另外一条"高速公路"。

证券化市场的起源

挽救住房市场

与住房金融相关的创新产品和工具的问世同政府政策有着直接关系。证券化的尝试来自政府住房发起资助机构，其初衷是通过增强抵押贷款的流动性，鼓励更多机构参与抵押贷款发放业务，降低抵押贷款利率，提高消费者对住房的需求，挽救奄奄一息的住房市场。

拥有住房是"美国梦"的重要组成部分。大萧条时期，美国作家和历史学家詹姆斯·特拉斯洛·亚当斯（James Truslow Adames）[1]在《美国史诗》（*The Epic of Ameirca*）一书中将"美国梦"定义为："对土地的梦想，在那片土地上，每个人生活得更加美好，更加富饶，更加完整；每个人各尽所能，都有机会成功。"对于美国人来说，对土地的梦想就是拥有一套属于自己的住房，有板条栅栏同邻居隔开的院子，车库里有一两辆轿车。解决住房问题一直以来就是美国政府的一项政治任务，美国总统罗斯福更是将"美国梦"上升到国家实力层面，强调说："一个人人拥有住房的国家是不可征服的。"

然而如何买得起房却是许多人面对的一道难关，购房是家庭消费中最大一笔支出。"一战"前，在美国购房需要用现

---

1 詹姆斯·特拉斯洛·亚当斯（James Truslow Adames）（1878~1949），著有《新英格兰的诞生》三部曲，并获普利策历史奖。

金支付，由于购房者收入来源有限，一般靠自己的积蓄和通过向亲朋好友借钱筹集房款。随后，由英国发明的建筑协会，也就是社区互助式建房模式搬到美国，大家将储蓄聚集到一起，集中使用，协会成员自担风险，在此基础上逐渐形成储贷机构。当时的抵押贷款期限为6~10年，每半年支付，没有或部分本金摊销，执行可变利率，贷款与价值最高比率（Loan-to-Value Ratio）为50%。那个时期，美国大部分住房贷款都由储贷协会（Savings and Loans Association）提供。[1]保险公司也提供抵押贷款，其目的不是赚取手续费和利息，而是如果借款人还不上钱，保险公司可以获得房屋所有权。

1920年代，各行各业大规模投机活动催生的虚假繁荣，也影响到住房市场。大城市外的近郊住房市场增长较快，出现了新的盈利机会。在银行家们的强烈要求下，从1927年起，监管机构允许商业银行进入有利可图的抵押贷款市场。商业银行凭借雄厚的资金实力，优先挑选社区中的优质贷款，势头迅速超过储贷协会。商业银行发放的抵押贷款期限为5~10年，首付为购房款的35%，到期全部结清，购房者依靠房子升值和稳定的收入确保按期还款。

好景不长，1929年的金融危机也波及房市。大规模失业潮让房主失去还款能力。与此同时，通缩造成房价大幅度贬值，形成恶性循环。此时，大型商业银行为了防范风险，严

1　由存款人和借款人组成的互助性组织，业务以向协会成员提供住房抵押贷款为主。

控房贷发放标准，导致许多社区的房贷市场完全停止。许多住在城市的房客以及一些已经搬入新房的住户由于失业，因无力交租金或还月供而遭到驱赶。

金融机构收回住房止赎权威胁到一半以上的房主，[1] 其结果是，1932 年，城市住简陋纸板房和无家可归的人数占了全国人口的 1/3。一大批外来移民和其后代仍怀揣着"美国梦"，他们辛辛苦苦地挣钱就是为了离开贫民窟，住上公寓，步入中产阶级，然而，史无前例的大萧条将他们的购房梦想彻底毁灭。1934 年，一场抵押贷款危机席卷全美国，由于房价大跌，房子的价值低于贷款本身价值，导致全美一半以上住房的抵押贷款出现违约。抵押贷款市场处于崩溃边缘。从供给侧看，糟糕的经济环境也让新房开工率跌至低谷，大萧条期间的新房开工率只有 1920 年代的 1/10。

住房市场的坍塌还成为失业率居高不下的主要因素，因为庞大的失业大军中有 1/3 集中在与建筑业和住房相关产业。政府意识到，住房市场不仅是拉动经济增长的引擎，更是解决高失业率的捷径，借助振兴住房市场解决就业问题成为当务之急。

挽救住房市场成为美国政府大萧条期间推行经济刺激方案中的重头戏之一。依靠储蓄存款生存的储贷协会，原本资金规模就有限，加上优质房贷都被大型商业银行抢走，难以

1　L. Wolfe, "Lessons From FDR's Handling Of the Housing Crisis", *Executive Intelligence Review,* April 6, 2007, Issue, pp.1-2.

承受坏账重压被迫关门。截至 1932 年底，共有 1700 多家储贷协会关门，另外 5000 多家也处于破产边缘。盘活房市需要向市场注入流动性资金，解决银行的问题，鼓励银行发放更多抵押贷款，但钱从哪里来？

胡佛总统在任期间，一直认为政府与私人机构合作的方式是实现长期经济增长目标的最佳途径，为此，他寻求华尔街帮忙，并提议政府与华尔街共同设立一家国民信用公司（National Credit Corporation），借助私人资本启动抵押贷款买卖的二级市场，通过增强市场流动性达到稳定和降低抵押贷款利率的目的。但华尔街的银行家们看不到赚钱的机会，所以不感兴趣，认为设立这类机构应该是政府的事，胡佛的如意算盘落空。

由于华尔街不愿意合作，胡佛政府于 1932 年 7 月出台《1932 年联邦住房贷款银行法》（The Federal Home Loan Bank Act of 1932），仿照联邦银行体系的做法，成立了 12 家地区银行，形成联邦住房贷款银行体系。联邦住房贷款银行局（Federal Home Loan Bank Board）监管住房贷款银行，并通过发债方式筹资，向建筑和贷款协会、合作银行、保险公司、储蓄银行、社区发展银行和有保险的存款机构提供低成本资金，降低买房成本，增加市场流动性，推动住房抵押贷款市场的发展。

另外，胡佛政府还根据《紧急救援和建设法》（Emergency Relief and Construction Act），创建复兴金融公司（Reconstruction Finance Corporation），以联邦机构的名义向银行提供政府担保的贷款，恢复公众对金融机构的信心，但这些措施都未能阻止经济的恶化和银行倒闭潮的蔓延。

1933年，罗斯福在危难时刻上任后，动用政府的一切力量全力拯救濒于崩溃的住房市场。罗斯福总统从知名大学聘请了智囊团，参与振兴方案的整体设计与规划，保留了胡佛在任时设立的复兴金融公司，并将其作为"新政"的一部分，授予其更大的权力，继续为州、地方政府和银行等金融机构提供资金支持。

政府出面为与住房相关的各类机构提供担保成为美国现代住房金融体系的基础。复兴金融公司在特别时期发挥了作用，通过从银行购买抵押贷款为其提供资金，向有需要的购房者提供融资，协助那些无力偿还贷款被赶出家门的美国人渡过难关。在成立后的两年里，约有100万人通过这家机构获得长期住房贷款，很多家庭保住了住房，免遭无家可归之苦。

为了进一步鼓励银行发放抵押贷款，缓解大萧条期间的住房危机，在罗斯福政府推动下，国会于1934年通过《1934年国民住房法》（The National Housing Act of 1934），成立了一家重要的政府机构——"联邦住房署"（Federal Housing Administration），负责向银行、储贷机构以及住房开发商提供贷款担保，将贷款风险承担起来，目的在于鼓励银行多发放贷款，开发商多建房。[1]

1　Roger D.White, *Housing Finance System: Developments, Challenges, Assessing Potential Changes*, Nova Science Publishers Inc., 2015, p.63.

除提供担保外，政府还通过发债等方式筹集资金，从银行收购违约抵押贷款，重新估值和修改贷款条件，让违约贷款重新变成好贷款，鼓励投资者购买重新估值后的抵押贷款。

在此基础上，联邦住房管理署还进一步推动新型抵押贷款条件方面的创新。为了防止粗制滥造，联邦住房署对开发商提出严格的质量标准，只有那些满足政府规定的标准住房才可以获得该机构的金融支持；为了让更多深陷困境的美国人买得起住房，联邦住房署采取了全面降低购房门槛的措施，具体包括对抵押贷款利率统一管理，将首次购房者的首付降低到3%，将抵押贷款的贷款期限延长至15~30年，并实施分期还本付息的计划，在计算家庭收入和还款比率方面采取更加灵活的方式等。

联邦政府针对老兵及农民等特殊群体的住房困难出台一系列法案。"二战"结束后，数百万老兵面临住房问题，为此，国会出台一系列相关法案解决老兵的住房问题，如《1944年退伍军人安置法案》。《1949年住房法》（The Housing Act of 1949）则是一项在解决住房方面具有里程碑式的法案，全面扩大了政府在住房市场的作用。该法通过创建抵押贷款担保计划，建造公共住房，并授权农业部直接向农场主提供贷款，用于建房和改进土地，解决特殊群体的住房难题。

与此同时，联邦住房署也兼顾那些受银行歧视和冷落的种族、团体和社区，一方面在亚特兰大、克利夫兰和布鲁克林等大规模贫民窟地区开展清除工作，向这些社区提供了 6 亿多美元的贷款和担保，并通过特别方式为当地居民提供购房机会。联邦住房署新的抵押贷款承销标准，极大地减少了对非裔与拉美裔少数族裔的歧视，1950 年代到 1970 年代期间，联邦住房署为老年人、残疾人和低收入美国人解决了几百万个单位的私人公寓。

联邦住房署同退伍军人事务署、农村住房服务局一道为解决美国住房问题提供了至关重要的帮助，在激活抵押贷款市场方面取得了一定的效果，让抵押贷款市场起死回生，但规模仍然有限。另外，尽管有联邦政府机构的担保，商业银行的积极性始终不高，因为从商业利益考虑，30 年固定利率抵押贷款期限太长，严重占用了银行资金，不利于银行业务的拓展，同时还要承担利率变动风险。

政府发起机构的诞生

政府为解决住房问题可谓煞费苦心，在众多解决方案中，政府发起机构的诞生成为破解住房难题的核心。1938 年，作为"新政"的一部分，罗斯福政府根据《国民住房法修订案》创建联邦国民抵押贷款协会（Federal National Mortgage Association），简称房利美（Fannie Mae），推动"经济适用房"市场的发展，提高全国住房拥有率。房利美采取的主要手段是通过从银行和贷款机构收购联邦住房署担保的抵押贷款，为抵押贷款提供二级市场流动性，让银行和其他金融机构释放更多资金发放新贷款。联邦住房署担保的抵押贷款大多数是不符合一般标准的贷款，主要表现在借款人信用不完美、缺少首付，但由于贷款由联邦政府担保，风险很小。

"二战"的爆发中断了住房市场的正常运行，住房开工停顿下来。战争结束后，除正常需求出现短缺外，那些从枪林弹雨的战场上回乡的老兵们成为住房刚性需求的主力军，他们在经历过战争洗礼后开始回家结婚养子，希望过上安心的日子。房利美公司自1948年开始逐渐将贷款收购范围扩展到退伍军人事务署担保的抵押贷款。

"二战"结束后另外一个影响住房市场的重要因素是生育高峰。1946年，美国新生婴儿增加到340万，1957年达到430万的峰值，到了1964年，"婴儿潮"一代已占美国总人口的40%。"婴儿潮"的出现加大了市场对住房的刚性需求，推动了美国住房市场的繁荣。

经济恢复正常后，政府将鼓励拥有住房的政策延续下来，认为这是提高人们生活水平最便捷的方式，让美国人圆上住房梦，就可以无后顾之忧地建设家园。当然，美国政府加大住房建设也是出于社会治安的考虑。1960年代中期，美国社会动荡不安，特别是在那些非洲裔和拉美裔人口集中的地区，到处弥漫着不满情绪，罢工、游行不断，暴乱和抢劫屡见不鲜。这些地区存在的普遍问题是住房条件差，因此，政府认为城市骚乱的根源在于住房，希望通过解决住房问题促进个人责任，减少犯罪，缓解社会矛盾，从而达到保持社会稳定的目的。

房利美以及相关联邦机构在执行政府政策方面不遗余力，取得了不错的成绩，但新的问题产生了。到了 1968 年，房利美的抵押贷款组合增长到 72 亿美元，其中有很大一部分是通过借款收购的方式产生的。房利美的债务直接落在联邦政府的报表上，而此时联邦政府由于庞大的社会计划和越战发生了财政困难。

越战产生的庞大政府债务迫使政府考虑卸掉房利美的庞大债务在政府预算中的负担，为此，作为《1968 年住房与城市发展法案》的一部分，约翰逊政府和国会决定将房利美一分为二：一部分变为由私人控股的上市公司，要求向房利美出售贷款的银行投资房利美的无表决权的普通股，政府仍是房利美的最大股东，但业务与债务同联邦预算分离；另一部分成立一家新的联邦政府机构——政府国民抵押贷款协会（Government National Mortgage Association），简称吉利美（Ginnie Mae），负责为退伍军人事务署和农村发展署（Department of Agriculture's Rural Development）担保的抵押贷款提供资金支持。

除了股东结构变化外，1968 年的法案赋予房利美政治使命。国会指示住房与城市发展部定期为房利美的每个项目设立目标，要求房利美收购的贷款中必须有一定比例来自中低收入家庭，特别是解决那些中心城市、乡村和其他没有被服务到的地区的家庭住房，同时也希望带来一定的合理经济回报。

　　此时的房利美尽管还保留着以前的名字，但已经逐渐变成一个带有很强政治使命与商业运作相结合的混合体，一家由政府发起但完全由私人股东拥有的企业。重组后的房利美变为一家政府企业（Government-Sponsored Enterprises, GSEs），被称为"政府发起机构"，同时被授予贷款证券化权力。1970 年，联邦政府授权房利美收购符合标准的私人抵押贷款，也就是那些不被政府机构担保的贷款。为了提高效率以及防范房利美"一家独大"，在储贷机构的劝说下，美国政府又于 1970 年通过《1970 年紧急住房金融法案》（The Emergency Home Finance Act of 1970)，设立了房利美的竞争对手——联邦住房贷款抵押公司（Federal Home Loan Mortgage Corporation），简称房地美（Freddie Mae），旨在促进抵押贷款二级市场的活力与效率。

　　1970 年代中期，美国住房市场进一步发生变化，"婴儿潮"一代到了适婚年龄，即将成为购房新主力军，因此需要金融机构提供更多的抵押贷款，而当时市场上的资金成本不是问题，但缺少足够规模的资金供应，单靠储贷机构很难满足社会对抵押贷款的强劲需求。另外，储贷机构的商业模式在 1970 年代的高通胀面前难以为继，靠吸收短期存款为长期固定利率抵押贷款融资已无利可图，再加上社会上更多资金受较高利率吸引流向其他投资工具，储贷机构住房抵押贷款市场份额急剧下降。一些经济学家也指出现有抵押贷款模式难以应对新市场，必须通过金融创新，为抵押贷款创建一个流动性更强的市场，以解决资金供应问题。

证券化雏形

以资产抵押的方式发行证券是金融创新的起点，最早的实践可追溯到 17 世纪的阿姆斯特丹。当时荷兰东印度公司为了招聘海员，雇用了一批妇女在街上拉人，承诺管吃管住，还提供性服务。这些妇女只领取一部分工资，其余酬劳是获得东印度公司发行的可交易证券。这类证券的价值同海员的死亡率联系在一起，一些折价购买这些证券的公司被称为"灵魂买家"（Buyer of Souls）。这些公司将不同期限的证券集中在一起，以达到分散风险的目的，但由于海员死亡率过高，许多公司因此倒闭。[1]

18 世纪后期的欧洲，普鲁士国王腓特烈大帝（Frederick the Great）对法国、俄国和奥地利等国发动了七年战争。由于战争耗资巨大，为了缓解普鲁士贵族们的信用短缺危机，腓特烈大帝推出了"Pfandbriefe 计划"，德语意思是用土地做抵押发债，这就是担保债券（Covered Bonds）的来源。

担保证券的特点是将银行的抵押贷款集中到担保池，以担保池作抵押发行证券，优点是即使银行发生倒闭，也并不

1　Jerry W .Markham, *A Financial History of the United States: From Enron-Era Scandals to the Subprime Crisis (2004-2006)*, Routledge, 2015, p.355.

影响担保池，担保证券持有者比一般债权人优先从担保池以及担保池以外获得全部赔付，缺点是贷款仍保留在银行的账上，发债越多，报表越膨胀，不能达到释放出更多资金发放新贷款的目的。由于相关资产仍在银行报表上，而且本息支付来自担保债券发行人的一般现金流，而不是担保池产生的现金流，因此这类债券一般不被视为充分的证券化，但目前仍然是欧洲流行的一种资产支持证券。

19世纪后期，美国的中西部地区曾出现过证券化的雏形。那时美国的农业抵押贷款主要由农业地区的贷款经纪公司发放。为了获取流动性，这些公司将收取贷款本息的权利卖给美国东西部和欧洲地区的一些投资者。由于投资者很挑剔，挨个审查每笔贷款后才决定是否接收，因此，为了确保投资者接收，经纪公司只向那些最有信誉的借款人发放贷款，这样一来，很多急需资金的借款人被拒之门外。

为了提高效率，贷款经纪公司开始仿效欧洲流行的信托机构，通过信托集中几百笔抵押贷款，并以此为抵押向投资者发行证券，这样一来投资者不用逐笔审查，而是根据对发起信托机构的信誉情况决定贷款的风险程度。由于缺少监管，承销标准难以把控，抵押品质量逐年恶化，贷款池里不仅出现许多风险较高的贷款，还出现一些已经违约的贷款，导致西部一些抵押贷款经纪公司经营困难，纷纷倒闭。

20世纪初期，在美国的一些大城市，那些为抵押贷款提供保险的公司又重新拾起抵押贷款证券概念，将有担保的抵押贷款放入池子中，以信托的形式接收贷款并向投资者发行凭证。不料 1930 年代的大萧条让抵押贷款市场彻底崩溃，保险公司资本金有限，于是发生大规模违约，抵押贷款证券再次受挫。

抵押贷款过手凭证

1970 年代，面对住房抵押贷款市场的死水一潭，政府发起机构吉利美决定再次借用以抵押贷款发债的概念，鼓励贷款人发放更多贷款。吉利美将从联邦住房署和退伍军人事务署收购来的数笔抵押贷款放入资产池，以资产池做抵押向投资者发行凭证。由于这些贷款都有政府机构担保，几乎没有违约风险。因为吉利美用抵押贷款池中借款人的月供，直接支付给凭证的投资者，该产品也因此称为抵押贷款过手凭证（Mortgage Pass-through Security）。

过手凭证是抵押贷款二级市场的重要创新。在此之前，投资者在市场上交易整笔抵押贷款已有一段时间，最大问题是流动性差，当抵押贷款机构想要快速以可接受价格出售贷款组合时往往找不到下家，因此投资者持有贷款意味着必须承担利率上升风险。另外，交易整笔贷款流程烦琐、法律手续复杂，不仅效率低下，也加大了交易成本。

过手凭证的标准化优势要归功于房利美和房地美在贷款标准化方面起到的重要作用，这两家公司对需要担保的贷款提供了标准化格式并制定出相关规定，[1]投资者不必再考虑每笔抵押贷款的价值、条件和地点，也无须考虑每笔抵押贷款的过户问题。

吉利美的过手证券设计第一次引发现代意义上的证券化概念，由于过手凭证的收益一般高于其他相同期限的优质国债，很快就将个人抵押贷款证券变成一个安全性好、流动性强的金融工具。

1971年，房地美也开始涉足证券化业务，发行了一笔同吉利美类似的抵押贷款凭证，只不过为了区别于吉利美的证券，将名字改为抵押贷款参与凭证（Mortgage Participation Certificates）。房地美也是从市场上收购符合标准的抵押贷款、建池并以此为抵押发行小规模的参与凭证。在两家大块头政府发起机构的推动下，证券化市场开始走红起来。

尽管蒸蒸日上的抵押贷款凭证市场在一定程度上解决了抵押贷款市场流动性问题，但该产品在结构方面存在的先天性缺陷日益显现，这个缺陷就是凭证背后的抵押贷款有可能被提前偿还。尽管一笔抵押贷款期限一般为30年，但借款人会根据自身需要和市场变化，如收入增加后计划购置一套更大的住房，或在利率下行期提前还款，再以较低的市场利率重新融资。如果借款人提前还款，就会影响到本金的返还，打乱整个过手凭证的设计初衷，借款人倒是降低了融资成本，

---

1 "Financial History", pp.355-356.

407

但过手凭证的投资者却不得不以较低回报重新投资提前返还的本金。

尽管抵押贷款凭证发行人凭借一些经验数据，设计了一些还款的预期利率模型，让投资者有一个心理准备，但这些模型并不准确，难以成为投资者的决策参考，市场上呼唤着此类产品的进一步创新。

里程碑事件——抵押担保债券

为了解决借款人提前还款风险问题，房地美于1983年6月发行了第一笔抵押担保债券（Collateralized Mortgage Obligation，CMO）。这是一款比过手凭证更为复杂的产品，在过手凭证产品的设计中，提前还款风险由所有投资者均摊，而抵押担保债券的创新之处在于通过分层将现金流重新分配，也就是将风险细分，创建出具有不同期限、不同利率和不同信用级别的多层次证券，满足各类不同风险偏好投资者的需求。

产品特点

CMO是一种债务工具，由抵押贷款过手凭证或单笔抵押贷款担保。它结合了抵押贷款过手凭证和公司债的特点，同过手凭证的主要区别在于本息支付机制不同。

CMO的分层设计借用了市政债已经使用了几十年的顺序偿付债券（Sequential-Pay Bond）的概念，并在此基础上做出改进。顺序偿付债券是把本金支付在一定时期内分散，而

CMO 结构设计上的主要思路是不将抵押贷款池视为单一一组 30 年抵押贷款，而是 30 年中每一年独特现金流的序列，将池子中的抵押贷款本金和利息根据其风险不同划分成不同的分层，每个分层都有自己的到期日、利率和信用评级，按照从高级到低级的顺序，分别享有不同的风险回报。高级层比次级层安全，初级层最先承担提前还款风险或全部信用损失，直到本金价值为零，接下来再由上一层承担。最后，如果损失仍难以弥补，将由高级层承担。

CMO 在法律上是一个特别目的实体（Special Purpose Vehicle，SPV），[1] 也称为房地产抵押贷款投资通道（Real Estate Mortgage Investment Conduits），这个实体是抵押贷款法律上的所有者，行使着资产从信用市场转移到资本市场的通道作用，负责接收还款，以抵押贷款为支持发放证券，并从池子获得现金流，其目的一方面简化了税收处理，避免双重收税，另一方面还同发行人母公司的风险隔离，也就是说母公司的风险同 CMO 无关。

SPV 是证券化设计过程中的最大亮点，它是一个发起人或贷款人创建的法律实体，主要用于转移资产，没有雇员和办公地点。在法律形式上，SPV 可以是一个信托、公司或有限合伙人。不同的地理区域有着不同类型的 SPV，美国主要

---

1 SPV 是一个发起人或贷款人创建的法律形式，可以是一个信托、公司或合伙人，没有雇员和办公地点，主要行使着资产从信用市场转移到资本市场的通道作用。

是有限责任公司形式，欧洲和加拿大一般是慈善信托形式，欧洲信托历史悠久，传统上主要以募捐式信托为主。为了税收原因，大部分 SPV 注册在维尔京群岛和开曼群岛等避税天堂。

在整个证券化过程中，一切都围绕着 SPV 这个核心进行，可以说没有 SPV 也就没有证券化。证券化流程可以简化为以下几个步骤：首先，金融公司和商业银行等机构发放的各类贷款，被一家或多家机构收购并建池；其次，是将其卖给大型商业银行或投资银行下属的一家管理公司，这家管理公司负责创建 SPV，持有贷款并以贷款池为抵押，通过分层划分出不同风险的证券；最后，投行作为承销商负责向投资者出售证券。

SPV 的结构设计从技术上解决了破产风险的隔离，将发行人的违约风险最小化。发行人将资产真实出售给 SPV，获得真实出售意见书，具有了法律意义，即使 SPV 创建一方进入破产程序，管理机构的债权人也无权控制 SPV 资产，由于用于证券化的基础资产由 SPV 拥有，其信用质量取决于抵押品本身，而不是发起公司的信用质量，这对于低评级公司来说是有利的。

SPV 购买贷款的交易通常由受托人处理，主要是为了确保交易符合相关规定，同发行人和服务商一起保护投资者利益，减少可能出现的利益冲突。纽约梅隆银行、德意志银行信托、美国国民银行协会和富国银行都是为证券化提供相关服务的银行，扮演着证券化中服务商（Servicer）的重要角色，负责处理收款、同借款人保持接触，以及其他的行政管理。

CMO 解除了部分投资者对提前还款风险的担忧，为投资者提供了更为复杂的现金流结构的选择，风险回报设计更加具有针对性，满足了机构投资者对风险回报的不同偏好，投资者可以选择适合自己的贷款敞口，也将过于简单的证券化向前推进了一步。

"证券化之父"

过手凭证和抵押担保债券 CMO，都是主要围绕着住房抵押贷款产生的现金流设计的债务凭证，统称为抵押贷款支持证券（Mortgage-Backed Securities, MBS）。CMO 的问世是 MBS 市场发展过程中的一个里程碑事件，将证券化向前推进了一大步。CMO 的背后设计者是所罗门兄弟和第一波士顿两家投行的产品研发团队，他们花了五年时间完成这个引领市场走势的创新。其中所罗门兄弟公司的债券交易员刘易斯·莱奈瑞（Lewis S. Ranieri）在产品设计过程中起到关键作用，他本人的成长经历也算得上是一个华尔街传奇。

莱奈瑞于 1947 年出生在纽约东部的布鲁克林，爷爷开面包房，父亲是海军科学家，在处理有毒化学品时不幸身亡。父亲去世后，莱奈瑞只好到他舅舅开的一家意大利餐馆打工，梦想成为一名意大利厨师，但不幸患上了哮喘病，不得不远离烟熏火燎的厨房。

于是，他决定到圣约翰大学读书，但中途辍学，成为所罗门兄弟公司收发室上夜班的打工仔。经过自己的勤奋和努力，莱奈瑞抓住了人生难得的机会，进入债券交易部门并逐步在公司站稳脚跟。1970 年代末，莱奈瑞在美国利率攀升、储蓄贷款银行陷入危机之际，成为所罗门新成立的抵押贷款交易部主管。上任后，他将产品创新作为工作重点，聘用了不少数学博士，帮助商业银行将 30 年抵押贷款设计成期限分别为 2 年、5 年和 10 年的 CMO 产品。

产品设计本身没有问题，但在销售过程中遇到许多州的抵制，视其为非法产品。最终，莱奈瑞找到房地美。尽管房地美当时在市场上的业务规模和影响力有限，但最大优势是具有政府背景，享有在法律和监管方面的先天便利，在证券销售方面不存在任何障碍，而且房地美发行的 CMO 的参考资产使用的都是有联邦政府发起机构担保的抵押贷款，没有信用风险。因此，房地美发行的 CMO 一上市，很快就成为市场上流行的证券化产品。

1984 年，莱奈瑞领衔的抵押贷款部成为所罗门兄弟公司最大的赢利中心。杰出的业绩很快让他更上一层楼，荣升为副董事长。随着证券交易规模不断加大，莱奈瑞开始财大气粗，在为自己的团队争取更多奖金的问题上挑战董事长，董事长二话不说立即将其开除。莱奈瑞也从此开始了自己新的职业生涯。

2004 年，莱奈瑞由于推出 CMO 产品被《商业周刊》评为过去 75 年中最伟大的创新者之一。他还在 2005 年获美国证券论坛杰出行业服务奖，以及固定收益分析师协会颁发的终身成就奖。

房地美在所罗门兄弟公司的帮助下发行的证券化产品，将储贷机构几十亿美元的旧贷款转换成债券，不仅减少了储贷机构财务报表上的负担，也为房地美带来可观的手续费收入。此时，美国抵押贷款市场上块头最大的房利美也开始心动，决定入场，两家政府支持机构加上吉利美垄断了美国的住房抵押贷款市场。

在"两房"以 CMO 为代表的证券化产品的带动下，原本缺少吸引力的住房抵押贷款成为市场上的"香饽饽"，投资者热情高涨，商业银行、投资银行、储贷机构、各类基金、养老金、寿险公司、海外央行纷至沓来，踊跃参与 CMO 市场。截至 1991 年底，市场上共发行了 3548 笔金额为 7010 亿美元的 CMO，"两房"成为住房抵押贷款市场最大的中间商。

同商业银行和储蓄银行相比，"两房"的竞争优势在于资金成本和监管方面享受的优惠。由于市场上将"两房"视为准政府机构，不仅筹资成本低，而且每家机构都可以从财政部获得 22.5 亿美元的信用额度。此外，"两房"还享有国会授予的免州税和地方税的特权，在资本要求方面也比较宽松。

CMO 让"两房"的经营模式发生重大改变，从通过创建流动性强的抵押贷款二级市场、降低住房拥有成本、让更多中低收入家庭拥有住房，变为以证券化产品为媒介、追求较高回报，走向以利润为中心的征途。

证券化市场的演变

在证券化发展经历的几个阶段中，最重要的转折点在于私人标签抵押贷款支持证券（Private Label MBS）的问世，私人标签证券化是"两房"证券化的重要补充，为证券化市场的抵押品带来质的变化。

私人标签证券化

私人标签证券化主要指以承销标准以外的抵押贷款支持发行的证券。美国联邦政府规定，"两房"和吉利美只能承销符合标准的抵押贷款，标准由联邦住房企业监督办公室（Office of Federal Housing Enterprise Oversight）[1]制定。监督办公室将贷款分出符合标准和不符合标准两大类，不符合标准的贷款叫非合规（Non-Conforming）贷款，具体规定是个人信用分数在 660 分以下，贷款总金额不得超过 41.7 万美元，具体价格根据每年房价变化调整，"两房"用于证券化的抵押贷款必须在上述标准之上。

由于符合标准的抵押贷款毕竟有限，基本上被"两房"和吉利美垄断。而火爆的证券化市场早已受到私人金融机构

---

1 成立于 1993 年，是住房和城市发展部内的一个独立单位，主任由总统任命，职责是监督房利美和房地美的稳健运行。

的关注，都试图从这个潜力无穷的诱人市场里分一杯羹。美国的商业银行曾在 1970 年代中期尝试过发行抵押贷款过手凭证，当时，美国的利率呈上升态势，涉足抵押贷款业务的金融机构承受着利率风险的威胁，也就是吸收的短期存款利率与发放的长期贷款利率倒挂，在资金方面也是捉襟见肘。因此，后期这些机构摆脱报表上沉重的贷款包袱的欲望愈发强烈。

私人标签证券化市场的先驱是所罗门兄弟公司的交易部门主管罗伯特·达尔（Robert F. Dall），另一位 CMO 设计者莱奈瑞做过他的副手。1970 年代初期，他在交易吉利美发行的过手凭证时突发灵感，坚信美国住房市场由于人口结构的变化，会迅速发展壮大，将这些抵押贷款证券化，销售给大型机构投资者，将是一个巨大的投资市场。[1]

由于吉利美在市场上发行的过手凭证存在着提前还款风险，对投资者极为不利，达尔希望吉利美为债券投资者提供一些担保，遭到拒绝。于是他找到美国银行和该行的产品经理，第一次尝试通过设计分层的方式，解决提前还款风险问题。

证券化产品最大的两个特点就是建池和分层：如果多笔贷款被放到池中做成一种证券，其中发生一些违约则影响不大。结构性金融证券也可以被切分，按层卖，购买者可以根据自身情况选择。厌恶风险的投资者可以购买那些出现违约

---

1 London Thomas Jr. "Robert F. Dall, Mastermind of Mortgage-Backed Bonds, Dies at 81", November 18, 2015.

时最先得到偿付的分层，但回报较低。追求高回报的投资者可以购买收益较高但风险较大的分层。

经过两年多时间的研发，所罗门兄弟公司最终推出一款私人标签抵押贷款支持证券，特点是没有联邦政府担保。私人标签抵押贷款支持证券产品的研发过程比较复杂，涉及法律、会计、监管和税收等一系列问题。首先需要找到一个有效的税收机制，将抵押贷款和相关权益转给投资者，避免双重收税和影子收入问题。最后，这个难关是由布朗－伍德（Brown and Wood）律师事务所的约翰·奎森伯里（John Quisenberry）解决的。他在仔细研究了联邦税法条款中有关委托人信托的规定（Grantor Trust Rules）后，决定采用委托人信托的方式破解这个难题，委托人信托规定父母向孩子转移资产，以相关委托人作为纳税主体，信托收益所得税由委托人承担，避免了投资者的双重缴税。政府为了鼓励地产投资，于1960年通过了《地产投资信托法》，允许创建地产投资信托（Real Estate Investment Trust，REITs）。[1]

产品的结构问题解决后，能否问世的下一道关口是政府。由于财政部考虑到这种做法的目的是解决住房贷款资金问题，也就没有反对，只是提出一些限制，如要求委托人信托采取完全被动式，不得对资产进行任何主动管理。在政府的默许

1　一种持有或为产生收入的地产融资的公司，其设计参考了共同基金的模式，投资者同买股票一样买信托股份，按比例从地产投资产生的收入中获得回报。

下，美国银行于 1977 年通过所罗门兄弟公司发行了一笔 AAA 级、符合标准的抵押贷款支持过手证券，这就是第一笔私人标签过手凭证。

《华尔街日报》的"道听途说"专栏记者安·梦露（Ann Monroe）准备报道美国银行发行新证券的消息，但在编稿时不知道用什么样的词语形容这个从未听说过的业务，于是她请教参与这笔业务的银行家，询问如何用文字描述这笔金融业务。沟通的结果，银行家建议干脆直接使用银行业内使用的"证券化"（Securitization）这个词。但稿子到了报社文字编辑手中没有被通过，一向对英文文字严谨的编辑认为英文里没有这个词，要求换一个通俗一点的词。梦露很是为难，不过最终还是说服了编辑，因为确实没有更好的词语可以描述这项业务。编辑极不情愿地接受了，但在使用这个词时特意注明证券化是华尔街编造的词，不是一个真实的词。[1]不曾料想，这个词竟然改变了现代金融的走向。

新产品问世后很快就出现了一个意想不到的难题，产品营销遭遇"当头一棒"。当时美国 50 个州中只有 15 个州将该产品视为合法投资，其余的州由于实施《蓝天法》，在跨洲投资方面有严格限制，一律视商业银行发行的过手凭证为非法投资。另外，许多机构投资者本身对投资这类证券也有自己

1　Lewis S.Ranieri, "The Origins of Securitization, Sources of Its Growth, and Its Future Potential", *A Primer on Securitization*, ed.Leon T.Kendall and Michael J.Fishman, The MIT Press, 2000, p.31.

的规定。纽约的养老金体系规定，投资的抵押贷款必须超过100万美元以上才符合标准，但住房抵押贷款大多在100万美元以下。政府的目的很明显，鼓励投资商业地产，不主张投资个人住房。

更让这个产品雪上加霜的是1977年至1980年间，储贷机构在利率市场化的影响下发生"存款大搬家"，出现生存危机，住房金融受到严重影响。关键时刻，达尔请莱奈瑞负责这类新产品的销售，各州和联邦证券法监管方面的限制让莱奈瑞的创新产品屡遭拒绝，但莱奈瑞并不甘心，认为这正是显示自己能力的机会。他继续游说国会，强调评级机构在私人标签证券化产品中的作用，认为评级机构可以达到保护投资者的目的，政府可以完全放心，证券化产品完全没有必要只由政府发起机构承销。

莱奈瑞的营销能力也非同小可，正是由于他的出色游说，国会和州政府逐渐改变对抵押贷款证券投资的态度。在莱奈瑞的努力下，美国国会通过了《1984年二级抵押贷款市场增强法案》(Secondary Mortgage Market Enhancement Act of 1984)，旨在加强私人标签证券化产品的营销。该法案允许穆迪或标普这样政府认可的大型评级公司为私人标签RMBS的抵押贷款池评级。另外，该法案还取消了各州对私人标签投资方面的法律限制；对联邦储蓄银行、联邦储蓄协会和州注册金融机构松绑，允许其投资那些得到大型评级机构AA级以上评级的私人标签抵押贷款，等同于国债和其他联邦政府债。

美联储也宣布将私人标签过手凭证等同于"两房"发行的过手凭证，允许经纪商和交易商在保证金交易中使用私人标签证券化产品作为抵押品。《1984年二级抵押贷款市场加强法案》对私人标签证券化市场的发展起到至关重要的作用。

为了便于发行CMO，国会在1986通过的《税收改革法》（Tax Reform Act of 1986）中，允许为了发行证券化产品，创建税收豁免的地产抵押贷款投资通道（Real Estate Mortgage Investment Conduit，REMIC），这一会计工具允许发行人将资产转移给破产隔离信托，实现了发行人与资产彻底脱离，成为私人标签证券化的催化剂。此后，所有CMO发行都采取了通道结构。[1]

尽管早在1977年美国银行就推出第一笔私人标签证券化产品，但直到1980年代中期，在政府出台的各项政策的鼓励和支持下，私人标签市场在抵押贷款支持证券发行份额中才占据一席之地。

信用评级助推

私人标签证券化产品同"两房"产品的最大区别在于需要信用保护，"两房"的信用保护是有发行机构的担保，相当于政府担保，而私人标签证券化产品的抵押贷款池不符合政府发起机构的承销标准，没有联邦政府担保，私人标签证券化的发起人也不为本息的及时偿还提供担保，因此，私人标

1　Cameron L.Cowan, "The Role and Importance of Securitization in the Mortgage Industry", Remarks before the US House of Representatives, November 5, 2003, p.3.

签证券化产品既有利率风险，又有信用风险。

利率风险可以通过利率互换等衍生工具规避，而规避信用风险仅靠证券投资者本身对参考资产的信用分析和估值则难度很大，需要另外一种形式的保护。评级机构作为独立的第三方便充当起担保的角色。

公共评级机构的目的就是对公司发行的债券信用质量提供意见，解决信息不对称问题。因此，从上述三家最有影响力的评级公司获得高评级，对私人标签证券化产品的成功销售至关重要。[1] 自从 1909 年约翰·穆迪（John Moody）向公众推出第一批铁路债券评级后，美国的债券评级公司经历了不断的合并，最终形成三家最有影响力的公司，它们是穆迪（Moody's）、标准普尔（Standard & Poor's）和惠誉（Fitch）。

证券化流行前，信用评级机构的主要任务是帮助投资者评估市政债、企业债和商业票据的安全性。尽管评估各类机构的违约概率是评级公司的家常便饭，但他们发现为这些证券化评级比较复杂，需要改进现有的分析方法。

私人标签市场的产品开发从低信用风险入手。第一笔私人标签证券化交易全部由高质量抵押贷款支持，随后的一些抵押贷款质量比政府发起机构的标准还要严格，绝对

1　Lawrence J. White, "Markets: The Credit Rating Agencies", *The Journal of Economic Perspectives*, Vol. 24, No. 2 (Spring, 2010), pp. 211-226.

是优质贷款，因此很少出现信用风险。市场走红后，投资者开始容忍低质量的资产池，而非优质级产品需要评级机构的帮助。

私人标签证券化解决信用风险的方式是通过增强信用保护，为了减少证券持有者的信用和敞口风险，大多数证券化都采用了一种或多种形式的内部或外部信用增强。信用增强水平也是评级机构确定证券评级的重要参考，如果不能获得理想的评级，评级机构会要求从产品的结构设计中进一步增强信用保护。内部信用增强主要有自我保险、母公司保险或发行保证金债、开立信用证和保函等；外部信用增强主要是采用第三方保险，如让抵押贷款保险公司对相关资产池实行担保，从而降低不同分层的信用风险。

对于那些信用质量差的贷款将采取过度抵押的方式，如发行人会出售价格低于相关抵押贷款利率的债券，也就是说债券的本金价值低于相关抵押贷款池价值。例如，抵押贷款池加权平均利率为 7%，CMO 发行人则选择发行 5% 债息的债券，将多余的利率放到息差账户，如果出现一些抵押贷款违约，可以用息差账户偿还给投资者，主要目的是保护债券投资者免受损失。

证券化让穆迪、标普和惠誉公司无论是在影响力上还是获利方面均脱颖而出，消除了投资者的顾虑，为证券化市场腾飞奠定了基础。

扩大参考资产

证券化不仅推动了房市的火爆，也促进了抵押贷款产品创新的大爆发。在激烈的市场竞争中，由于优质抵押贷款越来越少，而且大多被"两房"垄断，各家金融机构为了保持证券化发行规模，不断扩大私人标签证券化产品的参考资产。此外，1995 年 5 月，克林顿和美国住房与城市发展部推出的《国民住房拥有战略》[1]，制订了在 2000 年前实现全国住房拥有率实现 67.5% 的雄伟目标，并提出具体的行动方案。美国住房与城市发展部为此采取了政府与社会资本合作的 PPP（Public-Private-Partnership）模式，以合作伙伴方式同房地产商和银行等与住房相关的机构共同推进。正如时任总统克林顿所说："住房拥有战略不多花纳税人一分钱，不需要新的立法和联邦计划。"[2] 战略行动计划特别强调了为了降低融资和交易成本，让更多中低收入人群买得起房，鼓励创新型融资，金融机构为此纷纷推出一系列围绕着可支付住房战略的创新产品。

更多类型的住房抵押贷款

私人标签证券化中最常见的是大额抵押贷款（Jumbo

1　U.S.Department of Housing and Urban Development, "The National Homeowenrship Strategy: Partners in the American Dream", The White House Washington, May 2, 1995, p.14.

2　William J.Clinton, "Remarks on the National Homeownership Strategy, " June 5, 1995.

Mortgage）产品，大额贷款指的是贷款总金额超出"两房"设定的标准贷款上限。[1] 房市泡沫时期，一些借款人借机购买豪华住宅，也有一些人为了购买高级社区的普通公寓也申请大额贷款。这些利率高于符合标准的抵押贷款，很快就成为私人标签市场上的标准交易，一些抵押贷款还没有发放实际上就已经被卖掉。

另外一类是次优级抵押贷款（Alternative A-Paper），简称Alt-A。A-Paper 是美国抵押贷款行业专用名词，指的是那些资产和借款人满足下列全部条件的贷款：信用分数在 680 分以上；借款人收入与资产文件手续齐全、借款人债务占收入比重不超过 35%；借款人有两个月的预留月供；借款人首付比例至少为 20%，而 Alt-A 指的是借款人信用历史还不错，但由于个人信用评分低于 680 分或提交的文件不全、借款占住房价格比例超规定等原因，不完全符合"两房"贷款标准。Alt-A类客户的划分原本是针对那些可能被忽略的符合标准的群体，这类贷款的风险介于优质和次级抵押贷款之间，但金融机构在实施过程中却采取了激进的营销策略。2000~2006 年，借款人收入和资产文件不全的贷款增长 60%~80%，一时成为私人标签证券化产品流行的参考资产。

次级抵押贷款（Subprime Mortgage）是私人标签证券化中的重要组成。根据费埃哲公司（FICO）评分标准，个人抵押贷款借款人的信用质量分为二大类：680 分及以上为优质

---

1 美国大部分地区的大额抵押贷款上限为 41.7 万美元。

（Prime），621~679 分为次级（Subprime），620 分及以下为劣质（Poor），分数越高违约率越低。根据《抵押贷款金融内参》（Inside Mortgage Finance）的统计，2000 年次级抵押贷款占全部住房抵押贷款的 7% 左右，而到了 2006 年，仅当年发放的次级贷款金额就达到 6000 亿美元，占全部抵押贷款发放总额的 20%，次级抵押贷款的增加标志着放贷标准的全面下降。

从降低月供入手的可调利率抵押贷款（Adjustable Rate Mortgages，ARMs）就是典型的次级抵押贷款。可调利率抵押贷款是利率市场化的一部分，该产品根据市场利率，如国债利率或 Libor 的变化，每一年、每三年或每五年调整一次。对银行来说，这类产品通过转移利率变化风险，达到平衡资金成本的目的，解决了资产负债不匹配的问题，而对于借款人的吸引力则是，初始利率比传统的 30 年固定利率贷款低很多。

2001 年，银行发放了总额为 1.433 万亿美元的符合标准的抵押贷款，发行了总额为 1.087 万亿美元的、由这些贷款支持的 MBS。非政府金融机构发放了价值 6800 亿美元的抵押贷款，其中 1900 亿美元为次级抵押贷款，600 亿美元为 Alt-A，4300 亿美元为大额抵押贷款。发行了 2400 亿美元以这些贷款支持的 MBS，其中大部分为大额。

2003 年底，长期利率下降影响所有类别贷款的发行和证券化。符合标准贷款市场于 2003 年达到顶峰。标准外贷款市场则继续保持增长。2006 年，后者发放的贷款数额超出标准贷款 45%，达到 1.48 万亿美元，发行证券 1.033 亿美元。[1]

大额尾付贷款（Ballon Loan），也称为气球抵押贷款，是一种短期抵押贷款，期限为 5~7 年，但每期付款金额却是按15 年或 30 年长期贷款计算的。因此，前期还款金额小，贷款期限结束时，却积累为一笔很大的金额。在商业地产方面的使用多于住房抵押贷款。还有一种产品是只付利息抵押贷款（Interest-Only Mortgages），在规定的 5~7 年时间里，月供只付利息，过了这个时间段，借款人开始偿还本金，适合那些想买更多住房和短期内想买房的借款人。另外，还有一种选择性浮动利率抵押货款（Option ARMs），借款人可以任意选择还款方式。上述这些产品在为购房者提供多样化的同时，也为证券化使用的贷款提供了更多参考资产的选择。

商业地产证券化

在住房抵押贷款证券化（Residential Mortgage Backed Security，RMBS）的基础上，所罗门兄弟公司于 1978 年，为当时全球排名第一的地产商奥林匹亚约克开发公司（Olympia York）[2]发行了一笔 10 亿美元债券，首次推出以商业地产支持的证券化产品（Commercial Mortgage Backed Security，

1　Adam B. Ashcraft and Til Schuermann, "Understanding the Securitization of Subprime Mortgage Credit", Federal Reserve Bank of New York Research Paper, 26 September, 2007, p.9.

2　由瑞克曼家族创建，在二十多年的时间里成为全球最大的地产帝国，从伦敦码头区到纽约的世贸中心，到处都是该公司的项目，后遭遇地产低谷，债务累累，1990 年代初，成为全球最大的私人企业破产案的主角。

CMBS），开始将证券化从住房抵押贷款扩展到商业地产贷款。

RMBS 由单栋、双栋或四栋家庭地产支持；而 CMBS 由商业地产和多家庭公寓、零售、办公、旅馆或学校等地产支持。相比于民宅，由于商业地产抵押贷款的借款人为商业机构，特点是金额大，贷款池子里的贷款笔数少、不像住房抵押贷款池子有成千上万笔，期限也相对短，一般都是 10 年。商业地产的还款来源为房租收入，由于受房地产周期影响大，很容易发生违约，此外还存在着贷款条件、贷款规模和贷款标准等方面的差异，总体风险比住房贷款高，因此发行规模小，缺少流动性。正是由于这类产品风险高，商业银行和人寿保险公司早期在发行这类证券债时主要选择那些优质商业抵押贷款产生的现金流，打包发债，并采用了过度担保，抵押贷款通常是债券发行面值的 2~3 倍，造成抵押品的低效使用，也限制了这类产品的推广。

不曾料想，储贷机构危机后出现的大量商业地产坏账为 CMBS 市场提供了崛起的机会。储贷危机爆发后，美国政府于 1989 年出台《1989 年金融机构改革、恢复和增强法案》（Financial Institutions Reform，Recovery and Enforcement Act of 1989，FIRREA），批准成立资产重组信托公司（The Resolution Trust Corporation，简称 RTC），其主要任务就是处置倒闭的储蓄贷款协会的巨额资产。

RTC 公司从深陷危机之中的储贷机构购买了账面价值为 4000 亿美元的坏账，其中将近一半为商业地产和多家庭住房抵押贷款。[1] 让不景气的市场消化堆积如山的坏资产简直是天方夜谭。为此，RTC 公司采取了一切必要手段，最初是以低价出售坏资产，但时间是个大问题。即使以每小时卖出价值 100 万美元资产的速度计算，也要到 2050 年才能全部处理完，而国会只给了 RTC 公司 6 年的时间。既要快速处理，又要获得较好的回报，RTC 公司在走投无路之际开始尝试华尔街住房抵押贷款证券化的模式，处理银行坏账。

1990 年 10 月，为了加快抵押贷款的出售，在住房抵押贷款证券化基础上，RTC 公司于 1992 年 1 月推出第一笔 CMBS。在美林、贝尔斯登和雷曼兄弟等投行的帮助下，RTC 公司以倒闭的储贷机构持有的商业地产作支持，同时为了获得较高评级，用大量现金储备支持商业地产贷款池，自己保留风险最高的股权层部分。

RTC 公司推出的海量坏账资产让 CMBS 市场有了充足的抵押资产，市场规模不成问题，同时鉴于 RTC 的政府背景，它发行的证券被市场视为有政府的隐形支持。为了解除投资者对透明度的疑虑、加强信息沟通，RTC 还设计了表现组合报告（Performance Portfolio Report）。但尽管如此，投资者对 CMBS 的需求仍然不冷不热。

市场打造者

单凭政府很难做大一个市场，必须有私人机构的积极参与。华尔街的一些金融家们从 RTC 公司接管的大量坏账中看

1　FDIC Staff, "Managing the Crisis: The FDIC and RTC Experience", www.fdic.gov.

到了赚钱的机会，伊桑·彭纳（Ethan Penner）就是这样一位有远见的华尔街银行家，他和其他几位银行家一道成为商业地产市场证券化的打造者。

彭纳在1980年代初期在旧金山湾区的一家储贷机构负责住房抵押贷款的二级市场，具体来说就是从二级市场成批低价收购和交易抵押贷款。当时，由于利率突然上调，市场上一大批刚刚推出的低首付可调利率贷款全部搁浅。那时候没有人知道如何用期权为单一家庭住房抵押贷款定价，因此，二级市场很冷清，贷款越积越多，数百笔贷款趴在抵押贷款公司账上无人问津，而这些公司必须迅速出手，因为短期信用额度很快就要到期。

彭纳所在的二级抵押贷款市场部门，开始以八五折到九折的价格收购贷款，公司资产很快从10亿美元增长到20亿美元。同时，公司开始与华尔街做证券化的银行接触，交易这些抵押贷款。由于资产大部分位于加州，而正赶上该州1987~1988年房市火爆，做证券化的资产违约率很低。

彭纳在二级市场部门得到了充分的锻炼，他负责为贷款定价，处理了数百份贷款文件和资料，然而，他对这份工作并不满足。同其他那些毕业后在银行打工的年轻人一样，彭纳也一直在读名校的MBA还是到投行赚钱之间犹豫。不过由于彭纳在抵押贷款评估方面经验丰富，又赶上证券化市场上人才短缺，他很快就成为华尔街各大投行争抢的"香饽饽"。面试中，投行考官的话让他铭记心中："投行的工作可以获得超出你最大想象的财富。"[1]

1985年，彭纳加入米尔肯所在的德崇证券，成为ARMS产品的交易员。浮动利率商业地产比固定收益工具的交易复杂，买进来后需要对冲。由于业绩出色，不久，他又被摩根士丹利高薪挖走，负责没有政府发起机构担保的抵押贷款业务。

工作期间，他从RTC公司接管的坏账中的商业地产预见到一个更令人激动的大市场。由于在奖金分配方面的分歧，彭纳离开摩根士丹利，决定自己干。自由度提高了，但在谈大额交易时，彭纳在资金方面总是捉襟见肘、力不从心。于是，他投奔野村证券，任CMBS业务部门总经理，以很低的价格从RTC公司购买商业地产，打包做成较高评级的证券化产品，出售给投资者，并很快就成为市场上举足轻重的人物。

出色的金融家总是能发现市场上存在的本质问题并顺势采取行动。彭纳是一位商业地产证券化的出色营销者，他发现地产拥有者与项目贷款的银行和债券投资者之间缺少一座桥梁，于是决定仿效米尔肯豪华派对的方式让各方获得沟通机会。彭纳在佛罗里达州的博卡拉顿市（Boca Raton）[2]举办了两个半小时的音乐会，邀请了当时音乐界最大牌的歌星，如以《加州旅馆》一炮走红的老鹰乐队（Eagles）、多次荣登欧美金曲榜冠军的女摇滚歌手史蒂薇·妮克丝（Stevie Nicks）、

1　Geoffrey Dohrmann, "A Conversation with Ethan Penner", The Institutional Real Estate Letter, December, 2006, p.2.

2　位于美国佛罗里达州黄金海岸的心脏地带，是著名的度假胜地。

以创作并演唱《狮子王》电影主题歌红遍全球的流行歌星艾尔顿·约翰（Elton John）轮番登场，热闹的场面达到超预期效果，这一切都是为 CMBS 的销售铺路。

根据 Dealogic 研究机构的排名，1996~1997 年，野村证券登上商业贷款证券化公司第一的宝座。一个庞大的新市场就这样在 RTC 公司和投行家们的共同推动下成长起来。RTC 公司在处理完全部坏账后于 1996 年关门时，约有 22% 的抵押贷款是通过证券化的方式处理掉的，这家不起眼的政府机构不仅出色地完成了政府交代的任务，而且也成为市场上处理坏账的样板，更启动了商业地产证券化市场。

1990 年末，CMBS 从处理坏账工具变为商业地产抵押贷款的融资新渠道，也成为市场上最有吸引力的投资品种之一，发行规模从 1990 年的 60 亿美元发展到 1997 年的 800 亿美元，到了 2006 年，美国国内 CMBC 的发行额一年达到 2000 亿美元。1990~2009 年，CMBS 累计发行超过 1.2 万亿美元。

政府与私人金融机构共同将各类抵押贷款市场做大，制造出一个规模庞大的新市场，吸引了更广泛的投资者的加入。这个新市场的产品统称为抵押贷款支持证券（MBS），由住房抵押贷款支持证券（RMBS）和商业抵押贷款支持证券（CMBS）组成。

MBS 的发行和担保人主要分为三大类，一个是政府机构吉利美（政府国民抵押贷款协会），其贷款池的贷款由联邦住房署或退伍军人事务署担保，保证债券持有者及时得到收益，没有任何信用风险；一个是政府发起机构，如房利美和房地美，这些机构有时也被称为半政府机构，享受政府的隐性担保，信用风险可以忽略不计；一个是银行和其他非政府金融机构等发行的私人标签 MBS，这类机构的证券化产品风险较高。

MBS 的发起人一般通过几家经纪交易商将证券推销给潜在的投资者，开始阶段主要是机构投资者，如储蓄机构、保险公司、养老金和商业银行等。随着市场的一步步成熟，更多参与者蜂拥而入，包括投资银行、共同基金、对冲基金，抵押贷款公司、消费金融公司、CDO 和各类结构投资工具和政府机构等。

资产支持证券

1980 年代中期，证券化主要集中在住房抵押贷款和商业地产抵押贷款领域，MBS 的火爆让一些机构产生更多想法。1980 年代后期，由于市场上可供做 MBS 参考的资产供不应求，证券化市场开始用抵押贷款之外的其他类资产做支持发行证券，统称为资产支持证券（Asset-Backed Securities，ABS)，抵押资产包括信用卡、汽车贷款和学生贷款、房屋净值（Home Equity）贷款等。

1985 年，优利系统公司（Unisys Corp.）旗下的斯佩里金融租赁公司（Sperry Lease Finance Corporation）推出全球第一只 ABS。租赁同贷款一样，也涉及可预测的现金流，具体来说就是斯佩里公司以电脑设备租赁产生的现金流支持发行的证券。[1]第一支 ABS 打开了更多类型资产证券化的大门。1992年，美国证交会又出台了 Rule 3a-7 细则，允许更多类型的资产支持证券不受《1940 年投资公司法案》规定的注册程序的限制，也无须严格限制投资者数目。[2]此后，各类资产支持的证券化市场越做越大，1997 年英国著名摇滚歌手大卫·鲍威（David Bowie）同 EMI 公司签约，将 1990 年前录制的 25张唱片发行权卖出，鲍威确保获得美国唱片市场批发销售中25% 以上的版税。洛杉矶投行家大卫·普曼（David Pullman）将唱片的未来版税收入做支持，发行了年息为 7.9%、价值5500 万美元的证券，称为鲍威债（Bowie Bonds）[3]，首次将无形资产打包发行证券。

美国公司财务报表上的应收款约合 10 万亿美元，现金流入流出之间便产生融资需求，传统融资渠道存在着效率问题，证券化于是成为新选择。1985 年，所罗门兄弟公司发行了第一笔由汽车贷款池产生的现金流支持的证券，将其称为汽车应收款凭证（Certificate for Automobiles Receivable, CARS）。相比住房抵押贷款，汽车贷款提前还款受市场利率变化的影响小。汽车生产商旗下的金融公司和大型零售银行统领了汽车贷款证券化市场，1983~2008 年，消费金融公司占汽车贷款证券化市场的 68.4%，其余的由银行发行。汽车贷款证券化产

1　Cameron L.Cowan, "Remarks", p.3.

2　SEC, "Rules and Regulations", *Federal Register*, Vol.57, No.229, November 27, 1992.

3　Dan McCrum, "A Short History of the Bowie Bond", *Financial Times*, Jan. 11, 2016.

品平均期限为 1.5~2 年，收益普遍高出两年期国债，通用汽车金融公司发行的 CARS 平均超出两年期国债 60~70 个基点。

汽车贷款证券化启动一年后，证券化参考资产又延伸到各类应收款。顾名思义，应收款证券化就是以应收款做资产支持发行的证券，主要有贸易、信用卡、旅馆、医疗保健等行业的应收款。1986 年 3 月，所罗门兄弟公司又为美国第一银行（Bank One Corporation，于 2004 年同摩根大通银行合并）发行了第一笔以信用卡应收款支持的证券。[1]信用卡证券化是 ABS 市场中的重量级产品，也是信用卡发展历史上的重要创新。同其他类型的 ABS 不同，信用卡贷款没有固定还款金额或摊销期，还款时间取决于消费者意愿，每月只要偿还最低金额即可。也可以这样理解，持卡人每刷一次卡，发卡机构实际上等于给这位消费者发放了一次短期无担保贷款，从而产生短期应收款，消费者需要下个月将刷卡金额还上，如果只还一部分钱，则发行者自动提供融资，但收取较高的利息。

1991 年，信用卡应收款成为最大的单类新发行 ABS，占 ABS 新发行市场的 41%，同国债的息差在 65~105 个基点。对那些需要流动性的银行和金融公司来说，信用卡应收款证券化成为流动性管理的有效工具。正是由于应收款期限比抵押贷款短、现金流的时间更好预测，而且规模大、不太受经济周期影响，因

---

1 Supervision and Regulation Task Force on Sucuritization, "An Introduction to Asset Securitization", Vol I, Appendix I, www.federalreserve.gov.

此，以应收款支持发行的证券立即受到机构投资者的青睐。

贸易应收款在应收款市场中占据着重要地位，将贸易应收款证券化对解决企业运行中的流动性问题至关重要。一直以来，实力雄厚的大型企业和金融机构凭借自身信用，向机构投资者发行商业票据解决流动性问题，这类商业票据是一种仅有企业支付承诺而没有担保品的公司债务，最大特点是期限短，不超过 270 天，但实际上大多为 1~90 天，平均为 30 天。借款人通常在贷款到期后不断"展期"，将短期债务当长期资金循环使用。另外，由于发行程序简单、便利，商业票据很快就成为大企业业务运行中的流动性工具。

自 1980 年代开始，市场上出现了另一类商业票据，即大型商业银行为那些不够条件发行一般商业票据的客户开发的融资工具，主要以中短期贸易应收款作抵押发行的商业票据，是一种短期证券化工具。初期，大部分应收款证券化使用的是资产支持商业票据通道（Asset-Backed Commercial Paper Conduits），[1] 统称为资产支持商业票据（Asse Backed Commercial Paper，ABCP）。

1992 年，ABCP 的市场规模还不到 500 亿美元，到了 2002 年，规模增长到 7000 亿美元，超过普通商业票据市场。随着市场的不断成熟，ABCP 很快就成为证券化中的一个独立类别，抵押资产的特点也发生新的变化，从以贸易为主的各

---

[1] Adrian Katz, "Accounts Receivable Securitization", *The Journal of Structured Finance*, Summer, 2011, p.23.

类应收款扩展到短期货币市场贷款、中期小企业贷款、商业抵押贷款，发行范围也日益国际化。一些 ABCP 甚至计划发行资产支持商业票据，投资长期公司债。[1]

另一大类用于资产证券化的是学生贷款，而学生贷款的起源同冷战相关。当苏联将世界上第一颗人造卫星——斯普特尼克号（Sputnik）送入外层空间后，美国人在心理上受到重挫。出于国防需要，为了改变自身在数学和科技领域的落后局面、鼓励更多学生钻研科技，1958 年，美国出台《国防教育法案》（National Defense Education Act），面向大学本科生设置奖学金，并通过担保和利息补贴等方式提供优惠贷款，允许学生毕业后 6 个月内再开始还贷。

用于证券化的是联邦家庭教育贷款项目（Federal Family Education Loan Program）提供的贷款，在这个项目中，政府通过私人贷款机构向学生发放贷款，私人机构是否向学生发放贷款的决定并不取决于申请人的还款能力，即使贷款发生违约，但贷款仍处于有效管理中，政府担保 98% 的本息偿还。还有一部分不受政府项目担保的贷款，基本上属于消费贷款范畴，贷款人放贷则取决于申请人还款能力。

与此同时，美国政府还成立了学生贷款营销协会——萨利美（Student Loan Marketing Association，Sallie Mae），该协会同"两房"一样也是政府发起机构，负责在二级市场购

1　Stewart L. Cutler, "Asset-Backed CP Poised For Expontial Growth", *Corporate Finance*, August, 1994, p.17.

买学生贷款，并将其证券化。萨利美是学生贷款 ABS 的主要发行人，其他发行人还包括参与政府的学生贷款计划的银行和教育领域的一些非营利组织。

证券化的变异——债务抵押凭证

证券化产品的基础资产从住房抵押贷款、商业地产贷款、个人消费贷款，扩展到更加庞杂的类别，债务抵押凭证（Collateralized Debt Obligation，CDO）的出现让证券化市场发生新的变异。CDO 是从抵押品池创建多种类型债务的结构化工具，其创建过程同 MBS 相似——将各类债务作抵押品，根据不同的风险回报分层，向投资者发行证券，但差异在于 CDO 结构异常复杂，抵押品范围过于广泛，以至于很难为 CDO 下一个清晰、准确的定义。

CDO 是债务抵押证券化产品的统称，可以按结构划分为现金流（Cash Flow）、市值（Market Value）和合成（Synthetic）三大类。现金流 CDO 的表现主要取决于参考组合的信用质量变化；市值 CDO 侧重于抵押品市值变化，其表现主要受资产经理交易水平的影响，他们需要通过频繁的抵押资产交易，增强投资者回报。

CDO 还可以从发行动机划分，分为财务报表 CDO（Balance Sheet CDO）和套利 CDO（Arbitrage CDO）。财务报表 CDO 是金融机构为了将贷款移出表外、减少法定的监管资本，以改进风险资产回报而发行；套利 CDO 的目的则是捕捉抵押资产收益与付给不同分层投资者收益之间的息差。

从抵押品类型划分，CDO 大致可分为四大类：主要投资公司债券和新兴市场债务的抵押债券凭证（Collateralized Bond Obligations, CBO）；主要投资银行高风险贷款的抵押贷款凭证（Collateralized Loan Obligations, CLO）；主要投资 MBS 和 ABS 分层、次级和次优级在内的抵押贷款和其他 CDO 的结构性融资（Structured Finance CDO）；参考资产为信用违约互换（CDS）的合成 CDO（Synthetic CDO）。[1]

CDO 市场是一个典型的"金融创新螺旋"（Financial Innovation Spiral）市场，创新品种与速度随着时间的推移和外部环境的变化经历了不同的发展阶段。第一笔 CDO 于 1987 年 9 月 29 日出笼，由德崇证券（Drexel Burnham Lambert）为需要改善财务报表的帝国储蓄协会（Imperial Savings Association）发行，标普公司为其评级。[2]更确切地讲，德崇证券发行的是一只以垃圾级公司债为支持的 CBO。

从 1988 年开始，一些银行和信用中介开始尝试通过发行 CLO，将一些不良贷款、杠杆贷款[3]、银团贷款和新兴市场主权债务的信用风险转移。1997 年，众国银行（Nations Bank）发行的 CLO 由大约 900 笔银行贷款组成，主要是该行发放给

1　CDO Primer, The Bond Market Association, 2004, p.4.

2　Douglas Lucas, "The Evolving CDO Market", *CFA Institute Conference Proceedings Quarterly,* June, 2006, p.42.

3　杠杆贷款（Leveraged Loan）指的是向那些债务比率高或信用历史差的借款人发放的贷款。由于风险高，利率也高于普通贷款利率。

BBB 或 BB 级客户的贷款。众国银行发行的 CLO 大部分采用了浮动利率，抵押贷款池中所有固定利率贷款都通过利率互换得到很好的利率对冲，CLO 的最低分层主要由众国银行保留。从此，银行向公司提供的工商业贷款成为 CLO 的基础资产，并逐渐流行起来。CLO 成为公司贷款中介链条的重要组成部分，在很大程度上缓解了非投资级贷款客户的融资难问题。

CLO 为银行提供了一个强大的主动管理贷款组合风险的新工具。1990 年代初，几乎美国所有的商业银行都采取了组合管理技术，信用风险管理由被动变为主动。CLO 为银行调整组合中的信用敞口提供了便利。银行根据需要，如果感觉某类贷款过于集中，可以卖掉一些信用敞口，而需要组合中配置一些风险以实现多样化时，可以买进一些信用敞口。

CLO 为投资者创建出固定收益投资的新类别，为那些以前很难参与大企业信用的各类金融机构提供了机会。由于相比其他固定收益资产，CLO 单位风险回报较高，而且同其他类资产相关度较低，吸引了更多机构投资者，如共同基金、对冲基金、高收益债基金、养老金、保险公司等。

随着 CDO 市场大规模发展，优质基础资产供不应求，一些 CDO 经理开始用 CDS 池做 CDO 的基础资产，也就是说构建 CDO 的基础不是贷款或债券，而是与其相关的信用风险或信用敞口，通过 SPV 将这些信用风险或信用敞口建池、分层，制造出多层次债务，称为合成 CDO（详见第七章）。合成 CDO 为资金管理者创造出更广泛的空间，后者无须购买或拥有贷款或其他资产，就可以制作CDO。合成CDO优于现金CDO之处，是可以不持有参考资产就可以获得CDS组合的敞口，对于供应有限的资产很合适，优于参考资产CDO之外是CDS不是现金证券，不需要筹集资金完成交易。

自1995年起，CDO参考资产发生新的变化，住房抵押贷款支持证券（RMBS），商业抵押贷款支持证券（CMBS），资产支持证券（ABS）和其他结构金融资产及垃圾债被广泛用于CDO的参考资产。1998年8月，俄罗斯债务违约所引发的全球金融市场流动性危机，导致ABS回报增加，普天寿证券公司（Prudential Securities）发现，随着CDO参考资产向多样化方向发展，由于缺少各个行业都懂的全才，管理者不容易控制CDO表现，不如将不同类型的ABS混合在一起做CDO。随后，ABS CDO主要集中在高收益抵押贷款资产上，发行金额很快就在2003年实现翻番。

"9·11"恐怖袭击事件发生后，美国经济呈现衰退势头，美国政府为了防止房地产市场低迷影响到银行贷款，鼓励银行依靠资产证券化化解房地产坏账，不良债务和高收益地产投资信托基金（REITs）成为CDO的参考资产。2001年中国留学生李祥林利用高斯相依函数模型，[1]从表面上解决了CDO定价问题，成为市场的催化剂。然而，同其他类型的投资相比，CDO的表

1 David X.Li, "On Default Correlation: A Copula Function Approach", *Journal of Fixed Income*, Vol.9, No.4, March, 2000, pp.43-54.

现仍不尽如人意，鉴于此，摩根大通银行于 2005 年退出了 CDO 市场。

而 2005 年后涉足 CDO 的银行却遇到了完全不同的市场环境：美国正经历着前所未有的房市繁荣，普遍认为房价会永久上涨，促使抵押贷款创新产品一片兴旺，这些新型的抵押贷款为制造 CDO 提供了绝好的"原料"，更多结构复杂的 CDO 源源不断流入市场，参考资产范围从市政债、ABS、MBS 分层到 CDO。另外，全球杠杆收购业务的再度兴旺也增加了 CDO 的发行，因为大部分杠杆收购交易都是由杠杆银团贷款融资，最终打包成 CDO。

CDO 增长的重要动力来自银行持有高级分层的积极性。2004 年 6 月发布的《巴塞尔协议 II》规定，为了减少资本占用，允许银行将高风险贷款卖给 CDO 投资者，与此同时，也允许银行投资较高评级的 CDO 分层。

随着 CDO 抵押资产资产质量进一步下滑，次级抵押贷款有了更大的增长空间。截至 2004 年，用 MBS 较低分层做的 CDO 占据了 CDO 参考资产的一半以上，而 MBS 较低分层大部分是次级抵押贷款。次贷为 CDO 市场输送了制造产品的"原料"，CDO 流水线式的制造反过来推动了次贷市场的兴旺。

与此同时，在 CDO 的需求方，投资者追求较高收益工具的热情如此之高，以至于出现较高质量资产支持的 CDO 供不应求的局面。合成 CDO 的问世将 CDO 产品推向顶峰，成为证券化产品中增速最快的类别。2004~2007 年，全球共发行了价值 1.4 万亿美元的 CDO。[1]

证券化市场为何火爆

理想的投资类别

证券化的创新亮点主要有建池、分层和创建 SPV，其目的是将参考资产所持有的信用、利率和市场等敞口风险分解，重新分配给那些愿意承担这些风险的投资者，实现了风险回报的量身定制。合成 CDO 摆脱了实物资产作抵押，让产品朝着理想化道路越走越远。

证券化过程中的分层将偿付切成不同风险回报特点的证券，满足了不同风险偏好的机构投资者对风险回报的几乎所有需求。有人将其形容为将一只整鸡拆开卖，可以满足不同客户对鸡腿、鸡翅、鸡胸的特别要求，由此可以获得比卖整只鸡更高的回报。

证券化中的分层技术实现了风险回报的量身定制，满足了投资者主动管理信用风险的需要。所有投资者都可以根据自己的承受能力，从 AAA 到 BBB 或更下评级中找到适合自己风险偏好的投资。厌恶风险的投资者可以购买那些出现违

---

1 Gretchen Morgenson and Joshua Rosner, *Reckless Endangerment: How Outsized Ambition, Greed, and Corruption Created the Worst Financial Crisis of Our Time*, ST.Martin's Griffin, 2012.

约时最先得到偿付的分层，追求较高回报的投资者可以购买那些风险较大但收益较高的分层。一些成熟投资者如对冲基金则持有不少风险最高的股本层。

证券化成为一些金融机构理想的风险管理工具。证券化中的建池本着投资多样化的原则，将不同发行人、不同地域和行业特点的贷款集中到一个池子里，降低单笔贷款的违约率。投资者购买 CDO 产品，意味着同时拥有成千上万个信用敞口，从很大程度上缓解了投资者对单一企业信用敞口风险的担忧。在一些养老金、集合投资计划等机构投资者眼中，理想的产品应该是多样化、高评级、长期固定收益的投资，证券化产品恰好满足了投资者这方面的需求。

证券化的火热离不开投资者对收益的追求，证券化产品与同等级别的其他证券相比，其丰厚的回报让投资者难以拒绝。2000~2002 年，美国经济出现总体下滑，垃圾债市场导致违约率平均达到 9.2%，市场回报普遍令人失望。"9·11"恐怖袭击和伊拉克战争又先后对市场产生不同程度的影响，投资者纷纷选择证券化产品以改善投资收益。

全球新型的储蓄池，无论是新兴经济体、石油输出国，还是成熟的西方经济体都渴望安全性好、流动性强和回报较高的产品，一时之间，在市场上最安全的国债和机构债供不应求。特别是低利率环境下，证券化产品在评级公司的帮助下恰恰满足了这类需求，填补了市场空白。另外，由于证券化产品同其他类资产关联度低，较少受市场波动影响，因而成为新的投资类别。

　　除投资银行、大型商业银行、保险公司外，共同基金、养老金、募捐基金、对冲基金、私募基金等机构投资者也是证券化产品的投资大户。此外，海外投资者也被证券化产品的丰厚回报所吸引，一些欧洲和亚洲的金融机构也积极参与了证券化产品的投资。截至 2008 年底，美国向机构投资者发行的资产支持证券化中有 1/4 流向海外市场。

监管套利工具

　　商业银行热衷证券化的主要动机在于规避监管当局对最低资本的要求。有关最低资本协议的出台背景还要从国际清算银行（International Settlement Bank）说起。1930 年代的大萧条让国际货币体系陷入瘫痪，世界各国的央行行长陷入焦虑，亟须寻求各国之间的合作。国际清算银行为各国央行提供了一个保持沟通和交换看法的渠道，每月的某一个时间，大家聚集在瑞士的巴塞尔共同商讨合作事宜，避免金融市场的混乱。"二战"爆发后，国际清算银行宣布采取中立态度，帮助央行完成自己的承诺并协调一些国际间金融交易，成为跨国银行之间沟通的纽带。

　　随着布雷顿森林体系的瓦解，全球外汇市场跌宕起伏，避险与投机交易大增。1974 年 6 月 24 日，联邦德国的一家经营不善的赫斯塔特银行（Bank Herstatt）出现结算危机，随后被监管当局关闭。由于时差原因，随后导致外汇现货交易清算陷入混乱，引发其他国家银行的恐慌。其后，美国的弗兰克林国民银行（Frankin National Bank）倒闭又让人惊出一身冷汗。这两起事件促使国际清算银行成立了巴塞尔银行监督委员会（Basel Committee on Banking Supervision），旨在为27个成员银行监管当局提供一个定期交流平台，全面审视银行业务存在的风险。

1980年代初期，在规模决定胜负的年代里，银行追求无限制放贷，特别是针对新兴市场借款人。随后发展中国家爆发的债务危机和1980年代美国发生的储贷危机都引发了国际清算银行对银行资本金的关注。原来由于各国在监管资本方面存在着差异，国际银行间的竞争不在同一个起跑线上。

为了约束银行信贷规模的随意扩张，防范银行危机带来的系统性危险，巴塞尔银行监督委员会经过多次讨论，在计算银行资本充足率方面逐渐达成共识，并于1988年7月在瑞士的巴塞尔通过了《关于同意国际银行的资本计算和资本标准的协议》，简称《巴塞尔资本协议》（Basel Capital Accord）。该协议最重要的内容就是要求银行对风险较高的资产持有更多资本金，并建立起一套完整的国际通用的计算资本充足率的标准，将资本按风险程度分类，以加权方式计算表内与表外风险的资本充足率标准，也就是资本与风险加权资产比率最低为8%。

《巴塞尔协议》对银行提出的资本充足率要求提高了银行

的经营成本。由于《巴塞尔协议》在计算风险资产时，对不同资产区别对待，如抵押贷款和抵押贷款支持证券的权重低于公司或消费贷款，因此，商业银行满足最低资本要求的主要方式之一就是卸掉报表中权重高的贷款，或大幅度减少与资本要求相关的成本，从而可以在贷款方面采取更激进的行动，而无须考虑对报表的影响。[1]

证券化就是这样一个理想的监管套利工具，在满足投资者风险收益需求的同时，也启动了银行从传统经营模式走向市场化的进程，逐步实现其从利差收入到为手续费收入的盈利模式的转变。

另类融资平台

证券化是一项技术和工具，也是一个融资平台。证券化在一定程度上解决了资金成本问题，向金融市场提供了一种相对稳定、市场化的融资渠道。商业银行通过证券化减少了对存款的依赖，企业也不再看银行脸色借钱。当然，证券化最大的好处是，发行人可以用明显低于发债和银行贷款等融资渠道的成本筹集到资金。换句话说，发行人靠自身信用在市场上的筹资成本要高于证券化。

证券化已成为住房融资和消费信用的稳定融资平台。

1　Supervision and Regulation Task Force on Sucuritization, "An Introduction to Asset Securitization", Vol.Ⅰ, p.3, www.federalreserve.gov.

储贷机构是美国住房抵押贷款的主要发放机构，由于利率环境和监管政策的变化，加上储贷机构本身财务状况的变化都影响着抵押贷款的供应。伴随着贷款违约率的上升，储贷机构在抵押贷款市场中的作用日益减弱。1989 年，抵押贷款信贷缺口达到 1250 亿美元，在传统金融机构和工具捉襟见肘之时，证券化适时填补了市场空白。证券化搅动了死水一潭的抵押贷款市场，让更多美国人拥有了住房。美国住房拥有率由 1949 年的 51% 增长到 2007 年的 69%，应该说，证券化功不可没。

证券化解决了消费信贷的融资难题，激发了消费市场的活力。在证券化的支持下，从大宗商品到信用卡消费都有了新的起色，拉动了整体的经济增长。根据巴塞尔银行监督委员会的调查，2000 年代中期，在成熟市场经济国家，商业银行信用卡贷款中约有 60% 靠证券化融资。截至 2009 年 6 月，涉及房地产和消费信用的私人标签 MBS 占到市场的近 19%，金额为 18 万亿美元，

此外，证券化产品还成为融资市场理想的质押品。伴随着 2001 年后美国一些法律和监管规定的变化，证券化产品成为短期批发资金市场、证券交易、衍生品市场、付款和结算体系以及信用业务中广泛使用的担保工具。

政府债券以信用风险低、流动性强的特点成为最受青睐的质押工具，但由于国债发行的局限性以及外国投资者的抢购，导致美国国债经常供不应求，难以满足市场强劲的需求。

而当时市场上成本相对低、流动性较强的工具则非证券化产品莫属。金融市场各类交易业务的迅猛发展促进了对质押品的需求，也进一步带动了证券化市场的增长。

自从政府发起机构推出同住房抵押贷款相关的证券化产品以来的数十年时间里，证券化市场发行规模呈几何级数增长，从 1980 年只有 1000 亿美元规模，到 2008 年二季度末的未偿余额约 12.5 万亿美元，基础资产范围也随之不断扩大。证券化让现代金融从此走向另一个方向，涉及从住房和商业抵押贷款、公司债务、消费金融、贸易等各个领域，影响着这些领域的融资成本和流动性。然而，证券化毕竟不是万能之计，是特定的经济发展阶段的产物，市场环境和贷款质量都是影响证券化产品的重要因素。

由于涉及宏观、监管、法律、投资者和市场等多层面的问题，证券化到底价值何在，能够为人类进步带来什么影响，始终是一个值得辩论的话题，也很难给出一个简单的结论。总之，证券化让美国经济延续了二十多年的繁荣，也改变了全球范围的资本市场和金融服务业，同时也催生了资产泡沫，让金融体系变得异常复杂和难以把控。证券化市场从振兴经济到引发危机只有一步之遥。

名词解释

资产证券化（Asset Securitization）：指的是将贷款和债务通过金融工程技术转换为证券的过程，具体来说就是将各类贷款和债务产生的现金流通过建池、分层手段，将其风险转移给不同投资者。其中，以抵押贷款做支持发行的证券为抵押贷款支持证券（MBS），以其他资产支持发行的证券为资产支持证券（ABS），以各类公司贷款和证券支持发行的证券为抵押债务凭证（CDO）。

《1932 年联邦住房贷款银行法》（The Federal Home Loan Bank Act of 1932）：为降低住房拥有成本，胡佛总统在任期间通过的联邦法案。其授权创建联邦住房贷款银行局，管理并监督联邦储贷机构；创建联邦住房贷款银行，为住房市场提供流动性。

《1934 年国民住房法》（The National Housing Act of 1934）：是罗斯福政府"新政"的一部分，旨在解决大萧条期间住房和抵押贷款市场问题，授权创建联邦住房署和联邦储贷保险公司。1989 年后，两家机构的职能转移到联邦存款保险公司。

联邦住房署（Federal Housing Administration，FHA）：根据《1934 年国民住房法》设立的联邦政府机构，负责制定建房和承销标准，为银行和其他私人贷款公司建房提供担保。

联邦国民抵押贷款协会（Federal National Mortgage Association，Fannie Mae）：中文简称房利美，是罗斯福政府于 1938 年根据《国民住房法修订案》创建的政府资助机构。

政府国民抵押贷款协会（Government National Mortgage Association，Ginnie Mae）：中文简称吉利美，作为《1968 年住房与城市发展法案》的一部分，约翰逊政府和国会决定将房利美一分为二：一部分变为由私人控股的上市公司，仍保留房利美的名字，但业务与债务同联邦预算分离；另一部分成立一家新的联邦政府机构——吉利美，负责为退伍军人事务署和农村发展署担保的抵押贷款提供资金支持。

资产重组信托公司（The Resolution Trust Corporation，RTC）：1989 年 8 月，美国政府根据《金融机构改革复兴和增强法案》设立，公司主要任务是处理那些已破产的储贷机构账上的不良资产。

《1977 年住房与社区发展法案》（Housing and Community Development Act of 1977）：该法案鼓励商业银行和储贷机构本着安全原则，向所在社区的低收入和一般收入人群放贷，减少贷款歧视，并作为监管当局检查银行时的一项内容。

《1984 年二级抵押贷款市场增强法案》（Secondary Mortgage Market Enhancement Act of 1984）：这个法案就是专为私人标签证券化设计的，允许穆迪或标普这样政府认可的大型评级公司为私人标签 RMBS 的抵押贷款池评级。另外，该法案还取消了各州对私人标签投资方面的法律限制；对联邦储蓄银行、联邦储蓄协会和州注册金融机构松绑，允许投资那些得到大型评级机构 AA 级以上评级的私人标签抵押贷款，将其视同于国债和其他联邦政府债。

《巴塞尔资本协议》（Basel Capital Accord）：为了确保金融机构有足够的资本应对难以预料的损失，巴塞尔银行监督委员会于 1988 年 7 月在瑞士的巴塞尔通过的《关于统一国际银行资本计算和资本标准的协议》的简称。该协议建立起一套完整的国际通用的计算资本充足率的标准，将资本按风险程度分类，以加权方式计算表内与表外风险的资本充足率标准，也就是资本与风险加权资产比率最低为 8%。巴塞尔协议不断修订，已先后发布了三个版本。

抵押贷款过手凭证（Mortgage Pass-through Security）：吉利美将从联邦住房署和退伍军人事务署收购来的抵押贷款放入资产池，以该池做抵押向投资者发行的凭证。由于吉利美将抵押贷款池中借款人的月供直接支付给凭证的投资者，所以称为过手凭证。由于这些贷款都有政府机构担保，几乎没有违约风险。

抵押担保债券（Collateralized Mortgage Obligation, CMO）：这是一款比过手凭证更为复杂的证券化产品，解决了借款人提前还款问题。在过手凭证产品的设计中，提前还款风险由所有投资者均摊，而抵押担保债券的创新之处在于通过分层将现金流重新分配，也就是将风险细分，创建出具有不同期限、不同利率和不同信用级别的多层次证券，满足不同风险偏好投资者的各类需求。

债务抵押凭证（Collateralized Debt Obligation, CDO）：指以公司贷款或债券作基础资产的证券化产品。CDO 是统称：以公司贷款支持的称为抵押贷款凭证（Collateralized Loan Obligation, CLO）；以债券支持的称为抵押债券凭证（Collateralized Debt Obligation, CBO）。

合成 CDO（Synthetic CDO）：现代金融两大技术——信用衍生和证券化的结合，是一种使用信用衍生品和担保转移风险的结构性金融工具。传统 CDO 结构是将相关资产如债券或贷款转移给 SPV，然后以这些资产组合产生的现金流做担保发行 CDO，而合成 CDO 是将相关资产的信用敞口转移给 SPV，风险敞口根据违约程度被切分成不同分层，投资者可以根据自己的需要和判断，在无须动用实物资产的条件下，持有或转移风险敞口，相当于人工复制现金流 CDO，发行更加便利，而且成本低。

商业抵押贷款支持证券（Commercial Mortgage Backed Security, CMBS）：以商业抵押贷款支持发行的证券，商业抵押贷款包括公寓、旅店、库房、办公楼和商铺等。

资产支持证券（Asset-Backed Security, ABS）：指的是 1980 年

代后期，由于市场上可供做 MBS 参考的资产供不应求，证券化市场开始用抵押贷款之外的其他类资产做支持发行的各类证券，如信用卡应收款、汽车、学生贷款和房屋净值贷款等。

可调利率抵押贷款（Adjustable Rate Mortgages，ARMs）：指根据市场利率指数，如国债或 Libor，每一年、三年或五年调整一次利率的抵押贷款。这类产品对银行来说可以达到平衡资金成本的目的，而对于借款人来说，吸引力在于低利率环境下，初始利率比传统的 30 年固定利率贷款低很多。在利率下行期的很长时间里，可调利率抵押贷款占据了市场发放的抵押贷款的绝大部分。

大额抵押贷款（Jumbo Mortgage）：指房价超过"两房"设定的41.7 万美元上限的住房贷款。由于大额抵押贷款大多是豪华住宅，违约后很难收回全款，而且更容易受到房地产市场周期的影响，因此属于非标准抵押贷款。

大额尾付贷款（Ballon Loan），也称为弹性尾付贷款或气球贷款，是一种期限为 5~7 年的抵押贷款，每期付款金额却是按 15 年或 30 年长期贷款计算，因此。前期还款金额小，贷款期限结束时，则积累一笔很大的金额。在商业地产方面的使用多于住房抵押贷款。

只付利息抵押贷款（Interest-Only Mortgages）：前 5~7 年时间里只付贷款利息，之后，借款人需要偿还较高的本息。这款产品满足了那些想要保留现金流投资，或月薪低但奖金高的群体的需求。但由于后期债务较高，一旦外部形势发生变化，就会出现还款困难。

次级抵押贷款（Subprime Mortgage）：按费埃哲（FICO）个人信用评级公司的分类标准，向有较高违约概率的借款人发放的贷款。

次优级抵押贷款:（Alternative A-paper），简称 Alt-A 贷款，源自美国抵押贷款行业专用词，指的是借款人信用历史还不错，但个人信用评分低于 680 分，或由于提交的文件不全，借款占住房价格比例超过规定等原因不完全符合"两房"贷款标准。这类贷款的风险介于优质和次级抵押贷款之间，成为私人标签证券化产品流行的参考资产。

特别目的实体（Special Purpose Vehicle，SPV）： 发起人或贷款人创建的法律实体，可以是一个信托、公司或合伙人，没有雇员和办公地点，主要行使着将资产从信用市场转移到资本市场的通道作用，是证券化的核心。

私人标签抵押贷款支持证券（Private Label MBS）： 不符合联邦住房企业监督办公室制订的抵押贷款标准的证券化产品，由于没有政府担保，风险相对较高。

地产抵押贷款投资通道（Real Estate Mortgage Investment Conduit）： 为抵押贷款建池并向投资者发行多级别证券的特别目的实体。

房地产投资信托基金（Real Estate Investment Trust，Reits）： 一种以发行受益凭证的方式筹集资金，由专业机构管理，并将投资综合收益按比例分配给投资者的信托基金。其设计参考了共同基金的模式，投资者同买股票一样买信托股份。

参考文献

Adam B. Ashcraft and Til Schuermann, "Understanding the Securitization of Subprime Mortgage Credit", Federal Reserve Bank of New York Research Paper, Sep.26, 2007.

Adam B.Ashcraft and Tol Schuermann, "Understanding the Securitization of Subprime Mortgage Credit", Federal Reserve Bank of New York Staff Report, No.318, March, 2008.

Alastair Marsh, "Bowie's Banker Offers Marketplace Oddity:One-Hit-Wonder Bonds", *Bloomberg*, Jan.15, 2016.

Albert Monroe, "How the Federal Housing Administration Affects Homeownership", Homeownership Programs & Policy Working Paper, Harvard Joint Center for Housing Studies, 2001.

Alexander Von Hoffman, "A Study in Contradictions: The Origins and Legacy of the Housing Act of 1949", Housing Policy Debate, Vol.11, Issue 2, Fannie Mae Foundation, 2000.

Andreas A.Jobst, "Collateralized Loan Obligations (CLOs):A Primer", Center for Financial Studies Working Paper, No.2002/13, Frankfurt, 2002.

Anil Shivdasani and Yihui Wang, "Did Structured Credit Fuel the LBO Boom?", *The Journal of Finance*, Vol. 66, No. 4, August, 2011.

Anna Katherine Barnett-Hart, "The Story of the CDO Market Meltdown:An Empirical Analysis", Department of Economics, Harvard College, Mar.19, 2009.

Bank of America Global Capital Management, "Asset-Backed Commercial Paper: A Primer", February, 2011.

Charles Goodhart, *The Basel Committee on Banking Supervision: A History of the Early Years 1974-1997*, Cambridge University Press, 2011.

Charles L. Edson, "Affordable Housing—An Intimate History", *Journal of Affordable Housing & Community Development Law*, Vol. 20, No. 2 (Winter, 2011).

"Credit Card Securitization Manual", www.fdic.gov.

Dan McCrum, "A Short History of the Bowie Bond", *Financial Times,* Jan. 11, 2016.

Daniel Rosch and Harald Scheule, *Credit Securitization and Derivatives: Challenge for the Global Markets*, Wiley, 2013.

David Puskar and Aron A. Gottesman, "An Investigation of Underwriting Fees for Asset-Backed Securities", *The American Economist*, Vol.57, No.2 (Fall, 2012).

David X.Li, "On Default Correlation: A Copula Function Approach", *Journal of Fixed Income*, Vol.9, No.4, March, 2000.

Department of Veterans Affairs, "VA History in Brief", www.va.gov.

Douglas J.Lucas, Laurie S. Goodman, Frank J.Fabozzi, *"Collateralized Debt Obligations: Structure and Analysis"*, Wiley, 2006.

Douglas Lucas, "The Evolving CDO Market", *CFA Institute Conference Proceedings Quarterly,* June, 2006.

Dwight M. Jaffee and Kenneth T. Rosen, "Mortgage Securitization Trends", *Journal of Housing Research*, Vol. 1, No. 1, Special Series: Mortgage Markets in theYear 2000, 1990.

Ed Christman, "The Whole Story Behind David Bowie's $55 Million Wall Street Trailblaze", *Billboard*, Jan. 13, 2016.

Edward Morris, *Wall Streeters: The Creator and Corruptors of American Finance*, Columbia Business School Press, 2015.

Elena Loutskina, "The Role of Securitization in Bank Liquidity and Funding Management", *Journal of Financial Economics*, August, 2010.

"Evolution of the us Housing Finance System: A Hitoric Survey and Lessons for Emerging Mortgage Markets", Integrated Financial Engineering Inc. prepared for US Housing and Urban Development, April, 2006.

Faten, Sabry, Chudozie Okongwu, "Study of the Impact of Securitization on Consumers, Investors, Financial Institutions and the Capital Markets", American Securitization Forum, NEBR Economic Consulting, 2009.

FDIC, Managing the Crisis: The FDIC and RTC Experience, 2013.

Frank Fabozzi, Vinod Kothari, "Securitization: The Tool of Financial Transformation", Yale ICF Working Paper No.07-07, Social Science Research Network.

Gary B. Gorton and Nicholas S. Souleles, "Special Purpose Vehicles and Securitization", *The Risks of Financial Institutions*, ed. Mark Carey and René M. Stulz, University of Chicago Press, 2007.

Geoffrey Dohrmann, "A Conversation with Ethan Penner", *The Institutional Real Estate Letter*, December, 2006.

Ian Bell and Petrina Dawson, "Synthetic Securitization: Use of Derivative Technology for Credit Transfer", *Duke Journal of*

Comparative & International Law, Vol.12, 2002.

Jagtiani, J., A. Saunders and G. Udell, "The Effect of Bank Capital Requirements on Bank Off-balance Sheet Financial Innovation", *Journal of Banking and Finance,* 1995.

James A.Rosenthal and Juan M.Ocampo, *Securitization of Credit: inside the New Technology of Finance,* Wiley, 1988.

James Truslow Adames, *The Epic of America,* Simon Publications, 2001.

Jerry W Markham, *A Financial History of the United States: From Enron-Era Scandals to the Subprime Crisis (2004-2006),* Routledge, 2015.

Jim Cullen, *The American Dream: A Short History of an Idea that Shaped a Nation,* Oxford University Press, 2004.

John J.McConnell and Stephen A.Buser, "Origin and Evolution of the Market for Morgage-Backed Securities", *Annual Review of Financial Economics,* Vol.3, 2011.

John Jin and Robert M.Zinman, "Housing Finance:Major Developments in 1984", *Business Lawyer,* Vol.40.No.3, May, 1985.

John Silvia, "Subprime Credit: The Evolution of a Market", *Business Economics,* Vol. 43, No. 3, July, 2008.

Joseph Rizzi, Michael Maza, "Securitization As A Funding Strategy", *Corporate Finance,* Oct., 1994.

Katherine Samolyk, "The Future of Banking in America: The Evolving Role of Commercial Banks in U.S. Credit Markets", *FDIC Banking Review,* Vol.16, No.2, 2004.

Kristopher S. Gerardi, Harvey S.Rosen, Paul S.Willen, "The Impact of Deregulation and Financial Innovation on Consumers: The Case of the Mortgage Market", *The Journal of Finance.* Vol. LXV, No.1, Feberary, 2010.

L.Wolfe, "Lessons From FDR's Handling Of the Housing Crisis", *Executive Intelligence Review*, Apr.6, 2007 Issue.

Lakhbir S.Hayre, *Salomon Smith Barney Guide to Mortgage Backed Securities and Asset-Backed Securities*, Wiley, 2001.

Lamia Obay, *Financial Innovation in the Banking Industry: The Case of Asset Securitization*, Routledge Publishing, 2000.

Laurie Goodman, "The Rebirth of Securitization: Where Is the Private-Label Mortgage Market?", Urban Institute Housing Finance Policy Center. September, 2015.

Lawrence J. White, "Markets: The Credit Rating Agencies", *The Journal of Economic Perspectives*, Vol. 24, No. 2 (Spring, 2010).

Lewis S.Ranieri, "The Origins of Securitization, Sources of Its Growth, and Its Future Potential", *A Primer on Securitization*, ed.Leon T.Kendall and Michael J.Fishman, The MIT Press, 2000.

Liquidity and Funds Management, "Comptroller's Handbook on Asset Securitization", Comptroller of the Currency Administrator of National Banks, November, 1997.

Liz Moyer, "Beware Interest-Only", *Forbes*, Dec.7, 2005.

London Thomas Jr., "Robert F.Dall, Mastermind of Mortgage-Backed Bonds, Dies at 81", Nov.18, 2015.

Mark Boleat, *National Housing Finance Systems: A Comparative Study*, Routledge Kegan & Paul, 1985.

Mary E. Barth, et al., "Asset Securitizations and Credit Risk", *The*

Accounting Review, Vol. 87, No. 2,March, 2012.

Matthew, Benz, "Securitization: Who It's Right for, and When", *Billboard*, Apr. 27, 2002.

Michael Siconolfi and Mitchell Pacelle, "Ethan Penner Makes Huge Bets, Profits for Nomura Securities", *Wall Street Journal*, Oct. 17, 1996.

N. Eric Weiss and Katie Jones, "An Overview of the Housing Finance System in the United States", Congressional Research Service Report 7-5700, Jan.18, 2017, www.crs.gov.

Nicola Cetorelli and Stavros Peristiani, "The Role of Banks in Asset Securitization", *FRBNY Economic Policy Review*, July, 2012.

Paul M.Healy, Krishna G.Palepu, "The Fall of Enron", *Journal of Economic Perspectives*, Vol.2, Spring, 2003.

Richard A. Graff, "Securitization Demystified", *The Journal of Real Estate Portfolio Management*, Vol. 12, No. 3, 2006.

Richard K. Green and Susan M. Wachter, "The American Mortgage in Historical and International Context", *Journal of Economic Perspectives*,Vol.19, No.4 (Fall, 2005).

Robert Plehn, "Securitization of Third World Debt", *The International Lawyer*, Vol. 23, No. 1 (Spring, 1989).

Roger D.White, *Housing Finance System: Developments, Challenges, Assessing Potential Changes*, Nova Science Publishers Inc., 2015.

Sam Chandan, "The Past, Present, and Future of CMBS", *Wharton Real Estate Review,* Spring, 2012.

Sergey Chernenko, Samuel G. Hanson, Adi Sunderam, "The Rise and Fall of Demand for Securitizations", Working Paper 20777, National

Bureau of Economic Research, 2014.

Sigurt Vitols, "The Origins of Bank-Based and Market-Based Financial Systems: Germany, Japan and the United States", AZB Discussion Paper, 2001.

Stewart L.Cutler, "Asset-Backed CP Posed for Exponential Growth", *Corporate Finance*, August, 1994.

Supervision and Regulation Task Force on Securitization, "An Introduction to Asset Securitization", Vol.1, Federal Reserve ystem, www.federalreserve.gov.

Swasi Bate et al., "The Fundamentals of Asset-Backed Commercial Paper", Special Report of Structured Finance, Report, Moody's Investors Service, 2003.

The Bond Market Association, "CDO Primer", 2004.

U.S.Department of Housing and Urban Development, "Homeownership and Its benefits", Urban Policy Brief No.2, August, 1995. www. huduser.gov.

U.S.Department of Housing and Urban Development, "The National Homeowenrship Strategy: Partners in the American Dream", The White House Washington, May 2, 1995.

Viral V. Acharya, Philipp Schnabl and Gustavo Suarez, "Securitization without Risk Transfer", Working Paper 15730, National Bureau of Economic Research, February, 2010.

William J.Clinton, "Remarks on the National Homeownership Strategy", Jun.5, 1995.

第七章 | **风险管理市场化工具**
——信用衍生

风险管理的终极目标是减少对未知和意外的恐惧，建立对未来的信心。

——菲利克斯·克洛曼（H.Felix Kloman）

过去十年间最重要的金融事件就是金融衍生品的超常规发展和扩张。

——艾伦·格林斯潘（Alan Greenspan）

长期以来，信用风险一直是困扰各类金融机构的难题。借款人的贷款和债务违约并未由于各种风险管理措施的出台而减少，相反，宏观形势和金融市场的动荡，会引爆一轮又一轮的违约潮。信用衍生工具（Credit Derivatives）是应对金融事件风险的新尝试，同利率、汇率和大宗商品衍生工具的不同之处是，这种双边合约的参考资产是同信用相关的事件，包括违约、信用降级和破产。信用衍生工具的创新亮点在于将信用风险从一方转移到另一方，并可以在二级市场上交易，让信用风险有了市场定价。从预防到转移和交易风险，这一思维模式的转变启动了一个规模庞大的新市场。

金融机构警报频传

1980 年代到 1990 年代中后期，又是一个宏观环境发生急剧变化的年代，金融市场正经历从一个相对稳定阶段到另外一个相对稳定阶段的过渡。利率、汇率和大宗商品价格的摇摆不定，美国政府以国内为导向的货币政策调整，以及房地产市场的经济周期等因素，对全球信用市场的影响出乎预料。经济、金融全球化为新兴国家的经济发展增添了新的不确定因素，带来的结果是各类信用违约的增加。

转型代价

利率市场化撼动了传统金融机构的经营模式，为求生存，这些机构在风险管理缺失的条件下急于转型，信用风险激增，终于为此付出惨重代价。

美国的储贷机构是以发放抵押贷款为主业的金融机构，经营模式简单，就是吸收存款，同时发放 30 年固定利率抵押贷款。美国第一家储贷机构于 1831 年在宾夕法尼亚州成立，当时那些想买房的人钱不够，而银行并不提供抵押贷款，互助性组织应运而生。互助性协会将成员的资金聚集成资金池，贷款给那些想买房的成员，还来的钱再贷款给其他成员。

大萧条让住房抵押贷款市场濒于崩溃。为了重新启动市场，1932 年，美国国会通过《联邦住房贷款银行法》并成立联邦住房贷款银行和联邦住房贷款局，向提供抵押贷款的机构提供低成本资金。为了保证储贷机构在资金来源方面不受影响，监管当局在存款利率方面对储贷机构网开一面，可以支付高出其他商业银行 0.25% 的利率吸收存款。

在政府鼓励措施的带动下，储贷机构如雨后春笋般壮大起来，推动着政府振兴住房市场政策的实施。尽管储贷机构规模比银行小，但对于抵押贷款市场而言至关重要。截至1980年，全美有将近4000家储贷机构，总资产达6000亿美元，其中4800亿美元是抵押贷款。

成立几十年来，储贷机构一直依靠吸收短期存款、发放长期贷款的经营模式，在利率管制的环境里"高枕无忧"。1960年代中后期开始，在经历了通胀、两次石油危机以及美联储前所未有的货币紧缩政策等一系列冲击后，一直靠吃利差生存的储贷机构风光不再。

同其他金融机构相比，储贷机构的经营模式错配最为严重。存款成本上升，利差缩窄，传统的盈利模式彻底失灵。除此之外，由于储贷机构受利率管制限制，存款利息毫无吸引力，储户存款发生大规模转移，纷纷投奔那些能提供较高利率的工具或机构，如货币市场基金和其他一些非银行金融机构。

无奈之下，储贷机构只好去找政府求救。迫于市场的压力，美国监管当局被迫启动利率市场化的渐进式改革，计划六年内彻底取消利率管制。为了挽救陷入困境的储贷机构，1980年代初期，美国政府连续出台松绑措施，放宽储贷机构的业务范围，允许其资产组合多样化。除抵押贷款外，储贷机构还可以发放商业地产贷款、消费贷款、商业票据和公司债等业务。监管当局的目的是让储贷机构同市场上其他金融机构一样经营，削弱其专业化抵押贷款机构的色彩。

不曾料想，一些储贷机构为了追求高回报而急于转型，在缺少经验与专业知识的情况下，急切寻求新的赚钱业务，匆匆跻身不熟悉的业务领域，放弃了长期以来的审慎经营原则。监管当局的松绑正赶上商业地产市场起势，大笔前期手续费收入让储贷机构的赢利表现立竿见影，还有一些储贷机构开始涉足高风险业务，从投资地产、股票、赌场、快餐连锁店，到投资滑雪场、风能农场、石油和天然气生产商、垃圾债、套利衍生品……饥不择食的匆忙转型为日后悲惨的命运埋下了伏笔。

1984 年 3 月 14 日的早上，联邦监管当局一行人到达得克萨斯州东部郊区一座不起眼的办公楼，试图控制住全美业务发展最猛的帝国储贷机构（Imperial Savings and Loan Association），开启了一场全国性治理和拯救储贷机构的行动。

由于向行骗的建筑公司贷款，帝国储贷机构卷入欺诈丑闻，其激进扩张战略终于尝到苦果。建筑公司的骗局是选一块未开发的土地，以一系列内幕方式将价格哄抬起来，再卖给开发商，开发商再将土地分成更小块高价卖给中间商倒手，这期间的融资全部由帝国储贷机构以 18%~19% 的高利率提供，当该"金字塔计划"被叫停后，120 多名参与者被定罪，建筑项目成为烂尾，帝国储贷机构的 3 亿多美元贷款打了水漂儿。

1982 年后，随着商业地产贷款泡沫的破灭，大范围的欺诈案件全部被曝光。储贷机构为自己的野蛮成长付出沉重代价，成为利率市场化过程中的首个牺牲品。其实，政府对储贷机构的松绑措施为时已晚，由于存款利率已远远高于这些机构持有的固定利率抵押贷款收益，资金成本的急速上升导致储贷机构严重亏损。1981年，有联邦保险的储贷机构的损失超过46亿美元，1982年又出现41亿美元损失。绝大多数储贷机构早已处于破产边缘，而随着利率进一步上升，这些机构的负担更重，最终也未能逃脱关门的厄运。

1980~1994年，1600多家联邦存款保险公司成员银行倒闭，成为1930年代政府推出存款保险制度以来，银行倒闭最密集的时期。[1] 政府花了1600亿美元收拾储贷机构的"烂摊子"，由于坏账太多，专为储贷机构提供担保的联邦储贷保险公司宣布破产。

储贷机构倒闭潮影响到办公楼、零售中心和工业设施等商业地产市场。同其他一些行业比，商业地产投资周期性强，属于高风险业务。这也是为何联邦监管当局之前禁止联邦注册银行直接投资此类项目的原因。商业地产项目大部分是高杠杆，主要是债务，而不是股权，借款人和贷款人的风吹草动都会引发商业地产市场的动荡。商业地产对利率、信用环境以及政府税收和相关政策变化异常敏感，而项目本身又存在着建设周期，项目开工与完工期之间存在着太多的未知因素。

当然，最要命的还是供需平衡的打破，特别是需求从盛

---

1 George Hane, "The Banking Crises of the 1980s and Early 1990s:Summary and Implications", *FDIC Banking Review*, Vol.11, No.1, 1998.

到衰的突然转向。1970 年代后期至 1980 年代初期，根据全国房地产投资受托人理事会提供的数据，机构投资者拥有的办公楼投资回报平均为 21.9%，仓储、工业和零售地产项目平均回报分别为 16.5% 和 11.7%。整个 1980 年代，商业地产市场经历了一个前所未有的建设高峰，[1] 以及投机潮。

商业银行的地产金融业务也与时俱进，特别是在监管放松时期争抢诱人的预付手续费收入。1980 年代，美国商业银行报表上商业地产贷款明显增加，其占总资产的比例从 18% 猛增到 27%，而消费和工商贷款普遍呈下降趋势。

然而，1980 年代后期，多种因素造成需求的整体下降，其中一个不可忽视的原因是数百家储贷机构倒闭，商业地产失去了一块重要的资金来源。与此同时，银行为了实施基于风险的资本标准，纷纷减少发放商业地产贷款，因为这类贷款占用更多的资本金。市场的变化从租金、价格和回报的整体下落上得到反映，另外，过度开发与空置率增加形成强烈反差，彻底暴露出商业地产项目滞后的弱点。

在商业地产领域业务激进的银行遭受大规模损失，其中当时美国排名第七的大型商业银行——大陆伊利诺伊国民银行和信托公司（Continental Illinois National Bank and Trust Company，简称大陆银行）的倒闭成为金融史上的大事件。大

1　FDIC, "Commercial Real Estate and the Banking Crises of the 1980s and Early 1990s", *History of the 80s*, Vol. 1, pp.141-142, www.fdic.gov.

陆银行的倒闭出乎意料，因为传统上这是一家经营风格保守的银行，问题出在转型。为了寻求新的市场机会，1970年代中期，在利率市场化压力下，该行转变了经营战略，由保守转为激进，以商业地产为突破口，实施收入增长战略。激进的战略取得成效，1976~1981年，该行工商贷款规模从50亿美元增长到140亿美元，总资产从215亿美元增长到450亿美元，涨幅分别为180%和110%，一时成为发放工商贷款最多的美国银行。

金融机构业务急剧增长的背后会引发不少疑问，大陆银行也不例外。火热的贷款需求，使金融机构形成一种"我们不贷，别人就会抢着贷"的普遍心理，造成承销标准下降，潜在信用风险增加，风险管理失位。

大陆银行抢占市场的秘诀是贷款价格低于市场平均价格，一度出现企业财务主管对大陆银行过低的报价甚至不好意思拒绝的地步。1970年代后期至1980年代初期，俄克拉荷马州和得克萨斯州的石油和天然气行业增长势头迅猛，为了不错过良机，该行顺势提出激进的增长战略。由于监管法禁止银行和银行控股公司跨州设立分行，因此，大陆银行从俄克拉荷马州的佩恩广场银行（Penn Square Bank）购买了10亿美元同能源相关的投机性贷款，贷款全部是在石油和天然气火爆时期向生产商以及相关的服务公司及投资者提供的。

资产增加，违约风险也随之增加。为了争抢业务，大陆银行采取的低于市场价的战略过于冒险。1981年下半年，问题开始暴露，油价大跌导致银行的公司客户亏损严重，1982年7月，受俄克拉荷马州佩恩广场银行倒闭的牵连，大陆银行收购的高风险贷款大部分成为坏账。

1984年一季度，大陆银行的不良资产增加到破纪录的23亿美元，其中一半来自拉美国家。此时，大陆银行的融资模式短板显现。由于该行牌照限制其设立分行，因此，大部分资金是靠短期拆借或通过控股公司发行商业票据来筹集。更糟糕的是，欧洲美元市场成为其获得流动性资金的主要渠道，市场上有关大陆银行经营状况恶化的传言，立即引发海外存款人迅速转移资金，形成大规模挤兑。

债市惨案的牺牲品

美联储货币政策的急速调整造成债券市场"哀鸿遍野"，让缺少风险管理意识的投资机构吃尽苦头。

发行国债筹资的历史由来已久。据伊拉克出土的石碑记载，公元前2400年，还是玉米做货币的时代，美索不达米亚平原就出现了类似债券的工具；政府发行债券筹资始于14世纪，威尼斯同拜占庭之间的战争打着打着没钱了，当地政府发行了世界上第一笔债券，并强迫所有威尼斯人购买，承诺到一定时候会连本带息还钱。由于发债筹来的钱建立的船队不幸遭遇海难，政府无法还钱，只好慢慢以年金的方式定期付给债券持有者，逐渐成为可以在市场自由交易的永久性债券。1693年，英格兰银行为英法战争筹资，正式发行政府债，并于1751年，将所有未偿付的长期债务统一合并为没有到期日的"永久公债"（Consols），定期向持有者分红。随后，更多欧洲国家仿效英格兰银行发债筹资。[1]

美国政府发行的第一支国债是为"一战"筹资的"自由债券"（Liberty Bond）。为了动员广大民众参与，当时的宣传海报将购买国债等同于爱国行动，无形中也成为向广大投资者普及国债投资的窗口。大萧条期间，长期国债经受住考验，其表现优于股票，于是良好的口碑成为投资者的"安全天堂"。

在1950年代和1960年代后期，美国债券市场分别受经济衰退和通胀影响出现动荡，但在投资者眼中，以国债为代表的债券仍是投资品种中表现相对稳定的工具。正是这种战后产生的长期乐观的固化观念催生了1980年代全球性债券市场的泡沫。

1989年下半年，为了不让美国经济陷入衰退，美联储决定降低短期利率，到了1992年底，联邦利率从8%一路下降到3%。而此时长期债券收益率仍高于7.5%，造成巨大的套利空间，套息交易（Carry Trade）盛行。银行、券商、对冲基金等机构的交易员异常活跃，纷纷借短期资金投资长期证券，债市泡沫越吹越大。

然而，债券投资的最大风险之一是利率变化。由于债券

---

1 William Goetzmann and K.Geert Rouwenhorst, "The History of Financial Innovation", Yale School of Forestry & Environment Studies, www.yale.edu/cbey/carbonfinance2008.

收益率同利率呈反比关系，也就是利率上升，收益率下降，反之亦然。因此，随着不同时期的经济发展，债券市场不断受到宏观环境变化的影响。如在某一历史阶段，英国公债发行时还是金本位环境，不用考虑通胀，而英国政府决定同金本位脱钩后，利率蹿升，债券收益率大幅度贬值，众多投资者被套牢。1920 年代，德国发生的超级通胀更是让债券投资者数月内损失殆尽。

1994 年初，尽管通胀率只有 3% 左右，但格林斯潘领导下的美联储敏感地察觉到房市回升和经济回升的趋势，出于对通胀的恐惧，格林斯潘于 1994 年 2 月 4 日，开启连续加息步伐。截至 1995 年初，联邦公开市场委员会共加息 300 个基点，[1] 远远超出市场参与者的预料，导致债券市场发生大逆转，《财富》杂志称之为"1994 年债券大屠杀"[2]。

出人意料的短期利率大幅度上扬让债券市场步入黑暗时代，就像遭遇了一场灭顶之灾，让盲目乐观的债券市场措手不及。同债券相关的衍生品市场一片狼藉，利率产品和各类固定收益产品全部遭殃，曾经赚钱的债券组合交易变成赔钱的买卖，涉足债券市场的金融机构绝大部分押错了方向，为了减少投资组合损失，债券持有者被迫迅速清空头寸，个人

---

1 Matthew Boesler, "What Happened To Markets The Last 15 Times The Fed Tightened...", *Business Insider*, Jan. 23, 2013.

2 AI Ehrbar: Great Bond Massacre: In A Year of Low Inflation, Bondholders Have Suffered More Than $1 Trillion in Losses. Here's Why It Happened, and Could Happen Again, *Fortune*, October 17, 1994.

投资者也见势不妙退出债券共同基金，引发市场灾难。

1994 年的债市惨案同市场本身的动力相关：下行市场增加波动，波动向其他市场蔓延，而且在外国投资大规模撤回的关头加重。[1]资金从债券市场的流出远高于流入，债券价格普遍下跌，另外抵押贷款证券也在国债下跌中起到特别作用。这个一年前还红红火火的市场，在长期利率上升的打击下迅速"变脸"。由于房主突然停止再融资，抵押贷款债权受到双重打击，从 2 月初到 6 月底，所罗门兄弟公司 30 年期限的吉利美债券指数（GNMA Index）下降了 6.6%。由于不知道何时见底，没有人愿意买入，使得抵押贷款债券持有者没有其他选择，只好做空半年前买入的国债，希望抵销抵押贷款证券的损失，却进一步影响了国债市场走势。根据《财富》杂志的预测，债券市场资产损失高达 1 万多亿美元。

1980 年代中期制造出一个个亿万富翁的对冲基金，由于拥有大量同债券相关的衍生品合约和使用高杠杆，相继爆仓。对冲基金的传奇人物迈克尔·斯坦哈特（Michael Steinhardt）也由于这场债市灾难洗手不干了。这位毕业于沃顿商学院的犹太人 26 岁就成立了自己的对冲基金，父亲是一位大赌徒，成为他的第一个客户。1990 年代初期，斯坦哈特的基金回报一直保持在 60% 左右，美联储的连续加息行动让他乱了方寸，

1 Claudio E.V.Borio and Robert N.McCauley, "The Anatomy of the Bond Market Turbulence of 1994", BIS Working Paper No.32, December,1995, p.3.

他所管理的基金损失了 1/3。

高盛高级合伙人斯蒂芬·弗里德曼（Stephen Friedman）一年前曾为公司赢利 27 亿美元，就因为在债市惨案中做反了方向而前功尽弃。他为此辞掉工作，远离债市，重新思考人生，花更多时间去钓鱼、写小说。

深陷新兴市场危机

新兴市场相继爆发的一系列危机给那些希望通过海外业务扩张改进经营指标或捕捉市场套利机会的金融机构迎头一棒。

冷战结束后，随着共产主义与资本主义阵营的对抗减弱，全球化成为人心所向，从贸易扩展到金融。金融全球化的基础——资本账户开放一度成为世界潮流。自美国于 1974 年开始放松资本账户管制后，英国也在摆脱了国际收支平衡危机后，于 1979 年取消所有的外汇管制。随后，欧盟在 1988 年实施的《资本市场自由化法令》中，规定各成员国必须于 1992 年底前取消所有资本限制；经合组织也要求其成员国允许资本自由流动。为了便利国际投融资、缓解汇率压力，许多发展中国家也加速推进资本账户开放。到 1990 年代中期，阿根廷、秘鲁、印度尼西亚等十多个国家完成了资本账户开放，巴西、智利、印度、韩国等很多国家也在不同程度上减少了资本管制。

理论上资本账户开放有助于全球资金的有效配置，资金从充裕国家流向短缺国家，在增加资金回报的同时，也为短缺国家带来经济增长，创造更多就业机会，改善人民生活水平。但经济学家与政府显然对开放资本账户给金融市场带来的震荡和混乱认识不足，导致国际债务危机频发。

国家会破产

新兴市场国家在低利率环境下，集聚了大规模外债。美联储基于国内利益导向的货币政策影响着美元利率和汇率的变动，不仅影响到新兴市场国家的出口，也殃及这些国家的债务结构，特别是加重其同短期利率挂钩的外债负担，引发接二连三的债务危机。投资者的趋利行为推波助澜，导致这些国家濒临破产。

1970 年代，拉美国家经历了战后最强的经济增长阶段，人均 GDP 为 3.5%。巴西和墨西哥两国的人均 GDP 增长达到 7%。这固然是由于拉美国家出口贸易表现强劲，但更重要的原因在于当时的低成本债务环境。由于国际美元债的真实利率为负，拉美国家借助不带有政治条件的石油美元贷款积累了大规模国际债务，并保持高位的进口增长。

巴西、阿根廷和墨西哥等拉美国家为了振兴本国经济，制定了走工业化道路的经济发展战略，依靠外债引进先进技术，进口机器设备。油价飞涨鼓了产油国的腰包，却加重了石油进口国的债务负担，这些国家只好从国际资本市场借更多外债弥补赤字。由于世界银行等国际机构提供的发展基金不足以应对不断增长的资金需求，拉美国家对于石油美元如获至宝。

1982 年底，拉美国家政府和国有企业从美国的商业银行和其他金融机构获得的贷款和债务从 1970 年代末的 290 亿美元增加到 3270 亿美元。

外债最大的风险来自利率的变化。1979 年后，情况发生突变。美联储的货币紧缩政策带动了全球名义利率的攀升，殃及拉美国家。由于这些国家的中长期贷款利率主要是同 Libor 挂钩，而 Libor 对美国短期利率敏感。1981~1982 年，Libor 的平均利率高达 15.8%，导致这些以浮动利率借钱的国家债务负担加重，每年的还本付息额从 1975 年的 120 亿美元增加到 1982 年的 660 亿美元。

祸不单行，由于利率与美元有效汇率同时增长，导致国际贸易中的初级产品价格下降，拉美国家是初级产品最大的出口国。与此同时，工业化国家出现严重的经济衰退，对初级产品的需求下降，拉美国家的还款压力与日俱增。由于债务利息持续超过出口增长，债权人对那些严重依赖债务的国家减少了资金提供，拉美债务链断裂。

1982 年 8 月，墨西哥财长赫苏斯·席尔瓦·埃尔索格（Jusus Silva Herzog）率代表团飞往华盛顿，通知美联储主席、美国财长和国际货币基金组织，墨西哥无力按时偿还到期债务，相当于单方面宣布违约，成为拉美国家债务危机的导火线。

具有讽刺意味的是毕业于美国耶鲁大学的埃尔索格，在 1978~1982 年曾是西方金融界的"香饽饽"，美国 9 家银行慷慨解囊，争相贷给墨西哥的资金高达 800 亿美元，在拉美债务国中高居榜首，大部分银行是冲着埃尔索格去的。

墨西哥违约引发欧美银行恐慌。为了降低风险，它们于几周内的时间里，大幅度减少或停止对墨西哥的贷款，并纷纷要求还款。提供给墨西哥的大部分短期贷款，一旦不能展期就意味着违约，在欧美银行的紧逼下，几周内墨西哥便陷入金融危机中。

此外，其他新兴市场国家也不同程度地面临着还款困难。截至 1982 年底，阿根廷、巴西、尼日利亚等 40 多个主权国家出现利息支付困难。

眼看损失惨重的美国金融机构面临着崩溃的危险，以美国为首的债权国政府、国际货币基金组织和其他金融机构拿出数百亿美元的救援贷款。里根和布什总统当政期间的美国财长尼古拉斯·布拉迪（Nicholas F.Brady）于 1989 年提出了永久减少贷款本金和现有债务偿还计划，并推出布拉迪债券（Brady Bond），将墨西哥和其他发展中国家的坏账变为美元债，其中一部分由美国政府担保。1989~1994 年，债权人免除了约 610 亿美元的私人贷款，占全部贷款余额的 1/3，条件是签署了协议的 18 个国家同意推动国内经济改革，偿还剩余债务。

然而，人们的记忆很短暂，步入 20 世纪 90 年代后，"谈拉美色变"的债务危机很快就成为历史。随着一些拉美国家经济开始恢复，美国货币市场基金、养老金和共同基金等机构重蹈覆辙，纷纷被拉美国家债务的高回报所吸引，重向该地区投放大量资金，不过这次不是以贷款方式而是以债券方式，规模超过 1980 年代的银行贷款总额。

可惜，拉美国家再次让投资者失望。1994 年是墨西哥总统大选年，政府为了取悦公众，采取了财政和货币扩张政策双管齐下的措施刺激经济。财政部发行的本币短期债，承诺用美元还款。由于投资者对刚刚签署了《北美自由贸易协议》的墨西哥经济充满信心，债券发行顺利。谁料想墨西哥政治变幻无常，先是墨西哥东南部的恰帕斯州（Chiapas）农民暴动，两个月后，当时主要执政党候选人遇刺，政治局势的动荡不安导致墨西哥资产的风险系数增加，投资者开始减持墨西哥资产，由此加大墨西哥比索的下行压力。

为了保持比索同美元的汇率，墨西哥政府通过发行美元公债购买比索的方式干预外汇市场，比索表现坚挺导致进口需求增加，出现贸易赤字，这时海外投资者意识到比索价值被高估，选择了逃离，资金从墨西哥流回美国，导致比索贬值。

墨西哥政客们出于大选需要，一方面收购自己发行的国债，保证市场上的货币供应，另一方面，通过调高利率阻止资金外逃。然而高利率政策并未有效地留住外资，相反使得国内借贷成本上升，影响了经济增长，导致流向墨西哥的资金进一步减少。由于此时的墨西哥央行已经丧失在外汇市场支持比索的能力，被迫于 1994 年 12 月 20 日宣布比索兑美元实施自由浮动汇率。浮动汇率进一步加快了比索的贬值速度，1994 年底 1995 年初，比索的贬值幅度在 50% 以上。

比索贬值导致墨西哥的美元债务实际成本骤增，国内经济遭遇的超级通胀进一步加剧了资金外流，一些银行受抵押贷款违约拖累被迫关门，几周之内，墨西哥再次陷入金融危机，成为 1990 年代拉美、亚洲和东欧等地金融危机的前奏。

固定汇率与经济奇迹的碰撞

1986~1996 年，东亚一些国家创造出经济高速增长的发展奇迹，成功转型为具有国际竞争力的工业化国家。然而，由于布雷顿森林体系解体后，这些国家并未完全实现从固定汇率制到浮动汇率制的过渡，在外部宏观环境变化的影响下，经历了一场固定汇率制与经济奇迹之间的碰撞，以危机告终。

1990 年代初期，泰国、马来西亚和印度尼西亚等国走向贸易自由化，不断开放国内市场，并以高利率吸引了大量外来资金涌入。每年有 500 多亿美元从全球市场流入该地区，此外还有数百亿跨国公司的直接投资，这里成为外国资本角逐的新战场。大量外资的涌入促进了当地的经济增长，泰国、马来西亚、印度尼西亚、韩国和新加坡等国在 1980 年代末到 1990 年代初的 GDP 增长保持在 8%~12%，创造了令全球瞩目的经济腾飞奇迹。

然而，外资在为这些国家带来经济繁荣的同时，也抬高了各类资产价格、形成泡沫经济。许多新投资没有投放到实体经济中去，而是集中在房地产、商业和金融领域。危机的触点出现在美元的利率和汇率上。1970 年初期，大多数东亚国家都是全球固定汇率体系成员，布雷顿森林体系坍塌后，这些国家的政府担心无法承担实施浮动汇率后可能产生的后果，不愿冒险，于是在固定汇率与浮动汇率之间摇摆不定，并未完成两种汇率机制之间的过渡。

长期的经济繁荣不断加剧这些国家同美元挂钩的固定汇率与开放资本账户之间的不平衡。由于政府未及时采取措施解决这一矛盾，同美元挂钩的货币经常出现币值高估。1990年代中期，形势发生逆转，随着美国经济走出衰退阴影，美联储开始加息，美元走强。1995年，以美元计价的国际债务的真实利率飙升至8.5%。1997年年中，美元汇率对德国马克和日元分别升值30%和35%。美元升值立即体现在以美元计价的出口商品价格上，与此同时，全球市场上一些半导体加工价格大幅下跌，严重影响到一些贸易国家的出口，而出口收入是这些国家用来偿还外债的主要来源。

此外，同美元挂钩的外债风险也很快显露出来。1996年春，随着亚洲一些国家的经常账户恶化，虚高的资产泡沫开始破灭，地产商贷款质量迅速恶化，接连不断的个人与公司违约造成银行坏账不断攀升，市场上谣言四起。投机商意识到东亚国家货币的贬值趋势，纷纷抛售，造成这些国家的货币贬值压力进一步加大，一场货币危机迫在眉睫。

由于许多国家的货币同美元挂钩，美元牛市不仅影响到这些国家的出口增长和经济表现，还间接影响到这些国家的国内利率。1995年后，东亚国家货币兑美元出现贬值，由于其多数实施的是固定汇率制，为了维系汇率，阻止资金外逃，政府短期内大幅度调高国内利率，同时频繁干预外汇市场，这为海外货币投机者提供了套利机会。

1997 年 7 月初，由于外汇储备告罄，泰国政府被迫做出让泰铢浮动的决定，1997 年 5 月 14 日和 15 日两天时间里，投机商大规模狙击泰铢，泰铢贬值超过 50%。危机前，泰铢同美元的固定汇率为 25 泰铢兑 1 美元，而到了 1998 年 1 月，56 泰铢才能换 1 美元。泰铢的持续贬值让泰国银行与企业的外债加倍。

泰铢的命运迅速传染到周边国家。泰国实施浮动汇率后，印度尼西亚货币当局也于 7 月将卢比的交易区间从 8% 扩大到 12%。1997 年 8 月 14 日，卢比突然遭到投机商袭击，危机前，2600 卢比兑 1 美元，到了 1998 年年中，则需要 14000 卢比兑 1 美元。卢比大幅度贬值直接影响到其国内公司报表，外债成本直线上升。

由于货币贬值引发的物价大幅度上涨导致全国出现骚乱，在强大的市场压力下，印度尼西亚陷入金融与政治危机，总统苏哈托于 1998 年 5 月 21 日被迫辞职，结束了其长达 30 多年的政治生涯。

马来西亚、菲律宾、韩国和中国香港也都遭受不同程度的影响，且危机的过程相似，都未能逃脱货币贬值、热钱外逃、资产泡沫破灭的厄运。1997~1999 年，从这些国家和地区流出的资金高达 2300 亿美元，股市平均下跌 90%。时隔 15 年，亚洲国家的经济也同拉美国家一样，坐了一趟从巅峰到谷底的"过山车"。大规模信用损失几乎涉及各个领域。由于银行信用风险管理水平低下，加上此前用低成本海外借款大规模扩大贷款业务，危机爆发后，印度尼西亚、马来西亚、韩国和泰国银行的坏账占了总资产的 30% 以上。马来西亚于 1998 年 9 月 1 日重新实施资本管制。

"俄罗斯骨牌"

亚洲金融危机爆发后，国际投资者开始重新审视新兴市场国家风险。作为全球化链条中的一员，俄罗斯自然也被列入投资者的审查清单，其结果令人震惊，原来俄罗斯经济基本面存在着严重问题。

自从俄罗斯独立以来，其财政状况一直没有得到根本性改善。为缓解国家财政的困境，俄罗斯政府采取了发放短期债券和对外大量借款的方式，积累了大量外债。自俄罗斯于 1997 年取消海外组合投资限制后，100 多亿美元的海外游资涌向俄罗斯的股票和国债市场，其中 70% 为短期资金。

投资俄罗斯的主要理由是从卢布的高利率中套利。自 1995 年初以来，卢布汇率一直保持稳定，而更深刻的背景是投资者对俄罗斯经济普遍持有的乐观态度，认为凭借其丰富的自然资源优势，伴随着国内通胀下降，以及私有化和各项改革计划的实施，俄罗斯经济会焕然一新。截至 1997 年底，俄罗斯可以确认的对外负债总额为 1280 亿美元，而外汇储备为 130 亿美元，只占对外负债总额的 1/10。沉重的外债负担成为一枚定时炸弹。

俄罗斯的对外贸易支柱是石油、天然气、木材和金属，占其出口总额的80%。受亚洲金融危机影响，全球大宗商品需求下降，造成价格大幅度下跌。由于出口贸易受到冲击，俄罗斯外汇收入减少，投资者担心政府无力支撑卢布汇率，出于对货币贬值和债务违约风险的考虑，选择迅速撤离，货币投机商也乘机袭击卢布。

祸不单行。1998年3月末，俄罗斯政治形势突变。叶利钦罢免包括总理在内的政府班子，使投资者脆弱的神经更加紧张。面对资金纷纷逃离，为了不让局面失控，1998年6月，俄罗斯政府将短期债利率从三个月前的42%提高至150%，同时请求国际机构救援。国际货币基金组织和世界银行于1998年7月13日批准一项226亿美元的援助计划，将俄罗斯即将到期的短期债换成长期欧洲美元债，帮助俄罗斯稳定金融市场。

不料上述措施不仅未达到预期效果，反而加快了资金外流速度。同其他新兴市场国家一样，汇率带来的冲击总是起到致命一击的作用。维持卢布同美元的有管理的浮动汇率需要雄厚的外汇储备做后盾，当1998年8月7日，俄罗斯央行宣布外汇储备降到8亿美元的消息后，迅速引爆从货币、债券到股票市场的全面恐慌，卢布贬值迫在眉睫。

眼看卢布外逃如汹涌潮水，8月17日，俄罗斯政府决定实施浮动汇率，被迫宣布卢布贬值34%，并冻结135亿美元国债的支付。汇率放开管制后，卢布出现大幅度贬值，从宣布之日到年底，汇率从 6.3 卢布兑 1 美元跌到 22.5 卢布兑 1 美元，俄罗斯金融危机全面爆发。

俄罗斯金融市场崩溃的消息就像一场飓风，横扫全球主要金融市场，新兴市场首当其冲。1998 年 8 月，国际投资者又开始将目光转向巴西，重新审视其预算赤字和外汇储备，质疑巴西政府的汇率管理能力。由于担心巴西里尔币值虚高，为了防范风险，在 9 月上旬的短短两周内，外资从巴西撤走 140 亿美元。

1999 年 1 月，巴西里尔贬值幅度达到 35%。为了维护货币稳定，防止资金外逃，巴西采取了提高利率、削减支出、增加税收等措施，但这些措施并未产生预期效果。里尔同美元挂钩意味着巴西政府需要根据市场变化动用外汇储备平衡汇率，1998 年底，巴西的美元储备比年初减少一半。伴随着利率的上升，巴西里尔的贬值压力与日俱增，为了确保里尔不受投机商的袭击，国际货币基金组织拿出 415 亿美元的救援资金。

危急时刻，巴西国内政治陷于混乱状态，不仅政府削减赤字的方案未获通过，养老金改革也遭遇失败。改革希望渺茫进一步加速资金外流，每天约有 3.5 亿美元的资金逃离巴西。这时，巴西东南部的米纳斯·吉拉斯（Minas Gerais）州新任州长宣布暂停向国民政府还债，一下子触动投资者的紧张神经。1999 年 1 月中旬，巴西政府被迫宣布汇率自由浮动，货币大幅度贬值，引发金融危机的全面爆发。

作为巴西主要的贸易伙伴，外债负担沉重的阿根廷也紧随其后。在军事独裁政府统治下，阿根廷严重依靠外债发展经济，1976~1983 年，其外债余额从 80 亿美元增加到 450 亿美元，而债务偿还能力却一天天下降。工业生产与贸易出口状况都不尽如人意，大宗商品价格崩溃让阿根廷经济雪上加霜，通胀如影随形。到了 1989 年 7 月，阿根廷年通胀率达到 5000%，总统被迫辞职。2001 年 12 月，由于阿根廷政府承诺的预算赤字目标失败，国际货币基金组织拒绝发放新贷款，骤增的国家风险在金融市场即刻体现，债券收益率猛增 42%。

外资突然中断对阿根廷的资金供应，货币投机商借机攻击阿根廷货币，造成阿根廷比索大幅度贬值，恐慌情绪在全国蔓延。由于民众纷纷提取美元转移到国外，出现大范围银行挤兑。政府不得已采取了冻结银行账户一年的紧急措施，限定每个账户每周只能提取 250 美元。2001 年的最后一周，阿根廷政府公共债务发生违约，总计 1320 亿美元。2002 年初，阿根廷政府被迫放弃固定汇率制。

信用风险成当务之急

在这样一个危机四伏的大环境下，商业银行的经营环境日益恶化，由于金融机构普遍缺少风险防范措施，信用风险骤增，风险管理能力受到严峻考验。

同储贷机构一样，商业银行在经营模式和信用风险管理方面，也经历着一场关系到生死存亡的转型之痛。由于大部分银行在长达数十年的利率管制下，风险管理能力逐渐退化，对于突如其来的利率风险毫无准备，几乎没有几家银行有能力计量利率风险敞口以及利率变动对净利差的影响。

对于用短期存款发放长期固定利率贷款的商业银行来说，利率上升，意味着银行存款成本上升，而长期贷款利率却没有相应调整，报表出现严重的期限错配，利差缩窄，不可避免地将出现利率风险。在利率冲到 20% 时，多年来一直保持稳定盈利的银行首次出现巨额亏损。

美国大型银行在国内盈利受到挤压后，寄希望于海外市场。以拉美国家为主的新兴市场国家的经济增速具有极大的诱惑力。另外，主权国家发行的债务是相对安全的投资。从历史记录看，自大萧条以来，拉美国家就再没有出现过违约，加上银团贷款方式可以分散信用风险，这些足以让国际化银行高枕无忧。

截至 1974 年，美国的银行提供给新兴市场国家的贷款为 440 亿美元。由于大宗商品和工业品市场一片兴旺，这些国家的贷款表现不错，美国的银行也因此利润大增。1976 年，美国 13 家大银行国际贷款收入占全行总利润的 70% 以上，这也导致了 1979 年又一轮新兴市场贷款高潮。尽管大家都清楚拉美国家贷款存在着风险，但不仅没有采取相应措施，还随着市场竞争的加剧，纷纷放松信贷标准。

尽管在 1975 年的美国国会关于发展中国家债务问题的听证会上,监管当局就已发出债务风险可能威胁到美国银行体系安全的警告,1977 年,美国参议院外事委员会发表的研究报告中,也就发展中国家可能发生的债务危机再次表示担忧,然而,投资者普遍认为不存在爆发大规模危机的可能性。[1] 商业银行更是对发展中国家业务前景一片乐观。

危机爆发后,全球大型商业银行一片狼藉。在拉美 16 个国家发生的 1760 亿美元的违约贷款中,仅美国 8 家银行就提供了 370 亿美元,占其当时资本金的 147%,[2] 其中美国银行和汉华银行向墨西哥提供的贷款都超过了 40 亿美元,面临着贷款违约的风险。

最早实施国际化战略的花旗银行最先品尝到"走出国门"的苦果。1987 年 5 月,该行成为第一家将拉美坏账亏损入账的美国机构,计提了 33 亿美元的坏账准备金。花旗前董事长沃尔特·瑞斯顿(Walter Wriston)曾有一句名言"国家不会破产",指的是拉美主权国家不可能违约,可惜这句话非但没有灵验,反而让花旗银行饱受坏账的煎熬,花了将近十年的时间同拉美国家谈判债务重组,清理、核销坏账。

除了拉美债务坏账,花旗银行还饱尝 1980 年代房地产业务疯狂扩张的苦果:曾经风光一时的地产大王唐纳德·特朗

1　FDIC, "The LDC Debt Crisis", *History of the 80s*, Vol 1, pp.198-199.
2　FDIC, "The LDC Debt Crisis", *History of the 80s*, Vol. 1, p.191.

普（Donald Trump）负债累累，为了免于破产而要求花旗银行提供新贷款，让花旗银行欲哭无泪；加拿大客户莱克曼兄弟（Reichmann Brothers）的破产，更是将花旗银行彻底推向破产边缘。按照巴塞尔协议对资本充足率的要求，花旗银行需要补充 40 亿~50 亿美元的资本金。众议院议员约翰·丁格尔（John Dingell）在 1991 年 7 月 30 日举行的国会听证会上断言，花旗银行在"技术上已经破产"。关键时刻，花旗银行得到贵人相助，沙特王子阿勒瓦利德（Al-Waleed Bin Talal）挺身而出，后成为花旗银行最大的个人股东。

缺少信用风险管理工具让美国的银行吃尽苦头。当时发生的几起银行倒闭案都同风险管理水平低下有关。大陆伊利诺伊银行、第一共和银行（First Republic Bank），新英格兰银行（Bank of New England）等都是由于信用风险管理不善而倒闭。[1] 这些银行对贷款组合中的信用风险理解得很初级，问题主要出在资产和负债的错配上，利率大幅度上升立即影响到银行的报表，银行家们只能望"表"兴叹。

伴随着坏账的激增，美国银行、信孚银行、化学银行、第一芝加哥和汉华银行等相继被降级。1990 年，大通曼哈顿银行亏损 3.34 亿美元，评级机构将其降为 Baa-3，离垃圾债等级只有一级之差。1990 年代后期，美国银行（Bank of

---

1　Richard J.Herring, "Credit Risk and Financial Instability", *Ratings, Rating Agencies and the Global Financial System,* ed. Richard M.Levich et al., Spring, 2002, pp.345-346.

America）也由于受到亚洲金融危机的牵连，在债券和股票交易方面损失惨重，影响了该行投资的整体回报。1990年末的全球银行业排名中，位列前30的大银行中只有花旗银行还在榜上，其他银行都不见了踪影。

1980~1995年，国际货币基金组织181个成员中约3/4出现严重的银行问题或危机。根据《美国银行家》的报道，法国里昂信贷银行由于信贷决策失误花去纳税人250多亿美元，日本银行的激进战略则造成累计坏账8200多亿美元。

长期资本管理公司的消失

在新兴市场危机中，除少数投机机构因祸得福外，大部分对冲基金和投行也都遭受到不同程度的冲击。俄罗斯金融危机不仅冲击着全球金融市场，还掀翻了对冲基金业的"泰坦尼克号"——长期资本管理公司（Long Term Capital Management）。

以债券交易为主营业务的长期资本管理公司成为华尔街悲喜人生的又一个真实写照。公司领头人约翰·梅里韦瑟（John Meriwether）拥有芝加哥大学MBA，是经济学家莫顿·米勒（Merton Miller）套利理论的得意门生，毕业后加入所罗门兄弟公司负责证券套利业务，将理论付诸实践。梅里韦瑟认为在风云变幻的金融市场中获胜的法宝是高智商，为此，在部门成立时他将一批哈佛和麻省理工等名校的数学天才纳入旗下。

梅里韦瑟率领的精英团队迷恋复杂模型，围绕着汇率、利率等金融要素变化不断设计出新产品，每年为公司盈利5000万美元以上，但最终因为交易丑闻败下阵来。梅里韦瑟无奈之中只好离开所罗门兄弟公司，并于1994年成立长期资本管理公司，不仅将自己的原班人马拉来，还陆续将一些泰斗级人物拉了进来，其中一位是哈佛大学教授罗伯特·莫顿（Robert C. Merton），另一位是布莱克－斯科尔斯模型的发明者迈伦·斯科尔斯（Myron S. Scholes），两人都有着过人的能力和智慧。

索罗斯的对冲基金以预测经济趋势和资产价格见长，而梅里韦瑟的看家本领是趋同交易策略（Convergence Strategies），即寻找暂时错配的证券在不同市场之间存在的细微价差，采取做多价低、做空价高证券的方式获利。梅里韦瑟相信市场是理性的，因此存在着许多诱人的价差机会，而且确定这些价差很快就会得到修正。尽管错配的证券价差小、利润薄，但利用复杂的数学模型，通过使用杠杆放大收益，趋同交易可以成为长期资本管理公司稳赚不赔的核心业务。1998年初，长期资本管理股票母公司的资本金只有48亿美元，却管理着1200亿美元的投资组合，杠杆比例约为30:1，表外衍生品合约名义金额为1.3万亿美元。

梅里韦瑟的趋同交易策略在实战中屡试不爽，为公司带来巨额利润。1995~1996年，公司扣除手续费后的投资回报高达 40% 以上，100 多位员工赢利 21 亿美元的消息很快就成为投资界传奇。由于公司的交易从无失手，引发外界不断追问，风险到哪里去了？

1998 年爆发的俄罗斯债务危机，引发全球股票、债券市场震荡。由于投资者对全球信用风险重新定价，导致新兴市场国家主权债和工业国家长期公司债收益差大幅上扬，各大金融市场股票狂跌，这些收益差的剧烈波动影响到长期资本管理公司的套利交易策略。由于长期资本管理公司豪赌收益差缩窄走势，于是在 8 月 17 日遭到重击。

为了防范新兴市场可能出现的信用风险，商业银行、投行等金融机构的自营交易采取的是大致相同的交易策略，几乎同时在市场环境最差时忙着清空高风险资产，逃向风险低、流动性强的证券，导致高风险地区证券的价格受到挤压，并迅速抬高了流动性强的证券价格。在流动性强的证券中，国际投资者一致转向美国国债，而且是流动性最好的当期国债，使得当期国债同往期国债价差持续扩大。

"逃向高质量投资"（Flight to Quality）现象不仅发生在美国国债市场，也遍及所有金融资产，而长期资本管理公司在各个市场的投资都告急，投资组合收益差不但没有预料中的收窄，反而扩大。到了 8 月底，长期资本管理公司管理的基金损失达 18.5 亿美元，其中仅 8 月 21 日一天内，就损失了 5.5 亿美元。

长期资本管理公司流动性告急，四处求救，遇到的都是冰冷的拒绝，经纪商与交易对手不约而同地担心该公司的前景。绝望之中，长期资本管理公司向纽联储汇报了公司面临的财务困境。监管当局意识到了问题的严重性，长期资本管理公司表外高达 1.3 万亿美元名义金额的各类衍生品交易就像一颗定时炸弹，如果交易对手同时撤退，资产火速销售，会撼动整个金融市场的稳定，影响到一大批债权人和交易对手，以及同该公司有直接业务关系的市场参与者。为了安全起见，纽联储迅速召集了 22 家金融机构一起商讨解决方案，以保证对长期资本管理公司的有序清盘，消除全球证券市场流动性突然蒸发的可能性。最终，14 家来自美国和欧洲的金融机构各自拿出 36 亿美元，换来该公司 90% 的股份。

监管当局和咨询公司在对各类金融机构调研后得出一致的结论：金融机构的信用文化和贷款战略需要反思，甚至重新设计。[1]银行高管们也意识到，金融市场越来越复杂，商业银行传统的风险管理措施早已无力应对从国内到国际金融市场的风云变幻，其评估、定价及对冲市场和信用风险的能力严重不足，彻底解决信用风险管理短板已成为燃眉之急。

风险管理革命

风险管理的概念最早来自保险业。1950 年代后期，《哈佛

---

1 Edward I. Altman, et al., "Credit-Risk Measurement and Management: The Ironic Challenge in the Next Decade", *Financial Analysts Journal*, Vol.54, No.1, Jan.-Feb., 1998, p.8.

商业评论》和《全国承保人》（*The National Underwriter*）先后使用了"风险管理"一词，主要针对的是保险业的风险。1966 年，加拿大麦塞・福格森（Massey Ferguson）农业机械设备公司的风险经理道格拉斯・巴娄（Douglas Barlow）推出风险成本（Cost of Risk）概念，也就是因风险发生的支出以及管理风险所发生的费用，并将其作为业绩计量的新工具。[1]

自从世界上出现了银行的借贷活动以来，信用风险就影响着资金供需双方之间的效率。在固定利率年代，银行防范风险的重点放在编制完整的信贷手册上，着力于信用分析和操作流程方面，强调贷款组合多样化，限制行业、客户的信用额度，以及包括偶尔在二级市场出售贷款等手段。这些措施能够让信用风险在一定程度上得到控制，但并未解决本质问题。

1970 年代中期到 1980 年代初期，风险管理热潮在欧洲兴起。自 1970 年代以来，各类衍生品的增长不仅改变了金融市场传统的运营模式，也改进了传统市场分析方法。以前的分析重点更多放在经济层面，较少重视市场内在的变化，并且忽视全球各大金融市场之间的相互联系。一些新的分析方式在评估债券市场时，已不再单纯将经济基本面当作通胀预期的晴雨表，而逐渐从投机者寻求短期回报的工具角度去审视。

---

1 H.Felix Kloman, "Rethinking Risk Management", The Geneva Papers on Risk and Insurance, 17 (No.64, July, 1992).pp.300-301.

1980 年代后，外部经营环境的恶化和客户的违约将信用风险推到聚光灯下。当时的风险管理手段尚处于初级阶段：监管当局缺少计量系统风险的工具；银行缺少贷款组合利率风险的计量工具，很难对摇摆不定的利率采取预防措施。

各家金融机构的专家们在寻找金融市场变化的规律时，将风险管理研究的范围不断扩大，从概率论、经济学、运筹研究、系统理论、决策理论到心理和行为学，不断尝试着将一些风险管理理论应用到实践之中，由此构成了现代风险管理的基础。

风险的量化

金融风险只有被量化才能够被有效地管理，而量化风险的基础是概率。关于概率论的起源还要从 16 世纪说起，两位法国数学家帕斯卡和费马受法国王室委托，研究如何解决赌博中投掷骰子和比赛奖金的分配问题，其过程成为系统研究概率的开端。

尽管早在 1900 年，法国人路易·巴舍利耶（Louis Bachelier）就发表了《投机理论》，尝试用随机散布数学原理分析巴黎证券交易所的股价波动，但在当时并未产生任何社会影响。直到美国经济学家马科维茨于 1952 年在《金融杂志》（*Journal of Finance*）发表《现代投资组合理论》后，金融界才开始从量化的角度审视金融市场，金融也开始脱离经济学成为独立的学科，《现代投资组合理论》将概率论和线性代数应用于证券组合投资，破解不同类别、走势各异的证券之间的内在相关性，为量化投资风险搭建了基础框架。

《现代投资组合理论》的核心是以最低风险搏击最高收益，建立在三个假设基础上：其一是假设两个组合风险相同，预期回报不同，理性投资者会倾向于最高回报的组合，同样，假设两个组合有相同的预期回报，但风险程度不同，理性投资者会选择风险较小的组合；其二是让风险等同于标准方差，投资组合中不同的证券关系用相关性表示；在前两个假设基础上推出第三个假设，即资产的回报、标准方差和相关性的预测基于历史数据。以风险回报为基本框架的现代组合理论是风险管理的突破。

1970 年代，布莱克－斯科尔斯公式推出期权定价模型，使得概率方法同金融市场之间产生更加深刻的联系，在华尔街掀起一股模型热。德州仪器公司（Texas Instruments）特意制造出期权定价手持计算器，更广泛地推动了期权定价模型在金融市场上的应用。长期资产管理公司的倒闭不但没有阻止金融模型的发展势头，反而让华尔街更加确信，尽管金融模型还存在着不少缺陷，但同其他工具相比，仍然是比较理想的防范风险的工具。此后，更多大型金融机构和对冲基金借助金融理论方面的突破，热衷于风险量化，开发出更加复杂的数学模型管理风险。

正是在这样一个大环境下，一些大学为了满足市场需求，创建了金融工程专业（Financial Engineering）。金融工程是一个跨学科的新型专业，广义上指的是在金融市场开发并创造性地应用金融创新技术，主要包括金融学、经济学、数学、统计学、工程学和计算机编程。课程设置方面包括衍生品、风险管理、产品创新和对冲技术，旨在有针对性地为华尔街培养专业人才。

开发模型需要高端专业人才，为了吸引高水平人才，金融行业的平均工资不断攀升。根据纽约大学和弗吉尼亚大学两位学者的调查，金融服务业工资在 1980 年同其他行业基本持平，到了 2006 年，工资平均高出其他行业 70%。[1]

高薪酬和社会地位成为名校毕业生投身金融业的动机。1969~1973 年，哈佛大学毕业生中只有 6% 流向金融业，而到了 2008 年，有 28% 的毕业生选择了金融业。这些物理学博士、数学博士由于在建造数学模型方面具有特长，被称为"量化分析师"（Quant）。1970 年代后期和 1980 年代初期进入华尔街的是最早的一代理科高才生，人们习惯称这些人为"火箭科学家"（Rocket Scientist），他们将在应用数学、统计学和金融方面学到的知识运用到金融市场。1990 年代初期，新一代专业人士进入华尔街，他们是数学和物理学博士，转行前大多在学术界或非金融领域工作，他们涉足公司金融、衍生品定价、投资组合管理、风险管理、结构性产品交易和估值等领域，提升了金融业的档次，让金融从传统的信贷和股票经纪变成一个具有技术含量的新领域。

1　Thomas Philippon and Ariell Reshef, "Wages and Human Capital in the U.S.Financial Industry:1909-2006", NBER Working Paper 14644, 2009.

高盛公司自 1980 年代初，就开始招募优秀的风险管理量化专业人才。1984 年，曾任高盛公司高管的罗伯特·爱德华·鲁宾（Robert Edward Rubin）从麻省理工学院挖来期权定价模型的发明人之一，大名鼎鼎的费希尔·布莱克（Fisher Black），领导高盛的量化策略部门（Quantitative Strategies Group），为利率走势建模，为债券期权估值以及管理现代投资组合。另外一位大牌人物是物理学博士伊曼纽尔·德曼（Emauel Derman），帮助高盛管理复杂的交易和衍生品业务风险。[1]

正如《量化分析师》一书作者斯科特·帕特森（Scott Patterson）在面对美国金融危机调查委员会质询时所说："模型的使用戏剧性地改变了现代金融业，从此，华尔街基本上漂流在一片数学和电脑的海洋上。"

风险资本概念

风险计量只是解决了问题的一个方面，如何利用新的工具对冲风险，满足监管当局的资本要求成为各家金融机构的更大挑战。最先将现代风险管理应用到金融领域的是美国的信孚银行（Bankers Trust Company），[2] 其中的领军人物是查尔斯·桑福德（Charles S.Sanford Jr.）。

1　Kevin Buehler, et al., "The Risk Revolution", Mckinsey Working Papers on Risk, No.1, September, 2008, p.15.

2　该行于 1998 年被德意志银行收购。

1961 年，桑福德从沃顿商学院毕业后不久就加入信孚银行，从银行的信贷员做起。1969 年，桑福德转到信孚银行的资金管理部门，并于 1973 年成为该部门主管，主要负责外汇、国债、市政债和其他短期金融工具的交易，为银行融资并管理银行的投资账户。出任主管几个月后的某一天，桑福德下班后正要走出办公楼时，遇到一位国债交易员，当即问道："今天业务如何？"交易员回答："买入一些国债然后做空，没赚什么钱。"交易员模糊的回答让桑福德感到十分困惑，随即联想到该如何科学地考核交易员、交易部门和整个银行的业绩，应该以市场表现参考还是应该将全部风险考虑进去、设立一个绝对的标准。

1987 年，桑福德任信孚银行董事长后推出焕然一新的风险管理整体战略。出于计算银行信贷资产组合风险的目的，信孚银行的交易部门创建了计量风险流程，推出风险调整资本收益（Risk Adjusted Return on Capital, RARoC）。桑福德认为，交易员买入债券就相当于将风险带入银行，使用了银行资本。他们冒险的唯一原因在于赚取高回报，而风险越高，预期回报也就越高。因此，为了防止交易员用银行的资本金在金融市场上冒险，需要对交易员的行为加以限制，也就是将交易员的交易管理同银行资本的使用管理相结合。银行在分配资本时要将预期回报与可能发生的风险相提并论，计算出该笔交易经风险调整后的资本回报，这就是风险资本或经济资本的概念。

自从巴林银行的杠杆失误、加州橘县和德国金属公司（Metallgesellshaft）石油期货巨亏后，各大金融机构对信孚银行开发的风险计算标准有着强烈的需求。鉴于杠杆使用的决策权分散在组合经理、交易员、产品经理，甚至销售经理手中，例如一名衍生品交易员使用杠杆的频率一天就可以达到上百次，大额交易更是一个电话就可以搞定，用 RARoC 模型计算市场价格和实时表现，成为金融机构管理风险、分配资本和改进长期盈利状况的有效工具。此外，一些咨询公司也借机将 RARoC 模型作为单独的产品营销。

1990 年代后期，在信孚银行风险管理模型的基础上，摩根大通银行开发了包含数百个风险因子的风险价值（Value at Risk, VaR）模型系统，将风险量化推向顶峰。风险价值模型的最大特点是将各交易部门可能发生的风险程度用一个数字表示。如果将风险价值模型设为 95% 的置信区间，则意味着银行损失保持在风险水平以下的概率为 95%，出现重大风险的机会只有 5%，这样一来，金融机构就可以通过预估各交易部门的风险敞口，掌握公司赔钱的底线。

1978 年，哈佛商学院的学生丹·布里克林（Dan Briklin）在课堂上突发奇想，为何不能用计算机程序制作出一个电子财务报表，让人对所有数字和计算一目了然，还能做各种情景分析？这位"报表之父"创建的电子报表让管理人员对财务数字有了更清晰的解读。银行高管和监管当局都喜欢简单明了的金融报告，用一张报表反映不同市场的交易风险对于高

第七章 风险管理市场化工具——信用衍生

499

管和监管当局而言具有极大吸引力。从 1990 年开始，摩根大通推出全行风险报告，将全行可能发生的风险浓缩在一页纸上，在市场关闭后的 15 分钟内送交到银行董事长手中，因此也称为 "4:15 报告"，[1] 很快就成为高管们掌控公司运营情况的法宝。

1993 年，新风险价值模型的设计者之一提尔·古尔德曼（Till Guildmann）在风险管理研讨会上向客户介绍并演示了风险价值模型，与会者产生了浓厚兴趣并纷纷要求购买或租赁该套系统。由于摩根大通不是一家软件供应商，于是古尔德曼建议将技术公开，鼓励软件供应商提供相应软件。最终，古尔德曼率领专业团队开发出一整套风险计量服务（Risk Metrics），其中包括详细的技术文件和含有数百个主要因子的协方差矩阵，并作为独立产品推广到其他金融机构。

不久，整个行业都采用了摩根大通开发的不同版本的风险价值模型。随后，风险价值模型又从预测交易市场的价格短期波动风险，扩展到信用风险领域，用于预测交易对手或借款人违约风险。然而，该模型在信用风险预测方面的效果并不尽如人意，主要是因为信用产品流动性差、周期长，计算信用风险比计算市场风险难度大。

1997 年，随着电脑技术的突飞猛进，以及金融历史数据、

1　Glyn A.Holton, "History of Value-at-Risk:1922-1998", Working Paper, July 25, 2002, www.contingencyanalysis.com.

特别是贷款或债券的违约数据的不断积累，摩根大通又开发出信用计量模型（Creditmetrics）。这是一款专用于量化信用风险的工具，是1994年市场风险计量模型的姊妹篇。随后，商业银行纷纷开始利用信用风险价值模型管理贷款组合中的信用风险。

摩根大通银行开发的风险价值模型引起了监管当局的关注。1990年代中期，鉴于风险价值模型成为各大金融机构计量风险最流行的方法，巴塞尔委员会顺水推舟，将风险计量方法引入《1988年巴塞尔协议》修订案的资本计算中。虽然这些方法的基础是RARoC，但是以风险价值（Value at Risk）的名字公布出来的。

1997年，美国证交会要求上市公司必须披露其衍生品的量化报告，银行和券商需将风险价值信息加在财报的注释中。1999年，伴随着《巴塞尔协议 Ⅱ》（Basel Ⅱ）在全球的普及，风险价值模型也得到了进一步推广。

风险资本的概念巧妙地将管理者和股东利益协调一致，在此基础上追求资本回报最大化，一改过去只是依赖风险敞口限额的做法，让金融机构的风险管理手段有了质的提高。

信用衍生的诞生

在风险量化的基础上，使用更多担保、分享和转移等方式将风险分割成为现代风险管理的中心特点。[1]信用衍生概念是分割和转移信用风险的重要工具，也是信孚银行未完成的金融创新。

1983年，桑福德任信孚银行行长后，发现该行的传统业务模式在平衡风险和回报方面做得很差，主要原因在于银行的客户基础发生了改变。由于大型优质公司越来越直接利用资本市场筹资，逐渐摆脱了银行中介，信孚银行只好将业务重点放在非优质级借款人上。这些客户对资金需求强烈，但风险相对较高。于是，为了摆脱这些客户潜在的信用风险，桑福德要求信孚银行迅速推动商业贷款的二级交易市场。

贷款定价公司（Loan Pricing Corp.）的问世为模糊的信用市场增加了透明度，让贷款交易市场开始兴旺起来。然而，贷款二级市场让许多借款人心里不舒服。当时的贷款市场流行的是关系银行，也就是说银行的一切业务都基于同客户保持的长期良好关系，贷款被转卖给第三方显然是一件让客户扫兴的事情。

1980年代后期，一家大型商业银行就遇到了这样一个棘手问题。该行正准备向一家重要的优质客户提供一笔数十亿美元的贷款，但受限于巴塞尔协议对银行风险资本的监管规定以及行内额度限制，"吃下"全部贷款有难度。为了保持同客户的关系，又不想把机会让给其他银行，于是找到信孚银行商量。

---

1 Joshua Corrigan and Wade Matterson, "The Revolution in Risk Management", Milliman White Paper, June, 2010, p.3.

此时，信孚银行的互换部门正在设计同信用风险相关的衍生品，目的在于寻找一种一方面让银行摆脱信用风险束缚、解放银行资本金，一方面又不影响客户关系的解决方案。尽管最终这笔交易没有实现，但信孚银行的产品研发人员信心十足。大家越发感觉信用衍生互换具有难以估量的发展空间，朝这个方向去思考和努力是正确的选择。

1991 年，信孚银行发现了一个新商机，当时一些在欧洲经营的大型美国公司在欧洲货币联盟成立前，不能涉足欧洲资本市场，而一些持有美元定价资产的欧洲机构投资者也抱怨不能拥有美国高评级公司的敞口。于是，信孚银行开始向高评级美国公司发放贷款，然后以所在国虚拟货币的方式将信用敞口分层转卖给欧洲投资者，满足了双方的特别需求。由于欧洲投资者想要更多美国优质公司敞口，信孚银行采取了银团方式虚拟持有美国公司贷款的信用风险敞口，信孚银行这种做法可谓一举两得，既保持了同重要客户的良好关系，又通过互换的方式将信用风险转移，释放出更多资本。

随后，信孚银行又根据欧洲客户的具体需求，有针对性地向其转移了相关的信用风险敞口。由于参考公司的信用评级都是优质，信孚银行做的几笔交易文件简单，连违约概念都没有包括到合同中，支付事件只同评级调降有关。一年后，信孚银行开始用一揽子公司信用做参考，并在市场上交易。上述这笔结构性交易就是信用违约互换的雏形。

为了进一步诠释风险隔离，桑福德还从理论上推出"粒子金融"（Particle Finance）的新概念。在 1993 年 8 月举办的每年一度的联储研讨会上，桑福德做了题为《改变资本市场》的演讲，随后，他又在母校佐治亚大学的商学院做了题为《2020 年的金融》的演讲。他在两次演讲中不断强调，就像量子物理学和分子生物学一样，传统金融将被粒子金融替代。桑福德认为，所有金融风险都可以被切分为最小粒子，经过确认、量化和分割，卖给那些有意愿、有能力承担风险的投资者。风险管理的任务是帮助客户卸掉不想要的风险，满足其组合需求。金融机构可以采取配对的方式，将想卸掉风险一方和想承担风险一方撮合在一起，也可以设计、分拆、转移和重新包装风险，将其变为适合各类客户需求的组合，现代金融技术为此提供了便利。

桑福德认为，风险管理是银行的核心功能，面临着革命性创新，其最终目的是从千变万化的无序中找出规律，通过确认风险特征可以更有效地管理风险，从而更接近问题的本质，达到风险回报的最优平衡。[1]

桑福德预测，"粒子金融"将催生出一个数万亿美元的新市场，而且随着风险管理变得愈加精细和个性化，银行风险会大幅降低，减少资本金占用，而解放出来的资本可以为社会做更大贡献。

---

1 Charles S.Sanford Jr., "Financial Markets in 2020", Address at Terry Colledge of Business, University of Georgia, 1997, p.6, www.terry.uga.edu.

尽管信孚银行从 1991 起就在小范围内做了几笔信用衍生交易，尝试用互换的方式卸掉报表中的信用敞口，但从未有机会将这个概念向全行业全面推广，后又赶上银行管理层大换血，信用衍生业务也就没再作为该行的战略重点业务。

埃克森油船泄漏

摩根大通银行接手了信孚银行没有坚持下来的创新，并在 1994 年向埃克森石油公司提供的信用额度中，成功地将信用衍生概念应用到实践中。

当时，由于埃克森石油公司的油轮行驶在阿拉斯加海域时发生重大油船泄漏，污染了当地环境。根据法院裁决，公司面临约 50 亿美元的罚款。无奈之中，埃克森公司只好动用同自己有着长期合作关系的摩根大通银行的 48 亿美元的信用额度。摩根大通银行向老客户提供如此规模的信用额度完全是看在老摩根时期就与其建立起来的关系上，但向埃克森这样的高评级公司提供如此庞大的信用额度，不仅给银行带来的利润有限，还占用了宝贵的资本。根据当时《巴塞尔协议》的要求，这笔信用需要占用 3.84 亿美元的资本。

摩根大通银行高管深知，在没有其他突破性创新的前提下，衍生品仍是风险管理比较理想的工具，于是将占用资本这个棘手问题交给了行里的互换业务团队，要求其在不破坏老摩根那一代人建立起来的良好关系的前提下，解决信用风险敞口问题。互换业务团队由摩根大通银行冉冉升起的新星布莱斯·马斯特斯（Blythe Masters）牵头。1991 年，马斯特斯从英国剑桥大学三一学院（Trinity College，Cambridge）毕业后加入摩根大通，28 岁晋升为执行董事，成为该行有史以来最年轻的女主管。

马斯特斯团队接到这个新任务后，立即将重点聚焦在信孚银行曾经提出的信用互换概念上，提出将埃克森公司信用额度中的风险敞口剥离的解决方案。可是哪家公司愿意接收这样庞大的信用敞口呢？马斯特斯找到了总部位于伦敦的欧洲复兴发展银行（European Bank for Reconstruction and Development），巧的是由于当时市场利率水平整体低下，这家银行正在寻找一些既可以获得较高收益，风险又可以接受的产品。马斯特斯详细介绍了方案细节，希望该行接受摩根大通向埃克森提供的贷款的信用风险，作为回报，摩根大通将向该行支付手续费。

欧洲复兴发展银行开始时顾虑重重，但考虑到对象是埃克森这样的大块头公司——在财富 500 强排名第三，当时年收入将近 1000 亿美元，如此实力雄厚的蓝筹公司的违约概率几乎可以忽略不算。最终，马斯特斯凭借高超的营销技巧，说服了欧洲复兴发展银行同摩根大通签署了这项合约。

摩根大通通过这种方式第一次将大规模的信用敞口从财务报表中移出，满足了监管当局的资本要求，解决了银行高管们最头疼的资本占用问题。最终，埃克森公司按期如数偿还了贷款，欧洲复兴发展银行得到了高于其他同等风险产品回报的手续费，三方皆大欢喜。

摩根大通借用了衍生品中的互换概念解决信用风险问题。互换是1980年代初利率市场化创新的产物，互换市场发展的每一阶段，新的利率衍生品都会加入产品菜单中。如普通利率互换（Plain Vanilla Swap）为跨币种外汇互换打下基础，持平－远期（Flat-forward）外汇合约为能源互换市场做了铺垫。这些产品的相似之处都是打包、分拆、再打包，在交易对手间转移信用风险，通过改进定价效率，将传统债务工具的信用风险从市场风险中分拆出来。

尽管"信用衍生"一词在1992年就出现国际互换衍生品协会（International Swaps and Derivatives Association, ISDA）举办的会议上，但这个工具并没有流行起来。摩根大通利用信用衍生巧妙地解决了埃克森公司的信用额度问题后，极大地提升了信用衍生工具的影响力。

摩根大通银行随后将更多的精力放到行内贷款的风险转移和交易上。由于历史原因，摩根大通银行的账上大部分是蓝筹公司贷款，从表面上看，这些优质客户资源为银行带来广告效应，但由于这些公司议价能力强，银行不仅不赚钱，还占用了宝贵的资本。

然而，迫于蓝筹公司的信用敞口流动性差，摩根大通银行使用信用衍生做了一些零星交易。此时，新兴市场正在发生的主权违约风险增加了大家对信用衍生工具的关注，也成为测试该工具能否实现风险真正转移的最好的试金石。于是，摩根大通银行有条不紊地开展了信用衍生工具的推广工作，总行负责产品的设计和营销，伦敦分行负责创建流动的二级交易市场。实践证明信用衍生品在新兴市场上经受住了考验，基本上没有出现大问题。接着，摩根大通银行又将其应用到更广泛的领域，成为该银行在风险价值模型之后推出的又一项即将改变金融生态的颠覆性创新。

这个类似保险的信用衍生工具的出色表现震惊了整个金融业。人们终于意识到，风险互换将是一个用途广大的风险对冲工具，可以实现风险的有序转移。广义上的信用衍生可以理解为对信用风险的有效转移和再包装。同货币、利率和大宗商品衍生品一样，信用衍生解决的也是风险的不确定性问题，针对的是信用风险。

1996年，英国银行家协会（The British Bankers' Association, BBA）将信用衍生工具划分为四大类：信用违约互换（Credit Default Swaps, CDS）、总收益互换（Total Return Swap, TRSs）、信用联系票据（Credit Linked Note，CLNs）和信用息差期权（Credit Spread Option, CSO）。

信用衍生工具中最常见的就是CDS，CDS看起来像保险产品，其实更类似投资或期权，其设计的初衷就是将信用违约风险从一方转移到另一方。具体来说，就是CDS的交易双方就商定的参考信用签署协议，保护卖方同意如果同参考实体或参考债务相关的信用事件发生，将向买方支付费用。合约中的信用事件主要指的是借款人是否违约、破产、债务重组和信用评级下调。另外，签约双方可以自由定义触发事件或信用事件，参考实体或债务的信用可以是单一名字借款人，也可以是"一揽子"信用。

总收益互换指的是信用保护买方将参考资产总收益转移给卖方，总收益可以包括本金、利息等，是银行将贷款移出表外的重要工具，也经常用于 CDO 结构。投资者无须拥有资产，就可以享有资产产生的现金流回报。同 CDS 的最大区别在于，总收益互换不仅把信用风险转移，也把利率和汇率风险转移，从严格意义上讲，它并不是一款单纯的信用衍生产品。

信用联系票据是一款内嵌 CDS 债务的产品，让发行人将信用风险转移给信用投资者，投资者的回报取决于参考信用的表现。信用联系票据的卖方是 CDS 的买方，通过发行信用联系票据，将 CDS 的信用风险转移给投资者。在这样的交易中，投资者实际上是以卖信用保护换取较高收益。

信用息差期权指的是以信用息差为标的的期权，同其他期权一样，可以买涨或买跌。投资者可以锁定当前的信用差或从信用差反向波动风险中赚取风险溢价。信用息差期权一般同债券相关，代表了发行的债券与零风险国债的风险溢价。

除了 CDS，其他信用衍生产品占有的市场份额都有限。根据国际清算银行的统计，2006 年场外未偿 CDS 的名义金额几乎达到 30 万亿美元，英国银行家协会的统计显示，CDS 合约规模占全球信用衍生市场的一半以上。

从起步到腾飞

同其他金融创新一样，信用衍生市场自诞生以来就一直处于不断演变之中。初期的信用衍生市场交易规模有限，而且交易双方都是相互熟悉的圈内人，大家对合约中的具体条件和参考资产有着深刻的理解，在大多数情况下，信用保护买方持有相关信用资产。

初期，CDS 主要以贷款的信用敞口为参考，如果贷款变为坏账，就触发信用违约事件，买了保护的一方可以得到赔付。贷款 CDS 市场为金融机构和投资者提供了做空贷款的方式，为那些最有可能发生违约的贷款购买保护。在美国企业并购潮期间，那些低评级或没有评级的杠杆贷款是 CDS 市场的常用参考资产，由于当时公司违约风险高，CDS 在对冲信用风险方面表现不俗。

公司债 CDS 最早出现在 1994 年。美国政府大规模发行的布拉迪债券为 CDS 的使用创造了条件，CDS 成为对冲拉美主权债违约风险的最佳工具。CDS 在 1997~1998 年发生的亚洲金融危机和俄罗斯违约事件中再次经受住考验。相比其他工具，CDS 市场尽管出现了一些有关合约定义的纠纷，但总体上风险实现了有条不紊地转移，投资者对 CDS 的疑虑逐渐消失。

2000 年互联网泡沫破灭，一度出现公司倒闭潮，安然和世通两家大公司倒闭后，公司债券的有序偿付再次让 CDS 的保护买家尝到甜头，公司债 CDS 市场进一步壮大，更多金融机构尝试将 CDS 用于管理公司债和市政债的信用风险。

除杠杆贷款外，CDS 也用于高收益债，也就是垃圾债。由于高收益债交易一般都是通过专门的市场分配，很少有场外交易，一般投资者很难入市。自 2003 年开始，市场上出现高收益债 CDS 合约，为客户提供了另外一种做空债券的方式。投资者可以购买一支自己并不拥有的高收益债券的信用保护，如果该债券出现违约，保护买方可以在二级市场以折扣价购买这只债券，然后按平价转给 CDS 合约的交易对手。

对于 CDS 这样的金融创新，美国政府从一开始就实行了宽松监管。在针对信用衍生在内的场外交易监管争论中，格林斯潘明确表态："除了在银行法和证券法中规定的对衍生品交易商的安全与健康发展监管外，完全没有必要对由专业人士私下谈判的衍生品交易进行监管。"1998 年 10 月，美国国会通过了暂停交易委员会监管场外交易的规定。在金融机构的极力劝阻下，2000 年 6 月，纽约州保险局在回复世达律师事务所信函时，明确表示信用违约互换不属于保险业务，因此不受保险监管部门的监管。《2000 年大宗商品期货现代化法案》进一步明确，CDS 不是期货也不是证券，因此不在美国证交会和大宗商品交易委员会的监管范围内。

为了在更大范围推广 CDS，国际互换衍生品协会于 1997 年开始起草标准文件，不仅简化了每笔业务费时费力的谈判过程，还首次规范了信用定义，并针对新兴市场国家违约后出现的一些问题，将更多的违约事件包括到文本中，减少了法律歧义。

CDS 市场的疾速发展离不开中介的推动。1998 年成立的 Primus Guaranty 控股公司就是这样一家信用衍生品交易商，通过旗下的金融产品和信用衍生品子公司，提供同信用衍生和金融资产管理方面相关的服务，在将信用衍生品标准化和创建市场流动性方面起到重要作用。Primus Guaranty 公司凭借穆迪和标普给予的最高信用评级，吸引了众多银行客户同其交易。

2001 年，为了更便于对冲信用风险，几家信用衍生交易商联手推出第一个 CDS 指数，该指数主要分为两组：一个是北美和新兴市场公司指数 CDX，另一个是欧洲、澳大利亚、日本等其他国家的公司指数 iTraxx。每个指数都有一系列按到期日和信用质量分类的指数产品，用于对冲"一揽子"信用实体的信用风险。

CDS 指数是标准化的证券，相比单一名字的 CDS，其流动性更强，对冲信用违约组合或债券的成本更低。CDS 指数也是债券投资者的标的，交易员可以根据 CDS 指数呈现的信用质量变化做投机交易。2007 年，只针对贷款的 LCDS 100 指数问世，提供了更大范围做多或做空贷款的方式。该指数由 100 家公司的信用敞口构成，在场外交易，大型投行提供流动性并帮助为每支 CDS 定价。

CDS 指数的诞生导致信用衍生市场业务量井喷，越来越多的共同基金和对冲基金等非银行金融机构涌入市场。在专业化中介和交易员们的共同推动下，CDS 逐渐演变成为一个规模庞大的交易市场。

证券化同信用衍生品联姻

用证券化技术破解信用风险管理难题是一个不错的选择，但由于证券化缺少灵活性，并不适用于所有辖区，而通过信用衍生转移信用风险为投资者提供了广泛的空间，但也局限在银行间市场，只有少数成熟的金融机构才有能力交易。如何让金融机构更便利地将想摆脱的信用风险转移到资本市场，需要新的设计。[1]换句话说，就是如何让证券化同信用衍生品联姻。

在这方面，摩根大通银行又成为创新先驱。为了在年底公布财报前对冲掉信用风险，经过几个月的结构设计和各项准备工作，摩根大通赶在1997年圣诞节前夕，推出一笔以欧洲和北美307家公司及市政的信用组合作参考的5年期证券，全名为广义指数担保信托证券（Broad Index Secured Trust Offering），英文简称为Bistro[2]，和"小酒馆"是同一个英文词。

这笔交易将卸掉摩根大通银行近98亿美元的信用风险敞口。经过计算，由于信用组合比较多样化，只需要7亿美元的担保。为此，摩根大通银行创建了一家SPV为自己提供信用保护，采取的方式是由SPV发行一笔7亿美元CDS支持的票

1　Ian Bell and Petrina Dawson, "Synthetic Securitization: Use of Derivatives Technology For Credit Transfer", *Duke Journal of Comparative & International Law*, Vol.12, 2002, p.550.

2　Bistro 的英文原意即为小酒馆。

据，然后将票据按风险程度分为两层卖给投资者，并将获得的部分收入投资到美国国债中，作为 Bistro 交易前 5 年的担保，也就是说，万一出现资产损失，国债成为 CDS 保护买方的质押品。

同其他信用衍生工具一样，发行以 CDS 支持的 CDO 涉及资本要求。尽管监管当局不反对，但对自称为零风险的高评级分层，投资者还是放心不下，最终要求摩根大通银行找一家实力雄厚的金融机构承担这 7 亿美元票据的违约风险，才允许减轻资本要求。为此，摩根大通找到 AIG 公司旗下的金融产品部，购买高评级分层的保护。凭借实力雄厚的母公司信用评级，后者的金融产品部门在资本要求方面完全符合监管当局的标准，而且 AIG 已经同摩根大通银行做过多笔衍生品交易，不存在交易对手风险。AIG 内部也认为，这笔交易简直就是"天上掉馅饼"，只是记笔账，然后坐等收钱，没有任何风险。

Bistro 是一次里程碑式的私募发行，摩根大通银行首次将证券化技术与信用衍生相结合，创建出新的风险转移机器——合成证券化。合成证券化是结构性融资工具，也可以简单理解为信用衍生品的证券化，换句话说，就是用数百家公司的信用风险作为 CDO 的参考资产。传统上，CDO 发行机构转移给 SPV 的是相关贷款或债券，而合成 CDO 转移的是相关贷款和债券的信用风险。

1998 年夏，摩根大通银行又采用 Bistro 结构发行了第二笔由 48 亿美元 CDS 支持的 3.46 亿美元的票据。刚刚印完票据，摩根大通银行就从美联储得到好消息，经过艰苦的谈判，监管当局允许使用基于行内模型的方式计算交易账本上的风险资本，这意味着银行头两笔合成证券化交易可以用于释放监管资本。摩根大通银行产品研发人员异常兴奋，感觉真的找到了解决信用风险的良药。

随后，在不到一年的时间里，摩根大通银行趁热打铁，又发行了 5 笔共计 27 亿美元的合成 CDO，共转移了价值 290 亿美元的信用风险。在解决了本行信用风险脱表后，摩根大通还将这项技术向其他银行推广，从结构设计中获得丰厚的手续费。

信用衍生产品是对证券化风险的弥补，而以 Bistro 结构为基础发展起来的合成证券化则让现代金融市场换了副模样，也由此启动了一个新的行业。合成证券化工具创新的重要性在于改变了市场对风险管理的定式思维，成为贷款组合经理们比较理想的风险管理工具。银行通过合成证券化向市场化金融方面又迈出一大步，实现了自 1980 年代初期普及证券化技术以来的一次飞跃，得以进入规模更大的资本市场资金池。[1]

同传统的证券化相比，合成证券化的融资成本相对低、手续简便。由于相关资产的法律所有权并未转移，因此，在法律文件的处理方面也相对简单。由于合成证券化可以享受税收优惠，在一些国家更容易通过监管当局的批准。

---

1 Ian Bell and Petrina Dawson, "Synthetic Securitization: Use of Derivative Technology for Credit Transfer", *Duke Journal of Comparative & International Law,* Vol.12, 2002, p.561.

合成证券化推出后立即受到投资者的热捧，更多银行也开始模仿。到了 1999 年，合成证券化市场规模达到 1 万亿美元。进入 2000 年，该市场增长到 1.5 万亿美元的规模，[1] 似乎有取代基于现金的 CLO 市场的趋势。

合成 CDO 改变了证券化市场的发展轨道，为金融机构的投机提供了便利。从信用保护买方持有相关资产到空手购买保护是信用衍生市场的一大转变，也是走向虚拟金融的开始。合成 CDO 很快成为对冲基金经理的做空工具，基金经理在购买了高级和股本层的证券化产品后，通过合成 CDO 做空其他分层。买卖 CDS 不再是相关资产的拥有者，而是用于对冲参考资产的信用违约概率。在合成 CDO 的助推下，CDS 也一跃成为衍生品市场上交易量最大、最活跃的产品之一。

美国房市高峰时，由于金融机构找不到更多的抵押贷款作 CDO，合成 CDO 成为最好的替代，大型金融机构银行一度以工厂生产模式制造合成 CDO。另外，一些机构投资者主动上门要求银行提供合成 CDO，用于对冲次级抵押贷款风险。

风险管理市场化

信用衍生是近几十年来具有重大意义的金融创新。这一风险管理新理念通过信用风险的市场化，改进金融机构对冲

1　Office of Comptroller of the Currency Bank Derivatives Report, Fourth Quarter, 2001, www.occ.treas.gov.

信用风险的能力，解决了金融机构长期以来存在的难题，为风险管理带来一场革命。

在信用衍生问世前，信用风险大部分以担保或银团方式化解。早期出口商的信用风险由政府部门承担，如英国的出口信用担保局和美国的进出口银行。商业银行先是采取银团贷款的方式，将信用风险分散，减少每家机构的信用损失，后又利用二级贷款市场解决贷款的信用风险。但上述方式都存在着不少局限和不便，特别是二级贷款市场很容易影响银行同借款人的关系，另外，贷款被出售给第三方不仅涉及大量的法律文件，处理成本高，其价格也存在着不少争议。

相比担保和银团贷款，信用衍生成为风险管理市场化的尝试。信用风险在市场上被转移和交易，其价格依据参考信用的质量、市场供需和当时的信用差等因素决定，反映出交易双方对信用敞口的不同看法。信用违约概率体现在市场价格的动态变化中。信用衍生的价差，也就是信用衍生同零风险资产之间的价差成为参考主体信用违约风险的晴雨表，为投资者提供了信用风险变化情况的重要参考。信用衍生改变了主要依靠经济周期波动、市场资金供需变化以及与银行的关系来确定信用真实价格的方式。

信用衍生为金融机构提供了一个得力的信用风险对冲工具。由于信用风险价格的透明化和市场化，投资者在风险管理方面更加得心应手，通过增加和减少一些有针对性的风险，由被动避险转为主动出击，例如以市场上不同国家违约风险概率信息做参考，有针对性地出售项目融资交易中的国别风险。由于投资者无须持有贷款、债券等实物资产就可以实现对冲目标的合约，信用衍生让转移或主动承担信用敞口变得简单易行。投资者可以在不买入资产的前提下，获得更多回报，或用一种信用违约风险互换成另一种，让投资组合更加多样化，避免了买卖证券或贷款的交易成本。

各类金融机构根据自身需要将信用风险在市场上交易，不仅增加了贷款和债券市场的价格透明度，优化了市场效率，也促进了处于分割状态的资本市场与信用市场的融合，影响到资本市场结构的演变，为跨地区、跨行业的信用风险管理提供了便利。投资者无论是进入新市场寻找风险还是在现有不同市场之间套利都游刃有余，实现了信用风险配置效率的最大化。在此基础上，银行以更合适的贷款条件扩张信用，促进了信用市场的兴旺。另外，信用衍生也有助于金融机构借助证券化工具，创建多样化组合。

大型商业银行是信用衍生最早的使用者，其动力来自监管当局的资本要求。商业银行通过信用衍生将贷款的信用风险转移，从而降低监管资本的占用，达到增强资本回报和扩大信贷规模的目的。有了信用衍生工具，商业银行在调整信用风险敞口方面更加灵活，根据对某家公司信用质量的未来看法增加或降低信用风险敞口。具体来说，买信用保护相当于做空信用风险，而卖信用保护，则相当于做多信用风险。这样一来，银行可以根据风险偏好，将不想要的贷款风险卖掉。例如一家银行在制造业方面风险过于集中，而在消费领域几乎没有信用风险敞口，这家银行可以使用信用衍生工具减少制造业的风险集中，同时主动获得一些消费客户的信用敞口。

贷款人在杠杆并购交易中使用信用衍生工具，可以更有效地管理目标公司的信用敞口。此外，如果并购交易是由信用好的一方收购信用差的一方，并购交易完成后，公司存在着降级风险，贷款人可以使用信用衍生对冲可能发生的降级风险。

投资银行是信用衍生市场上的第二大玩家，在买卖信用保护方面异常活跃，是市场流动性的主要提供者。投行凭借其在证券和衍生品市场的优势，成为理所应当的做市商。另外，由于证券化与信用衍生相结合的产品结构设计复杂，对发行人的综合能力要求高，而投行拥有大批经验丰富的公司债市场专家，做这方面的业务具有先天优势。利用信用衍生市场套利也是投行战略经营的一部分。一些机构将信用衍生和公司债交易部门放在一起，目的是鼓励交易员在两个市场间寻找套利机会。投行也利用信用衍生管理利率互换业务中的对手风险。此外，信用衍生也增强了政府债、互换和回购业务团队之间的合作。

作为一个新的资产类别，信用衍生早已成为保险公司核心保险业务以外的重要补充，也是理想的盈利产品。保险公司在信用衍生业务方面的大规模扩张受到对冲各类保险风险的驱动，也因此经常将信用衍生视为另外一种保险合约。美国的一些大型保险公司发现，特别是在经济顺周期，投资

CDS 产品比投资欧洲和亚洲等地的区域性债券在获取信用敞口方面更有效，为此，保险公司还特意减少了对股市的敞口，增加对信用的敞口。在新兴市场国家项目融资保险方面，主权信用衍生市场提供了一个尽管不完美，但很具实效的对冲手段。有了信用衍生工具，保险公司可以在不增加公司整体风险的情况下，扩大保险业务规模。

随着各类公司债和新兴市场主权债信用差越来越窄，CDS 成为对冲基金、共同基金和养老金增加收益的工具之一。

对冲基金凭借其对公司和市场走势的深刻理解，利用杠杆威力，通过买入或卖出 CDS，在变化无常的信用市场如鱼得水。同那些做空货币、利率和大宗商品的衍生品一样，CDS 提供了一个做空信用市场的有效工具，从而满足了对冲基金在避险之外豪赌信用事件的投机需要。对冲基金根据不同类别产品和市场的变化，利用信用衍生寻找套利机会盈利，例如在可转换债券套利交易中，先是用资产互换对冲利率风险，然后，购买信用保护对冲信用风险，留下单纯的股权敞口，实现套利目的。对冲基金可以从某家公司的股票和债券价格的反常表现中获利，例如，2003 年 11 月，由于预计将被标普降级，福特公司 5 年期 CDS 溢价涨了 80 个基点，而股票没有波动，对冲基金抓住这个机会用很低的行权价格买入看涨期权，同时以较高的息差水平卖出保护实现套利目的。

有了 CDS 工具，对冲基金在主动承担风险和套利方面更加活跃，2000 年对冲基金只占买方市场的 3%，卖方市场的 5%，到了 2006 年，对冲基金占了买方市场的 28%，卖方市场的 32%。

除对冲基金外，共同基金和养老金也积极参与信用衍生市场。提姆·亚当（Tim Adam）等几位学者共同完成的题为《美国固定收益共同基金对 CDS 的使用》研究报告显示，通过对 100 家大型公司债基金的研究，其 CDS 的使用从 2004 年的 20% 增长到 2008 年的 60%，同期，基金的平均 CDS 头寸规模（以名义价值计算）从基金净资产值的 2% 增长到 14%，其中一些基金增长得更猛。另外，调查结果还显示公司债基金卖保护规模大于买保护规模，说明共同基金从用 CDS 对冲信用风险发展到主动增加对信用风险的敞口，其目的在于改进不尽如人意的回报。[1]

而养老金投资组合经理的任务就是实现风险最小化和回报最大化的目标，CDS 在对冲风险和获得信用敞口方面的便利，以及诱人的回报成为完成这一使命的最佳工具。例如养老金利用 CDS 或 CDS 指数稀释对新兴市场政府债的信用敞口，调整基金的总体风险偏好，确保基金的稳定回报。

由于信用衍生协议都是在交易对手之间私下签署，各家机构统计的 CDS 数据存在着较大偏差。国际清算银行于 2004 年才开始搜集数据，根据它的统计，截至 2007 年底，CDS 市

1　Tim Adam and Andre Guettler, "The Use of Credit Default Swaps by U.S. Fixed Income Mutual Funds", FDIC Center for Financial Research Working Paper, No.2011-01, 2010, p.2.

场未偿付名义金额为 58 万亿美元。而根据国际互换衍生品协会的统计，2007 年高峰时的 CDS 市场规模为 45 万亿美元。

尽管信用衍生是一款实用、超级便利的风险管理市场化工具，然而其本质还是衍生品。同其他衍生品一样，信用衍生就像阿司匹林，按医嘱治头疼，可以消除疼痛，如果一次将整瓶吞下，则会死人。[1]

信用衍生交易对冲掉信用风险，会驱使贷款人降低对借款人的监督，发放更多信贷。另外，购买了 CDS 保护的债权人在债务谈判中会更强硬，如拒绝重组，让坏账借款人更易于破产。另外，信用衍生工具为投机商做空企业和市场提供了便利，让金融市场更加扑朔迷离。

---

1 Francesca Taylor, "*Mastering Derivatives Markets: A Step-by-Step Guide to the Products, Applications and Risks*", FT Press, 2011.

名词解释

《2000年大宗商品期货现代化法案》（Commodity Futures Modernization Act of 2000，CFMA）：克林顿总统于 2000 年 12 月 21 日签署的关于场外交易的联邦监管法案，明确大多数成熟交易方签署的场外衍生品交易不算作期货或证券，因此不在相关的期货和证券监管范围之内。

外汇套息交易（Currency Carry Trade）：投资者利用不同国家的利息差进行套利的行为，即借入低收益货币投资高收益货币的交易。

趋同交易策略（Convergence Strategies）：寻找相对于其他证券价格错配的证券，通过对冲和杠杆获利的一种交易策略。

布拉迪债券（Brady Bond）：美国财长布拉迪于 1989 年提出永久性减少拉美国家违约贷款本金和现有债务的偿还计划，推出以自己名字命名的布拉迪债券，将墨西哥和其他发展中国家的坏账变为美元债，其中一部分由美国政府担保。

信用衍生（Credit Derivative）：交易双方签署的一种金融合约，将相关信用风险隔离并通过收取手续费方式将风险从一方转移到另一方。信用衍生广义上分为四类：信用违约互换（Credit Default Swaps，CDS）、信用息差期权（Credit Spread Option，CSO）、信用联系票据（Credit-linked Notes，CLNs）和总收益互换（Total Return Swaps，TRS）。

信用衍生互换（Credit Derivative Swap，CDS）：是信用衍生工具中最常见的一种，CDS 的交易双方就商定的参考信用事件签署风险互换协议，如果在一定期限内，借款人发生违约、破产、债务重组和信用评级下调等信用事件，保护买方将从卖方获得赔付，如果信用事件没有发生，则买方向卖方支付手续费。参考资产的信用可以是单一名字借款人，也可以是"一揽子"信用。

参考文献

A Brief History of Bond Market Disaster, Madisonadv.com, Aug.16, 2012.

AI Ehrbar,"Great Bond Massacre : In A year of Low Inflation, Bondholders Have Suffered More Than $1 Trillion in Losses. Here's Why It Happened, and Could Happen Again", *Fortune*, Oct.17, 1994.

Alan D. Morrison, "Credit Derivatives:Disintermediation, and Investment Decisions", *Journal of Business*, Vol.78, No.2, 2005.

Alan Greenspan, "Remarks on Financial Derivatives before the Futures Industry Association", *Florida*, Mar.19, 1999.

Alen Mattich, "Investors Should Remember 1994", Commentary, *Wall Street Journal*, Dec. 29, 2012.

Angelos Delivoria, "Synthethetic Securitization: A Closer Look", European Parliamentary Research Service, June, 2016.

Antulio N.Bomfim, "Credit Derivative and Their Potential to synthesize Riskless Assets", *The Journal of Fixed Income*, December, 2002.

Aykut Kibritcioglu, "Excessive Risk-Taking, Banking Sector Fragility, and Banking Crisis", University of Illinois at Urbana-Champaign, Office of Research Working Paper, No.02-0114, 2002.

Blythe Masters, "Introduction to CreditMetrics™: The benchmark for understanding credit risk", www.jpmorgan.com.

Charles S.Sanford, Jr., "An address on the Risk Management Revolution".

Charles S.Sanford Jr., "Financial Markets in 2020", Address at Terry

College of Business, University of Georgia, 1997, www.terry.uga.edu.

Christopher G. Locke et al., "The Origins of the International Debt Crisis", *Comparative Studies in Society and History*, Vol. 40, No. 2, April, 1998.

Christopher L. Culp, et al., "The Revolution in Corporate Risk Management: A Decade of Innovations in Process and Products", *Journal of Applied Finance*, Vol.14, No.4 (Winter, 2002).

Christopher Whittall, "1997:JP Morgan's US$700m Bistro Bond:the First CDO", *International Financial Review*, 2000 Issue Supplement.

Claudio E.V.Borio and Robert N.McCauley, "The Anatomy of the Bond Market Turbulence of 1994", BIS Working Paper No.32, December, 1995.

David A.Stockman, "The Great Deformation of Capitalism in America", *Public Affairs*, Apr.2, 2013.

David Mengle, "Credit Derivatives: An Overview", *Economic Review*, Fourth Quarter, 2007.

"Don't Cry for me, America", *Economist*, Jul.13, 2001.

Edward I. Altman, et al., "Credit-Risk Measurement and Management: The Ironic Challenge in the Next Decade", *Financial Analysts Journal*, Vol. 54, No.1, 1998.

Eichengreen, Barry, et al., "Hedge Funds and Financial Market Dynamics", Occasioonal Paper Series, No.166, International Monetary Fund, Washington D.C, Sep.23, 2009.

Emanuel Derman, *My Life as a Quant: Reflections on Physics and*

Finance, Wiley, 2016.

FDIC, "History of the 80s: An Examination of the Banking Crisis of the 1980s and Early 1990s", Vol.Ⅰ, www.fdic.gov.

Francesca Taylor, *Mastering Derivatives Markets: A Step-by-Step Guide to the Products, Applications and Risks*, FT Press, 2011.

Francesco Saita, "Allocation of Risk Capital in Financial Institutions", *Financial Management*, Vol.28, No.3 (Autumn, 1999).

Gene D.Guill, "Bankers Trust and the Birth of Modern Risk Management", The Wharton Financial Institutions Center, November, 2007.

George G.Szpiro, *Pricing the Future:Finance, Physics, and the 300-Year Journey to the Black-Scholes Equation*, Basic Books, 2011.

Gerald Epstein, "The Triple Debt Crisis", *World Policy Journal*, Vol. 2, No. 4 (Fall, 1985).

Giancarlo Corsetti, Pesenti, 'What Caused the Asian Currency And Financial Crisis?, NBER Working Paper 6833, December, 1998.

Gillian Tett, *Fool's Gold:The Inside Story of J.P.Morgan and How Wall St.Greed Corrupted Its Bold Dream and Created a Financial Catastrophe*, Free Press, 2010.

Glyn A.Holton, "Defining Risk", *Financial Analysts Journal*, Vol.60, No.6, 2004.

Glyn A.Holton, "History of Value-at-Risk: 1922-1998", Working Paper, July 25, 2002. www.contingencyanalysis.com.

"Hedge Funds, Leverage, and the Lessions of Long-term Capital Management", Report of The President's Working Group on Financial

Markets, April, 1999.www.treasury.org.

H. Felix Kloman, "Rethinking Risk Management", The Geneva Papers on Risk and Insurance.Issues and Practice, *Risk Management Study* Vol. 17, No. 64, 1992.

Ian Bell and Petrina Dawson, "Synthetic Securitization: Use of Derivative Technology for Credit Transfer", *Duke Journal of Comparative & International Law*, Vol.12, 2002.

Ivan T. Ivanov, et al., "*Tying Loan Interest Rates to Borrowers' CDS Spreads*", Staff Working Papers in the Finance and Economics Discussion Series (FEDS), 2014-70.

James T.Moser, "Crredit derivatives: Just-in-time Provision for Loan Losses, Economic Perspectives", Federal Reserve Bank of Chicago.

Jeffrey Sachs, et al., "U.S. Commercial Banks and the Developing-Country Debt Crisis", Brookings Papers on Economic Activity, Vol. 1987, No. 2.

John Hoefle, "Citicorp Bailout Leaves Debt As Unpayable As Ever", *EIR Economics*, Vol.20, No.21, May 28, 1993.

Joshua Corrigan and Wade Matterson, "The Revolution in Risk Management", Milliman White Paper, June, 2010.

Kenneth P. Jameson, "Dollar Bloc Dependency in Latin America: Beyond Bretton Woods", *International Studies Quarterly*, Vol. 34, No. 4, Dec., 1990.

Kenneth P.Jameson, "Dollar Bloc Dependencey in Latin America: Beyond Bretton Woods", *International Studies Quarterly*, Vol.34, No.4, Dec., 1990.

Kevin Buehler, et al., "The Risk Revolution", McKinsey Working Papers on Risk, No.1, September, 2008.

Kyle Brandon and Frank A. Fernandez, "Financial Innovation and Risk Management: An Introduction to Credit Derivatives", *Journal of Applied Finance* (Spring/Summer, 2005).

Lowell Dittmer, "Globalization and the Asian Financial Crisis", *Asian Perspective*, Vol. 23, No. 4, Special Issue on Globalization in East Asia (1999).

Marti G. Subrahmanyam, et al., "Does the Tail Wag the Dog? The Effect of Credit Default Swaps on Credit Risk", *The Review of Financial Studies*, Vol. 27, No. 10, October, 2014.

Mattew Russell, "The Power of Duration", *Panoramic Outlook*, M&G Investments, August, 2013.

Matthew Boesler, "What Happened To Markets The Last 15 Times The Fed Tightened...", *Business Insider*, Jan. 23, 2013.

Michael R. King, "Who Triggered the Asian Financial Crisis?", *Review of International Political Economy*, Vol. 8, No. 3 (Autumn, 2001).

Moorad Choudhry, *Structured Credit Products: Credit Derivatives and Synthetic Securitization*, Wiley, 2010.

Padma Desai, "Why Did the Ruble Collapse in August 1998?" *The American Economic Review*, Vol. 90, No. 2, Papers and Proceedings of the One Hundred Twelfth Annual Meeting of the American Economic Association, May, 2000.

Patrick H.Hendershott and Edward J.Kane, "Causes and Consquences of the 1980s Commercial Construction Boom", *Journal of Applied*

Corporate Finance, Spring, 1992.

Peter L.Bernstein, *Capital Ideas: The Improbable Origins of Modern Wall Street*, Wiley, 2005.

Richard J.Herring, "Credit Risk and Financial Instability", *Oxford Review of Economic Policy*, Vol.15, No.3, 1999.

Sam Ro, "The Last Surprise Fed Rate Hike Was Followed by the Bond Market Massacre of 1994", Businessinsider.com, Sep.16, 2015.

Scott Patterson, *The Quants:How a New Breed of Math Whizzes Conquered Wall Street and Nearly Destroed It*, Crown Business, 2011.

Sidney Homer, "The Historical Evolution of Today's Bond Market", National Bureau of Economic Research, 1975.

Steven Levy, "A Spreadsheet Way of Knowledge: A Generation Ago, A Tool Unleashed the Power of Business Modeling—And Created the Entrepreneurial Boom that has Transformed Our Economy", *Harpers*, Nov.24, 2014.

Steven Radelet and Jeffrey Sachs, "The Onset of the East Asian Financial Crisis", NBER Working Paper 6680, August, 1998.

Sunil G.Hirani and John P.McEvoy, "Challenge and Opportunities for the Credit Derivatives Market", *The Journal of Lending & Credit Risk Management*, December, 1999-January, 2000.

The Mexican Peso Crisis: Implications for International Finance, *Ederal Reserve Bulletin,* March, 1996.

Thomas Philippon and Ariell Reshef, "Wages and Human Capital in the U.S.Financial Industry:1909-2006", NBER Working paper 14644, 2009.

Tim Adam and Andre Guettler, "The Use of Credit Default Swaps by U.S. Fixed Income Mutual Funds", FDIC Center for Financial Research Working Paper, No.2011-01, 2010.

第八章 | **异军突起的市场化中介**

作为银行监管者，我们很关注银行竞争力的不断丧失，它们正面临着来自各种非银行的威胁——这些非银行机构与银行争夺存款，还在某种程度上涉足贷款业务，你可以看到银行资产占全部金融资产的份额正在下降的趋势，因此，值得关注。

——前美联储副主席艾伦·布林德（Alan S.Blinder）

市场化金融提供了支持实体经济的重要的多样化融资渠道。加强和协调全系统监控，持续改进我们对非银行业务以及对整个金融体系风险的认识，有助于我们在将影子银行转变为市场化金融过程中对相关对策的判断。

——金融稳定理事会主席马克·卡尔尼（Mark Carney）

本章中的市场化中介指的是除传统商业银行外的各类金融机构，以影子银行和一些非银行金融机构为主，也将银行控股公司的市场化中介业务纳入其中。这些机构、实体、通道、工具和产品孕育出一个崭新的金融生态。

随着市场化中介在金融体系中的重要性不断增强，实体与虚拟经济的金融服务不再依赖于传统的商业银行，而是通过经纪交易商、资产经理和影子银行获得。金融体系的根本性变化为监管增加了难度，也让金融市场更加复杂多变。

市场化浪潮

新自由主义

市场化中介崛起受全球市场化浪潮的影响，市场化浪潮的理论基础是新自由主义。1938 年，在巴黎举办的一次学术研讨会上，两位从奥地利逃亡的经济学家——弗里德里希·奥古斯特·冯·哈耶克（Fredrich August Von Hayek）和路德维希·

海因里希·艾德勒·冯·米塞斯（Ludwig Heinrich Edler Von Mises），将正在构想中的一套倡导自由市场经济的理论体系称为"新自由主义"（Neoliberalism）。"新自由主义"是18世纪盛行的古典自由主义的复兴。古典自由主义价值观产生于当时特定的社会和经济大背景下，以追求自由、财富和理性为目标，强调自由促进财富增长，财富培育理性，理性创造自由，而这三者之间相互连接的纽带则是市场。1776年，经济学家亚当·斯密（Adam Smith）在《国富论》中将自由市场的力量形象地比喻为"看不见的手"，也由此成为古典自由主义的核心观点。

在战争和大萧条期间，约翰·梅纳德·凯恩斯（John Maynard Keynes）的宏观经济理论占据上风，主张政府全面干预经济，以解决经济增长和就业问题，美国总统罗斯福推行的"新政"和英国的福利国家政策都是凯恩斯思想的具体体现。出于对政府全面掌控经济出现的弊端极度不满，哈耶克和米塞斯提出同凯恩斯截然不同的理论，寻求解决经济大问题的新方式。

哈耶克于1944年在《通往奴役之路》一书中进一步阐述了"新自由主义"理论，他认为凯恩斯强调的政府干预学说是失败的，政府不能创造经济增长，应将日常经济生活让位于"无形的手"，不受限制的市场应该比官僚们在有效分配资本方面的能力更强。该书问世后在社会上引起了广泛关注，一些富人对"新自由主义"理论尤为感兴趣，他们从中看到了摆脱监管和税收的机会。在富人们的资助下，哈耶克于1947年成立了培勒林山协会（the Mont Pelerin Society），传播"新自由主义"学说。

哈耶克的学生米尔顿·弗里德曼（Milton Friedman）更是"新自由主义"学说的营销高手，通过各种渠道向全球推广市场化竞争的好处。针对社会上一些学者将大萧条的起因归于自由放任经济学说，弗里德曼提出强有力的辩护，将大萧条的起因归于美联储对市场的干预，淡化自由市场的影响，强调政府行为的失败，这一观点也成为"新自由主义"脱离古典自由主义的关键总结。弗里德曼认为，自由竞争系统并不总是带来效率最大化，会出现市场失灵，关键问题在于央行没有及时采取适当的行动纠正，由此，强调政府失败成为"新自由主义"的主要论点。[1]

"新自由主义"在保持古典自由主义核心价值观的基础上，进一步扩展了自由市场的理论，克服了古典自由主义过分强调市场自发调节，而忽视了道德、法律和机制的重要性的缺陷，在新的经济环境下，对强调政府在设计机制框架方面具有不可替代的作用，使之更具有现代意义。"新自由主义"的创新之处在于提出政府可以在建立和保护私有财产权和社会利益方面起到积极作用。由于战后凯恩斯的国家干预

1　William Coleman, "What was 'New' About Neoliberalism"? *Economic Affairs*, Vol., No. 1, 2013, p.88.

政策早已成为各国恢复经济秩序的共识，政府将全部重点放在解决全面就业和贫困等社会目标上的做法也得到认可，"新自由主义"学说在很长一段时间一直处于边缘，难成气候。

进入 1970 年代，欧美经济形势发生重大变化，资本主义国家的内在矛盾又一次在经济危机中体现，政府全面干预经济的弊端也逐渐在经济生活中暴露无遗。新的经济现象呼唤新的理论解释，理论的天平又一次向"新自由主义"倾斜。

"新自由主义"为深陷危机中的资本主义社会带来一股清风。由于它所倡导的由市场驱动经济增长以及社会发展的学说同人类追求自由平等的理想相吻合，"新自由主义"很快就成为一种思想、一种哲学甚至一种宗教信仰，通过由学术界、新闻媒体、基金会和有影响力的智库等组成的泛大西洋网络在全球范围蔓延，影响到各国的政治、经济和社会生活的方方面面，导致权力重心开始从政府向市场转移。

大萧条以来一直受到严格监管的金融业是受"新自由主义"冲击的重点行业之一。金融市场化的最大障碍在于政府态度，英国首相撒切尔夫人和美国总统里根在推动金融市场化方面功不可没。两人都是"新自由主义"学说的忠实信徒，认同达尔文进化论中的自然生存法则，提倡在市场交易中体现公平，奖励成功，惩罚低效率，将国家与国家以及人与人之间的复杂关系简化为竞争关系。他们出台的一系列经济政策迎合了"新自由主义"思潮，例如极力放宽或取消对各行各业的管制，鼓励不受约束的自由市场竞争，而政府的本职工作是负责创建和保护相关的制度框架，应最大限度地减少对经济生活的干预。

美联储主席格林斯潘更是"新自由主义"学说的主要实践者。他在谈论放宽金融管制时曾说，"我一直很认同不受约束的市场创造出的财富促进了人类文明的发展的说法"，[1] 为此，他不断在国会听证会上呼吁"放开那些过时的、降低经济效率和对金融服务消费者选择产生的限制，允许银行在市场上展开更有效的竞争，其结果，会出现一个为公众提供更好服务、更高效的金融体系"[2]。

一些国际组织和学者还将"新自由主义"思想推向发展中国家。1989年，美国国际经济研究所邀请国际货币基金组织、世界银行、美洲开发银行和美国财政部的研究人员在华盛顿召开研讨会，为深陷危机的拉美国家提出十项市场化改革措施建议，美国经济学家约翰·威廉姆森（John Williamson）将其称为"华盛顿共识"。这些建议包括利率、汇率市场化，外国直接投资自由化，国有企业私有化和放松监管。这些建议很快成为许多发展中国家的行动纲领，[3] 也由此推动了金融全球化进程。

1　Alan Greenspan's Remarks at Banco de Mexico's Second International Conference, November 12, 2002.

2　Alan Greenspan's Testimony before the Committee on Banking and Financial Services, U.S.House of Representatives, May 22, 1997.

3　Jeremy Clift, "Beyond the Washington Consensus", *Finance & Development*, September,2003.

金融自由化最先体现在资金价格的市场化上。20世纪80年代后，利率市场化实践成为世界性潮流，美国、日本、英国、法国、德国等发达国家和众多新兴市场国家先后完成了利率市场化改革。在此基础上，取消资本管制以及更多突破性的改革措施陆续出台。

英国的"大爆炸"

作为"新自由主义"的忠实信徒，英国前首相撒切尔夫人在应对经济和社会问题时的口头禅是，除实施自由市场经济外，"别无选择"（There is no alternative）。撒切尔政府于1979年10月彻底取消了长达40年的外汇管制，并鼓励国家、地区、企业和个人间的全方位竞争。

为了打造自由竞争的市场环境，撒切尔夫人的金融自由化改革从古老的伦敦城开刀。在撒切尔夫人看来，伦敦银行业衰败主要有两大原因，一个是政府的过度监管，一个是伦敦城内金融精英形成的小圈子，这两大障碍不仅阻碍市场化竞争，抑制市场经济的发展，也导致伦敦城"老气横秋"、缺乏生机。另外，固定手续费加上政府印花税，抬高了证券交易的业务成本，导致业务流向美国和其他新兴国际金融中心。

其实，欧洲美元市场在伦敦的兴旺已经动摇了伦敦城传统金融的根基，撒切尔夫人下决心顺势来一次颠覆性变革。1986年10月27日，英国政府突然出台了一系列改变伦敦证券交易所规则的轰动性新规，被媒体称为"大爆炸"（Big Bang），"大爆炸"原指宇宙大爆炸假说,也就是宇宙是100多亿年前的一次大爆炸后膨胀形成的。将伦敦金融业改革形容为"大爆炸",可想而知英国政府金融变革对伦敦城传统金融制度产生的剧烈冲击,以及对全球金融自由化产生的深远影响。

"大爆炸"新规对内废除了加大证券交易成本的固定手续费制;拆掉负责接收客户订单的经纪商和负责具体操作的交易员之间的壁垒,将两者的功能融为一体。在"大爆炸"前,伦敦城的承销和外汇交易业务就处于全球市场的领先地位,而证券交易却主要服务于国内客户。新规将拥有180多年历史的伦敦交易所大门向包括外国人在内的新会员敞开,引入国际资本进入交易所。

新规让伦敦城的竞争格局焕然一新,从市场结构到参与者的性质与数量都发生了根本性变化,伦敦交易所摆脱了以国别、种族和教育背景为门槛的私人俱乐部的束缚,引入市场化良性竞争,竞标股票上市的做市商从两三家增加到十多家。

金融改革新规颁布后,出现大块头的欧美银行对伦敦券商的并购潮,伦敦城曾经风光一时的老牌券商公司,如华宝投资银行(SG Warburg)、施罗德投资公司(Schroders)、摩根建富(Morgan Grenfell)纷纷被瑞银、花旗、德意志和摩根大通等欧美银行收购,只有拉扎德和罗斯查尔德两家公司幸存下来。伴随着一批批传统券商的消失,伦敦逐渐形成以大型银行为主的新型竞争格局。

英国在监管方面采取了监管与自管相结合的措施。英国并未从法律上将银行与证券业隔离，只是在习惯上将其区分。传统上，银行由英格兰银行监管，证券市场是自我监管，但 1986 年通过的《金融服务法案》（Financial Services Act 1986）改变了这一切。新成立的证券与投资局（Securities and Investment Board, SIB）专门负责监管证券市场，但对衍生品仍网开一面。

海外大银行的到来推动了伦敦金融信息技术的全面升级，一改伦敦证券交易所交易系统落后的局面。借助新的通信技术，伦敦证券交易所的喊价交易变成基于屏幕的电子化交易。并消除了时间和地理区域的限制，效率得到大幅度提升，交易所的周交易额由改革前的 45 亿美元增加到 74 亿美元，手续费大幅度缩减。

伦敦金融市场上新的活力与激情取代了以往温文尔雅的俱乐部文化，吸引了更多新公司进驻，也成为年青一代追逐财富梦想的平台。截至 2007 年底，伦敦城的金融从业人员达到创纪录的 35.4 万人。金融基础设施的根本性改变也迎合了这些机构的组合经理投资海外短期及长期金融工具的需求，让伦敦城逐渐成为现代金融创新产品与工具的发源地。

美国拆掉壁垒

"新自由主义"学说倡导的市场化浪潮冲击着美国自大萧条以来制订的一系列金融监管法规。在强大的市场化力量冲击下，美国政府通过修订法律的方式，拆掉了束缚银行多年的跨州和跨业经营的壁垒，并放松了对各类金融创新产品的管制。

当初，美国制订禁止银行跨州经营的法规是为了满足地方保护主义。各州政府通过经营许可证制度，严格限制了金融机构的营业地点、分行设置数量和业务范围，保护本地银行利益不受侵犯。然而，这些限制在保护本地银行的同时，也影响了地方经济的发展。1975年，缅因州率先打破僵局，通过了第一部《跨州银行法》，成为美国第一个允许外州银行控股公司开展业务的州。[1] 随后，更多州政府之间通过签署互惠协议，允许各自的银行采取银行控股公司的形式跨州经营。截至1987年底，共有45个州以及哥伦比亚特区都从不同程度上解除了银行经营的地域限制。

在各州政府的改革基础上，美国国会最终于1994年9月通过《1994年跨州银行法》（The Riegle-Neal Interstate Banking and Branching Efficiency Act of 1994），全面取消联邦层面对跨州经营的限制，银行可以在全美各地设立分行以及跨州并购。

阻碍美国银行业市场化经营的还有分业经营规定。1930年代的《格拉斯－斯蒂格尔法案》将银行和证券业务分开，让商业银行和投资银行与券商各司其职，其结果是金融秩序

---

1 FDIC, "An Examination of the Banking Crises of the 1980s and Early 1990s: Banking Legislation and Regulation", p.130.

固然得到恢复，但随着外部经营环境的变化，银行业务的发展空间受到严重制约，导致一些大型商业银行不断打"擦边球"，尝试传统银行以外的业务。监管人员在执法方面也一度出现灵活掌握的局面。

从 1987 年开始，美联储在观察了美国和其他国家的银行在海外的承销业务后，感觉无须担心风险和利益冲突，逐步满足了银行业提出的一系列请求，放开了《格拉斯－斯蒂格尔法案》和《修正案》所禁止的业务。美联储允许银行控股公司旗下的非银行子公司从事"银行无资格做"的业务，如成立投行子公司，出售或持有某些国民银行不许投资或承销的某类证券。在随后几年时间里，美联储根据经济环境的变化，将商业银行的投行业务收入比例逐年提高，并进一步放松传统银行子公司和新成立的证券子公司之间的防火墙。

在取消银行跨州和混业经营限制的基础上，监管当局还放开了对养老金和储贷机构投资范围的限制。1978 年，美国劳工部允许公司养老金根据审慎原则进入债券市场和私募投资；里根任总统期间则为更多资金流入资本市场又"添一把火"，于 1982 年通过了《加恩－圣－杰曼存款机构法》（Garn St. Germain Depository Institutions Act），放宽了储贷机构的投资范围，几乎一半资产可以自由投放。随着利率上限的取消，1983~1994 年期间，美国货币监理署还放宽了对国民银行牌照业务范围的限制，允许银行交易同债券、利率、汇率、股票指数、贵金属和股票相关的衍生品。

监管当局对金融机构跨州和跨界经营的松绑引发银行间的大规模整合。1990~1998 年，并购导致银行机构总数下降了27%，其中包括大通银行收购 J.P. 摩根、瑞士信贷收购 DLJ、德意志银行收购信孚银行，高盛、美林和摩根士丹利等公司也纷纷展开了一系列战略收购行动，扩大业务经营范围，满足大客户、大公司和政府机构在资金和其他金融服务方面的全方位需求。最抓人眼球的并购案要数 1998 年 4 月旅行者保险公司与花旗银行的合并。消息宣布前，尽管两家公司的高管都分别通过私人电话和监管当局的重要人物打了招呼，在交易结构上也做了精心设计，但严格说来仍是违法的。两家公司采取的提前行动是对新法通过有着绝对的信心。[1] 为了争夺市场份额，芝加哥一家商业银行甚至采用在地图上插旗的方式设立分支机构，可见监管当局松绑后银行间争抢地盘的白热化程度。

最终，1999 年 9 月，美国国会批准通过了具有划时代意义的《1999 年金融服务现代化法案》（Financial Services Modernization Act of 1999），也称为《格雷姆 – 里奇 – 比利雷法》（The Gramm-Leach-Bliley Act），全面废除了大萧条期间推出的《格拉斯 – 斯蒂格尔法案》，拉开了大刀阔斧式的金融制度改革的大幕。

衍生品在 1990 年代的快速发展一度引起监管当局的关注，

---

1 Matthew Sherman, "A Short History of Financial Deregulation in the United States", Center for Economic and Policy Research, July 2009, p.10.

大宗商品期货交易委员会主席布鲁克斯里·波恩（Brooksley Born）曾提出衍生品存在潜在风险，但这一建议不但未予理睬，还受到格林斯潘、时任财长鲁宾以及萨默斯的一致反对，认为完全没有必要干预金融市场的创新。波恩陷入政治孤立，于1999年中期离开。最终，国会通过《2000年商品期货现代化法》（Commodity Futures Modernization Act of 2000），将衍生品监管排除在外。

2004年8月，美国证交会放松1934年《证券法》中对净资本的规定，允许投行持有较少的准备金，增加杠杆比例。同一年，证交会通过征求公众对自我监管问题的意见，减少政府对金融机构业务的过度干预。

金融全球化

金融全球化是战后世界经济发展的大趋势，是技术、市场、学术与政治相互影响的产物。金融全球化是市场化运行的重要基础，让金融资源在全球范围内自由配置是新自由主义学说的核心内容之一。

从贸易全球化到金融全球化是经济发展过程中的一个飞跃。对于亚当·斯密和大卫·李嘉图等传统经济学家来说，贸易是财富的基础，全球化是走向经济繁荣的通道，通过专业分工，发挥各国的比较优势可以实现效益最大化。

反观人类发展历程，国与国之间的贸易往来几千年来一直没有中断过。国际贸易带动了投资。"二战"前，国际直接投资主要集中在拉美殖民地国家的矿山、农场、油田和公共设施。"二战"后,跨国公司如雨后春笋般涌现,在以欧洲为主的地区投资、建厂。截至1970年,跨国公司总数已达到7000家,海外市场成为其重要的利润来源地。随着贸易壁垒不断被打破,各国政府为了参与世界经济新一轮竞争,竞相吸引外资,纷纷放宽对跨国公司投资的管制,更多跨国公司开始进入新兴市场国家,通过设厂或外包方式降低制造成本、提高赢利能力。

国际贸易与投资推动了资金在全球范围的流动。相比贸易和投资,金融全球化的步伐更是惊人。伴随着1970年代开始的各国金融市场、资本账户的开放和财富的增加,更多国家的借款人、贷款人及投资者积极参与国际市场,大规模地使用国际金融中介,通过发行股票、债券及直接投资等,直接从国际金融市场获取资金,资金打破界域和时空的限制,不间断地在不同国家和地区之间自由流动。

资本账户开放是资本自由流动的基础。美国于1974年就取消了资本管制,1981年推出国际银行便利,1984年取消外国人投资美国债券须缴纳的预扣税。开放国内金融市场和资本账户,增加了跨境资本流动,加强了本国金融体系同国际金融市场和机构的融合。另外,欧元的创立促进发达国家之间货币与信用市场的融合,也增强了欧元区与世界其他地区的交易。发展中国家的市场开放更是成为全球化时代的亮点。

金融全球化让资金呈现双向流动,剩余资金不仅从发达国家转移到发展中国家，也从发展中国家转移到发达国家。美国的赤字政策带动了海外资金的流入。1981年里根上任第一年，国债未偿余额为1.3万亿美元，到了1999年超过7.6万亿美元。过去政府借钱就会挤走国内的私人投资，现在政府可以利用大量外国资金予以弥补。自20世纪80年代中期以来，每年有1000亿美元资金从国外流入美国，主要投资于美国国债，其中亚洲和中东地区的央行和主权财富基金成为投资美国国债的主力军。

一批中等收入国家成为新的国际借款人。1991~2005年，发展中国家28%的股权和35%的债务在海外市场募集和发行。债务累累的国家经过十多年的奋斗有机会重新获得外国贷款。

金融全球化的程度体现在金融交易规模上。1990年代机构投资者的崛起进一步扩大了跨境资产交易规模。布雷顿森林体系的固定汇率机制被打破后，全球外汇交易市场的规模逐年增长，同资本市场交相呼应，国际与国内市场相互渗透，资金通过共同基金、对冲基金和私募基金等工具在更大范围内追逐套利机会。根据麦肯锡全球研究所的统计，全球金融资产从1980年的12万亿美元增长到2007年的206万亿美元，同期，这些金融资产同全球GDP的比例也从120%增长到300%以上。

全球经济向市场化转移是人类历史上一次最大的经济实践，是对大萧条以后政府主导经济模式的纠正，也是自由放任经济学说的再度复兴。伴随着贸易全球化，金融资产打破了国与国之间的物理边界，在全球各大金融市场之间更加自由、快速地流动，在金融资产配置方面显示出空前的效率，也将金融全球化推向又一个巅峰。

银行中介的市场化

金融超市

在全球市场化浪潮的推动下，金融中介的市场化成为大势所趋。美国银行中介的市场化步伐始于金融超市（Financial Supermarket），金融超市为信贷市场与资本市场的融合奠定了基础。美国金融超市的概念基于欧洲的银行模式创新——全能银行（Universal Banking）。顾名思义，全能银行指可以提供包括商业银行和投资银行在内的全方位金融服务的银行。全能银行是追求规模效益的产物。相比英国等早期工业化国家，德国等后工业化国家发展需要更多资金，全能银行的模式顺应了当时的经济发展需求。

德国的全能银行始于为铁路行业融资，特别是发行证券。由于德国当时经济高度地方化，资本市场也并不完善，大项目融资相当困难，小银行和富人家族远远满足不了庞大的资金需求。因此，私人银行纷纷组成合股或有限合伙人银行为大规模的工商项目服务，这些机构很快就演变为全能银行。[1]

1　Thomas K.McCrawm, *Creating Modern Capitalism: How Enterpreneurs, Companies, and Countries Triumphed in Three Industrial Revolutions*, Harvard University Press, 1998, p.139.

　　银企之间的密切关系是德国经济的主要特点之一，在帮助德国度过工业化进程中的起步阶段外，也形成了全能银行的模式。德国企业的资金支持主要依靠银行贷款。为了在公司治理方面拥有更多的发言权，德国的银行持有企业股份并在企业的监事会上设有代表。德意志银行拥有奔驰公司28%的股份，同时还拥有菲利普、Holgman AG建筑集团、重型机器、零售商等企业的股份；德累斯顿银行也拥有一批制造商、建筑公司的股份。由于银行全面掌握企业的财务信息，在很大程度上消除了发放信贷中的信息不对称缺陷，为银行提供更大范围的金融服务提供了基础。

　　美国的金融超市模式在很大程度上受到德国全能银行模式的影响。美国的金融超市模式主要针对分业经营，指的是金融控股公司集商业银行、投行、保险等业务于一身，提供从存贷款、证券承销、资金交易到资产管理全方位的金融服务。美国金融超市的优势在于发挥了控股集团的规模经济效应，集约化经营可以在更大的范围内降低业务成本，实现信息、技术、资金和人力等资源最大效率的应用，通过多样化收入，达到分散风险的目的。从服务客户的角度来讲，随着美国大型企业的飞跃式发展，银行只有做大做强才有能力满足客户的全球化金融需求。

　　花旗银行是美国金融超市模式的领军人物。欧洲美元市场是花旗银行走向市场化的重要组成部分，其借助欧洲金融中心在监管方面的便利，最大限度地实施市场化经营战略，提供广泛的金融服务。借助石油美元，花旗银行又率先进入拉美市场淘金。但经过几次折腾，花旗银行在信贷业务方面损失惨重，坏账累计 100 多亿美元。此后，多样化经营成为花旗银行的不二选择。1998 年，花旗银行同当时的旅行者集团（Travelers Group）合并成立花旗集团（Citi Group），完成美国金融史上最大规模的并购。花旗集团集银行、证券、保险和资产管理为一身，合并后的资产达到 7000 亿美元、员工 16 万人、客户过亿，不愧为金融业全球化的航空母舰。

做大做强、多样化经营成为美国银行业的大趋势。1990~2000 年期间，美国约有 500 家商业银行被收购，银行间大规模的并购导致银行总数目减少，各类银行机构总数由 1984 年底的 15084 家下降到 2003 年底的 7842 家，下降了约 48%。然而，大批中小银行消失的同时又产生一批大型银行集团，银行业的总资产规模扩大，由 3.3 万亿美元增长到 9.1 万亿美元。[1]

继花旗集团开启了大报表战略后，其他银行的金融资产也在超速膨胀。在《1994 年跨州银行法》通过前，只有 4 家银行资产超过 1000 亿美元，10 年过后，有 10 多家银行具备这个规模。1999~2007 年，摩根大通银行资产从 6670 亿美元增长到 2.2 万亿美元，同期，高盛公司的资产从 2500 亿美元增长到 1.1 万亿美元。截至 2007 年，10 家国际化大型银行控

1　Kenneth D. Jones and Tim Critchfield, " Consolidation in the U.S. Banking Industry : Is the 'Long, Strange Trip' About to End?", *FDIC Banking Review*, Vol.17, No.4, 2005, p.34.

制了美国 70% 以上的市场份额，凭借强大的中后台系统支持，在规模取胜的金融业遥遥占据市场领先地位。

并购后的金融控股集团在股票承销、证券经纪、保险等非利差业务方面异常活跃。摩根大通银行在佛罗里达州的棕榈滩召开的债券承销会议上，打出的口号是追逐"甜蜜的业务"，指的是争做市场上最大规模、最卓越的承销商，透露出商业银行对投行业务的向往和渴望。金融控股公司凭借其强大的资金实力和优惠利率贷款等综合服务，在争夺蓝筹公司的投行业务中显示出超强的竞争力。

金融控股公司实施金融超市战略赶上了 1990 年后期发生的又一轮企业并购大潮。并购业务对发起人和银行而言是双赢，发起人运用杠杆增加了股本回报，银行通过为杠杆收购融资找到新的利润来源。工业化国家普遍放开对各行各业的严格管制后，一些超大型并购案接踵而至。2000 年英国沃达丰公司（Vodaphone）以 2030 亿美元收购德国曼尼斯门公司（Mannesmann），是 1991~1993 年国际并购活动费用的总和，此外还有美国在线公司（AOL）以 1650 亿美元收购时代华纳公司（Time Warner）、美国电话电报公司以 730 亿美元收购全美第三大电信商南方贝尔（Bell South）……金融控股公司分别从这些大型并购案中赚取了丰厚的手续费。

为了让收入多样化，商业银行在控股公司旗下还设立了私募子公司。根据欧洲工商管理学院和哈佛大学共同完成的一份研究报告，1983~2009 年，14 家银行附属私募子公司占全部私募交易的 1/4 以上。[1]为此，专业的私募基金颇有怨言，对银行管理的私募公司在融资价格方面的先天优势十分不满。

金融超市模式让美国的银行体系从地方割据、业务受限走向大型化、综合化的发展道路，进一步加深了银行同金融市场之间的联系。[2]

"发放－分销"模式

"发放－分销"模式（Originate-To-Distribute Model）是银行经营模式的根本性转变，它打破了传统存贷业务的封闭式运作，是走向市场化的关键。

该模式指的是金融机构发放贷款的目的不是持有到期，而是通过二级贷款市场和证券化分销给其他机构和投资者。以证券化为核心的"发放－分销"新模式，让商业银行的一些传统核心业务走向市场化。

贷款市场化

银团贷款是企业外部融资渠道的重要补充，大型商业银行将银团贷款做结构分销给参加行，从服务中获得手续费，成为启动"发放－分销"模式的第一步。

初期，大型商业银行为了满足监管当局有关贷款集中度

---

1 Lyly Fang et al., "Combining Banking with Private Equity Investing", Instead Working Paper, 2011/04/FIN..

2 Charles W.Calomiris, "Universal Banking American Style", *Journal of Institutional and Theoretical Economics*, Vol.154 (1998), pp. 44-45.

第八章 异军突起的市场化中介 一

和资本充足率的要求，经常将自己组织的银团贷款卖掉，或买进一些其他机构组织的银团贷款，实现贷款组合多样化。1980年代，银团贷款二级市场出现跳跃式增长，从1983年二季度的267亿美元猛增到1989年三季度的2909亿美元。贷款对象也从初期的知名企业逐渐发展到较高风险企业，所交易的贷款期限也从短期转向长期，到了1987年中期，一半以上的贷款期限超过一年。[1]

1980年代爆发的拉美债务危机进一步促成了银团贷款的二级市场。1983年底，共有27个主权国家寻求贷款重组，一些大型国际化银行需要大规模核销贷款，于是将部分贷款在市场上出售，形成了国际银团贷款的二级市场。从此，牵头行和银团参加行可以将现有贷款或部分贷款卖掉，二级贷款市场成为分销贷款的场所。

1990年代初期，随着美国企业之间并购潮的退去，那些提供了大量并购贷款的银行报表上的问题贷款浮出水面。由于金融监管部门要求其减持问题贷款，贷款二级市场的供应增加。另外，由于问题资产收益率高出国债10%，那些具有强大风险管理能力、专业化运作的对冲基金和私募基金对此兴趣浓厚。这些基金低价买入问题资产，如果公司不倒闭，就可以赚取较高回报。围绕着银团贷款的二级市场需求与日

---

1 Gary Gorton and George Pennacchi, "Banks and Loan Sales : Marketing Non-Marketable Assets", National Bureau of Economic Research Working Paper, No.3551, December, 1990, p.1.

俱增。贷款交易商也应运而生，一些大型金融机构如花旗和高盛分别设立了贷款交易部门，主要作用便是撮合贷款交易。

二级贷款市场的发展还得益于贷款文件标准化和信息透明化。贷款在二级市场的转移涉及借款人和贷款人所有权的变动，为了便于交易，一些专业机构和不同地区的贷款市场协会制订出一系列标准化贷款文件。1987年，贷款定价公司出台详细的贷款市场数据和分析参考；1995年，银团贷款与交易协会（Loan Syndication Trading Association）成立。这家非营利组织共有160多个会员，包括商业银行、投资银行、共同基金、经纪商、咨询公司、律师事务所和专业贷款交易商，进一步将贷款文件和结算流程标准化，并根据交易商报价推出贷款的盯市价格，真实地反映借款人信用质量和市场的变化，让二级市场的贷款信息更加透明。投资者不仅每天可以从市场上获得贷款的价格，还可以获得贷款池中每一家上市公司详细的财务报表。标普评级公司也顺势推出公司银团贷款评级，穆迪和惠誉公司随后跟进。

随着贷款数据的采集和分析进一步改进，遭受债务危机的商业银行开始使用更复杂的模型为银团贷款风险定价，并借鉴了一些公司债市场的做法，将定价与公司事件、评级变化挂钩。自1998年起，银团贷款市场还加入了灵活性条款，安排行根据投资者需求，一般在一个预先设定好的范围内，根据市场变化调整贷款定价。银团贷款价格的调整反映着信用质量和市场供需状况，意味着银团贷款市场进入全面的市场化运作。

二级贷款市场可以通过息差或评级划分为投资级和杠杆贷款。二级贷款市场规模最大、增长最快的部分是杠杆贷款。1997年，银团贷款交易协会同标普评级公司一道共同推出的杠杆贷款指数，基本上反映出美国二级贷款市场的变化。为了便于中小投资者交易，银团贷款的分块也由1995年的625万美元降到2004年的100万美元左右。

更加透明的信息，加上不断改进的风险管理工具让二级贷款市场一步步走向成熟，从一个少数几家银行把持的小天地发展成为由交易商驱动、活力十足的公开市场。贷款可以像其他场外证券一样交易，而银行成为借款人和投资者之间的市场化中介。

进入21世纪后，随着30多家机构在银团贷款市场中从经纪商转为交易商角色，二级贷款市场的交易规模逐年增加，从1991年的80亿美元增加到2003年的1450亿美元，按年率计算，平均每年增速为27%，超过同期初级贷款市场14%的增速。

贷款的市场化交易不仅规避了商业银行在贷款集中度等方面的监管束缚，也增强了商业银行主动管理贷款组合风险的能力，实现了经营模式的初步转型，即从关系银行模式过渡到关系银行与贷款公开交易相结合的模式。

贷款交易市场也扩大了一些中小型金融机构的业务区域，增强了其在行业方面的贷款能力，为那些投资级以下的公司雪中送炭，也让淘汰企业的破产更加高效。二级贷款市场独特的风险回报特点吸引了更多养老金、保险公司、共同基金等大型机构投资者入场，成为其投资组合和风险管理的另类金融工具。然而，贷款的市场化只是银行走向市场化中介的第一步，随之而来的证券化银行中介则将市场化引向一个崭新的方向。

基于证券化的中介

银团贷款交易市场只是将贷款在市场上进行交易，而证券化是将贷款变成可交易的证券，是商业银行转型为市场化中介的核心。

抵押贷款、公司和消费贷款经过证券化流程，以 CMO 或 CLO 的形式发行。原则上，银行可以用新发放的贷款创建证券化产品，但纽联储的调查报告显示，银行似乎更喜欢通过投资管理公司完成，而投资管理公司主要使用银团贷款或二级市场贷款创建证券化产品。

"发放 – 分销"模式让银行变得更像贷款加工厂，通过承销、包装、分层、增级、分销等分工完成将贷款从信用市场向资本市场的转移，换句话说，就是将贷款加工成为金融市场上可交易的工具。银行的投资组合管理部门成为银行的"心脏"，其根据市场变化，按照不同风险和期限，通过市场交易调剂贷款的去留。由此，银行报表上的贷款大幅度减少，保留在银行报表的定期贷款比例由 1988 年的 88.6% 下降到 2007 年的 43.7%。

"发放 – 分销"模式让大型国际化银行在集约化经营方面更加灵活。除了用最节约的资本方式为贷款池融资之外，这些银行还在证券化和其他创新产品的设计过程中，从监管、税收和资金成本总体考虑，充分利用金融控股公司框架下设立的表外子公司和各类实体，扩大资金运用的时间和空间范围，将不同业务放在对自身最有利的辖区，降低监管成本。如贷款的发放、存放和证券化放在纽约，而 ABS 的融资放到伦敦或其他离岸中心，其结果极大地改善了银行的股本回报。

银行的"发放－分销"模式带动了美国银团贷款市场、二级贷款市场和 CLO 市场的迅猛增长：银团贷款市场从 1988 年的 3390 亿美元增长到 2007 年的 2.2 万亿美元；二级贷款市场交易规模从 1991 年的 80 亿美元增长到 2005 年的 1760 亿美元。[1]

以证券化为核心的"发放－分销"模式让银行成为证券化市场的重要力量。美联储从 1980 年代后期就允许银行通过银行子公司有限参与证券承销，1999 年美国国会通过的《1999 年金融现代化服务法案》，正式解除了大萧条以来法律对商业银行不得参与股票与债券承销的限制。有了监管机构的"尚方宝剑"，面对证券化市场对传统贷款市场的冲击，银行只有成为做结构和发行能力强的银行才可以更好地服务其公司客户。[2] 大型金融机构全力进军，扩大证券承销业务，将资产证

1　Vitaly N.Bord and Joao A.C.Santos, "The Rise of the Originate-To-Distribute Model And The Role of Banks in Financial Intermediation", *FRBNY Economic Policy Review*, July, 2012, p.21.

2　Joseph Rizzi and Michael Maza, "Securitization As A Funding Strategy", *Corporate Finance*, Oct., 1994, p.4.

券化市场份额提高到接近 70%，也将证券化服务商业务占比从 1990 年代初的不到 10% 增加到 2008 年底的 60%。公司贷款证券化方面，新发行的 CLO 从 2003 年前不到 200 亿美元规模发展到 2007 年的 1800 多亿美元。1980 年代初期开始到 2007 年证券化的高峰期，银行发行了约一半的非机构 ABS。

银行的赢利模式不再以存贷息差为主，而是证券化过程的不同阶段产生的手续费以及证券化产品的投资收入。证券化承销费一般占全部债务的 0.5%~1.25%，承销一笔 RMBS 的手续费收入一般在 100 万~800 万美元，CDO 中介的手续费则在 500 万~1000 万美元。

另外，证券化产品的激增进一步丰富了资本市场的投资品种，带动了银行交易业务。银行高管们凭借风险价值模型以及信用衍生品带来的风险管理自信，恰逢经济上行周期，纷纷将来钱最快的交易作为战略性主营业务，行里宝贵的资源向交易业务倾斜。结果，银行的交易部门成为行内最风光也是最暴利的利润中心。一时间，交易对手替代了客户的维系，各家银行沉迷于新的交易技术、模型和分析方法。

除了为机构投资者和高净值个人提供财富管理外，一些交易商不断扩大自营交易，游离在避险与投机之间，从不同资产、不同市场中的细微价差中套利，如用从回购市场融到的钱投资 CDO 套利。一些交易商银行拥有自己的对冲基金和私募股权基金，用自己的账户作赌注，作为资产管理业务的一部分；还有一些银行，按对冲基金和私募股权基金模式运行，银行控股公司成为普通合伙人，交易银行成为有限合伙人。

以交易为主营业务改变了银行的收入结构。2004年中期到2007年中期，美国排名前10的银行贷款占资产的比例从1997年的52%下降到40%以下，而投资与资产的比例从1998年的32%增长到2008年的54%，其中交易业务唱起了主角。

以证券化为核心的"发放－分销"模式是现代金融发展到一定程度的突破性创新，从根本上改变了银行创造、传递和获取价值的流程，颠覆了银行三百多年时间里一直坚守的信用中介经营模式，让银行在资产和负债两端都发生根本性变化：资产方不再以贷款为主，而是承销和交易各类证券化产品；负债方不再局限于存款，取而代之的是以发行债券、商业票据和回购协议等为主的融资渠道。根据加里·戈顿等几位学者的研究报告，银行存款占金融负债的比例由1960年代的80%降到金融危机爆发前的27%。[1]

"发放－分销"模式通过一个新链条将资金的供需双方联系在一起。在新链条中，银行充当起机构投资者和借款人之间的中介，实现了从贷款人到市场化中介的角色转换，将信

---

1 Gary B. Gorton, et al., "The Safe—Asset Share", NBER Working Paper 17777, National Bureau of Economic Research, Jan., 2012, p.9.

用市场与资本市场紧密结合到一起，在更大程度上满足了传统银行体系不愿或不能满足的资金需求。

市场化中介

在银行加速向市场化中介转型的同时，一大批已有的与新兴的非银行金融机构、实体和工具不知不觉中已担当起市场化中介的主角。

2007年，在怀俄明州的杰克逊镇举行的全球央行年会上，太平洋投资管理公司（PIMCO）董事经理保罗·麦考利（Paul McCulley）使用了"影子银行"（Shadow Banking）一词描述这类新实体，他当时指的是美国那些借短期资金投资长期资产的非银行金融机构，这些机构游离在传统监管的银行体系之外，在"影子"中经营，危急时刻没有资格享受政府的救助。

随着研究的深入，更多的学者发现"影子银行"一词无法准确描述金融体系中出现的新现象，这些实体和工具大部分既不是影子，也不是银行，而是在市场化大潮中不断成长壮大的"新生物"。例如从商业银行中脱离出来的表外工具所涉及的证券化业务，跨越银行、券商、资产管理等众多业务领域，行使着市场化金融中介的功能，很难以"影子银行"加以概括。

2011年10月，为了便于监管当局实施市场监督，金融稳定委员会（Financial Stability Board）[1] 定义"影子银行"时将所有对金融体系可能产生风险的因素都包括进来。它给"影子银行"的广义定义是：一种（部分或全部）在传统银行体系外的实体和业务的信用中介体系，简而言之就是非银行信用中介。为了与银行的市场化中介对应，本书将除商业银行以外的所有金融机构、产品和工具统称为市场化中介。这些不受商业银行的监管法规限制的市场化中介形成了一个相互关联的庞大网络，[2] 成为传统银行以外的重要的融资渠道，是现代金融市场的重要组成部分。

市场化中介无论从规模还是从重要性方面都深刻地改变着以银行为主的金融体系。按照广义定义，"影子银行"规模从 2002 年的 27 万亿美元增长到 2007 年的 60 万亿美元（包括澳大利亚、加拿大、日本、韩国、英国、美国和欧元区），占全球金融体系的 25%~30%。[3]

政府发起机构

以房利美和房地美为主力的政府发起机构是非银行中介

1 金融稳定委员会成立于 2009 年 4 月，是一个负责对全球金融体系监管并提出建议的国际组织，前身是金融稳定论坛（Financial Stability Forum），总部设在瑞士的巴塞尔，成员包括 20 多个国家的央行、财政部与金融监管机构，以及各主要国际金融机构与各专业委员会。

2 Financial Stability Board, "Strengthening Oversight and Regulation of Shadow Banking: An Overview of Policy Recommendations", August 29, 2013.www.fsb.org.

3 Daniel Meade et al., "Shadow Banking: The Growing Sector of Non-bank Credit Activity", *Business Law Today*, October,2012.

的龙头老大，在住房抵押贷款证券化市场翻云覆雨。作为抵押贷款证券化的摇篮，"两房"并不参与抵押贷款的发放，只负责证券化的贷款加工和组合融资。

"两房"是行使着银行的功能、背后拥有政府隐性支持的金融中介。尽管"两房"从本质上早已是上市公司，但仍在很大程度上同政府保持着密切关系。联邦政府不仅为"两房"设立了业务经营目标，还控制着其公司管理层的任命，高管层中的 18 位董事有 5 位直接由政府指定。凭借同政府的特殊关系，"两房"享有使用美联储电子簿记系统发行证券、联邦政府信用额度及免交州税及免联邦证券法登记等便利。联邦政府的隐性担保让"两房"在评级与筹资成本方面优势明显，也为机构投资者带来安慰。

不仅如此，美国政府还允许银行、储蓄银行和投资基金以相对有利的资本要求，无限额地投资"两房"发行的证券。"两房"既可以在公开市场出售 MBS 或发行自己的证券，用出售证券的收入投资私人机构发行的 MBS，并持有在账上。截至 2008 年，"两房"持有或担保了 5.4 万亿美元的抵押贷款债务，在住房抵押贷款链条中充当着市场化中介的重要角色。

投资银行

投资银行（Investment Bank）是资本市场与投资者之间的中介，在市场化中介中扮演着举足轻重的角色。投行最初的基本功能是通过在股市和债市发行证券，为机构客户募集资金。伴随着宏观环境与金融市场的发展，投资银行的业务发展日新月异，其演变历程充满曲折。

英国最早使用商人银行形容初期的投行业务。19世纪则见证了几家具有相当影响力的投行的崛起，如罗斯查尔德（Rothschilds），巴林（Barings）和布朗（the Browns）等创建的合伙人公司以及施罗德家族成立的亨利·施罗德公司（Henry Schroder & Co.），这些老牌投行，随着业务的扩大，逐渐脱离家庭架构而变为有限合伙人公司。

伴随着美国经济的崛起，投行的业务重心开始转向美国。19世纪末20世纪初期，投资银行的名字在美国流行起来。1830年代，建铁路热带动美国钢铁行业和更大范围的工业化，需要大规模长期资金，促进了投行的筹资业务。外部投资者强烈的中介服务需求又推动了投行二级市场交易业务发展。

1860年，移居伦敦的银行家朱尼厄斯（Junius Morgan）与儿子J. P.摩根共同创建了美国第一家投行，另外一些来自欧洲以提供香料、丝绸和金属等大宗商品贸易融资起家的移民也在美国安营扎寨，如来自德国的高盛和雷曼以及法国的拉扎德（Lazard Freres）。1861~1865年美国内战期间，联邦政府对战争资金的强劲需求带动了筹资业务的兴旺，J.P.摩根和高盛等投行通过承销和出售政府债迎来了发展良机，影响力与日俱增。20世纪初期可以说是投行的黄金时代。股市和债市的火热在带来收入增长的同时也聚集了风险，最终以

1929 年的股市崩盘以及银行危机结束，同时开启了商业银行与投行分业经营的漫长时代。

1960~1980 年，为了刺激经济增长，金融监管逐渐放松对市场和机构的管理，大型国际化企业的筹资需求催生出一批全能国际化投行集团，一些商业银行也从承销商业票据和低风险的市政债起步涉足投行业务。20 世纪下半叶，得益于各类企业上市和并购潮，投行迎来又一个黄金时代，高盛、摩根士丹利、雷曼兄弟、第一波士顿等大型投行主导了当时的并购和上市交易。

从 1980 年代起，投行转向二级证券市场交易，其借助数字化技术开发交易策略，从股价变化中赚钱。所罗门兄弟、美林（Merrill Lynch）和德崇证券等投行开始在证券交易舞台上登场。此后，伴随着证券化和衍生品等业务的兴起，投行又有了新的用武之地。

商业银行跻身投行业务的同时，投行也积极参与商业银行业务。混业经营新法规出台前，投资银行就开始通过一些创新产品向商业银行业务靠拢。为了应对利率市场化，美林公司早在 1977 就推出的现金管理账户（Cash Management Account，CMA），将投资账户、交易账户、借记卡以及投资账户中用证券抵押的信用额度捆绑在一起，提供"一站式"服务，即允许客户像商业银行储蓄账户一样开立支票，又兼有投资功能。

面对美国商业银行一度出现的信用质量下降、评级下调的机会，特别是面对客户直接融资需求不断上升的趋势，美林、摩根士丹利和其他华尔街投行借机进入了长期以来一直由商业银行凭关系维系的公司批发金融业务领域，凭借资本市场业务优势，为大型企业、机构和政府提供战略、融资和风险管理等"一揽子"专业化服务。

此外，投行还通过下设子公司从事私募股权和对冲基金等业务。在业务多样化的过程中，许多专业投行改变了法律结构，从合伙人制转为上市股份公司。

保险公司

保险是金融发展史上最早的风险自助方式。法国经济学家迈克尔·艾伯特（Michael Albert）曾指出现代保险业务的两个起源：一个是在瑞士一座村庄实行的风险互助，另一个是在英国劳合社（Lloyd's）的咖啡屋，绅士们在一边喝着咖啡、一边押注海上船只的命运。现代保险业一直是一个混合体，既是不幸事件的社会化分担，也是职业赌徒动物精神的体现。在许多时候，投机动机往往压倒了风险分担动机。

为了应对保险赔付，保险公司必须做大规模。由于美国的保险公司在设立分支机构方面不受限制，19世纪后期到20世纪中期，美国块头最大的金融机构不是银行而是人寿保险公司，如麻省人寿（Massachusetts Mutual）、大都会（Met Life）、普天寿（Prudential）、纽约人寿（New York Life）和公平人寿（Equitable）等。

作为老牌的非银行金融中介，保险公司一直随外部环境的变化改变着自己的经营战略。自从美国政府放开混业经营的规定后，花旗集团与旅行者集团、瑞士信贷与温特图尔保险公司（Winterthur Insurance）合并，保险与银行及其他金融市场之间的界限逐渐模糊。然而，银行与保险结合的产品推出后并未流行起来，而与保险相关的证券化市场却不断壮大，成为应对风暴和地震等大规模灾难险的融资工具。1992年，芝加哥期货交易所接受了第一笔"灾难债"，成为保险证券化发展的一个重要事件。

信用衍生市场的问世改变了保险公司的发展路径。由于合成 CDO 交易不需要双方持有标的资产，可以像投机大宗商品和利率波动一样，赌某类资产信用事件发生违约的概率，市场上对 CDS 的需求与日俱增，保险公司随即成为 CDS 市场上继银行和对冲基金之后的第三大玩家。2007年，保险公司占 CDS 市场份额的 18%。AIG 公司则利用其 AAA 评级成为 CDS 市场最大的保护卖方，扮演着重要的做市商角色。它通过旗下子公司——AIG 金融产品公司，共卖出价值 4500 亿美元的信用保护。其他保险公司也积极使用衍生品工具管理和转移各类风险，截至 2010 年底，共有 223 家保险公司参与衍生品市场，其中保险业对 CDS 敞口的名义金额总计 335 亿美元，占全部互换衍生品市场的 7.2%。

保险公司还参与证券贷款业务，就是将股票、证券和衍生品等贷给经纪商或交易商以获得现金及抵押品。同其他非银行市场化中介一样，保险公司在实施投资和组合策略时，也频繁使用杠杆和对冲手段，依赖短期资本市场。由于保险公司参与了多个金融市场，同贷款人、交易对手、投资者，特别是同银行之间形成你中有我、我中有你的紧密联系，成为系统性风险中不可忽视的要素之一。

同银行证券化相似，保险证券化的主要动力也来自监管的资本要求。另外，一些大型人寿保险公司为了释放更多的监管资本，搞起了"影子保险"（Shadow Insurance），将人寿保单出售给集团内设立的再保险公司，主要是设在百慕大和开曼群岛的表外实体。美国人寿转给影子保险公司的保险和年金负债从 2002 年的 110 亿美元增加到 2012 年的 3640 亿美元。[1]

金融公司

金融公司（Finance Company）在美国指的是可以发放贷款但不可以吸收存款的金融机构。在市场化中介中，金融公司也是一股不可忽视的力量。

金融公司不需要银行牌照，主要分为大公司旗下的金融公司和独立的金融公司。20 世纪初期，美国就出现了一批专业化的金融公司，为客户购买产品和服务提供信用。美国一些大型制造商、零售商和房地产商正是通过下设或收购金融

---

[1] Ralph S.J. Koijen and Motohiro Yogo, "Shadow Insurance", NBER Working Paper 19568, National Bureau of Economic Research, October, 2013, p.2.

公司的方式跻身消费金融业务。由于汽车在当时被视为生产性资产，不是消费产品，商业银行不提供购车贷款。为了促销产品，所有汽车制造商都成立了金融公司，向购车者提供分期贷款。通用电气公司总裁杰克·韦尔奇（Jack Welch）以其提供汽车贷款起家的金融业务作为战略重点，一路靠收购抵押贷款公司和独立的金融公司实现扩张，使得通用电气的金融业务发展速度远远超过公司传统的制造业，如喷气发动机、机车、家电、灯泡等核心业务，成为公司的赢利大户。

其他零售商也开始仿效汽车公司的做法设立金融公司，向客户提供分期贷款。美国的百货公司西尔斯（Sears）也曾在多样化经营战略中将金融服务作为重点，由于旗下设立的金融公司不能吸收存款，西尔斯通过提供支票账户、货币市场基金以及收购储贷机构等方式提供存款服务。

无论是大公司旗下还是独立的金融公司都有其擅长的专业，所提供的贷款都同汽车、设备、租赁、商业连锁加盟相关。一般情况下，传统商业银行和金融控股公司出于风险考虑对这些贷款兴趣不大。随着时间的推移，金融公司业务从促销产品扩展到直接向非本公司客户提供各类贷款。通用电气在美国的300多家金融公司，只将5%的贷款提供给了购买本公司产品的客户，其他业务则同银行提供的各类消费金融服务一样。

由于不涉及储蓄存款，不存在存款保护问题，美联储无意限制金融公司的各项业务。金融公司在填充商业银行留下的市场空白的同时，在某种程度上也直接同商业银行展开竞争。1983 年，32 家大型非银行金融公司提供的贷款占工商贷款总额的 1/3，非银行租赁融资业务市场份额超过所有美国的商业银行。

尽管这些金融公司游离在传统银行体系之外，但由于这些公司大都设立在大型公司旗下，受益于母公司的高信用评级，可以轻松地从市场上获得具有竞争力的融资，发行商业票据成为这些金融公司主要的融资手段。

此外，大公司旗下的金融公司不少是证券化的发行人。通用汽车旗下的金融公司包揽了消费金融公司的大部分资产支持证券的发行，成为市场上第三大发行人，发行金额为 2150 亿美元。作为非银行信用中介，金融公司采取的是"发放 – 销售"模式，发放贷款的目的不是持有，而是迅速转手卖掉，以发放贷款开始，以短期批发资金市场融资结束。大型银行控股公司旗下和独立的抵押贷款金融公司，只负责住房抵押贷款的发放和服务，成为证券化链条中最前端的中介。

投资管理公司

市场化中介中另外一个不可或缺的角色是投资管理公司（Investment Management Company）。由于截至 2013 年底，按资产规模划分，甚至如花旗、摩根大通、埃克森和壳牌石油等公司都排在大型投资管理公司之后，一些媒体将后者称为金融市场上的"新恐龙"。

投资管理公司的前身大多是 1980 年代活跃在并购舞台上的私募股权公司。如今这些公司的业务范围早已发生深刻变化，不再局限于成熟企业的并购、重组融资金额夹层债务等，而是成为提供更多样化服务种类的另类资产平台。

由于私募股权基金表现普遍存在着周期性特点，为了在低谷期提供缓冲，2004 年，凯雷（Carlyle Group）和黑石（Black Stone Group）分别推出了自己的对冲基金，KKR 也于 2006 年跟进。投资管理公司还积极参与风投、房地产基金、信用基金以及企业重组咨询等多样化业务，充分发挥其信息、关系、人才、资金以及独特的运行模式等优势，为全球范围的客户提供全方位服务。如 KKR 公司投资的 40 多家公司，涉及十多个国家的 11 个行业，涵盖医保、技术、媒体、零售、旅馆、休闲等行业。

当然，投资管理公司最宝贵的财富是顶级人才。1980 年代那些在并购市场上打拼的 MBA 毕业生如今活跃在资产管理领域，早已成为市场交易高手。过去以杠杆收购为主的私募股权公司平均只有十多位背景以投行为主的投资专业人士，如今，做大规模的投资管理公司笼络了更多优秀的行业专家。根据 KKR 公司为上市提交给证交会的资料，2007 年，该公司拥有 139 位投资专业人士。其他几家投资管理公司也都超过 100 位。大型投资管理公司中不乏 IBM、通用电气和石油公司的前高管。

大部分投资管理公司的核心业务还是私募股权基金。相比 1980 年代，这些公司早已鸟枪换炮，做大做强。根据专业数据供应商 Pitchbook 的统计，2003~2007 年期间，私募股权基金迎来黄金时代，交易笔数每年增加 375%，交易金额增加了 8 倍，从 660 亿美元增长到 6070 亿美元。除此之外，私募股权基金的二级市场也活跃起来，一家私募股权基金将持有的组合公司卖给另一家私募基金的比例从 1980 年代的 2% 增长到 2000 年代的 30% 以上。借助低利率环境，私募不断地打破收购金额的历史纪录，将杠杆收购交易推向顶峰，金融危机爆发前的 10 大并购交易有 7 笔发生在 2006~2007 年。

投资管理公司持续成功的重要标志体现为强大的筹钱能力，资金回报的稳定表现招来更多的回头客，黑石公司的回头客占 70% 以上。另外，公共养老金正成为私募股权基金最大的机构投资者。

投资管理公司为机构投资者和富人阶层提供了另一种投资类别的选择，正成为金融体系中举足轻重的非银行金融中介。2016 年底，全球 500 家投资管理公司的在管资产总计 81.2 万亿美元。[1] 投资管理公司创始人都是具有个人魅力和精彩故事的奇才，下面就以黑石集团和贝莱德为例，让读者对投资管理公司的成长多些了解。

黑石集团

1985 年，创始人史蒂夫·斯瓦茨曼（Stephen Schwarzman）和彼得·乔治·彼得森（Peter G. Peterson）两人离开雷曼兄弟控

---

1 数据来源：Willis Towers Watson。

股公司后，成立了自己的公司。由于斯瓦茨曼和彼得森两人都是德国人，在姓氏中施瓦茨曼的德文意思是黑色，彼得森在希腊文中的意思则是石头，因此公司取名为黑石集团。

斯瓦茨曼凭借个人的聪明与勤奋成为美国金融业的泰斗，再次打破了传统精英的成长途径。传统的成功阶梯是从小就读过令人恐怖的寄宿学校，然后是接受过常青藤教育，参加过战争，最后在大型投行或律所获得成功，而斯瓦茨曼出生于一个普通家庭，父亲是一家绸布店的小老板。虽然就读于费城郊区的一所普通公立学校，但斯瓦茨曼凭借自己的能力考入耶鲁大学，利用常青藤和哈佛商学院的金字招牌踏入华尔街，开始了金融生涯，并实现了追求个人荣耀的梦想。

黑石集团初始资产总计不到 40 万美元，斯瓦茨曼和彼得森原本打算做私募股权投资，但由于经验不足，只好以并购重组财务顾问起家。公司成立两年后，黑石集团开始创建第一支私募基金，以杠杆收购的方式并购企业，对其进行重组、运营几年后再出售或使其上市。商业上的成功总是离不开天时地利，就在黑石集团准备步入下一个发展阶段之际，正好赶上储贷危机大爆发，美国政府成立的 RTC 资产管理公司开始大规模拍卖不良资产，黑石集团顺势低价收购阿肯色州和得州等地的公寓楼，由此涉足房地产业务。

2000 年科技股泡沫破灭后，黑石集团又迎来一个千载难逢的机会。由于美联储降息，更多的机构投资者转向同股市弱相关的另类投资，黑石集团借机大规模扩张。2002年，黑石资本合伙人 IV 筹集到 68 亿美元，成为当时规模最大的私募股权基金，斯瓦茨曼本人被《财富》杂志冠为"华尔街的新霸主"。

斯瓦茨曼说话轻柔，面容和蔼，在公司管理方面却透着坚毅与执着。根据《财富》杂志的报道，黑石集团每周一召开的会议长达十几个小时，逐个剖析本周的交易：早 8 点 30 分是私募股权部门，10 点 30 分是地产部门，下午 2 点是对冲基金部门，4 点是债券部门。在这一被称作"马拉松会议"的日程表上，几乎没有留出午饭时间。斯瓦茨曼即使在海外度假也会通过电话参会。交易无论大小都要经过高管层仔细讨论和各个团队部门之间的论证。

在斯瓦茨曼的领导下，黑石集团的对冲基金业务不断扩展，旗下的基金池成为一些主要对冲基金的合伙人。另外，在非投资级公司的贷款和证券业务方面，黑石集团也做得有声有色。黑石集团的上市是私募股权公司的一大创举，具有巨大的轰动效应，普通投资者透过上市数据终于看到黑石集团的冰山一角，也开始重新审视投资管理公司在金融业中的分量。

贝莱德

贝莱德（Black Rock）公司是投资管理公司中的重量级成员，截至 2016 年底，贝莱德公司的在管资产为 5.1 万亿美元，相当于全球所有私募和对冲基金的总和。[1]

1　数据来源：Willis Towers Watson。

贝莱德创始人拉里·芬克（Larry Fink）毕业于美国加州大学洛杉矶分校（UCLA），本科读的是政治学专业，MBA侧重房地产金融。毕业后，芬克在众多工作邀请中选择加入第一波士顿银行，从债券交易做起，三年后负责开发当时还不为人知的抵押贷款支持证券（MBS）市场，为客户设计结构化产品并参与交易。

芬克凭借对证券化市场风险的透彻理解和对政策的深刻洞察，为公司赚了不少钱，也因此升为公司最年轻的执行董事。然而，好景不长，投资世界风云变幻。1986年，芬克在预测利率走势方面看走了眼。芬克认为利率会升，而市场同他开了一个大玩笑，结果，他所主管的部门损失1亿多美元。一夜之间，芬克从公司的耀眼明星沦为"垃圾"，只好被迫辞职。

芬克从投资失败中总结的经验是风险评估能力和赚钱能力同等重要。由于公司的计算机模型落后，无法模拟出利率变化对变量产生的影响，因而无法做出正确的交易决策，造成巨额损失。芬克深深感到风险管理市场的潜在需求：那些大型机构投资者对风险的无知程度令人惊讶，将风险管理交给华尔街，而华尔街本身也不可靠。正是由于自己在职业生涯跌了个大跟头，芬克才有更大的动力想证明自己。1988年，芬克同几位华尔街银行家和卸任的政府官员成立了一家公司，从风险管理角度出发，为机构投资者管理固定收益资产。由于黑石集团提供了50万美元启动资金，公司取名为黑石金融管理公司（Black Stone Financial Management）。1992 年，为了不造成外界的误解，公司改名为黑岩公司（Black Rock, Inc.），中文译名为贝莱德。

贝莱德公司凭借一系列收购不断发展、壮大，业务范围也从最初的债券投资扩展到股票、对冲基金、房地产和交易所交易证券。除了资产规模外，贝莱德公司的撒手锏是仅次于资产管理的核心业务——风险管理。凭借对金融市场风险的深刻洞察，贝莱德公司搭建起全球市场的评估、组合管理、交易和风险管理平台，取名为阿拉丁（Aladdin）[1]信息服务平台。阿拉丁平台由 6000 多台计算机组成，具有规模庞大的历史数据和强大的计算能力，一大批工程师、数学家、分析师和程序员全天候监控着数百万笔交易，照看着全球 7% 的金融资产。阿拉丁平台的目的不仅是跟踪客户投资组合中的每一支证券如何变化，还预测这些变化在不同情境下如何发生关联，以及这些关联如何放大冲击。那些管理着大规模、复杂投资组合的交易员们根据从阿拉丁平台的模拟中获得的洞见，及时做出相应的调整。[2]

由于贝莱德公司的风险咨询业务独树一帜，连美国及其他一些国家的政府也是该公司的客户。贝莱德凭借风险管理带动资产管理业务。然而，规模庞大的风险管理系统也意味

1　Alladin 是英文 Asset, Liability, Debt and Derivative Investment Network 的缩写，中文全称是资产负债、债务、衍生品、投资网络。

　2　"Black Rock: The Monolith and the Markets", *The Economist*, December 7th, 2013.

着风险管理工具和策略的雷同，系统中的任何缺陷带来的影响都有可能引发金融市场的地震。

投资基金

各类投资基金是重量级的市场化中介，下面主要介绍共同基金、货币市场共同基金、指数基金、交易所交易基金和新一代对冲基金。

共同基金

共同基金的发展同资本市场的兴衰紧密相关。1980~1990年代，伴随着美国股票和债券市场节节攀升的大牛市，共同基金为投资者带来诱人的高回报。以前鲜为人知的基金经理转身成为超级明星，屡创佳绩的马克斯·海涅（Max Heine）、迈克尔·普莱斯（Michael Price）和彼得·林奇（Peter Lynch）等成为家喻户晓的名字。社会上的闲散资金再次以惊人的速度，大规模流入共同基金。

市场需求推动着共同基金的创新速度，基金公司的一切努力都集中在降低运行成本、让共同基金投资从少数人的专利变成大众投资的便利工具上。1970年代，先锋集团最先直接向普通投资者营销基金，随后，大众化投资成为趋势；1984年，嘉信理财推出共同基金大卖场，共有140支免手续费基金可供选择；1992年，嘉信理财又推出第一家共同基金超市，称为"一站式"共同基金，让客户在500多支免手续费的基金中，根据自己的投资目标和交易计划自由选择。

1984~2009 年，美国共同基金市场规模从 3770 亿美元增长到 11.1 万亿美元，其中个人退休账户是共同基金的投资大户。1982 年美国个人退休账户总资产为 680 亿美元，其中只有 9% 投资共同基金，到了 2001 年，账户资产达到 2.6 万亿美元，其中 44% 投资共同基金。

货币市场共同基金

货币市场共同基金（Money Market Mutual Fund，MMMF）指的是投资货币市场工具的共同基金，具体来说就是将散户和机构投资者的现金投放到短期、安全和流动性强的证券上，如商业票据、回购协议、政府短期债券、银行存单和其他货币市场基金等，充当投资者与借款人之间的市场化中介。

货币市场共同基金是 1970 年代高通胀和利率管制的产物。随着利率上升，由于《Q 条例》对活期存款设置的利息上限，美国银行存贷款之间利差拉大，机构投资者和储户存放在银行支票账户上的闲置资金的机会成本变得出奇的高，亟须找到临时放置短期资金的合适渠道；与此同时，在利率上升期，借款人也在寻求低于银行利率的借款平台，货币市场共同基金将短期资金供需完美地结合在一起，功能方面很像商业银行的活期存款工具，可以根据需要随时兑现，很快成为各类客户短期融资和临时放置资金的平台。

由于货币市场基金的表现对商业银行的存款业务带来冲

击，银行只好游说国会，其结果是 1982 年后，政府允许银行向账户余额在 2500 美元以上的客户提供没有利率上限的货币市场存款账户。货币市场共同基金收益高于银行的竞争优势丧失后，投资者又回到有存款保险的银行账户。截至 1983 年 6 月，货币市场共同基金资产下降了几乎 1/4。同银行一样，货币市场共同基金行业也去游说政府。1983 年 7 月 18 日，美国证交会修订了《1940 年投资法》中的条例，允许货币市场基金在会计方面采用"成本摊销"和"区间波动"等处理方法，增加基金的稳定性，减少市场价格波动。

鉴于货币市场共同基金没有监管成本，所投资的工具信用风险相对低，其保持稳定资产净值的特点，吸引了大批追求安全回报的机构投资者的青睐，成为各类基金、州和地方政府、大型投资公司等机构理想的流动性工具和另类投资渠道。

货币市场基金同银行和储蓄机构最大的区别在于没有联邦存款保险公司的保险。但由于基金发起人隐性承诺保持每股 1 美元的资产净值，另外，客户对基金发起人的名字放心，在投资者心目中，这类公司不可能倒闭。因此，即使没有联邦存款保险公司的保险，投资者仍将该基金视为同银行和储蓄机构的存款一样安全的工具。这个非银行信用中介的主要玩家就这样在随后几十年的时间里越滚越大。货币市场基金在存款市场中的占比逐年提升，从 1986 年的 8% 上升到 2008 年的 19.5%。

货币市场基金除了在存款方面同银行竞争资金外，还将大部分资金投放到银行的负债中。为了保持对有存款保险的银行和储蓄机构的优势，货币市场基金需要投资安全、高质量资产，日益兴旺的资产支持商业票据很快成为其投资目标。截至 2007 年 1 月，货币市场基金持有的最大的资产类别是商业票据，为 6340 亿美元，占其总资产的 32.5%，其他资产类别包括政府债和政府支持机构债（5850 亿美元）、回购（3900亿美元）、银行债务（2970 亿美元）和其他（450 亿美元）。截至 2008 年 9 月 10 日，货币市场基金在管资产总计 3.5 万亿美元，[1] 成为市场化中介的庞然大物。

指数基金

共同基金的发展正如自然界的进化，不合时宜的产品逐渐被淘汰，新的富有生命力的产品则轮番登场，指数基金（Index Funds）是共同基金投资策略创新的典型，指数基金指的是追踪指数表现的共同基金，具体来说，是以特定指数的成分股为投资对象，通过购买该指数的全部或部分成分股构建投资组合，在降低成本的同时，获得稳定的回报。

指数基金兴起于 1970 年代初期。当时，美国社会上盛行着一种投资新概念，即传统共同基金很难打败市场，只有跟随市场，追求市场平均值，反而能保证获利。1973 年，波顿·麦基尔（Burton G.Malkiel）出版《漫步华尔街》（*A Random Walk*

1　Burcu Duygan-Bump, et al., " How Effective Were the Federal Reserve Emergency Liquidity Facilities?" *The Journal of Finance,* Vol. 68, No. 2 (April, 2013), p.718.

Down Wall Street）一书，更进一步强化了被动式投资的理念。

尽管富国银行的两位银行家威廉·福斯（William Fouse）和约翰·麦克考（John McQuown）于 1971 年就成立了第一支面对机构投资者的指数基金，但真正将这一工具推向高峰的还要说是基金业的传奇人物——约翰·鲍格尔（John Bogle）。

鲍格尔在普林斯顿上学期间就开始研究共同基金，毕业论文的选题是论证共同基金的表现不如市场的平均回报。鲍格尔毕业后尝试将被动式投资理论与实践相结合，于 1974 年成立了先锋集团（Vanguard Group），将被动式投资理念推向高峰。先锋公司的名字源于一艘战舰，在 18 世纪末的一次海战中，英国君主威尔逊率领"先锋号"一举歼灭拿破仑的"波拿巴"主力舰队，成为海军史上的壮举。在鲍格尔的眼中，"先锋"意味着一往无前，先锋公司的使命就是争做同业中的领头羊。

先锋公司成立时正赶上大萧条以来最严重的熊市，鲍格尔顺应市场变化，决定大胆尝试一种共同基金新理念——购买和持有"一揽子"股票比精心挑选的股票有更好的回报，公司的重心从试图打败市场转移到努力减少运营成本，为客户创造更多财富上。1976 年 8 月 31 日，先锋公司推出第一支指数共同基金——先锋 500 指数投资信托（Vanguard 500 Index Trust），后改名为先锋 500 指数基金（Vanguard 500 Index Fund），跟踪标普 500 指数表现。指数基金推出后一度遭到业内嘲讽，认为公众不会满足平均回报，就像没人愿意请一个平庸的外科医师做手术或聘用一个平庸的律师提供咨询一样，没人愿意使用一个平庸的投资中介。

然而，指数基金问世一段时间，特别是接近 2/3 的基金表现落后于基准指数的事实引发许多投资者的好奇心，吸引来众多资产。借助低成本指数基金的起势，先锋公司又顺势推出债券指数基金。先锋 500 指数信托随后改名为先锋 500 指数基金，在管资产也于 1999 年 11 月，从成立初期的 1100 万美元突破 1000 亿美元大关。2004 年，《时代》杂志将鲍格尔评为全球 100 位最有影响力人物之一；《机构投资者》杂志授予其终身成就奖；1999 年《财富》杂志将其评为 20 世纪投资业的四位巨人之一。

交易所交易基金

指数基金在经历了 15 年的发展后又出现新的演变，一种可以像股票和封闭式基金一样交易的指数基金——交易所交易基金（Exchange Traded Funds，ETF）问世。每一项金融创新都有其深刻的时代背景，ETF 也不例外。ETF 的结构设计同股灾有着直接关系。1987 年 10 月 19 日，秋天的纽约享受着温暖阳光的普照。但午饭前，道琼斯指数狂跌 508 点，跌幅为 22%，创造有史以来最大的单日跌幅，被称为"黑色星期一"。大家对股市这次断崖式下跌迷惑不解。次年 2 月，美国证交会完成了一份长达 840 页的股灾调查报告，详细分析了崩盘的原因，得出的结论为机构投资是"元凶"，并就此提出相应的建议。

这份报告出现在当时美国证券交易所负责新产品开发的副总裁纳坦·莫斯特（Nathan Most）的办公桌上。1980年代后期，曾经辉煌过的美国证券交易所逐渐被纽约和纳斯达克超越，只有为数不多的标普500股票指数公司在该交易所上市。美国证券交易所主席阿瑟·莱维特（Arthur Levitt）决心重整旗鼓，随即让刚刚从哈佛大学毕业的经济学博士斯蒂文·布鲁姆（Steven Bloom）当莫斯特的助手，成立了两个人的金融创新小组。

行业老兵莫斯特和助手花了几天时间，仔细阅读了证交会的调查报告后，发现了难得的商业机会。该报告将股市狂跌不止归咎于投资组合保险策略和程序交易，具体来说，股票下跌引发机构投资者卖出期货，由于市场上的卖方远远多于买方，投资者只好折价出手期货，导致程序交易为了保护投资组合价值迅速入市，自动卖出同指数期货相关的股票，对冲所持有的股票风险，期货市场的波动迅速影响到个股，加剧了市场恐慌，出现更多卖单，造成股灾的发生。证交会的调查报告最后建议，如果资本雄厚的专业公司或做市商有一款交易"一揽子"股票的产品，其交易通过在期货和个股之间提供流动性缓冲，可以减缓市场波动，从而大幅度降低对市场的伤害，避免整个市场崩盘。报告还暗示如果有人设计出这类产品，审批不成问题。对莫斯特和助手布鲁姆来说，这份报告的建议部分简直价值连城，抓住这个创新机会，美国证券交易所翻身的日子为期不远。

他们最初的想法是能否让现有的指数基金全部在美国交易所交易。为了解决指数基金的交易问题，他们找到了指数基金泰斗鲍格尔，可鲍格尔不感兴趣，主要理由是他不喜欢投资者如此频繁地交易，增大运营成本。鲍格尔的反应让莫斯特思考能否创建出一款不用频繁进出、可以全天候交易的产品，这样既不增加运营成本，又将基金的运营同交易所交易区分开。

莫斯特的人生经历在产品创新中起了关键作用。这位加州大学物理专业的毕业生，"二战"期间曾在美国海军潜艇当过工程师，又在一家大宗商品交易所担任过总裁，最终从大宗商品交易中找到灵感。莫斯特认为大宗商品存放在仓库，交易用的是凭证，不用搬来搬去，这一概念同样适用于"一揽子"股票。如果只交易这些股票的份额，不但不增加交易成本，还可以享受税收优惠。

指数基金的审批过程并不像想象得那样简单，毕竟这款产品的结构设计远远超出监管当局的建议。在等待审批的过程中，莫斯特将新产品向加拿大证券交易所的团队做了介绍，不曾料想，急于产品创新的加拿大人捷足先登，于1990年率先推出多伦多指数参与份额，跟踪多伦多证券交易所35指数和随后的100指数，推出后立即受到市场热捧。

最终，美国证交会于1993年1月批准了美国证券交易所"一揽子"股票产品，莫斯特和布鲁姆决定将产品命名为标普存单（Standard & Poor's Depository Receipt, SPDRs），这就是美国市场上第一支成功的交易所交易基金——ETF 产品。在此基础上，ETF 产品涌现出更多的变种。1995 年道富银行（State Street Corp）推出中型股标普存单（Midcap SPDRs），跟踪标普中型 400 指数；1996 年，巴克莱属下的全球投资公司于 1996 年推出国际股票 ETF，让更多的个人与机构投资者轻松参与海外市场；1998 年，道富环球投资管理公司（StateStreet Global Advisors）推出跟踪标普 9 个行业的 ETF，涵盖智能手机、锌矿到社交媒体；1998 年和 1999 年，跟踪道琼斯工业平均指数和跟踪纳斯达克指数的 ETF 出笼；2000 年初，贝莱德公司的 iShare 产品线出笼；2002 年债券 ETF 推出，跟踪各类债券投资；2004 年后，提供对实物金条敞口以及"一揽子"大宗商品期货合约的 ETF 问世。

ETF 从一支产品发展壮大为一个在投资界举足轻重的行业，显示出强大的生命力，股票市场、债券市场、货币市场、大宗商品市场、衍生品市场和外汇市场……无所不包，各类市场又根据资产类别、投资风格进行细分，如股票市场又细分为成长型、价值型、大中小盘；债券市场又细分为公司债、投资级债、市政债等。

ETF 的创新之处在于从根本上转变了投资顾问与经纪商赚取手续费的模式，为投资者提供了一种低成本理财工具。由于 ETF 价格透明，像股票一样交易，被动跟踪各类指数或"一揽子"证券，其流动性与便利性超越其他类型的共同基金。无论是散户还是机构投资者都可以通过投资 ETF，打破不同市场、区域和行业的投资障碍，轻松跟踪各类投资趋势，实现其资产配置目标和策略。

ETF 同其他指数基金一道引发了一股被动式投资潮流，将更多的储蓄转为金融资产，增加了投资的多样化，但在为投资者带来便利的同时，资金瞬间大规模进出也让金融市场更加跌宕起伏。

新一代对冲基金

尽管第一支对冲基金在 1949 年就已问世，而且在 1970 年代初期的经济衰退和股市崩盘前曾经红火过一阵，但作为一个投资工具，对冲基金的大规模流行出现在 1980 年代。

1986 年，《机构投资者》杂志发表了一篇文章，披露了顶尖基金经理人朱利安·罗伯森（Julian Roberson）老虎基金两位数回报的投资秘密，再度引起广大投资者的注目。一些从事股票和大宗商品交易的基金经理禁不住诱惑，相继成立自己的对冲基金。长期资本管理公司的倒闭并未阻挡住对冲基金的发展态势，1990 年代初，随着以养老金为主的机构投资者的加入，对冲基金从一个默默无闻的神秘行业再次跃身为金融市场上的又一颗闪亮的新星。根据另类资产数据公司 Preqin 的估计，截至 2011 年，对冲基金 61% 的在管资产都是由机构投资者提供的。

新一代对冲基金的交易策略、使用的金融工具和风险管理技术也发生了翻天覆地的变化。除买入或卖出被市场低估或高估的股票和证券外，新一代对冲基金还将多空策略扩展到外汇、大宗商品、衍生品和证券化产品，挖掘不同市场、不同金融工具之间转瞬即逝的价差。最典型的案例是1992年乔治·索罗斯的量子基金（Quantum Fund），动用杠杆押注英镑贬值，迫使英国政府退出固定汇率机制。英镑汇率在短短一个月内下挫20%，而量子基金则斩获数亿美元暴利。随后，量子基金在墨西哥和亚洲金融危机中再创辉煌。马来西亚总理马哈迪指责索罗斯引发亚洲金融危机，称之为"流氓投机者"。

尽管对冲基金与私募股权基金之间存在着本质的区别，但近年来两者之间的界限越来越模糊。新一代对冲基金也涉足私募股权基金业务，收购正在重组的企业证券，期待重组完成后，从这些证券的价格变化中赚取高回报。新一代对冲基金还积极参与衍生品交易以及证券化产品的交易和发行。

新一代对冲基金的信用中介功能伴随着市场的变化越来越明显，如提供用于企业并购的杠杆贷款，以及向已宣布破产的企业提供过桥贷款，在企业重组中扮演者债权人的角色。另外，信用套利对冲基金还是信用市场活跃的交易商，也是商业银行强有力的竞争对手，其交易策略主要围绕着公司信用做文章，通过公司贷款和 CLO 市场等渠道向中型市场客户提供资金。与此同时，对冲基金的借钱方式也发生变化，其杠杆和短期资金越来越依赖优质经纪商和回购市场，从而对金融体系构成信用风险敞口。大型对冲基金的倒闭或相似交易策略的执行会引发市场的流动性危机和挤压风险。

新一代对冲基金在经历了市场的跌宕起伏后，逐渐从"绅士投资俱乐部"演变成全球金融体系中不可或缺的市场化中介。根据对冲基金研究公司的统计，对冲基金从 1992 年的 610 家增加到 2007 年的约 1 万家，在管资产接近 2 万亿美元。

结构性投资工具

结构性投资工具（Structured Investment Vehicle，SIV）是典型的市场化金融中介，利用高杠杆赚取投资组合中持有的长期资产与短期负债之间的信用差，资金来源主要依靠短期资金批发市场。

1980 年代后期，资本市场的震荡让不少投资者尝尽苦头，大家都希望出现一个高评级，同时又可以带来稳定收入的金融工具。面对市场呼声，花旗集团的两位驻扎在伦敦的银行家最先动手，当时主要考虑设计一种既可以满足投资者的稳定回报需求，又可以减少银行资本占用的工具。

两位银行家分别于 1988 年和 1989 年成立了阿尔法金融公司（Alpha Finance Company）和贝塔金融公司（Beta Finance Company）。这两家公司都是结构化的投资实体，其商业模式是利用投资实体的 AAA 评级，发行短期资产支持商业票据和中期票据，用筹来的钱投资各类不同回报的证券化产品以及公司债，并使用 10~15 倍杠杆放大回报，赚取信用息差。由于 SIV 没有利率和汇率风险，规避了资本市场震荡。

结构性投资工具在概念方面同其他证券化工具，如 CDO 和资产支持商业票据通道等相似，负债结构包括股本和高级债两大部分：股本部分包括债券、票据等。高级债部分主要是由次级资本支持的高级债，是资金构成的主要来源，通常占负债的 90%。结构化金融工具将资产池设计出不同的风险回报结构，按优先顺序赔付。资产池中包括了大范围的固定收益和信用资产，如公司债和各类证券化产品，资产质量从 AAA 到投资级以下，而且为了降低资产的内在风险，采取了多样化的混合设计。

结构性投资工具依靠银行信用额度和货币市场基金等渠道获得流动性支持，必要时，发起银行有义务提供救援。为了大幅度降低监管和税收成本，投资工具的注册地放在开曼群岛和泽西岛等避税天堂。

其实，从另外一个角度来看，结构性投资工具就是一款以投资证券化产品为主的表外套利工具，类似一家银行的"行中行"。在经济高峰期，SIV 为发起机构带来可观的另类收入。正因如此，全球范围的结构性投资工具增长异常迅猛，从 2000 年前只有 7 家到 2007 年顶峰时期的 36 家，在管资产超过 4000 亿美元，其中花旗集团以拥有 16 家 SIV 位居榜首，欧洲的荷兰银行拥有 9 家，位列第二。

由于结构性投资工具管理者几乎每天都要借入新债维持运转，同其他一些非银行中介一样，这种短借长贷的商业模式存在着流动性风险隐患。

资产支持商业票据

商业票据市场细分为资产支持商业票据和公司与金融机构发行的商业票据，二者的主要区别在于有无担保。公司发行的商业票据以信用担保。资产支持商业票据（Asset Backed Commercial Paper，ABCP）是以金融资产支持发行的短期融资工具。ABCP 具有安全性高、流动性强和收益相对较高等优势，是机构投资者实现资产多样化和短期收益的另一个选择。

ABCP 出现在 1980 年代初。当时，美国几家银行向公司客户推出一个新的短期融资渠道，即用贸易或信用卡应收款做支持发行商业票据。到了 1980 年代中期，银行使用的参考资产类别也越来越多样化，其中包括高评级抵押贷款以及资产支持证券。随着一些企业声誉事件频发，传统商业票据市场出现戏剧性萎缩，由于资产支持商业票据有金融资产做质押，显示出比较优势，这一创新工具逐渐被更多的机构投资者接受，同资产支持证券市场平行成长。

资产支持商业票据主要由大型金融机构发起的通道发行，这里所说的通道也就是特别目的实体（SPV），其目的是用发行票据的资金收购和持有金融资产，靠发行的短期负债和持有的长期资产之间的信用差生存。大型金融机构热衷发起资产支持商业票据通道的原因在于规避监管当局的资本要求。通道同银行相似，都是通过发行短期债务为长期资产融资，不同之处在于资产的监管处理，如果信用担保结构设计巧妙（如流动性增强在一年以下），通道资产所占用的监管资本相比报表的其他资产可以节省90%。大型金融机构利用通道以较低的资金成本投资更多的证券化产品，既能当作短期融资渠道，也是理想的套利工具。

资产支持商业票据发起人的规模与实力保证了其安全性。几乎每支发行计划背后都有至少两到三家大型金融机构旗下的交易商，其结构设计有发起机构100%的流动性支持。大型商业银行提供的信用担保确保了资产支持商业票据的最高评级，因此，它的流动性甚至排在美国国债、定期存款和回购协议之前，在市场出现问题时，支付不成问题。另外，在投资者眼中，由于资产支持商业票据是短期投资，投资者只要停止对到期票据的展期就可以安全退出。

正是凭借着市场深度、流动性、灵活性和收益等方面的优势，资产支持商业票据很快就成为证券贷款公司、货币市场基金、公司司库和政府机构最欢迎的流动性工具之一。根据美联储统计，2001年6月，资产支持商业票据市场规模占整个商业票据市场份额的60%，超过传统商业票据市场。截至2007年7月，资产支持商业票据未偿余额为1.3万亿美元，成为美国规模最大的货币市场工具。

回购协议

回购协议（Repurchase Agreement，Repo）在短期资金市场中扮演着举足轻重的市场化中介的角色。回购协议指的是证券交易对手之间签署的协议，本质上是一种短期资金借贷业务，分卖出和买回两部分，第一部分借款方向贷款方转移证券，以换取现金；第二部分借款人在交易的同时签署协议，同意在未来某个时间以原价加上事先谈好的回购利率买回证券。例如，某借款人承诺卖出 100 万美元国债，同时同意第二天偿还 100 万美元本金，外加 100 美元的回购利率买回，这就是回购交易。

回购协议的期限从一天到一年不等，通常是隔夜，也可以是每天自动展期，直到对方要求终止协议，这样一来，回购协议类似于传统银行的活期存款，可以随时提取。回购交易的质押品主要以债务和其他固定收益产品为主，只要回购的质押品价值稳定，回购就是安全的交易，如果证券贬值，交易对手会要求借款人补充保证金。

回购市场的由来

美国现代意义上的回购市场最早创建于 1917 年。"一战"期间，由于美国对银行发行商业票据的利息征收战争税，抬高了商业票据成本，对投资者毫无吸引力。为了解决当时银行普遍存在的流动性问题，美联储被迫介入，通过购买银行持有国债的方式向成员行发放信贷，几天后再卖回给银行，这就是回购业务的雏形。

1920 年代，伴随着联邦基金市场的发展，纽约联储银行在回购协议中将银行承兑汇票列为可以接受的质押品，向非银行交易商发放信用，不仅帮助创建了银行承兑汇票二级市场，也增加了回购的资产范围。大萧条以及"二战"爆发后，回购业务全部停止。

1951 年 3 月，美国财政部和美联储恢复管制货币政策，出台《财政部－美联储协议》（Treasury-Federal Reserve Accord），将国债管理同货币政策分开，授权美联储管理美国的通胀和货币政策，其重点在于控制通胀，不再强调保持低利率。随后，美联储再次使用回购的方式向市场注入流动性，更主动地管理利率。

1950 年代和 1960 年代，交易商和银行之间的回购市场开始形成。面对利率不断上升的环境，聚集在纽约的非银行国债交易商开始绕开银行寻找更便宜的资金。而此时，一些州、地方政府和非金融公司为了提高现金回报，愿意以短期贷款的方式出让资金，替代银行的无息活期存款。1970 年代和 1980 年代初的高通胀期间，回购成为大规模现金持有者最有吸引力的投资工具。

1974 年后，回购市场出现跨越式发展，主要原因在于美国财政部的大规模借款增加了国债规模，导致政府债交易商头寸和融资规模的齐头并进。华尔街的一些证券交易商将回报相对较低的国债卖给银行或其他保守的投资者，然后将收回的现金投放到回报较高的证券上。另外，利率的上下波动导致市场上更多交易员意识到风险管理的重要性，采取以在交易商间的回购市场做空国债的方式对冲风险，加大了回购市场交易力度。截至1981年底，回购市场规模达到1110亿美元。

回购市场的戏剧性变化发生在1982年，是由美国最高法院的判决导致的。人们在读美联储历史时，经常会遇到德累斯戴尔（Drysdale Securities）和伦巴第街（Lombard-Wall Securities）这两家政府证券交易商的名字。这两家公司都涉足回购业务，破产后由于法律上对回购业务是抵押贷款还是证券交易的定义不清晰，引发清盘纠纷。1982年9月，纽约联邦破产法院裁决，两家公司的回购业务是买卖行为，允许迅速清盘。两年后，美国国会通过《联邦破产法》的补充条例，规定凡持有国债、联邦政府债、"两房"债或银行存单这类质押品的回购借款人可以在其他债权人之前优先获得赔付，为回购市场发展扫除了障碍。

另外，两家证券交易商破产引发的赔付问题促使人们产生了对设计新机制的兴趣。正是在这样一个背景下，几家大清算行同其他交易商客户和回购债权人一起开发出第三方回购，在资金安全方面制定出更详细的办法，解决了传统回购业务存在的内在冲突。另外，回购业务的统一管理和规模经营也降低了交易商融资成本，减少了后台和IT

系统开支。

回购的质押品都是相对安全和流动性强的证券，以美国短期国债为主。1990 年代初期，由于外国央行和投资者对美国国债的过热需求，市场上一度出现国债供不应求，而且随着美国政府出现预算盈余，国债发行量相对减少。1998 年，提供第三方回购服务的通用担保金融公司（General Collateral Finance，GCF）开始接受除国债外的任何符合要求的证券做质押，这样一来，以"两房"证券为主的高评级证券化产品逐渐成为回购业务的主要质押品，占了回购市场的 1/3。另外，金融危机爆发前，抵押贷款支持证券和公司债也呈逐年上升趋势。

随着回购业务的质押品范围扩大，同时遍布全球不同的市场，需要随时跟踪质押品的价格变化，每天为其估值并在必要时采取相应的风险管理措施，因此，更多公司将质押品管理外包给专业公司，统一管理、规模经营。

市场化中介的资金来源

回购协议是证券化链条以及其他非银行信用中介最主要的资金来源。传统银行中介融资主要依赖储蓄存款，非银行中介同传统银行中介的最大区别在于不能吸收存款。建立在证券化的"发放－分销"模式基础上的非银行中介从金融公司发放贷款，转给银行控股公司、投行或专业公司发起的特别目的实体存储贷款，然后转手给经纪交易商，同其他贷款一起做结构并打包成证券化产品，流程中的几乎每个步骤都涉及融资，以回购为主的短期资金批发市场成为获取资金的主要渠道。

回购业务的兴起离不开资金供需市场，特别是各类规模庞大的公司与机构投资者现金池。从 1980 年代开始，为了减少交易成本，便于市场风险和流动性管理，美国的一些跨国公司如通用电气（GE）、国际商业机器（IBM）、西门子（Siemens）和英特尔（Intel）等公司陆续建立集中式资金池管理模式。这些公司借助网络通信技术，在总部与分布在全球各地的子公司之间将当日剩余资金以内部交易价格统一调拨，集中运作。除此之外，那些全球化的养老金、共同基金、大型资产管理公司、证券贷款人以及银行理财和信托资金池管理的资产呈现几何级数增长，规模一般至少在 10 亿美元以上，有些超过上千亿美元。机构投资者现金池是金融生态中的新物种，规模增长迅猛，由于银行的存款保险上限只有 25 万美元，大规模资金的存放成为资金管理人最头疼的问题，回购恰好满足了临时资金池追求的安全、随时提取，最好还有利息的需求。

短期批发资金市场的关键在于流动性，而流动性离不开交易规模，因此非银行中介体系的参与者都是以规模大、资金实力雄厚的机构投资者和金融机构为主。这些大玩家中有大型企业的财务总监、银行和券商的资金管理人员、州及地方政府、包括货币市场共同基金在内的各类投资基金、特别目的实体以及对风险敏感的现金投资者等。这些机构和实体在不同程度上持有大规模闲置现金，寻求有担保的安全资产池，但由于商业银行存款账户的存款保险上限为25万美元，回购市场让这些机构找到了一个比较安全的另类存放资金的渠道。

回购市场所具有的安全、灵活、流动性强的特点是对市场化中介和机构投资者最致命的诱惑。大多数机构投资者参与短期批发资金市场的主要目的不是获取收益，而是保证本金的安全和流动性。对有现金资产配置需求的投资者来说，回购可以实现资产的精确匹配。另外，由于回购交易信用风险低，监管资本要求也相对降低。

有一些机构参与市场主要是为了平衡资金错配问题，如企业弥补向供应商付款前与收取客户现金之间的缺口，联邦政府弥补社会保险应交款和联邦税收之间的现金缺口，州与地方政府平衡教师工资、兴建校舍、道路、大坝等基础设施同税收之间的现金缺口，政府资助机构平衡收购证券化贷款与投资组合之间的现金缺口，等等。

另外，大多数回购市场参与者都扮演着双重角色，既是借款人也是资金提供者。银行和券商都是短期批发资金市场的频繁使用者，其经纪交易业务离不开回购协议的支持，交易员们无论是做市还是短期持有证券，都需要不断从短期批发资金市场融资，回购市场成为涉足交易业务的资产经理之间的中介，也有一些投资组合经理为了加大收益，从短期批发资金市场获得杠杆支持。

1990年代后，回购业务逐渐从后台业务变成大型商业银行和投资银行资金、流动性及资产负债管理业务的重要组成部分。金融机构之间大规模使用隔夜回购，将短期资金当成长期资金使用。一些券商的日常业务对短期资金需求强劲，由于缺少零售和银行间存款，以前只好通过银行贷款和发行商业票据解决资金问题，而回购交易绕开银行中介，双方可以直接签署协议。回购是负债业务中意义重大的创新，满足了借贷双方对有担保的融资和投资的需求，成为证券化银行业务中重要的流动性工具。

回购协议是短期资金批发市场使用最为广泛的流动性工具。短期资金批发市场是一个比较宽泛的名词，其中包括银行间市场，也就是银行之间的借贷，以及非银行间批发融资市场，也就是银行和其他非银行金融机构之间的融资。商业票据、中期票据、资产支持商业票据和货币市场基金都是批发融资市场中的重要工具，而回购协议是短期批发资金市场中规模最大、交易最活跃的部分。1990年代初，美国回购和商业票据市场只占M2的1/4，到了2007年8月，两者合计占M2的比例超过80%。截至2008年底，回购市场规模达到2.8万亿美元。

回购同货币市场共同基金、资产支持商业票据一道将银行体系内外的各类机构联系到一起。由于这些市场缺少央行提供的安全网，大都采取抵押方式贷款，抵押品的安全成为该市场的核心。另外，回购市场在为那些高杠杆对冲基金以及其他市场交易商提供更加便宜和便利的资金渠道的同时，也加大了金融体系的脆弱性。

金融新生态

现代金融新生态指的是市场化中介以及围绕着证券化链条的一系列令人眼花缭乱的实体、产品与工具，经过了几十年的发展、壮大，逐渐形成一个新的金融生态。

新金融生态削弱了传统银行的信用中介作用，让金融业对美国经济的影响力达到前所未有的高峰。根据美国经济分析局的统计，金融服务业对美国 GDP 的贡献从 1980 年的 4.9% 猛增到 2006 年的 8.3%，自 1980 年以来，金融服务业占美国全部服务业增长的 1/4 以上。[1]

信贷市场新主人

市场化中介打破了传统银行垄断，凭借其在证券化流程和资本市场方面的竞争优势，逐渐成为信贷市场上的主力军。市场化中介将贷款变成一项资本效率高、收费丰厚、股本回报高的业务，弥补了传统银行业务的一些缺陷。资产经理替代了银行信贷员的岗位，担当起信用中介的职责。

市场化中介让传统信用体系从封闭走向开放，从静态走向动态。传统信用体系中的储蓄存款和各类贷款都是固定利率，在信贷市场运作，而市场化金融中介依托短期资金批发市场，在金融市场中运行。企业筹资从银行贷款转换到资本

---

1 Robin Greenwood and David Scharfstein, "The Growth of Finance", *The Journal of Economic Perspectives,* Vol.27, No.2 (Spring ,2013), p.3.

第八章 异军突起的市场化中介

市场，促进了美国资本市场的深度，也推动了美国市场的金融创新。

非银行市场化中介通过将杠杆贷款变为CLO，改变了信用供应的结构，满足了机构投资者对杠杆贷款的需求，其重要性早已超过传统银行。1994年，各类银行占初级杠杆收购市场的份额为71%，非银行为29%。到了2004年，形势发生大逆转，非银行占初级杠杆收购市场的份额为78%，银行只占22%。2004~2009年期间的杠杆收购主要由结构化信用市场推动。

各类基金、CLO、金融公司和保险公司在银团贷款二级市场的份额也远超过银行。非银行收购的定期贷款从1993年占当年发放贷款的13.2%，增加到2007年占当年发放贷款的56.3%。

再来看抵押贷款市场。1970年，抵押贷款和抵押贷款利息持有者一半以上是储贷协会，而到了1990年代后，由于商业银行本身在经营模式和信用决策方面出现的一系列问题，市场化中介的作用与重要性更加凸显，在抵押贷款等市场中基本上取代了商业银行的信用中介功能，截至2008年底，只有6%的抵押贷款持有者是储贷机构。

另外，非银行金融中介成为抵押品的中心，所有交易中都要涉及，否则交易无法完成。截至2007年底，抵押品的使用金额达到10万亿美元，在金融体系中自由循环。抵押品也让证券化产品有了新的经济价值，这些证券被债券持有者用于抵押从而获取新的信用，因此，证券化进一步增强了传统银行发放信贷的能力，在不增加准备金的条件下发放更多贷款。

2000~2008 年，那些不受或少受监管的非银行金融中介纷纷成立贷款组合管理部门，利用传统贷款与相关信用衍生品、股票、债券的收益及回报之间存在的差异套利，也有一些机构出于管理报表和风险的需要，涉足信贷市场。一些券商采取收购金融公司和各类贷款平台的方式，参与信贷业务。

风险管理难度加大

新金融生态是一系列现代金融创新的结果，其发展与壮大离不开现代经济和社会发展的大背景，同传统银行体系之间产生的错综复杂的关系为所有市场参与者与监管者带来困惑，风险管理工作面临着空前的挑战。

传统银行业务只涉及借款人与贷款人之间的简单关系，而市场化中介业务涉及一系列实体之间复杂的信用往来以及与资本市场的各类交易，让金融体系变得复杂起来。传统银行与市场化中介之间存在着你中有我、我中有你的紧密联系。传统金融机构通过子公司、表外、离岸等多种法律结构实体介入市场化中介体系，从发放、收购到以贷款支持发债、出售给投资者，证券化链条发生的每一步都同以银行为主导的信用体系有着千丝万缕的联系，例如，不受监管的对冲基金与受监管的金融机构之间互动的重要渠道是优质经纪交易商，交易商直接向对冲基金提供信用，在交易对手信用风险敞口方面对银行的管理系统产生影响，而由于对冲基金不受限制的交易策略，可以自由使用杠杆，同时对外界不透明，使得管理交易对手信用风险更加困难。

同时，由于市场化金融体系将全球信用市场、货币市场、外汇市场、大宗商品市场与股票市场等联系在一起，相互影响与渗透，风险评估变得异常复杂。传统银行更多考虑的是借款人的信用质量的变化，而市场化中介体系在运行方面主要考虑的是两个市场的定价：一个是资产价格，另一个是风险价格。市场化金融中介充分利用不同市场的特点与优势，选择与之相适应的风险敞口，如涉及信用方面的风险则使用信用违约互换工具，涉及各类金融资产价格变化方面的风险则使用利率和汇率互换工具。

由此，经纪交易商还可以细分为全球货币交易商负责融资价格，而衍生品交易商则负责金融资产的风险价格。在评估融资与交易资产价格方面，考虑的是风险与回报之间的平衡，追求的是不同风险资产组合的综合收益。此外，传统银行介入证券化业务，增加了传统信用中介追求手续费收入的动力，而放松了对借款人信用的严格审查，导致贷款质量下降。市场上的各类金融机构习惯于只考虑自身风险，而忽视系统性风险聚集，进一步加大了金融体系的脆弱性。

此外，市场化中介通过打通不同国家之间的壁垒，融入国际货币市场，在全球范围内行使着金融中介的功能，将全球金融市场紧紧联系到一起，在带来贸易与投资便利的同时，也让金融管控变得异常错综复杂，让传统的监管方式在以市场化中介为主的体系中失灵。缺少全球性的金融监管机构，让这个市场充满原始冲动，加大了市场的波动性，也创造了更多的套利机会。

新崛起的市场化中介体系反映了金融生态伴随着经济与社会环境变化的演变。一个以市场化中介为主角的新型金融生态逐渐形成，意味着以银行为中心的金融体系的鼎盛期已过，借款人与贷款人的信息不对称能够从金融市场中找到解决方案。市场化中介与非银行金融中介摆脱了政府的无效限制，通过自我监管寻找更好的投资机会，在风险效益平衡方面优于传统银行体系，然而新体系同传统银行贷款的最大区别在于"最终贷款人"的支持。危急时刻，商业银行有联邦银行的解救，而非银行金融中介依靠的则是抵押品，抵押品大多同市场波动紧密关联，存在着先天的不稳定性，且供需极不平衡，这为新金融体系的系统性风险埋下暗雷。

名词解释

金融稳定委员会（Financial Stability Board）：成立于2009年4月，是一个监管全球金融体系并提出建议的国际组织，前身是金融稳定论坛（Financial Stability Forum），总部设在瑞士的巴塞尔，成员包括20多个国家的央行、财政部、金融监管机构，以及各主要国际金融机构与各专业委员会。

《1989年金融机构改革、复兴与增强法案》（Finianical Institutions Reform Recovery and Enforcement Act of 1989, FIRREA）：1980年代储贷危机爆发后出台的美国联邦法案，该法案授权设立资产重组信托公司，负责处置储贷机构留下的不良资产。该法案还取消了1930年代为挽救房市危机而成立的联邦住房贷款银行，将储贷机构的监管权力转移到财政部下属的储贷监管办公室。

《1994年里格尔–尼尔州际银行和分行效率法》（即《1994年跨州银行法》，The Riegle-Neal Interstate Banking and Branching Efficiency Act of 1994, IBBEA）：为了加强银行间竞争，该法重新确立了跨州银行控股公司的许可，打开跨州设立分行之门。

《1999年金融服务现代化法案》（Financial Service Modernization Act of 1999）：也称为《格雷姆–里奇–比利雷法》（The Gramm-Leach-Bliley Act），美国国会于1999年9月批准通过，废除了大萧条期间推出的《格拉斯–斯蒂格尔法案》，从规模到内容全面取消对银行与证券公司的分业限制，拉开了大刀阔斧式的金融制度改革的大幕。

全能银行（Universal Banking）：集商业银行和投资银行等各类金融业务为一体的银行模式。

"发放–分销"模式（Originate-To-Distribute Model）：金融机

构发放贷款的目的不是持有到期，而是通过二级贷款市场和证券化分销给其他机构和投资者。

影子保险（Shadow Insurance）：保险公司出于释放监管资本的需要，将运营保险业务公司的保单出售给同一个集团的再保险公司，以释放出更多现金。

货币市场共同基金（Money Market Mutual Fund，MMMF）：投资货币市场工具的共同基金，具体来说就是将散户和机构投资者的现金投放到短期、安全和流动性强的证券上，如商业票据、回购协议、政府短期债券、银行存单和其他货币市场基金等，充当投资者与借款人之间的信用中介。

资产支持商业票据（Asset Backed Commercial Paper，ABCP）：以金融资产支持发行的短期融资工具。同公司与金融机构发行的商业票据的主要区别在于不是用信用担保。ABCP 具有安全性高、流动性强和收益相对较高等优势，是机构投资者实现资产多样化和短期收益的另一个选择。

回购协议（Repurchase Agreement）：证券交易对手之间签署的协议，本质上是一种短期资金借贷业务。回购交易分卖出和买回两部分：第一部分借款方向贷款方转移证券，以换取现金；第二部分借款方在交易的同时签署协议，同意在未来某个时间以原价回购证券，加上事先谈好的回购利率。回购期限从一天到一年不等，通常是隔夜，也可以是每天自动展期，直到对方要求终止。这样一来，回购就等同于传统银行的存款，随时可取。只要质押证券价值稳定，回购就是安全的交易，如果证券贬值，交易对手要求借款人补充保证金。回购同质押贷款的最大区别在于质押品以债券和其他固定收益产品为主。

结构性投资工具（Structured Investment Vehicle，SIV）：是结构化的投资实体。旨在投资组合中持有的长期资产与短期负债之间赚取信用差，其商业模式是利用 AAA 评级发行短期资产支持商业票据和中期票据，用筹来的钱投资各类不同回报的证券化产品以及公司债，并使用 10~15 倍杠杆放大回报，由于没有利率和汇率风险，规避了资本市场震荡，但其短借长贷的商业模式注定存在着流动性风险。

指数基金（Index Funds）： 追踪指数表现的共同基金，具体来说，是以特定指数的成分股为投资对象，通过购买该指数的全部或部分成分股构建投资组合，在降低交易成本的同时，获得稳定的回报。

交易所交易基金（Exchange Traded Funds, ETF）： 一种可以像股票和封闭式基金一样交易的指数基金。

短期资金批发市场（Short-Term Wholesale Funding Market）： 这是一个比较宽泛的名词，其中包括银行间市场以及非银行间批发融资市场，回购协议、商业票据、中期票据、资产支持商业票据和货币市场基金都是批发融资市场中的重要工具，其中以回购协议的使用最为广泛。

参考文献

Alan Greenspan's Remarks at Banco de Mexico's Second International Conference, Mexico City, Mexico, Nov. 12, 2002.

Alan Greenspan's Remarks at the Conference of State Banking Supervisors, Traverse City, Michigan, May18, 2001.

Alan Greenspan's Testimony before the Committee on Banking and Financial Services, U.S.House of Representatives, May 22, 1997.

Alexander Batchvarov, "Parallel, Rather Than 'Shadow', Banking System", *Journal of Risk Management in Financial Institutions* Vol.6, 2013.

Alien N.Berger, et al., *"The Transformation of U.S.Banking Industry: What a Long, Strange Trip It's Been"*, Brookings Paper on Economic Activity, No.2, 1995.

Altunbas, Y., S. Manganelli and D. Marques-Ibanez : "Bank Risk During The Financial Crisis: Do Business Models Matter?", ECB Working Paper Series, No. 1394, November, 2011.

Anup Shah, "A Primer on Neoliberalism", *Global Issues*, Aug. 22, 2010.

Arkadiusz Sieroń, "The Role of Shadow Banking in the Business Cycle", *Quarterly Journal of Austrian Economics*, Vol.19, No.4, Winter,2016.

BOA Global Capital Management, February,2011 "Asset-Backed Commercial Paper: A Primer".www.bofacapital.com.

Brian Ruane, *The Future of Wholesale Funding Markets: A Focus on Repo Markets Post U.S. Tri-Party Reform*, BNY Mellon, December,

2015.

Burcu Duygan-Bump, et al., "How Effective Were the Federal Reserve Emergency Liquidity Facilities?", *The Journal of Finance,* Vol. 68, No. 2, April, 2013.

Carol J.Loomis, "Blackrock: The 4.3 Trillion Force", *Fortune,* July 9, 2014.

Caroline Fohlin, "Capital mobilisation and Utilisation in Latecomer Economies: Germany and Italy Compared", *European Review of Economic History,* Vol. 3, No. 2, August, 1999.

Caroline Fohlin, "Regulation, Taxation and The Development of The German Universal Banking System, 1884-1913", *European Review of Economic History,* Vol. 6, No. 2, August, 2002.

Cetorelli, N. and S.Peristiani, "The Role of Banks in Asset Securitization", *Federal Reserve Bank of New York Economic Policy Review*, 18, No.2, July, 2012.

CFA Institute, "Self-Regulation in Today's Securities Markets", www. cfainstitute.org/center, 2007.

Charles W. Calomiris, "Universal Banking: American Style", *Journal of Institutional and Theoretical Economics,* Vol.154, No.1, March, 1998.

Claire Berlinski, *There is No Alternative: Why Margaret Thatcher Matters*, Basic Books, 2008.

Company Profile: The Blackstone Group L.P.Marketline, www. marketline.com, Mar. 23, 2017.

Dan Culloton, "A Brief History of Indexing", www.morningstar.com, Aug. 9, 2011.

"Danger Luring in the Shadows:Why Regulation Lack the Authority to Effectively Fight Contagion in the Shadow Banking System", *Harvard Law Review,* Vol. 127, No. 2, December, 2013.

Daniel H. Brill and Daniel S. Brill, "The Changing Nature of Financial Organizations: Finance Companies", *Business Economics,* Vol. 5, No.3, May, 1970.

Daniel Meade, et al., "Shadow Banking: The Growing Sector of Non-bank Credit Activity", *Business Law Today,* October, 2012.

Daniel Stedman Jones, *Masters of the Universe: Hayek, Friedman and the Birth of Neoliberal Politics*, Princeton University Press, 2012.

David Harvey, *A Brief History of Neoliberalism*, Oxford University Press, 2007.

E.Philip Davis, "The Evolution of Financial Structure in the G-7 Over 1997-2010", *National Institute Economic Review*, No.221, July, 2012.

Elena Loutskina, "The Role of Securitization in Bank Liquidity and Funding Management", *Journal of Financial Economics*, August, 2010.

Eric Helleiner, "Explaining the Globalization of Financial Markets: Bringing States Back in", *Review of International Political Economy*, Vol. 2, No. 2 (Spring, 1995).

Eric K.Clemons and Bruce W. Weber, "London's Big Bang: A Case Study of Information Technology, Competitive Impact, and Organizational Change", *Journal of Management Information Systems*, Vol.6, No.4 (Spring, 1990).

Eric S. Rosengren, "Short-Term Wholesale Funding Risks" (Paper presented at the Global Banking Standards and Regulatory and Supervisory Priorities in the Americas Conference, Lima, Peru, Nov. 5, 2014).

Eswar Prasad, et al., "Effects of Financial Globalization on Developing Countries: Some Empirical Evidence", IMF Working Paper, Mar. 13, 2003.

Financial Stability Board, "Global Shadow Banking Monitoring Report 2016", www.fsb.org.

Gary B. Gorton, et al., "The Safe-Asset Share", NBER Working Paper 17777, National Bureau of Economic Research, Jan., 2012.

Gary Gorton and George Pennacchi, "Banks and Loan Sales:Marketing Non-Marketable Assets", National Bureau of Economic Research Working Paper, No.3551, December, 1990.

Geoffrey P.Miller, "On the Obsolescence of Commercial Banking", *Journal of Institutional and Theoretical Economics,* Vol.154, No.1, The New Institutional Economics Financial Institutions in Transition: Banks and Financial Markets, March, 1998.

George J. Benston, "Universal Banking", *The Journal of Economic Perspectives*, Vol. 8, No. 3 (Summer, 1994).

George Monbiot, *How Did We Get Into This Mess? Politics, Equality, Nature,* Verso, 2016.

Guillermo Ordonez, "Sustainable Shadow Banking", NBER Working Paper No.19022, National Bureau of Economic Research, 2013.

Henry G. Hodges, "Financing the Automobile", *The Annals of the American Academy of Political and Social Science*, Vol. 116, Nov.,

1924.

Irving Leveson, "Globalization of Financial Services", *Business Economics*, Vol. 22, No. 4, October, 1987.

James Tobin, "Financial Globalization", *Proceedings of the American Philosophical Society*, Vol.143, No.2, June, 1999.

Jamie Robertson, "How the Big Bang Changed the City of London for ever", *BBC*, Oct. 27, 2016.

Jason Kelly: "How Blackstone's Steve Schwarzman Leveraged Wall Street's Most Turbulent Decade", *Bloomberg Markets*, June 6, 2017.

Jeremy Clift, "Beyond the Washington Consensus", *Finance & Development,* September, 2003.

Jeremy Edwards and Sheilagh Ogilvie, "Universal Banks and German Industrialization: A Reappraisal", *The Economic History Review,* New Series, Vol. 49, No. 3, Aug., 1996.

Johanna Bockman, "Neoliberalism", *Contexts,* Vol.12, No.3 (Summer, 2013).

John A. Prestbo, "A Surprising Legacy of the 1987 Crash:the ETF", *Wall Street Journal*, Oct. 9, 2017.

John C.Bogle, "The First Index Mutual Fund: A History of Vanguard Index Trust and the Vanguard Index Strategy", Bogle Financial Markets Research Center, 2006.

John F.Marshall et al., *Investment Banking & Brokerage: The New Rules of the Games,* McGraw-Hill Companies, 1993.

John J.Lafalce, "Banking in the Eighties", *The Business Lawyer*, Vol. 37, No. 3, April ,1982.

John K.Thompson, "Five Decades at the Heart of Financial Modernisation: OECD and its Committee on Financial Markets", *The OECD Journal*, Vol.2011, 2014.

John Plender, "London's Big Bang in International Context", *International Affairs*, Vol.63, No.1 (Winter, 1986-1987).

John Plender, "Beware Threat of Low-quality Debt and Opaque Shadow Banks", *Financial Times*, Mar. 6, 2018.

John R.Walter: "The 3-6-3 Rule: An Urban Myth?", Federal Reserve Bank of Richardmond, *Economic Quarterly*, Vol. 92/1 (Winter, 2006).

John T. Rose and Roger D. Rutz, "Organizational Form and Risk in Bank-Affiliated Mortgage Companies", *Journal of Money, Credit and Banking*, Vol.13, No.3, August, 1981.

Jonathan D. Ostry, et al, "Neoliberalism:Oversold", *Finance & Development*, June, 2016.

Joseph McCafferty, "The Buyout Binge", *CFO Magazine*, Apr. 1, 2007.

Kenneth D. Jones and Tim Critchfield, "Consolidation in the U.S. Banking Industry:Is the 'Long, Strange Trip' About to End?", *FDIC Banking Review*, Vol.17, No.4, 2005.

Lance Pan, "Demystifying Asset-Backed Commercial Paper: Opportunities, Risks and Practical Considerations", Capital Advisors Group, www. capitaladvisors.com.

Landon Thomas Jr., "The Making of a Wise Man", *New York Times*, Nov. 28, 2004.

Larry Schweikart, "U.S. Commercial Banking: A Historiographical Survey", *The Business History Review*, Vol. 65, No. 3, Financial

Services (Autumn, 1991).

Laura E. Kodres, "What Is Shadow Banking?", *Finance & Development,* Vol. 50, No.2, June, 2013.

Leonid Bershidsky, "Shadow Banking Is Getting Bigger, Not Better", *Bloomberg View*, Mar. 28, 2017.

Lyly Fang et al., "Combining Banking with Private Equity Investing", Insead Working Paper, 2011/04/FIN.

Madsen Pirie, "The Essence of Neoliberalism", Adam Smith Institute, April, 2017.

Martijn Konings, "The Institutional Foundations of US Structural Power in International Finance: From the Re-Emergence of Global Finance to the Monetarist Turn", *Review of International Political Economy*, Vol.15, No.1, February, 2008.

Matthew Sherman, "A Short History of Financial Deregulation in the United States", Center for Economic and Policy Research, July, 2009.

Michael Drexler, et al., "Alternative Investments 2020: An Introduction to Alternative Investments", World Economic Forum Report, July, 2015.

Neal M.Stoughton, et al., "Intermediated Investment Management", *The Journal of Finance*, Vol.66, No.3, June, 2011.

Neil Weinberg and Nathan Vardi, "Private Equity: Driven by Greed and Fearlessness, Private Equity Firms Are The New Power on Wall Street", *Forbes,* Mar. 13, 2006.

Nicola Cetorelli, "Evolving Intermediation", Fifteenth Annual International Banking Conference Federal Reserve Bank of Chicago, Nov. 15-16, 2012.

Nicola Gennaioli, et al., "A Model of Shadow Banking", *The Journal of Finance*, Vol.68, No.4, August, 2013.

Perry Mehrling, "Three Principles for Market-Based Credit Regulation", *The American Economic Review,* Vol.102, No.3, 2012.

Philip R. Lane and Gian Maria Milesi-Ferretti, "The Drivers of Financial Globalization", *The American Economic Review,* Vol. 98, No. 2, Papers and Proceedings of the OneHundred Twentieth Annual Meeting of the American Economic Association, May, 2008.

Putri Pascualy, *Investing in Credit Hedge Funds: An In-Depth Guide to Building Your Portfolio and Profiting from the Credit Market,* McGraw-Hill Education, 2013.

Ralph S.J. Koijen and Motohiro Yogo, "Shadow Insurance", NBER Working Paper 19568, National Bureau of Economic Research, October, 2013.

Richard Tilly, "Universal Banking in Historical Perspective", *Journal of Institutional and Theoretical Economics,* The New Institutional Economics Financial Institutions in Transition, Vol.No.1, March, 1998.

Robert Guttmann, *Finance-Led Capitalism*, Palgrave Macmillan, 2016.

Robin Greenwood and David Scharfstein, "The Growth of Finance", *The Journal of Economic Perspectives,* Vol.27, No.2 (Spring,2013).

Ross Levine, "Bank-based Or Market-based Financial Systems:Which is Better?" National Bureau of Economic Research Working Paper No.9138, 2002.

Roy J.Girasa, *Shadow Banking: The Rise, Risks, and Rewards of Non-*

Bank Financial Services, Palgrave Macmillian, 2016.

Rungporn Roengpitya et al, "Bank business models", *BIS Quarterly Review,* December, 2014.

Saul B. Klaman, "Mortgage Companies in the Postwar Mortgage Market", *The Journal of Finance,* Vol.12, No.2, May, 1957.

Saule T. Omarova, "The Quiet Metamorphosis: How Derivatives Changed the 'Business of Banking'" (2009), Cornell Law Faculty Publications. Paper 1021.

SEC, "Proposed Rule:Fair Adminiatration and Governance of Self-Regulatory Organizations", www.sec.org.

Sergio L. Schmukler, "Benefits and Risks of Financial Globalization: Challenges for Developing Countries", Development Research Group, World Bank, 2004.

"Shadow Banking: The Role of Market Finance and Alternative Lending in Capital Markets", CFA Institute.

Stephen Metcalf, "Neoliberalism:The Idea that Swallowed the World", *The Guardian,* Aug. 8, 2017.

Steve Schaefer, "Wall Street's Unstoppble", *Forbes*, May 31, 2016.

Steven A. Dennis and Donald J. Mullineaux, "Syndicated Loans", *Journal of Financial Intermediation* 9, No.4, October,2000.

Steven C. Miller, "A Syndicated Loan Primer", *A Guide To The U.S. Loan Market,* Standard & Poor's Financial Services, September,2013.

Sujeet Indap, "Blackstone: Multiple Problems", *Financial Times*, June 18, 2017.

Swasi Bate, et al., "Structured Finance Special Report: The Fundamentals of Asset-Backed Commercial Paper", *Moody's Investors Service*, 2003.

Swasi Bate, et al., "The Fundamentals of Asset-Backed Commercial Paper", *Moody's Investors Service*, www.moodys.com.

Thomas Hale, "Shadow Banks' Step into the Spotlight", *Financial Times,* Apr. 11, 2017.

Thomas K.Mc Crawm, *Creating Modern Capitalism: How Enterpreneurs, Companies, and Countries Triumphed in Three Industrial Revolutions*, Harvard University Press, 1998.

"The Monolith and the Markets", *The Economist*, Dec. 7, 2013.

Timothy W.Koch, "The Emerging Bank Structure of the 1990s", *Business Economics*, Vol.27, No.3, July, 1992.

Tobias Adrian and Hyun Song Shin, "The Changing Nature of Financial Intermediation and the Financial Crisis of 2007-2009", *Annual Review of Economics,* Vol.2, 2010.

Vitaly N.Bord and Joao A.C.Santos, "The Rise of the Originate-To-Distribute Model And The Role of Banks in Financial Intermediation", *FRBNY Economic Policy Review,* July, 2012.

William Coleman, "What was 'New'About Neolism"? *Economic Affairs,* Vol.1, No. 1, 2013.

Zoltan Pozsar, "Institutional Cash Pools and the Triffin Dillemma of the U.S.Banking System", IMF Working Papers, August, 2011.

第九章 | **金融创新与危机**

证券化是一种贷款新技术，也就是将信用证券化，我们正走在证券化的岔路口，一条通向一种更加高效的体系，而另一条则通向经济动荡。

——罗尔·布赖恩（Lowell L. Bryan）

2008年的金融危机是系统性银行挤兑，这次的挤兑没有发生在传统银行，而是发生在"证券化银行"系统。传统银行挤兑表现为取现，而证券化银行的挤兑则表现为终止回购协议，因此，我们称这次危机为"回购挤兑"。

——加里·戈顿（Gary Gorton）
安德鲁·梅特里克（Andrew Metrick）

现代金融创新的高速前行于 2007 年告一段落。次级抵押贷款和可调节利率抵押贷款违约的激增捅破了房市泡沫，导致全美房价下跌 31.8%。随后，从投资了次级抵押贷款 CDO 的对冲基金倒闭开始，同住房抵押贷款相关的一系列现代金融创新产品和工具，相继成为次贷危机的"放大器"，引爆了一场前所未有的全球性金融危机。引用美国金融危机调查委员会报告中对 2008 年金融危机的解读：这是一次颠覆性的毁坏，一场金融动荡。

同大萧条时期储户对传统银行体系的挤兑不同，2008 年的这场危机很少出现惊慌失措的储户们在各家银行门前排队取款的场面，而主要体现为机构投资者对非银行与银行控股体系的挤兑。短期批发资金市场的冻结不仅让贝尔斯登、雷曼兄弟、AIG 等公司以及各类基金倒下，也导致整个社会信用体系的崩盘。危机期间，全球各主要金融市场的步伐如此一致，使各类金融资产之间的关联以及风险敞口远超预期。由于持有的资产市值下跌，造成报表收缩，各类金融机构同时向安全资产转移，加剧市场动荡。关键时刻，非银行中介缺少最终贷款人支持的弊端暴露无遗，严重影响到整个金融体系和实体经济的正常运行。尽管专家学者对这场危机的解读说法不一，但基本达成的共识是现代金融创新产品与工具是金融危机的主要推力之一。

导火线

住房泡沫虚高

美国房市泡沫的形成一方面是由于政府的鼓励，另一方面是大众对"买房就赚钱"的超乐观预期以及多样化金融创新工具的助推。长期以来，美国政府一直把解决住房问题当成实现社会稳定的重要措施。1960 年代后期，美国中部一些地区发生严重骚乱，影响到社会稳定，美国政府认定骚乱的根源同住房条件差有关，于是解决中低收入群体和少数族裔家庭的住房问题成为政府的工作重点。1977 年，美国政府出台《住房与社区发展方案》（Housing and Community Development Act of 1977）鼓励商业银行和储贷机构向低收入和一般收入人群放贷并将其作为银行检查工作的一项内容。

提高住房拥有率也是美国每一届政府政绩的重要考核指标。克林顿总统在位期间，通过推行低利率和税收优惠政策降低了买房的门槛，让 800 万美国人拥有了住房；之后布什总统在延续上任总统优惠政策的基础上又推出"零首付计划"[1]，具体来说就是对享受联邦住房管理署保险的抵押贷款的首次购房者免除 3% 首付，又让 550 万美国人拥有了住房。布什总统在 2002 年的一次讲演中曾直截了当地说："如果你拥有住房，你就是在实现美国梦。"[2] "让每个人都有能力购买住房"成为诱人的政治口号。

"9·11"恐怖袭击事件发生后，出于对经济衰退的担心，美联储随即将联邦利率从 6% 逐步降至 1%，抵押贷款利率也从 2000 年的 8.5% 降至 2004 年年中的 5.5%，目的是鼓励消费者购房，以购房产生的财富效应带动经济增长。

在如此宽松的环境下，单边豪赌房价成为购房者心照不宣的目标。在购房者心中，买房不仅是消费，更是有诱惑力的投资，就像银行储蓄账户，会随着时间增值。买套房持有 20~30 年，退休时卖掉可以获得足够的回报，安享晚年，另外在税收方面还可以享受优惠。此外，还有很大一部分人用房产作抵押再融资，由此，市场上出现了住宅权益贷款（Home Equity Loan）热。2001~2005 年，美国每年以房产作抵押提取的现金平均为 7000 亿美元。住房成为自动取款机，提取的现金用于购车、装修和度假。

1　HUD Archives，"Bush Aadministration Announces New HUD 'Zero Down Payment' Mortgage, Initiative Aimed at Removing Major Barrier to Homeownership"，U.S. Department of Housing and Urban Development, No.04-006, January 19, 2004.

2　Goerge W.Bush, Remarks at St.Paul AME Church in Atlanta, Georgia, June 17, 2002, www.presidency.ucsb.edu.

在市场一片乐观的形势下，房子越炒越热，价格也越炒越高。2001~2006 年，全美平均房价上涨一倍，局部地区上涨幅度更大。高房价不但没有阻挡人们的购房热情，反而刺激更多人进入房市，不买房成为落伍者，炒房成为全美人民业余生活的一部分。

房市的火爆推动了次级抵押贷款市场。为了迎合政府导向与市场需求，让更多美国人买得起房，各家金融机构纷纷降低贷款标准。在国会和住房与城市发展部的施压下，抵押贷款市场中的重量级机构房地美和房利美对中低收入借款人的融资比例从 1996 年的 42% 增加到 2005 年的 52%。与此同时，两家公司还迫于市场竞争压力，逐步降低贷款收购标准。2005~2007 年，市场上约有 40% 的次级或次优级抵押贷款被"两房"收购，几乎占公司全部贷款组合的 1/3。

除政府发起机构外，其他涉及住房抵押贷款业务的公司纷纷设计出各类金融创新产品，扩大房贷业务。截至 2003 年，特别是可调利率和只还利息等抵押贷款产品推出后，又赶上再融资高峰，各家金融机构发放的抵押贷款余额达到 3.9 万亿美元，全美共销售了 700 万套住房，其中新房销售达到破纪录的 109 万套，家庭住房拥有率达到破纪录的 69.2%。

与此同时，次级抵押贷款的发放也创造了历史新高。由于次级借款人的 FICO 个人信用分数由 2000 年初的 660 分降到 620 分，更多曾被银行拒之门外的借款人获得了抵押贷款机会，贷款文件要求不严格成为普遍现象。2006 年，花旗银行收购的 1600 笔抵押贷款中的 60% 都存在缺陷。[1] 根据《抵押贷款金融内参》(*Inside Mortgage Finance*) 刊物的统计，2000年次级抵押贷款占全部住房抵押贷款的 7% 左右，而到了2006 年，当年发放的次级贷款金额就达到 6000 亿美元，占全部抵押贷款发放的 20%。次级抵押贷款的增加标志着放贷标准的全面下降。

次贷违约风暴

房市的泡沫迟早要破灭，随之引发的违约风暴却是人们始料未及的。2006 年美国的房市出现停滞并很快发生大逆转，佛罗里达州的坦帕、内华达州的拉斯维加斯，亚利桑那州的凤凰城以及加州一些地区的房价平均下跌 48%~62%。随后，房价下跌潮逐步扩展到全美范围。

自 2007 年起，由于房价下跌，那些单边赌房价上涨的金融创新产品与工具的软肋暴露无遗。由于次级抵押贷款的借款人大部分选择了可调利率产品，借款人几乎同时发生还款困难，因不再有能力付月供而引发丧失住房赎回权的案例数不断攀升。2007 年,130 万套住房进入丧失住房赎回权的程序，比 2006 年增长 79%。2008 年，这一数字增长到 230 万套。

由于次贷违约率不断攀升，出于风险考虑，贷款机构的

---

[1] Financial Crisis Inquiry Commission, "Hearing on Subprime Lending and Securitization and Government Sponsored Enterprises," April 7, 2010.

应对措施是停止发放次级贷款，并将更多的房子收回火速拍卖。各家金融机构先后停止向那些以次级抵押贷款为主业的金融公司供血。一时间，次贷市场风声鹤唳，噩耗不断，一些以次贷业务为主业的公司迅速出现生存危机。

2007 年 1 月 3 日，美国加州最大的次级抵押贷款公司 Ownit Mortgage Solutions 申请破产保护。这家金融公司的主要业务是向那些不符合一般贷款标准的客户发放贷款，并将其卖给美林和摩根大通等机构做证券化。2 月 28 日，房地美公司宣布不再收购次级贷款，也不再投资同次贷相关的证券化产品。随后，伴随着 106 亿美元的亏损，汇丰银行也宣布退出次贷业务。4 月 2 日，在次级抵押贷款市场举足轻重的新世纪金融公司（New Century）申请破产保护。这家以次贷为主业的后起之秀在短短几年的时间里曾一跃成为业内的盈利大户，但随着次贷违约增加，问题开始暴露，主要源于次贷二级市场收购贷款标准的变化，后者增加了如果在某时间段内贷款出现违约，出售贷款机构必须回购的条款。就在二级市场要求新世纪公司回购贷款的请求与日俱增的关口，金融机构停止了供血，新世纪金融公司只好关门。

美国第六大金融机构华盛顿互惠银行（Washington Mutual）是美国最大的储贷银行，以发放次贷业务为主。次贷危机爆发后，由于次级抵押贷款支持证券市场崩盘，次级抵押贷款收购的大门关闭，华盛顿互惠银行的贷款组合出现严重亏损。2007~2008 年，储户共从华盛顿互惠银行提走 260 亿美元的存款，最终联邦存款保险公司接手，将银行资产卖给摩根大通银行。

南加州的 IndyMac 是洛杉矶地区最大的储贷银行，也是美国第七大抵押贷款发放机构，于 2008 年 7 月 11 日破产。破产的主因是公司采取的大规模发放可调利率等非传统贷款和证券化业务的激进战略。2006 年，公司发放了 900 多亿美元的抵押贷款，次贷危机发生后，IndyMac 业务照旧，但最终二级住房抵押贷款市场关闭导致的流动性危机将其逼上了绝路。

2007~2008 年，共有 100 多家抵押贷款公司破产。房市崩盘开始时，主要是次级借款人房子被收回，到了 2008 年的一季度后，更多优质客户丧失住房赎回权，比次级借款人多出将近 66 万人。金融机构由于次级抵押贷款房东违约造成的直接损失达到 5000 多亿美元。[1]

危机放大器

证券化市场崩盘

千里之堤，毁于蚁穴。次贷违约风暴仅仅是一场大危机的开始，证券化成为导致金融危机蔓延与加剧的放大器。

1　Arvind Krishnamurthy, "Amplification Mechanisms in Liquidity Crises", *American Economic Journal: Macroeconomics,* Vol. 2, No. 3 (July, 2010), p.1.

次贷危机迅速蔓延到那些以次贷为基础资产的证券化产品中。同次贷相关的资产支持证券由于结构上的不透明，引发市场上更多的出售，导致价格下跌不止。证券化的目的是将次贷风险多样化，但对于整个系统而言，证券化产品并未减少而是放大了次贷风险。[1] 住房抵押贷款支持证券（RMBS）在助推房市方面功不可没，但与此同时，该市场格局发生的变化也为危机埋下伏笔。在房市持续火爆的年代里，"两房"以外的私人机构逐渐成为 RMBS 市场的主力军，发行规模从1999年的1480亿美元上升到2006年的1.2万亿美元，总发行份额从18%增加到56%。截至2006年，私人标签抵押贷款证券发行中有2/3是非优质抵押贷款，换句话说，房价的虚高在很大程度上靠的是质量不高的住房抵押贷款支持证券。

次贷证券化产品的综合指数（ABX Index）是次贷市场的"晴雨表"。2006年初，为了让次贷市场公开、透明，一些交易银行共同创建了同"一揽子"次级抵押贷款相关的 ABX 指数，该指数由 20 笔以次贷为参考的 CDS 构成，并按信用评级细分为五个不同分层，是次级抵押贷款质量变化的风向标。换句话说，次贷证券风险越高，指数越低，反之亦然。2007年中期到2009年初，AAA 级分层指数平均下降50%，BBB级及以下级分层指数平均下跌90%以上。

1　The Financial Crisis Inquiry Report, "Final Report of the National Commission on the Causes of the Financial and Economic Crisis in the United States", Washington, D.C., Government Printing Office, Jan. 25, 2011, p.45.

次贷市场违约率上升促使评级机构在危机时刻迅速调整证券化产品的评级。2004~2007年上半年，穆迪和标普将美国发行的95%以上的MBS和CDO评为AAA级而受次贷危机影响，从2007年7月开始，两家公司突然转变态度，大幅度下调2005~2006年期间市场上发行的RMBS和CDO分层的评级：穆迪公司将2116笔证券化交易中的8725个评级下调，标普公司则将大部分AAA级的RMBS和CDO降为垃圾级。

　　信用评级是投资者挑选证券化产品的唯一参考。证券化产品在如此短时间内如此密集地降级，让次贷风险以集中敞口的方式呈现，其结果像是投下一枚重磅炸弹，一下子将次贷市场的恐慌推向一个新高峰，也加速了证券化市场的崩盘。

　　次级抵押贷款证券分层是制造CDO的主要原料。自2003年推出一年后，CDO成为市场上最热的证券化产品。2007年，CDO未偿余额达到5000亿美元，2005~2006年，约有80%的次级抵押贷款都是通过以RMBS和CDO为主的证券化产品融资。评级机构大幅度下调同次贷关系密切的证券化产品后，从初级市场到二级市场弥漫着一片恐慌气氛，缺少了信任的市场一步步走向极端，市场上的CDO无人问津。一旦华尔街对收购次级抵押贷款失去兴趣，那些尚待转手的次级抵押贷款便全部留在贷款公司报表上，而那些尚待证券化的CDO资产则留在各大金融机构的报表上，再无出手的机会。

　　2005年下半年至2007年年中，各类机构发行的价值4500亿美元的CDO中，有1020亿美元遭清盘，剩余的CDO

也大多沦为废纸。那些持有大规模证券化产品的机构都出现不同程度的损失：2007 年底，花旗银行和美林公司分别爆出 240 亿美元和 250 亿美元亏损，主要同 CDO 业务相关，随后，美国银行、摩根士丹利、摩根大通以及一些保险公司和对冲基金等机构，也先后爆出同次级 CDO 相关的数十亿美元损失。

随着证券化市场的崩盘，房利美和房地美公司同次级抵押贷款相关的组合风险开始暴露。尽管"两房"在收购次级抵押贷款方面有限制，但在从私人发行市场收购次级和次优级 RMBS 方面则享受自由。面临国会和市场压力，"两房"购买次级和次优级 MBS 的市场占比从 2002 年的 2% 增加到 2007 年的 4.5%。2008 年上半年，"两房"受次贷危机影响共损失 55 亿美元，美国财政部于 9 月被迫将其收归国有。被政府接管时，"两房"拥有或担保总计近 5 万亿美元的抵押贷款债务。对冲基金、共同基金和养老基金等机构投资者也由于投资组合中持有规模庞大的各类证券化产品而遭受惨重损失。

金融体系的死亡螺旋

市场流动性危机历来都是一切金融危机的核心，这次也不例外。简单说来，流动性危机指的是由于市场上不确定因素骤增，导致金融机构很难在短时间内筹集急需的现金。流动性危机可以细分为资产市场和融资市场两个方面：资产市场的流动性危机体现在由于资产价格大幅度下跌，低于正常的市场价格，急需现金的机构被迫低价甩卖，有时找不到接盘对手，难以轻松变现；融资市场的流动性危机则体现在由于信用市场上贷款收紧，价格提高，抵押贷款面临更高的抵押品要求，没有担保的债务窗口几乎关闭，借款人很难从外部融资渠道获得资金。

次级抵押贷款违约潮始于 2007 年 1 月，随即影响到证券化市场，一些同次贷相关的基金和金融机构先后倒下，金融体系变得异常脆弱，恐惧情绪不断积聚，此时距离危机全面爆发只需要一粒火星。

2007 年 6 月 20 日，贝尔斯登旗下的两支对冲基金由于投资了次级抵押贷款证券和 CDO 而出现危机，公司投入 32 亿美元解救。这个事件像是流动性危机的前奏，让为金融体系供血的短期批发资金市场处于极度紧张状态，大家都担心发生更大范围的传染。[1]

人们的担心很快就成为现实。8 月 9 日，法国巴黎银行（BNP Paribas）宣布，鉴于美国证券化的某些市场流动性完全蒸发，基金经理难以对旗下的三支投资基金中的某些资产合理估值，决定暂停基金的净资产值计算、认购和赎回。[2] 这

1 Walden Siew and AI Yoon, "Bear Stearns CDO Liquidation Sparks Contagion Fears", Reuters, June 22, 2007.

2 Sudip Kar-Gupta and Yann Le Guernigou, "BNP Freezes $2.2 bln of Funds over Subprime", Reuters, August 9, 2007.

一爆炸性消息立即震惊整个金融市场，一些学者将巴黎银行冻结价值 22 亿美元投资基金的这一天，作为金融危机的起点。

雷曼兄弟公司的倒闭将金融危机引入一个新阶段。当得知美联储不会解救雷曼兄弟公司后，金融市场信心彻底丧失。2008 年 9 月的几周内，无论是监管者还是市场参与者都未预料到如此激烈的连锁反应。恐慌情绪弥漫几乎所有资产市场和金融机构，同次贷无关的高评级证券也受到牵连，交易对手之间对对方持有的资产质量和信用状况出现极度的不信任，引发信用市场流动性危机的全面爆发。

证券化银行业务以及非银行金融机构所依赖的短期投融资工具风光不再，从货币市场共同基金、资产支持商业票据、银行间市场到回购市场无一不受到冲击，出现一起接一起的挤兑事件。

货币市场基金遭挤兑

雷曼兄弟公司倒闭触发机构投资者对货币市场基金挤兑。货币市场共同基金是短期金融市场的重要组成部分，是商业票据和回购市场的主要投资者。尽管货币市场基金不享受存款保险的保护，但由于长期以来一直坚持保守投资的原则，只投资国债和高评级商业票据等短期产品，对这样一款安全性好、流动性强的金融工具，长期以来一直保持着良好记录，大多数机构投资者早已将其视同银行存款，将流动性资金临时存放在货币市场基金成为市场上的惯例。这样一个安全的避风港出现了问题，立即引发一场疾风暴雨般的挤兑风暴。

市场化中介倒下的第一块多米诺骨牌是储备优质基金（Reserve Prime Fund）[1]。这家 630 亿美元规模的货币市场共同基金，由于持有价值 7.85 亿美元的雷曼兄弟公司的商业票据和中期票据出现损失，基金每股资产净值跌至 97 美分，这是货币市场基金自 1994 年以来首次跌破每股资产净值 1 美元的心理价位。

基金投资者们的赎回请求近乎疯狂。到 9 月 16 日，储备优质基金资产减少了 400 亿美元，跌了将近 60%。储备优质基金的挤兑迅速传染到所有货币市场基金，甚至包括那些没有雷曼兄弟公司敞口的货币市场基金。在短短一周的时间里，投资者从非政府货币市场基金提取了 1960 亿美元。面对赎回挤兑，由于大部分共同市场基金手头没有足够现金，只好火速出售所持证券，其中资产支持商业票据（ABCP）成为首选。

在投资者大规模赎回请求的压力下，Putnam 投资公司旗下的优质基金也被迫清盘。危机爆发后的两周里，面对机构投资者的货币市场共同基金的赎回总额达到 4000 亿美元，有些优质基金的资金流出超过其总资产的 50% 以上。

正常情况下，货币市场基金通过现金储备或出售资产即

1　货币市场基金主要分为三类：第一类是优质基金，只投资金融与非金融机构发行的短期债务工具，包括商业票据、银行存单、浮动利率票据；第二类是缴税政府基金，只投资美国国债和机构债；第三类是免税基金，投资州和地方政府发行的免税证券。

可满足投资赎回要求，而 2008 年秋天，货币市场基金由于被迫以很低价格出售资产，造成大规模亏损。另外，由于投资者纷纷转向超短期投资工具，货币市场基金在二级市场出售较长期限资产时遇到困难，进一步造成流动性紧张，100 多支货币市场基金岌岌可危。

商业票据市场供血停止

货币市场共同基金的震荡迅速传染到资产支持商业票据市场以及无担保的商业票据市场，挤兑表现在新发行票据成本攀升，而到期票据无法展期。自 2000 年中期开始，货币市场基金就成为资产支持商业票据的投资大户。截至 2007 年中，货币市场基金持有 40% 的资产支持商业票据。面对投资者挤兑浪潮，受自身资本金和流动性压力影响，货币市场基金大规模逃离商业票据市场，导致市场流动性蒸发。

雷曼兄弟公司倒闭后的第四天，隔夜 ABCP 与联邦基金的息差上涨到 450 个基点。在一周的时间里，ABCP 未偿余额下降 400 亿美元。受其影响，金融机构发行的无担保商业票据下降 700 亿美元。很显然，投资者眼中一向最安全、流动性最强的资产转眼之间变成金融危机演变的重要推手。

其实，自次贷违约风暴开始，投资者就开始质疑 ABCP 所持资产的质量。原来，由于资产支持商业票据评级稳定，一些发行机构开始偏离为应收款筹资的初衷，借机将其当作套利工具，发行低成本短期票据投资较高收益的长期抵押贷款证券，赚取信用差。

巴黎银行宣布冻结基金的消息吹响了挤兑 ABCP 市场的冲锋号。一天内，发行隔夜 ABCP 与联邦基金的息差从 10 个基点上涨到 150 个基点。8 月，由于那些惧怕风险的投资者终止了对到期票据的展期，新发行的 ABCP 期限普遍缩短，大多数公司发行的超短期票据只能依靠每日展期，甚至具有最高评级的机构也被迫将期限缩短为隔夜。ABCP 发行计划受挤兑比例每周都在直线上升。截至 2007 年底，随着危机的蔓延，40% 以上的 ABCP 计划受到不同程度的挤兑，未偿余额共下降了 3500 亿美元。

对 ABCP 计划的挤兑影响到更广泛的各类机构，例如一些规模较大、严重依赖市场供血和为发行计划担保的非银行金融机构，由于到期的票据无法展期，获取新资金的渠道关闭而相继倒闭，如通用、福特和克莱斯勒等汽车公司旗下的金融公司。资产支持商业票据市场的恐慌情绪又迅速蔓延到政府、公司和银行的一般性商业票据市场，让满足各类机构和实体日常短期资金需求的资金池枯竭，形成信用市场的恶性循环，对实体经济的正常运行产生直接影响。

结构性投资工具（SIV）是大型商业银行发起信用套利的工具，主要依赖发行 ABCP 为投资证券化产品融资，总规模为 1.2 万亿美元。同传统的资产支持商业票据计划不同，SIV 通道没有第三方信用增强做保护，负债方面采用动态流动性管理，包括必要时清盘资产偿付投资者。ABCP 发行市场的流动性危机切断了 SIV 的资金来源，不仅如此，SIV 投资的 MBS 和 CDO 等证券化产品同时出现大规模损失。

SIV 的危机直接影响到发起银行，这些银行出于声誉的考虑，被迫将 SIV 收回报表，影响到原本已很脆弱的银行资本金，由此放大了 ABCP 挤兑的影响，也对整个证券化市场产生负面影响。

银行间和回购市场冻结

次贷引发的证券化市场风暴又从货币市场基金、商业票据市场传染到银行间拆借和回购市场。这两个市场是银行控股公司和市场化中介的命脉，也是整个现代金融体系的中枢。在 2008 年的危机中，这两个市场的主要参与者以拒绝展期或大幅度提升贷款利率及抵押品需求等方式大规模撤离，导致金融市场的基本功能完全丧失。

银行间拆借市场是基于信用融通短期资金的市场。3 月期的 LIB-OIS 息差是银行间拆借市场流动性的风向标，反映出银行对其他金融机构信用的看法。LIB 是伦敦同业拆借利率（Libor）的缩写，OIS 是隔夜指数互换（Overnight Index Swap）的缩写，指的是固定利率与浮动利率之间的互换。以 100 作为基点，在正常情况下，LIB-OIS 息差越小越意味着银行有充足的现金用于短期拆借，两者之间的息差越大，说明银行现金越紧缺，越不愿意提供资金。2007 年 7 月 26 日，LIB-OIS 出现了第一个不好的信号，从 8 个基点增加到 13 个基点，随后又于 8 月 9 日上扬到 40 个基点，9 月 10 日达到 96 个基点，10 月 10 日上蹿到 364 个基点。LIB-OIS 息差连创历史新高，显示出银行间市场风险加剧。与此同时，以大型金融机构的信用风险做参考的 CDS 价格不断攀升。由此，大型金融机构出于对市场流动性和交易对手风险的担忧，不愿相互拆借，信用市场流动性出现中断。

流动性危机也影响到国际金融市场。国际金融市场流动性危机的风向标是泰德息差（TED Spread），也就是欧洲美元 3 月期贷款利率与同期短期国债利率之间的息差。2007 年 8 月 7 日前，泰德息差平均在 40 个基点的水平（0.4 个百分点），8 月 20 日上升到了 240 个基点。伴随着雷曼兄弟公司的倒闭，10 月 10 日，泰德息差上升到 361 个基点。

与此同时，2007 年 8 月，市场化中介广泛使用的短期融资工具——回购协议也经历着一场空前的挤兑，导致整个金融体系瘫痪。

美国两位学者加里·戈顿和安德鲁·迈特里克将 2007~2008 年金融危机的本质归于回购市场的银行恐慌。[1]次贷危机爆发后，回购交易中使用的证券化抵押品出现大幅度贬值，证券化产品的高收益分层问题更是动摇了回购市场的根基。

证券化产品是回购市场流行的抵押品。尽管在功能上

1　Gary B.Gorton and Andrew Metrick, "Securitized Banking and the Run on Repo", NBER Working Paper 15223, August, 2009.

等同于担保贷款，但法律上定义为出售，也就是说借款人将抵押品"卖"给贷款人，借贷双方是买卖关系。只要交易对手不要求终止协议，这种买卖就可以无限期进行下去。截至2007年8月，回购市场约有12万亿美元规模，其中"两房"发行的证券和MBS占了回购市场全部抵押品的一半。[1]

证券化产品贬值直接威胁到回购市场的抵押品价值。到了2008年3月，回购市场用于抵押的证券数量和种类大幅度减少，只收短期国债和政府发起机构债，完全拒绝使用私人标签MBS，以及CDO等同次贷直接相关的证券产品作抵押。

回购市场伴随着其他一些流动性工具的危机达到临界点。回购市场的贷款人不再愿意以过去的价格提供短期融资，而是将"剃头"大幅度调到新的水平。回购市场中的"剃头"是从现金提供者的角度出发设计的一种风险防范机制，由于回购市场存在着缺少政府安全网保护的先天性缺陷，交易对手之间将抵押品当成"护身符"，出于对交易对手违约的担心，也为了增加资金回收的安全性，回购业务设置了"剃头"，也就是给出去的钱少于接收的抵押品资产市值，如贷款人贷出9000万美元，收回市值1亿美元的证券，"剃头"就是10%。"剃头"的比例取决于相关回购交易中借款人违约概率、贷款人流动性需要和担保品的性质。贷款人要求提高

1　Robert Guttmann, *Finance-Led Capitalism: Shadow Banking, Re-regulation, and the Future of Global Markets*, Palgrave Macmillan, 2016, p.145.

"剃头"，相当于大幅度提高回购交易的抵押品。用于回购抵押品的平均"剃头"指数（不包括国债）从 2007 年初的 0 上升到 2008 年危机高峰期的 50%。

"剃头"增加对依赖回购融资的金融机构是致命打击。假设回购市场规模为 10 万亿美元，如果"剃头"为 0，金融机构可以从回购市场融资 10 万亿美元，如果"剃头"加权平均达到 20%，则金融机构需要增加价值 2 万亿美元的抵押品。由于发行新票据远远不足以弥补这个大缺口，因而直接影响到金融机构的日常业务运行。

除提高"剃头"外，贷款人大规模撤出回购市场，其中包括不少跨国金融机构、轻监管或未受监管的现金池及离岸对冲基金。货币市场共同基金的麻烦也影响到回购的流动性。2007 年二季度，货币市场共同基金和证券贷款商在回购市场贷出 9400 亿美元的现金，占非银行贷款机构的 2/3。此外，根据美联储公布的资金流量统计以及债券市场协会的调研，2007 年二季度至 2009 年一季度期间，美国的银行和经纪交易商的回购负债下降约 1.3 万亿美元。

回购市场对金融体系影响巨大。自 2003 年起，在证券化产品的承销与交易业务的带动下，投资银行、商业银行、经纪交易商和市场化中介越来越依赖这个市场获取短期资金，其中投资银行最青睐这个市场，回购成为其高杠杆业务模式的主要资金渠道。

根据普林斯顿大学经济学教授马科斯·布鲁纳米尔

（Markus Brunnermeier）的研究报告，2001~2007 年，隔夜回购占投行总资产的比例从 12% 增加到 25% 以上。[1] 换句话说，在 2007 年投行的报表中，约 1/4 的负债是靠隔夜回购融资。根据高盛、美林、摩根士丹利、摩根大通、雷曼兄弟和贝尔斯登公司季报披露的数字，截至 2006 年底，这六家机构总计持有 1.379 万亿美元金融资产，其中 47% 用于抵押品。

持续展期让各类金融机构将短期资金当长期资金使用，把回购视为像现金一样的流动性工具，产生了一种安全错觉。回购市场贷款人的信心基于借款人的良好声誉和流动性强又安全的抵押品，但任何一个要素的缺失都会导致整个市场的坍塌。

贝尔斯登和雷曼兄弟公司成为过度依赖回购市场的最大牺牲品。贝尔斯登公司的资金大部分来自回购市场，年复一年，靠隔夜贷款展期，突然发现抵押品不再被回购市场接受，回购贷款人突然抽回资金等于切断了贝尔斯登的生命线，将其逼到死亡边缘。雷曼兄弟公司也是如此，不仅日常业务完全依赖回购市场，还利用回购业务中的对冲基金客户抵押品作为自身融资的抵押品，重复使用的金额约 220 亿美元。

回购贷款加速了雷曼兄弟公司的倒闭。该公司倒闭前欠摩根大通银行 200 亿美元，倒闭四天前，摩根大通冻结了所持有的雷曼兄弟公司价值 170 亿美元的现金和证券，并要求增

1　Markus K. Brunnermeier, "Deciphering the Liquidity and Credit Crunch 2007–2008", *Journal of Economic Perspectives*, Volume 23, Number 1 (Winter ,2009).

加 50 亿美元的抵押品。四面楚歌的雷曼兄弟这时到市场上筹钱简直比登天还难。"墙倒众人推",其他交易对手也纷纷拒绝雷曼兄弟公司的隔夜证券贷款展期。

传统银行体系在劫难逃

非银行市场化中介同传统商业银行之间表面上看是两个平行的银行体系,实际上两者之间有着千丝万缕的联系。市场化中介出现的危机通过复杂的网络,直接或间接传染到传统商业银行。

那些以商业银行为主业的金融控股公司,通过旗下的子公司、通道、经纪交易商、对冲基金等渠道,在证券化业务长长的链条中扮演着重要的角色。次贷违约风暴直接影响到传统银行的证券化银行业务。商业银行为证券化买入的一些抵押贷款和投资的证券化产品产生重大的风险敞口,截至 2008 年 6 月,39% 的证券化抵押贷款出现在银行报表上。2007 年四季度至 2009 年一季度,美国商业银行持有的 ABS 和私人标签 MBS 总量从 3560 亿美元增长到 3770 亿美元,而这些证券的平均贬值幅度为 20%。[1]

银行同市场化中介之间的信用敞口是通过经纪交易商联系到一起的。曾几何时,经纪交易商成为大型商业银行旗下

---

[1] Zhiguo He, et al., "Balance Sheet Adjustment", Paper presented at the 10th Jacques Polak Annual Research Conference Hosted by the International Monetary Fund Washington, D.C., November 5–6, 2009.

的一个重要部门，负责为对冲基金提供杠杆贷款、保证金贷款、回购融资、证券贷款、基金托管、交易执行和清算服务，也充当着衍生合约的交易对手。商业银行的经纪交易部门对市场化中介提供了不同程度的流动性支持。

雷曼兄弟倒闭后，抵押品贬值和交易对手信用问题很快就通过经纪交易业务引起商业银行的地震。证券化产品的贬值迫使回购参与方在市场上折价出货，加速了证券价格的下滑趋势，进一步引发更多的出售。为了减少损失，持有大规模证券化产品的花旗、摩根大通等商业银行也纷纷加入火速出售相关证券的大潮中。金融市场的复杂网络加剧了不同市场之间的相互传染，危机从信用市场、证券市场波及股票市场，并接二连三地反映在银行的财务报表中。

商业银行设立的SIV出现大规模亏损，在危机中自食其果。在证券化业务高峰期间，商业银行曾出现设立SIV通道热潮。商业银行发起SIV的主要目的是在满足监管资本要求的同时，实现套利。SIV通道中，商业银行用低价借来的钱投资证券化产品，行使着类似"行中行"的功能。为了获得较高的短期贷款信用评级，作为发起机构的商业银行需要做出流动性和信用支持承诺。2007年7月底，约87%的SIV发行计划有明确的流动性支持。ABCP市场的崩盘彻底动摇了SIV通道的根基。一般情况下，SIV的流动性主要通过出售资产获得，然而，在2008年9月全面危机爆发前，由于受整个市场的影响，商业银行卖出的资产收入不足以偿还全部到期票据，更无力发行新的商业票据，亟须补充现金。商业银行为了维护信誉，对 SIV 启动紧急流动性支持并被迫将 SIV 归入报表，承担了全部损失。[1]

尽管由于商业银行出手，SIV 发行的商业票据违约率只有 3%，但给银行带来了巨大的流动性压力，直接影响到银行的资本充足率和相关监管要求。花旗集团拥有最多的 SIV，2007 年 11 月，当该行旗下的投资银行对次级抵押贷款总计 550 亿美元风险敞口的消息传出后，华尔街迅速做出反应。花旗股票市值从两年前的 2440 亿美元跌至 205 亿美元，股价跌破 1 美元。眼看花旗集团难以满足监管资本要求、濒临破产，美国财政部紧急采取行动，向花旗集团的高风险资产提供 2500 亿美元的担保，并立即注入 200 亿美元流动性。2007 年圣诞节前，花旗集团将旗下 3 支 SIV、价值 490 亿美元的债务并入集团报表，[2] 让原本就在证券化产品投资方面损失惨重的花旗集团财务状况雪上加霜。

其他大型银行也纷纷采取行动，出手解救和收编旗下的 SIV。雷曼兄弟公司倒闭前市场上共有 36 支 SIV，在管资产 4000 多亿美元，一年后市场上的 SIV 几乎全部消失。

由于商业银行在向"发放－分销"模式的转型中，同非

---

1 Frank C. Gianatasio, Jr., Asset-Backed Commercial Paper: A Primer, B of A Global Capital Management, Feb., 2011.

2 Christian Plumb and Dan Wilchins, "Citi to Take $49bln in SIVs onto Balance Sheet", *Reuters,* December 13, 2007.

银行金融机构一样，依赖包括回购、商业票据和大额存单在内的短期资金批发市场。花旗、摩根大通和美国银行都利用回购市场作为传统融资渠道的补充。短期批发资金市场的流动性危机爆发后，几乎所有银行都在囤积现金，以应对可能发生的证券投资与贷款损失和对旗下 SIV 的流动性支持，形成恶性循环，直接影响到实体经济的资金供应。

受次贷和证券化银行业务损失的影响，截至 2007 年四季度，美国的银行利润从上年的 352 亿美元下降到 58 亿美元，全美共有 167 家银行宣布核销。美国的银行在 2008 年金融危机中的全部损失为 6000 亿~6500 亿美元。[1]

保险公司品尝苦果

为了改进赢利，保险公司和担保公司都大规模参与了证券化业务的信用保险，但由于贷款以及相关证券化产品的违约、降级构成重大的信用事件，触发市场上大规模索赔，让保险公司陷入泥潭。

一些大型保险公司凭借自身的最高信用评级，成为 CDS 市场的主要卖方，向交易对手出售 CDS，为次级抵押贷款证券和 CDO 提供保护。根据英国银行家协会的数据，保险和再保公司的 CDS 份额占整个市场的 17%。然而，由于对保护卖

1　Jim Boswell, "If You Want Bank Transparency, Check Out The FDIC's Website", *Quanta Analytics,* Jan. 26, 2013.

方的约束有限，CDS 很容易变成投机工具。

次贷危机爆发后，卖保护一方由于缺少对冲机制，遭受巨大损失，美国国际集团（American International Group，AIG）就是典型的案例。AIG 旗下的资本市场部门卖出的价值 4400 亿美元的 CDS 保护中有 578 亿美元同次贷相关，另外，AIG 的证券贷款业务约 2/3 的抵押品投资于抵押贷款支持证券。由于 AIG 连续 3 个季度出现净亏损，2008 年 9 月 15 日，美国三家主要评级机构将其信用评级从 AAA 级降为 AA– 级。根据 AIG 同 CDS 交易对手之间签署的协议，如果卖保护一方出现评级下降、资产贬值，需要立即补充抵押品，这样一来，AIG 需要将抵押品增加到 320 亿美元才可以满足交易对手的要求，而当时的缺口为 124 亿美元。

尽管 AIG 拥有 1 万亿美元资产，但大部分流动性资产包括现金都由子公司持有，监管机构不允许母公司与子公司之间自由转移现金，此时资本市场的大门也早已对 AIG 关闭，公司的流动性告急。AIG 的困境令监管当局震惊，因为事出前，监管当局在讨论更大范围金融机构监管时，根本就没有将 AIG 列入关注重点。考虑到 AIG 在 CDS 市场上同众多交易对手的关系，以及在其他金融市场上的角色，为了避免出现更大规模的系统性风险，就在雷曼兄弟公司倒闭后的第二天，美联储提供了 850 亿美元贷款、随后又补充了 380 亿美元，用于缓解该公司流动性以及同交易对手执行 CDS 合约。

美国政府的及时出手不无道理。尽管 CDS 本身是风险管理工具，但却在次贷危机爆发后带来新的风险：一个是交易对手的信用风险，一个是市场风险。信用衍生市场发展初期，圈子很小，大家相互熟悉，也都明白产品的条款，大部分情况下，保护买方也持有同 CDS 合约相关的贷款或债券。2000 年后，随着二级市场的发展，市场上的参与者变得复杂起来。由于交易对手之间缺少了解，不清楚对方的风险敞口程度，CDS 市场上出现的风吹草动都会不同程度地引发交易对手之间的关系紧张。

在贝尔斯登、雷曼兄弟和 AIG 出现问题后，CDS 市场经历着严峻的考验，这三家机构都是 CDS 市场的大玩家，特别是雷曼兄弟，既是 CDS 市场上重要的参考实体，也是市场上最大的交易对手之一。AIG 旗下的资本市场部门衍生品敞口名义金额高达 1.6 万亿美元，同 1500 多家公司、银行、政府和机构投资者相关，一些主要的大型银行都同其有 CDS 合约，倒闭后可能引发的连锁反应，没人可以预知结果。

证券化市场保险机制方面另外一个重要的参与者是债券担保公司。成立之初，债券担保公司主要为美国的市政债券提供担保。美国市政债保险公司（American Municipal Bond Assurance Corp., AMBAC）早在 1971 年就开始了此项业务，几年后，市政债保险协会（Municipal Bond Insurance Association，MBIA）等类似的债券担保公司相继成立。1989 年，由于纽约州对这类保险商的资本结构提出要求，只能经营一条业务线，这类公司也被称为 Monoline，意思是只做市政债券、基础设施债券的保险业务，不做人寿、财产和意外险。因此尽管一些地方政府出现过违约事件，但大多化险为夷。1994 年，《商业周刊》刊登的一篇文章将债券担保公司的商业模式称作"一台几乎完美的赚钱机器"[1]。然而，债券担保业务的利润毕竟有限，自 1980 年代开始，证券化业务催生了各式各样的担保和信用增强需求。由于享有较高信用评级、有资格为证券化产品提供服务，债券担保公司顺势介入。随后，又发展到为次级 MBS 分层和 CDO 提供外部信用增强，以及出售相关的 CDS 保护。出于降低资本要求的需要，各类金融机构从债券担保公司购买 CDS 保护也成为常态。

2008 年初，美国最大的两家债券担保公司涉足次级 RMBS 和 CDO 的保险，遭受巨大损失。由于数百个证券化产品的分层出现违约，评级公司开始将两家公司的信用评级下调。AAA 评级是开展业务的前提，失去优质评级，债券担保公司的业务能力大减，此外，其所保险的证券也跟着降级。同其他卖 CDS 保护的机构一样，债券担保公司面临着交易对手数十亿美元的索赔，也面临着资本金不足的问题。紧接着，两家公司的股票下跌 98%，转眼变成垃圾股。

全球化蔓延

美国爆发的金融危机迅速通过证券化产品和工具，向全

1　Tim Smart and Charlie Hoots, "Ninety-Five Percent of Our Profits Are Locked in", *Business Week*, May 30, 1994.

球其他地区蔓延。在全球化大环境下，没有哪个国家和哪家金融机构可以独善其身。

截至 2007 年 6 月，美国以外的各类机构共持有 9.772 万亿美元的美国证券，其中 1.472 万亿美元为资产支持证券。这类机构包括欧洲、亚洲和中东等地的养老金、对冲基金、银行、保险公司等各类金融机构以及政府部门。

欧洲银行是美国金融危机的重灾区。次贷危机刚刚爆发，英国的汇丰银行就报出 172 亿美元的相关损失；其他一些投资了高评级的 MBS 和 CDO 分层的机构也相继出事。2007 年夏，德国工业银行（IKB Deutsche Industriebank AG）成为欧洲因次贷危机被政府解救的第一家欧洲银行。该行通过旗下的两支 SIV，持有 200 亿美元的抵押贷款支持证券。此外，为了发行一种零风险资产支持商业票据，该行向 SIV 提供了高于其资本金 3 倍的信用担保，因此出现生存危机。

紧接着其他几家完全国有或部分国有的德国银行也接受了政府的紧急纾困。它们是萨克森州立银行（Sachsen LB）、联邦德国意志银行（West LB）和巴伐利亚州立银行（Bayern LB），另外，受到波及的还有德国北方银行（HSH Nordbank）、德国商业银行（Commerzbank）和德意志银行（Deutsche Bank）。作为全球顶级 CDO 交易商，德意志银行在 2004~2008 年共承销 47 支 CDO，总计 320 亿美元。此外，还大规模投资并交易抵押贷款支持证券。次贷危机爆发后，德意志银行持有的 1280 亿美元名义金额的证券市值只有 250 亿美元，在德国政府的及时救助下得以生存。荷兰银行（ABN AMRO）和苏格兰皇家银行（The Royal Bank of Scotland Group PLC）则由于信用担保赔付而损失惨重。法国巴黎银行（BNP Paribas）旗下的三支基金由于投资了抵押贷款支持证券而不得不暂停赎回。

金融全球化让欧洲银行有机会挖掘跨境融资市场，因为证券化业务主要以美元计价，ABCP 市场出现流动性危机导致欧洲银行出现美元短缺。由于欧洲央行提供的融资仅限于欧元，欧洲银行只好紧急从各自设在美国的分支机构调资，为此，欧洲银行的美国子公司增加向美联储借款。为了防止危机的扩大化，最终，美联储同欧洲的大多数央行设立了美元互换便利（Central Bank Liquidity Swaps），以满足该地区金融机构的美元融资需求。

美国的金融危机影响到英国，19 世纪中叶就存在的英国老牌银行北岩银行由于仿效美国银行的商业模式而遭遇挤兑。英格兰银行行长金在回忆挤兑时坦承：尽管北岩银行账面上同英国其他同业相比显得很健康，但由于信用市场冻结，北岩银行"确实没钱了"[1]。对于北岩银行首席执行官亚当·阿普尔加思（Adam Applegarth）来说，2007 年 8 月 9 日这一天，世界变了。北岩银行赖以生存的商业模式是利用短期资金市

---

[1]　Larry Elliott and Jill Treanor, "The Day the Credit Crunch Began, 10 Years on: The World Changed", *Guardian*, August 3, 2017.

场为抵押贷款证券化业务融资，就是将发放的抵押贷款证券化，每隔 3 个月的时间必须卖掉，该行至少一半的融资来自出售抵押贷款，然而证券化市场崩盘意味着该商业模式的终结，而依靠短期批发资金市场融资则将其彻底置于死地。北岩银行还没等到出售下一批抵押贷款，市场化融资渠道突然对其关闭，北岩银行无力回天，最终于 2007 年 9 月 14 日被英格兰银行收归国有。

2008 年 10 月，英国政府推出 5000 亿英镑的"一揽子"救助计划，通过收购和担保等方式向苏格兰皇家银行、HBOS 银行和劳埃德 TSB 银行（LIoyds TSB PLC）、汇丰集团（The HongKong and Shanghai Banking Corporation Limited）和巴克莱银行（Barclays）等提供支持。

金融危机期间最具戏剧性的一幕是英国与冰岛之间的纠纷。冰岛考普森银行（Kaupthing）、冰岛国民银行（Landsbanki）和格力特里尔银行（Glitnir）三家银行的总资产几乎是该国 GDP 的 3 倍，由于过度投资美国的次级抵押贷款证券，经历了一场前所未有的系统性银行危机。

2008 年 10 月 5 日，英国首相戈登·布朗（Gordon Brown）在危机爆发后的 48 小时内匆忙与冰岛总理盖尔·哈尔德（Geir Haarde）通电话，建议冰岛速同国际货币基金组织联系紧急贷款。冰岛命运之所以牵动着英国政府的心，原因在于成千上万的英国储户的钱存放在冰岛考普森银行在英国开设的分行中，该行以较高的利率和线上服务方式吸收了英国居民 35 亿英镑的存款，储户对该行的挤兑让英国政府焦急万分。尤其让英国监管部门担心的是，在未经英国监管部门许可的情况下，该行已将一半以上的存款悄悄转往冰岛总部以补充流动性。问题出在该行在英国的子公司 KSF 同考普森银行签署的"流动性互换"上，根据英国金融监管局规定，KSF 可以将考普森银行这些存款算作流动性，最终，英国政府被迫向冰岛提供救助款，防止冰岛危机在英国的蔓延。

瑞士也是遭受美国次贷危机损失的重灾区。2007 年初，瑞银集团（United Bank of Switzerland, UBS）的次贷相关损失就开始显现，尽管该行于 5 月份实施了关闭旗下的对冲基金德威资本管理公司（Dillon Read Capital Management）和大规模裁员等措施，但不断扩大的次贷损失还是侵蚀到瑞银集团的资本金。2007 年到 2008 年一季度，瑞银集团共核销次贷损失 428 亿美元。紧急时刻，瑞士政府拿出 592 亿美元解救瑞银集团。另外，新加坡投资公司和中东的神秘投资者也分别为其注资。瑞士的另外一家举足轻重的金融机构瑞信公司（Credit Suisse First Boston）也由于与次贷相关的巨额损失而得到卡塔尔政府和私人投资者的资金支持。瑞士再保险公司（Swiss Reinsurance Company）由于为 CDO 卖信用保护，随着 CDO 标的资产贬值，该公司被迫核销十几亿美元的损失。另外，西班牙、比利时、卢森堡、爱尔兰和挪威的金融机构也受美国次贷危机的影响而出现严重损失，中东、亚洲等地的银行和主权基金也先后爆出数十亿美元的次贷损失，其中中国金融机构的相关投资亏损也是一笔不小的数字。

截至 2008 年底，全球其他国家各类机构持有的净信用资产，占美国非金融部门净信用负债的 1/5，占全部金融资产的比重约 1/3，[1] 金融危机爆发后，金融资产的贬值引发许多金融机构财务报表的恶化。

欧洲主权债务危机是 2008 年全球金融危机的续集。从欧元创建之初到 2008 年金融危机前，所有欧元区发行的主权债基本上零违约，而 2009~2010 年，随着南欧和北欧国家之间的主权信用差不断扩大，到了 2011 年，欧元区一些国家的信用差扩大到 500 基点，其中希腊国家主权债违约风险成为投资者最大的担心。最终，2011 年 10 月，希腊债券持有者同意以 50% 折价的大规模债务交换缓解了燃眉之急，但欧元区的经济增长为此大伤元气。

金融创新产生的新风险

一场堪比大萧条时期的金融危机成为现代金融创新产品和工具的试金石，许多以规避风险为初衷的产品和工具变成放大和扩散风险的中介，让看似不相关的市场和产品都变得高度相关起来，酿成系统性风险。疾风暴雨过后，从监管者、投资

1　Enrique G. Mendoza and Vincenzo Quadrini, "Financial Globalization, Financial Crisis and Contagion", NBER Working Paper 15432, National Bureau of Economic Research, October, 2009, p.4.

者到银行家们都坦承对现代金融创新培育的新环境缺乏认知，曾风靡一时的预测模型、理论学说也都随风而去，反思的焦点在于金融创新如何在解决旧有问题的同时又带来新的风险。

单一风险变系统风险

证券化是现代金融创新中最大的亮点，也是 2008 年金融危机的关键。证券化的初衷是通过摆脱监管和分散风险，解决传统银行信贷包袱与贷款违约风险的问题，促进住房市场的融资业务。然而，金融创新的过程总是出乎人们的意料，单个金融机构通过证券化的链条摆脱信用风险的尝试，最终演变为整个金融市场的系统性风险。

美国最早提供抵押贷款的是储贷机构，资金来自储蓄客户。为了对储户存款负责，储贷机构有动力尽职尽责地跟踪贷款质量。随着违约风险的频繁发生，储贷机构报表中的贷款变为沉重的负担，储贷机构持有贷款至到期日的模式在利率波动面前显得更是不合时宜，另外，单凭储贷机构也早已无法满足美国日益增长的住房贷款需求。商业银行的信贷业务模式也受到利率市场化影响，报表上的公司贷款拖累了银行的业务表现，需要做出战略性调整。

借鉴政府发起机构"两房"的证券化产品，美国的银行加快尝试抵押贷款市场创新的步伐，逐步从"发放－持有"的传统做法转变为"发放－分销"的新模式。新模式将贷款变为投资，转移了困扰银行的信用风险，为住房抵押贷款阐出了一条新路。然而，信用风险转移卸掉了贷款机构的包袱，却降低了其对贷款的监管动力。一笔抵押贷款经过多家中介参与的证券化链条，信息源变得模糊不清，每个环节的参与者仅依据第三方评级和风险管理模型，存在着信息不对称。理论上，证券化将信用风险转移给有承受能力的一方，分散了信用风险，但实际发生的情况是，在分散单个金融机构贷款风险的同时，集聚了系统性风险，[1]导致风险以更集中、更关联的方式爆发。

房价下跌引发的抵押贷款违约风暴导致一些直接参与次贷的金融机构纷纷倒闭。带着固有的思维定式，监管当局和经济学家们并未对此引起高度重视，还一度认为次贷毕竟在整个信用市场中只占一小部分，"掀不起大浪"，一些预测专家甚至认为最坏的情况已经过去，金融危机似乎已经被控制住，对随之引发的系统性风险没有任何概念。

金融系统风险的核心是金融传染（Financial Contagion），指的是在极端市场条件下，高度流动的市场发生突变，打破长期以来形成的平衡，资产价格的联动效应让各类资产和市场之间相互关联，出现连锁反应。经过金融机构相互之间的直接信用敞口、短期融资市场供需方之间的紧密关联，以及一系列现代金融创新产品和工具的传播，将市场恐慌成倍放大，在汇率、股价、主权债息差和资本流动等因素的影响下，

---

1 Kevin Chamow, "A Social-Historical Approach to the 2007 Financial Crisis", *Berkely Journal of Sociology,* Vol.57, 2013, p.128.

市场恐慌迅速传染到其他国家和地区的金融市场与机构。一家金融机构倒闭迅速引发其他金融机构的连锁反应。

证券化带动了市场化中介的崛起，这些以新的实体、产品和工具构成的中介借助证券化，将更多非流动性资产转变为流动性资产，将信用风险转为市场风险，而这些市场化中介之间形成的复杂关系早已超出监管当局的理解。

资产支持商业票据、回购协议和货币市场共同基金构成的规模庞大的短期资金市场，既是证券化业务流动性的源泉，更是市场上信心的保障。保持短期融资市场流动性意味着参与者具有在短时间内筹集现金与清偿债务的能力。在2008年的金融危机中，这两种能力几乎全部丧失，短期融资市场的软肋在于不享受存款保险和政府最终贷款人的支持，让恐慌在更大范围传染。

贝尔斯登和雷曼兄弟公司两家大型经纪交易商由于在次贷以及相关的证券化市场损失严重，丧失了市场融资能力，被迫重组和破产，由此成为几乎所有金融市场流动性危机的导火索，导致机构投资者对市场化金融中介的挤兑，意味着系统性风险的大爆发。由于几乎所有现代金融创新产品与工具都未受过经济下行期的考验，其复杂和不透明的特点加重市场恐慌情绪的蔓延。在不确定的环境下，对风险超级敏感的短期贷款人为了避险收回资金，担心借款人中还会出现下一个贝尔斯登和雷曼兄弟；而那些投资了证券化产品高级分层的外国投资者将美国的危机迅速扩大到全球范围。

投资者对回购市场的挤兑将流动性危机引向高潮，由于全球系统重要性金融机构都不同程度地参与其中，回购市场对于系统性风险的传播具有举足轻重的影响。回购市场中最活跃的是一级市场经纪交易商，功能之一就是保持市场流动性。根据 2008 年初的数字，一级市场经纪交易商在回购市场持有 3.7 万亿美元资金，其中 2.54 万亿美元为隔夜或展期回购协议。如此规模的超短期交易为流动性危机埋下伏笔，在重大事件冲击下，造成回购市场的"供血"突然中断，成为金融危机的加速器。

回购市场流动性危机的爆发不仅引发从银行、证券公司、保险公司到各类投资基金等各类交易对手风险，还造成市场流动性之间出现相互增强的反馈，不断放大初始波动。交易对手纷纷从交易中撤出、切断信用额度或增加各类保证金和只接受少数最高质量的抵押品。回购市场是市场化金融中介赖以生存的融资渠道，该市场流动性蒸发加剧了金融体系融资短缺的传染，引发金融机构纷纷折价火速出售资产，使资产价格进一步下跌，出现甩卖资产越来越难、融资渠道越来越紧的局面，资产市场与融资市场的流动性危机互动产生流动性螺旋，不约而同地推动现金投资者的风险偏好从冒险转向避险，出现同时向最安全和流动性最强的投资转移（Flight to Quality）的金融市场现象，造成国债等安全抵押品的供不应求。

银行间拆借市场是另一个举足轻重的短期资金市场，主要是大型金融机构之间基于信用相互拆借资金的市场。由于这些机构在次贷及相关的证券化业务中遭受损失，引发交易对手之间的不信任。资金提供方或是抬高价格或是干脆拒绝信用请求，也有一些是出于自身未来资金需求而囤积现金，这些直接影响到金融机构为实体经济提供金融服务的能力，加重了融资渠道的紧张，让亟须补充资金的金融机构雪上加霜，将流动性危机的初始效应进一步放大。

商业银行去杠杆进一步加剧了短期债务市场的流动性危机。为了应对价格变化和管理风险，商业银行从被动转为主动管理财务报表，行为更像是投行。经济上升期，银行感觉杠杆低，寻求通过增加贷款和短期负债，扩大报表，而危机爆发后，由于担心交易对手风险，改为囤积流动性，加剧短期债务市场紧张。

危急时刻，SIV 也成为传播系统性风险的工具之一。银行发起的 SIV 是彻头彻尾的监管套利工具，不过银行对发起的 SIV 通道提供了明确的担保，资产支持商业票据市场崩盘后，发起银行又将其回归到报表，承担了全部损失。由于欧洲银行设立的 SIV 通道持有大量美国证券化产品，美国的次贷危机又通过 SIV 扩大到欧洲等地。

2008 年的金融危机显示出在金融全球化的网络中，现代金融体系的复杂性和脆弱性。现代金融创新产品和工具增强了不同机构、产品和工具之间的关联，出现新的属性、变量和风险点，系统性风险变得更加扑朔迷离。

保护机制成危机放大器

市场化信用保护机制的目的在于为证券化业务缓释风险，

然而在金融危机到来的时刻，这些保护不仅未起到稳定信心的作用，反而从危机的减震器变成放大器。

涉足证券化业务的市场化金融中介同传统商业银行最大的区别在于不受存款保险的保护，而是采取市场化方式，解决信息不对称和风险管理难题，最大限度地防范可能发生的各种风险。2008年金融危机爆发前，人们普遍认为市场化中介有信用评级做参考、大规模抵押品作担保、类似保险的产品提供保护，以及一些私人部门提供的流动性支持，因而市场是安全的。不曾料想，一旦市场对这些担保品价值或交易对手偿付能力产生怀疑，不仅这些保护机制形同虚设，还起到放大恐慌效应的作用，导致恶性循环。

信用评级是证券化市场投资者评判证券信用风险的重要参考，通过计算发行人或实体满足未来偿还本金与利息的能力，为产品或实体打上安全或不安全的标签。在监管当局对养老金等机构投资范围的约束下，甚至成为这些机构唯一的投资选择方式。然而，由于评级机制存在着先天缺陷，具体来说是评级机构与被评级机构之间存在着明显的利益冲突。保护机制不但没有解决投资者的风险担忧，反而出现道德风险。由于收入来自客户的付费，客户对评级不满意，可以换另一家，人们称之为"评级采购"（Ratings Shopping），为了留住客户，评级机构在利益面前牺牲掉公正，迎合客户的评级要求。评级机构将证券化评级业务当成盈利工具，根据《纽约时报》报道，穆迪公司2002~2006年利润增长到7.5亿美元，主要是来自证券化评级收费。另外，根据哈佛商学院教授约书亚·科沃尔（Joshua D. Coval）的研究报告，2006年，穆迪公司44%的收入来自证券化产品评级，超过来自传统公司债的评级收入。

评级机构在评估证券化产品和工具方面犯下的严重错误让投资者的保护成为虚幻。2006~2007年金融机构制造的CDO，大部分以次级抵押贷款作基础原料。而以次贷为原料的CDO既缺少历史数据，也未经过经济下行期的考验。评级机构为了方便，在对证券化产品创新缺少深入了解的情况下，过于迷恋传统评级模型，忽视原料的变化，使用传统债券评级模型计算违约概率，将此类CDO的最高评级分层风险同最高级公司债混为一谈。2007年3月，第一太平洋顾问公司（First Pacific Advisors）发现惠誉公司使用的模型错误，该模型假设房价不断升值，却完全忽略降价的可能性。2008年5月，穆迪公司承认由于其中一个评级模型的漏洞，让数十亿美元的证券化产品获得AAA评级。

证券化最重要的两项技术，一个是建池，一个是分层，其目的都是分散风险，满足不同风险偏好的投资者需求。而在实际操作中，出现金融机构以抵押品池作支持制造出的分层远比池中的平均资产更安全的现象，换句话说就是通过打包，从高风险抵押品制造出"安全"证券。决定分层比抵押品池安全的主要因素是资产的违约关联度，违约关联度低，所有资产同时违约的概率就低，就可以创建出高评级的分层。

而导致这些"安全"证券发行市场戏剧性增长的支撑正是信用评级标签。投资者执迷于高评级标签以及极有诱惑力的收益，忽视对内在资产池的检查以及对 CDO 结构复杂性的了解，导致风险不断在证券化市场积聚。2008 年金融危机中，不同资产的违约风险出现高度关联，高评级与低评级证券化产品一起下跌，旧的证券卖不出去，新的发行受阻，触发整个证券化市场崩盘。

科沃尔等几位学者认为，2008 年金融危机的核心在于发现这些证券实际上远比初期宣传的风险高。[1] 就在次贷危机爆发之际，一直高度乐观的评级机构突然转变态度，对 CDO 大规模降级：美林公司于 2007 年承销的 ABS CDO 中的 30 个分层，有 27 个分层被从 AAA 级降为垃圾级，穆迪公司将其参与的全部 ABS CDO 分层评级中的 31% 降级。[2] 证券化产品突然被降级导致投资了 CDO 的金融机构遭受巨大损失，进一步放大了市场恐慌。评级机构的大规模降级行动让评级保护机制瞬间失去意义。

证券化业务资金来源依赖短期资金市场，而抵押品是短期资金市场流动性的保护机制，抵押品的变化打乱了短期资金市场，引爆流动性危机。全球发生的历次金融危机中，流

1　Joshua D. Coval, et al., "The Economics of Structured Finance", Harvard Business School Working Paper, 09-060, 2008, p.2.

2　Joshua D. Coval, et al., "The Economics of Structured Finance", Harvard Business School Working Paper, 09-060, 2008, p.4.

动性危机一直是主要的触点，从大萧条时期的银行存款挤兑、1970 年代发生的传统商业票据市场危机、1997 年亚洲银行的外汇短期债务危机到 1994 年墨西哥政府短期债务危机都是如此，2008 年的金融危机也不例外，流动性危机源于以抵押品做保护的短期资金市场。

传统银行模式是靠吸收存款发放贷款，而现代金融创新模式是靠基于抵押品的短期资金市场。高质量的抵押品是资产支持商业票据和回购等短期资金市场运行的根基，更是金融稳定的核心，支撑着证券化市场的平稳运行。资产支持商业票据和回购协议都是短期资金批发市场中的创新工具，是以抵押品方式担保的贷款，因此，抵押品的质量与安全成为该市场正常运转的关键。为了增加对资金提供者的保护，资产支持商业票据还设计了信用增强和流动性支持，回购市场则设计了超额担保，作为冲击的缓冲，以降低市场风险和信用风险。

只要短期资金市场运转顺畅，一切都很完美。截至 2007 年底，资产支持商业票据和回购市场的抵押资产池质量大幅度下降，主要原因在于自 2000 年代中期开始，这些市场和工具的抵押资产池偏离短期轨道，出现更多期限较长、同抵押贷款相关的 MBS 和 CDO，CDO 市场大幅度降级后，投资了 CDO 的金融机构发生严重损失，在大规模核销的同时火速出售，进一步压低了 CDO 价格，导致市场上对包括 CDO 在内的所有证券化产品丧失信心。

抵押品作为保护机制的失灵引发了市场化金融中介的全面地震。雷曼兄弟公司倒闭前，回购市场的对手风险几乎可以忽略不计。倒闭后，由于短期资金市场的投资者无法分辨哪家机构持有相关的有毒资产，在市场上几乎找不到可信任的交易对手，于是停止接受证券化产品做抵押品，或断然拒绝一切基于抵押品的交易，导致短期资金市场的流动性陷入困境，影响到抵押品链条上的交易商银行、对冲基金、养老金、保险公司、主权财富基金等一系列重量级机构。抵押品链条是新金融体系信用创造的主要渠道，也可以视其为银行与非银行金融机构在货币与资本市场的互动。此外，一些交易商将抵押品当成现金一样重复抵押，形成更加错综复杂的交易关系，抵押品的贬值让链条上的所有机构风声鹤唳。

信用违约互换（CDS）是证券化产品重要的市场化保护机制，是金融机构对冲抵押贷款市场杠杆敞口的创新方式。证券化业务兴旺，特别是CDO工具的风靡离不开CDS保护的问世，后者为投资者的乐观情绪再添了一把火。然而，CDS工具在为对冲创造良好平台的同时，也为投机提供了土壤。根据惠誉评级机构（Fitch）发表的研究报告，全球58%的大型银行使用CDS的主要动机在于交易，只有30%的银行用CDS做对冲。

在房市火爆时，CDS工具成为一些机构的"摇钱树"。AIG青睐CDS的目的不是为证券化产品提供保护，而是牟取暴利。由于卖CDS不受监管资本的要求，AIG卖出了远远超出自身承受能力的信用风险保护，为冒险付出了代价。次贷危机爆发后，CDS 立即成为一些公司做空次级抵押贷款市场的工具，从债务违约和公司倒闭中获利。

利用 CDS 做空看跌市场

CDS 为做空看跌的市场提供了便利工具。2005 年后期，美国一直上涨的房价开始减缓，泡沫破灭指日可待，CDS 因此成为一些投行和对冲基金做空次级抵押贷款市场的工具。危机爆发后，这些金融机构从公司的债务违约和倒闭中获得暴利。一些金融机构将 CDS 当成投机工具，利用信息不对称，联手设计和推销产品蒙骗投资者。例如，高盛公司 2007 年做的一笔名为 Abacus 2007-AC1 的合成 CDO 交易，在明知打包资产极有可能违约的情况下仍为对冲基金积极寻找下家。

这笔交易的具体过程是这样的：2006 年后期，约翰·鲍尔森的对冲基金（Paulson & Company）预先看到风险日益增加的次级抵押贷款市场，想用衍生品做空，于是找到高盛公司。高盛则找到交易下家德国银行，德国银行愿意投资这些贷款的风险，但有个条件，要求交易的抵押贷款证券由第三方挑选。2007 年 1 月，高盛找到一家债券保险公司——ACA 管理公司，该公司同意帮助挑选上述交易中所需的债券，而高盛从未告知 ACA 管理公司和其他投资者，鲍尔森的对冲基金正在做空这些证券。最终 ACA 管理公司将风险敞口卖给德国银行和 ABN Amro 两家银行，换句话说，这两家银行成为鲍尔森对冲基金空头交易的陪衬。几个月后，德国银行的投资几乎血本无归，ABN 也由于损失惨重而被其他银行收购。高盛则得到 1500 万美元的手续费，鲍尔森在这笔交易中共斩获 10 亿美元。

无独有偶。摩根大通银行在房市下行期间营销的复杂抵押贷款证券交易中，有意误导投资者，让对冲基金从中渔利。为此，摩根大通银行于 2011 年 6 月同意向美国证交会付出 1.54 亿美元罚款。摩根大通银行的错误在于未告知投资者是迈格尼塔对冲基金（Magnetar Capital）帮助创建了 CDO 交易。而迈格尼塔认为房价下跌的可能性较大，会直接影响到相关的 CDO，因此，在建池过程中加入了更多自己并不拥有的高风险资产，以便在做空交易中处于更有利的地位。根据 CDO 估值公司 PF2 Securities Evaluations 的分析，截至 2008 年底，迈格尼塔对冲基金创建的 CDO 交易中，96% 出现违约，而其他类似机构的 CDO 违约率为 68%。CDS 工具被迈格尼塔用于豪赌房市崩盘，早已偏离 CDS 创新的初衷。

监管应急措施与全面改革

现代金融创新产品和工具未能经受住 2008 年金融危机的考验，所形成的系统性风险史无前例。根据美国政府问责办公室发表的报告，2008 年金融危机给美国经济造成的损失大约在 22 万亿美元以上，给全球经济造成的危害更是难以统计。

人们在反思这场危机时，除了对现代金融创新的指责外，不禁又将焦点集中到总是落后半拍的监管机构。下面我们一起来回顾一下美联储在危急时刻采取的行动，以及危机过后美国政府针对现代金融创新所实施的全面监管改革。

扩大救助范围

美联储的使命是在危机中充当商业银行最终贷款人，然而，由于非银行金融机构的规模以及影响早已持平甚至超过商业银行，扩大救助范围成为美联储的燃眉之急。

最终贷款人的概念最早由英国银行家兼政府顾问弗朗西斯·巴林爵士（Sir Francis Baring）提出。他在《关于建立英格兰银行的观察》（*Observation on the Establishment of the Bank of England*）一书中指出：英格兰银行具有"银行的银行"职能，因此，一切有清偿能力的银行在出现危机时可以向中央银行借款。之后，19 世纪英国货币学家亨利·桑顿（Henry Thornton）系统论述了"最终贷款人"的概念，认为最终贷款人的责任是对整个经济，而不是针对某家银行，不应该解救无清偿能力的银行。当时正逢拿破仑战争期间，英国政府临时叫停英格兰银行发行的货币 – 黄金兑换，不再承担现金支付的义务，英格兰银行可以自由管控货币，桑顿极力说服英格兰银行使用最终贷款人权力。另外一位设计师是沃特·白芝浩（Walter Bagehot）。这位经济史学者、《经济学人》杂志编辑详细论证了英格兰银行在恢复金本位后，为何应该继续担当最终贷款人。白芝浩在经典论著《伦巴第街》（*Lombard Street*）一书中指出，央行在制止金融恐慌时应以惩罚性利率，向有还债能力的机构无限制发放贷款，接受高质量抵押品。这样一来，央行可以降低道德风险。

然而，白芝浩提出的原则在危急时刻很难实现。美联储成立后所扮演的角色就是担当最终贷款人，为市场提供流动性，制止银行挤兑和危机蔓延。然而，美联储的角色从一开始就存在着争议，很难在维护金融秩序稳定和由此产生的道德风险中寻求平衡。

大萧条期间，美联储突破了传统理论：先是按兵不动，担心向商业银行的贷款被转到股市，随后，又在危机蔓延期间，根据《银行法》扩大贴现窗口范围，向非银行金融机构开放。1934 年，美联储还授权地区联储银行向工商企业提供流动资金，而且对抵押品没有任何限制，这种做法最终被《1958 年小企业投资法》所替代。

美联储自 2007 年秋天开始采取一系列应对金融危机的行动。最先动用的是降息和提供贴现窗口贷款等传统货币工具。贴现窗口贷款原本是美联储缓解流动性危机的工具之一，具体来说，就是商业银行用短期国债、政府债等高质量票据到储备银行贴现，获得急需的资金。然而，在危机爆发期间，商业银行为了避免使用美联储贴现窗口可能带来的坏名声，不愿意从这个渠道借款。2007 年 8 月，美联储降低贴现率 50 个基点，放宽贴现窗口的贷款条件，银行还是不愿意借钱。

为此，美联储于 2007 年 12 月 12 日，创建定期标售便利（The Term Auction Facility，TAF），提供拍卖方式向陷于瘫痪的银行间市场注入流动性。有资格使用贴现窗口的机构可以通过竞标借钱。这些贷款的规则同贴现窗口类似，接受贷款的机构名字却不公开。陷入困境的机构认为标售便利的声誉风险大大低于贴现窗口贷款。因此，尽管标售便利的利率大多高于贴现窗口，但仍受到各类机构的热捧。标售便利信贷余额在高峰期超过 3000 亿美元，几乎是贴现窗口贷款的 3 倍。

另外，危机中，许多银行发现了补充流动性的另类渠道——联邦住房贷款银行。这家政府发起的互助式机构在危机中扮演起最终贷款人的角色，危机高峰期间，该行的贷款余额超过 1 万亿美元。

美联储从联邦基金利率到贴现率的连续降息行动，[1]并未完全解决交易对手之间的信任问题。随着危机的蔓延，这个问题更加突出。另外，非银行金融机构的危机不断加重，影响着整个金融体系的稳定。2008 年 3 月，为了应对不同寻常的紧急情况，美联储动用《联储法》13（3）条款，[2]突破传统工具限制，先是对摩根大通火速收购近乎倒闭的贝尔斯登公司

---

1 美联储目标联邦基金利率从 2007 年 9 月 17 日的 5.25% 降至 2008 年 12 月 16 日的 0~0.25%。
2 该条款规定：在特殊和紧急情况下，联邦储备理事会可以授权地区联邦储备银行，以任何计划或更宽松条件的便利形式，向整个金融市场提供流动性。

提供担保，随后，授权地区储备银行以贷款便利的方式重启陷入困境的短期贷款和证券市场。最终，美联储的救援行动扩大到所有的非银行金融机构。

流动性危机的利器——信贷便利

金融危机期间，美联储先后创建 6 项贷款便利，每一项便利分别针对非银行系统的某一部分，将最终贷款人的角色从存款机构扩大到其他类型的金融机构。

美联储的解救行动从向一级市场交易商提供贷款便利开始。回购市场是非银行系统的重要组成部分，而一级市场交易商又是回购市场中的主要玩家。一级市场交易商是纽联储公开市场操作的交易对手，在政府债市场流动性方面起着核心作用。不同于商业银行，一级市场交易商为证券组合融资的资金来源主要依靠短期货币市场和回购协议市场，是该市场上规模最大的借款人。2008 年 3 月，一级市场交易商的回购融资，包括隔夜和较长期限的贷款，高达 4.5 万亿美元。

贝尔斯登公司消失后，交易对手之间的不信任在回购市场显得尤为突出。市场参与者出于对交易对手违约风险，以及对证券化抵押品贬值的担心，纷纷抬高风险溢价。即使那些拥有较高质量抵押品和享有较高评级的借款人也遭到冷遇。由于资产价格下跌，回购市场"剃头"猛增。一级市场交易商面临巨大流动性压力。

一级市场交易商倒闭会为回购市场投资者带来重大损

失，如货币市场共同基金和证券贷款人，从而引发金融市场更大动荡。针对回购市场的流动性危机，美联储双管齐下重新启动回购市场。美联储于2008年3月11日出台针对几家大型经纪交易商的"定期证券贷款便利"（The Term Securities Lending Facility，TSLF），包括"定期证券贷款便利期权计划"（TSLF Options Program，TOP）。"定期证券贷款便利"允许一级市场交易商用流动性差的证券作抵押换国债。有高流动性国债作抵押，交易商有能力在私人金融市场获取现金，降低回购市场的紧张压力。TOP通过向一级交易商提供借国债期权，促进非常时期如季度末或年底时市场的流动性，并增强"定期证券贷款便利"的效力。

3月16日，美联储推出"一级国债交易商信贷便利"（The Primary Dealer Credit Facility，PDCF），通过向其提供隔夜贷款，换取指定范围的抵押品，为严重依赖抵押品的回购市场注入流动性。一方面止住抵押品供应方火速出售资产，另一方面满足回购市场中的一级国债经纪交易商等现金供应方的流动性需求。雷曼兄弟公司倒闭后，PDCF扮演了类似贴现窗口的角色。

为了缓解货币市场共同基金和商业票据市场的流动性紧张，美国政府联合美联储紧急推出三项贷款便利。

2008年9月19日，美国财政部宣布动用通常用于干预外汇市场的外汇平准基金（Exchange Stabilization Fund）对注册的货币市场共同基金提供担保，条件是收取担保费。同一天，美联储宣布推出"资产支持商业票据货币市场共同基金流动性便利"（The Asset-Backed Commercial Paper Money Market Mutual Fund Liquidity Facility，AMLF），向美国的存款机构和银行控股公司提供资金支持，以便这些机构有条件地从货币市场基金收购高质量资产支持商业票据，保持资产支持商业票据和货币市场基金的流动性。

鉴于商业票据市场发行量巨减、融资成本攀升，美联储于 10 月 7 日出台"商业票据融资便利"（The Commercial Paper Funding Facility，CPFF），紧接着，10 月 14 日又增加了细则。该便利的设计是，美联储通过设立 SPV，从符合条件的发行人手中收购较高评级的资产支持商业票据和无抵押商业票据，向该市场注入流动性。

货币市场基金是短期货币市场的重要组成部分。由于 100 多家基金在很短时间里遭赎回，造成基金流动性紧张。基金做出的反应是缩短组合持有的期限，只投资超短期工具，对于那些依靠商业票据融资的金融机构和企业形成压力。为了满足投资者赎回请求，缓解货币市场基金的流动性危机，10 月 21 日，美联储宣布创设"货币市场投资者融资便利"（The Money Market Investor Funding Facility，MMIFF），扩大出售资产范围。这项融资便利的具体操作是，纽联储向一系列私人机构成立的 SPV 提供资金支持，从合格投资者手中收购符合条件的货币市场工具。但这项便利出台后并没有机构使用。

证券化市场在整个金融市场中的作用不言而喻，危机爆发前，证券化市场为全美 60% 的私人信用融资。次级抵押贷款违约逐渐传染到整个证券化市场，投资者从出售持有的证券化产品，到要求新发行的证券化产品提供更高回报，发展到拒绝投资一切抵押贷款支持证券。到了 2008 年秋，大部分证券化市场冻结。为此，美联储于 11 月 25 日推出"定期资产支持证券贷款便利"（The Term Asset-Backed Securities Loan Facility，TALF），其目的是为了稳定证券化产品价格，增加投资者对新发行和现有证券化产品的需求，重新启动大部分已冻结的证券化市场。截至 2008 年 11 月 5 日，各类贷款便利的使用金额总计 6000 亿美元。

全面监管改革措施

为了防范金融体系的系统性风险，美国政府推出全面监管改革措施。2009 年 4 月 24 日，美联储提出"监管资本评估计划"（The Supervisory Capital Assessment Program，SCAP），也就是媒体上常说的银行压力测试，使用前瞻性概念预测一旦出现危机和动荡相关金融机构的抗风险能力，该计划不是评估银行当前的偿付能力和是否满足资本要求，而是通过情景假设，评估银行贷款、所持有资产组合和交易可能出现的风险敞口。

针对监管架构中的漏洞，为了强化美联储作为所有金融机构监管者和最终贷款人的作用，时任美国总统奥巴马于 2010 年 7 月签署了《2010 年多得 – 弗兰克华尔街改革和消费者保护法案》（Dodd-Frank Wall Street Reform and Consumer

Protection Act of 2010，Dodd-Frank/DFA）。

为了有效监测、分析和掌控金融市场系统性风险，该法第 165 款要求将并表后总资产超过 500 亿美元的机构列为系统重要，并授权组建新的联邦机构金融稳定监督委员会（The Financial Stability Oversight Council，FSOC）。作为一个跨部门监管协调机构，委员会的职责是监督、管理以及应对金融系统风险，有权认定金融机构包括非银行金融机构是否归于系统重要，并将其纳入监管。委员会根据需要，有权建议更严格的监管标准，填补监管空白。

金融稳定监督委员会于 2010 年 10 月 1 日成立，成员包括：财政部、美联储、证交会、商品期货交易委员会、货币署、联邦存款保险公司、联邦住房金融机构、全国信用社管理署、消费者金融保护局（Consumer Financial Protection Bureau）共9 个联邦监管机构，以及一位独立的保险专家和 5 位列席成员、金融研究办公室（Office of Financial Research）、联邦保险办公室和州银行、保险和证券监管机构。

《多得 – 弗兰克法案》要求那些可能对全球金融体系产生负面影响的金融机构、银行控股公司、银行和非银行创立生前预嘱（Living Wills），并每年按规定的时间表，向美联储和联邦储蓄保险公司提供恢复与处置路线图。

创立生前预嘱是美联储从英格兰银行借鉴的制度安排。"生前预嘱"一词来自法律文件用语，是 1969 年由美国伊利诺伊州的律师路易斯·库特纳（Luis Kutner）在一本法律杂志上提出的，主要指病人在有一定风险的医疗前所签署的法律文件，文件内容为病人允许医院在其医疗过程中，如出现神志不清、永久昏迷或植物人等的情况下，可以根据需要选择医疗处置，放弃使用生命支持系统，如人工呼吸器或心肺复苏术等措施，选择自然死亡。由于病人是在活着的时候立下的预先安排，因此被称为生前预嘱。

2009 年，英国监管当局最先将这个词用在对金融机构的监管方面，也就是提出要求各大金融机构证明自己在出现问题后，具备有序清盘的能力，不会发生像雷曼兄弟倒闭后出现的混乱局面。在后金融危机时代，面对全社会各界的指责，监管当局设计的金融监管新概念也是为了发生危机后，监管当局可以快速、有序地处置问题机构，如从何种渠道融资增加资本？如果发生倒闭如何分拆或整体关闭？如何在规定时间内处理交易账户？如何拆分关键系统功能，如零售和支付处理业务？

另外，生前预嘱中还需列出如发生破产，潜在的买家名单。当局以此为依据，照章办事，"各家扫净门前雪"，不让监管当局再次背上滥用纳税人钱的黑锅，更重要的是严防一家银行出问题而导致的金融系统风险，传染并波及所有市场参与者和实体经济。

生前预嘱是对"大而不倒"银行实施的一项风险化解机制，但它毕竟只是一项预防措施，能否阻止下一次金融危机，目前还没有先例。尽管对于欧美大型金融机构来说，准备报告的成本不菲，一般在 1500 万~2000 万美元，但也带来了意想不到的好处。各家机构准备报告的过程成为一次如何渡过危机的演练。通过不同情况下的情景分析，确认了一些自身可能出现的问题，以及对核心业务及其他业务的影响。一些金融机构还将其纳入长期发展战略中，通过重新审视公司过于复杂的结构，提出简化结构和降低成本的方案，还有一些大型金融机构将其纳入风险管理工具的一部分。

尽管《多得－弗兰克法案》只集中在问题银行方面，其实更多银行在上交的方案中包括两个计划，即恢复计划和处置计划。处置计划必须包括全面描述该机构股东结构、资产负债、合约债务，必须确认所有的交叉担保、主要交易对手、抵押品情况、包括美联储及存款保险公司要求的所有信息。恢复计划则是管理层计划，需要时刻关注如何保持足够的资本金、流动性水平，避免业务进一步恶化和滑坡，采取的措施包括出售子公司或某项业务条线。处置计划面向的是监管部门，须提供监管部门需要的重要信息，便于相关部门及时采取有效行动，减少或降低对整个金融系统的影响。

为了保证大型金融控股公司在极端环境下持续经营的能力，除"监管资本评估计划"和《多得－弗兰克法案》外，美联储还出台了另一项重要的监管压力测试——"综合资本分析与审查报告"（Comprehensive Capital Analysis and Review, CCAR）。该报告要求在美总资产达到 500 亿美元的金融控股公司，自 2011 年起，每年向美联储提交资本计划，具体内容包括未来 9 个季度内，在基准和压力情景下，银行资本的来源与使用、预估损益、准备金及资本总额、资本充足率变化情况，维持资本充足率较高水平的行动计划，详细的资本充足率评估过程、资本管理政策以及各种应急行动预案等。

名词解释

次贷危机（Subprime Mortgage Crisis）：金融机构向高风险客户发放住房抵押贷款，催生住房泡沫，泡沫破灭后房价下跌触发的抵押贷款违约潮，是引爆次级抵押贷款相关的证券化市场崩盘的导火索，也是2008年金融危机的源头。

ABX指数（ABX Index）：次贷证券化产品的综合指数。2006年初，随着次级抵押贷款证券化市场增长，为了让次贷市场公开、透明，一些交易银行创建了同次级抵押贷款相关的ABX指数，该指数由20笔以次贷为参考的CDS构成，并按信用评级细分为五个不同分层，是次级抵押贷款质量变化的风向标，次贷证券风险越高，指数越低，反之亦然。

LIB-OIS息差（London Interbank Offered Rate-Overnight Indexed Swap Spread，LIB-OIS Spread）：一种衡量回购市场交易对手风险的重要参考标准，LIB是银行间拆借利率的缩写，OIS指的是隔夜指数互换，LIB-OIS息差指的是三个月期限的Libor与同联邦基金利率挂钩的利率互换的价格比，体现了投资者对央行未来利率变化的预期。OIS价格是安全、稳定的标杆，因此，息差加大意味着银行对银行间贷款收取较高利率。

泰德息差（TED Spread）：TED是美国短期国债（Treasury）、欧洲美元（Euro）和差（Difference）三个英文单词的首字母缩写，指的是欧洲美元三个月期贷款利率和同期短期国债利率之间的息差，是国际金融市场最重要的风险衡量指标。上行表示市场资金趋紧，银行借贷成本上升。

向安全投资转移（Flight to Quality），指的是一种金融市场现象，投资者由于受到金融市场动荡影响，出于安全考虑，争相将资产从风险高的产品转移到最安全的金融产品上，进一步加重了金融危机恐慌程度。

流动性危机（Liquidity Crisis）：可以细分为资产市场流动性危机和外部融资流动性危机，资产市场流动性危机指资产价格大幅度下跌，低于正常值，市场上找不到接盘手，难以轻易变现；外部融资流动性危机具体来说就是资金市场价格高涨，对抵押品要求提高，拒绝展期，资金市场参与者囤积现金，不愿相互拆借，导致流动性差与流动性强的产品之间价差扩大。

流动性螺旋（Liquidity Spiral）：自我增强反馈机制产生的结果，资产价格下跌促使银行减少信用供应，引发资产价格的进一步下跌，形成流动性恶性循环。

金融传染（Financial Contagion）：指金融市场的下行动荡影响到汇率、股价、主权息差和资本流动，并从一个国家或地区的金融机构和市场传染到另一个国家或地区。

剃头（Haircut），指回购交易中的贷款人降低借款人抵押资产的实际价值，以便资产价格下跌时有一定的缓冲。

贴现窗口贷款（Discount Window Lending）：美联储货币工具之一，让符合标准的机构获得短期贷款，以满足临时的流动性需求。

经纪交易商（Broker-dealer）：指买卖证券的个人或机构，经纪商的主要任务是代客，交易商的任务则是自营交易。

一级市场交易商（Primary Dealers）：指获得授权，同纽约联邦储备银行公开市场交易柜台交易美国国债的机构，换句话说，是联储银行执行公开市场操作的交易对手。

一级国债交易商信贷便利（The Primary Dealer Credit Facility，PDCF）：为了缓解回购市场的流动性压力，美联储于 2008 年 3 月向一级国债交易商提供隔夜贷款便利，旨在保障金融市场的正常运行。

商业票据融资便利（The Commercial Paper Funding Facility，CPFF）：美联储通过一级国债交易商，向购买符合条件的无担保和资产支持商业票据的投资者提供融资支持，旨在提高商业票据市场的流动性。

资产支持商业票据货币市场共同基金流动性便利（The Asset-Backed Commercial Paper Money Market Mutual Fund Liquidity Facility，AMLF）：为了促进 ABCP 和货币市场的流动性，美联储向美国存款机构和银行控股公司提供支持，帮助这些机构从货币市场共同基金购买高质量的 ABCP，最终让持有 ABCP 的货币市场共同基金满足投资者的赎回请求。

货币市场投资者融资便利（The Money Market Investor Funding Facility，MMIFF）：为了向货币市场投资者提供流动性，纽联储通过向一系列特别目的实体（SPV）提供高级而有担保的融资，为货币市场注入流动性。

定期证券贷款便利（The Term Securities Lending Facility，TSLF）：一种期限为 28 天的贷款便利工具，向一级国债交易商提供短期国债、票据和债券等抵押品，以交换其他符合条件的抵押品，促进金融市场的正常运行。

央行流动性互换（Central Bank Liquidity Swaps）：当全球美元融资市场流动性中断时，美联储同外国央行签署的协议，即提供美元与外币互换额度，满足这些央行辖区的金融机构的流动性需求。

《多得 - 弗兰克法案》（The Dodd-Frank Act）：全称为《2010 年多得 - 弗兰克华尔街改革和消费者保护法案》（Dodder-Frank Wall Street Reform and Consumer Protection Act of 2010），于 2010 年 7 月推出，是美国政府自 20 世纪 30 年代以来推出的一项全面金融监管改革法案。该法案为了规避系统性风险，在增加对大型金融机构压力测试的同时，也将非银行机构和衍生品置于审查和监管范围。

金融稳定监督委员会（The Financial Stability Oversight Council, FSOC）：为了填补监管空白，根据《多得－弗兰克法案》，美国于2010年10月1日成立的系统风险监管机构，成员包括财政部、美联储、证交会、商品期货交易委员会、货币署、联邦存款保险公司、联邦住房金融机构、全国信用社管理署、消费者金融保护局、一位独立的保险专家、五位列席成员，金融研究办公室、联邦保险办公室和州银行、保险及证券监管机构。该委员会是一个跨部门监管协调机构，有权认定哪家金融机构具有系统重要性，并将其纳入监管。

生前预嘱（Living Wills）：原指病人在有一定风险的医疗手术前签署的法律文件，后被监管当局用于针对大型金融机构实施的风险化解机制，要求各大金融机构证明自己在出现问题后，具备有序清盘的能力。

最终贷款人（The Lender of the Last Resort）：最早由英国银行家兼政府顾问弗朗西斯·巴林爵士提出，认为央行应具有"银行的银行"职能，一切有清偿能力的银行在出现危机时可以向央行借款，后成为各国央行的主要功能。

综合资本分析与审查报告（Comprehensive Capital Analysis and Review, CCAR）：美联储出台的一项监管措施，检查大型金融机构在极端环境下持续经营的能力。该报告要求在美总资产达到500亿美元的金融控股公司，自2011年起，每年向联储提交资本计划，具体内容包括汇报未来9个季度内，在基准和压力情景下，银行资本来源与使用情况，预计收入、损失、准备金及资本总额、资本充足率变化情况；维持资本充足率较高水平的行动计划；详细的资本充足率评估过程、资本管理政策以及各种应急行动预案等。

压力测试（Stress Testing）：使用数学模型，对金融机构的信贷损失、收入和资本在假设经营环境恶化的情况下的情景分析。

参考文献

Adam Copeland, "Repo Runs: Evidence from the Tri-Party Repo Market", *The Journal of Finance,* Vol.LXIX, No.6, December ,2014.

Adam J. Levitin, "Safe Banking: Finance and Democracy", *University of Chicago Law Review,* Vol. 83, No. 1 (Winter, 2016).

Adrian van Rixtel and Gabriele Gasperini, "Financial Crises and Bank Funding: Recent Experience in the Euro Area", BIS Working Papers No.406, Monetary and Economic Department of the Bank for International Settlements, Monetary and Economic Department, March, 2013.

Altunbas, Y. S. Manganelli and D. Marques-Ibanez, "Bank Risk During the Financial Crisis: Do Business Models Matter?" ECB Working Paper Series, No. 1394, November, 2011.

Ana Fostel and John Geanakoplos, "Tranching, CDS and Asset Prices: How Financial Innovation Can Cause Bubbles and Crashes", *American Economic Journal:* Macroeconomics, Vol. 4, No. 1, January, 2012.

Andrei Shleifer and Robert Vishny, "Fire Sales in Finance and Macroeconomics", *The Journal of Economic Perspectives,* Vol. 25, No. 1 (Winter, 2011).

Andrei Shleifer and Robert W.Vishny, "Unstable Banking", NBER Working Paper 14943, National Bureau of Economic Research, May,2009.

Anna Katherine Barnett-Hart, "The Story of the CDO Market

Meltdown:An Empirical Analysis", Department of Economics, Harvard College, Mar. 19, 2009.

Arkadiusz Sieroń, "The Role of Shadow Banking in the Business Cycle", *Quarterly Journal of Austrian Economics*, Vol.19, No.4 (Winter, 2016).

Arnold Kling, "The Financial Crisis: Moral Failure or Failure?" *Harvard Journal of Law & Public*, 2010.

Arvind Krishnamurthy, "Amplification Mechanisms in Liquidity Crises", *American Economic Journal: Macroeconomics*, Vol. 2, No.3, July, 2010.

Arvind, Krishnamurthy, et al., "Sizing Up Repo", *The Journal of Finance*, Vol. LXIX, No. 6, December, 2014.

Boz, E. and E. Mendoza (2010), "Financial Innovation, the Discovery of Risk, and the US Credit Crisis", NBER Working Paper, No. 16020, National Bureau of Economic Research, May, 2010.

Christian Plumb and Dan Wilchins, "Citi to Take $49bln in SIVs onto Balance Sheet", *Reuters*, Dec. 13, 2007.

Christoph Deutschmann, "Limits to Financialization Sociological Analyses of the Financial Crisis", *European Journal of Sociology*, Vol. 52, No. 3, 2011.

Claudio Borio, "*Ten Propositions About Liquidity Crises*", BIS Working Papers, No.293, Monetary and Economic Department of the Bank for International Settlements, November ,2009.

Dan Wilchins and Karen Brettell, "Factbox: How Goldman's ABACUS Deal Worked", Reuters, Apr. 16, 2010.

Daniel Covitz, et al., "The Evolution of A Financial Crisis: Collapse of the Asset-Backed Commercial Paper Market", *The Journal of Finance,* Vol.LXVIII, No.3, June, 2013.

Daniel Rosch and Harald Scheule, *Credit Securitization and Derivatives: Challenges for the Global Markets*, Wiley, 2013.

Danielle DiMartino and John V.Duca, "The Rise and Fall of Subprime Mortgages", Economic Letter, Insights from the Federal Reserve Bank of Dallas, Vol.2, No.11, November, 2007.

David C.Parkes, "Complex Financial Products: Caveat Emptor, Technical Perspective, Communications of the ACM", Vol.54, No.5, May, 2011.

Dietrich Domanski and Vladyslav Sushko, "Re-thinking the Lender of Last Resort", BIS Papers, No 79, September, 2014.

Dov Solomen, "The Rise of a Giant:Securitization and the Global Financial Crisis", *American Business Law Journal*, Vol. 49, Issue. 4 (Winter, 2012).

Efraim Benmelech and Jennifer Dlugosz, "Credit Rating Crisis", NBER Macroeconomics Annual, Vol. 24, No. 1 (2010).

Enrique G. Mendoza and Vincenzo Quadrini, "Financial Globalization, Financial Crises and Contagion", NBER Working Paper 15432, National Bureau of Economic Research, October ,2009.

Enrique G.Mendoza, and Vincenzo Quadrini, "Financial Globalization, Financial Crisis and Contagion." *Journal of Monetary Economics*, 57 (1): 24-39, 2010.

Eric Van Wincoop, "International Contagion through Leveraged

Financial Institutions." *American Economic Journal: Macroeconomics* 5 (3), 2013.

Faisal Baluch, et al., "Insurance, Systemic Risk and the Financial Crisis", The Geneva Papers on Risk and Insurance, Issues and Practice, Vol. 36, No. 1, January, 2011.

Financial Crisis Inquiry Commission: "Hearing on Subprime Lending and Securitization and Government Sponsored Enterprises, ", Apr. 7, 2010.

Frederic S. Mishkin, "Is Financial Globalization Beneficial?", *Journal of Money, Credit and Banking,* Vol. 39, No. 2/3 Mar. - Apr., 2007.

Frederic S. Mishkin, "Over the Cliff: From the Subprime to the Global Financial Crisis", *The Journal of Economic Perspectives,* Vol. 25, No. 1 (Winter, 2011).

Gary Gorton and Andrew Metrick, "The Federal Reserve and Panic Prevention: The Roles of Financial Regulation and Lender of Last Resort", *The Journal of Economic Perspectives,* Vol. 27, No. 4 (Fall, 2013).

Gary Gorton and Andrew Metrick, "Securitized Banking and the Run on Repo", Yale IFC Working Paper No.09-14, Nov. 9, 2010.

Gerald P. Dwyer, "Financial Innovation and the Financial Crisis of 2007- 2008", September, 2011.

German Lopez-Espinosa, et al., "Short-term Wholesale Funding and Systemic Risk: A Global CoVar Approach", IMF Working Paper, WP/12/46, February, 2012.

Gian-Maria Milesi-Ferretti, et al., "The Great Retrenchment:

International Capital Flows During the Global Financial Crisis", *Economic Policy,* Vol. 26, No. 66, April, 2011.

"Goldman Sachs and Abacus 2007-AC1:A Look Beyond the Numbers", Knowledge@Wharton, www.wharton.upenn.edu, Apr. 28, 2010.

Greta R. Krippner, "The Financialization of the American Economy", *Social Economic Review;* May, 2005, 3, 2; 2005.

Harold James, "International Order After the Financial Crisis", *International Affairs*, Vol. 87, No.3, May, 2011.

Hördahl, Peter and Michael King "Developments in Repo Markets During the Financial Turmoil, " *Bank for International Settlements Quarterly Review,* December, 2008.

Ing-Haw Cheng, et al., "Wall Street and the Housing Bubble", *The American Economic Review,* Vol. 104, No. 9 (September, 2014).

James McAndrews, "The Money Market Investor Funding Facility", Federal Reserve Bank of New York, Social Science Research Network, Mar. 17, 2009.

Jean Imbs, "The First Global Recession in Decades", *IMF Economic Review*, 58 (2), 2010.

John Carney, "Here's the Untold Story of How AIG Destroyed Itself", *Business Insider*, Mar. 3, 2010.

John M.Griffin and Dragon Tang, "Did Credit Rating Agencies Make Unbiased Assumptions on CDOs?" *American Economic Review*, 101 (3).

Joshua D. Coval et al., "The Economics of Structured Finance", Harvard Business School Working Paper, 09-060, 2008.

Joshua S. Wan, "Systemically Important Asset Managers: Perspectives on Dodd-Frank's Systemic Designation Mechanism", *Columbia Law Review*, Vol. 116, No. 3, April, 2016.

Julie R. Caggiano, et al., "Mortgage Lending Developments: A New Federal Regulator and Mortgage Reform Under the Dodd-Frank Act", The Business Lawyer, Vol. 66, No. 2, February, 2011.

Lakshmi Balasubramanyan, "Money Market Mutual Funds and Financial Stability", www. clevelandfed.org, Jul. 8, 2017.

Larry Elliott and Jill Treanor, "The Day the Credit Crunch Began, 10 Years on: the World Changed", *Guardian*, Aug.3, 2017.

Lars Helge HaB, "What Drives Contagion in Financial Markets? Liquidity Effects versus Information Spill-Over", *European Financial Management,* Vol. 20, No. 3, 2014.

Lawrence J. White, "Markets: The Credit Rating Agencies", *The Journal of Economic Perspectives,* Vol. 24, No. 2 (Spring, 2010).

"Lessons of the Fall:How a financial Darling Fell from Grace, and Why Regulators didn't Catch It", *The Economist*, Oct. 18, 2007.

Liz Moyer, "Beware Interest-Only", *Forbes*, Dec. 7, 2005.

Manmohan Singh, "Collateral Reuse and Balance Sheet Space", IMF Working Paper, WP/17/113, Internationa Monetary Fund, May, 2017.

Marcin Kacperczyk and Philipp Schnabl, "When Safe Proved Risky: Commercial Paper during the Financial Crisis of 2007–2009", *The Journal of Economic Perspectives,* Vol.24, No.1 (Winter, 2010).

Marco Pagano and Paolo Volpin, "Securitization, Transparency, and Liquidity", *The Review of Financial Studies*, Vol. 25, No. 8, August, 2012.

Mark J. Roe, "The Derivatives Market's Payment Priorities as Financial Crisis Accelerator", *Stanford Law Review,* Vol. 63, No.3, March, 2011.

Markus K. Brunnermeier, "Deciphering the Liquidity and Credit Crunch 2007–2008", *Journal of Economic Perspectives*, Vol. 23, No.1 (Winter, 2009).

Martin Neil Baily and Douglas J. Elliott, "The US Financial and Economic Crisis:Where Does It Stand and Where Do We Go from Here?" The Initiative on Business and Public Policy at Brookings, June, 2009.

Martin Neil Baily, et al."The Origins of the Financial Crisis", The Initiative on Business and Public Policy at Brookings, Fixing Finance Series-Paper 3, November, 2008.

Mathias Drehmann and Kleopatra Nikolaou, "Funding liquidity risk: definition and measurement", BIS Working Papers No. 316, Monetary and Economic Department of the Bank for International Settlements, July, 2010.

Matthieu Bussière, et al., "The Financial Crisis: Lessons for International Macroeconomics", *American Economic Journal: Macroeconomics*, Vol. 5, No. 3. July, 2013.

Michael D. Bordo and John Landon-Lane, "The Lessons From the Banking Panics in the United States in the 1930s for the Financial Crisis of 2007-2008", NBER Working Paper 16365, National Bureau of Economic Research, September, 2010.

Michael Haliassos, *Financial Innovation: Too Much Or Too Little?* MIT Press, 2013.

現代金融創新史：從大蕭條到美丽新世界

Michael R. Diehl, "Money Market Mutual Funds: A Report on the History and Potential Implications of Recent SEC Rule Amendments", SBH Fixed Income Team Publication, September, 2014.

Michaud, F-L and C Upper, "What Drives Interbank Rates? Evidence from the Libor Panel", *BIS Quarterly Review*, March, 2008.

Miguel Segoviano, et al, "Securitization: Lessons Learned and the Road Ahead", IMF Working Paper, WP/13/255, International Monetary Fund, November, 2013.

Mikhail V. Oet and Oleg V. Pavlov, "Feedback Mechanisms in the Financial System, A Modrn View", Paper presented at 32nd International Conference of the System Dynamics Society, July 20-24, 2014, Delft University of Technology, The Netherlands.

National Associations Insurance Commissioners, "Insights into the Insurance Industry's Credit Default Swaps Exposure", Capital Markets Special Report, www.naic.org/capital_markets_archive/110624.

Neil Fligstein and Adam Goldstein, "The Transformation of Mortgage Finance and the Industrial Roots of the Mortgage Meltdown", Oct.,2012, www.sociology.berkeley.org.

Nelson Camamho, et al., "Credit Rating and Competition", London School of Economics and Political Science, July, 2012.

Nicole M.Boyson, et al., "Hedge Fund Contagion and Liquidity Shocks", *The Journal of Finance,* Vol.65, No.5, October, 2010.

Norbert Michel, "The Fed's Failure as a Lender of Last Resort: What to Do About It", The Heritage Foundation Report, Aug. 20, 2014.

Paolo Saguato, "The Liquidity Dilemma and the Repo Market: A Two-

Step Policy Option", LSE Law, Society and Economy Working Papers 21/2015, London School of Economics and Political Science.

Paul M. McBride, "The Dodd-Frank Act and OTC Derivatives: The Impact of Mandatory Central Clearing onthe Global OTC Derivatives Market", *The International Lawyer*, Vol. 44, No. 4 (Winter, 2010).

Peter Hördahl and Michael R King, "Developments in repo markets during the financial turmoil", *BIS Quarterly Review,* December ,2008.

Peter Hördahl and Michael R King, "Developments in Repo Markets during the Financial Turmoil", *BIS Quarterly Review,* December,2008.

Philip Arestis and Elias Karakitsos, "Current Financial Crisis and Regulatory Implications", *History of Economic Ideas,* Vol. 19, No. 2, 2011.

Raphaële Chappe, et al., "The Financial Crisis of 2008 As Cognitive Failure: An Overview of Risk Over Uncertainty", *Berkeley Journal of Sociology*, Vol. 57, 2013.

Ray Barrell and E. Philip Davis, "The Evolution of the Financial Crisis of 2007-8", *National Institute Economic Review,* No. 206, October, 2008.

René M. Stulz, "Credit Default Swaps and the Credit Crisis", *The Journal of Economic Perspectives*, Vol. 24, No. 1 (Winter, 2010).

Richard G. Anderson, et al., "Money and Velocity During Financial Crises: From the Great Depression to the Great Recession", Economics Working Paper 16111, Hoover Institution, 2016.

Richard Tomlinson and David Evans, "The Ratings Charade, " Bloomberg, July, 2007.

Rizzi, Joseph;Maza, Michael, "Securitization as A Funding Strategy", *Corporate Finance*, Oct., 1994.

R.J. Caballero and A. Krishnamurthy, "Collective Risk Management in Flight to Quality Episode", *Journal of Finance*, 2008. 63 (5).

Robert Guttmann, *Finance-Led Capitalism:Shadow Banking, Re-regulation, and the Future of Global Markets*, Palgrave Macmillan, 2016.

Robert Stowe England, *Black Box Casino: How Wall Street's Risky Shadow Banking Crashed Global Finance*, Praeger, 2011.

Rocco Huang and Lev Ratnovski, "The Dark Side of Bank Wholesale Funding", IMF Working Paper, International Monetary Fund, July,2010.

Sebnem Kalemli-Ozcan, et al., "Financial Regulation, Financial Globalization, and the Synchronization of Economic Activity", *The Journal of Finance*, Vol. 68, No. 3, June, 2013.

Shams Butt, et al, "Sovereign Wealth Funds: A Growing Global Force in Corporate Finance", *Journal of Applied Corporate Finance*, Vol. 20, Issue 1 (Winter, 2008).

Simon Johnson, James Kwak, "Is Financial Innovation Good For The Economy?" *Innovation Policy and the Economy,* Vol. 12, ed. Josh Lerner and Scott Stern, University of Chicago Press, 2011.

Steve Denning, "Lest We Forget: Why We Had A Financial Crisis", *Forbes*, Nov. 22, 2011.

Sudip Kar-Gupta and Yann Le Guernigou, "BNP Freezes $2.2 Billion of Funds over Subprime", Reuters, Aug. 9, 2007.

Takeo Hoshi, "Financial Regulation: Lessons from the Recent Financial Crises", *Journal of Economic Literature,* Vol. 49, No. 1, March, 2011.

Terry Marsh and Paul Pfleiderer, "Flight to Quality and Asset Allocation in a Financial Crisis", *Financial Analysts Journal,* Vol. 69, No. 4 July-August, 2013.

The Financial Crisis Inquiry Report: Final Report of the National Commission on the Causes of the Financial and Economic Crisis in the United States, Washington, D.C., Government Pringting Office, Jan. 25, 2011.

"The Federal Reserve's Section 13 (3) Lending Facilities to Support Overall Market Liquidity: Function, Status, and Risk Management", Office of Inspector General, Board of Governors of the Federal Reserve System, November, 2010.

Thomas M. Humphrey:"Lender of Last Resort: What it is, whence It Came, And Why The Fed Isn't ", *Cato Journal,* Vol. 30, No. 2 (Spring-Summer, 2010).

Thomas M. Hunzphmy, "Lender of Last Resort: The Concept in History", *Economic Review,* Mar.-Apr., 1989.

Vikas Bajaj and Jenny Anderson, "Next on the Worry List: Shaky Insurers of Bonds", *New York Times,* Jan. 24, 2008.

Viktoria Baklanova, et al., "Reference Guide to U.S. Repo and Securities Lending Markets", Federal Reserve Bank of New York Staff Reports No. 740, December ,2015.

Vincent Gasparro and Michael S. Pagano, "Sovereign Wealth Funds' Impact on Debt and Equity Markets during the 2007–09 Financial

Crisis", *Financial Analysts Journal,* Vol. 66, No. 3, May-June, 2010.

Viral Acharya and Philipp Schnabl, "Do Global Banks Spread Global Imbalances? The Case of Asset-Backed Commercial Paper During the Financial Crisis of 2007–09", Paper presented at the 10th Jacques Polak Annual Research Conference Hosted by the International Monetary Fund, Washington, D.C., Nov. 5-6, 2009.

Viral V. Acharya and Matthew Richardson, "Is the Insurance Industry Systemically Risky?" *Regulating Wall Street: The Dodd-Frank Act and the Architecture of Global Finance*, John Wiley & Sons, 2010.

Viral V. Acharya, et al., "How Do Global Banks Scramble for Liquidity? Evidence from the Asset-Backed Commercial Paper Freeze of 2007", Federal Reserve Bank of New York Staff Report, No.623 ,April, 2016.

Viral V. Acharya and Philipp Schnabi, "Do Global Banks Spread Global Imbalances? Asset-Backed Commercial Paper during the Financial Crisis of 2007–09", *IMF Economic Review*, Vol.58, No.1, 2010.

Viral V.Acharya, et al., "Securitization without risk transfer", *Journal of Financial Economics,* 107, 2013.

Walden Siew and AI Yoon, "Bear Sterns CDO Liquidation Sparks Contagion Fears", *Reuters*, June 22, 2007.

Yeon-Koo Che and Rajiv Sethi, "Credit Market Speculation and the Cost of Capital", *American Economic Journal: Microeconomics*, Vol. 6, No. 4, November, 2014.

Zhiguo He, et al., "Balance Sheet Adjustment", Paper presented at the 10th Jacques Polak Annual Research Conference Hosted by the International Monetary Fund Washington, D.C., Nov. 5-6, 2009.

第十章 | **数字金融**

如果说现代社会的经验向我们展示了什么，那就是技术并不仅是人类活动的辅助手段，还是一种改造人类活动及其意义的强大力量。

——美国政治学家兰登·温纳（Langdon Winner）

技术革命引领自动化的乌托邦时代的预言可能比我们的想象来得更快。

——引自马丁·福特（Martin Ford）
《机器人崛起》（*Rise of the Robots*）

回顾现代社会经历的文明历程，尽管改变人类社会走向的因素诸多，但技术革命一直是推动人类文明进程的原动力，是历史转折的标志。技术革命让人类的文明呈现戏剧性的直线上升、带来财富的跨越式增长、生活水平的显著改善以及社会形态的深刻变革。

数字化革命成为工业革命后改变人类社会的突破性技术，影响着人类的选择、行为和思想，同时又创造出新的价值体系、知识体系和生活方式，也改写着商业模式，推动着现代金融的演变。金融的核心在于以金融机构和信用工具为载体，实现货币、资金使用权跨越时间和空间的转移，是数据集中的行业。机器在处理数据方面有着人类无法比拟的优势。在大数据时代，计算机早已从单一的计数和存储的功能演变为智能机器。数字化技术助推量化金融，量化金融又进一步融入数字化技术。数字化金融并未改变金融的本质，但突破了旧有的边界和规则。

2008 年的金融危机让传统金融机构大伤元气，却成就了金融科技公司的群雄崛起，从发达国家到新兴市场国家遍地开花，正从金融业的配角转变为主角，让现代金融业发生根本性转变。人工智能、数学模型正替代金融从业者完成一系列日常工作，在同人类分享金融世界的权力的同时，将现代金融引入一个充满未知的"美丽新世界"。

数字金融雏形

通信技术铺路

第一次工业革命开启了机器时代的新纪元。瓦特的蒸汽机克服了人类肌肉力量的局限，跨越了使用动物作为动力的初级阶段，提供了随心所欲的机械能，让大规模生产和运输成为可能。由此，引发了一轮又一轮从机械工程、化学到电能的技术创新，形成崭新的社会与经济结构。

信息时代标志着人类社会向基于数字化的智能化社会的转型。金融的数字化要从通信技术说起，通信技术搭建起数字化的基础设施，为金融业务提速。19世纪前，由于长距离通信需要信使或驿站，全球不同金融市场之间的信息传送严重滞后，从伦敦将金融资产价格信息传送到纽约需要三周多的时间，由此，金融业的跨境发展受到限制。随着1838年电报的第一次商业应用、1866年第一条跨大西洋电缆的铺设以及1876年电话的发明，银行家们最先将这些新的通信技术应用到金融信息与数据的传送中，构建起现代金融的基础设施。

电报的发明降低了美国和欧洲市场之间信息不对称的程度，从而减少了两个市场之间金融资产的价差，也带动了投资者的海外资产配置。除交易所黄金和证券的报价外，信息和数据传输技术还为货币支付带来前所未有的便利。美联储早在1918年就建立了自己的电讯系统（Fedwire），将成员行和财政部连接到一起，通过电传转移资金。

"二战"结束后的几十年里，尽管金融全球化受到约束，但战争期间开发的用于军事目的的通讯和信息技术开始用于金融业，并在此基础上有了进一步突破。1950年代问世的信用卡利用当时先进的通信技术，实现了无纸化交易，改变了美国人的消费习惯，促进了消费金融业务的飞跃发展；英国借助通信技术的改进，于1968年建立了"银行家自动清算支付系统"（Bankers' Automated Clearing Services, Bacs）；美国于1970年建立了"纽约清算所银行同业支付系统"（Clearing House Interbank Payments System, Chips）。这两大清算系统成为全球最大的私人银行间支付清算系统，让银行的支付业务焕然一新。

在区域支付网络不断完善的基础上，一个金融史上更大的事件发生了。考虑到国内支付系统同跨境对接的需要，"环球银行间金融电讯协会"（Society for Worldwide Interbank Financial Telecommunication, Swift）于1973年在布鲁塞尔成立，由来自15个国家的239家银行组成，共同打造出一个全球共享的数据处理和通信网络，统一了国际金融交易语言和标准，实现国际银行间支付和互联的突破。

智能机器崭露头角

20 世纪后期，通信技术的更新换代突飞猛进。新型基础材料的应用为电信业带来一场硬件革命，具体来说就是光纤技术替代了充满噪声的铜质电缆，信息传输更加通畅。随着通信硬件技术的突破，计算机设备、网络技术和智能化演变也是齐头并进，特别是数字信号替代模拟信号以及随之而来的一系列相关技术将人类带入数字化世界。

数字化技术改变了银行与客户的交互方式。针对工会力量的强大和劳工成本问题，欧洲的一些银行组织工程师研发了银行关门后的取现技术。1967 年，英国的巴克莱银行在北伦敦市郊的恩菲尔德（Enfield）安装了世界上第一台自动柜员机（Automated Teller Machine，ATM），银行客户不需要人工服务就可随时提取现金。

由于在当时，ATM 是一项复杂的技术，不像那些灵光一闪的科学发明，因此在普及方面经历了漫长的过程。初期，卡机、少付或多付现金的情况时有发生。由于 ATM 机需要用塑料或纸卡激活，取现只局限于特定地点的机器，一些银行将令牌保存在机器里，账户记账后，通过邮件再返还给客户。

正是由于 ATM 机在技术方面的缺陷，商业银行花了十多年的时间才开启了商业化使用的步伐。最终，数字化技术让这样一台由 11000 多个零部件组成、智能软件系统控制的机器替代了银行柜员，实现了分行网点的全天候机器服务，将每笔业务的成本从 90 美分降到 40 美分。随着客户需求的增加，机器性能不断改进，功能从提取现金扩展到存款、转账和付费等多项产品和服务。ATM 机意味着产品和服务的自动化，从根本上改变了以往关于分行和服务渠道的传统观念。此外，ATM 通过新的服务界面建立起银行与客户之间的新型关系。客户经历的不仅是一项新技术，还是同机器全新的互动方式。

自 IBM 发明早期计算机和巴克莱银行研发出 ATM 机以来，智能机器在金融业的使用空间不断扩大。1983 年苏格兰银行尝试将电视和电话连接，提供转账和支付等服务，成为线上银行的雏形，纽约的花旗银行和摩根大通银行等几家大型银行也纷纷推出类似的服务。当时的线上银行指的是一台终端、键盘和显示器，使用电话线连接。随后，这个模式逐渐被新兴的互联网银行替代。富国银行于 1995 年推出第一家银行服务网站，到了 2002 年，几乎一半的美国银行都推出了基于互联网的线上银行服务。

社交网络和移动设备等新的交互方式为零售银行带来了一场新的革命。2007 年苹果公司推出了第一款 iPhone 智能手机，开启了一个移动互联的新时代，成为银行向客户提供服务的又一个渠道。

计算与通信技术的融合推出了第一代数字金融，而计算机工程学、数学、密码学的融合又让数字金融迈上一个新台阶。随着智能设备从程序化计算向认知计算系统的转变，机器从模仿人脑工作的硬件和软件转向具有应变、交互、理解上下文和理清问题能力的机器脑。

此外，互联网、社交网络、电子商务、移动通信和传感设备提供了更大规模和多样化的信息源，从文本文字延伸到图像和视频等非文本文字，将人类带入大数据时代。每个人在数字化世界中留下的活动痕迹为机器增加了海量的信息源。在大数据时代，智能机器恰当使用多个实时信息源，将许多复杂多变的信息转变成可以度量的数据，结合多种分析工具和人工智能技术，从中找出联系和规律，并在此基础上建立数字化模型，为破解更复杂的金融难题提供了新的可能性。

数据爆炸式增长、算法的显著进步以及计算机硬件的升级，为人工智能应用提供了新的土壤，将金融带入一个新的智能机器时代。

金融科技的崛起

近年来，一个新词频繁出现在西方的财经新闻中，这就是"金融王国"的新主人——金融科技，英文简称为FinTech。沃顿商学院将金融科技定义为"那些用技术改进金融体系效率的经济行业"，也指那些撼动传统金融基础的解决方案。金融科技的最大特点是以数字化技术为基础，大多是靠算法和智能机器做决策。

金融科技经历了从金融业配角向主角的演变。1960年代，纽约证券交易所由于交易额大到无法用手工处理，被迫缩短交易日。这一事件为技术公司提供了机会，一批以处理电子数据为生的技术公司应运而生。到了1970年代，信息技术基本解决了高效、低成本处理证券、支票和信用卡等交易的能力。尽管如此，很长时间以来，技术公司所起的作用主要是开发、改进金融机构操作流程和风险管理等系统，一直扮演着为大型金融机构打工的角色。

金融科技公司的崛起有天时地利的因素，2008年的金融危机为金融科技提供了契机。大多数金融科技公司都是在2008年之后成立的。一方面，金融科技的崛起离不开雄厚的资金支持，风投公司也是看中了金融科技的潜力，纷纷慷慨解囊；另一方面，也是最重要的因素，就是监管当局的宽容。从理论上讲，拥有海量数据的金融业就像出版和音乐一样，也是最容易被技术公司颠覆的行业，但由于一直受到监管当局的严格保护，加上大型传统机构长期垄断构成的壁垒而免于外界大规模入侵。长期低迷的经济形势促使各国政府在政策方面做出调整，鼓励并支持金融新范式。另外，金融危机后，社会对银行系统信任的减弱，加上移动设备的普及和客户行为的改变，也为金融科技打破银行对金融服务的垄断提供了机会。

智能机器让现代金融业的权力转移变为现实。现代金融业的新竞争体现在基于数字化技术的高级计算与处理能力，谁拥有更多有价值的数据和最好的算法，谁就有可能赢得市场先机，金融科技公司终于有了破土而出的机会。

新一代的金融科技是一种基于数字化技术的金融创新，通过打破金融服务价值链上每一个节点上的传统格局，试图建立一种以平台和智能化机器为核心，以低成本、简单、便利为特色的价值体系。数据不再是银行的独享专利，更多数据产生于大型科技公司的客户生态圈。金融科技利用机器在数据处理、分析、洞察和决策方面的优势，在投资组合、金融资产定价、交易、客户需求与市场分析等方面显得游刃有余。

根据《美国银行家》杂志在对 2015 年金融科技公司展望时所做的分类，前 100 家金融科技公司所涵盖的业务范围已包括支付、借贷、交易、投资、资产管理和数字化货币。这些公司正全方位入侵传统金融机构的业务领地。解决客户对银行长期以来的抱怨，为客户带来快捷、准确、低价的服务以及无缝对接的流畅体验，替代人类在大数据时代越来越难以胜任的金融工作。

数字平台

数字平台是金融科技的基础设施，是同客户互动与价值交换的媒介。杰奥夫雷·帕克等人在《平台革命：改变世界的商业模式》一书中认为，数字平台克服了时间和空间的障碍，在外部生产者和消费者之间，提供了一个开放、共同参与的基础设施，让价值创造成为可能。数字平台通过线上门户，将供需方连接到一起，为商品交易提供便利，具有广度、速度、便利、效率方面的优势。

线上支付

支付是人们对金融服务的最基本的需求，也是银行的核心传统业务。金融机构的诞生正是起源于贸易支付和结算方面的需求。信用卡的发明为消费金融带来一场便捷、快速的支付革命，几十年来，这座金矿一直被各大金融巨头把持着。

进入互联网时代，特别是伴随着电子商务的流行，金融科技搭建起来的线上支付应运而生。从信用卡到基于数字平台的线上支付是一个飞跃。由于线上平台支付主要是数据业务，金融科技公司在支付方面又具有明显优势，寄生在包括电子商务在内的各类数字平台，为网上客户交易提供即时支付、即时到账的解决方案。

1998 年 12 月，美国线上安全专家麦克斯·拉夫琴（Max Levchin）和对冲基金经理彼得·蒂尔（Peter Thiel）共同创建了 PayPal，通过电子邮件，为拥有手机和掌上工具的用户提供简单、便捷和快速的支付服务，并一改传统的邮寄支票或汇款的方法。同样经营线上银行的风云人物埃隆·马斯克（Elon Musk）接手 PayPal 后，在八个月的时间里，用激进的营销战略让公司的账户金额从 1.2 万美元猛增到 270 万美元。由于绑定线上拍卖平台 eBay，PayPal 被更多客户接受。PayPal 账户从同信用卡或银行账户相连以方便用户在账户上存钱、用于线上购物起步，最终发展到凭借强大的数据解析能力和安全保障技术，通过一系列应用接口程序，绕开传统的信用卡公司和银行，成为独霸一方的网上支付平台。在这个平台上，由于商家和顾客无须在不同银行之间开立多个账户，进一步降低了交易成本和信用风险。

中国的支付宝等公司借助较为宽松的监管环境，运用网络和数字化技术，在中国开辟了线上支付市场。2013 年 8 月，腾讯公司利用中国最红火的社交平台，推出微信支付，颠覆了以往操作复杂的支付方式，一举成为第三方移动支付平台的后起之秀。在提供数字化支付体验方面，微信支付以简单取胜，用户通过手机等移动工具刷二维码，只需输入 6 位数密码，无须确认环节，就可以完成从购物、交通、医疗到投资等支付行为。

近距离无限通信技术（NFC）和指纹认证技术让支付体验又上了一个台阶。2015 年底，中国银联同苹果合作推出苹果支付，顾客只要将银联卡添加到苹果智能手机或其他设备上，通过支付标记（token）获得一个唯一的设备账户，加密存储在手机的安全芯片中，顾客付钱时只要将苹果手机靠近支持银联云闪付的 POS 终端，通过指纹认证即可，省去了输密码、打电话、签字等烦琐的手续，既保证了信息的安全、私密，也让顾客获得极致的支付体验。谷歌钱包、安卓、三星、微软等公司也不甘落后，凭借各自优势竞相改善客户体验，角逐移动支付市场。

众筹

数字化平台为初创公司开辟了一个另类筹资渠道，也为投资者提供了一个另类投资渠道，这就是 2010 年被《牛津英文词典》列入年度新词语的"众筹"。根据英国《金融时报》的定义，"众筹"（Crowd Funding），也有人称为众投，指的是通过网络平台为一些新点子和创意项目募捐或投资的做法。在"众筹"平台上，任何个人都可以提出需要融资的点子，任何感兴趣的一方都可以提供资金支持。

"众筹"的做法最初来自作家和艺术家们的创意，即从自己的粉丝圈筹集资金用于解决创作过程中的资金需求。早在 17 世纪，欧洲一些书商就曾采取以读者提前预订的方式出版图书；进入 20 世纪后，一些音乐家开演唱会、出版专辑，电影人拍电影也采取从粉丝那里筹集资金的做法。摇滚歌手阿曼达·帕尔默（Amanda Palmer）用"众筹"方式为自己出版新专辑、新书和旅行共募集了 100 多万美元的资金，约有 2000 多名粉丝提供了资助。另外，大众为某一慈善或公共项目募集资金的行为更是屡见不鲜。

数字化时代为"众筹"赋予了新的意义。2003 年，波士顿音乐人、计算机程序员布雷恩·卡梅里奥（Brain Camelio）推出一个名为艺术家共享平台（Artist Share）的网站，寻求从粉丝那里筹集制作数字录音的资金。该平台的第一个众筹项目是美国作曲家和乐队领军人物玛丽亚·施奈德（Maria Schneider）的爵士专辑《花园里的音乐会》。施奈德为此设计了多层次的回报方式，捐 9.95 美元就可以成为第一批下载新专辑的听众，而一位捐了 1 万美元的粉丝则被列为专辑的执行制作人。最终，施奈德成功募集到了 13 万美元，用于音乐的制作和营销，该专辑后获得 2005 年格莱美最佳爵士乐专辑。

共享经济的复苏进一步推动"众筹"平台的发展。人类祖先就是从合作共享中开始文明进程的，但基于互联网的共享经济形成的背景还要从 2000 年代中期说起。当时面对全球人口增长和资源枯竭的大趋势，全球掀起一股保护资源、减少浪费的新潮流，强调"闲置的价值就是浪费"的概念正是在这样的环境下重新萌芽的，而互联网时代的共享经济就是在这样的基础上诞生的。共享经济，由于大部分存在着利益交换，并不是纯粹意义上的共享，更准确地说应是使用权经济。共享经济平台将机构和个人拥有的闲置资源使用权有偿转给他人，实现社会资源的优化利用，让多余的商品和服务在更大范围发挥作用。

"众筹"平台同共享经济的概念相吻合，是将积少成多的融资方式搬上网络平台，将以前筹资的小圈子扩展到更大空间。"众筹"平台通过将资金供需方连接到一起，倡导利用群体智慧的力量，解决初创企业、社区以及一些市政计划与项目的融资需求，让闲置的资金发挥更大作用。

"众筹"平台运作模式的最大特点是透明度高。需要集资的个人或团队将项目提交到众筹平台，然后，经平台审核。一旦通过，项目背后的个人或团队就可以在平台上创建一个页面，详细介绍项目内容、筹资目标、截止日期和如何使用这些资金、投资者会得到什么样的回报等内容，并通过视频以及项目流行指数等手段提供持续的实时变化信息，让出资人充分了解这个项目的意义和进展。

"众筹"又细分为募捐、奖励和股权等形式：募捐型"众筹"的目的在于支持慈善、科研、社会事业和一些私人创意项目，不期望任何形式的财务回报；奖励型"众筹"旨在为初创企业、个人创意项目提供资金或扩展现有企业规模，得到的奖励五花八门，从预购产品、服务到接受一些特别的礼品或折扣福利。

募捐型和奖励型"众筹"出资人的动力更多具有感情色彩。一些投资者对创业者的新想法有兴趣，愿意给予一定的资金支持，帮助其实现梦想，也有一些投资者本人就是某个新产品的粉丝，能够参与新奇、好玩的产品项目的研发过程本身就是一种享受，从某种程度上讲，还可以实现一种社会认知和成就感。

美国两家最有影响力的"众筹"平台是分别于 2008 年和 2009 年成立的 IndiegoGo 和 Kickstarter 公司。这两家公司最初从朋友和家庭圈等熟人关系入手，彼此作为信用证明，出资金额通常在 25~100 美元，后逐渐扩展到其他社区和圈子。

美国洛杉矶的一对夫妇，2009 年被一家家具公司辞退后，拿出多年积攒下来的资金在康州开了一家瑜伽店，两年后被迫重新选址，由于支付不起新地方的租金，这对夫妇找到众筹网站。出乎意料的是，这对夫妇只用了一个多月的时间，就从 100 多位出资人那里筹集到了 10 万美元，每位筹资人的平均贡献为 15~50 美元。

"众筹"模式最具广告效应的案例当属 Pebble 智能表。该产品的最大特点是可以同安卓或苹果手机以无线方式相连，当人们不方便拿手机时，可以直接从智能表上获取来电信息，另外还具有音乐控制、为体育锻炼提供相关的 GPS 数据、打高尔夫时可以显示球到旗杆的距离等特色功能。工程师埃里克有了该产品的创意后，在产品开发初期曾得到 4 家天使基金公司的资助，但这些公司先后在中途放弃，产品开发也被迫中止。埃里克在尝试了包括银行在内的所有传统融资渠道均遭拒绝后，万般无奈之中，怀着尝试的心态登录 Kickstarter 网站寻求帮助。该项目的信息在网站一经发布，立即得到众多网民的支持，原计划筹资 10 万美元，结果，在一个多月的时间里，公司从 6 万多人手中筹集了 1003 万美元，也创造了该网站筹资金额的纪录。2009 年到 2014 年 9 月，Kickstarter 组织了 18 万场活动，其中 40% 的项目成功获得资金，共从 700 多万支持者手中获得近 14 万美元的资金支持。

2005 年 11 月成立的 Kiva 是美国的一家非营利"众筹"平台，主要针对发展中国家的小微金融机构。该平台通过同当地小微金融机构合作，将从平台上募集的资金提供给发展中国家的低收入群体、妇女及少数族裔等。

"众筹"还成为一些成熟企业提供新产品和服务前期的测试工具。企业家们利用"众筹"平台，寻找潜在客户、了解客户的特别兴趣以及测试客户需求。这些企业将"众筹"过程本身变为一次公关活动，让产品创新更有针对性。

大众天使投资

"众筹"的另一种类型是股权型"众筹"。股权众筹从粉丝众筹演变而来，类似大众天使基金，将初创企业与寻求潜在回报的大众天使投资者撮合，开辟了一条基于网络平台的另类筹资渠道。

股权众筹平台在一定程度上解决了初创企业筹资方面的尴尬：银行对初创企业兴趣不大，认为风险高；而传统的天使基金门槛高，在挑选投资对象方面极其严格。股权众筹平台通过筹集小笔分散资金，不但消除了初创企业和中小企业申请贷款的高门槛和烦琐的手续，以最快的速度获得资金，也让投资者变成初创企业的消费者，平台无形中成为获取客户的渠道。

全球有影响力的股权众筹网站是印裔美国人纳瓦尔·拉威康特（Naval Ravikant）和同伴共同开办的 Angellist。拉威康特凭借自己的努力实现美国梦的故事并不坎坷：9 岁时随家人一起来到美国，曾就读达特茅斯学院，毕业后在咨询公司工作了几年，后辞职去硅谷创业。拉威康特最值得骄傲的创业成果是高价卖网站，他曾于 1999 年创建了一个消费者评价网站"Epinions"。该网站于 2003 年被 Dealtime 收购，改名后包装上市，2005 年被 eBay 以 6.34 亿美元的价格收购。

同风投公司打交道的痛苦经历成为拉威康特的创新动力。创业期间，拉威康特同几位创始人曾对风投公司在收购自己企业的过程中故意压价的做法极其愤怒，一度起诉风投公司，官司最终以一笔对外保密的金额了结。拉威康特从卖公司的经历中收获了两点教训：一个是筹资过程中的定价机制和规则很重要；另外，初创企业需要的资金有限，而少数天使投资人财大气粗，投资金额动辄几亿到几十亿美元，门槛越来越高，出现资金供需方不对称，天使投资人与初创公司之间也存在着沟通方面的隔阂。如果能够通过互联网平台建立一个牵线搭桥的虚拟社区，让更多投资人加入，让风投行业的权力中心从投资人向企业家倾斜，将筹资门槛和成本降低，这将会解决大部分创业者的苦恼。

于是，拉威康特和朋友一起从开设风投博客做起，主要目的是为初创企业提供"一揽子"服务，如成立企业所需的标准化法律文件和其他注意事项，另外，他还采取电邮方式将自己喜欢的25位天使投资人同有意开公司的企业家配对，邮件中直接连接申请公司的幻灯片演示，介绍商业模式、市场潜力以及筹资数目。最终，2010年2月，拉威康特和同伴一起推出名为Angellist的股权众筹平台。

Angellist平台最有影响的案例是优步（Uber）公司。优步公司通过该平台在几个月的时间里，筹集到130万美元的种子基金。为了让交易更加顺畅，让股权众筹平台发挥更大作用，拉威康特将银团贷款模式应用到股权众筹中，银团主投资人都是业内公认的明星经理，负责挑选有潜力的项目，并投入一部分自有资金，跟随者同明星经理一起投资项目。这样一来，资金规模方面有更多杠杆，既让一般投资者多了一层保护，也为筹资公司带来更多便利。同传统银团相比，股权众筹银团的最大区别在于由于没有律师、有限合伙人和会计师等服务中介的参与，大幅度降低了筹资成本。

除银团贷款外，Aegellist 平台还推出 2500 万美元规模的"Maiden Lane"风投基金，最大特点是发挥专业投资人士的优势。具体做法是，每位顶级投资人各拿 20 万美元，负责挑选初创项目并决定投资金额，该基金同传统天使基金最大的不同之处在于收费结构，投资者对风投基金最大的抱怨就是收取手续费方面的不合理，2/20 模式的收费结构让基金经理在投资失败的情况下也能拿到管理费，而 Maiden Lane 基金不收管理费，只收取 30% 的利润提成，其中只有 10% 流入基金的普通合伙人，其余的 20% 是天使基金自己的提成。

Angellist 平台在初创企业家和天使投资人之间架起了一座桥梁，实现直接对接，也降低了风投的门槛，吸引了更多参与风投的散户。这些散户手里有些闲钱，除了投资股票和房地产外，也想尝试一下风投，但又不想支付过于昂贵的手续费，股权众筹平台成为理想的风投渠道。

股权众筹的发展得益于政府态度的改变。由于受到法律的限制，大部分众筹平台将重点放在奖励性回报上，也有一些网站打"擦边球"，让投资者获得一些财务回报。为了创造宽松的商业环境，解决就业难题，时任美国总统奥巴马于 2012 年 4 月签署了《初创企业促进法》(Jump Start Our Business Startups Act，JOBS)，允许初创公司通过众筹方式，每年向投资者筹集 100 万美元的资金，同时将股权型众筹合法化，并纳入监管范围。

JOBS 在信息披露要求方面，也体现了美国监管当局本着尽量简化程序的原则，针对不同的发行规模采取不同的披露要求：筹资总额在 10 万美元或以下的公司，财务报表只需要主要高管人员确认无误即可；筹资总额在 10 万美元至 50 万美元之间的公司，财务报表需要独立会计师审阅；对 50 万~100 万美元筹资金额的公司，财务报表则需要注册会计师的正式审计。尽管 JOBS 众筹为证券经纪商或交易商免除了平台登记的义务，但并未放松对其信息披露的要求。另外，JOBS 还规定，股权众筹交易不能直接在发行人和投资者之间完成，必须通过网络平台，并要求网络平台必须在证交会注册。平台除了撮合工作外，还要承担对发行人必要的禁止性调查以及投资者教育工作。

股权型众筹正在以一种新的方式改变着风投行业，但另类投资的风险本质并没有改变。毕竟初创公司成功率低，风险高，收入前景难预测。另外，一些项目筹资容易，实施起来却困难重重。因此，JOBS 在降低投资者门槛的同时，对投资金额制定了上限：年收入低于 10 万美元的个人每年可以向每家公司最多投资 2000 美元，而富裕个人每年可以向每家公司最多投资其个人收入的 10%，最多不得超过 10 万美元，既充分考虑了股权型众筹的特点，又在防范风险方面采取了必要的措施。

股权众筹正慢慢入侵天使投资人独享的领地。不过，后期的发展仍需要平台、企业家、大众投资者、监管当局和信用文化的相互扶持，需要时间和周期的考验。

贷款平台

几个世纪以来，个人之间的相互借贷活动一直没有中断过，银行中介的出现并未完全替代这类交易的进行。由于缺少一个合适的平台，这类活动大多是地下交易，存在着不少隐患。互联网问世以来，也出现过一些贷款网站，但大都局限在亲朋好友和熟人之间的借贷。英国于 2005 年成立了世界上第一家点对点借贷平台（Peer to Peer Lending，P2P），将地下借贷搬到网上平台。

以菲利普·瑞斯（Phillip Riese）为首的 7 位英国银行业老兵筹办了名为 ZoPA（Zone of Possible Agreement）的点对点借贷平台，ZoPA 是可能出现的协议空间的缩写，其商业模式是，通过网络平台聚合来自众多投资者的小额资金，贷款给有资金需求人群，靠收取手续费盈利。借款人在平台上提供诸如贷款金额、价格和还款期等信息，互不相识的投资者根据自身需要向其提供没有担保的贷款，获取利息回报。

继英国推出 P2P 贷款平台后，美国也分别于 2006 年和 2007 年推出繁荣融资（Prosper Funding）和贷款俱乐部（Lending Club）平台，掀起了一场贷款范式的革命。贷款平台的核心部分在于通过智能化软件，简化贷款流程。在大数据采集、分析和预测的基础上，贷款平台通过算法直接将借款人与贷款人配对，并自动完成贷款的审核、批准、定价、信用评分和资金支付。简单来说，就是市场贷款平台替代了传统银行中的信贷员、审批人以及后台的一系列流程，扮演着撮合借款人和投资者的中介角色。

首先，贷款平台的成本优势突出。由于不受监管资本和流动性要求的限制，贷款平台的支出平均只占贷款余额的 2%，而传统银行的支出占比为 5%~7%。其次是速度，P2P 贷款平台由于摆脱了传统银行申请手续方面的烦琐和官僚，将贷款审批流程从几周缩短到几分钟的时间。最后，平台优势还体现在借款人信息的公开、透明，可以利用社交媒体数据主动营销，通过实时监控借款人资信和经营方面的动态变化管理风险。

贷款平台的工作重点是确保虚拟市场安全和公平交易。针对借款方寻求最低利率、贷款方寻求最高回报这一特点，贷款平台通过信用评级和贷款评分提供精细化的贷款定价，充分体现风险与回报匹配的投资原则。ZoPA 平台最初采取的是拍卖模式，借款人设定自己能承受的最高利率，投资人可设定一个利率下限，最终，通过市场竞争确定贷款利率。有人将其比喻成网络拍卖平台 eBay 模式在银行领域的翻版，只不过拍卖的是贷款。由于拍卖方式过于复杂，贷款平台采取了先给出预期利率，申请人接受申请后再进一步协商的方式。

贷款俱乐部的借款人注册为会员后，随时可以上挂贷款申请。平台综合主流信用评级机构、自己网站搜集的数据并综合信用评级、债务收入比等各方面条件后，可立即提供借款人信用风险评分和贷款利率。

平台根据借款人不同的信用评分和综合条件给出差异变化利率。根据 2011 年 10 月贷款俱乐部平台的数据，贷款利率的变化范围从最低风险级别的 7.65% 到最高风险级别的 24.44%。而繁荣融资平台的贷款利率区间为 6%~30%。

在信用评级细分方面，繁荣融资平台从 AA 级（最高）到 HR 级（最低），贷款俱乐部评级分为 A 到 G。另外，贷款俱乐部还将每个级别细分为 5 个小的分级。两家平台在便利和高效方面做足了功课，信用好的个人可以很快在线上得到事前批准。

贷款平台主要集中在以个人为主的消费金融和小微金融领域。对于借款人来说，贷款平台的优点在于手续简单、快速、交易全部在线上进行。美国旧金山的一位咨询顾问去附近的银行申请个人贷款，遭拒绝后在网上找到贷款俱乐部，发出申请后仅用了 5 分钟时间，就获得一笔三年期 25000 美元、利率为 7.62% 的个人贷款。

大部分借款人都是在受到银行冷落后，不约而同来到贷款平台：有些父母利用贷款平台解决了为儿子买车或买房子的首付款；有些家庭借助贷款平台解决了房屋装修和家庭购置大件所需的资金问题；也有些人解决了开餐馆、美容店、咖啡馆或度假所需的资金问题；还有一大部分借款人从平台借钱的目的在于偿还信用卡债务。在美国，尽管信用卡的使用最为便利，但如不及时偿还，利息高达 25% 以上，面对如此高的债务成本，借款人在贷款平台找到了平衡债务的便利方式。

贷款平台对投资者的吸引力在于可以获得高于货币市场基金和债券的稳定收益，不仅比股票波动小，门槛还低，最低投资金额为 25 美元。美国的一些贷款平台为了方便投资者分散风险，还借用了类似资产证券化的模式——贷款人并不直接向借款人提供贷款，而是购买由平台发行的票据。整笔贷款被分成最低为 25 美元的不同份额的票据，这样一来，贷款人可以投资多笔贷款。有些平台还提供贷款票据的二级市场交易，增加了贷款票据的流动性。

同其他类别投资不同的是，投资者可以根据自己的偏好建立贷款组合，如可以根据贷款金额、期限和利率或借款人居住地、信用额度、工作期限设置投资组合，也可以使用平台提供的自动组合工具，按照某一标准寻找贷款组合，如根据信用质量、平均年利率或两个特点相加设置的投资组合。

对于那些金融专业人士，贷款平台提供了一个近水楼台的赚钱机会。洛杉矶的一位金融顾问于 2011 年初通过贷款俱乐部购买了 30 万美元的票据，实现年收益率 10.2%，而且风险在可控范围内。

对于机构投资者来说，贷款平台最大的吸引力就是较高的稳定回报，特别是当国债收益率、垃圾债和公司债回报都不理想的环境下，贷款平台的相对优势更为明显。为此，贷款平台吸引了不少包括资产管理公司、各类基金、保险公司和养老金在内的机构投资者，进一步推动了贷款平台的火爆。以前贷款平台只是针对个人与中小企业的借贷空间，机构投资者和金融机构的加入，特别是当平台约 80% 的资金都是由银行、对冲基金和养老金等机构投资者提供后，P2P 贷款平台的名字已不再适合，市场借贷平台（Market Place Lending Platform）的名字逐渐被媒体通用。

贷款平台的火爆也吸引了美国一些前银行高管和要人的加盟，其中贷款俱乐部中的重量级人物有美国前财长拉里·萨默斯、摩根士丹利前首席执行官约翰·麦克，维萨卡公司前总裁也加入了贷款俱乐部董事会。繁荣融资平台的创始人就是前在线银行 E-Loan 公司首席执行官，坐镇该平台董事会的还有高盛公司的前高管。

从 2014 年 3 月开始，贷款平台出现了新的变种，从商业、住房地产融资、设备租赁、抵押贷款、学生贷款、短期贷款到外汇、利率互换、大宗商品期货等，此外，还出现了一些面对高净值个人的贷款池基金。

市场贷款平台发挥了互联网时代的公开、公平、互动和共享等特点，创建了一种简单、高效的贷款文化，其无缝快速处理、审核和流畅的客户体验以及实时响应让传统银行望而生叹。贷款平台不承担信用风险，平台上的贷款人即是投资者。

尽管贷款平台填补了那些银行不愿提供服务的消费贷款空白，但还需要经历一个大浪淘沙、优胜劣汰的演变过程，从而证明自己是通过创新技术而不是监管套利获得的竞争优势。

人工智能显神威

人工智能（Artificial Intelligence，AI）是金融科技的又一大冲击。智能机器凭借接收、采集和处理各类海量信息的优势，自动完成预测、分析、执行等工作，从全新视角破解金融市场密码。

人工智能是一个比较宽泛的概念，剑桥大学发行的《人工智能手册》将其定义为一种跨学科理解、建模和创建各种形式的智能的方法。简而言之，人工智能就是利用认知技术，让机器执行需要人类智慧的工作。人工智能的概念最早由达特茅斯大学数学教授约翰·麦卡锡（John McCarthy）于1956年提出。他将人工智能定义为制造智能机器，特指计算机程序的科学和工程，同使用计算机理解人类智能的类似工作相关，但并不局限于生物观察方法。1955年，他同来自麻省理工学院的马文·明斯基（Marvin Minsky）以及IBM和贝尔实验室的几位科学家一起，探讨如何让机器使用语言、抽象形式和概念解决人类面临的问题。这些科学家们认为既然人类的认知源自一个或更多相关算法，那么通过编程，机器模仿人类大脑思维的自动系统也可以产生同样效果。

"二战"后，一些科学家致力于智能机器研发。最有影响力的要算是英国数学家阿兰·图灵（Alan Turing），他曾在1947年的一次讲演中谈论起这个题目。随后的几十年里，科学家们研发可控环境下的智能机器的努力一直没有中断过，但结果总是与大众预期存在较大差距。1997年，IBM公司开发的深蓝超级计算机以每秒计算2亿步的能力，击败了国际象棋世界冠军。这一消息不仅重新引发社会对人工智能应用的关注，也带来新一轮的智能机器研发浪潮。

功能强大的硬件、大数据以及日趋复杂的高级算法将人工智能技术推上一个新台阶。机器人处理自动化（Robotic Process Automation，RPA）、机器学习（Machine Learning, ML）和自然语言处理（Natural Language Process, NLP）都是人工智能的重要组成部分，近年来在应用领域不断取得突破。

美国电脑科学家亚瑟·塞缪尔（Arthur Samuel）于1959年就提出了机器学习的概念，认为计算机除了理解和执行预设程序外具有自学能力。也就是说，计算机可以通过获得数据和大量训练自我学习，从简单输入获得期望的输出到用结构性反馈自主解决问题。在数字化时代，机器学习不断突破人类认知和历史经验的局限，在解决实际问题中能发挥更大的潜力。

深度学习（Deep Learning）是机器学习的许多方法之一，将机器学习又向前推进了一步。人脑是由神经网构成的，深度学习通过模拟人脑的生物结构和功能，构建人工神经网络算法，用于发现模式并做出直觉推理。深度学习成为应对不完全知识体系和模糊数据的有力工具。

人工智能的另一个分支是自然语言处理，就是让计算机在大量数据及信息的训练中，更深刻地理解人类语言、图像、影响等非结构文本，找出其中的关联，挖掘有价值的洞见。互联网、社交网站和个人电子设备产生的各类数据，为自然语言处理技术提供了广大的发挥空间。

人工智能等科技在金融领域的应用由来已久，在前沿科技研究不断取得突破的今天，它正形成一股改变金融基础的强大力量。

算法交易

金融市场交易是金融科技攻克的又一大领域。算法交易（Algorithm Trading）指的是按照计算机程序控制的交易，也是程序化运算的统称，具体来说，就是计算机利用特定程序跟踪货币、汇率、石油价格、金融资产息差等相关变量的波动，决定交易时机、数量、金额和价格并自动执行交易。

软件程序员托马斯·皮特菲（Thomas Peterffy）可以说是算法交易的鼻祖。他于"二战"期间出生在炮火连天的匈牙利，不堪贫困和饥饿，怀揣改变人生命运的梦想移民到美国。初到美国，由于皮特菲英文不好，只好学习电脑编程，在华尔街找了份工作养家糊口。当时市场上流行的布莱克－斯科尔斯期权定价模型给皮特菲带来了灵感，他开始寻思用算法程序参与股票期权市场的交易。1998 年，美国证交会批准了纳斯达克电子交易所的消息传来，皮特菲灵机一动，将 IBM 机器同交易所终端连接，用机器替代交易员，制造出世界上第一个全自动算法交易系统。

无独有偶，数学天才爱德华·索普（ED.Thorpe）也是一位算法交易的高手。他利用自己在麻省理工学院读博士后期间发明的算牌方法，在 21 点纸牌游戏中屡屡击败庄家。随后，他又利用穿戴设备攻克轮盘赌，最终受到赌场拒绝入场的"待遇"。在索普的心目中，赌场毕竟受到金额限制，他的梦想是在变幻莫测的金融市场大显身手，将投资变成数学解题。索普于 1974 年成立量化对冲基金（Princeton Newport Partners Fund），依靠算法交易、以量取胜，在 18 年的时间里，将 140 万美元变为 2.73 亿美元。

交易员出身的哈罗德·布莱德利（Harold Bradley）也是一位致力于打造一台具有交易员思维的机器的奇才。布莱德利在堪萨斯城投资公司旗下的 American Century Ventures 公司任主管期间，不满大型机构投资者凭借规模和关系从中介争取优惠条件，而不是靠智慧取胜的现状，自己动手创建了一个计算机神经网络，训练网络模拟交易员思维，识别并分析影响股价走势的各种要素。其实，交易员思维的机器只是布莱德利的第一步，他更大的野心是想以算法为核心，设计出一台比人类更智能的机器。

　　2000 年，布莱德利率领研究团队，确定了 7 个影响股票表现的要素，使用 U.C. 伯克利大学研发的差分优化算法，为每一个要素赋予相应的权重。他先是从随机权重入手，让机器从某一个时点随机找出 10 支表现最好的股票，用历史数据查对，检验权重是否预测了这些股票的实际表现，然后机器再使用略微不同的开始日期或一组不同股票，重新来一遍，经过对每个权重数千次的测试，获得了对这些股票表现的全面了解。将权重改变后，计算机再将整个程序重新演练一遍。由此，布莱德利团队搜集了数千种权重的表现数据，从中找出 10 个表现最好的权重，用差分优化算法再运行一遍，算法为这些权重配对，综合创建了 100 个子权重，完成测试后，10个表现最好的权重再配对，产生另外 100 个权重。最终，布莱德利团队从十几代权重中，挑选出了较为理想的权重。

　　量化金融的传奇人物詹姆斯·西蒙斯（James Simons）更是算法交易的高手，他将高频交易（High Frequency Trading, HFT）和量化策略相结合，在金融市场大显身手。高频交易是算法交易的一种形式，也称为自动交易，其特点为高换手率。具体来说，高频交易利用高速系统监控股票或期权等市场在不同地点和期限之间价差的细微变化，在此基础上，计算机的智能系统依靠算法以每秒执行数千次交易的速度自动执行订单，赚取市场上细微的价差。

　　在这位曾在国防部参与密码破译的数学家眼中，华尔街的交易一点儿也不神秘。西蒙斯成立的文艺复兴对冲基金

（Renaissance Technologies）聘用的全部是一流科学家，通过自己开发的一套量化投资模型，捕捉市场机会，完全依赖算法主导的机器自动做出交易决策。外界将他发明的交易方式称为"黑箱作业"，而西蒙斯对黑箱的解释是"黑箱就是大脑"。西蒙斯发明的"黑箱"交易系统是算法交易的初级形式，以速度和规模见长，瞬间从市场上大进大出，交易范围从外汇、债券扩展到几乎所有可交易的资产。经过数年的磨炼，算法模型也变得越来越聪明。

为了实现全美证券市场体系现代化，解决股价在不同地区不同价格的乱象，证交会于2005年通过《全美市场系统管理规则》（Regulation National Market System，Reg.NMS），将各自为战的电子交易市场统一为一个相连的全国市场交易平台。伴随着全球化的脚步，国内市场交易平台又同全球电子交易市场联系在一起。这一规定原本是为了确保投资者订单得到最好的价格执行，鼓励市场竞争，无形中却为超级计算机提供了更便利的高频交易机会。

另外，美国证交会还出台了针对场外交易场所的《另类交易系统监管规定》（Regulation Alternative Trading Systems，Reg.ATS），鼓励另类交易平台和电子通信网络。证交会在证券定价方面推出的十进制，也为电子交易提供了从细微价差套利的机会。

高频交易和量化基金经理使用以微秒为速度单位的复杂的计算机程序交易股票，让传统交易员们望尘莫及。高频交易公司的机器交易系统对临时出现的价格异常反应更快，并且可以同时比较几个市场的价格，在最短时间内捕捉、分析和判断信息。把握瞬息万变的金融市场走向的能力成为高频交易胜负的关键。为此，高频交易公司将主要精力集中在驱使市场波动的两大要素上；一个是新闻突发事件，另一个是公共情绪。新闻突发事件包括自然、政治、社会、企业等可以影响资本市场走势的消息。对于高频交易公司来说，突发事件拼的是速度，谁最先获得突发新闻，谁就能拔得头筹。为了满足高频交易公司的市场需求，道琼斯公司还推出Lexicon实时金融信息服务，读者对象不是专业投资者，而是算法机器。机器不像人一样热衷故事，它只吸收编排有序的硬数据，而且在接收和分析实时信息时更理性、精准，不含感情色彩和心理因素。机器阅读新闻能在瞬间发现人类无法察觉的机会，还能根据算法对瞬间变化的市场做出反应。

在移动互联时代，社交媒体是新闻媒体的自然延伸，社交网络关系着人类活动的脉搏，实时反映着人们的思想情绪。行为经济学认为情绪可以极大地影响人们的行为和决策，它也是影响资本市场变化的重要驱动力。高频交易公司以前只是将新闻数据直接发送给自动交易程序，现在开始利用社交媒体同自动交易链接，将非结构性数据转换为各种各样有意义的交易信号。社交媒体的实时数据流在捕捉公共情绪方面为智能机器提供了不可多得的分析和决策参考，也以最低成本创造出更多的交易和盈利机会。

2008 年，印第安纳大学鲍兰教授同其他几位教授一起花了 10 个月的时间，从 270 万用户发出的 980 万条推特中，分析了道琼斯指数与公共情绪的相关性，得出的结论是使用推特预测道琼斯指数走势的准确率可以达到近 90%。

一些对冲基金早已使用以社交媒体情绪为指导的交易策略，作为传统交易策略的补充，这些基金每天处理数亿条推特，从中寻找对短期市场走势有价值的信息，并做出有意义的洞察。Topsy 公司利用社交媒体跟踪美国的网络视频公司 Netflix 的表现，发现凡是有关该公司的负面消息多于正面消息时，该公司股票在第二天下跌，反之亦然。

实时新闻和数据不受地域限制，对于关注市场走势的公司来说至关重要。2012 年 8 月 6 日，美国石油巨头雪佛龙集团在加州的炼油厂遭遇大火，毁坏了日产约 25 万桶原油的车间，引发加州油价普涨 23 美分，为 2007 年 11 月以来单日内最高涨幅。两家数据分析公司分别搜寻到机关推特——一位在炼油厂附近的网友亲眼看到了炼油厂着火。这两家公司迅速将信息转给客户，客户在新闻媒体公布消息前就根据油价必涨的判断，迅速做出价值数百万美元的交易决策。

2011 年 5 月，一位前国防部官员最先发出本·拉登死亡的推特，比传统媒体提前 20 分钟，机器在第一时间捕捉到这条推特，并迅速转发给相关客户。Crimson Hexagon 是一家自称比其他公司更聪明的社交网络分析公司，以前的客户主要来自娱乐业和零售业，现在许多高频交易公司也进入了它的客户清单。该公司创始人是哈佛科学家金教授，他开发的软件可以从推特和其他社交网站搜集的 2750 亿条推特中（其中包括中国的微信），了解各类市场的动态和趋势，为交易和投资决策提供商业智慧。

高频交易市场的激烈竞争也反映在对硬件表现的追求上。机器硬件在技术方面的突破让金融数据传输速度日新月异。当速度达到一定极限后，尽管交易所同时向所有市场玩家提供信息，但在收到交易确认信息和交易所发布各类期货合约之间仍存在着细微的延迟。以芝加哥商品交易所为例，各类大宗商品合约均存在着延迟时间，其中白银合约为 2.4 毫秒、大豆合约为 4.1 毫秒、黄金合约为 1.1 毫秒。另外，根据专家的测算，光纤电缆每长出一英寸，在数据传输方面就意味着 1.5 毫秒的延迟。如果高频交易公司可以比其他参与者领先 1 毫秒获得信息，每年预计可以提升公司利润 1 亿多美元。

传输速度最快意味着交易公司服务器与交易所之间应追求两点间的距离最短。为了缩短在发出和收到指令之间的时间，高频交易公司为此展开了减少网络信息延迟的设备竞赛，想方设法从物理距离上最大限度地接近主机，将办公室靠近交易所服务器或将交易系统托管到交易所的数据中心，利用服务器的地理位置优势，比其他机构更早收到交易所的原始交易数据，凭借微秒上的优势，先发制人。

2007 年，纽约证交所投资 5 亿美元，实施"阿尔法计划"，在新泽西州莫瓦市的一个旧采石场，建造了一个巨大无比的计算机交易中心。大楼占地 40 万平方英尺，有几个足球场宽，允许量化交易公司将计算机主机直接放在纽交所的订单配对引擎旁，每月向用户收取数千美元的使用费。所有交易指令最终汇集到交易中心，由计算机撮合成交。一时间，订单撮合系统的主机托管位供不应求。

美国一家叫作 Spread Networks 的公司看到高频交易公司对速度的渴望，专门为金融公司提供超高速链接。华尔街与芝加哥交易所之间的最短距离是 825 英里，该公司沿着这条线路铺设了价值 3 亿美元的光纤电缆，每月向高频交易公司收取 30 万美元使用费，仅 2010 年一年，类似的硬件公司在基础设施方面的投入就有 20 多亿美元。另外两家美国公司正分别建造横跨大西洋的海底电缆，让华尔街同伦敦证券交易所通过最短的线路连接，其中一条跨大西洋电缆可以让每笔交易节省 5~6 毫秒。

2012 年春天，设备供应商中又出现了更强的竞争对手。据专家测算，信号通过光纤电缆每秒钟传送速度为 20 万公里，而通过空气传送则为 30 万公里。因此，纽约到芝加哥的最快通信应该是通过空中传送。于是，美国的 Tradeworx 公司通过兴建一连串微波传输塔，将下单到确认之间的往返传输速度降至 9 毫秒以下。当然，微波传输的缺点是微波有可能被暴风雨或某些大气条件干扰，从而产生间断，但该公司声称微波传送可以达到 99.999% 的可靠性。

当然，高频交易公司最大的竞争法宝还是高级人才。每年的毕业季，高频交易公司都到各大名校用高薪做诱饵，争抢顶级人才，一些国际奥林匹克数学冠军获得者和某些领域的奇才尤为抢手。高频交易公司的最终目的是将更多计算机科学和统计学理论应用到算法交易中。

当今的金融市场已逐渐被以数据驱动的机器统领，根据Tabby Group 研究咨询公司的统计，2017 年量化对冲基金已占到全部股票交易的 27%。[1]

机器理财

机器人投资顾问（Robo-Advisers）是机器学习技术在理财方面的应用，它已成为散户投资者管理投资组合的便利工具。

机器人顾问在算法和大数据相结合的基础上，为千禧年一代客户群体提供资产配置、投资咨询以及复杂的税收策略等服务，实现了理财自动化。同交易员一样，理财顾问一直是金融市场上的"金饭碗"，高昂的手续费是"金饭碗"的主要收入来源。无论是一般投资者还是腰缠万贯的亿万富翁，都离不开这些专业人员的辅助，机器人顾问的入侵让这些金融专业人士感受到了从未有过的威胁。

ETF 是近年来投资者青睐的新资产类别之一，但由于ETF 种类繁多，普通投资者很难选择。而机器人顾问较好地解决了这个问题：它可以根据投资者的风险偏好，在不同 ETF

1　Gregory Zuckerman and Bradley Hope, "The Quants Run Wall Street Now", *Wall Street Journal,* May 21, 2017.

之间构建投资组合。机器人顾问同传统投资组合管理软件的不同之处在于，客户可以直接进入组合管理工具，在机器的帮助下自动设计投资组合，让投资变得简单易行，不仅免去理财顾问的中介费，也排除了理财师在投资选择方面的利益冲突。

Wealthfront 是硅谷最具代表性的金融科技公司，也是世界上规模最大、增长最快的自动理财公司。这家公司仅用了两年半的时间，在管资产就超过 10 亿美元。公司创始人丹·卡罗尔（Dan Carroll）从 15 岁就开始从事投资业务。在他眼中，财富管理长期以来一直是富人的专属服务，100 万美元基本上是最低门槛，而对于广大的普通收入阶层来说，尽管也有投资理财的迫切需求，却苦于得不到相应的服务。

卡罗尔希望借助互联网改变这一现状，提高投资领域的透明度，为缺乏经验和投资技能的广大中小投资者提供专业化服务。他于 2007 年创立了 Wealthfront 公司的前身 Kaching 公司。这是一个在线交易和业绩展示的平台，用户在平台上注册之后就可以开立自己的账户，平台会根据用户每日的交易情况，公布所有人每日的持仓以及业绩表现，每位用户可以随时查看并借鉴优秀投资人的投资手法。另外，如有需要的话，用户还可以通过付给少数业绩优秀的投资人一定比例的佣金，将自己的股票账户与其进行链接，自动跟随这些优秀投资人的交易，平台将和这些优秀的投资经理一起分享佣金收入。

2008 年，风险投资基准资本公司（Benchmark Capital）的创始人之一安迪·拉切列夫（Andy Rachleff）加入 Kaching 公司，成为第二任 CEO，并在同年年底，将公司正式注册为一家投资咨询顾问公司。经过近两年的发展，2011 年 Kaching 公司正式转型成为一家专业在线财富管理公司，并更名为 Wealthfront。

公司利用所处硅谷地区的地理优势，以那些年龄在 20~30 岁、无暇理财的硅谷科技人才为主要客户群体。2012 年 12 月，国际投资界著名人物、《漫步华尔街》一书的作者、普林斯顿大学经济学教授马尔基尔（Dr. Burton Malkiel）加盟该公司并成为首席投资官。由于马尔基尔教授认同有效市场理论，全力促使 Wealthfront 公司全部采用以 ETF 为主的被动投资方式。2014 年，亚当·纳什（Adam Nash）接任安迪·拉切列夫成为该公司第三任 CEO。亚当·纳什最擅长利用大数据进行投资分析，非常契合公司的投资文化。另外，他在苹果等多家硅谷科技公司工作期间积累的人脉关系让公司受益匪浅，同时，他招聘来的一批来自斯坦福大学等名校的优秀工程师和具有金融产品工作经验的硅谷高管，使公司队伍不断壮大。

2015 年春天，随着自动理财市场的竞争日趋激烈，嘉信理财和先锋集团等大牌投资公司也先后加入竞赛，推出基于算法和机器学习的智能投资组合，为客户创建个性化的投资组合。由于大部分自动理财软件以跟踪一些主要股票和债券指数基金为主，全球最大的资产管理公司、也是 ETF 最大的供应商——贝莱德集团采取大举收购自动理财公司的方式追赶新潮流。

大公司拥抱自动理财，一方面希望新技术为公司带来创新活力，另一方面是为了应对财务顾问老龄化的挑战。美国的理财顾问平均年龄 51 岁，30 岁以下的人员占比不到 5%。而随着社会人口构成的变化，特别是千禧一代将成为金融服务的主要对象，无论是投资、理财还是交易，这个群体自主参与意识更强，拥抱新技术将成为常态。

更多场景应用

摩根大通银行采用机器学习和自然语言处理审查商业贷款合同系统，将现有日常业务流程完全自动化，特别是替代了那些涉及贷款处理、数据整合和验证等重复性工作，将原来需要几十万个小时处理合同的时间缩减为几秒钟。在合规与风险管理方面，机器学习和自然语言处理通过实时跟踪风险敞口以及资金需求变化预测企业的违约风险，还可以通过实时监控反常交易，预防欺诈和内幕交易等违规行为。

VR 技术为金融业客户服务部门实现完全虚拟化提供了可能。强大的遥控传感装置的应用为保险业带来福音。数十亿个相互链接的传感器让保险商根据实时监控结果确定保费和承保范围成为可能，而可穿戴设备提供的关于客户健康习惯的个性化记录，则为人寿保险公司提供了方便。

可视化网络分析技术通过辨认金融系统中容易被忽略的短板，将复杂的市场可视化，为决策提供重要参考。例如视觉网络分析技术用于制作美国各州自 2000 年至今的房价变化地图，相互之间用点线连接起来，州与州之间的连线越短，表示相关性越强。结果令人震惊，房价变化地图恰当地解释了 2008 年金融危机爆发的源头。如果这幅地图出现在危机前，可以将潜在风险以视觉方式暴露在政策制定者眼前，哪怕一时半会还不能解释原因，但至少可以看出一些被忽略的重大风险。

英格兰银行首席经济学家安迪·霍尔丹（Andy Haldane）的大胆设想是，利用可视化网络分析技术建立一个全球金融体系的仪表监控盘，在危机爆发前检测危机。正如他在 2014 年的一次演讲中提出的理想场景：监管者稳坐在金融桥上，测试和观望即将来临的金融灾难，必要时予以干预。

利用网络分析模型，模拟各类金融公司以及机构投资者之间的相互影响，有助于监控和分析更加复杂多变的金融体系：哥伦比亚央行利用金融网络分析软件建立系统风险工具；英格兰银行和美国金融研究办公室也在创建自己的银行、资金管理公司和清算行网络模型，研究银行倒闭或瑞士央行放弃本国货币同美元挂钩将如何冲击整个金融体系等重大议题。网络分析技术应用到银行的压力测试方面，还可以帮助寻找全球金融市场的弱点。

相比古典经济学家们的预测，网络分析模型更真实地解释了金融市场和复杂金融体系的工作原理，为应对未来危机提供了具有一定价值的参考。

破坏性创新——区块链

自古以来，任何价值物的转移、交易、存储和支付都难以回避信任问题。由于血缘、宗族、宗教和道德皆未能彻底解决信任问题，才产生如银行、保险、券商、会计师、律师、公证等中介机构。然而，长期以来，中介机构的所作所为总是让人放心不下。2008年金融危机中披露的丑闻进一步破坏了社会对金融中介的信任。

在社会和新经济力量的推动下，合作分享平台、各种按需订制的产品及服务纷纷问世，包括支付、众筹和贷款平台在内的新金融，仍未从根本上解决信任问题，这些平台本身仍扮演着传统中介的作用。在大多数情况下，大众产生的价值并未得到平均分配，而是被运行这些平台的大型中介截获。人类社会在从物理世界到数字化世界的过渡中，呼唤着新的信任机制，特别是与网络价值转移和交换相匹的信任系统。

区块链（Blockchain）这一破坏性创新技术，试图用编码和加密技术解决数字时代的信任问题。2015年《经济学人》杂志将区块链技术称为"信任机器"。它具有从根本上改变现代金融运营模式的潜力。银行的本质是数据，是大规模的记录，区块链正是从技术上重建这个体系，实现自工业革命以来强调的结构、标准、控制向去中心化、分布式数据库的转变。

区块链的由来

区块链的技术源于虚拟货币——比特币，为了便于理解比特币的出台背景，让我们从人类历史上货币的演变说起。货币作为交换媒介，其形式经历了从贝壳、农产品到金、银等金属的演变。自我国宋朝发明世界上第一张纸币开始，经过长期的试错及通胀的洗礼，各国逐渐适应用黄金约束纸币的发行。然而，由于黄金供应有限，同经济发展对货币的无限需求难以匹配，金本位制最终遭到抛弃，甚至连美元－金本位制也难逃厄运。从 1971 年开始，没有黄金支持的纸币开始流行，这个法定货币体系同以金、银为代表的商品货币不同，前者没有内在价值，其价值来自公众对政府的信任，全部货币发行权掌控在政府手中，币值经常受到政府货币政策的影响，印钞则成为政府重要的调控经济手段。在其他情况不变的前提下，这种做法未来还会经受更大考验。

即使忽略政府印钞对经济造成影响这一点，纸币作为价值符号发展到今天也已无法满足社会和经济发展，数字化社会呼唤着新的价值符号，呼唤着虚拟世界陌生人之间的交换媒介。一批电脑极客开启了用数字货币替代法币的研究，希望从技术层面解决这个问题。1992 年，互联网刚刚兴起，美国国家安全局利用密码技术大范围搜集个人数据，侵犯隐私，为此，以蒂姆·梅（Tim May）为首的一批电脑极客聚集在一起，讨论如何在网络化电脑上采用密码学保护用户信息，给予个人更多掌控信息的权利。他们当时提出的口号是："起来，我们失去的只是锁链，打开的是一个新世界。"

这群极客发明的匿名、分布式电子现金协议和比特币成为加密货币的早期尝试。2008年10月31日，一位化名为中本聪（Satoshi Nakamoto）的计算机天才参考了这批电脑极客的研究成果，在网上发布了题为《比特币：点对点电子现金系统》的论文。这篇9页纸的论文解释了将数据变成区块的基本概念，如何用时间戳将那些区块在分散化的节点上组成链、在每个节点核实每笔和所有的交易，以及如何使用点对点网络创建电子交易系统，并提出解决货币被复制问题的方案。中本聪的另外一项创新是，使用工作量证明模型解决了双重消费难题，确保数字化货币不被重复使用。区块链通过"工作量证明"核实每笔交易，记入账簿，称为比特币。论文是通过邮件发给那些对加密货币感兴趣的小众群体。

在首次介绍了有关点对点电子现金系统的概念后，中本聪又于2009年1月，宣布在点对点基础网站推出比特币核心软件，并发行了第一批没有中央发行人、无须任何贵金属支持的数字化货币。

最先对中本聪现金系统概念感兴趣的是电脑编程员，这是一个困扰了他们30多年的问题。他们一直在思考如何设计一种法币之外的数字交换媒介，在没有中介的情况下，直接在互联网上实现转账。

加密货币取代纸币的可能性一直存在，中本聪利用分布式网络和复杂的密码技术创建的一套共识机制，在广阔的平台上实现了点对点价值交换，将交易中的信任自动化，成为数字化时代新的信任基础。

被称为"数字经济之父"的唐·塔普斯科特（Don Tapscott）在 2016 年举办的一次 TED Talk 中指出，区块链将我们从信息网带入价值网，也就是说，让互联网的功能从传送信息变为传递数字化价值。货币、金融资产、股票和债券，以往依靠金融中介确认、核实、清算、记账、储存、转移、交易和管理，有了区块链，软件应用不再需要部署在集中化的服务器上，可以点对点地在网络上运行，经济也从中央化组织向越来越分散化的组织新模式转变。

比特币是人类历史上第一个数字化价值媒介，双方或多方在线上交易，可以摆脱第三方，使用一种不由任何政府或组织发行、拥有和控制的货币。比特币首次实现了虚拟世界用户之间安全转移数字化财产的梦想，在交易发生的很短时间里，甚至实时交易的所有细节都安全存储在网络的多个节点上（电脑或服务器），这意味着发送与接收方都不可能更改录入，信息被加密，每个人都知道交易的发生，没有人挑战交易的合法性。

比特币在 2008 年出现短暂辉煌后，由于一家处理全球 70% 比特币交易平台的破产而降温，但是，支撑比特币的区块链技术却让人们眼前一亮，成为一座有待发掘的"金矿"。比特币的基础协议采取的是分布式账簿，也就是区块链技术。简单地说，区块是数字化记录，完成的区块累加到前一个区块上形成区块链，一系列交易相互依存保证了交易事实的完整记录和永久保存。由于所有网络中的参与方都有一个记录副本，区块链也称为分布式记账或共享数据库，换句话说，区块链是一种以数字化形式，在分类账簿里完整记录公共交易的机制。

区块链给了我们一个永恒的基础：一旦放入任何记录，将永久不变。所有交易被核实、交换、储存在区块中，同前一个区块相链，每个区块必须参考上一个区块生效，这个数据结构被盖上永久性时间戳。不可修改的概念在数字世界中至关重要。区块链分布的节点越多，信任度越强，相当于在核实基础上的不断核实，因此，网络效应是不可修改的关键。

重塑交易处理

区块链重新定义了交易处理方式，实现了无须第三方中介的点对点交易，影响到支付、清算、筹资、证券交易等多个业务领域。

区块链的核心是交易记录，其历史数据结构准确记录着互联网世界发生的每笔交易，链条将数据编成加密区块，永远不被修订，并将其分布到全球范围的网络中，形成永久性的账簿。这项技术在金融领域建立身份、所有权和记录交易方面具有广泛的应用前景。

自从 15 世纪意大利人卢卡·帕乔利（Luca Pacioli）在人

第十章　数字金融

一

类历史上的大变革时代发明了复式簿记以来，记账程序逐渐走向规范化。然而，在人类社会向数字化经济转型的过程中，中心化账簿的局限性日益明显。自动化交易、电子商务以毫秒、微秒为单位的速度执行，而金融机构交易的后台处理仍沿袭着确认、核准、支付、记账等一系列工业化时代的传统流程，有些业务还存在着手工操作，交易从完成到资金的转移需要几天的时间。另外，第三方中介参与交易处理不仅产生中介手续费，增加了交易成本，差错也时有发生。当遇到多方做同一笔交易时，相互之间各自记账，保存在不同的数据库中，缺少互动和沟通平台，效率低下。很显然，数字化交易的执行速度与后台处理速度不匹配，以及多方交易渠道不畅通的状况早已不适应新经济的需求，区块链技术为解决这一问题提供了另外一种可能。

如果说现代会计是商品经济的产物，分布式账簿就是数字经济的基石。分布式记账平台让交易的自动配对、结算与清算、核准、记账成为可能，几分钟内就可以完成全部的数字化资产的交换，而且全部交易记录安全、准确、不可篡改。一笔交易发生后就有了交易手印，每人自动获得更新的加密账簿，任何同这笔钱相关的未来交易都会参考上一次的手印，从而形成牢固的事件链条，记录下整个交易历史，并且账簿由所有参与者拥有，每一台单个机器的随意修改都会暴露在整个网络中。

从某种意义上讲，区块链也可以简单地理解为记账工具的进化。不管是一块土地还是一家公司的股权交易，账簿都忠实记录着资产的转移，但出于安全原因，以往的第三方中介或中央服务器控制着所有数据，获取浩瀚历史数据难度很大。而区块链的共享平台将让封闭的账簿成为历史，所有利益相关方都可以看到并核准平台上发生的每笔交易。

基于区块链的分类账簿不是由一个控制系统或所有者维护，而是由互联网上众多计算机组成的网络维护，区块链既可以记录、核实和管理数字化资产，也可以跟踪更为复杂的交互行为，是数字化资产交易的基础设施。将支付与结算系统建立在分布式网络数据库中，无须中央服务器或中心机构就可以完成这些数字资产的转移，实现了交易流程的全自动化，为解决跨境支付、支票、证券的结算和清算速度滞后于交易的问题提供了新视角。

智能合约

区块链技术最有前景的应用之一是智能合约（Smart Contract）。智能合约指的是一种以计算机编码写成、自动同意和执行的合约。简而言之，基于区块链的智能合约是将现有纸质法律合约自动化。

合约制度是市场交易的根基，建立在交易相关方的共识基础上。基于区块链技术的智能合约就是将大家一致同意的规则转换为计算机编码，在区块链所有节点上复制、核实，计算机程序在满足条件的情况下，便可准确、自动执行合约，不需要第三方干预。自动售货机是人们理解智能合约的最好范例，当一定数量的货币条件满足后，自动售货机会自动将饮料或食品送出。

智能合约的概念由密码专家尼克·萨博（Nick Szabo）于1996年提出，他发表的《智能合约：为数字市场建区块》[1]等相关文章，旨在为互联网上的陌生人设计电商协议，解决交易中的信任问题。如果将区块链比作数据操作系统，智能合约就是杀手级应用。[2]智能合约将复杂的逻辑和规则加在区块链之上，将传统合约管理自动化，将我们周围的世界数字化。

智能合约是围绕合同法的一场数字化革命，它为所有涉及法律文本的金融业务提供了一种新范式，让人类历史上首次实现互不相识的交易双方或多方、商业或个人，可以在不依靠中介的情况下签署协议并完成交易。智能合约以用户为核心，用户掌控数据、数字化资产，以及同其相关的声誉。

由于智能合约的安全性超过传统纸质合同法，在很大程度上减少了法律纠纷和欺诈。另外，智能合约凭借成本和准确的优势替代了低效、繁重的文书工作。如果区块链成为数字世界运行的基础，大多数应用将依靠智能合约执行数据交换和程序，换句话说，智能合约是一个灵活机制，可以为所有类型的协议和数据交换担当区块链中介。

1　Nick Szab, "Smart Contracts: Building Blocks for Digital Markets", www.fon.hum.uva.nl.

2　Rob Marvin, "Blockchain: The Invisible Technology That's Changing The World", *PC Magazine*, August 29, 2017,p.17.

智能合约可以实现贸易融资业务的数字化。参与交易的各方，如船运公司、银行、货运商、港口、客户和保险商进入同一个交流渠道，完成确认客户身份、原始单据出处、交易和受益人所有权交换等一系列传统流程，根据达成共识的编码协议，实现交易的数字化和自动化。由于智能合约不仅可以实时监测押品头寸的变化，还可以将智能合约的执行与支付紧密结合在一起，极大地降低了合约执行过程中的欺诈风险。

智能合约用于银团贷款、公司并购和证券化等方面，可以大幅度缩短多回合的业务谈判和繁重的法律文件处理时间，简化整个银团贷款的流程。区块链成为多方谈判和交易的平台，为协议文本的商议、修订以及实现多方实时沟通提供便利。所有交易相关方都可以实时看到协议的变动，一改目前低效的纸质文件传送，更重要的是能够避免有人在未授权的情况下修改协议。

智能合约借助分布式数字化平台为直接发行和交易股票、债券及各种证券提供了便利。德意志银行创建的智能债券，用计算机编码编写募股书，然后在区块链平台上发行和交易债券并获取债息；法国巴黎银行同众筹平台 Smart Angels 一起开发股份注册，自动将公司在平台发行的证券挂牌，为中小企业融资提供便利。

另外，智能合约还可以实现利率互换和 CDS 等场外交易的自动化。具体来说，就是智能合约将衍生品合约转换成编码，所有参与行共享一份主协议，实时修订并确认，利用区块链平台撮合衍生品交易，无须托管行管理和持有交易资金。平台向全网络广播交易信息并宣布交易赢家，智能合约以宣布结果为依据自动兑换价值。

区块链公司推出的 ICO（Initial Coin Offering）是一种全新的融资方式，发行的不是股票而是加密货币，颠覆了交易和股票所有权记录的方式，帮助企业实现点对点筹资，既摆脱了传统中介，又确保隐私与安全，成为智能合约的又一项应用。

智能合约与万物互联设备的结合为机器与机器之间的交流提供了便利。将智能设备搜集的数据放到区块链上，由智能合约管理实时数据，可以创建出全新的贷款以及其他基于用量的协议，可以实时处理抵押贷款还款或汽车保险理赔等。

一项全球试验

区块链是破坏性技术创新，现有游戏规则的改变者，为数字社会提供了全新的基础设施。对于这样的新事物，现有的各类中介不敢怠慢，纷纷加入这场决定未来生存的竞赛中。

区块链技术的开发集结了当今社会上两股最强大的力量，那就是硅谷的计算中心和华尔街、伦敦的货币管理中心。在这场硅谷与华尔街的对决中，我们已经步入一个银行更像科技公司、科技公司更像银行的新时代。

美国和英国共有 300 多家技术初创企业正在紧锣密鼓地开发区块链技术在金融领域的应用。行业组织数字化商会

（Chamber of Digital Commerce）提出的将区块链技术带入华尔街的建议已经获得包括一些IT巨头在内的大多数机构的支持。参与区块链开发的许多人曾担任过大型金融机构的高管，如曾经发明CDS的前摩根大通银行高管马斯特斯领衔区块链数字资产控股公司（Digital Asset Holdings），再次站在金融创新的前沿，测试区块链技术在资本市场的应用，加速银团贷款结算和美国国债回购业务的数字化进程。IT公司对这项有可能成为下一代金融体系的实验一马当先，其中IBM和微软公司借此机会向区块链技术开发商提供云服务，培育区块链生态环境，确保交易和资产安全。

区块链技术对银行的影响不仅是一项突破性技术的应用，而是迫使其重新思考长期以来核心业务的运作方式，在前景不太明朗之时，是接受新事物还是墨守成规，对大型金融机构来说是一个问题，不过谁也不愿落到"金融业的柯达公司"的下场。尽管大型金融机构还没有更大的动力推翻现有系统，但都在跟踪区块链技术的发展，有些机构将其变为降低运营成本的工具。根据国际证券清算组织Euroclear的预测，银行资本市场业务的IT和运营支出每年接近1000亿~1500亿美元，高盛公司最新发表的一份研究报告保守预测，实施区块链技术将会让全球资本市场每年节省60亿美元。2019年2月，摩根大通宣布推出自己的加密货币——JPM Coin，成为美国第一家将区块链技术用于客户间支付业务的商业银行，率先实现货币的实时支付。

客户识别一直是银行面临的"老大难"问题，也因此频频受到政府和监管机构的处罚。区块链技术将在客户识别方面实现突破，从而降低银行的欺诈风险。另外，无论是商业银行、投行还是资产管理公司都担当着价值存储的任务，区块链可以替代保管箱以及其他的保管工具，在现金管理、资金托管等业务方面大显身手。

区块链竞赛不仅点燃了金融机构和科技公司的热情，也吸引了各国政府和监管当局的关注。对这个政治敏感、监管敏感的新事物，英国监管当局最先行动，同以往一样，对金融创新持友好态度。英格兰银行于 2015 年 3 月推出加密货币计划，同时正在将对区块链技术的监管重点集中到编码上，加紧招聘和培养精通加密货币和区块链技术的专业人才。美联储主席耶伦也鼓励下属加紧研究区块链、比特币和其他分布式记账技术。

面对来势汹汹的区块链浪潮，美国前证交会主席阿瑟·利维特（Arthur Levitt）对监管当局的期望是，不要用过去的思维管理这项新技术。这话说起来容易，但对已经习惯于传统管理方法的监管当局来说是一个巨大的挑战。因为区块链的核心是去中心化、对政府的货币管理和税收都将带来威胁。如何打造一个基于区块链的未来世界，政府的态度是关键。

区块链是一场改变现有社会、商业基本模式的全球试验，在共识的基础上，通过价值交换自动化，书写着商品、服务和资产交换的新规则，其快速、安全、透明、去中心化原则符合互联网思维。然而就像 1994 年人们对早期互联网的争议一样，每一项破坏性创新都会历经坎坷，区块链也不例外。由于区块链技术是一项很难进行顶层设计的实验，不可能通过框架和理论解决，只有在实践中摸索。技术问题容易攻破，而克服现有体制、文化和行为习惯上的障碍则需要更长时间。因此，区块链技术的发展取决于如何适应现有社会、经济与法律范式。商业、技术与合法性是一个相互制衡又相互促进的关系，如何找到平衡点关系到新技术的成败。

作为一种新型的信息技术，区块链还处于发展的初期阶段，但应用前景早已超出比特币发明人中本聪本人的预料。区块链的迷人之处在于，它不仅是一项新的解决问题的工具，还可以激发人们无限的想象。随着时间的推移，区块链技术在演变过程中也可能衍生出更新的技术，形成崭新的金融生态圈，推动人类社会进入一个交易无中介的世界。

"美丽新世界"

在数字化时代，硅谷正与华尔街一道将最前沿的复杂算法、人工智能和区块链等技术相继应用到金融领域，打造超级智能机器，其过程充满着曲折和不确定性。

人类进化花了几千年的时间，而机器的智能化却在短时间内实现了划时代的飞越，改变着金融市场的操作方式和流程，也将人类对金融市场复杂变化的认知提升到一个新层次。

　　新的金融市场的王者取决于谁拥有最强劲的计算机、最复杂的算法，以及对市场变化最准确的洞见和最快速的反应，简而言之就是智慧与速度的结合。超级智能机器是算法和程序交易的更高阶段，正在从传输、处理、记忆和简单计算的助理角色演变为具有认知和学习能力、会思考的主人。超级智能机器穿行在海量信息中，识别对金融市场交易有意义的规律，并根据实时数据不断改进模型、自行诊断、自行测试、持续修改交易策略，平衡风险回报。与此同时，机器通过自我训练与学习，产生超越人类的新智慧，创建新的产品和交易策略。

　　新世界的序幕早已拉开，机器与金融之间的融合无论是在深度还是在广度方面都更加密切。如今的华尔街已从往日喧嚣的交易场所演变为以光速交易、机器与机器争锋的角斗场，一个算法比拼的战场。在欧美金融市场中，高频交易的市场份额平均达到一半以上；在美国股票市场，高频交易已占到市场成交量的 70% 以上。换句话说，金融市场上每天许多海量的交易大部分是由机器自动在操作，债券、衍生品和外汇市场的自动化交易也呈逐年递增的趋势。

　　另外，根据另类资产数据商 Preqin 公司的统计，2015 年新成立的对冲基金有 40% 以上的交易是由计算机模型主导的。为此，芝加哥商品交易所于 2016 年底关闭了具有 167 年历史的场内交易大厅，以股票经纪们的叫喊声和手势比画为特点的交易模式被机器取代。

前沿科技在金融业的应用离不开学术界的支持。金融数据科学协会（Financial Data Science Association）是一个围绕着计算机科学和投资统计学的研究社区，主攻目标是实现人工智能、机器学习、自然语言处理等技术在金融领域的应用。另外，以金融技术见长的沃顿商学院也于2014年10月成立了金融技术机构，同金融、科技圈的学者、投资者及意见领袖共同致力于用前沿技术重塑金融服务业。

在这场科技金融浪潮中，不可否认的是，金融技术在改变市场秩序，为客户提供实时、低成本和流畅的服务体验方面成绩显著：一直受到金融机构歧视的中小企业，无论是在资金获得还是在支付方面，都有了更多选择；金融交易的自动化正在建立一种新的信任机制，改变传统金融业存在的各种弊端，创建出一个更加多样化的、适合数字化时代的金融生态。然而，所有这一切努力所迎来的将是一个更美好的世界吗？

金融市场的自动化不禁引发人们深层次的哲学思考。在这样一种技术驱动、机器主宰的新生态中，技术领先的公司不惜代价改进技术获得的市场优势，将影响到市场存在的根基，造成新的不公平竞争。更让人担心的是人类研发的智能机器也存在着偏见，也会犯错误。机器学习算法是启发式规则与模糊逻辑相结合，而启发式规则是基于直观或经验构造的算法，有可能存在着不完整或有偏见的经历，会犯错，也会错过最好的解决方案。另外，让人"细思极恐"的是智能机器能够以一个好结构的算法做正确的事情，但也能够以一组具有未知局限的算法做错误的事。我们对机器的信任应该建立在知道机器如何工作的基础上。[1] 偏离这个基本原则，机器将会给人类带来无法控制的风险。

算法交易既可以为市场注入流动性，提高市场运行效率，也可以让市场瞬间瘫痪。高盛的量化投资策略团队是一支全部由数学家、物理学家和电脑科学家组成的超级明星队，具有极强的破解金融市场信号的能力。该部门一度管理过 1650 亿美元的资金。然而，2007 年 8 月 6 日这一天所发生的事情让人瞠目结舌，人们称之为量化地震（Quant Quake）。

当天市场刚开始交易，由科学家们编程、一直成功运行的自动投资机器出现极度反常，交易损失以恐怖的速度上升。原来一位基金经理在抵押贷款市场亏损后，迅速选择出货，量化基金的电脑由于在处理相同数据时，采用了相同的策略，出现拥挤交易。换句话说，就是在市场趋势发生逆转时，量化基金出于管理风险需要做出同样的反应，收缩量化股票组合。短短三天内，一直以市场中立为核心的量化基金损失惨重，一些基金为此关门。对于这次量化地震，由于媒体报道的不多，外界并不知情，而且很快就被全球金融危机的风头

---

1 David Lorge Parnas, "The Real Risk of Artificial Intelligence", *Communication of the ACM,* Vol.60, No.10, October, 2017.

盖过，但令量化投资业内人士普遍感到震惊。

自动化交易机器出现问题后让人类束手无策，这将是人类在相当长的时间里不得不面对的困境。2010 年 5 月 6 日发生的"闪电崩盘"（Flash Crash）事件让人记忆犹新。在不到 30 分钟的时间里，约 1 万亿美元的市值从美国股市蒸发。那一天，道琼斯指数 5 分钟内下跌 573 点，几分钟后，北卡罗来纳州的 Progress 能源公司股价暴跌 90%，市场参与者手中的股票根本就没有机会出货。

为了查明出事原因，美国证交会和大宗商品期货交易委员会发表了一份 104 页的调查报告，结果显示暴跌事件是由堪萨斯州一家名为 Waddell & Reed 的共同基金的期货交易单引发的。5 月 6 日下午 2 点 32 分左右，这家共同基金使用的高频自动交易程序创建了一个 41 亿美元 E-Mini 标普期货合约卖单，并在没有考虑价格等因素的情况下自动执行交易指令。过去这样规模的单子需要几个小时或几天完成，而这次只花了 20 分钟。卖单完成后的几分钟内，其他计算机程序开始在期货和股票市场执行相应的高频交易，引发道琼斯、标普和其他期货合约以及国内股市的剧烈震荡。20 分钟内，市场呈自由落体下跌，标普期货下跌 3%，道琼斯指数下跌 9%，其中 3M 和宝洁（Proctor & Gamble）公司股价跌幅接近或超过 20%，埃森哲咨询（Accenture）公司股价下跌超过 99%，然而一家拍卖公司的股票却令人匪夷所思地上涨了 3000 倍。

证交会和大宗商品期货交易委员会联合调查组注意到，

自动交易程序在"闪崩"中起到了关键作用。自动交易由于无法深刻认知金融市场参与者之间的互动对市场的影响，引发系统风险，其速度之快让基金经理们面对这样的灾难束手无策。

美国最大的股票做市商骑士资本公司（Knight Capital）也由于高频交易程序严重出错，导致4.4亿美元的巨额亏损。2012年8月1日上午9点30分，同往常一样，纽约证券交易所的工作人员准时按动电钮，股市开盘。交易刚刚开始几毫秒就发生异常，买卖指令开始以令人吃惊的速度出现，每笔100股，包括了几乎150种不同的金融产品，以及许多非常不活跃的股票。任何一个交易员都无法做出这样的非理性行为。3分钟内，交易额比上周平均值翻了一番。几分钟后，交易所工作人员迅速通过电邮提示纽约证交所高管，监管部门立即启动调查，很快就锁定了诡异交易的源头——骑士资本公司的交易室。这是一家位于新泽西的中型金融公司，由于该公司新安装的软件系统出现故障，买卖方向正好相反，卖出低估股票，买进高估股票。失控的机器正在做着公司难以理解的交易，以每分钟损失1000万美元的速度频繁运转，一直持续了45分钟，最终以损失4.4亿美元的代价结束交易。如果按这个速度持续一小时，公司将直接以破产告终。这个事件中最让人恐怖的是在机器"发威"期间，没有人可以阻止。

机器对突发事件的过度反应让金融市场频繁"地震"。2013年4月23日，美国东部时间下午1点零7分50秒，美联社网站一个推特账户突然出现"白宫""爆炸"字眼，顷刻间，道琼斯指数在不到 2 分钟的时间里直落 145 点，随后又迅速回升。市场上的交易员们惊恐地注视着这不可思议的一幕，无任何干预能力。原来事情的真相是美联社的推特被黑，作案者是支持叙利亚总统阿萨德的叙利亚电子部队。资本市场上的谣传并不新鲜，而以大牌新闻媒体的推特账户发布谣言还是头一回。正是这样一条推特让美国股市 2000 亿美元市值瞬间蒸发。

2014 年 10 月 15 日，一股市场中的神秘力量让世界上最稳定的金融市场惊慌不已，美国 10 年期国债收益率大幅度下跌，随后又上扬，没有人能够给出解释。摩根大通的杰米·戴蒙（Jamie Dimon）说："这种情况应该在每 30 亿年发生一次。"不用解释，这又是机器在市场上作怪。

外汇市场的自动交易机器也经常整出一些匪夷所思的事件。2016 年 10 月 7 日，在亚洲交易时段的两分钟内，英镑兑美元比价一度出现"闪崩"，从 1.26 暴跌至 1.1841，跌幅达 6.1%，然后又出现反弹，引起市场的轩然大波。尽管存在着英国脱欧等因素，但短时间内，市场快速的同向波动还是让交易员们困惑，人们只好将目光转向算法交易。原来自动交易机器的自动反应动态系统早已突破了人类习惯的因果关系，采取了一些人类不可理喻的行动。

相比传统机制，区块链复杂的加密技术加大了犯罪难度，但从另一个层面看，区块链毕竟不是神，也存在着被黑客破解的可能，认证有可能出错，密匙有可能丢失，不可侵犯的加密技术也不是坚不可摧。很显然，目前区块链技术还不能同安全等同起来，更不能杜绝欺诈。2016年6月，全球最大的众筹项目，去中心化自助组织DAO的智能合约系统遭遇黑客入侵，被盗取了至少8900万美元。这条新闻让人们为新技术的可靠性惊出了一身冷汗。但换一个角度思考，还要感谢黑客，技术应用在初级阶段出现的任何漏洞将为下一步的改进提供参考。

无论人工智能还是区块链等前沿技术都在重建公众对金融服务的信任。尽管前沿技术突破还有很长一段路要走，还会经历跌宕起伏，但智能机器重塑金融业是大势所趋。在相当长的时间里，监管当局都会在对新金融的恐惧与不安中纠结，银行家们都将在旧有技能与经验的失落、新旧秩序更迭中焦虑。为此，智能机器入侵金融业的过程将交织着激烈的矛盾与冲突，直到形成新的平衡。

智能机器时代已朝我们走来，所带来的金融新思维、新手段和新秩序正将人类引入一个美丽而充满不确定的新世界。

名词解释

银行家自动清算支付系统（Bankers' Automated Clearing Services, Bacs）：英国于 1968 年建立的银行自动服务组织，具体来说就是成员机构之间以电子借记或贷记方式进行支付的一种安排。

纽约清算所银行同业支付系统（Clearing House Interbank Payments System, Chips）：美国于 1970 年建立的私人银行间支付清算系统，让银行的支付业务焕然一新。

环球银行间金融电讯协会（Society for Worldwide interbank Financial Telecommunication, Swift）：于 1973 年在比利时的布鲁塞尔成立，由来自 15 个国家的 239 家银行组成，共同打造出一个全球共享的数据处理和通信网络，统一了国际金融交易语言和标准，实现了国际银行间支付和互联的突破。

金融科技（FinTech）：英文金融科技（Financial Technologies）的缩写，广义上指的是那些将科技应用于金融服务的公司，对传统金融服务形成全方位的冲击。

众筹（Crowd Funding）：最初指的是通过线上平台为一些新点子和创意项目募捐或投资的做法，随后又扩展到股权筹资，为大众投资者提供了参与天使基金的机会。

《初创企业促进法》（Jump Start Our Business Startups Act, JOBS）：为了鼓励小企业融资，美国于 2012 年 4 月颁布的联邦法案，简称"JOBS"法案，也有人称之为《众筹法》，内容包括认定新兴成长企业、简化 IPO 发行程序、降低发行成本和减少信息披露义务等，旨在为股权型众筹提供筹资便利。

市场借贷平台（Market Place Lending Platform）：最初称为 P2P（Peer to Peer）平台，指的是通过数字平台将借款人与贷款人连接到一起，是为解决资金供需的一种创新，由于越来越多的机构投资者参与，现统称为市场借贷平台。

算法交易:（Algorithm Trading）：也称为自动交易或程序化交易，指的是按照计算机程序控制的交易，具体来说就是计算机用设定的程序跟踪货币、汇率波动、金融资产息差或石油价格等相关变量，自动决定交易时机、数量金额价格并执行交易。

高频交易（High Frequency Trading，HFT）：是算法交易的一种形式，也称为自动交易，其特点为高换手率。具体来说就是机器的智能系统利用大数据加上复杂算法，交易股票或期权等市场在不同地点和期限买卖价差之间的细微变化，以每秒执行数千次交易的速度自动执行订单。

机器人投资顾问（Robo-Advisors）：基于算法的线上自助金融顾问服务，软件自动配置、管理和优化客户资产，将人工干预降至最低。

人工智能（Artificial Intelligence）：计算机科学的一个分支，指的是一种跨学科创建模仿人类大脑思维的各种自动系统，包括机器人、语言识别、图像识别、自然语言处理和专家系统等。

机器学习（Machine Learning）：指具备学习能力的计算机系统，机器不需要清晰的程序，而是从大量正确答案的实例中学习，并用结构性反馈自主解决问题。

深度学习:（Deep Learning）：深度学习是机器学习的众多方法之一，将机器学习又推进了一步。人脑是由神经网络构成的，深度学习模拟人脑的生物结构和功能，构建人工神经网络算法找寻模式并做出直觉推理，用于预测或决策，试图成为应对不完全知识体系和模糊数据的工具。

自然语言处理（Natural Language Process，NLP）：人工智能的另一个分支，就是教计算机训练大量数据和信息，更深刻地理解人类语言、图像、影像等非结构文本，找出其中的关联，并挖掘有价值的洞见。互联网、社交网站和个人电子设备产生的各类数据呈几何级数增长，为自然语言处理技术提供了广阔的空间。

区块链（Blockchain）：简单说就是在线分类账中记录交易和合同的一种方式，分类账不是由一个控制系统或所有者控制，而是由互联网上众多计算机组成的网络维护。区块链是加密货币交易和智能合约的基础设施，是对传统金融的破坏性创新。

比特币（Bitcoin）：一种基于区块链技术的加密数字货币。同传统货币相比，比特币的发行不是依靠央行，而是使用特定算法，通过大量计算产生。

智能合约（Smart Contract）：指的是用计算机编码写成的协议，当满足某种条件后可以自动验证和执行。

"A Temporary Phenomenon? Marketplace Lending, An Analysis of the UK Market", *Deloitte Analysis*, 2016.

Aditya Singh, "Deep Learning Will Radically Change the Ways We Interact with Technology", *Harvard Business Review,* Jan. 30, 2017.

Alex LaPlante and Thomas F. Coleman, "Teaching Computers to Understand Human Language: How Natural Language Processing is Reshaping the World of Finance", http://globalriskinstitute.org, Jan. 15, 2017.

Alex Tapscott and Don Tapscott, "How Blockchain Is Changing Finance", *Harvard Business Review*, Mar. 1, 2017.

Alexander Davis, "Venture-Capital Firms Use Big Data to Seek Out the Next Big Thing", *Wall Street Journal*, Apr. 24, 2017.

Bart Cant, et al., "Smart Contracts in Financial Services:Getting from Hype to Reality", Capgemini Consulting, www.capgemini-consulting.com, 2016.

Bent Dalager et al., "Three technologies that are changing the financial services game", *Accenture Report*, 2016.

Bernardo Bátiz-Lazo, "A Brief History of the ATM: How automation changed retail banking, an Object Lesson", *The Atlantic*, Mar. 26, 2015.

Christopher Steiner, *Automate this: How Algorithms Took Over Our Markets, Our Jobs, and the World*, Portfolio, 2013.

Clayton M. Christensen, et al., "What Is Disruptive Innovation?" *Harvard Business Review*, December, 2015.

Darshan Chandarana, et al., "How Cognitive Technologies are Transforming Capital Markets", *Mckinsey Insights*, July, 2017.

David Lorge Parnas, "The Real Risk of Artificial Intelligence" *Communication of the ACM*, Vol.60, No.10, October, 2017.

Evan Bakker, "Technology is Disrupting the Financial Services Industry-Here's How", *Business Insider*, Feb. 22, 2016.

Geoffrey G.Parker et al., *"Platform Revolution: How Networked Markets Are Transforming the Economy-And How to Make Them Work for you"*, W.W.Norton & Company, 2016.

Gian Volpicelli, "Does Blockchain Offer Hype or Hope?", *The Guardian*, Mar. 10, 2018.

Gregory Zuckerman and Bradly Hope, "The Quants Run Wall Street Now", *Wall Street Journal,* May 22, 2017.

Irving Wladawsky-Berger, "The Evolution of Trust in the Era of Platforms and Blockchain", *Wall Street Journal,* Sep. 8, 2017.

James Shepherd-Barron, "Meet the True Star of Financial Innovation—The Humble ATM", *Financial Times,* June 23, 2017.

Jesse McWaters, "5 Ways Technology Is Transforming Finance", World Economic Forum, June 30, 2015.

John Authers, "ED Thorpe: The Man Who Beat the Casinos, Then the Markets," *Financial Times*, Feb. 3, 2017.

John O.McGinnis and Kyle W.Roche, "Why Bitcoin Is Booming?" *Wall Street Journal,* Jul. 9, 2017.

John Rampton, "The Evolution of the Mobile Payment", *Crunch Network,* Jun. 17, 2016.

Luigi Wewege, *The Digital Banking Revolution: How Financial Technology Companies are Rapidly Transforming the Traditional Retail Banking Industr Through Disruptive innovation* , Create Space Independent Publishing Platform, 2016.

Mackenzie Sediak, "How Natural Language Processing is Transforming the Financial Industry", www.ibm.com, Jun. 22, 2016.

Martin Arnold and Laora Noon, "Roberts Enter Investment Bank's Trading Floors", *Financial Times,* Jul. 6, 2017.

Martin Arnold, "Five Ways Banks are Using Blockchain", *Financial Times*, Oct. 16, 2017.

Matt Hamblen, "Financial Sector Expands Use of Blockchain Databases", *Computerworld*, Sep. 28, 2016.

Maureen O'Hara, "High-Frequency Trading and Its Impact on Markets", *Financial Analysts Journal,* Vol. 70, No. 3, May-Jun., 2014.

Michael Lewis, *Flash Boys: A Wall Street Revolt*,W.W.Norton & Company, 2015.

Miklos Dietz, et al., "Cutting Through the FinTech Noise: Markers of Success, Imperatives for Banks", *Global Banking Practice,* Mckinsey & Company, December,2015.

Morten Linnemann Bech and Rodney Garratt, "Central Bank Cryp to Currencies", Bank for International Settlements, 17 September, 2017.

Nick Szabo: "Smart Contracts: Building Blocks for Digital Markets", www.fon.hum.uva.nl.

Niicck Sccotttt, "Blockchain:the Internet's Second Generatiion", Oct. 7, 2016, *Director*, www.director.co.uk.

Pat Regnier, "Coming to Your Trading Desk: Money Managers are Expensive and Getting Easier to Replace", *Businessweek,* Jun. 26, 2017.

Patrick Schueffel, "Taming the beast: A Scientific Defination of Fintech", *Journal of Innovation Management,*(2016)32-54.

Paul Daugherty, The Changing Face of Business and the Part Artificial Intelligence Has To Play, www.weforum.org, Dec. 12, 2016.

Paul J.Davies, "New Tools Give Better Picture, Literally, of Financial-System Risk", *Wall Street Journal,* Apr. 24, 2017.

R.Jesse McWaters, "Beyond Fintech: A Pragmatic Assessment of Disruptive Potential in Financial Services", Part of the Future of Financial Services Series, World Economic Forum, August,2017.

Richard Eldridge, "How Social Media Is Shaping Financial Services", *Huffingtonpost*, Jan. 21, 2017.

Rob Marvin, "Blockchain: The Invisible Technology That's Changing The World", *PC Magazine*, Aug. 29, 2017.

Robert D. Hof, "Deep Learning", *MIT Technology Review*, www.technologyreview.com.

Robin "Lessons from the Quant Quake Resonate A Decade Later", *Finantial Times,* Aug. 18, 2017.

Robin Wigglesworth, "Fintech: Search for a Super-algo", *Financial Times,* Jan. 21, 2016.

Robin Wigglesworth, "Quant Hedge Funds Set to Surpass $1tn

Management Mark", *Financial Times,* Jan. 8, 2017.

Scott Patterson and Dark Pools, *The Rise of the Machine Traders and the Rigging of the U.S.Stock Market*, Crown Business, 2013.

"Smart Contracts", *Forbes*.Sep. 6, 2017.

"The Quant Quake, 10 Years On", http://extractalpha.com, Aug. 7, 2017.

The Future of FinTech: "Paradigm Shift in Small Business Finance", World Economic Forum Report, Ref 131015, October, 2015.

Tom C.W.Lin, "The New Financial Industry", Temple University Legal Studies Research Paper No.2014-11, *Alabama Law Review*, 2014.

Tunku Varadarajan, "The Blockchain Is the Internet of Money", *Wall Street Journal*, Sep. 23, 2017.

Vasant Dhar and Roger M. Stein, "FinTech Platforms and Strategy: Integrating Trust and Automation in Finance", *Communications of the ACM*, Vol.60, No.10, October, 2017.

"What are Smart Contracts and Where and Why Would You Use Them?", *Chainfrog,* Aug. 3, 2017.

结束篇 | **金融创新的窘境**

忘记过去，注定会重复过去。

——乔治·桑塔耶拿（George Santayana）

几个世纪以来，金融创新一直处于两难的窘境。一方面，它是贯穿于现代金融史的主线，其最终目的是通过市场、机构、产品和工具的设计，实现资源的最有效利用，以及更安全地面对不确定的世界；另一方面，在金融创新为经济社会带来高效与便利的同时，又由于创新工具背后的理念与动态市场的矛盾，以及现实世界各种复杂因素的互动与影响，也为社会带来预想不到的灾难。同人类社会其他领域的创新一样，金融创新也是沿着这样一个充满矛盾的道路前行。

追求完美市场

在人类几千年的历史演变中，完美市场是一种理想状态：它意味着家庭、企业和政府以最合适的价格、最快的速度获取资金、找到最合适的投资机会，以双赢方式分享风险。然而，现实社会中不存在完美市场，而是普遍存在着信息不对称、道德风险、监管与中介的高成本以及人类行为的变幻莫测。但正是这些不完美提供了源源不断的创新空间。金融创新通过各种技术、工具和组织形式，以提供便利、降低成本和分散风险为核心，有效地克服信贷、投资、交易和支付方面存在的缺陷。在某种意义上，金融创新是人们试图解决经济生活中这些不完美市场的一把钥匙。

金融的需求可以追溯到美索不达米亚平原兴起的城邦时代。由于当时城市规模有限，大家相互熟悉，能够自觉遵守借钱时的承诺。随着有关土地和财产权的需求，合约成为交易双方的系统记录工具，熟人之间的承诺变为正式合约，奠定了金融的基础。由于存在着违约风险，交易双方需要信用中介。文艺复兴时期，意大利的托斯卡纳地区成为金融中介的发源地。针对社会上的贷款需求，为了避开基督教教义对高利贷的限制，一些有组织的慈善机构做起贷款业务，成为现代银行的雏形。有组织的金融中介的问世为实现资金跨时间和空间的转移提供了便利和信任的基础，如银行的核心功能是将储蓄存款用于发放贷款，从本质上讲，储蓄是用今天的钱获取明天的收益，贷款是用明天的钱为今天所用。

随着社会和经济的发展，银行在资金来源和业务范围方面的局限性日益明显，难以满足日益增长的复杂需求。资本市场的问世成为企业筹资和投资渠道的重要补充，也由此创新出更多的债务工具和市场化中介。金融创新通过设计与安排将社会上的资金组织起来，满足政府、企业与家庭在筹资、投资和风险管理方面复杂而多样化的需求，成为新贸易路线与新边疆的开辟、现代公司的发展以及社会演变的重要推动力。

资本市场工具伴随着经济发展过程中不同客户群和市场的需求，不断演变出新的变种：股市大跌打开了固定收益市场的大门；资本市场投资对专业知识和规模的要求，催生出一批集合投资模式，由专业人士负责打理投资、收取手续费；对冲基金针对高净值富人，而共同基金降低投资门槛，让更多家庭和个人参与资本市场，实现金融民主化。

由于银行贷款难以满足不同企业的多样化需求，导致有潜力的企业得不到资金发展，而高净值投资者则缺少实践与技能同初创企业一起解决成长问题。风投和私募的问世解决了初创企业筹资无门的难题，将社会闲置资金引向投资，让更多有才华的企业家的梦想成为现实。

随着利率管制越来越制约经济发展，一批突破利率管制的金融创新破土而出，花旗银行的前身国民城市银行率先推出大额存款凭证，凭借稍高于存款的回报，吸引着机构投资者和富裕个人，却将小投资者拒之门外。而货币市场基金解决了小投资者投资国债和商业票据市场的难题，为储蓄提供了一个新的投资渠道，也成为市场化中介的基础，其流动性强、安全和期限短等特点受到机构投资者青睐。

针对股市的跌宕起伏，被动式投资方式开始流行起来。在共同基金的基础上演变而来的指数共同基金构成了又一个包括股票和债券在内的基金大家庭。在指数共同基金的基础上，为了克服交易受限和手续费过高的缺陷，交易所交易基金应运而生。

经济衰退和企业并购大潮让垃圾债成为固定收益投资中的一个新类别，为企业带来"及时雨"，也满足了市场上部分投资者对高回报的需求。

抵押贷款市场缺少流动性带来了证券化的创新，它不仅解决了少数族裔和低收入人口的住房问题，也开启了商业银行从传统的借贷功能逐步向"发起－分销"模式的转变，加深了信用市场与资本市场的融合。证券化的崛起为一大批非银行金融中介提供了机会，它们以市场为核心，满足社会在特定时期对资金的需求，也让美国拥有了世界上规模最大、效率最高的证券市场。

针对美国国内在利率、准备金和预扣税方面的束缚，一个利用不同国家之间在监管和税收等方面差异的欧洲美元市场悄悄诞生，将储蓄资金跨越国境，在更大范围内寻找投资机会，也为缺少资金的国家和企业带来福音，开辟出一个全球范围的国际金融市场，同时也为美元国际化铺平了道路，成为最具革命性的金融创新之一。

在欧洲美元的基础上，涌现出一大批创新产品和工具：为了缓解跨境信用风险，银团贷款成为一种应对的方式，其二级市场的诞生为银团贷款市场注入新的活力。

科技在追求完美市场方面一直扮演着重要的角色。科技从技术方面带来交换和信用媒介的革命：信用卡带来的消费金融服务为更多家庭提供了前所未有的便利，借记卡自动扣减银行账户，成为 ATM 和信用卡的自然延伸；移动银行服务进一步突破地理区域限制，带来零售银行业的一场变革；金融科技成为非银行金融中介中的又一支新军，利用大数据和前沿科技手段颠覆着传统银行赖以生存的商业模式。

作为交换媒介，货币创新的步伐尽管缓慢，但一直没有停止。中国在北宋时期就发明了纸币，威尼斯商人马可·波罗是第一位纸币的欧洲见证者。他在游记中，对在中国见到的由多名官员签字、盖章，成吉思汗本人认证的纸币兴奋不已。纸币的价值不是来自金、银等稀有材料本身，而是完全来自政府的权威认可。然而，纸币导致造假，纸币贬值引发通胀。以黄金为后盾的金本位制试图纠正纸币弊端，但约束了政府调控经济的手段和经济发展。通胀让美元成为没有金银支撑的纸币。纸币让政府在调控经济方面得心应手，用印钞机化解经济中的各种矛盾逐渐成为习惯，但连年贬值也影响着公众的信任。为了限制政府印钞行为，民间兴起的比特币是一种基于机器的信任机制，也是一场颠覆性金融创新的尝试。

资金在时间、空间转换中存在着一整片的未知地带，为金融创新提供了空间，一系列产品、工具和市场的设计围绕着风险收益展开。保险合约是最传统的管理未知风险的工具，对死亡和灾难等未知事件提供赔付。金融市场的利率、汇率和大宗商品价格等不确定因素为衍生品问世提供了机会。期货、期权和互换等衍生品为确认和对冲风险提供了更多选择。

而公司贷款和各种债务的违约风险又催生了信用衍生品创新，同证券化技术相辅相成，将风险转移给那些愿意并有能力承担的一方。

难以逃脱的窘境

尽管金融创新对经济发展的贡献有目共睹，但在追求完美市场的过程中，金融创新从认知层面到具体实施过程中发生的变化都面临着难以避免的窘境。

金融是实践，为金融资产定价、为风险建模都需要理论支撑。金融学作为一个学科的崛起离不开数学和统计学的支撑：17世纪流行的概率论，促使世界上第一家保险公司成立；18世纪，数学上的拉普拉斯变换（Laplace Transform）产生收入流现值概念；19世纪，随机过程（Stochastic Process）理论为华尔街随机散布理论奠定基础；20世纪的期权定价模型标志着现代投资理论的开端。

期权定价模型助推1970年代金融衍生品的腾飞。尽管衍生品交易已有几个世纪的历史，但使用的主要是套利策略。统一衍生品定价使衍生品市场演变成一个充满活力、流动性强的现代金融市场。将计算机、数学、统计学以及经济学理论融为一体的金融工程成为现代金融创新的主要依据，提供建模和风险计量为交易策略、风险预测和产品设计提供了更为丰富的手段。

然而，金融理论面临的窘境在于：用数学和物理学的方式试图求解金融市场问题存在着先天的缺陷，很容易走入误区。数学模型在应对动态市场方面，使用的假设在很大程度上带有虚幻性，容易忽略人的行为，以及不同金融市场、产品和机构之间的动态博弈。诸多不确定因素带来理性设计和非理性行为之间的矛盾，增加了预测、定价和管理风险的难度。

除了数学模型和量化工具外，新自由主义学说从根本上影响到现代金融创新的演变。对自由市场如宗教般信仰、对人的自私本性的过度强调、对利润最大化无休止的追求都让金融创新成为一列失控的列车。

学者与政策制定者在经济繁荣期显示出来的无知与傲慢，影响着全社会对风险的判断。2003 年，芝加哥大学教授、诺贝尔经济学奖得主罗伯特·卢卡斯，也是 20 世纪后期最有影响的宏观经济学家，在美国经济学会年会上所做的演讲中，宣布预防大萧条的核心问题早已解决，然而几年后爆发的金融危机令他无地自容。

金融创新产品和工具在推广过程难以避免的窘境是：所产生的螺旋效应远离设计初衷。美国经济学家罗伯特·莫顿（Robert Merton）使用"金融创新螺旋效应"一词，描述金融创新可以导致一系列递进创新过程。

不同于制造业的产品创新，金融创新产品要拿到现实社会中经历试错过程，而且在未得到市场检验前普及速度快。一家银行设计出的产品和工具在很短的时间内就会被其他银行模仿，并在此基础上，推出又一轮创新，出现更多类似产品，规模不断扩大，交易成本进一步降低。然而，在充满变化的市场里，莫顿所说的创新螺旋会发生变异，其根源来自市场参与者、监管当局之间的互动，金融家们的激励机制以及宏观形势和整个金融市场竞争环境的变化。创新产品市场的演变从简单到复杂、从少数到众多参与者，以至于大规模复制诱发出新的风险。工业制造品有着严格的质量标准，而金融创新产品更像有机物，在受到多种因素影响后会发生裂变。在裂变中，创新产品频繁改变内在结构，甚至改变了设计初衷。此外，金融创新产品在营销和使用方面的差异也会产生不同影响。

次级贷款原本是针对不同信用评级客户设计的产品，以较高回报补偿较高风险，但在实施过程中却沦为金融机构的投机工具。证券化降低了银行的贷款风险，却增加了证券市场以及整个金融体系的信用风险和流动性风险。由于一系列证券化产品缺少透明度，没有经历过经济周期的考验，过于依赖市场化体系融资，并且这个渠道完全以抵押品担保为主，而房价下跌导致的抵押品贬值，让一系列市场化中介、工具的弱点暴露无遗。另外，信用衍生工具曾在化解信用风险、促进资源有效配置方面扮演着重要角色，但在使用过程中不断发生变异，进一步模糊了对冲与投机工具的界限。最终，金融创新像一匹脱缰的野马，引爆了一场全球金融危机。

金融科技带来的破坏性创新为解决传统金融的弊端提供了新选择，推动着社会和经济的前行。然而，无论是人工智能还是区块链，在解决部分旧有问题的同时，又增添了新的风险，失控的后果更令人恐怖。同以往的金融创新一样，由于技术本身、监管和文化等方面存在着诸多不确定性，金融世界的新科技在追求理想的道路上也会经历一番坎坷。

各类金融中介在金融市场中扮演的角色举足轻重，而它们在追求完美市场的路上难以逃脱利益驱动以及与生俱来的设计缺陷。

评级中介原本是解决金融市场信息不对称的创新，但为了牟利偏离初衷，走向制造安全虚幻的道路，为依靠评级标签决定信用的社会带来灾难。

包括"影子银行"在内的非银行金融中介原本是传统银行的补充，满足多样化的市场需求，然而，由于关键时刻没有央行最终贷款人的支持，对金融体系构成重大风险隐患。非银行金融中介大多以抵押品作担保，抵押品贬值导致多米诺骨牌式的恶性循环，一发不可收拾。

作为最早的金融中介，银行在核心功能方面却存在着先天性的弱点：吸收存款、发放贷款之间存在着期限错配。现代银行的使命基于两项承诺，一个是银行承诺保管储户存款，满足储户及时取款和获得利息的权利，另一个是在商定的时间，承诺借款人的资金供应。这两项承诺存在着不可调和的矛盾：一方面存款需要保管，保管意味着零风险；一方面用存款发放贷款将不可避免地对存款构成风险，破坏了保管功能，这就是现代银行所处的难以逃脱的窘境。依靠现有的监管手段和机制，不能同时保证银行的两个承诺。两者之间的紧张关系是引发金融体系不稳定的源泉。商业银行从信用市场向资本市场的转型更不能确保存款的安全，还为下一场金融危机播下种子。例如在宽松的监管环境下，一些银行的交易业务曾占据了半壁江山，财务报表更加动态化。这意味着骤然之间，银行利润有可能成倍增长或突然消失。

为了确保存款安全，监管当局不仅在资本金和流动性管理等方面设置了多如牛毛的限制，还强化了日常检查，但这些举动除了增加运营成本外，并未触动银行存在的根本问题。保护存款安全的理想化方案是将银行的存款与贷款功能分开，贷款交给资本市场，但表现无常的资本市场也难以令人满意。

银行是一个严格监管的特许经营行业，由于牌照稀缺所以值钱。银行经营的货币是准公共产品，享受国家为维护金融体系稳定出台的各项保护措施，因此，银行不应该是个暴利行业。难怪每次危机爆发后，都有人建议将其归入公共事业行列。鉴于银行在经济增长中的重要地位，如何平衡银行收益与社会效益对政府来说是一项巨大的挑战。

总而言之，非银行金融中介利用资本市场解决了银行受限的需求，但缺少最终贷款人的保护；而银行有政府做坚强后盾，但动用纳税人的钱去扮演银行最终贷款人的角色也存在着先天的不合理，这正是各类金融中介面临的窘境。

其实，除了金融创新带来的金融危机外，人们更应该关注金融创新对全社会的深层影响。金融创新在为市场带来活力、疏通资金供需方障碍、推动经济增长的同时，也带来较高的经济成本和社会成本。一些围绕抵押贷款的金融创新工具将住房从消费产品变成投资工具，为追求回报的投资者提供了持有更多债务的便利，鼓励更多借款人超出自身收入借钱，催生房市泡沫。金融创新催生的过度消费也危害着社会的良性发展。

由于金融创新产品和工具有可能成为少数人的暴利工具，特别一些基于投机目的的金融创新，少数人凭借对产品设计的熟知，牟取高额利润，破坏了公平竞争原则，拉大贫富差距。自1950年代以来，在金融创新的带动下，金融服务业迅猛增长，无论按其占GDP比重、金融资产规模，还是按从业人员人数以及平均工资都急剧上升。以2004年为例，美国金融部门的公司利润占全部国内公司利润的40%，导致富人榜和社会阶梯的顺序发生重大变化。根据《纽约时报》2010年3月31日的文章，2009年25位顶级对冲基金经理收入合计253亿美元，其中收入最高的是阿帕卢萨资产管理公司（Appaloosa Management）创始人大卫·泰珀（David Tepper）——收入为40亿美元。

别无选择

尽管金融创新带来难以摆脱的窘境，但简单、粗暴地抑制金融创新将不利于社会进步，妖魔化金融创新也不能带来金融体系的稳定，企图用道德标准指导金融业更不现实。面对动态世界，特别是国际经济、政治新秩序和日趋复杂的市场环境，金融创新仍不失是解决问题的较好方式，仍然是当今经济不可或缺的润滑剂。

大范围使用证券化增加了银行转移风险的能力，也导致更多冒险行为，催生的衍生品也加大了市场的复杂性，但回到银行信贷老路则根本无法应对企业与社会的多样化信贷需求。正如金融稳定理事会主席、英格兰银行行长马克·卡尼（Mark Carney）所言，"基于市场的金融为实体经济提供了多样化的重要融资渠道。我们需要对非银行金融业务与风险重新认识"。一些"影子银行"业务的问世是监管真空和套利的产物，但得到广泛认可，并在特定时期成为融通资金的高效渠道，满足了社会的金融需求。尽管证券化市场遭受重挫，监管当局仍希望证券化市场继续成为银行体系的一部分。因为，证券化非常适合那些在经济周期中有着较高违约风险的资产类别，一个有效的证券化市场可以将足够的信用风险在系统中转移。

金融危机导致社会价值观的迷失，人们在对新自由主义学说迷茫的同时，也在重新寻找新的理论基础、构建新的体系。金融危机唤醒人们对金融创新的重新认识。由于具有重大影响的金融危机只发生过两次，人类对金融的认识仍处于初级阶段，培育健康的金融生态是一项长期而艰巨的任务。但就金融创新而言，我们唯一可以确定的是，发挥金融家们的智慧和才能，满足社会、企业和消费者需求，追求完美市场的大方向不应改变。未来的着眼点应放在推动社会和经济的可持续发展、为人类社会发展的理想目标服务上，绝不可让金融创新成为少数人的牟利工具。

随着全球政治环境的变化，人类认知水平的提高，以及一系列前沿技术的突破，一些国家已经开始尝试用金融创新平衡市场参与者的动机、解决环境和社会问题。影响力投资（Impact Investing）就是将社会公益项目与私人投资相结合的有益尝试，以造福人类社会为终极目标，推动经济和社会的可持续、良性发展。

无论科技如何将金融创新引向陌生的水域，带来更大的不确定风险，人类命运应始终掌握在自己手中，因此应该将提高对金融创新的认知水平放在首位。可惜，到目前为止，社会对金融创新利弊的量化评估仍处于空白状态，就连描述现代金融创新历程的出版物也是寥寥无几。希望本书能在某种程度上为读者系统性了解金融创新演变过程提供一些有价值的参考。人类的弱点除了贪婪、恐惧，还有健忘。最后，引用美国哲学家乔治·桑塔耶拿的话"忘记过去注定会重复过去"，这也是笔者创作本书的初衷。

参考文献

Alllen N. Berger, et al., "Technological Change, Financial Innovation, and Diffusion in Banking", Prepared for The Oxford Handbook of Banking, 2nd .

Allison Schrager, "Innovations and Limitations", *National Review,* Oct. 3, 2011.

Angus Armstrong and E. Philip Davis, "Financial Structure: Lessons from the Crisis: Introduction", *National Institute Economic Review,* No. 221, July, 2012.

David Vines and Samuel Wills, "The Rebuilding Macroeconomic Theory Project: An Analytical Assessment", *Oxford Review of Economic Policy*, Vol. 34, Issue 1-2, January, 2018.

Goetzmann, W. N., *Money Changes Everything: How Finance Made Civilization Possible*, Princeton University Press, 2016.

Gunter Dufey and Ian H. Giddy, "Innovation in the International Financial Markets", *Journal of International Business Studies,* Vol. 12, No. 2, Tenth AnniversarySpecial Issue. Supplement (Autumn, 1981).

Jason Potts, "Don't Be Scared of Financial Innovation", *Public Affairs Review*, November, 2014.

John Rapley, *Twilight of the Money Gods: Economics as a Religion and How It All Went Wrong*, Simon & Schuster, 2017.

Josh Lerner and Peter Tufano, "The Consequences of Financial

Innovation: A Research Agenda", Dec. 31, 2009.

Josh Lerner and Peter Tufano, "The Consequences of Financial Innovation: A Counterfactual Research Agenda", *Annual Review of Financial Economics,* Vol. 3, 2011.

Justin Fox, "What We Have Learned From the Financial Crisis", *Harvard Business Review,* November, 2013.

Laurent L.Jacque, *Global Derivative Debacles: from Theory to Malpractice* World Scientifc Publishing Co., 2015.

Marc Oliver Bettzüge and Thorsten Hens, "An Evolutionary Approach to Financial Innovation", *The Review of Economic Studies*, Vol. 68, No. 3, July, 2001.

Palmer, Andrew, "In Defense of Financial Innovation", *Foreign Affairs.* Vol. 94, Issue 3, May-Jun.,2015.

Peter Tufano, "Financial Innovation", *Handbook of the Economics of Finance: Financial Markets and Asset Pricing,* ed., George Constantinides, et al., North Holland, 2003.

Philip Stafford, "Global Regulators Say 'Shadow Banking' Market Has Been Tamed", *Financial Times*, Jul. 3, 2017.

Richard Comotto, *"Shadow Banking and Repo"*, European Repo Council, Mar. 20, 2012.

Robert E.Litan, "In Defense of Much, But Not All, Financial Innovation", Brookings Research Paper, Feb. 17, 2010.

Robin Greenwood and David Scharfstein, "The Growth of Finance", *The Journal of Economic Perspectives*, Vol.27, No.2 (Spring, 2013).

Simon Johnson, James Kwak, "Is Financial Innovation Good for The

Economy?" *Innovation Policy and the Economy,* Vol. 12, Josh Lerner and Scott Stern ed., University of Chicago Press, 2011.

致　谢

本书在写作过程中得到中国建设银行股份有限公司的鼎力支持。此外，特别感谢社会科学文献出版社的恽薇分社长、许秀江和王婧怡博士，感谢他们在耐心沟通和专业编辑方面付出的精力与智慧。

在此，还要感谢家人的理解与支持，以及所有那些影响到笔者的思想与认知的师长、朋友与同事。

最后，还要感谢纽约大学商学院前院长诺尔曼·伯曼先生（Norman D. Berman），前副院长希拉·沃辛顿女士（Sheila P. Worthington）以及阿斯瓦斯·达莫达兰教授（Aswath Damodaran），罗伊·史密斯教授（Roy C. Smith）和英格·沃特教授（Ingo Water），感谢他们将笔者领入一个全新的世界。

图书在版编目（CIP）数据

现代金融创新史：从大萧条到美丽新世界 / 辛乔利
著. -- 北京：社会科学文献出版社，2019.3（2024.3重印）
ISBN 978-7-5201-3450-7

Ⅰ.①现… Ⅱ.①辛… Ⅲ.①金融改革-经济史-世
界 Ⅳ.①F831.9

中国版本图书馆CIP数据核字（2018）第209147号

现代金融创新史：从大萧条到美丽新世界

著　　者 / 辛乔利

出 版 人 / 冀祥德
组稿编辑 / 恽　薇　许秀江
责任编辑 / 王婧怡
责任印制 / 王京美

出　　版 / 社会科学文献出版社·经济与管理分社（010）59367226
　　　　　　地址：北京市北三环中路甲29号院华龙大厦　邮编：100029
　　　　　　网址：www.ssap.com.cn
发　　行 / 社会科学文献出版社（010）59367028
印　　装 / 三河市东方印刷有限公司

规　　格 / 开本：880mm×1230mm 1/32
　　　　　　印张：24.625　字数：469千字
版　　次 / 2019年3月第1版　2024年3月第3次印刷
书　　号 / ISBN 978-7-5201-3450-7
定　　价 / 98.00元

读者服务电话：4008918866